Richard Sennett

Verfall und Ende des öffentlichen Lebens

Die Tyrannei der Intimität

Aus dem Amerikanischen übersetzt
von Reinhard Kaiser

S. Fischer

3. Auflage 6.-7. Tausend
Die amerikanische Originalausgabe mit dem Titel »The Fall of Public Man«
erschien 1977 bei Alfred A. Knopf, Jnc., New York
© 1974, 1976 by Richard Sennett
Für die deutsche Ausgabe:
© 1983 S. Fischer Verlag GmbH, Frankfurt am Main
Alle Rechte vorbehalten
Umschlaggestaltung: Rambow, Lienemeyer, van de Sand
Satz und Druck: Wagner GmbH, Nördlingen
Bindung: G. Lachenmaier, Reutlingen
Printed in Germany 1985
ISBN 3-10-072502-6

Für c. r. h.

»Jeder Mensch, zurückgezogen in sich selbst, verhält sich, als sei er dem Schicksal aller anderen vollkommen fremd. Seine Kinder und die guten Freunde sind ihm das ganze Menschengeschlecht. Was seinen Umgang mit den Mitbürgern angeht, so mischt er sich wohl unter sie, aber er sieht sie nicht; er berührt sie, aber er spürt sie nicht; er existiert nur in sich und für sich allein. Und wenn sich unter solchen Umständen der Sinn für die Familie bei ihm bewahrt, so geht doch der Sinn für die Gesellschaft verloren.«

Tocqueville

Inhalt

Danksagung 11

I. Das Problem Öffentlichkeit 13

1. Die öffentliche Sphäre 15
   Die Liebe wird asozial 19
   Der öffentliche Raum stirbt ab 25
   Wandlungen der öffentlichen Sphäre 29
   Das Gestern im Heute 39

2. Rollen 43
   Rollen 48
   Öffentliche Rollen 52
   Öffentliche Rollen in der Stadt 54
   Beweis oder Plausibilität? 59

II. Die Öffentlichkeit des Ancien Régime 63

3. Das Publikum: eine Ansammlung von Fremden 65
   Wer in die Stadt kam 68
   Wo sie lebten 71
   Veränderungen im städtischen Bürgertum 75
   Der Austausch von Höflichkeiten am Hof und in der Stadt . . 79

4. Öffentliche Rollen 84
   Der Körper als Kleiderpuppe 85
   Die Sprache als Zeichen 93
   Leidenschaftlich ist das Unpersönliche 108

5. Öffentlich und Privat 110
   Die Grenzen des öffentlichen Ausdrucks 113
   Natürlicher Ausdruck liegt außerhalb der öffentlichen Sphäre 115
   Öffentlichkeit und Privatsphäre bilden ein Gesellschaftsmolekül 120
   Das Molekül spaltet sich 121

6. Der Mensch als Schauspieler 129
   Die geläufigen Vorstellungen vom Menschen als Schauspieler 131
   Diderots Paradox über den Schauspieler 132
   Rousseaus Anklage gegen die Stadt als Theater 137
   Rousseaus Prophezeiung 144

III. Die Erschütterung des öffentlichen Lebens im 19. Jahrhundert .. 147

7. Auswirkungen des Industriekapitalismus auf das öffentliche
   Leben 155
   War der Stadtbewohner des 19. Jahrhunderts eine neue Gestalt? 156
   Die »Lokalisierung« der Stadt 158
   Zufall und bürgerliches Leben 163
   Warenöffentlichkeit 167

8. Die Persönlichkeit in der öffentlichen Sphäre 176
   Die Persönlichkeit als gesellschaftliche Kategorie bei Balzac . 180
   Neue Körperbilder 187
   Das Theater als Schauplatz des eigentlichen Lebens 202
   Persönlichkeit und Privatfamilie 204
   Revolten gegen die Vergangenheit 212
   Zusammenfassung 223

9. Der »public man« im 19. Jahrhundert: Akteur und Zuschauer 225
   Der Akteur 227
   Der Zuschauer 236

10. Die Kollektivpersönlichkeit 250
    1848: Die individuelle Persönlichkeit triumphiert über die
    Klasse 255
    Gemeinschaft 269
    Die Affäre Dreyfus: Destruktive Gemeinschaft 272
    Wer ist wirklich radikal? 284

IV. Die intime Gesellschaft 291

11. Das Ende der öffentlichen Kultur 293

12. Das unzivilisierte Charisma 304
    Charisma-Theorien 306
    Charisma und Ressentiment 313

Das elektronisch befestigte Schweigen 319
Das Star-System 324

13. Die unzivilisierte Gemeinschaft 331
    Barrikaden um die Gemeinschaft 334
    Die Gemeinschaft verbarrikadiert sich selbst 338
    Die menschlichen Kosten der Gemeinschaft 347

14. Der seiner Kunst beraubte Schauspieler 352
    Das Spiel erzeugt die Energie für den öffentlichen Ausdruck . 355
    Der Narzißmus schwächt diese Energie 363
    Die Mobilisierung des Narzißmus und das Auftreten einer neuen
    Klasse 367
    Der Narzißmus ist die protestantische Ethik von heute 373

Schlußbetrachtung: Die Tyrannei der Intimität 379

Anmerkungen 383
Register 397

Danksagung

Ich möchte Clifford Curzon und Murray Perahia für ihre Hilfe bei der Skizzierung der ersten Umrisse dieses Buches danken. Während seiner Niederschrift waren mir Gespräche mit Peter Brooks, Clifford Geertz, Richard Gilman, Caroline Rand Herron, Anne Hollander, Herbert Menzel, Orest Ranum, Carl Schorske, Richard Trexler und Lionel Trilling sehr nützlich. Ben Barber, Juan Corradi, Marion Knox, Leo Marx und David Riesman möchte ich für ihre Anmerkungen zum Manuskript danken. Besonderen Dank schulde ich Davis Herron, der den gesamten Text sehr genau gelesen hat.

Bei den Studien zu diesem Buch wurde ich von Marcia Bystryn, Bernard McGrane, Mark Salmon und Christina Spellman unterstützt. Ganz besonders möchte ich mich bei Marcia Bystryn für ihre geduldige und kenntnisreiche Mitarbeit bedanken.

Schließlich möchte ich Robert Gottlieb und Angus Cameron für die verlegerische Sorgfalt danken, die sie diesem Buch angedeihen ließen. Bobbie Bristol leitete es durch die Produktion, und Jack Lynch half mir bei der sprachlichen Überarbeitung des Textes.

Für ihre Unterstützung möchte ich auch den Bibliothekaren und Kustoden der Bibliotheken des Institute for Advanced Study, des Lincoln Center for the Performing Arts, des Metropolitan Museum of New York, der Harvard University, der Bibliothèque Nationale, der Cambridge University und der New York University danken. Die Studien zu diesem Buch und die Niederschrift des Manuskripts wurden großzügig aus Mitteln des Institute for Advanced Study, der John Simon Guggenheim Foundation und der Ford Foundation gefördert. Die Endfassung des Textes wurde vom Team des Center for Policy Research hergestellt, bei dessen Mitgliedern ich mich für ihre tatkräftige Hilfe und ihre gute Laune bedanken möchte.

Teil I
Das Problem Öffentlichkeit

Kapitel 1
Die öffentliche Sphäre

Oft hat man die heutige Zeit mit den Jahren des Niedergangs von Rom verglichen: So wie der Sittenverfall die Herrschaft Roms über das Abendland untergraben habe, so habe er nun die Herrschaft des Abendlandes über den ganzen Erdball untergraben. Bei aller Einfältigkeit enthält diese Vorstellung ein Element von Wahrheit. In einer bestimmten Hinsicht läßt sich die Krise der römischen Gesellschaft nach dem Tod des Augustus tatsächlich mit der Welt von heute vergleichen, nämlich in Hinsicht auf das Gleichgewicht zwischen öffentlichem Leben und Privatleben.

Als das Augusteische Zeitalter zu Ende ging, begannen die Römer, ihr öffentliches Leben als lästige Pflicht und Formalität zu behandeln. Die öffentlichen Zeremonien, die militärischen Anforderungen des imperialen Staates, die rituellen Kontakte zu anderen Römern außerhalb des Familienkreises – dies alles wurde zu einer Verpflichtung, der der Römer mit zunehmender Passivität oblag. Er erfüllte die Regeln der *res publica*, aber er erfüllte sie mit immer geringerer Leidenschaft. In dem Maße, wie das öffentliche Leben blutleer wurde, hielt der Römer im privaten Bereich Ausschau nach neuen Kristallisationspunkten für seine emotionalen Energien, nach neuen Prinzipien, auf die er seine Hingabe und seinen Glauben richten konnte. Diese private Hingabe war mystisch, zielte darauf, der Welt als ganzer und den Förmlichkeiten der *res publica* als einem Teil davon zu entfliehen. Die Römer schlossen sich verschiedenen nahöstlichen Sekten an, unter denen das Christentum nach und nach die Oberhand gewann; am Ende blieb das Christentum nicht länger ein insgeheim praktiziertes spirituelles Engagement, es trat vor die Welt und wurde selbst zu einem neuen Prinzip öffentlicher Ordnung.

Auch heute ist das öffentliche Leben zu einer Pflicht- und Formsache geworden. Ihren Umgang mit dem Staat betreiben die meisten Bürger im Geiste ergebener Zurückhaltung, aber die Entkräftung der öffentlichen Sphäre geht weit über das eigentlich Politische hinaus. Umgang und Austausch mit Fremden gilt allenfalls als langweilig und unergiebig, wenn nicht gar als unheimlich. Der Fremde selbst wird zu einer bedrohlichen Gestalt, und nur wenige Menschen finden Gefallen an jener Welt von Fremden, die ihnen in der kosmopolitischen Stadt entgegentritt. Eine *res publica* umfaßt allgemein die Beziehungen und das Geflecht wechselseitiger Verpflichtungen zwischen Leuten, die nicht durch Familienbande oder andere persönliche Beziehungen miteinander verknüpft sind; sie bezeichnet das, was eine Masse, ein »Volk«, ein Gemeinwesen verbindet, im Unterschied zu den Familien- und Freundschaftsbanden. Wie in den Tagen Roms ist die Teilnahme an der *res publica* auch heute eine Sache des beiläufigen Auftritts; die Foren dieses öffentlichen Lebens, etwa die Stadt, sind in Verfall begriffen.

Der Unterschied zwischen der römischen Vergangenheit und der Gegenwart betrifft das Gegenstück zur Öffentlichkeit: das, was Privatheit bedeutet. Der Römer war bestrebt, im Privaten und gegen die Öffentlichkeit ein anderes Prinzip zu errichten, das auf der religiösen Transzendierung der Welt fußte. Wir dagegen suchen in der Privatsphäre nicht nach einem anderen Prinzip, sondern nach einem Spiegelbild, nach dem, was an unserer Psyche, an unseren Gefühlen authentisch ist. Wir versuchen, Privatheit, das Alleinsein mit uns selbst, mit der Familie, mit Freunden, zum Selbstzweck zu machen.

Die modernen Anschauungen über die Psychologie des Privatlebens sind verworren. Kaum jemand würde heutzutage behaupten, sein Seelenleben sei unabhängig von gesellschaftlichen Bedingungen und Einflüssen aus der Umgebung. Gleichwohl gilt es als so kostbar und zerbrechlich, daß es nur gedeihen kann, wenn es geschützt und isoliert wird. Jedem einzelnen ist das eigene Selbst zur Hauptbürde geworden. Sich selbst kennenzulernen ist zu einem Zweck geworden, ist nicht länger ein Mittel, die Welt kennenzulernen. Und gerade weil wir so sehr in uns selbst vertieft sind, fällt es uns ungemein schwer, uns selbst oder anderen ein klares Bild davon zu machen, woraus unsere Persönlichkeit besteht. Der Grund hierfür ist: Je mehr die Psyche privatisiert, d. h. ins Private gedrängt wird, desto weniger wird sie stimuliert und desto schwieriger ist es für uns, zu fühlen oder Gefühle auszudrücken.

In der Vorstellung des auf seine Privatsphäre bedachten Römers waren die orientalischen Götter von der Welt der Öffentlichkeit getrennt. Schließlich setzte er die Götter über die Welt und ordnete Militärgesetze und gesellschaftliche Gebräuche einem höheren, deutlich unterschiedenen Prinzip unter. Innerhalb dessen, was Privatheit heute bedeutet, besitzen die Korrelationen zwischen unpersönlichem und intimem Erleben nicht diese Klarheit. Wir halten die Gesellschaft nur in dem Maße für »bedeutungsvoll«, wie wir sie in ein riesiges psychisches System verwandeln. Uns mag klar sein, daß die Aufgabe eines Politikers darin besteht, Gesetze zu entwerfen und sie auszuführen, aber seine Arbeit beginnt uns erst zu interessieren, wenn wir die Rolle der Persönlichkeit im politischen Kampf wahrnehmen. Einen politischen Führer, der sich um ein Amt bewirbt, nennt man »glaubwürdig« oder »legitim«, man sieht also darauf, was für ein Mensch er ist, statt darauf, wie er handelt und welche Programme er vertritt. Das übermäßige Interesse an Personen auf Kosten der gesellschaftlichen Beziehungen wirkt wie ein Filter, der unser rationales Gesellschaftsverständnis verfärbt. Er verdeckt, daß der Klassenbegriff in der fortgeschrittenen Industriegesellschaft nach wie vor von Bedeutung ist. Er macht uns glauben, Gemeinschaft sei das Produkt gegenseitiger Selbstentblößung. Und er führt uns zu einer Unterschätzung der Beziehungen, die die Gemeinschaft zu Fremden unterhält, insbesondere in den Großstädten. Paradoxerweise behindert gerade diese psychologische Einstellung die Entwicklung grundlegender Vermögen der Persönlichkeit, etwa des Respekts vor der Privatheit anderer oder eines Verständnisses dafür, daß jede Person in gewissem Maße ein Horrorkabinett ist und daß daher zivilisierte Beziehungen zwischen Personen nur so weit gelingen, wie die häßlichen kleinen Geheimnisse des Begehrens, der Habgier, des Neids darin eingeschlossen bleiben.

Der Aufstieg der modernen Psychologie und insbesondere der Psychoanalyse gründete in der Überzeugung, daß sich die Menschen, indem sie die Vorgänge im Selbst *als solche* und ohne transzendente Vorstellungen von Bosheit und Sünde begreifen lernen, von diesen Schrecken lösen und befreien können, um ausgiebiger und rationaler an einem Leben außerhalb ihrer eigenen Begierden teilzunehmen. Wie nie zuvor befassen sich die Leute heute mit ihrer individuellen Lebensgeschichte und ihren besonderen Emotionen. Aber wie sich herausgestellt hat, war dieses Interesse eine Falle; in die Freiheit führte es nicht.

Weil diese psychologische Einstellung zum Leben weitreichende gesellschaftliche Konsequenzen hat, möchte ich ihr einen eigenen Namen geben, der auf den ersten Blick vielleicht nicht treffend erscheint: es geht hier um eine *intime* Sichtweise der Gesellschaft. Mit »Intimität« verbindet man Wärme, Vertrauen und die Möglichkeit zu offenem Ausdruck von Gefühlen. Aber gerade weil wir dahin gekommen sind, diese psychologischen Wohltaten in all unseren Erfahrungsbereichen zu erwarten, und weil ein großer Teil des gesellschaftlichen Lebens, der sehr wohl von Bedeutung ist, diese psychologischen Gratifikationen nicht zu bieten vermag, kommt es uns so vor, als lasse uns die Außenwelt, die »objektive« Welt im Stich; sie wirkt dann schal und leer.

Ich kehre hier gewissermaßen die Argumentation von David Riesmans Buch *Die einsame Masse* um. Riesman stellte der »innen-geleiteten« Gesellschaft, in der die Menschen handeln und Verpflichtungen eingehen, indem sie auf innere Strebungen und auf Gefühlsregungen zurückgreifen, eine »außen-geleitete« Gesellschaft gegenüber, in der diese Regungen und Verpflichtungen davon abhängen, wie die Menschen die Ansichten der anderen einschätzen. Riesman war der Meinung, die amerikanische Gesellschaft und in Ansätzen auch Westeuropa befänden sich auf dem Weg von innen-geleiteten zu außen-geleiteten Verhältnissen. Diese Reihenfolge müßte meiner These zufolge umgekehrt werden. Die westlichen Gesellschaften befinden sich auf dem Weg von in gewissem Sinne außen-geleiteten zu innen-geleiteten Verhältnissen – bloß, daß inmitten von Selbstversunkenheit keiner mehr sagen kann, was »innen« ist. Das hat zu einer Verwirrung zwischen dem öffentlichen und dem intimen Leben geführt; auf der Basis von Gefühlsregungen betreiben die Menschen öffentliche Angelegenheiten, mit denen angemessen nur auf der Grundlage von nicht-personalen Bedeutungen umgegangen werden kann. Man könnte diese Verwirrung für ein spezifisch amerikanisches Problem halten. Es hat den Anschein, als ob der Wert, den die amerikanische Gesellschaft auf das individuelle Erleben legt, ihre Bürger dazu veranlaßt, das gesamte Leben der Gesellschaft am Maßstab persönlichen Empfindens zu messen. Aber man hat es heute gar nicht mit einem kruden Individualismus zu tun, sondern vielmehr mit einer Angst vor individuellem Empfinden, die in den Vorstellungen der Individuen vom Funktionieren der Welt einen breiten Raum einnimmt. Die Quelle dieser Angst ist ein tiefgreifender Wandel des Kapitalismus und der religiösen Anschauungen, der nicht auf das Terrain einer Nation beschränkt ist.

In der Angst vor dem eigenen Fühlen könnte man auch eine Ausbreitung und Vulgarisierung der romantischen »Suche nach Persönlichkeit« erkennen. Diese Suche vollzog sich nicht in einem gesellschaftlichen Vakuum, es waren vielmehr die Bedingungen des Alltagslebens, die die Menschen in diese Suche nach Selbstverwirklichung getrieben haben. Aber die literaturwissenschaftlichen Untersuchungen zu diesem Thema haben ihre Aufmerksamkeit nie auf die Frage gerichtet, welche Kosten sich aus dieser Suche für die Gesellschaft ergeben, und diese Kosten sind jedenfalls erheblich.

Will man den Verfall des öffentlichen Lebens erforschen, so erfordert das eine Methode, die sich von den üblichen Verfahren der Sozialwissenschaften unterscheidet. Wenn man danach fragt, wie sich die Menschen in der Öffentlichkeit ausdrücken, so stößt man natürlich auf die weitere Frage: Zu welchen Ausdrucksformen ist der Mensch in sozialen Beziehungen fähig? Wenn jemand einem Fremden Höflichkeit bezeigt, agiert er dann im Ausdruck so wie ein Schauspieler? Über die Ausdruckslosigkeit des öffentlichen Lebens läßt sich kaum sprechen, wenn man nicht über eine Theorie des Ausdrucks verfügt. Gibt es zum Beispiel einen Unterschied zwischen dem in öffentlichen und dem in privaten Beziehungen angemessenen Ausdruck?

Ich habe versucht, eine Theorie des öffentlichen Ausdrucks zu entwickeln, indem ich Geschichte und Theorie in eine Wechselbeziehung zueinander gebracht habe. Konkrete Vorgänge im öffentlichen Verhalten, in Sprache, Kleidung und in den Anschauungen der Menschen werden in diesem Buch zur Grundlage für eine Theorie des Ausdrucks in der Gesellschaft genommen. Und wie die Geschichte Anhaltspunkte für eine solche Theorie liefert, so habe ich auch umgekehrt die gewonnenen abstrakten Erkenntnisse ihrerseits als Anhaltspunkte genutzt, um neue Fragen an das historische Material zu stellen.

In einer dialektischen Untersuchung ist die Argumentation erst abgeschlossen, wenn auch das Buch abgeschlossen ist. Man kann nicht im voraus »die Theorie« aufstellen und sie dann wie ein Raster über die Geschichtsprozesse breiten. Um jedoch von Beginn an wenigstens eine gewisse Klarheit zu schaffen, möchte ich in diesem Kapitel die gesellschaftlichen und politischen Dimensionen des Problems der Öffentlichkeit erörtern, wie es sich in der modernen Gesellschaft herausgebildet hat. Im nächsten Kapitel möchte ich dann die Dimensionen einer Theorie des öffentlichen Ausdrucks darstellen. Danach werden historische und theoretische Fragestellungen immer wieder ineinandergreifen.

Die Liebe wird asozial

In der modernen Gesellschaft nimmt das Problem der Öffentlichkeit eine doppelte Gestalt an. Verhaltensweisen und Fragestellungen, die unpersönlich sind, erwecken keine große Leidenschaft; sie erwecken erst dann Leidenschaft, wenn die Menschen fälschlich mit ihnen umgehen, als handele es sich um etwas Persönliches. Dieses Problem von Öffentlichkeit erzeugt innerhalb des Privatlebens ein weiteres Problem. Die Welt intimer Empfindungen verliert alle Grenzen; sie wird nicht mehr von einer öffentlichen Welt begrenzt, die eine Art Gegengewicht zur Intimität darstellen würde. Der Zerfall des öffentlichen Lebens deformiert also auch die intimen Beziehungen, die nun sämtliche Interessen der Menschen mit Beschlag belegen. Nirgendwo hat sich diese Deformation in den letzten hundert Jahren deutlicher gezeigt als im intimsten Erlebnisbereich überhaupt: bei der körperlichen Liebe.

In den vergangenen hundert Jahren hat die körperliche Liebe eine Neubestimmung erfahren; sie erscheint nicht mehr als Erotik, sondern als Sexualität. Die viktorianische Erotik bezog sich auf soziale Zusammenhänge, Sexualität bezieht sich auf persönliche Identität. Erotik bedeutete, daß der sexuelle Ausdruck in Handeln einging – in Handlungen der Wahl, der Verdrängung, der Interaktion. Sexualität dagegen ist kein Handeln, sondern ein Zustand, aus dem sich der Liebesakt fast automatisch, als natürliches Resultat ergibt, wenn Menschen sich intim miteinander fühlen.

Für das Bürgertum des 19. Jahrhunderts war die Erotik fast vollständig in Angst gehüllt und wurde daher nur durch den Filter der Verdrängung zum Ausdruck gebracht. Alles sexuelle Handeln war von einem Gefühl des Verstoßes oder der Verletzung überschattet – einer Verletzung des Körpers der Frau durch den Mann, einer Verletzung des gesellschaftlichen Anstands durch die Liebenden, einer Verletzung noch tiefer verwurzelter Moralvorstellungen durch die Homosexuellen. Weite Teile der modernen Gesellschaft haben gegen die damit verbundene Angst und Verdrängung rebelliert, und das war gut so. Aber aufgrund der spezifischen Art, in der sich die Ideale der Intimität in der heutigen Vorstellungswelt niedergeschlagen haben, richtete sich diese Rebellion auch gegen den Gedanken, daß die körperliche Liebe ein Handeln ist, auf das sich Menschen einlassen, für das es, wie für jedes gesellschaftliche Handeln, Regeln, Grenzen und notwendige Fiktionen gibt, die dem Handeln erst seine spezifische Bedeutung verleihen. Statt dessen ist der Sex zur reinen Selbst-Offenbarung geworden. Eine neue Sklaverei ist an die Stelle der alten getreten.

In unserer Vorstellung bezeichnet Sexualität den weiten Bereich dessen, was wir sind und was wir empfinden. Als expressiver Zustand – statt als expressives Handeln – ist Sexualität jedoch entropisch. Alles, was wir erleben, muß auch unsere Sexualität berühren. Aber diese Sexualität ist einfach da. Wir enthüllen sie, wir entdecken sie, wir geben ihr nach – doch wir meistern sie nicht. Das wäre manipulativ, instrumentell, gefühllos – und es würde die Sexualität auf eine Stufe mit Gefühlsregungen stellen, denen wir eine Form zu geben versuchen, statt uns ihnen zu unterwerfen. Die Viktorianer, die die Sexualität in dieser letzten Weise auffaßten, konnten deshalb davon sprechen, daß sie von ihrer erotischen Erfahrung lernen, auch wenn dieses Lernen aufgrund der Verdrängung äußerst schmerzvoll war. Heute lernen wir nichts von der Sexualität; statt dessen begeben wir uns auf eine endlose, enttäuschende Suche nach dem Selbst – vermittels der Genitalien.

Man denke etwa an die unterschiedlichen Bedeutungsfelder des im 19. Jahrhundert gebräuchlichen Wortes »Verführung« und des modernen Ausdrucks »Affäre«. Verführung bedeutete: eine Person – und nicht immer ein Mann – weckt in einer anderen Person ein Gefühl, das dazu angetan ist, die gesellschaftlichen Sitten zu verletzen. Dadurch wurden alle anderen sozialen Beziehungen der Person zeitweilig in Frage gestellt; die Ehefrau, die Kinder, die eigenen Eltern waren beteiligt, sei es symbolisch, über das Schuldgefühl, sei es praktisch, wenn die Übertretung ans Licht kam. Der moderne Ausdruck »Affäre« flacht alle diese Risiken ab, weil er die Vorstellung verdrängt, daß physische Liebe ein sozialer Akt ist; heute ist sie Sache einer emotionalen Affinität, die im Leben eines Menschen außerhalb des Netzes seiner sonstigen sozialen Beziehungen steht. Heute würde es jemandem, der eine Affäre betreibt, gleichgültig, ob er verheiratet ist oder nicht, niemals in den Sinn kommen, dieses Verhältnis direkt in einen Zusammenhang mit seiner Beziehung zu den eigenen Eltern zu bringen, dergestalt, daß die Liebe zu einem anderen Menschen den eigenen Status als Kind anderer Menschen verändern könnte. Das mag vielleicht im Einzelfall vorkommen, je nach den besonderen Merkmalen des einzelnen, aber es ist keine gesellschaftliche Angelegenheit. Unter freieren Geistern würde man das gleiche auch von einer Affäre in ihrem Verhältnis zu einer Ehe sagen. Schon das Wort »Affäre« verweist in seiner Blässe und Gestaltlosigkeit auf eine Abwertung der Sexualität, die gleichsam aus der Sprache und damit auch aus der Sphäre der Gesellschaft ausgeblendet wird. Indem wir gegen die Sexualunterdrückung rebellierten, haben wir auch gegen den Gedanken rebelliert, daß die Sexualität eine soziale Dimension besitzt.

Warum mußte das gutgemeinte Streben nach sexueller Freiheit in einer unauflösbaren, undurchdringlichen Verwirrung des Selbst enden? In einer Gesellschaft, in der intimes Erleben zu einem Allzweckmaßstab für die Beurteilung der Wirklichkeit geworden ist, wird das Erleben in zwei Formen organisiert, die zu dieser unbeabsichtigten Destruktivität führen. In einer

solchen Gesellschaft werden die grundlegenden narzißtischen Energien des Menschen derart mobilisiert, daß sie alle menschlichen Interaktionen durchdringen. In einer solchen Gesellschaft wird die Prüfung der Frage, ob die Menschen authentisch und »offen« miteinander umgehen, zum entscheidenden Kriterium auf dem Tauschmarkt der intimen Beziehungen.
Der Narzißmus im klinischen Verstande meint etwas anderes als die geläufige Vorstellung vom Verliebtsein in die eigene Schönheit; strenger gefaßt, als Charakterstörung, bezeichnet er eine Selbstbezogenheit, die nicht mehr zu erkennen vermag, was zur Sphäre des Selbst und der Selbst-Gratifikation gehört und was nicht. Zum Narzißmus gehört die bohrende Frage, was diese Person, dieses Ereignis »für mich bedeuten«. Diese Frage nach der »Relevanz« anderer Menschen oder äußerer Handlungen für die jeweilige Person wird immer wieder von neuem gestellt, so daß die deutliche Wahrnehmung der Personen und Handlungen getrübt wird. Seltsamerweise verhindert gerade diese Versenkung ins eigene Selbst die Befriedigung der Bedürfnisse dieses Selbst; sie bewirkt, daß die Person in dem Augenblick, da sie ein Ziel erreicht hat oder mit einer anderen Person Verbindung aufnimmt, das Gefühl hat: »Das ist es nicht, was ich wollte.« Der Narzißmus besitzt also die doppelte Eigenschaft, die Versenkung in die Bedürfnisse des Selbst zu verstärken und zugleich ihre Erfüllung zu blockieren.
Narzißtische Charakterstörungen sind die häufigste Ursache psychischen Leidens, mit der es die Therapeuten heute zu tun haben. Die hysterischen Symptome, die in der erotischen und zugleich repressiven Gesellschaft, in der Freud lebte, die Oberhand hatten, sind weitgehend verschwunden. Narzißtische Charakterstörungen haben deshalb so zugenommen, weil die heutige Gesellschaft ihre inneren Ausdrucksprozesse psychologisch organisiert und den Sinn für sinnvolle soziale Interaktionen außerhalb der Grenzen des einzelnen Selbst unterminiert. Bei der genaueren Bestimmung dieses Leidens müssen wir sehr vorsichtig verfahren, um die Umgebung, in der es eine soziale Form angenommen hat, nicht zu verfehlen. Diese Charakterstörung führt nicht unvermeidlich zur Psychose, und die von ihr Betroffenen leben nicht dauernd in einem akuten Krisenzustand. Der Rückzug aus der Außenwelt, die fortwährende Suche nach einer aus dem Innern gespeisten Bestimmung dessen, »wer ich bin«, verursacht Schmerz, aber keine verheerende Krankheit. Mit anderen Worten, der Narzißmus erzeugt nicht die Bedingungen, die seine Überwindung voranbringen könnten.
Im Bereich der Sexualität löst der Narzißmus die körperliche Liebe aus jeder Art von Anteilnahme, ob persönlich oder gesellschaftlich, heraus. Der bloße Umstand, sich auf etwas einzulassen, schränkt anscheinend die Möglichkeiten ein, zu erfahren, wer man ist, und die »richtige« Person zu finden, die zu einem »paßt«. Jede sexuelle Beziehung, die im Banne des Narzißmus steht, wird um so unbefriedigender, je länger die Partner zusammen sind.
Eine grundlegende Relation zwischen Narzißmus und Sexualität läßt sich

anhand des Bildes bestimmen, das die Menschen von ihrem eigenen Körper haben. Eine interessante Untersuchung, die in Paris über viele Jahre durchgeführt wurde, hat gezeigt, daß es Menschen, die dazu neigen, die vollständige Definition ihrer Sexualität in ihrem Körper zu suchen, zusehends schwerer fällt, diesen Körper zu »symbolisieren«. In dem Maße, wie Sexualität zu einer absoluten, in der Körpergestalt fixierten Verfassung wird, fällt es den Menschen, die diese Körper sind, immer schwerer, phallische Formen in natürlichen Organismen, z. B. Pflanzen, wahrzunehmen oder eine Relation zwischen körperlichen Bewegungen und den Bewegungen eines Zylinders oder eines Blasebalgs herzustellen. Diese Abkapselung des Körpers ist narzißtisch, weil sie die Sexualität zum ausschließlichen Attribut einer Person macht, zu einem Sein statt zu einem Tun, und sie dadurch von jedem möglichen sexuellen Erleben isoliert. Die Untersuchung kommt zu dem Schluß, daß der Narzißmus zu einer Verkümmerung der »metaphorischen« Körperwahrnehmung führt, d. h. zu einer Verarmung jener kognitiven Fähigkeit, ein physisches Ding in ein Symbol verwandeln zu können. Das ist ein Grund, warum destruktive psychische Kräfte zum Vorschein kommen, wenn eine Gesellschaft den Wandel von der Erotik zur Sexualität, vom Glauben an emotionale Handlungen zum Glauben an emotionale Zustände durchmacht. Hier zeigt sich die Destruktivität, die entfesselt wird, wenn die Gesellschaft dem Eros eine öffentliche Dimension verweigert.

Am häufigsten erfährt der von ihm Betroffene den Narzißmus als einen Verkehrungsprozeß: Wenn ich bloß mehr empfinden könnte, oder wenn ich bloß wirklich empfinden könnte, dann könnte ich eine Beziehung zum anderen aufnehmen oder eine »wirkliche« Beziehung zu ihm unterhalten. Aber im Augenblick der Begegnung habe ich jedesmal das Gefühl, nicht genug zu empfinden. Der manifeste Gehalt dieser Verkehrung ist eine Selbstanschuldigung, aber dahinter verbirgt sich das Gefühl, von der Welt im Stich gelassen zu sein.

Eine zweite destruktive Kraft verstärkt diese fruchtlose Suche nach einer aus Elementen der Innenwelt zusammengesetzten Identität. Sie läßt sich am besten an einem Beispiel aus dem Ausbildungsgang diagnostischer Interviewer veranschaulichen.

Bei ihren ersten Sitzungen sind die angehenden Interviewer sehr darauf bedacht zu zeigen, daß sie ihr Gegenüber als wirkliche Personen und nicht bloß als »Datenquelle« betrachten. Die Interviewer wollen mit ihren Patienten wie mit Gleichen umgehen, wollen gemeinsam mit ihnen Entdeckungen machen. Diese lobenswerte Absicht führt am Anfang zu einer eigenartigen Situation: Jedesmal, wenn der Patient ein Detail oder eine Empfindung aus seinem Privatleben enthüllt, reagiert der Interviewer, indem er seinerseits ein Detail aus seinem eigenen Privatleben offenbart. Jemanden als »wirkliche Person« wahrzunehmen hat in dieser Situation einen Tauschhandel mit Intimitäten zur Folge. Der eine deckt eine Karte auf, und der andere zieht nach.

Die Interviewer beginnen, sich von diesem Markt gegenseitiger Selbstoffenbarungen zu lösen, wenn sie erkennen, daß sie, indem sie sich selbst ins Spiel bringen, die Chance vertun, etwas über die Empfindungen des Patienten in Erfahrung zu bringen. Diese Chance besteht, wenn der Interviewer Fragen stellt oder einfach schweigend dasitzt und wartet, bis der andere fortfährt. Nach einer gewissen Zeit ist es feinfühligen Interviewern nicht mehr ganz wohl bei dem Gedanken, daß man, um jemanden emotional als Gleichen behandeln zu können, eine Gegenseitigkeitsbeziehung zu ihm aufnehmen muß, in der man auf alles, was er von sich verrät, seinerseits mit einer Selbstoffenbarung reagiert. Dann befinden sich die Interviewer auf dem Weg von einem Intimitätsideal, das auf dem Tauschprinzip fußt, zu einer wirklichen Intimität. Hier erscheinen die Grenzen um das Selbst nicht länger als isolierend, sondern vermögen die Kommunikation mit anderen sogar zu fördern.

Die Idee, Intimität gründe in einer Tauschbeziehung, die die Interviewer zunächst hegen, geht auf Vorstellungen zurück, die in der Gesellschaft insgesamt dominieren. Wenn Menschen einander so nahe kommen, daß sie einander kennenlernen, dann wird dieses interpersonale Wissen zu einer Sache der gegenseitigen Selbstoffenbarung. Wenn zwei Menschen die Offenbarungen ausgehen, wenn die Tauschwaren erschöpft sind, dann geht auch allzu oft die ganze Beziehung zu Ende. Sie ist erschöpft, denn »es gibt nichts mehr zu sagen«; jede Person betrachtet die andere als »selbstverständlich«. Langeweile ist die notwendige Konsequenz einer Intimität, die als Tausch funktioniert. Diese Erschöpfung einer Beziehung paßt sehr genau zu der narzißtischen Überzeugung, die Gratifikationen, die man zu einem bestimmten Zeitpunkt empfängt, seien noch längst nicht das, was man erhalten *könnte,* oder umgekehrt: man empfinde eigentlich nicht so viel, daß man die Beziehung als »echt« bezeichnen könnte.

Der Narzißmus und der Markt der Selbstoffenbarungen strukturieren Verhältnisse, unter denen der intime Ausdruck von Gefühlen destruktiv wird. Es kommt zu einer nicht endenden Suche nach Gratifikation, und gleichzeitig kann das Selbst nicht zulassen, daß diese Gratifikation wirklich eintritt. Die Macht, die diese Sprache des Selbst besitzt, läßt sich ermessen, wenn man sich die Schlüsselworte vergegenwärtigt, mit denen man heutzutage die Authentizität von Beziehungen oder von Menschen beschreibt. Wir sprechen davon, daß wir zu einem Ereignis oder zu einem anderen Menschen »eine Beziehung haben« oder nicht und daß innerhalb der Beziehung die Menschen zueinander »offen« sind. Das erste ist ein Deckwort, mit dem sich bestimmen läßt, wie weit der andere als Spiegel für das eigene Selbst dienen kann, und das zweite bestimmt, wie weit sich die soziale Interaktion als Markt der Selbstbekenntnisse herstellt.

Die bürgerliche Familie des 19. Jahrhunderts war bestrebt, eine Unterscheidung zwischen der privaten Realität und der davon gänzlich verschiedenen öffentlichen Sphäre außerhalb des Hauses aufrechtzuerhalten. Die Grenzlinie zwischen beiden Bereichen war verworren, sie wurde mißachtet, und auf dem Feld der Erotik wurde sie von einer vor Angst zitternden Hand gezeichnet – aber es wurde immerhin versucht, die Geschiedenheit und Komplexität verschiedener Sphären der sozialen Wirklichkeit zu bewahren. Das bürgerliche Leben des vergangenen Jahrhunderts besaß eine Eigenschaft, die allzu leicht vergessen wird: *Würde*. Man unternahm den Versuch – gewiß, unter Mühen, und am Ende war er zum Scheitern verurteilt –, Unterscheidungen zwischen verschiedenen Erfahrungsfeldern zu treffen, um auf diese Weise einer ungemein harten, chaotischen Gesellschaft eine Form abzutrotzen. Marx hat diese Würde nicht weniger wahrgenommen als Weber; Thomas Mann feierte sie in seinen frühen Romanen und beschrieb zugleich ihre unaufhaltsame Auflösung.

Hätte die zunehmende Beschäftigung mit dem eigenen Selbst eingesetzt, während die Menschen weiterhin ein aktives Leben mit anderen führten, deren nähere Bekanntschaft sie nicht machen konnten, etwa in der Politik oder in großen Bürokratien, so wären wir vielleicht zu dem Schluß gelangt, unser Problem stehe im Zusammenhang mit der wachsenden Bedeutung der Psychologie in den bürgerlichen Verhaltensweisen; das psychologische Problem ließe sich dann von soziologischen Fakten der Partizipation und des Gruppenhandelns klar trennen. Aber in Wirklichkeit haben wir es mit einem Wechselprozeß zu tun. In dem Maße, wie das Interesse an der Frage nach dem Selbst gewachsen ist, ist die gemeinsame Arbeit mit Fremden im Dienste sozialer Zwecke zurückgegangen – oder diese gemeinsame Arbeit ist durch psychologische Zugriffe entstellt worden. In lokalen Vereinen und Zusammenschlüssen z. B. haben die Menschen oft das Gefühl, sie müßten einander als Personen kennenlernen, um miteinander handeln zu können; sie geraten dann in einen Prozeß der gegenseitigen Selbstoffenbarung, der Immobilität hervorruft, und nach und nach verlieren sie die Lust, gemeinsam zu handeln.

Das Bedürfnis, im gesellschaftlichen Umgang die eigene Persönlichkeit zu offenbaren und soziales Handeln daran zu messen, was es von der Persönlichkeit anderer zu erkennen gibt, läßt sich auf zwei Arten charakterisieren. Erstens bekundet sich darin der Wunsch, sich selbst durch Ausstellung der eigenen Qualitäten zu authentisieren. Eine Handlung ist nicht als Handlung gut (d. h. authentisch), sie wird es erst durch den Charakter dessen, der sie vollzieht. Wenn eine Person als authentisch beurteilt wird oder wenn von einer Gesellschaft als ganzer gesagt wird, sie schaffe Authentizitätsprobleme, dann enthüllt diese Redeweise, wie stark soziales Handeln abgewertet ist, wobei der psychologische Kontext immer größeres Gewicht erhält. Unser guter Menschenverstand sagt uns zwar, daß auch gute Menschen Schlechtes tun, aber die Sprache der Authentizität macht es schwierig, sich dieses guten Menschenverstandes zu bedienen.

Zweitens stellt der Wunsch, sich selbst, die eigenen Gefühle und Motive zu authentisieren, eine Form von Puritanismus dar. Bei aller Befreiung unserer

Sexualität stehen wir doch noch immer im Bannkreis der Selbstrechtfertigung, der die Welt des Puritaners umgab. Und das hat einen ganz bestimmten Grund. Narzißtische Gefühle konzentrieren sich oft auf die zwanghafte Frage, ob »ich gut genug bin«, ob ich der oder die »Richtige« bin usw. Wenn eine Gesellschaft solche Gefühle mobilisiert, wenn sie den objektiven Charakter des Handelns abwertet und die Bedeutung des subjektiven Gefühlszustandes des Handelnden aufwertet, kommt diese Tendenz zur Selbstrechtfertigung durch einen »symbolischen Akt« an allen möglichen Stellen zum Vorschein. Die Wechselwirkung zwischen öffentlichem und privatem Interesse verschärft diese zwanghafte Suche nach der Legitimität des Selbst und erweckt damit die quälenden Elemente der protestantischen Ethik zu neuem Leben – und das in einer Gesellschaft, die weder religiös noch davon überzeugt ist, daß materieller Wohlstand eine Art von moralischem Kapital darstellt.

Das Wechselverhältnis zwischen verstärkter Introspektion und nachlassender sozialer Anteilnahme könnte man leicht als psychologisches Problem mißverstehen. Man könnte meinen, die Menschen verlören den »Willen« zum sozialen Handeln oder ihnen sei der »Wunsch« dazu abhanden gekommen. Doch solche Deutungen führen in die Irre, weil sie nicht erklären, wie eine ganze Gesellschaft ihren Willen verloren oder ihre Wünsche verändert haben soll. Sie sind auch insofern irreführend, als sie eine therapeutische Lösung suggerieren: die Leute aus ihrer Selbstversunkenheit aufscheuchen, als würde eine Umwelt, die das gesellschaftliche Wollen der Menschen korrumpiert und ihre Wünsche verändert hat, die so gewandelten Individuen plötzlich mit offenen Armen aufnehmen.

Der öffentliche Raum stirbt ab

Der Intimitätskult wird in dem Maße gefördert, wie die öffentliche Sphäre aufgegeben wird und leer zurückbleibt. In einer ganz unmittelbaren, physischen Weise weckt die Umwelt in den Menschen den Gedanken, daß die öffentliche Sphäre bedeutungslos sei. Ich meine die Organisation des Raums in den Großstädten. Architekten, die Wolkenkratzer und andere Großbauten planen, gehören zu den wenigen Fachleuten, die mit den heutigen Vorstellungen von öffentlichem Leben praktisch zu tun haben, die diese Vorstellungen zum Ausdruck bringen und für andere sichtbar machen.
Einer der ersten nach dem Zweiten Weltkrieg ganz im Stil der International School errichteten Wolkenkratzer war das Lever House von Gordon Bunshaft in New York. Das Erdgeschoß des Lever House ist ein freier Platz, ein Hof, an dessen Nordseite das Hochhaus steht, während die drei anderen Seiten von einem flachen Gebäude eingefaßt sind, das auf Säulen ruht und ein Stockwerk über dem Erdboden beginnt. Von der Straße gelangt man unter diesem

Hufeisen hindurch auf den Platz. Das Straßenniveau selbst ist toter Raum. Dieser Platz bietet sich nicht zu einer Vielfalt möglicher Aktivitäten an. Er dient einzig als Durchgang ins Innere des Gebäudes. Die Form dieses Wolkenkratzers verträgt sich nicht mit seiner Funktion, denn die Form verspricht, daß hier ein öffentlicher Platz in Miniaturformat wiederbelebt werden soll, aber die Funktion zerstört gerade das, was an einem öffentlichen Platz wesentlich ist: daß er Personen miteinander mischt und eine Vielfalt von Aktivitäten anzieht.

Dieser Widerspruch ist Teil eines umfassenderen Zwiespalts. Die International School hatte eine neue Idee der Sichtbarkeit beim Bau von Hochhäusern zum Programm erhoben. Die ganz aus Glas bestehenden, nur von dünnen Stahlstreben unterbrochenen Wände gestatten es, Innen und Außen eines Gebäudes fast bis zur Ununterscheidbarkeit zu verwischen. Diese Technik nähert sich dem von S. Giedion so genannten Ideal der »durchlässigen Wand«, dem höchsten Grad an Sichtbarkeit. Aber die Wände bilden zugleich hermetische Barrieren. Das Lever House war der Vorläufer eines Planungskonzepts, in dem die Wand, obgleich durchlässig, die Tätigkeiten innerhalb des Gebäudes vom Leben auf der Straße abschneidet. In diesem Konzept verschränken sich eine Ästhetik der Sichtbarkeit und die gesellschaftliche Isolation.

Das Paradoxon der Isolation inmitten von Sichtbarkeit ist keine New Yorker Besonderheit, ebensowenig wie die hohe Kriminalität dieser Stadt eine ausreichende Erklärung für das Absterben des öffentlichen Raums im Zuge solcher Planungen ist. Im Brunswick Centre im Londoner Stadtteil Bloomsbury und in dem Bürokomplex La Défense am Westrand von Paris kommt das gleiche Paradoxon zur Geltung und führt auch dort zum Zerfall des öffentlichen Raums.

Beim Brunswick Centre erheben sich zwei riesige Apartmenthäuser zu beiden Seiten einer zentralen Betonpromenade; die Apartmenthäuser sind Stockwerk für Stockwerk nach hinten versetzt, so daß sie wie eine babylonische Terrassenstadt auf einem Hügel erscheinen. Die Terrassen der Apartments sind in der Regel mit Glas überdacht; auf diese Weise hat jeder Bewohner eine Art Glaswand, die viel Licht einläßt und die Grenze zwischen drinnen und draußen aufhebt. Diese wechselseitige Durchdringung von Haus und Außenwelt bleibt jedoch merkwürdig abstrakt; man hat eine schöne Aussicht auf den Himmel, aber die Gebäude sind so geschnitten, daß sie den Blick auf die umliegenden Gebäude von Bloomsbury nicht gestatten und in keinerlei Beziehung zu diesen stehen. Tatsächlich wendet sich die Rückseite eines der Häuser aus massivem Beton einem der schönsten Plätze von ganz London zu, vielmehr: sie ignoriert ihn. Das Gebäude steht da, als könnte es überall stehen; seine Lage zeigt, daß die Planer ohne Rücksicht auf irgendeine besondere städtische Umgebung bauten.

Seine entscheidende Lektion erteilt das Brunswick Centre mit seiner zentralen Promenade. Da gibt es ein paar Läden und weite Flächen mit leerem Raum.

Diesen Raum durchquert man, man benutzt ihn nicht; sich für längere Zeit auf einer der wenigen Betonbänke auf der Promenade niederzulassen ist ebenso unerfreulich, wie sich in einer riesigen, leeren Halle zur Schau zu stellen. Tatsächlich wird die »öffentliche« Promenade des Brunswick Centre gegen die angrenzende Hauptstraße von Bloomsbury durch zwei riesige, von Geländern eingefaßte Rampen abgeschirmt. Die Promenade selbst liegt mehrere Fuß über dem Straßenniveau. Auch hier ist alles dazu angetan, den öffentlichen Raum des Brunswick Centre vor zufälligen Passanten und Spaziergängern abzuschließen, so wie die Anlage der beiden Wohnblocks deren Bewohner wirksam von Straße, Promenade und Platz trennt. Die visuelle Botschaft der fein gegliederten Glaswände besagt, daß es bei einem Wohnhaus keinen Unterschied zwischen drinnen und draußen gibt; die soziale Botschaft der Promenade, der Anlage des ganzen Komplexes und der Rampe dagegen lautet, daß das »Innen« des Brunswick Centre durch eine mächtige Barriere vom »Außen« geschieden ist.

Die Zerstörung von lebendigem öffentlichen Raum enthält eine noch seltsamere Idee: den Raum zum Funktionselement von Bewegung zu machen. In La Défense ebenso wie im Lever House und im Brunswick Centre ist der öffentliche Raum etwas, das man durchquert, worin man sich nicht aufhält. In La Défense findet man auf den Flächen um die Ansammlung von Bürotürmen, aus denen der ganze Komplex besteht, ein paar Geschäfte, aber im Grunde dienen sie als Durchgangszonen, um vom Auto oder vom Bus ins Bürogebäude zu gelangen. Nichts deutet darauf hin, daß die Planer von La Défense der Ansicht waren, dieser Raum besitze einen Wert für sich und die Leute könnten den Wunsch verspüren, darin zu verweilen. Die Flächen bilden, in den Worten eines Planers, ein »Zwischenglied zwischen Straßen- und Vertikalverkehr«. Mit anderen Worten, der öffentliche Raum wird zu einer Funktion der Fortbewegung.

Die Vorstellung vom Raum als einer Funktion der Bewegung entspricht genau der Beziehung zwischen Raum und Bewegung, die das Auto ausdrückt. Man gebraucht den Wagen nicht, um die Stadt kennenzulernen, für Ausflüge ist er nicht geschaffen, oder vielmehr er wird dazu nicht benutzt, außer von Jugendlichen auf ihren Vergnügungstouren. Statt dessen verschafft das Auto Bewegungsfreiheit; man kann ohne Rücksicht auf feste Haltepunkte, wie es sie bei der U-Bahn gibt, und ohne die Fortbewegungsart zu ändern, also ohne vom Bus in die U-Bahn umzusteigen und dann zu Fuß weiterzugehen, eine Reise von A nach B machen. Damit gewinnt die Stadtstraße eine merkwürdige Funktion, nämlich die, Fortbewegung zuzulassen; wenn sie die Fortbewegung durch Ampeln, Einbahnstraßen und dergleichen allzu sehr hemmt, werden die Autofahrer nervös oder zornig.

Wir erleben heute eine Erleichterung der Fortbewegung, die allen früheren Stadtkulturen unbekannt war, und dennoch ist sie zu einer extrem ängstigenden Alltagsverrichtung geworden. Die Angst rührt daher, daß wir die ungehemmte Bewegungsfähigkeit des Individuums als absolutes Recht unterstellen. Das Privatauto ist das natürliche Instrument zur Ausübung dieses Rechts; für den öffentlichen Raum und vor allem für die Straßen der Städte wirkt sich das so aus, daß der Raum bedeutungslos oder gar störend wird, sofern er der freien Bewegung nicht untergeordnet ist. Die moderne Fortbewegungstechnik ersetzt den Aufenthalt auf der Straße durch den Wunsch, die Hemmnisse der Geographie zu tilgen. Auf diese Weise verbindet sich das Planungskonzept etwa von La Défense oder des Lever House mit der Verkehrstechnik. In beiden Fällen verliert der zu einer Funktion der Fortbewegung gewordene öffentliche Raum seine unabhängige Erfahrungsqualität.

Bisher sind wir zwei Formen von »Isolation« begegnet. Die eine besteht darin, daß Menschen, die in einem städtischen Hochhaus wohnen oder arbeiten, daran gehindert werden, irgendein Verhältnis zu der Umgebung, in der das Gebäude steht, zu begründen. Die andere besteht darin, daß man, um der Bewegungsfreiheit willen in einem Privatauto eingeschlossen, gar nicht mehr auf den Gedanken kommt, daß die Umwelt eine andere Bedeutung haben könnte als die, unserer Fortbewegung zu dienen. Es gibt jedoch eine dritte, noch brutalere Form der Isolierung an öffentlichen Orten, eine Isolierung, die unmittelbar dadurch hergestellt wird, daß man für andere sichtbar ist.

Das Konzept der »durchlässigen Wand« wird von vielen Architekten nicht nur an der Außenhaut der Gebäude, sondern auch in ihrem Innern angewendet. Mit der Abschaffung der Bürowände verschwindet alles, was die Sicht versperrt; die ganze Etage wird zu einem einzigen offenen Raum, oder ein großer Raum in der Mitte wird von einem Kranz abgeschlossener Büros umgeben. Die Niederlegung der Wände, so versichern uns die Planer, erhöht die Büroeffizienz; denn wenn die Leute den ganzen Tag den Blicken der anderen ausgesetzt sind, wird die Neigung, gelegentlich ein Schwätzchen einzulegen, geringer, und ihre Konzentration nimmt zu. Wenn jeder vom anderen überwacht wird, nimmt die Geselligkeit ab, denn das Schweigen ist dann die einzige Möglichkeit, sich zu schützen. Das Großraumbüro treibt das Paradoxon von Sichtbarkeit und Isolation auf die Spitze – ein Paradoxon übrigens, das sich auch umkehren läßt. Die Menschen sind um so geselliger, je mehr greifbare Barrieren zwischen ihnen liegen, so wie es auch besondere Plätze in der Öffentlichkeit geben muß, deren einziger Zweck darin besteht, sie zusammenzuführen. Man kann es noch anders ausdrücken: Um sich gesellig zu fühlen, bedürfen die Menschen einer gewissen Distanz zu anderen. Wird der intime Kontakt gesteigert, so geht die Geselligkeit zurück. Das ist die Logik, die dieser Art von bürokratischer Effizienzsteigerung zugrunde liegt.

Das Absterben des öffentlichen Raumes ist eine Ursache dafür, daß die Menschen im Bereich der Intimität suchen, was ihnen in der »Fremde« der Öffentlichkeit versagt bleibt. Isolation inmitten öffentlicher Sichtbarkeit und die Überbetonung psychischer Transaktionen ergänzen einander. Wenn etwa eine Person glaubt, sich in der Öffentlichkeit vor der Beobachtung durch andere mit Schweigen und Isolation schützen zu müssen, dann wird sie das kompensieren, indem sie sich gegenüber denen, mit denen sie in Berührung kommen will, entblößt. Diese Komplementarität ist Ausdruck einer übergreifenden gesellschaftlichen Transformation. Man denke an die Masken, die sich das Selbst in Form von Anstandsregeln und Höflichkeitsritualen geschaffen hat. Solche Masken haben in anonymen Konstellationen ihre Bedeutung verloren und scheinen nur noch bei einigen Snobs in Verwendung zu sein. Aber ich frage mich, ob uns diese Verachtung für die rituellen Masken der Geselligkeit kulturell nicht unter den Stand primitiver Jäger- und Sammlergemeinschaften stellt.

Es scheint gewagt, eine Korrelation zwischen der Art, wie die Menschen Zuwendung und Liebe auffassen, und ihrem Erleben auf der Straße herzustellen. Und selbst wenn man zugesteht, daß es solche Verbindungen zwischen den Formen des öffentlichen und des Privat-Lebens gibt, könnte man einwenden, daß die historischen Wurzeln dieser Verbindungen nicht sehr tief reichen. Es war die nach dem Zweiten Weltkrieg geborene Generation, die sich in dem Maße, wie sie sich von sexuellen Zwängen befreite, auch nach innen kehrte, und in der Epoche dieser Generation ist es zur Zerstörung der öffentlichen Sphäre gekommen. Die These dieses Buches jedoch lautet, daß diese augenfälligen Anzeichen für ein aus dem Gleichgewicht geratenes Privatleben und ein öffentliches Leben, das leer ist, das Ende eines langen Prozesses markieren. Sie sind das Ergebnis eines Wandels, der mit dem Niedergang des Ancien Régime und mit der Herausbildung einer neuen, kapitalistischen, säkularen, städtischen Kultur einsetzte.

Wandlungen der öffentlichen Sphäre

Die Geschichte der Wörter »öffentlich« *(public)* und »privat« *(private)* liefert einen Schlüssel zum Verständnis dieses grundlegenden Wandels. In seiner frühesten, für die englische Sprache belegten Bedeutung wird »the public« mit dem Gemeinwohl einer Gesellschaft gleichgesetzt; so spricht etwa Malory im Jahre 1470 vom »Kaiser Lucyos [...], Diktator und Verwalter des öffentlichen Wohls [*publyke wele*] von Rom«. Etwa 70 Jahre später erhielt »public« eine zusätzliche Bedeutung: das, was offensichtlich, der allgemeinen Beobachtung zugänglich ist. In seinem *Chronicle* von 1542 schreibt Hall: »Sie konnten ihren Groll nicht zügeln, sondern machten ihm Luft an öffentlichen Orten wie an privaten« *(in places publicke, and also private)*. »Privat« bedeutet hier »privilegiert«, »auf hoher Regierungsebene«. Ende des 17. Jahrhunderts nahm das Gegensatzpaar »public« und »private« immer mehr den Sinn an, in dem wir es heute benutzen. »Öffentlich« bedeutete »dem prüfenden Blick von jedermann zugänglich«, während als »privat« ein abgeschirmter, durch Familie und enge Freunde begrenzter Lebensbereich bezeichnet wurde; in diesem Sinne schrieb Steele in einer Ausgabe des *Tatler* von 1709: »Die Wirkungen [...] auf die öffentlichen und privaten Handlungen der Menschen [...]«, und Butler notierte in seinen *Sermons* (1726): »Man soll jeden Menschen nach zwei Vermögen *(capacities)* betrachten, dem öffentlichen und dem privaten.« Swifts Wendung »to go out in publick« (in die Welt der Öffentlichkeit hinausgehen) verleiht dieser Gesellschaftsauffassung eine geographische Dimension. Im heutigen Englisch sind die älteren Bedeutungen nicht völlig verloren gegangen, aber die Bedeutung, die diese Begriffe im 18. Jahrhundert angenommen haben, bestimmt auch den modernen Sprachgebrauch.

Im Französischen hat »le public« einen ähnlichen Bedeutungswandel durchgemacht. Die Renaissance verwendet das Wort vor allem im Sinne von Gemeinwohl und Staatskörper; nach und nach wird »le public« dann auch zu einem bestimmten Bereich von Geselligkeit. Erich Auerbach hat eine Untersuchung über die moderne Definition von »le public« (Publikum) vorgelegt; in Frankreich tauchte sie erstmals Mitte des 17. Jahrhunderts auf und meinte das Schauspielpublikum (im Englischen auch »audience« genannt). Auf das Theaterpublikum bezog sich zur Zeit Ludwigs XIV. die Wendung *la cour et la ville* – Hof und Stadt. Auerbach fand heraus, daß dieses Theaterpublikum aus einer Elite bestand – eine Feststellung, die für den Hof sofort, für die Stadt jedoch nicht ohne weiteres einleuchtend ist. Aber im Paris des 17. Jahrhunderts bestand »la ville« aus einer sehr kleinen Gruppe, die nicht-aristokratischen Kreisen und dem Handel treibenden Bürgertum entstammte und deren Sitten diese Herkunft zu verdunkeln trachteten, nicht nur weil sie sich ihrer schämte, sondern auch, um die Beziehungen zum Hof zu erleichtern.

Der Bereich, der von Ausdrücken wie »Publikum« oder »in die Öffentlichkeit hinausgehen« umschrieben wurde, erweiterte sich im frühen 18. Jahrhundert sowohl in Paris als auch in London. Die Angehörigen des Bürgertums gaben sich nicht mehr solche Mühe, ihre soziale Herkunft zu verleugnen; sie hatten an Zahl zugenommen, und die von ihnen bewohnten Städte wurden zu einer Welt, in der deutlich voneinander unterschiedene gesellschaftliche Gruppen miteinander in Berührung kamen. Um die Zeit, da das Wort »public« seine moderne Bedeutung angenommen hat, bezeichnete es daher nicht nur einen Gesellschaftssektor neben dem Feld der Familie und der engen Freundschaften, es besagte vielmehr auch, daß dieser aus Bekannten und Fremden gebildete öffentliche Bereich eine relativ große Vielfalt an Menschen umschloß.

Es gibt ein Wort, das sehr eng mit der Vielgestaltigkeit der Stadtöffentlichkeit verbunden ist – das Wort »kosmopolitisch«. Ein Kosmopolit ist, nach einer französischen Belegstelle von 1738, ein Mensch, der sich mit Behagen in der Vielfalt bewegt; er fühlt sich in Situationen wohl, die keinerlei Ähnlichkeit mit dem Vertrauten haben. In England tauchte dieses Wort in der gleichen Bedeutung noch früher auf als in Frankreich, wurde aber bis zum 18. Jahrhundert nicht häufig verwendet. Denkt man an die moderne Bedeutung von »in die

Öffentlichkeit hinausgehen«, so war der Kosmopolit der perfekte »Öffentlichkeitsmensch« *(public man)*. In einer frühen englischen Belegstelle kündigt sich die Alltagsbedeutung, die das Wort in der bürgerlichen Gesellschaft des 18. Jahrhunderts annehmen sollte, bereits an. In einem seiner *Letters* (1645) schreibt Howell: »Ich stolperte in die Welt hinein, ein Nachgeborener, ein wahrer Kosmopolit, nicht in Land, Pacht, Haus noch Amt hineingeboren.« Ohne ererbten Wohlstand, ohne ererbte Feudalpflichten mußte sich der Kosmopolit notgedrungen auf die irdische Vielfalt einlassen – ob mit oder ohne Behagen.

So bezeichnet das Wort »öffentlich« ein Leben außerhalb des Familien- und Freundeskreises; unausweichlich mußten auf dem Feld der Öffentlichkeit unterschiedliche, komplexe Gesellschaftsgruppen miteinander in Berührung kommen. Zentrum dieses öffentlichen Lebens war die Hauptstadt.

Dieser sprachliche Wandel steht in einem Zusammenhang mit einem Wandel der Verhaltensweisen und der Anschauungen innerhalb der »Kosmopolis« des 18. Jahrhunderts. Als die Städte größer wurden und sich Strukturen von Geselligkeit entwickelten, die unabhängig von der direkten Kontrolle durch den König waren, nahm auch die Zahl von Orten zu, an denen Fremde einander regelmäßig begegnen konnten. Es war die Ära, in der große städtische Parks angelegt wurden und in der man erste Versuche unternahm, die Straßen für die speziellen Bedürfnisse des auf Entspannung und Erholung bedachten Fußgängers herzurichten. Es war die Zeit, in der Kaffeehäuser, später dann Cafés und Postgasthöfe zu gesellschaftlichen Mittelpunkten wurden; in der sich Theater und Opernhäuser einem großen Publikum öffneten, nachdem an die Stelle der älteren Praxis, die Plätze durch aristokratische Gönner zu verteilen, der freie Kartenverkauf getreten war. Die Annehmlichkeiten der Stadt wurden nun über den engen Kreis der Elite hinaus weiteren Gruppen der Gesellschaft zugänglich, so daß sogar die arbeitenden Klassen einige der Geselligkeitsformen übernahmen, etwa das Promenieren in den Parks, wie sie früher den Angehörigen der Elite vorbehalten gewesen waren, die in ihren Privatgärten spazierengingen oder einen Theaterabend »gaben«.

Im Reich der Notwendigkeit bildeten sich ebenso wie im Reich der Muße soziale Interaktionsformen heraus, die dem Austausch zwischen Fremden angemessen waren und nicht von festen Feudalprivilegien oder königlich bewilligten Monopolansprüchen abhingen. Der städtische Markt des 18. Jahrhunderts unterschied sich von dem des Spätmittelalters oder der Renaissance; er war in sich konkurrenzorientiert. Wer etwas zu verkaufen hatte, wetteiferte um die Aufmerksamkeit einer ständig wechselnden, weitgehend anonymen Käuferschaft. In dem Maße, wie sich die Geldökonomie ausbreitete, wurden die Formen des Kreditwesens, der Buchhaltung und der Investitionspraxis immer rationeller, Geschäfte wurden – auf einer zusehends anonymeren Ebene – in Büros und Ladenlokalen abgewickelt. Es wäre natürlich falsch, anzunehmen, Ökonomie und Geselligkeit dieser expandierenden Städte hätten ältere Formen des Wirtschaftens und der Lustbarkeit auf einen Schlag verdrängt. Vielmehr stellten sie neben die immer noch lebendigen Formen gegenseitiger persönlicher Verpflichtung neue Interaktionsweisen, die einem Leben inmitten von Fremden unter Bedingungen einer kaum reglementierten unternehmerischen Expansion angemessen waren.

Es wäre auch nicht richtig anzunehmen, der Prozeß, in dem ein soziales Band für eine expandierende Großstadt und eine erweiterte bürgerliche Klasse hergestellt wurde, sei schmerzlos und geradlinig verlaufen. Ängstlich waren die Menschen darauf bedacht, neue Formen der Sprache und selbst der Mode zu schaffen, die der neuen städtischen Situation eine Ordnung geben und dieses Leben vom privaten Familien- und Freundeskreis abgrenzen sollten. Bei ihrer Suche nach Prinzipien zur Strukturierung dieser öffentlichen Ordnung griffen sie in Sprache, Kleidung und Interaktion oft auf Muster zurück, die einer in Auflösung befindlichen Epoche angehörten, und versuchten, unter den neuen, dafür nicht eben günstigen Verhältnissen diese Muster mit neuer Bedeutung zu füllen. Viele Ungerechtigkeiten der spätmittelalterlichen Gesellschaft, die nun auf ein fremdes Gelände verpflanzt wurden, nahmen dabei erst recht eine schmerzhafte, grausame Gestalt an. Man braucht dieses öffentliche Leben in der »Kosmopolis« des Ancien Régime nicht zu romantisieren, um es zu würdigen; der Versuch, inmitten verwirrender, ja chaotischer Gesellschaftsverhältnisse eine soziale Ordnung zu errichten, trieb die Widersprüche des Ancien Régime auf den Höhepunkt der Krise und beflügelte doch zu gleicher Zeit die positiven Entwürfe eines Gruppenlebens, die wir erst noch verstehen lernen müssen.

Wie in ihrem Verhalten, so versuchten die Bürger der Hauptstädte des 18. Jahrhunderts auch in ihren Anschauungen festzulegen, was das öffentliche Leben war und was es nicht war. Die Grenzlinie zwischen dem Öffentlichen und dem Privaten war vor allem dadurch bestimmt, daß mit ihrer Hilfe das Gleichgewicht zwischen den Ansprüchen der Zivilisation – verkörpert im kosmopolitischen, öffentlichen Verhalten – und den Ansprüchen der Natur – verkörpert in der Familie – hergestellt wurde. Die Menschen sahen einen Konflikt zwischen diesen Ansprüchen, und die Komplexität ihrer Sichtweise beruht darauf, daß sie es ablehnten, dem einen vor dem anderen den Vorzug zu geben; statt dessen versuchten sie, ein Gleichgewicht zwischen beiden zu schaffen. Mit Fremden auf eine emotional zufriedenstellende Weise umzugehen und doch Distanz zu ihnen zu wahren, dies galt bis zur Mitte des 18. Jahrhunderts als das Mittel, aus dem »Menschentier« ein gesellschaftliches Wesen zu machen. Die Fähigkeiten, Vater oder Mutter zu sein oder tiefe Freundschaften zu knüpfen, galten dagegen als natürliche Anlagen und nicht als Ergebnis menschlicher Tätigkeit. In der Öffentlichkeit *schuf* sich der Mensch; im Privaten, vor allem innerhalb der Familie, *verwirklichte* er sich. Die Spannungen zwischen den Ansprüchen der Zivilisation und den Rechten der

Natur, wie sie sich in der Trennung zwischen Öffentlichem und Privatem im kosmopolitischen Zentrum verkörperten, durchdrangen nicht nur die hohe Kultur dieser Zeit, sondern wirkten sich auch in den »niederen Bereichen« aus. Sogar in Handbüchern der Kindererziehung, in moralischen Traktaten und in den allgemeinen Anschauungen über die Menschenrechte kamen sie zum Vorschein. Das Öffentliche und das Private bildeten gemeinsam das, was wir heute als ein »Universum« sozialer Beziehungen bezeichnen.

Der Kampf um die Strukturierung der Öffentlichkeit in der Stadt des 18. Jahrhunderts und die Spannungen zwischen den Ansprüchen des öffentlichen und denen des privaten Lebens bildeten den Rahmen einer kohärenten Kultur, wenngleich es wie in jeder Epoche auch hier Ausnahmen, Abweichungen und Alternativen gab. Im Grunde jedoch bestand in der Epoche der Aufklärung ein Gleichgewicht zwischen öffentlicher und privater Geographie, von dem sich der fundamentale Wandel deutlich unterscheidet, der die Vorstellungen von Öffentlichkeit und Privatheit nach den großen Revolutionen gegen Ende des Jahrhunderts ergriff, auf die dann der Aufstieg eines nationalen Industriekapitalismus folgte.

An diesem Wandel waren drei Faktoren beteiligt. Zum einen wirkte sich der Industriekapitalismus auf das öffentliche Leben der Großstadt in zweifacher Weise aus – dazu unten mehr. Zum anderen wirkte sich die im 19. Jahrhundert einsetzende Neubestimmung von Weltlichkeit darauf aus, wie die Menschen das Fremde und Unbekannte interpretierten. Zum dritten erwies sich eine in den Strukturen des öffentlichen Lebens im Ancien Régime angelegte Kraft nach und nach als Schwäche. So kam es, daß das öffentliche Leben unter dem Gewicht der politischen und sozialen Umwälzungen gegen Ende des 18. Jahrhunderts keines plötzlichen Todes starb. Scheinbar intakt, in Wirklichkeit aber einem Prozeß der inneren Aushöhlung unterworfen, konnte sich die Öffentlichkeit bis ins 19. Jahrhundert verlängern. Dieses Erbe beeinflußte die neuen Kräfte der Säkularität und des Kapitalismus nicht weniger, als diese ihrerseits die Öffentlichkeit umformten. Man kann sich die Transformation des öffentlichen Lebens vielleicht so vorstellen, wie es zum Zusammenbruch eines Athleten kommt, der besonders kräftig war, so daß er sich über seine Jugend hinaus eine scheinbar ungeminderte Vitalität bewahrt hat, bis der Verfall, der seinen Körper nach und nach von innen heraus aufgezehrt hat, auf einmal zutage tritt. Aufgrund dieser eigenartigen Form, in der die Öffentlichkeit des Ancien Régime überlebt hat, steht sie der Moderne durchaus nicht so fern, wie man zunächst meinen könnte.

Der Industriekapitalismus wirkte sich auf die Stadtöffentlichkeit in doppelter Weise aus: zum einen durch den Privatisierungsdruck, den der Kapitalismus in der bürgerlichen Gesellschaft des 19. Jahrhunderts erzeugte; zum anderen durch die Verschleierung der materiellen Verhältnisse in der Öffentlichkeit, vor allem im Bereich der Mode, die durch Massenproduktion und -verteilung verursacht wurde.

Die Erschütterungen des Kapitalismus im 19. Jahrhundert riefen bei denen, die über die Mittel dazu verfügten, den Wunsch hervor, sich, in welcher Weise auch immer, gegenüber den Schocks einer ökonomischen Ordnung abzusichern, die weder von den Gewinnern noch von den Unterlegenen durchschaut wurde. Der Wille, die öffentliche Ordnung zu kontrollieren und zu formen, geriet nach und nach in Verfall, und die Menschen suchten sich zunehmend vor ihr zu schützen. Einer dieser Schutzwälle war die Familie. Im Laufe des 19. Jahrhunderts trat die Familie als Zentrum eines spezifischen nicht-öffentlichen Raumes allmählich zurück und wurde immer mehr zu einer idealisierten Zufluchtsstätte, einer völlig eigenständigen Welt, die der öffentlichen Sphäre moralisch überlegen war. Die bürgerliche Familie wurde als eine Lebensform idealisiert, in der Ordnung und Autorität unangefochten waren, in der sich materielle Sicherheit mit ehelicher Liebe verbinden konnte und in der der Umgang der Familienmitglieder miteinander den prüfenden Blick von außen nicht zuließ. Die Familie, die zu einem Refugium vor den Schrecken der Gesellschaft wurde, entwickelte sich allmählich zu einem sittlichen Vorbild, an dem das öffentliche Leben der Hauptstadt gemessen wurde. Man nahm die öffentliche Sphäre nicht mehr, wie noch in der Aufklärung, als ein eigentümliches Netz sozialer Beziehungen wahr – vielmehr erschien das öffentliche Leben als moralisch fragwürdig. Privatheit und Stabilität schienen in der Familie vereinigt, und angesichts dieser idealen Ordnung wurde die Legitimität der öffentlichen Ordnung in Zweifel gezogen.

Aber der Industriekapitalismus wirkte sich auch direkt auf die materielle Struktur der öffentlichen Sphäre aus. So hatten z. B. die Massenproduktion von Kleidungsstücken und die Verwendung von Schnittmustern aus der Massenproduktion durch einzelne Schneider und Näherinnen zur Folge, daß zahlreiche, an sich unterschiedene Segmente der hauptstädtischen Öffentlichkeit ein im großen und ganzen ähnliches äußeres Erscheinungsbild annahmen, daß die realen Unterschiede ihre sichtbaren Kennzeichen verloren. Dennoch glaubte im Grunde niemand daran, daß die Gesellschaft auf diese Weise vereinheitlicht werden würde; die Maschinenproduktion verdeckte die sozialen Unterschiede – wichtige Unterschiede, die man kennen mußte, um in einer sich ausweitenden Welt von Fremden bestehen zu können. Der Fremde wurde dabei zu einer ungreifbaren, mysteriösen Figur. Die maschinelle Produktion einer Vielzahl von Waren, die erstmals als Massenartikel verkauft wurden, und das Warenhaus setzten sich beim Publikum nicht wegen der Nützlichkeit oder des niedrigen Preises der dort angebotenen Waren durch, sondern weil sie aus dieser Mystifikation Kapital schlugen. Gerade als die materiellen Güter einförmiger wurden, verlieh man ihnen in der Werbung menschliche Eigenschaften, machte sie zu faszinierenden Geheimnissen, die den Kunden nicht ruhen ließen, bis er die Ware gekauft hatte, um sie zu durchschauen. Marx nannte das »Warenfetischismus«; aber er war nur einer unter vielen, denen dieses Zusammentreffen von Massenproduktion, Einförmigkeit des Erschei-

nungsbildes und Überlagerung der materiellen Dinge mit intimen Persönlichkeitsattributen auffiel.
Die Wechselwirkung zwischen Kapitalismus und Öffentlichkeit ging also in zwei Richtungen: auf der einen Seite der Rückzug in die Familie, auf der anderen eine neuartige Verwirrung in bezug auf die materiellen Elemente des öffentlichen Auftretens, eine Verwirrung, aus der sich jedoch Gewinn ziehen ließ. Daher liegt der Schluß nahe, allein der Industriekapitalismus habe den Legitimitäts- und Kohärenzverlust der öffentlichen Sphäre verschuldet. Aber diese Schlußfolgerung ist durchaus unzulässig. Was veranlaßte denn die Leute zu der Annahme, all diese einförmigen Waren besäßen eine »psychologische Dimension«? Warum glaubten sie an ein Ding wie an etwas Menschliches? Die Tatsache, daß dieser Glaube für einige wenige profitabel war, erklärt noch nicht, warum die große Masse an ihm festhielt.
Mit dieser Frage kommt die zweite Kraft ins Spiel, die das aus dem Ancien Régime überkommene öffentliche Leben veränderte: ein Wandel der Anschauungen in bezug auf das weltliche Leben. Diese Anschauungen waren diesseitsorientiert, säkular. Solange das Säkulare im Gegensatz zum Sakralen verstanden wird, bleibt dieses Wort eindimensional und starr. Treffender verwendet man es, um die Bildwelt und die Symbole zu bezeichnen, die die Dinge und Menschen in der Welt verstehbar machen. Ich halte die folgende Definition für die beste: Säkularität ist, vor unserem Tode, das feste Wissen, warum die Dinge sind, wie sie sind.
Die Vorstellungen von Säkularität erlebten vom 18. zum 19. Jahrhundert eine Umwälzung. Im 18. Jahrhundert waren »Dinge und Menschen« verstehbar, wenn sich ihnen ein Platz in der Ordnung der Natur zuweisen ließ. Diese Naturordnung war weder ein greifbares Ding, noch war sie in den weltlichen Dingen enthalten. Eine Pflanze oder eine Leidenschaft nahm einen Platz in der Ordnung der Natur ein, aber sie war kein Abbild dieser Ordnung im kleinen. Der Ordnung der Natur lag also eine Vorstellung von Säkularität zugrunde, die aufs Transzendentale verwies. Von dieser Idee waren nicht nur die Schriften der Naturwissenschaftler und anderer Intellektueller inspiriert, sie setzte sich auch in Alltäglichkeiten wie der Einstellung zum Gehorsam der Kinder oder zur Moral außerehelicher Affären durch.
Der Säkularismus, der im 19. Jahrhundert entstand, war von ganz entgegengesetzter Art. Er gründete nicht auf Transzendenz, sondern auf Immanenz. Die unmittelbare Empfindung, die unmittelbare Tatsache, das unmittelbare Gefühl mußten nicht mehr in eine vorab existente Ordnung eingefügt werden, um verstehbar zu sein. Das Immanente, der Augenblick, das Faktum bildeten an sich und aus sich eine Realität. Tatsachen waren glaubwürdiger als Systeme – oder vielmehr: die logische Anordnung der Tatsachen wurde zum System. Auf diese Weise wurde die Naturordnung des 18. Jahrhunderts, in der die Phänomene einen Platz hatten, von der Natur aber transzendiert wurden, umgestoßen. Der neue Maßstab dafür, was als Material für Überzeugungen und

Anschauungen dienen konnte, beherrschte die Psychologie genauso wie die Erforschung physikalischer Objekte. Um 1870 erschien es plausibel, eine »Emotion« auf ihre eigenständige Bedeutung hin zu untersuchen, indem man alle greifbaren Umstände, unter denen sie in Erscheinung trat, und alle greifbaren Anzeichen, durch die sie sich manifestierte, aufsuchte. Kein Umstand und kein Anzeichen ließen sich a priori als irrelevant ausschließen. In einer Welt, in der das säkulare Wissen auf dem Immanenzprinzip gründet, ist alles wichtig, weil es wichtig sein könnte.

Dieser Bedeutungswandel von Säkularität hatte eine tiefgreifende Wirkung auf das öffentliche Leben. Auftritte in der Öffentlichkeit mußten trotz aller Verschleierung und Mystifikation ernst genommen werden, denn sie konnten Hinweise auf die Person hinter der Maske liefern. Jeder Auftritt eines Menschen war auf eine bestimmte Weise real, weil er greifbar war; und wenn dieser Auftritt eine Verschleierung darstellte, dann war es erst recht notwendig, ihn ernst zu nehmen. Aus welchem Grund hätte man ihn von vornherein unbeachtet lassen oder aussondern sollen? Wenn sich eine Gesellschaft dem Grundsatz verschreibt, daß die Dinge aus sich heraus Bedeutung haben, so führt sie in ihren Wahrnehmungsapparat ein Element gründlichen Zweifels ein, denn jede Aussonderung einer Wahrnehmung könnte sich später als Fehler erweisen. »Man kann nie wissen!« Daraus ergab sich einer der großen, bereichernden Widersprüche des 19. Jahrhunderts. Als die Menschen die Flucht ergreifen und sich in eine private, moralisch überlegene Existenzweise einschließen wollten, da befürchteten sie, eine willkürliche Einteilung ihrer Erfahrung in eine öffentliche und eine private Dimension könne zu selbstverschuldeter Blindheit führen.

Die Phantasie, daß physische Objekte psychologische Dimensionen besitzen, wurde in dieser neuen säkularen Ordnung zu etwas Selbstverständlichem. Wenn die Anschauungen vom Immanenzprinzip beherrscht sind, brechen die Unterscheidungen zwischen Wahrnehmendem und Wahrgenommenem, zwischen Innen und Außen, zwischen Subjekt und Objekt zusammen. Wenn alles potentiell wichtig ist, wie soll ich dann eine Grenze ziehen zwischen dem, was meine persönlichen Bedürfnisse berührt, und dem, was unpersönlich, ohne Beziehung zu meinem unmittelbaren Erleben ist? Vielleicht hat alles eine Bedeutung, vielleicht auch nichts. Doch wie soll ich das wissen? Ich darf daher keine Unterscheidungen zwischen verschiedenen Kategorien von Objekten oder Empfindungen treffen, denn indem ich sie unterscheide, könnte ich eine Barriere errichten. Die Verherrlichung der Objektivität und die eigensinnige Hingabe ans Faktum, die die Wissenschaft des vorigen Jahrhunderts so sehr prägten, bezeichnen in Wirklichkeit die unbewußte Vorbereitung auf die jetzige Ära radikaler Subjektivität.

Wenn die Wirkung des Industriekapitalismus darin bestanden hatte, den Sinn für das öffentliche Leben als einer moralisch legitimen Sphäre auszuhöhlen, so wirkte sich die neue Säkularität in anderer Weise zerstörerisch auf diese Sphäre aus. Sie konfrontierte die Menschheit mit dem Grundsatz, daß nichts, was Empfindung, Verwirrung oder einfach Aufmerksamkeit erzeugen kann, a priori aus dem Privatleben einer Person ausgeschlossen oder einer psychologischen Qualität beraubt werden darf, die es vielmehr erst einmal zu entdecken gilt. Aber Kapitalismus und Säkularismus zusammen liefern noch kein vollständiges bzw. nur ein verzerrtes Bild der Kräfte, die die öffentliche Sphäre verwandelten. Denn beide hätten zusammengenommen zu einer vollständigen sozialen und kognitiven Katastrophe geführt. Man hätte dann mit Entfremdung, sozialer Auflösung und wie die Katastrophen-Clichés noch heißen, zu kämpfen gehabt. Wenn wir schon alle Ursachen für den Verfall von Öffentlichkeit aufgezählt hätten, so dürfte man erwarten, daß es auch innerhalb des Bürgertums zu massiven Erhebungen, zu politischen Stürmen und Ausbrüchen gekommen wäre, die, wenngleich der Substanz nach verschieden, den Erhebungen des städtischen Proletariats an Leidenschaftlichkeit in nichts nachgestanden hätten, auf die im 19. Jahrhundert die Sozialisten ihre Hoffnung setzten.

Aber allein schon der Umstand, daß eine etablierte, ältere Stadtkultur in die Welt dieser neuen ökonomischen und ideologischen Kräfte hineinragte, bildete ein Gegengewicht zu diesen Kräften und bewahrte eine Zeitlang den Anschein von Ordnung inmitten äußerst schmerzlicher und widersprüchlicher Emotionen. Die Historiker fördern die Blindheit gegenüber Überlieferungen dieser Art. Wenn sie eine Revolution als »Wasserscheide« oder den aufkommenden Industriekapitalismus als »Revolution« bezeichnen, dann erzeugen sie die Vorstellung, vorher habe es *eine* Gesellschaft gegeben, während der Revolution habe diese Gesellschaft aufgehört zu existieren, und nachher habe eine neue Gesellschaft begonnen. Sie betrachten die menschliche Geschichte wie den Lebenszyklus des Schmetterlings. Und leider hat diese historische Verpuppungstheorie nirgendwo schädlichere Konsequenzen gehabt als in der Erforschung der Großstadt. Ausdrücke wie »städtisch-industrielle Revolution« und »kapitalistische Metropole« (die von Autoren gegensätzlicher politischer Ambitionen verwendet werden) spiegeln vor, die Stadt vor dem 19. Jahrhundert sei etwas völlig anderes gewesen als die von Kapitalismus und Moderne geformte Stadt. Der Irrtum besteht hier nicht nur darin, daß man verkennt, wie sich die Lebensverhältnisse einer Epoche mit denen der folgenden vermischen; unbegriffen bleiben auch die Realität eines solchen Fortlebens von Kultur und die Probleme, die dieses Erbe, wie jede Hinterlassenschaft, in der neuen Generation aufwirft.

Das Bürgertum war weiterhin der Überzeugung, daß man es »draußen in der Öffentlichkeit« mit Eindrücken und Beziehungen zu Menschen zu tun hatte, die einem in keinem anderen gesellschaftlichen Kontext begegneten. Das Erbe des Ancien Régime verband sich mit dem Privatisierungsdruck des Industriekapitalismus auf eine andere Weise. Die Öffentlichkeit war der Raum, in dem es zur Verletzung der Moral kam und wo sie toleriert wurde; in der Öffentlichkeit konnte man die Regeln der Ehrbarkeit brechen. Wenn das Private ein Refugium vor den Schrecknissen der Gesellschaft darstellte, eine durch Idealisierung der Familie geschaffene Schutzzone, so konnte man der Last dieses Ideals nur entkommen, indem man sich unter Fremde begab oder, wichtiger noch, unter Menschen, die entschlossen waren, einander fremd zu bleiben.

Öffentlichkeit als Sphäre der Unmoral bedeutete für die Frauen etwas anderes als für die Männer. Frauen liefen in ihr Gefahr, ihre Tugend zu verlieren, sich zu beschmutzen, in einen »Strudel von Unordnung und Ungestüm« (Thackeray) zu geraten. Öffentlichkeit war mit der Vorstellung von Schande eng verknüpft. Für den bürgerlichen Mann besaß »Öffentlichkeit« einen anderen moralischen Klang. Indem er in die Öffentlichkeit hinausging, »sich in der Öffentlichkeit verlor«, wie man vor hundert Jahren sagte, konnte er sich den repressiven, autoritären Zügen der Ehrbarkeit entziehen, die er daheim, als Vater und Ehemann, zu verkörpern hatte. So hätte etwa eine einzelne, ehrbare Dame, die im 19. Jahrhundert mit einer Gruppe von Männern in einem Restaurant gesessen hätte, Sensation gemacht, während der Umstand, daß ein bürgerlicher Mann mit einer Frau niederen Standes in der Öffentlichkeit auftauchte, von allen, die ihm nahestanden, in der Unterhaltung mit geflissentlichem Schweigen übergangen wurde. Aus diesem Grund betrieben die viktorianischen Männer eine außereheliche Liäson mitunter in einem Maße öffentlich, wie wir es uns heute kaum vorstellen können – weil sie sich in einem sozialen Raum abspielte, der von der Familie nach wie vor weit entfernt lag; sie war »draußen« angesiedelt, in einer Vorhölle der Moral.

Überdies wurde den in Gesellschaft von Fremden gemachten Erfahrungen um die Mitte des letzten Jahrhunderts ein unverzichtbarer Wert für die Ausformung der eigenen Persönlichkeit beigemessen. Eine kraftvolle Persönlichkeit konnte sich demzufolge nicht entwickeln, wenn man sich nicht Fremden aussetzte – andernfalls blieb man unerfahren, zu naiv, um sich durchsetzen zu können. In den Handbüchern der Kindererziehung oder in den Leitfäden für Jugendliche aus der Zeit von 1870 oder 1880 stoßen wir immer wieder auf den widersprüchlichen Ratschlag, einerseits die »weltlichen Gefahren«, die einem in Gesellschaft von Fremden auflauern, zu meiden und sie andererseits so genau kennenzulernen, daß man mit diesen heimlichen Versuchungen fertig zu werden vermag. Im Ancien Régime stand Erfahrung in der Öffentlichkeit im Zusammenhang mit der Ausbildung einer sozialen Ordnung; im letzten Jahrhundert stellte man sie in einen Zusammenhang mit der Ausbildung der Persönlichkeit. Welterfahrung als notwendiger Bestandteil der Selbstentwicklung begegnet uns in den großen Denkmälern der Kultur des 19. Jahrhunderts ebenso wie in seinen alltäglichen Anschauungen; wir stoßen auf dieses allgegenwärtige schmerzlich-widersprüchliche Thema in Balzacs *Illusions Perdues,* in Tocquevilles *Souvenirs* und in den Werken der Sozialdarwinisten. In ihm verbindet sich der überkommene Glaube an den Wert öffentlicher

Erfahrungen mit der neuen säkularen Überzeugung, daß alle Erfahrungen gleichwertig sind, weil sie alle eine potentiell gleiche Bedeutung für die Entfaltung des Selbst besitzen.

Schließlich müssen wir klären, in welcher Weise sich jene Wandlungsprozesse, die sich im letzten Jahrhundert vollzogen haben, heute in unserer Alltagserfahrung niederschlagen. Wie wirken sich scheinbar so abstrakte Kräfte wie Privatisierung, Warenfetischismus oder Säkularismus auf unser Leben aus? In den heute geläufigen Auffassungen von Persönlichkeit lassen sich vier Verbindungen mit der Vergangenheit unterscheiden.

Das Gestern im Heute

Oft spricht man heute davon, man tue etwas »unbewußt«, man habe »unbewußt« einen »Ausrutscher« gemacht, der einem anderen unsere Gefühle enthüllt. Es ist unerheblich, daß ein solcher Sprachgebrauch psychoanalytisch gesehen im Grunde genommen sinnlos ist. Was er zu erkennen gibt, ist die Ansicht, daß sich Emotionen unwillkürlich offenbaren, und diese Vorstellung hat im letzten Jahrhundert Gestalt angenommen, als das Verhältnis zwischen Öffentlichkeit und Privatleben aus dem Gleichgewicht geriet. Die Idee, daß sich der Charakter unwillkürlich enthüllt, manifestierte sich am deutlichsten in der Phrenologie, der Entzifferung des Charakters aus der Schädelform, und in den Bertillonschen Messungen, mit deren Hilfe man zukünftige Kriminelle anhand der Formeigentümlichkeiten des Schädels und anderer Körperteile zu identifizieren suchte und die damals gang und gäbe waren. Die Grundlage solcher Methoden war die Überzeugung, daß sich die psychische Verfassung eines Menschen auch physisch – und das heißt unwillkürlich – ausdrücke. Persönlichkeit galt als Zustand, der sich einer absichtsvollen Formung entzog. Solche Vorstellungen wurden dann etwa von Darwin weiterentwickelt – auch vorübergehende Gefühlszustände sollten sich unwillkürlich offenbaren. Tatsächlich wurzelt sogar die frühe psychoanalytische Forschung in einem von Darwin abgeleiteten Prinzip, nämlich daß sich der Primärprozeß an Erwachsenen untersuchen lasse, weil er der Kontrolle und dem Willen des Individuums entzogen sei. Ganz allgemein waren die Menschen der hochviktorianischen Ära überzeugt, daß sich in ihrer Kleidung und ihrer Sprache ihre Persönlichkeit offenbarte; sie befürchteten, daß sich diese Zeichen ebenfalls einer bewußten Formung entzogen und dann in unwillkürlichen Spracheigenheiten und Gesten und selbst in der Art, wie sie sich ausstaffierten, für andere lesbar würden.

Das führte dazu, daß sich die Grenze zwischen privatem Empfinden und öffentlichem Ausdruck dieses Empfindens verwischten und der Wille, hier bewußt zu steuern, geschwächt wurde. Die Grenze zwischen Öffentlichkeit und Privatbereich war nicht mehr ein Werk von Menschenhand, so daß, obwohl die eigenständige Öffentlichkeit noch Realität besaß, die Kontrolle über sie nicht mehr als soziales Handeln erschien. Was heute fälschlich »unbewußtes« Verhalten genannt wird, zeichnet sich in der Vorstellung von der unwillkürlichen Charakterenthüllung in der Öffentlichkeit bereits ab.

Auf eine zweite Spur der Krise des 19. Jahrhunderts stoßen wir heute im normalen politischen Sprachgebrauch. Als »vertrauenswürdig« oder »charismatisch« oder »glaubwürdig« bezeichnen wir häufig einen Politiker, der Gruppen anzusprechen vermag, deren Interessen mit seinen eigenen Überzeugungen, seinem gesellschaftlichen Umfeld und seiner Ideologie nichts zu tun haben. In der modernen Politik käme es einem Selbstmord gleich, wollte ein Politiker darauf beharren, daß man sein Privatleben aus dem Spiel läßt, wenn er sagen würde: Kümmert euch darum, ob ich gute Gesetze mache oder sie gut ausführe und was ich vorhabe, wenn ich im Amt bin. Statt dessen geraten wir in Entzücken, wenn ein französischer Präsident mit einer Arbeiterfamilie zu Mittag ißt, auch wenn er ein paar Tage vorher die Lohnsteuer angehoben hat. Und wir glauben, ein amerikanischer Präsident sei »natürlicher« und zuverlässiger als sein in Ungnade gefallener Vorgänger, weil sich der neue Mann sein Frühstück selbst zubereitet. In dieser Art von politischer Glaubwürdigkeit ist die Vorstellungswelt der Öffentlichkeit durch eine private Vorstellungswelt überlagert, und auch diese Überlagerung geht auf die Zeit des 19. Jahrhunderts zurück, in der es zu einer praktischen und ideologischen Verwirrung zwischen den beiden Bereichen kam.

Wir haben gesehen, wie die Waren in der Öffentlichkeit von einer psychologischen Bildwelt überdeckt werden. Das gleiche geschah mit dem Verhalten der Politiker, die sich großen Menschenmassen auf der Straße gegenüberfanden – besonders auffällig zunächst in den Revolutionen von 1848. Was die Leute wahrnahmen, wenn sie dem öffentlichen Auftritt eines Redners folgten, waren seine Absichten, sein Charakter, so daß die Wahrheit dessen, was er sagte, davon abzuhängen schien, was für ein Mensch er war. Handelte es sich dabei nun um einen Politiker, so hatte diese Überlagerung eine fundamental anti-ideologische Wirkung – im rein politischen Sinne des Wortes. Wie kann ein Überblick über soziale Mißstände oder der Ausblick auf eine bessere Gesellschaft je aus sich heraus etwas bedeuten und zu verstärktem Handeln motivieren, wenn die Glaubwürdigkeit davon abhängt, wie sympathisch den Zuhörern zu einem bestimmten Zeitpunkt der Charakter des Mannes ist, der die Sache verficht? Unter solchen Bedingungen geriet der Ausdruck in der Öffentlichkeit zur persönlichen Darstellung. Eine Person von öffentlichem Interesse stellt dar, was sie fühlt, und diese Darstellung ist es, die Glauben weckt. Die Überlagerung des Öffentlichen durch das Private übte einen besonders starken Reiz auf das bürgerliche Publikum aus; aber in dem Maße, wie sich auch andere, sozial niedere Gruppen dazu bringen ließen, daran zu glauben, konnte der bürgerliche Kanon des »Respekts vor der Persönlichkeit« auch in ein Instrument der Klassenherrschaft verwandelt werden. Kurz, die

heutigen Vorstellungen von »Authentizität« in der Öffentlichkeit hängen zusammen mit einer anti-ideologischen Waffe, die zuerst im Klassenkampf des 19. Jahrhunderts angewendet worden ist.
Die dritte Beziehung betrifft die Abwehrmechanismen, die die Menschen vor hundert Jahren gegen ihren Glauben an eine unwillkürliche Charakteroffenbarung und gegen die Überlagerung der öffentlichen Sphäre durch die private Vorstellungswelt einsetzten. Über einen seltsamen Umweg hatten diese Abwehrformen zum Ergebnis, daß die Künstler in den Status von Persönlichkeiten des öffentlichen Lebens erhoben wurden, den sie heute einnehmen.
Wenn man nichts gegen den unwillkürlichen Ausdruck der eigenen Empfindungen tun kann, wenn die Wahrheit jedes Gefühls, jeder Feststellung, jedes Arguments in der Öffentlichkeit vom Charakter dessen abhängt, der spricht, wie können sich die Menschen dann jemals davor schützen, daß man ihnen bis auf den Grund sieht? Die einzige sichere Verteidigung besteht dann in dem Versuch, sich des Fühlens überhaupt zu enthalten. Die Repressivität der viktorianischen Gesellschaft wird heute als eine Mischung aus gesellschaftlichem Snobismus und Sexualangst verurteilt; aber dahinter stand etwas, das vielleicht nicht anziehend, aber verständlich war. In einer Umgebung, in der man davon ausgeht, daß jede Regung zutage tritt, gleichgültig, wie stark der Wille ist, sie zu verbergen, in einer solchen Umgebung ist der Rückzug aus dem Gefühl das einzige Mittel, sich ein gewisses Maß an Unverletzlichkeit zu bewahren. Daher versuchten die Menschen ihren Charakter vor anderen zu verhüllen, indem sie so wenig wie möglich ungewöhnlichen Schmuck, Spitzen oder Putz trugen, um die Aufmerksamkeit nicht auf sich zu ziehen; das war auch ein Grund dafür, daß jeweils nur sehr wenige Schnittmuster populär waren, obwohl dieselben Maschinen ohne weiteres eine Vielfalt verschiedener Modeformen hätten hervorbringen können.
Zur gleichen Zeit, da die Menschen bestrebt waren, so unauffällig wie möglich aufzutreten, begannen sie zu fordern, daß die Theaterkostüme genaue Hinweise auf die Charaktere, die Vorgeschichte und die gesellschaftliche Stellung der *dramatis personae* liefern sollten. Um die Mitte des Jahrhunderts nahm man an, daß die Schauspieler eines historischen Stückes genauso aussehen sollten, wie man sich beispielsweise einen dänischen Prinzen im Mittelalter oder einen römischen Kaiser vorstellte. Im Melodrama erreichten Kostüme und Gestik einen solchen Grad der Stilisierung, daß man von einem Mann, der mit schnellen, abgehackten Schritten die Bühne betrat, sogleich wußte: er ist der Bösewicht. Auf der Bühne und in den darstellenden Künsten allgemein wollte man – anders als im Leben – eine eindeutig bestimmte Person sehen; ihr sollte die Vorherrschaft gehören. Schauspieler und Musiker erlebten einen sozialen Aufstieg, der sie weit über die Stufe des Dieners hinaustrug, die sie im Ancien Régime eingenommen hatten. Die Karriere des Künstlers gründete darauf, daß er sich als starke, erregende, moralisch suspekte Persönlichkeit präsentierte – als Gegenbild des bürgerlichen Alltags, in dem die Menschen durch Unter-

drückung der eigenen Gefühle vermeiden wollten, als Person durchschaut zu werden.

In dieser Gesellschaft auf dem Wege zur Intimität – in der sich der Charakter unabhängig von der Kontrolle durch den Willen Ausdruck verschaffte, in der das Private das Öffentliche überlagerte, in der die Abwehr gegen das Durchschautwerden darin bestand, nicht mehr zu fühlen – machte das Verhalten des einzelnen in der Öffentlichkeit einen grundlegenden Wandel durch. Schweigen war die einzige Form, in der man das öffentliche Leben, vor allem das Leben auf der Straße, erleben konnte, ohne sich überwältigt zu fühlen. Um die Mitte des 19. Jahrhunderts entstand in Paris und London und dann auch in anderen westlichen Hauptstädten ein Verhaltensmuster, das sich von allem unterschied, was man hundert Jahre zuvor in London oder Paris gekannt hatte oder heutzutage im größten Teil der nicht-westlichen Welt kennt: die Vorstellung, daß Fremde kein Recht hätten, miteinander zu sprechen, daß jedermann das öffentliche Recht auf einen unsichtbaren Schutzschirm besitze, das Recht, in Ruhe gelassen zu werden. Das öffentliche Leben wurde zu einer Sache des Beobachtens, der passiven Teilnahme, zu einer Art von Voyeurismus. Balzac nannte es die »Gastronomie des Auges«. Man ist offen für alles, schließt a priori nichts aus dem eigenen Blickfeld aus, vorausgesetzt, man braucht nicht Teilnehmer zu werden, wird nicht in eine Angelegenheit verstrickt. Angesichts dieses Rechts auf eine unsichtbare Mauer des Schweigens gerät Erfahrung in der Öffentlichkeit zur bloßen Beobachtung – von Szenen, von anderen Männern und Frauen, von Schauplätzen. Erfahrung ist nicht länger Produkt von gesellschaftlichem Austausch.

Das Paradoxon von Sichtbarkeit und Isolation, das uns am öffentlichen Leben von heute immer wieder auffällt, hat seinen Ursprung im Recht auf Schweigen, das im letzten Jahrhundert Gestalt annahm. Isolation bei gleichzeitiger Sichtbarkeit für andere ergab sich als logische Konsequenz aus dem Beharren, stumm zu bleiben, wenn man sich in die chaotischen und doch anziehenden Gefilde der Öffentlichkeit hinauswagte.

Wenn wir davon sprechen, was uns die Krise des öffentlichen Lebens im 19. Jahrhundert hinterlassen hat, dann meinen wir auf der einen Seite die fundamentalen Kräfte des Kapitalismus und des Säkularismus und auf der anderen Seite diese vier psychologischen Sachverhalte: unwillkürliche Charakterenthüllung, Überlagerung der öffentlichen Sphäre durch die private Vorstellungswelt, Abwehr durch Rückzug und, schließlich, Schweigen. Das obsessive Interesse am eigenen Selbst ist Ausdruck des Versuchs, diese bohrenden Fragen des letzten Jahrhunderts durch Verleugnung zu parieren. Intimität ist der Versuch, das Problem der Öffentlichkeit dadurch zu lösen, daß man die Existenz von Öffentlichkeit leugnet. Doch wie jede Verleugnung hat auch diese nur bewirkt, daß sich die destruktivsten Impulse der Vergangenheit um so unangreifbarer in der Gegenwart verschanzt haben. Das 19. Jahrhundert ist noch nicht zu Ende.

Kapitel 2
Rollen

Die Akzentverlagerung von der öffentlichen Sphäre auf das Privatleben hat zahlreiche Autoren beschäftigt und sie zugleich vor eine doppelte Schwierigkeit gestellt.
Das Thema ist so weit gesteckt, daß es sich dem Zugriff leicht entzieht. Es umfaßt so vielfältige Probleme wie den Verfall des öffentlichen Raums in den Großstädten, die Psychologisierung des politischen Diskurses, die Erhebung von darstellenden Künstlern in den Rang »öffentlicher Persönlichkeiten« und die Abqualifizierung von Anonymität als eines moralischen Übels. Zudem läßt sich schwer bestimmen, welche Art von Erfahrungen, welche »Daten« für diese allgemeine Fragestellung von Belang sind und welche nicht. So nimmt der gesunde Menschenverstand zum Beispiel an, daß die Ersetzung der öffentlichen Straßen und Plätze als Mittelpunkt der Gesellschaft durch das Wohnzimmer in den Vorstadtsiedlungen etwas mit der wachsenden Inanspruchnahme der Gesellschaft durch psychologische Fragen nach dem Selbst zu tun habe. Aber worin besteht ein solcher Zusammenhang wirklich, und über welche Zwischenglieder kommt er zustande?
Die zweite Schwierigkeit ist schwerer faßbar. Die Autoren, die sich mit diesen allgemeinen Fragestellungen beschäftigen, scheinen häufig auf ein anderes Thema zu geraten, das mit dem Verfall der öffentlichen Sphäre zwar zusammenhängt, aber einer anderen Dimension angehört. Ich meine die gesellschaftlichen Bedingungen menschlicher Expressivität. Welche sozialen Verhältnisse ermutigen die Menschen dazu, ihre Empfindungen gegenüber anderen so zum Ausdruck zu bringen, daß es zu einer sympathetischen, lebendigen Reaktion kommt? Unter welchen Bedingungen greifen die Menschen auf ihre schöpferischen Fähigkeiten zurück, um irgendeine Empfindung mitteilbar zu machen? Damit stellt sich die Frage, wann und ob überhaupt die Menschen ohne Getue jene Energien einsetzen, die heutzutage im abgeschlossenen Reservat der Kunst isoliert scheinen. Im Zusammenhang mit dem beharrlichen Interesse, das die Gesellschaft am Selbst entwickelt hat, wird heute häufig behauptet, dieses Interesse beraube die einzelnen der Möglichkeit, füreinander expressiv zu sein, sie seien wie Künstler, denen ihre Kunst abhanden gekommen ist. Aber welche Kunst ist es, die aufgrund der Inanspruchnahme durch die Intimität verfällt?
Die Kunstfertigkeit, die hier vertan wird, ist die Schauspielerei. Um erfolgreich zu sein, ist die Schauspielerei auf ein Publikum von Fremden angewiesen. Unter Leuten, die intime Beziehungen zueinander unterhalten, verliert sie ihre

Bedeutung und wird gar destruktiv. Die Schauspielerei in Gestalt von Umgangsformen, Konventionen und rituellen Gesten ist der Stoff, aus dem öffentliche Beziehungen geformt werden und ihre emotionale Bedeutung gewinnen. In dem Maße, wie das Forum der Öffentlichkeit durch die gesellschaftlichen Verhältnisse beeinträchtigt und zerstört wird, werden die Menschen daran gehindert, ihre schauspielerischen Fähigkeiten zu gebrauchen. Die Angehörigen einer intimen Gesellschaft werden zu Künstlern, die ihrer Kunst beraubt sind. Die Formen, in denen sich Schauspielerei vollzieht, nennen wir »Rollen«. Ein Weg zur Erforschung der Wandlungen im Verhältnis von Öffentlichkeit und Privatsphäre in der modernen Kultur könnte also darin bestehen, die historischen Veränderungen dieser öffentlichen »Rollen« zu verfolgen. Wir werden diesen Weg beschreiten.

Die heutige Gesellschaftstheorie ist von einer babylonischen Sprachverwirrung geprägt. Daher ist es vielleicht nützlich, zunächst einige der Begriffe und Ideen zu erläutern, mit denen man sich neuerdings dem Ungleichgewicht zwischen psychologischen und sozialen Ansprüchen in der modernen Kultur zuwendet. Unter denen, die sich direkt mit diesem Problem beschäftigt haben, lassen sich zwei große Gruppen unterscheiden. Zu der einen zählen Autoren, die nach den moralischen Verhältnissen innerhalb einer Gesellschaft fragen, die einem kruden psychologischen Selbstverständnis folgt. Zu der anderen Gruppe gehören jene, die die historischen Ursprünge dieser Wandlungen im Rückgriff auf die Marxsche Tradition zu erklären versuchen.

Die Moralisten haben sich mehr um die Probleme im Zusammenhang mit der menschlichen Ausdrucksfähigkeit bemüht, die sich aus diesem historischen Ungleichgewicht ergeben haben; dabei geht es ihnen allerdings nicht so sehr um eine Theorie der kreativen Vermögen, über die eine Gesellschaft verfügt, sondern vielmehr um das spezifisch moderne Paradoxon, daß Menschen, die vom Ausdruck der eigenen Gefühle absorbiert sind, gar nicht sonderlich expressiv sind. Dieses Paradoxon hat Theodor W. Adornos Essay *Jargon der Eigentlichkeit*, dessen englischer Titel lautet: *The Language of Authenticity*, genauso angeregt wie die Angriffe einer Reihe französischer Psychoanalytiker auf die These, Subjektivität sei die Wahrheit schlechthin, und auch die letzten Schriften Lionel Trillings gehen von diesem Paradoxon aus.

Kurz vor seinem Tode hatte Trilling begonnen, sich mit dem Glauben an die »Grenzenlosigkeit« des Selbst in der modernen Kultur zu beschäftigen. In einer ersten Untersuchung hierzu, *Das Ende der Aufrichtigkeit (Sincerity and Authenticity)*, wollte er zeigen, inwiefern Selbst-Offenbarung kein expressives Handeln darstellt. Dabei beobachtete er insbesondere eine spezifische Verschiebung innerhalb der Sprache: den Übergang von einer Sprache der persönlichen Aufrichtigkeit, die vor dem 19. Jahrhundert gesprochen wurde, zu einer Sprache der individuellen Authentizität, die dann an deren Stelle trat. Unter Aufrichtigkeit versteht Trilling die Fähigkeit, die privaten Gefühle und Anschauungen der Öffentlichkeit auszusetzen; unter Authentizität versteht er jene Haltung, mit der jemand die eigenen Versuche, zu empfinden, einem anderen Menschen direkt aussetzt. Die Formen der Authentizität verwischen die Unterscheidung zwischen »öffentlich« und »privat«. Der Gedanke, Humanität könne darin bestehen, Gefühle, die einen anderen verletzen könnten, für sich zu behalten, Zügelung und Zurückhaltung des Selbst könnten moralisch expressiv sein, verliert unter der Vorherrschaft der Authentizität seinen Sinn. Statt dessen wird Selbst-Enthüllung zum universalen Maßstab von Glaubwürdigkeit und Wahrheit. Aber was wird denn enthüllt, wenn man sich einem anderen offenbart? Über eine Analyse literarischer Texte, vor allem durch eine Kritik an Sartre, gelangt Trilling dabei zu einer Überlegung, die im Zusammenhang mit dem psychologischen Begriff des Narzißmus steht. Je mehr sich eine Person auf die Authentizität ihres Fühlens statt auf den objektiven Gehalt dessen, was sie fühlt, konzentriert, je mehr Subjektivität zum Selbstzweck wird, desto weniger vermag sie, expressiv zu sein. Wo die Versenkung ins Selbst die Oberhand gewinnt, werden auch die Enthüllungen des Selbst amorph. Der Satz »Schau, wie ich fühle« ist ganz offensichtlich von Narzißmus geprägt. Aber Trilling hat erkannt, daß auch die unauffälligere Formel »Das einzige, was ich tun kann, ist, dir zu zeigen, wie ich zu fühlen versuche« von der gleichen Regung bestimmt ist.

David Riesmans Überlegungen zu den Fragestellungen, die sich aus diesem historischen Wandel ergeben, entstammen dem gleichen Geist wie die Trillings, obwohl seine Argumentation in *Die einsame Masse* ein entgegengesetztes Ziel verfolgt. (In seiner nicht minder wichtigen, aber nicht so bekannt gewordenen Arbeit zur Erziehungssoziologie ist Riesman auf die Position Trillings eingeschwenkt.) Es war fast unvermeidlich, daß die Generation der Amerikaner, die mit Riesmans *Die einsame Masse* groß geworden ist, dieses Buch mißverstand. Man meinte, es kritisiere die Tendenz der amerikanischen Gesellschaft, an die Stelle der »innen-geleiteten«, pflicht-orientierten, protestantischen Kultur eine andere Kultur zu setzen, in der die Menschen mehr Offenheit für Ansprüche, die von außen an sie gestellt werden, entwickelten. Dabei hielt Riesman diesen »Wandel zur Außengelenktheit« letztlich für positiv. Daß seine Bewertung mißverstanden wurde, war fast eine logische Folge der kulturellen Bedingungen, in denen seine Leser lebten. Denn dieser Generation galt die Psyche als Zufluchtsort vor der Leere der Gesellschaft, von dem aus sie diese Gesellschaft kritisieren wollte. Diese Kritik und die nachfolgenden Revolten von Teilen der Generation der sechziger Jahre, die genauso davon überzeugt war, daß man zu einem »Verständnis füreinander« gelangen müsse, bevor man »etwas tun« konnte, stellten für die dominante Kultur keine Herausforderung dar, sondern verstärkten, ohne es zu merken, das Ungleichgewicht zwischen der entleerten öffentlichen Sphäre und einem intimen Bereich, der mit Ansprüchen überhäuft wurde, denen er nicht zu genügen vermochte.

Die Bedeutung von Riesmans Werk liegt nicht einfach in der Art, wie es mißverstanden wurde, auch nicht darin, daß er einen entscheidenden Wandlungsprozeß mißverstand – denn in Wirklichkeit hatte sich ja ein Wandel von einer in seinem Sinne »außen-geleiteten« Gesellschaft zu einer »innen-geleiteten« Gesellschaft vollzogen. Riesmans eigentliche Leistung bestand darin, daß er eine sozialpsychologische Sprache geschaffen hat, mit der sich solche Prozesse überhaupt erfassen lassen. Außerdem hat er als erster darauf hingewiesen, daß die Autoren, die sich mit der Überfrachtung der Intimität und deren Auswirkungen auf die expressiven Fähigkeiten der Menschen beschäftigen, in einer ganz bestimmten soziologischen Tradition stehen, die letztlich ins 19. Jahrhundert, bis zu den Schriften von Alexis de Tocqueville zurückreicht.

Diese modernen Überlegungen setzen an einem ganz bestimmten Punkt im zweiten Band von Tocquevilles Werk *Über die Demokratie in Amerika* an. Im ersten Band lokalisiert er die Gefahren der Demokratie, die hier mit Gleichheit identifiziert wird, in der Unterdrückung der Abweichenden und Andersdenkenden durch die herrschende Mehrheit. Im zweiten Band wendet Tocqueville seine Aufmerksamkeit von der Politik den Bedingungen des Alltagslebens im Zustand der Gleichheit zu. Und in diesem Zusammenhang zeichnet sich eine andere Gefahr ab. Sie erwächst nicht aus dem Verhältnis der Demokratie zu ihren Feinden, sondern aus der Masse der Bürger selbst. Tocqueville war nämlich überzeugt, daß das Leben der Menschen in der Gleichheit zusehends auf Intimität zustrebe. Da die Öffentlichkeit aus anderen besteht, die einem selbst gleichen, kann man die öffentlichen Angelegenheiten in die Hände von Bürokraten und Staatsfunktionären legen, die sich um die gemeinsamen (d. h. gleichen) Belange kümmern. Die bewegenden Probleme, die dann noch übrig bleiben, sind eindeutig psychologisch gefärbt – die Bürger vertrauen dem Staat und verlieren ihr Interesse an allem, was außerhalb des intimen Bereichs vor sich geht. Wozu würde das führen?

Tocqueville sah eine doppelte Verengung voraus. Erstens: Die emotionale Risikobereitschaft nähme mehr und mehr ab. Die Menschen würden zwar weiterhin ehrgeizig sein, ohne jedoch große Leidenschaften zu entwickeln, geschweige denn, ihnen Raum und Ausdruck zu geben, denn Leidenschaften bedrohen die Stabilität des intimen Lebens. Zweitens würden Gratifikationen des Selbst zusehends prekärer, denn, so argumentiert Tocqueville, jede emotionale Beziehung kann nur insofern bedeutungsvoll sein, wie sie als Teil eines Netzes von Sozialkontakten und nicht als »einsam ausdrucksloser Zweck« des Individualismus gesehen wird.

Nur wenige, die heute in der Tradition Tocquevilles schreiben, akzeptieren auch deren theoretische Grundlage – die Auffassung, daß diese Übelstände das Ergebnis einer auf dem Grundsatz der Gleichheit beruhenden Gesellschaft seien. Weder bei Trilling noch bei Riesman begegnet man der These, die intime Weltsicht sei durch die Gleichheit »verursacht«. Aber wenn nicht durch die Gleichheit, wodurch dann? Auf diese Frage weiß diese Denkschule bei aller Komplexität ihrer moralischen Erkenntnisse und ihrer Besorgnis wegen der Drosselung der Expressivität unter Bedingungen von Intimität keine Antwort. Die zweite moderne Denkrichtung, die sich mit den Problemen der intimen Weltsicht befaßt hat, ist gerade auf diese Ursachen eingegangen, während sie sich um die daraus resultierenden moralischen und psychologischen Komplikationen weniger gekümmert hat. Dieser Ansatz wurde vor allem von den Mitgliedern des Instituts für Sozialforschung, der »Frankfurter Schule«, in der Zeit vor dem Zweiten Weltkrieg entwickelt. Damals unternahmen die Mitglieder des Instituts, vor allem Theodor W. Adorno, ausführliche Untersuchungen zum Konzept der Authentizität der Wahrnehmung, sowohl auf der Ebene der Alltagserfahrung als auch in theoretischen, durch die Philosophie Hegels geprägten Arbeiten. Nach dem Krieg haben sich dann Sozialphilosophen wie Helmut Plessner und Jürgen Habermas mit der Bedeutungsverschiebung von »öffentlich« und »privat« befaßt. Plessner verknüpfte die Gewichtsverlagerung zwischen Öffentlichkeit und Privatsphäre mit Wandlungen im Charakter der Stadt. Habermas versuchte, anhand empirischer Untersuchungen die Einstellung der Menschen zur öffentlichen Dimension des gesellschaftlichen Lebens zu erkunden: das Phänomen der »Privatisierung« innerhalb der bürgerlichen Ideologie. Das begriffliche Umfeld von »Privatisierung« wurde auf diese Weise immer genauer strukturiert, der Gedanke allerdings, daß der Hang der Menschen zur Selbstzerstörung und ihr expressives Versagen durch ein destruktives System verstärkt wurden, blieb unberücksichtigt.

Jedes der beiden skizzierten Konzepte verfügt über eine Stärke, an der es dem anderen mangelt. Eindringlich und mit großer Anschaulichkeit erfaßt das erste die Erscheinungen der »intimen Weltsicht«; das zweite beschreibt und analysiert, wenn auch eingeengt auf den Marxschen Topos der Privatisierung, wie diese Erscheinungen zustande gekommen sind. Das erste Konzept macht deutlich, daß das expressive Vermögen der Menschen durch bestimmte gesellschaftliche Verhältnisse befördert werden kann, daß diese Verhältnisse aber auch selbstzerstörerischen Tendenzen Vorschub leisten können. Die Theoretiker im Umkreis der »Frankfurter Schule« haben nach dem Krieg zunehmend die Mißstände in der modernen Gesellschaft unter den Kategorien von »Entfremdung«, »Identitätsverlust« usw. abgehandelt.

Sozialwissenschaftler führen andere und sich selbst häufig in die Irre, indem sie so tun, als sei eine Methode ein neutrales Mittel, als brauche der Wissenschaftler seine Theorie nur auf ein Problem »anzuwenden«. Zur Untersuchung des Verfalls der öffentlichen Rollen haben wir eine Methode gewählt, die zugleich eine Theorie über ihren Gegenstand enthält – daß nämlich zu diesem Gegenstand mehr gehört, als auf den ersten Blick ins Auge fällt, daß zu ihm auch die Frage nach den Bedingungen gehört, unter denen Menschen füreinander eine kraftvolle Expressivität zu entfalten vermögen.

Rollen

»Rolle« wird im allgemeinen definiert als ein Verhalten, das in bestimmten Situationen angemessen ist, in anderen dagegen nicht. Weinen »als solches« ist kein Verhalten, das sich als Rolle beschreiben ließe; Weinen bei einer Beerdigung dagegen läßt sich als Rolle beschreiben – es wird erwartet, ist angemessen und »situationsspezifisch«. Die Untersuchung von Rollen lief häufig darauf hinaus, einfach zu katalogisieren, welche Verhaltensweisen welcher Situation angemessen seien, und die heute geläufigen Rollentheorien handeln in der Hauptsache davon, wie die Gesellschaft zur Definition solcher Angemessenheit gelangt. In derlei Katalogen wird jedoch meist übersehen, daß Rollen nicht einfach Pantomimen oder Gebärdenspiele sind, bei denen die Menschen die richtigen emotionalen Zeichen am richtigen Ort und im richtigen Augenblick zum besten geben. Rollen stehen auch in einem Zusammenhang mit Anschauungssystemen *(codes of belief)*. Wie ernst nehmen die Menschen ihr eigenes Verhalten, das Verhalten anderer und die Situationen, an denen sie beteiligt sind, und auf welche Weise tun sie das? Über die Katalogisierung ihres Verhaltens hinaus stellt sich also die Frage, welchen Wert die Menschen »situationsspezifischem« Verhalten zuschreiben. Die Anschauungssysteme der Menschen und ihr Verhalten zusammengenommen machen erst eine Rolle aus. Und gerade deshalb ist die historische Untersuchung von Rollen so schwierig. Denn manchmal wird man neue Verhaltensmuster nach den alten Anschauungen interpretieren, und manchmal überleben alte Verhaltensweisen auch dann, wenn die Menschen schon längst zu einer Neubestimmung dessen, was sie damit meinen, gelangt sind.

Es sind ganz spezifische Anschauungen, die im Zusammenhang mit Rollen stehen. Das wird deutlich, wenn man das Wort »Anschauung« von zwei verwandten Begriffen, »Ideologie« und »Wert«, unterscheidet. Anschauung läßt sich von Ideologie recht einfach trennen. Der Satz »Die Arbeiter werden vom System ausgepreßt« ist eine ideologische Feststellung. Ob vernünftig oder unvernünftig – eine solche ideologische Feststellung ist eine Wahrnehmungsformel, die sich auf einen bestimmten Komplex gesellschaftlicher Bedingungen bezieht. Aus der Ideologie wird nun eine Anschauung, wenn sie das Verhalten der Person, die diese Ideologie vertritt, bewußt beeinflußt. Ideologie wird oft mit Anschauung verwechselt, weil man Wahrnehmung oder Kognition und Anschauung verwechselt. Sprachlich gesehen ist der Satz »Ich liebe dich« ein kohärenter kognitiver Ausdruck; ob er glaubwürdig und Teil der Anschauung ist, hängt jedoch nicht davon ab, daß es sich um einen vollständigen Satz handelt, oder davon, daß er von einer Person im richtigen Augenblick gegenüber einer anderen geäußert wird usw.

Viele Ansichten der Menschen vom gesellschaftlichen Leben wirken sich auf ihr Handeln nicht aus. Diese passive Ideologie tritt häufig in den modernen Meinungsumfragen zutage; die Leute erzählen dem Meinungsforscher, was sie

von den Mißständen in den Städten oder von der »Minderwertigkeit« der Schwarzen halten. Der Meinungsforscher glaubt, er habe ihre wahren Anschauungen ermittelt, weil sich diese Meinungen in einen schlüssigen Zusammenhang mit dem sozialen Status des Informanten, seiner Bildung usw. fügen; doch verhalten sich die Leute in einer Weise, die gar nichts mit dem zu tun hat, was sie dem Meinungsforscher gesagt hatten. Ein anschauliches Beispiel hierfür lieferten die amerikanischen Gewerkschaftsbürokraten, die Anfang der siebziger Jahre die Anti-Vietnam-Demonstranten lauthals als »unpatriotisch« verurteilten, während sie gleichzeitig massiven Druck auf die Regierung ausübten, den Krieg zu beenden. Eine Untersuchung der Anschauungen von Menschen, im Unterschied zu ihren Meinungen, fragt also nach jenen Gefühlen und Dispositionen, die mit ihrem Handeln verknüpft sind und dieses Handeln konkret beeinflussen. Anschauungssysteme innerhalb von Rollen können als Aktivierung von Ideologie definiert werden, und eine solche Aktivierung kommt aufgrund gesellschaftlicher Bedingungen zustande und nicht durch die Forderung nach sprachlicher Kohärenz.
Die Ausdrücke »soziale Werte« und »Wertsysteme« sind Barbarismen, die die Sozialwissenschaft der Umgangssprache aufgenötigt hat. Ich gestehe, daß ich nie verstanden habe, was »ein Wert« ist. Er ist kein Ding. Wenn er Bestandteil der Sprache ist, mit der die Menschen ihre soziale Welt rationalisieren, dann sollte man den Wert lieber als Element der Ideologie bestimmen. Wenn »ein Wert« eine »allseits geschätzte Idee« sein soll, wird der Begriff vollends undurchschaubar. »Freiheit« und »Gerechtigkeit« sind sehr geachtete Ideen, die für verschiedene Menschen zu verschiedenen Zeiten sehr Unterschiedliches bedeutet haben; wenn man sie als soziale Werte an sich bezeichnet, so ist damit nichts über die Gründe gesagt, aus denen sie für wertvoll erachtet werden.
Unter Anschauung soll hier also die Aktivierung einer in sich schlüssigen Wahrnehmung des gesellschaftlichen Lebens (Ideologie) verstanden werden; diese Aktivierung erfolgt unabhängig von sprachlichen Kohärenzregeln. Der Ausdruck »Wert« wird wegen seiner Unklarheit fallengelassen. Im Mittelpunkt der auf Rollen bezogenen Anschauungen steht nicht das Wesen Gottes oder die physiologische Konstitution des Menschen; sie verbinden sich vielmehr mit spezifischen Verhaltensakten. Sie betreffen etwa die Frage, was eine Person empfindet, wenn sie in einer Kirche betet – im Unterschied zu einem spontanen Gebet während eines Spaziergangs. Jemandes Vorstellung davon, was die Chirurgie leistet, wenn sie seinen Körper von einer bösartigen Flüssigkeit befreit, und seine allgemeinen Ansichten von der Chirurgie sind zwei verschiedene Arten von Anschauungen. Man kann gewiß einwenden, daß es keine bündige Unterscheidung zwischen dem allgemeinen Glauben an Gott und dem Glauben gibt, der sich einstellt, wenn man in einer Kirche zu ihm beten kann. Aber wenn man sich auf spezifische Situationen konzentriert, wird es möglich zu untersuchen, welche unterschiedlichen Nuancierungen die Anschauungen in bezug auf das Handeln erfahren. Demjenigen, der sich nur

um »Weltanschauungen« oder »kulturelle Mentalitäten« kümmert, dürfte dergleichen entgehen.

Die Rollentheorie hat im abendländischen Denken eine lange (von den Soziologen allerdings nicht wahrgenommene) Geschichte. Eine der ältesten Vorstellungen von Gesellschaft ist die von der Gesellschaft als einem Theater, die Idee des *theatrum mundi*. In seiner Schrift *Der Staat* erscheint Plato das Leben der Menschen als ein von Göttern aufgeführtes Puppenspiel. Daß die Gesellschaft ein Theater sei, war auch das Motto von Petronius' *Satyricon*. In christlicher Zeit hatte das Welttheater häufig einen einzigen Zuschauer, nämlich Gott, der vom Himmel herab voller Wehmut den Possen und Maskeraden seiner Kinder drunten zusieht. Als die Menschen des 18. Jahrhunderts die Welt als Theater bezeichneten, hatten sie wieder ein anderes Publikum für ihre Auftritte im Sinn – jeder war des anderen Zuschauer, und an die Stelle der göttlichen Wehmut trat der Wunsch, die Schauspielerei und die Verstellung des Alltagslebens, wenngleich mit einem gewissen Zynismus, zu genießen. In neuerer Zeit fand diese Identifikation von Theater und Gesellschaft ihre Fortsetzung in Balzacs *Comédie humaine*, bei Baudelaire, Thomas Mann und, merkwürdigerweise, auch bei Freud.

Das Bild von der Gesellschaft als einem Theater besitzt also nicht nur eine Bedeutung, die sich unverändert über viele Zwischenstufen und durch lange Zeiträume erhalten hätte. Aber stets hat es drei ganz bestimmten moralischen Absichten gedient. Die erste bestand darin, Illusion und Täuschung als Grundprobleme des gesellschaftlichen Lebens einzuführen. Die zweite bestand darin, das »innere Wesen« des Menschen von seinem sozialen Handeln abzutrennen. Der Mensch weckt als Schauspieler Glauben *(belief)*; ohne die Bedingungen und den Augenblick der Darstellung würde dieser Glauben nicht zustande kommen; daher sind Glauben und Illusion in dieser Gesellschaftsvorstellung eng miteinander verwoben. Zugleich kann man aus keiner der Einzelrollen, die er spielt, auf das »Wesen« des Schauspielers schließen, denn in jedem neuen Stück und in jeder neuen Szene kann er in völlig anderer Verkleidung auftreten. Wie also soll man von den Handlungen eines Menschen im Theater der Gesellschaft auf sein Wesen schließen können?

Die dritte und wichtigste Absicht bestand darin, mit dem Gleichnis des *theatrum mundi* ein Bild jener Kunst zu entwerfen, die die Menschen in ihrem täglichen Leben üben, nämlich der Schauspielkunst, und Menschen, die sie betreiben, spielen eben »Rollen«. Für einen Schriftsteller wie Balzac sind diese Rollen die verschiedenen Masken, die die einzelnen zur Bewältigung verschiedener Situationen benötigen – für ihn und seinesgleichen sind die Menschen »Maskenwesen«, und ihr Treiben ist eine *Comédie*.

In dem Maße, wie sich die modernen Soziologen immer stärker für diese Masken interessiert haben (sie nennen das »situationsspezifisches Verhalten«), ist die moralische Dimension der Fragestellung seltsamerweise verloren gegangen. Vielleicht ist dafür einfach eine Wissenslücke verantwortlich. Denn allzu oft tun die Rollenanalytiker so, als seien in »vorwissenschaftlicher« Zeit ähnliche Vorstellungen unbekannt gewesen. Vielleicht auch neigen die Sozialwissenschaftler zu der Annahme, Verhalten und Moralität seien zwei verschiedene Tatbestände und die Wissenschaft beschäftige sich nur mit dem ersten. Ich meine allerdings, daß bei einer solchen Verengung des Blickfeldes und einer solchen Ausdünnung der *theatrum mundi*-Tradition durch die modernen Soziologen noch etwas anderes im Spiel ist – etwas, das unmittelbar mit der Akzentverschiebung zwischen Öffentlichkeit und Privatsphäre zu tun hat. Das läßt sich am Werk des führenden zeitgenössischen Rollenanalytikers, Erving Goffman, verdeutlichen.

Goffman hat eine Vielzahl menschlicher Situationen untersucht: Bauern auf den Shetland Inseln, psychiatrische Patienten, die Probleme von Menschen mit körperlichen Mißbildungen; er hat den Großstadtverkehr, die Werbung, Spielkasinos und Operationssäle analysiert. Er ist ein äußerst wachsamer und scharfer Beobachter, dem auch winzige Einzelheiten und die Wechselbeziehungen nicht entgehen, die die Interaktionen der Menschen in erheblichem Maße strukturieren. Schwierigkeiten ergeben sich dort, wo er versucht, diese Beobachtungen in ein theoretisches System zu bringen.

Aus seiner Sicht stellt jede Szene eine feste Situation dar. Wie die Szene zustande kam, wie diejenigen, die in ihr eine Rolle spielen, die Szene durch ihr Handeln verändern, oder wie jede Szene aufgrund umfassender, in der Gesellschaft wirksamer Kräfte zustande kommen und wieder verschwinden kann – darum kümmert sich Goffman nicht. Die statische, geschichtslose, aus lauter Szenen zusammengesetzte Gesellschaft, die uns aus seinen Büchern entgegentritt, leitet sich aus seiner Überzeugung her, daß die Individuen in ihrem Umgang miteinander stets bestrebt sind, eine Situation des Gleichgewichts zu erzeugen. Sie geben und nehmen wechselseitig, bis sie genügend Stabilität geschaffen haben und wissen, was sie erwarten können, wenn sie ihre Handlungen gegeneinander ausbalancieren. Die zueinander ins Gleichgewicht gebrachten Handlungen sind die »Rollen« der jeweiligen Situation. Das Element von Wahrheit, das in diesem Ansatz steckt, geht freilich verloren, weil Goffman kein Ohr und kein Interesse für die Kräfte der Unordnung, der Auflösung und des Wandels hat, die in derartige Anordnungen einbrechen können. Er entwirft das Bild einer Gesellschaft, in der es Szenen gibt, aber keinen Handlungsfaden. Und weil es in seiner Soziologie keine Handlung, keine Geschichte gibt, gibt es in ihr auch keinen Platz für Charaktere, wie wir sie vom Theater her kennen. Bei Goffman führen die Handlungen der Menschen nicht zu einer Veränderung ihres Lebens; es kommt lediglich zu einer endlosen Reihe von Anpassungen. In der Welt Goffmans verhalten sich die Leute, aber sie machen keine Erfahrungen.

Das Interesse an statischem Verhalten in Rollen auf Kosten der in solchen Situationen gesammelten Erfahrungen rührt aus einer moralischen Grundannahme, von der diese scheinbar moralfreie Betrachtungsweise ausgeht. Die mit ihr analysierten Rollen erlauben kein großes Engagement der Beteiligten. Außer bei Devianten, z. B. Geisteskranken und Behinderten, wird von den verschiedenen Spielern wenig Gefühlsaufwand betrieben. Und diejenigen, die in einer bestimmten Rolle irgendeinem Leiden ausgesetzt sind, zeichnet Goffman so, als würden sie die gesellschaftlichen Verhältnisse, in denen sie leben, niemals in Zweifel ziehen: »Das Individuum dreht und wendet und windet sich fortwährend, [. . .] es ist ein Jongleur, es gleicht aus und gleicht sich an und versöhnt.«

Da die Situationen feststehen, ist es das Jonglieren, was Erfahrungen komplex macht. Mit anderen Worten, die Autoren der Goffman-Schule entwerfen keine allgemeine Gesellschaftstheorie, sondern eine erste Symptomatik der modernen Malaise, die Thema dieses Buches ist – der Unfähigkeit, sich soziale Beziehungen vorzustellen, die starke Gefühle zu wecken vermögen; der Unfähigkeit, ein öffentliches Leben zu denken, in dem das Verhalten der Menschen nicht bloß von Rückzug, Angleichung und Versöhnung geprägt wird.

Öffentliche Rollen

Wie kam es dazu, daß das Spielen einer Rolle seinen expressiven Charakter immer mehr einbüßte und immer stärker zur Neutralisierung und Versöhnung anderer geriet? Wenn man diese Frage stellt, muß man sich zunächst noch einmal die moralische Absicht vergegenwärtigen, die in der klassischen Vorstellung vom *theatrum mundi* enthalten war, insbesondere die Überzeugung, daß das Spielen einer Rolle etwas Expressives ist und daß Menschen, die Gefühl in ihre Rolle »legen«, etwas von der Macht des Schauspielers gewinnen. Aber wofür setzen die Menschen ihre Leidenschaften ein, wenn sie eine Rolle spielen?

Im Theater gibt es eine Korrelation zwischen dem Glauben an die Rolle des Schauspielers und dem Glauben an Konventionen. Spielen, Schauspielen und Handeln erfordern stets einen Glauben an Konventionen, wenn sie expressiv sein sollen. Für sich genommen ist die Konvention das stärkste Ausdrucksmittel im öffentlichen Leben. In einer Zeit jedoch, in der intime Beziehungen darüber bestimmen, was glaubhaft sein soll, scheinen Konventionen, Kunstgriffe und Regeln nur im Wege zu sein, wenn man sich dem anderen offenbaren will; sie behindern den intimen Ausdruck. Mit der Zunahme des Ungleichgewichts zwischen Öffentlichkeit und Privatsphäre haben die Menschen an Ausdruckskraft verloren. Wenn sie alles Gewicht auf die psychologische Authentizität legen, werden sie im Alltagsleben »unkünstlerisch«, weil sie nicht mehr von der für den Schauspieler fundamentalen Kreativität zu zehren vermögen, der Fähigkeit, mit externen Selbstbildern zu spielen und sie mit

Gefühl zu besetzen. So gelangen wir zu der Hypothese, daß Theatralität in einem spezifischen, und zwar feindlichen Verhältnis zu Intimität steht und in einem nicht minder spezifischen, aber freundschaftlichen Verhältnis zu einem entfalteten öffentlichen Leben.

Inwiefern lassen sich die Erfahrungen, die einander fremde Zuschauer im Theater oder im Konzertsaal machen, mit den Erfahrungen vergleichen, die diese selben Menschen auf der Straße machen? In beiden Bereichen findet Ausdruck in einer weitgehend von Fremden bestimmten Umgebung statt. In einer Gesellschaft mit einem ausgeprägten öffentlichen Leben müßte es also eine Verwandtschaft zwischen Bühne und Straße geben; die Ausdruckserfahrungen, die die Menge in diesen beiden Bereichen macht, müßten vergleichbar sein. Und wenn das öffentliche Leben verfällt, müßte auch diese Verwandtschaft allmählich erlöschen. Als Ort, an dem sich das Verhältnis von Bühne und Straße beobachten läßt, bietet sich die Großstadt an. In ihr wird das Leben der Fremden inmitten der Menge am deutlichsten sichtbar, und die Transaktionen zwischen Fremden gewinnen besonderes Gewicht. Kurzum, die Gewichtsverlagerung von der öffentlichen auf die intime Sphäre müßte sich erhellen lassen, wenn man in einer vergleichenden historischen Untersuchung den Wandel der Rollen auf der Bühne und auf der Straße untersucht, und zwar dort, wo sich das moderne öffentliche Leben auf der Grundlage einer anonymen, bürgerlichen, säkularen Gesellschaft erstmals entwickelt: in der »Kosmopolis«, der Weltstadt.

Wenn man einen Vergleich anstellt zwischen der Art, wie in den darstellenden Künsten Glauben geweckt wird, und der Art, wie dies auf der Straße geschieht, dann muß das Unbehagen hervorrufen, weil damit Kunst und Gesellschaft in eine Verbindung zueinander gebracht werden, die seit dem 19. Jahrhundert prekär geworden ist. Als die Historiker des ausgehenden 19. Jahrhunderts die Künste zur Analyse des gesellschaftlichen Lebens heranzogen, ging es ihnen zumeist um das Leben einer sehr kleinen Elite – Mäzene, »führende Persönlichkeiten der Zeit« usw. Zwar betrachteten Autoren wie Matthew Arnold oder Jacob Burckhardt die Kunst als Schlüssel zum Verständnis des gesellschaftlichen Ganzen, aber sie bildeten in ihrer Epoche eine Ausnahme von der verbreiteten Überzeugung des Connaisseurs, daß große Kunst jeweils nur zu einer erlesenen Gruppe in der Gesellschaft Beziehungen unterhält.

Es war der Anthropologe, der in unserem Jahrhundert eine gleichsam natürliche Beziehung zwischen der Kunst und der Gesellschaft als ganzer entdeckte. Aber als diese Beziehung auch außerhalb der Anthropologie an Popularität gewann, da wurden die Kunstanschauungen in einem gewissermaßen umgekehrten Snobismus trivialisiert. Von der Volkskunst, zumeist handwerklichen Produkten, die von den Anthropologen als genuine ästhetische Produktionen ernst genommen wurden, führte der Weg zur populären Kunst, zu den Medien, in denen nur eine bestimmte Klasse von Kunstwerken eine Beziehung zur Gesellschaft als ganzer unterhalten kann. Das Medium formiert die populäre

Kunst so, daß in ihr jedes gezielte Ausdrucksstreben ersetzt wird durch eine eher neutrale, funktionale Kommunikation. Der Satz »Das Medium ist die Botschaft« ergibt nur dann einen Sinn, wenn Ausdruck selbst schon auf einen Fluß von Einzelbotschaften reduziert ist. In dem Maße, wie sich ihre Verbindung mit der Gesellschaft verstärkt hat, ist die Kunst, die sich auf eine solche Verbindung eingelassen hat, nur allzu oft verkümmert. Ernsthafte Kunst und gesellschaftliches Leben sind heute so getrennt wie im 19. Jahrhundert, nur die Begriffe haben sich verkehrt.

Wenn man also eine Verbindung zwischen den darstellenden Künsten und den gesellschaftlichen Verhältnissen herstellt, muß man im Auge behalten, daß ernsthafte, genuine Kunst zum Verständnis grundlegender gesellschaftlicher Strukturen beitragen kann. Ebenso wichtig ist es, daß man von einem Denken in Ursache und Wirkung loskommt. So gibt es etwa um 1750 in Paris Parallelen zwischen Bühnenkostüm und Straßenkleidung. Statt hier nach Ursache und Wirkung zu fragen – ein müßiges Unterfangen –, lohnt es sich, der Frage nachzugehen, was die Ähnlichkeiten zwischen Bühnen- und Straßenkleidung, die sich beide deutlich von der für das Heim als angemessen erachteten Kleidung unterschieden, über das Bild des Körpers in der Öffentlichkeit verraten. Als sich im 19. Jahrhundert Bühnen- und Straßenkleidung immer weiter voneinander entfernten, veränderten sich auch die Anschauungen vom Körper in der Öffentlichkeit, und die Ausmaße dieses Wandels lassen sich anhand der wachsenden Entfernung ermessen.

Öffentliche Rollen in der Stadt

Obschon sich der Zusammenhang zwischen dem öffentlichen Leben und den öffentlichen (darstellenden) Künsten mit Kategorien wie Ursache, Wirkung, Einfluß nur unzureichend beschreiben läßt, so besteht doch durchaus eine Beziehung zwischen Bühne und Straße. Sie umfaßt vier Momente. 1. Im Theater stellt sich ein ganz ähnliches Problem wie in der Stadt. Es betrifft das *Publikum* – genauer gesagt: die Frage, wie man mit seinem Auftritt in einer Umgebung von Fremden Glauben weckt. 2. Es können sich in einer Stadt Regeln, wie man Auftritte vor Fremden glaubhaft macht, ausbilden, die *ihrem Inhalt nach eine Kontinuität* zu den Regeln aufweisen, die zu gleicher Zeit die Reaktionen des Publikums auf Theaterdarbietungen prägen. Das Publikum kann demnach in beiden Bereichen die gleiche Rolle spielen. 3. In dem Maße, wie dieses Publikumsproblem in beiden Bereichen mit Hilfe ein und desselben Glaubhaftigkeitskodes gelöst wird, wird eine *öffentliche Geographie* erzeugt, die zwei Kriterien von Öffentlichkeit erfüllt – die Welt außerhalb der unmittelbaren Umgebung und der persönlichen Loyalitäten wird bewußt definiert, und dank dem gemeinsamen Glaubhaftigkeitskode wird es zum

Vergnügen, sich inmitten unterschiedlicher sozialer Verhältnisse und Gruppen von Fremden zu bewegen. 4. In dem Maße, wie sich diese öffentliche Geographie ausbildet, wird sozialer *Ausdruck* gegenüber anderen Menschen begriffen als *Darstellung (presentation)* von Gefühlen, die an sich bedeutsam sind, und *nicht als Verkörperung (representation)* von Gefühlen, die nur für das Selbst gegenwärtig und wirklich sind. Die vier hier umrissenen Strukturen betreffen also das Publikum, die Kontinuität der Regeln zur Erzeugung von Glaubhaftigkeit, die öffentliche Geographie und den Ausdruck. Diese abstrakte Reihe von Beziehungen ist jedoch erfüllt von konkreter menschlicher Erfahrung.

Wahrscheinlich gibt es so viele Definitionen von Stadt, wie es Städte gibt. Eine sehr allgemeine Bestimmung besitzt daher eine gewisse Anziehungskraft. Die vielleicht allgemeinste lautet: Die Stadt ist eine Siedlungsform, die die Begegnung einander fremder Menschen wahrscheinlich macht. Diese Definition gilt für Ansiedlungen, die eine große, heterogene Bevölkerung aufweisen; diese muß ziemlich gedrängt leben; die Interaktionen innerhalb dieser dichten, vielfältigen Masse erfolgen über marktförmige Austauschbeziehungen. In dieser Umgebung von Fremden, deren Existenzen einander berühren, stellt sich ein ähnliches Problem, wie es der Schauspieler im Theater zu bewältigen hat.

In einer Umgebung von Fremden besitzen die Menschen, die die Handlungen, Erklärungen und Bekenntnisse einer Person miterleben, normalerweise keine Kenntnis von deren Geschichte und haben auch in der Vergangenheit ähnliche Handlungen, Erklärungen und Bekenntnisse jener Person nicht erlebt. Deshalb ist es diesem Publikum nicht möglich, am Maßstab externer Erfahrungen mit dieser besonderen Person zu beurteilen, ob man ihr in einer bestimmten Situation glauben kann oder nicht. Das Wissen, auf das sich ein solcher Glaube stützen kann, ist auf den Rahmen der unmittelbaren Situation beschränkt. Ob diese Person also Glauben zu wecken vermag, hängt davon ab, wie sie sich in der Situation selbst verhält – von ihrer Sprache, ihrer Gestik, ihren Bewegungen, ihrer Kleidung und davon, wie sie zuhört. Zwei Menschen begegnen einander bei einer Dinnerparty; einer erzählt dem anderen, er fühle sich seit Wochen niedergeschlagen. Wenn der Zuhörer als Publikum die Wahrheit einer solchen Feststellung allein danach zu beurteilen vermag, wie der Fremde das Gefühl der Niedergeschlagenheit inszeniert, so besitzt ein solcher Auftritt eine »urbane« Qualität. Die Stadt ist eine Ansiedlung von Menschen, in der sich solche Inszenierungsprobleme mit hoher Wahrscheinlichkeit immer wieder ergeben.

Was sich in der Stadt als unmöglich erweist, ist am Theater unzulässig. Gleichgültig, was das Publikum über das Privatleben eines Darstellers weiß – es reicht nicht aus, um dem, was er auf der Bühne tut, Glaubhaftigkeit zu verleihen. Dafür, daß wir ihn als Coriolan ernst nehmen, genügt es nicht, daß ein Schauspieler die richtigen Friedensresolutionen unterzeichnet hat. Wenn er seine privaten Liebesaffären an die große Glocke hängt, so macht ihn das noch nicht zu einem überzeugenden Romeo. Es gibt mäßige Schauspieler, die sich eine Zeitlang im Windschatten ihres Rufs als »Star« halten können; aber das geht nie sehr lange gut. In der Stadtsituation fehlt uns für gewöhnlich das externe Wissen, um zu beurteilen, ob das Verhalten eines Fremden angemessen ist; im Theater tun wir so, als sei uns der Schauspieler fremd, so daß er genötigt ist, in seiner Rolle Glauben zu wecken; die Erinnerung des Publikums daran, wie er sie fünf Jahre, Monate, Tage zuvor gespielt hat, trägt nicht. Die Glaubhaftigkeit im Theater, wie die Glaubhaftigkeit des Fremden, hängt also davon ab, ob man die unmittelbare Begegnung als Grenze der erfahrbaren Realität nimmt. In beiden Fällen ist externes Wissen des Publikums ohne Belang – in der Stadt, weil es nicht anders sein kann, im Theater, weil es nicht anders sein soll.

Ähnlichkeiten zwischen Theaterkostüm und Straßenkleidung, zwischen dem Stil, eine tragische Figur wie Coriolan zu spielen, und dem Stil, als Politiker vor einer Volksmenge auf der Straße aufzutreten, stellen also mehr als bloß zufällige Korrelationen dar, weil es zwischen dem Publikum in beiden Bereichen mehr als bloß zufällige Beziehungen gibt.

Der Gedanke, daß Menschen Schauspielern gleichen und die Gesellschaft einer Bühne, war in der traditionellen Vorstellung vom *theatrum mundi* enthalten; denn tatsächlich ist auch in der Vergangenheit dieses übergreifende Publikumsproblem mit Hilfe eines übergreifenden Kodes des glaubhaften Auftretens gelöst worden. Das soll nicht heißen, daß die für Bühne und Stadt gleichermaßen gültigen Kodes aus der Zeit Platos in den Tagen Marivaux' einfach imitiert worden seien; aber es stellt sich beide Male die gleiche Verbindung her. Diese Tradition legt allerdings den vorschnellen Schluß nahe, was so allgemein sei, sei auch angeboren. Doch von Gesellschaft zu Gesellschaft gibt es eine Vielzahl unterschiedlicher Regeln, die eine Verbindung zwischen dem Glauben an die Bühne und dem Glauben an den Fremden auf der Straße herstellen. In Gesellschaften mit streng hierarchischem Aufbau z. B. wird das Verhalten eines Fremden so lange genau beobachtet, bis die anderen ihn anhand seiner Gestik oder seiner Sprechweise einordnen können; ihn selbst wird man nach dieser Information nicht fragen. Im Mittelalter war dies in zahlreichen indischen Städten der Fall. Gleichzeitig kam in den volkstümlichen Theaterstücken die gleiche Aufmerksamkeit für Gesten und Sprechweise zum Zuge. In Gesellschaften, die diese strikte Hierarchie nicht kennen oder in denen nicht der Rang allein über die Glaubwürdigkeit eines Auftritts entscheidet, kann die Verbindung zwischen Bühne und Straße auch anders konstruiert werden. Im Paris der Mitte des 18. Jahrhunderts z. B. galt der Körper als neutraler Träger für Straßenkleidung wie für Bühnenkostüm, als unbeseelte Kleiderpuppe, die mit Perücke, aufwendigen Hüten und anderem Zierat ausstaffiert werden mußte. Der Körper weckte Interesse – und der sich kleidende Charakter Glauben – insofern, als er ein Gegenstand war, den es zu

schmücken galt. Im privaten Kreis der Familie dagegen überwog eine relativ ungezwungene, aufgelockerte Kleidung.
Wenn als Erwiderung auf das Publikumsproblem eine Verbindung zwischen Bühne und Straße hergestellt wird, dann entsteht eine öffentliche Geographie. Denn nun wird es möglich, in ein und demselben Bereich an die Wirklichkeit sowohl unbekannter Menschen als auch imaginärer Charaktere zu glauben.
Balzac hat sich in diesem Sinne einmal über den Unterschied zwischen Provinzbewohnern und den Bewohnern einer Weltstadt geäußert – ein Provinzbewohner glaubt nur das, was er an denen beobachtet, die ihm durch täglichen Umgang vertraut sind; der Kosmopolit dagegen ist bereit, an alles zu glauben, was er sich in bezug auf Lebensformen und Leute, die er noch kennenzulernen hat, nur vorstellen kann. Natürlich wäre es unsinnig zu behaupten, in den gesellschaftlichen Zentren des Abendlandes sei es zu einer Verschmelzung von Bühnenschauspieler und realem Individuum gekommen, wenngleich diese Gestalten vielen Gesellschaften, die heute – wenn man so sagen darf – unschuldiger sind als unsere eigene, tatsächlich als eine einzige erscheinen würden. Aber der Schauspieler und der Fremde wurden im 18. Jahrhundert nach den gleichen Kriterien beurteilt, und was man von dem einen im Reich der Kunst lernen konnte, das konnte man auf dem Feld des gesellschaftlichen Lebens auch von dem anderen lernen bzw. auf ihn anwenden. Insofern konnte die Kunst in einem sehr realen Sinne Lehrmeisterin des Lebens sein; die Grenzen der Vorstellungskraft des einzelnen erweiterten sich, während sie sich in einer Zeit, in der es als moralisch unauthentisch gilt, anderen etwas vorzuspielen oder eine Pose einzunehmen, verengen.
Die Schaffung einer öffentlichen Geographie hat also sehr viel mit der Vorstellungskraft oder der Phantasie als sozialem Phänomen zu tun. Wenn das Kleinkind zwischen Ich und Nicht-Ich zu unterscheiden vermag, dann hat es den ersten und entscheidenden Schritt zur Symbolisierung getan. Jetzt braucht nicht mehr jedes Symbol eine Projektion der Bedürfnisse des Kindes auf die Welt zu sein. Die Ausbildung eines Bewußtseins vom öffentlichen Raum beim Erwachsenen stellt eine ganz ähnliche Leistung dar, die auch ganz ähnliche Resultate zeitigt: die Fähigkeit zur Symbolbildung, über die eine Gesellschaft verfügt, wird dann nämlich um vieles reicher, weil sich die Vorstellungen von dem, was wirklich und glaubhaft ist, nicht auf das beschränken, was das Selbst alltäglich wahrnimmt. Weil eine urbane Gesellschaft mit einer öffentlichen Geographie auch über ganz bestimmte Vorstellungskräfte verfügt, wirken sich der Niedergang der Öffentlichkeit und der Aufstieg der Intimität nachhaltig auf die in dieser Gesellschaft vorherrschenden Modi der Vorstellungskraft selber aus.
In einer urbanen Gesellschaft, die sich angesichts des Schauspielers und des Fremden einem gemeinsamen Publikumsproblem gegenübersieht, in einer Gesellschaft, die dieses Problem mit einem gemeinsamen Glaubhaftigkeits-

kode löst und dabei Sinn für einen bedeutungsvollen öffentlichen Raum innerhalb der Gesellschaft entwickelt, liegt es nahe, menschlichen Ausdruck anhand von Gesten und Symbolen zu begreifen, die aus sich heraus wirklich sind – gleichgültig, wer die Geste macht oder das Symbol verwendet. Emotionen werden also *dargestellt (presented)*. Wenn sich ein Wandel in den ersten drei Strukturen vollzieht, dann kommt es auch zu einer Veränderung der Ausdrucksstruktur. Die Überzeugungskraft dessen, was gesagt wird, hängt zunehmend davon ab, wer es sagt; beim Sprecher überwiegt das Bestreben, die eigenen Emotionen anderen gegenüber als Teil der Person, als Selbstausdruck zu *verkörpern (represent)*. Diese vierte Struktur umfaßt die Wechselbeziehungen zwischen einem ausgeprägten öffentlichen Leben und dem, was in der Psychologie als Objektivität der Ausdruckssignale bezeichnet wird; wenn die Öffentlichkeit zerfällt, werden diese Signale subjektiver.

Diese vier Strukturen, die das Theater mit der Gesellschaft verknüpfen, gleichen unregelmäßigen Verben; man kann sie benutzen, wenn man weiß, wie sie konjugiert werden. Zusammengenommen umreißen sie das öffentliche Leben, wie es in relativ ausgeprägter Form um die Mitte des 18. Jahrhunderts in Paris und London vorkam. Als man das Publikumsproblem in der Stadt auf andere Art als das Publikumsproblem im Theater zu begreifen begann, rückten die Glaubhaftigkeits- und Verhaltenskodes, die die Beziehung zum Fremden organisiert hatten, auseinander. Damit gerieten auch die beiden Voraussetzungen einer bedeutungsvollen öffentlichen Geographie in Verwirrung, bis sie in moderner Zeit schließlich zerfielen. In dem Maße, wie sich die Umrisse der öffentlichen Sphäre verwischten, wurde menschlicher Ausdruck von der Gesellschaft immer weniger als Darstellung und immer mehr als Verkörperung verstanden.

In diesem Buch werden die Elemente des öffentlichen Lebens zunächst für Paris und London in dem Jahrzehnt nach 1750 untersucht. Zwei Städte wurden ausgewählt, weil sich so erkennen läßt, welche Momente im öffentlichen Leben dieser Kapitalen unabhängig von den kulturellen Unterschieden zwischen den beiden Nationen sind. Die Jahre nach 1750 wurden gewählt, weil beide Städte in diesem Jahrzehnt relativ wohlhabend waren und weil das Bürgertum, dessen Erfahrungen wir unser Augenmerk vor allem widmen werden, damals eine erste Blüte erlebte. Diese Klasse besaß nun mehr Selbstvertrauen als in der Zeit, da »la ville« ihre soziale Herkunft verborgen hielt. Eingehender werden untersucht: das visuelle und verbale Auftreten in der Öffentlichkeit, die Unterscheidungen, die zwischen Öffentlichkeit und Privatsphäre getroffen werden, die Unklarheiten in dieser Unterscheidung, die im Aufstieg einer neuen politischen Bewegung bald zutage treten, zeitgenössische Theorien über den Menschen als Schauspieler und über das Verhältnis von Theater und Stadt sowie schließlich die materiellen Verhältnisse in der Hauptstadt des Ancien Régime.

Um das Verschwinden dieser Welt zu skizzieren, werden dann zwei Jahrzehnte des 19. Jahrhunderts untersucht, die vierziger und die neunziger Jahre. In den vierziger und frühen fünfziger Jahren wurden die Auswirkungen des Industriekapitalismus auf das visuelle und verbale Auftreten in der Öffentlichkeit deutlich; in den neunziger Jahren dann kam es zu einer offenen Revolte in Sprache und Kleidung gegen die Formen des öffentlichen Lebens der vierziger Jahre. Für die vierziger und die neunziger Jahre des 19. Jahrhunderts werden, wie schon für das Jahrzehnt nach 1750, im einzelnen untersucht: Körperbilder, Sprachmuster, die Vorstellung vom Menschen als Schauspieler, Theorien über den Ausdruck in der Öffentlichkeit und die materiellen Verhältnisse in der Stadt. Aufgrund der politischen Bedingungen werden wir uns vor allem auf Paris konzentrieren, weil die Krisen von Revolution und Reaktion dort die Risse und Sprünge in der öffentlichen Welt ganz besonders hervortreten lassen, die in weniger extremen Situationen auch anderswo, aber nicht so offen ans Licht treten.

Der Versuch, relativ weit auseinanderliegende historische Zeitpunkte miteinander zu vergleichen, will der Reichweite historischer Kräfte und gleichzeitig der Detailfülle gerecht werden, die man zutage fördert, wenn man an einer bestimmten Stelle im historischen Kontinuum bohrt. Diese Methode lädt nicht nur dazu ein, eine Theorie über die Ursachen der Wandlungen zu entwerfen, die sich über eine so lange Zeit hinweg abzeichnen. Wie ich meine, verlangt sie geradezu nach einer solchen Theorie, weil auf diese Weise der Tendenz gegengesteuert werden kann, konkrete Daten unter Zuhilfenahme unmittelbarer Kontingenzen und bloßer Zufälle erklären zu wollen. Da aber Kontingenzen geschichtlich ebenso real sind wie Kapitalismus und Säkularismus, büßt unsere vergleichende Methode in dem Maße an Detailtreue ein, wie sie an theoretischer Stringenz gewinnt.

Nachdem die historischen Abläufe nachgezeichnet sind, wird im letzten Teil untersucht, was das Ungleichgewicht von Öffentlichkeit und Intimität für die westlichen Gesellschaften heute bedeutet. Es wäre unsinnig zu behaupten, ein einzelner könne eine derartige Fülle von Material in jeder Hinsicht kompetent beherrschen. Es stellt sich also die Frage, wie es um die »Beweiskraft« der vorliegenden Untersuchung bestellt ist.

Beweis oder Plausibilität?

In empirischen soziologischen Studien hat das Wort »Beweis« eine unglückselige Bedeutung angenommen: keine andere Erklärung als die, die sich nach einem ganz bestimmten, festgelegten Untersuchungsprozeß ergibt, ist zulässig. In quantitativen Analysen verwendet man heute Regressionsanalysen, Psi- oder Gamma-Tests, um aus einer Reihe alternativer Interpretationen eine einzige auszuwählen. Irrigerweise wollen oft auch qualitative Untersuchungen

ihre Aussagen auf die gleiche Art beweisen. Der Forscher muß versuchen, die über den jeweiligen Gegenstand bekannten Einzelheiten vollständig zu erfassen. Anderenfalls könnten ihm Daten unbekannt bleiben, die seinen Aussagen »widersprechen«. Wenn man Wahrheitsfindung als schrittweises Ausschließen von Alternativen begreift, muß die Entdeckung von widersprechendem, neuem Belegmaterial die ursprüngliche These völlig entwerten, denn wie könnten zwei einander entgegengesetzte Interpretationen desselben Gegenstandes gleichermaßen wahr sein?
Dieser Empirismus, der auf die Erschöpfung des gesamten Materials aus ist, steht meiner Ansicht nach in völligem Gegensatz zu jedem Begriff von intellektueller Redlichkeit. Solche Redlichkeit besteht ja wohl gerade darin, daß wir die Realität von Widersprüchen zugeben und jede Hoffnung auf ein für allemal unumstößliche Feststellungen fahrenlassen. In der Praxis erweist sich die Forderung, alles Material erschöpfend zu behandeln, als problematisch; sie führt zu einer immer stärkeren Verengung des Blickfeldes; mehr über einen Gegenstand »wissen« heißt dann: mehr Einzelheiten kennen. Ein bewußter Denkverzicht ist die erste und notwendige Folge solcher Strategien, denn sie verlangen, daß alles Urteilen bis zu irgendeinem fernen Zeitpunkt, an dem sämtliche Faktoren bekannt sein werden, aufgeschoben wird.
In der qualitativen Forschung besteht ein »Beweis« (wenn dieses angstbesetzte Wort denn überhaupt verwendet werden muß) im Nachweis einer sinnfälligen Beziehung; qualitative Forschung hat sich die Bürde der Plausibilität auferlegt. Ich bin zu der Ansicht gelangt, daß diese Last schwerer und drückender ist als die von der quantitativen Forschung eingegangene Verpflichtung, eine Erklärung zugunsten einer anderen auszuschließen, gleichgültig, wie es um die logische Kohärenz bei beiden bestellt ist. Empirische Plausibilität ergibt sich daraus, daß man die logischen Verknüpfungen zwischen Phänomenen zeigt, die sich konkret beschreiben lassen. Ein Philosoph würde über diese Definition vielleicht nicht glücklich sein, und einen Sozialwissenschaftler würde sie vielleicht arbeitslos machen, aber sie genügt, wie ich hoffe, den Erwartungen des intelligenten Lesers. Wenn diesem Leser die hier vorgetragenen Analysen zur Entstehung eines bestimmten Dilemmas in der modernen Gesellschaft einleuchten, dann hat das Buch seinen Zweck erfüllt; wenn er sich nach der Lektüre eine andere Theorie zur Erklärung dieser Misere zurechtlegt – um so besser.

Schließlich will ich kurz auf das Verhältnis des vorliegenden Buches zu meinen früheren Arbeiten eingehen. Während der vergangenen zehn Jahre habe ich mich immer wieder mit dem Problem des Rückzugs aus der Gesellschaft beschäftigt – oft ohne es selbst zu wissen. In *Families Against the City* wurde untersucht, wie im Chicago des 19. Jahrhunderts die Kernfamilie zu einer Zuflucht vor der Gesellschaft wurde, als sich diese Stadt zum Zentrum einer Industrieregion entwickelte. *The Uses of Disorder* prüfte, wie Persönlichkeitsstrukturen auf eine Überflußökonomie reagieren, wie die Menschen versuchen, ihr Erleben von Elementen wie Schmerz, Zweifel und Bedürftigkeit zu reinigen, die doch Teil jedes wirklichen Öffentlichkeitsverhältnisses sind. *The Hidden Injuries of Class* galt dem Problem, warum die Zugehörigkeit zu einer gesellschaftlichen Klasse heutzutage immer mehr als »eine Frage der Persönlichkeit« interpretiert wird und wie sich dabei der Klassenbegriff zunehmend entpolitisiert. Das vorliegende Buch ist für mich zu einem Rahmen geworden, der diese Einzelstudien zusammenfaßt. Es gibt ihnen eine historische und theoretische Fundierung. Ich hoffe auf das Verständnis des Lesers, wenn ich deshalb hier und da irrtümliche Deutungen und Aussagen dieser Einzelstudien korrigiere, weil ich sie jetzt als Teil eines größeren Ganzen betrachte.

Teil II
Die Öffentlichkeit des Ancien Régime

Kapitel 3
Das Publikum: eine Ansammlung von Fremden

Um den Verfall des öffentlichen Lebens zu begreifen, müssen wir die Zeit verstehen lernen, in der es in Blüte stand, und die Grundlagen, auf denen es ruhte. Die folgenden vier Kapitel skizzieren die Entstehung und das Erscheinungsbild des öffentlichen Lebens in Paris und London um die Mitte des 18. Jahrhunderts. Es ist vielleicht hilfreich, zwei hierbei immer wieder verwendete Begriffe kurz zu erläutern: »Ancien Régime« und »Bürgertum«.
Der Begriff »Ancien Régime« wird oft als Synonym für Feudalismus gebraucht. In diesem Sinne bezeichnet er eine Zeitspanne von vor 800 bis nach 1800. Ich ziehe es vor, dem Sprachgebrauch von Tocqueville zu folgen: »Ancien Régime« war für ihn das 18. Jahrhundert, genauer die Periode, in der eine Handels- und Verwaltungsbürokratie heranwuchs, während gleichzeitig Feudalprivilegien noch Geltung besaßen. Demnach gab es in England genauso wie in Frankreich ein Ancien Régime, obwohl weder die Bürokratie noch die Feudalprivilegien in beiden Ländern die gleichen waren. Wenn wir von der »alten Ordnung« sprechen, dann neigen wir mitunter zu der Vorstellung einer im Niedergang befindlichen Gesellschaft, die blind gegenüber ihrem inneren Zerfall ist. Aber das Ancien Régime hatte nichts von dieser schläfrigen Gleichgültigkeit angesichts seiner eigenen Widersprüche. Über lange Zeit wahrte es den prekären Zusammenhalt zweier Prinzipien, die sich miteinander nicht versöhnen ließen.
Ich gestehe, daß mir die Verwendung des Ausdrucks »Bürgertum« (Bourgeoisie) ein gewisses Unbehagen bereitet. Es gibt zu viele Verschwörungstheorien, die uns weismachen wollen, das tugendhafte Proletariat sei durch die vom Bürgertum angeführten Kräfte des Bösen immer wieder hinters Licht geführt worden, ob im Augusteischen Rom, im mittelalterlichen Benares oder im heutigen Neuguinea. Die dahinter stehende mechanistische Klassenanalyse ist von solcher Stumpfheit, daß sie beim Leser den verständlichen Wunsch wecken kann, mit Worten wie »Klasse« und »Bürgertum« nicht länger behelligt zu werden. Aber das Bürgertum gibt es, genauso wie es Klassen gibt, und so müssen wir von ihnen als etwas Wirklichem sprechen, ohne Anleihen bei der Dämonologie zu machen. Keine Untersuchung über die Stadt im 18. Jahrhundert kommt um eine Analyse des städtischen Bürgertums herum, denn die Bürger waren die Herren dieser Stadt, bildeten ihre finanzielle Stütze und machten einen Gutteil ihrer Bevölkerung aus. Im übrigen ist der Ausdruck »Bürgertum« umfassender als »Mittelklasse«. »Mittelklasse« deutet auf Menschen hin, die in der Mitte einer gesellschaftlichen Positionsleiter stehen; aber

das Wort sagt nichts darüber, wie sie dorthin gelangt sind.»Bürgertum« indes deutet an, daß diese Stellung von Menschen eingenommen wird, die nichtfeudalen Handels- und Verwaltungstätigkeiten nachgehen. Ein Gutsverwalter mag in einer Gesellschaft eine mittlere Position einnehmen, aber er gehört nicht zum Bürgertum. Das Bürgertum des 18. Jahrhunderts hatte natürlich nicht die gleiche ökonomische Funktion, das gleiche Selbstverständnis oder die gleiche Moral wie das Bürgertum des 19. Jahrhunderts; aber diese Unterschiede betreffen Veränderungen in der Klasse selbst, und das Wort allein schon deshalb zu verwerfen, weil es so häufig mißbraucht worden ist, leistete dem Irrtum Vorschub, diese Klasse besäße keine Geschichte.

Abschließend ein Wort zur Anordnung der folgenden Kapitel. Kapitel 3 erörtert das Publikumsproblem, Kapitel 4 die Glaubhaftigkeitskodes, Kapitel 5 die Unterscheidung zwischen »öffentlich« und »privat«, Kapitel 6 den Ausdruck in der Öffentlichkeit. Man sollte dabei im Auge behalten, daß diese Fragestellungen nicht eigentlich vier verschiedenen Erfahrungsweisen entsprechen, sondern eher vier verschiedenen Dimensionen ein und derselben spezifischen Erfahrung, nämlich der von Öffentlichkeit. Und vor allem sollte man beachten, daß der *Beginn* öffentlichen Lebens nicht ins 18. Jahrhundert fällt; vielmehr nahm in dieser Zeit eine moderne Version öffentlichen Lebens Gestalt an, eines öffentlichen Lebens, in dessen Zentrum ein aufsteigendes Bürgertum und eine im Niedergang befindliche Aristokratie standen.

Die Stadt bildet ein Milieu, das die Begegnung einander fremder Menschen wahrscheinlich macht. Der Ausdruck »Fremder« fungiert allerdings in zwei sehr unterschiedlichen Typologien. Italiener betrachten Chinesen, die in ihre Nachbarschaft ziehen, vielleicht als Fremde, aber sie wissen, was sie von diesen »Eindringlingen« zu halten haben; aufgrund der Hautfarbe, der Augen, der Sprache, der Eßgewohnheiten kann der Italiener einen Chinesen als jemanden wahrnehmen und einordnen, der anders als er selbst ist. In diesem Fall ist »Fremder« synonym mit »Außenseiter«. Er tritt in einer Umgebung auf, in der sich die Menschen ihrer eigenen Identität so bewußt sind, daß sie Regeln über Zugehörigkeit und Nichtzugehörigkeit aufstellen können. Doch der Begriff des Fremden besitzt noch einen anderen Sinn, und hier sind jene Regeln nicht anwendbar: der Fremde als Unbekannter *(unknown)*, statt als Fremdartiger *(alien)*. In diesem Sinne kann jemand einen anderen als »fremd« erleben, auch wenn er selbst über Regeln für seine eigene Identität verfügt, etwa wenn ein Italiener jemandem begegnet, den er nicht »einordnen« kann. Der Fremde als Unbekannter kann jedoch auch die Wahrnehmung von Menschen beherrschen, die über ihre eigene Identität im unklaren sind, die ihr traditionelles Selbstbild verlieren oder einer neuen gesellschaftlichen Gruppe angehören, die als solche noch kein deutliches Merkmal besitzt.

Die Stadt als eine Ansammlung von Fremden der ersten Art läßt sich am besten am Typus der ethnischen Stadt veranschaulichen – man denke an das

heutige New York außerhalb Manhattans oder an Kapstadt, wo Rasse oder Sprache unmittelbare Unterscheidungsmerkmale sind. Eine Stadt der zweiten Art, in der die Fremden unbekannte Größen sind, entsteht, wenn sich eine neue, noch amorphe gesellschaftliche Klasse herausbildet und sich die Stadt um diese gesellschaftliche Gruppe neu organisiert. Das galt im 18. Jahrhundert für Paris und London. Die neue Klasse war das Handel treibende Bürgertum.
»Aufstieg des Bürgertums« ist eine derartig abgegriffene Phrase, daß ein Historiker gelegentlich bemerkte, die einzige historische Konstante, die sich nachweisen lasse, sei die, daß die Mittelklassen immer und überall aufsteigen. Dabei verstellt dieses allzu vertraute Bild eine wichtige Tatsache: Eine aufsteigende oder sich entwickelnde Klasse verfügt gewöhnlich nicht über eine klare Vorstellung von sich selbst. Manchmal entwickelt sie ein Bewußtsein ihrer Rechte, bevor sie ein Bewußtsein ihrer Identität ausbildet; manchmal geht faktische ökonomische Macht der Ausprägung eigener Umgangsformen, eines eigentümlichen Geschmacks, einer spezifischen Moral voraus. Das Auftreten einer neuen Klasse kann auf diese Weise ein Milieu von Fremden hervorbringen, in dem zahlreiche Menschen einander zusehends ähnlicher werden, ohne es zu bemerken. Man spürt, daß die alten Unterscheidungen, die alten Grenzlinien zwischen den Gruppen nicht mehr gültig sind; doch neue Regeln, um unmittelbare Unterscheidungen zu treffen, sind kaum vorhanden. Mit der Ausbreitung des kaufmännischen, Handel treibenden Bürgertums in den Hauptstädten des 18. Jahrhunderts traten zahlreiche, nicht klassifizierbare Gruppen in Erscheinung, die, ohne sich dessen bewußt zu sein, in einer ähnlichen materiellen Lage waren, während sich gleichzeitig die traditionelle gesellschaftliche Rangordnung auflöste. Was fehlte, war eine neue Sprache für die Beziehungen zwischen »uns« und »ihnen«, zwischen Innenseiter und Außenseiter, zwischen »oben« und »unten« auf der sozialen Stufenleiter.
Wir hatten gesehen, daß das Publikumsproblem in einem Milieu von Fremden dem Publikumsproblem auf dem Theater entspricht: Wie weckt man Glauben bei Leuten, die einen nicht kennen? In einem Milieu von Fremden als Unbekannten ist dieses Problem sehr viel dringlicher als in einem Milieu von Fremden als Außenseitern. Wenn ein Außenseiter Glauben wecken will, muß er eine Barriere überwinden, muß er sich auf eine Art und Weise als glaubwürdig erweisen, die denen, die »innen« sind, vertraut ist und von ihnen selbst praktiziert wird. Die Fremden in einem amorphen Milieu stehen dagegen vor einem komplizierteren Problem: nämlich Glauben zu wecken durch die Art, wie sie sich in einer Situation verhalten, in der niemand so recht weiß, wie die richtigen Verhaltensstandards für eine bestimmte Person eigentlich aussehen. In diesem Fall besteht eine Lösung darin, Verhaltensformen neu zu schaffen, zu entlehnen oder zu imitieren, die bei einer Begegnung von allen Beteiligten willkürlich als »richtig« und »glaubhaft« akzeptiert werden. Diese Verhaltensformen wahren eine gewisse Distanz zu den persönlichen Verhältnissen des einzelnen und zwingen die Menschen nicht, voreinander zu definie-

ren, wer sie sind. Wenn Beziehungen dieser Art Gestalt annehmen, ist eine öffentliche Geographie im Entstehen.
Es stellt sich nun die Frage, welche Kräfte um die Mitte des 18. Jahrhunderts in den Hauptstädten ein Milieu von Fremden als Unbekannten hervorbrachten. Dazu werden wir den Umfang der Bevölkerung, ihre Wanderungsbewegungen, die Bevölkerungsdichte in der Stadt und die ökonomische Zusammensetzung der Stadtbevölkerung näher betrachten.

Wer in die Stadt kam

Im Jahre 1750 war London die größte Stadt des Abendlandes. An zweiter Stelle kam Paris. Alle anderen europäischen Großstädte folgten erst in weitem Abstand. Man könnte es sich einfach machen und sagen, daß Paris und London in den hundert Jahren zwischen 1650 und 1750 einen erheblichen Bevölkerungszuwachs zu verzeichnen hatten. Diese Aussage trifft zu, aber sie muß mit zahlreichen Einschränkungen und Präzisierungen versehen werden.[1]
London wuchs etwa folgendermaßen: Im Jahre 1595 zählte es 150 000 Seelen, 1632 315 000, 1700 etwa 700 000; Mitte des 18. Jahrhunderts waren es 750 000. Das Wachstum von London im Industriezeitalter während der letzten 200 Jahre stellt diese Zahlen in den Schatten: im 19. Jahrhundert wuchs die Londoner Bevölkerung von 850 000 auf 5 Millionen. Aber die Menschen des 18. Jahrhunderts wußten nicht, was noch kommen würde. Sie konnten nur sehen, was zu ihrer Zeit geschah, und sie hatten, vor allem nach dem großen Brand Mitte des 17. Jahrhunderts, den Eindruck, die Bevölkerung der Stadt nehme außerordentlich schnell zu.[2]
Daten über die Pariser Bevölkerung lassen sich für diesen Zeitraum nicht so leicht ermitteln, weil die Politik den Volkszählungen in dem Jahrhundert zwischen 1650 und 1750 immer wieder ins Gehege kam. Die genauesten Schätzungen sehen folgendermaßen aus: bei der Volkszählung des Kardinals Richelieu von 1637 etwa 410 000, 1684 etwa 425 000, 1750 500 000. Diese Zahlen deuten auf geringe Veränderungen im Laufe des Jahrhunderts, vor allem, wenn man sie mit denen von London vergleicht. Aber sie müssen im Zusammenhang mit der Gesamtentwicklung in Frankreich gesehen werden. Pierre Goubert hat darauf aufmerksam gemacht, daß über weite Perioden des frühen und mittleren 18. Jahrhunderts die Gesamtbevölkerung Frankreichs zumindest stagniert hat, ja wahrscheinlich zurückgegangen ist. In Paris kam es also zu einem langsamen Bevölkerungswachstum, während die Bevölkerung in Frankreich insgesamt zurückging.[3]
»Wachstum« hatte demnach in London ein anderes Gesicht als in Paris. Was bedeutet städtisches Wachstum überhaupt? Wenn die Zahl der Geburten in einer Stadt größer ist als die der Todesfälle, kann die Bevölkerungszunahme

zeitweilig aus dem Innern erfolgen; wenn die Zahl der Geburten unter der der Todesfälle liegt, kann sich die Stadt nur vergrößern, wenn mehr Menschen von außerhalb in die Stadt ziehen, als die Stadt selbst aufgrund des Verhältnisses zwischen Geburten und Todesfällen verliert. In der Demographie des 18. Jahrhunderts ist zwischen Talbot Griffith und H. J. Habakuk ein heftiger Streit darüber entbrannt, wieviel die Verbesserungen in Medizin und Gesundheitswesen zur Senkung der Sterberate und zur Hebung der Geburtenrate beigetragen haben. Aber gleichgültig, wie diese akademische Frage beantwortet wird – das Bevölkerungswachstum sowohl in Paris als auch in London hing in den hundert Jahren vor 1750 mit Sicherheit zu einem erheblichen Teil von der Zuwanderung von außen, aus kleineren Städten und vom Land, ab. Der Demograph Buffon stellt das kurz und bündig fest. Für das Jahr 1730 sagt er: »London muß die Zahl seiner Geburten um mehr als die Hälfte ergänzen [d. h. aus der Provinz], um sich zu erhalten, während Paris bis auf ein Fünfundsiebzigstel nicht auf fremde Hilfe angewiesen ist.«[4]
Sowohl in Paris als auch in London ist die Zuwanderung von außen die Ursache für das – wenn auch unterschiedliche – Bevölkerungswachstum. Dank den Arbeiten von E. A. Wrigley wissen wir über Ausmaß und Struktur der Zuwanderung nach London zwischen 1650 und 1750 sehr genau Bescheid. Er schätzt, daß London in diesem Zeitraum jährlich 8000 Zuwanderer benötigte, um zu wachsen. Die Menschen, die kamen, waren jung – Wrigley schätzt ihr Durchschnittsalter auf zwanzig – und gewöhnlich unverheiratet. Anders als bei der großen Auswanderung der Bauern nach den Städten Nordamerikas kam es nicht häufig vor, daß ganze Familien nach London zogen. Aufgrund der Materialien, die C. T. Smith 1951 zusammengestellt hat, läßt sich erkennen, woher die Leute kamen: die meisten Zuzüge erfolgten von Orten, die 50 oder mehr Meilen von London entfernt waren, und 50 Meilen waren damals zwei Tagereisen.[5]
Bei der Zuwanderung nach Paris sah es ähnlich aus. Man weiß, daß sich der Adel nach dem Tod Ludwigs XIV. wieder stärker Paris zuwandte, doch diese Schicht war auch zu Lebzeiten des Sonnenkönigs von der Stadt als einem Zufluchtsort vor dem überspannten Leben am Hof von Versailles nie völlig abgeschnitten gewesen. Ihre Rückkehr dürfte kaum ausgereicht haben, um die Lücken in der Pariser Bevölkerung zu schließen, die die Kinder- und Säuglingssterblichkeit immer wieder riß. Aufgrund der Untersuchung von Louis Henry läßt sich mit einiger Sicherheit sagen, daß Paris, ebenso wie London, seinen Bevölkerungsstand durch Zuwanderer wahrte, die wenigstens zwei Tagereisen von der Stadt entfernt gelebt hatten, die jung und alleinstehend waren, die, ebenso wie in England, nicht durch Hunger oder Krieg in die Stadt getrieben wurden, sondern ihre Heimat aus eigenem Entschluß verlassen hatten, um ihr Los zu bessern. London erscheint so als eine für die damalige Zeit riesengroße Stadt, deren Wachstum zumindest zur Hälfte auf die Zuwanderung junger, ungebundener Menschen zurückgeht. Und auch Paris stellt sich

als eine zwar nicht ganz so große, aber immer noch immense Stadt dar, die, während die Bevölkerung außerhalb stagniert, langsam wächst und die Auffüllung und das Wachstum ihrer Bevölkerung ganz mit dem Zuzug des gleichen Typs von Leuten bestreitet.[6]

In der Bevölkerungsentwicklung beider Städte spielte also eine bestimmte Art von Fremden eine entscheidende Rolle. Er oder sie war allein, von den Bindungen der eigenen Vergangenheit abgeschnitten und aus beträchtlicher Entfernung in die Stadt gekommen. Tatsächlich schildern eingesessene Londoner oder Pariser in den Jahren nach 1720 diese Außenseiter als »buntscheckig«, »amorph«, »zweifelhaft«, »gestaltlos«. Defoe schreibt, London sei durch das Auftreten all der Menschen aus der Provinz so »ausgewuchert«, daß nun Maßnahmen und Regelungen durch die Regierung erforderlich seien. Ihm fehlen die Worte, um diese Neuankömmlinge zu beschreiben, er spricht nur von einer »buntscheckigen Menge«. Unter ihnen scheint – ausgenommen die »Irenhorde« – keine soziale Ordnung zu bestehen. Und da sie keine Gestalt annehmen, glaubt er, daß sie genauso unvermutet aus der Stadt wieder verschwinden werden, wie sie gekommen sind: »Dann, so sage ich, wird man eine Zeit erwarten dürfen, in der der große Zulauf von Menschen nach London wieder von dannen gehen und sich so natürlich zerstreuen wird, wie er jetzt herbeigeströmt ist.«[7]

Ähnlich kreisen auch Marivaux' Romane *La vie de Marianne* und *Le paysan parvenu* um die Vorstellung, Paris gründe auf dem Zusammenstrom von Fremden. In beiden Romanen schildert Marivaux Paris als einen Ort, an dem Leute unbekannter Herkunft »bestehen« können, weil die ganze Stadt durch den Zuzug »unbekannter Größen« gewachsen ist. Den alteingesessenen Parisern wurde es immer schwerer, die »wahre Natur derer, mit denen sie sich unterhielten«, zu erfassen.

Man vergleiche diese Bilder mit der Art, wie New Yorker oder Bostoner um 1900 den Fremden als Außenseiter schildern. In den amerikanischen Städten wurden Fremde nach ethnischen Stereotypen gedeutet; sie kennenzulernen wurde als unpassend oder gefährlich abgelehnt. Bei Defoe oder Marivaux findet sich diese Verwendung von Stereotypen nicht; die Stadt der Fremden, in der sie lebten, ließ sich nicht in ethnische, ökonomische oder rassische Typen einteilen (von den Londoner Iren einmal abgesehen). Der Umstand, daß die meisten Zuwanderer ledig waren, außerhalb eines Familienverbandes lebten, verstärkte nur den Eindruck von der »unbekannten Größe«.

London wurde oft als »große Schwäre« bezeichnet – keine gefällige Benennung, denn eine »Schwäre« ist ein offenes Geschwür, aus dem eitrige Flüssigkeiten hervorquellen. Aber dieses Wort trifft sehr genau etwas von der Empfindung, die hinter eleganteren Ausdrücken wie »unbekannte Größe« stand, mit denen man die neuen Volksmassen bezeichnete. Wie sollen diese Menschen füreinander Bedeutung gewinnen? Von allem sind sie abgeschnitten, sie verfügen nicht einmal über die Kennzeichen ihres früheren Erwachse-

nenlebens und besitzen auch nicht die kategorisierbare Fremdheit von Einwanderern aus einem anderen Land. Wonach sollen sie die Kommunikation untereinander beurteilen? An welches Wissen, an welche gemeinsame Erfahrung in der Vergangenheit appelliert man, wenn man sich in einer »buntscheckigen Menge« bewegt?
Wenn man den Ausdruck »Bevölkerungswachstum« auf diese beiden Städte anwendet, so bezieht er sich nicht bloß auf Zahlenverhältnisse, sondern spezifischer auf eine bestimmte soziale Tatsache. Indem die Stadt wuchs, wurde ihre Bevölkerung zu etwas Ungewissem.

Wo sie lebten

Man sollte meinen, diese Bevölkerung habe sich schon bald auf verschiedene Territorien innerhalb der Stadt verteilt, die sich durch ökonomische und soziale Merkmale voneinander unterschieden. Auf diese Weise wäre die Klassifizierung von Fremden erleichtert worden. Aber sowohl in London als auch in Paris war dieser ökologische Prozeß etwa seit 1670 Störungen und Verwirrungen ausgesetzt, die paradoxerweise gerade auf das Bemühen zurückzuführen sind, mit der wachsenden Stadtbevölkerung planvoll umzugehen.
Logisch betrachtet müssen Städte mit wachsender Bevölkerung einen von zwei Wegen beschreiten: das Stadtgebiet kann vergrößert werden, oder eine größere Zahl von Menschen kann auf der vorhandenen Fläche konzentriert werden. Aber kaum irgendwo vollzieht sich Städtewachstum einfach durch räumliche Ausdehnung oder durch Ballung von mehr Menschen auf ihrem alten Gebiet. Und es geht auch nicht so vor sich, daß die Fläche des Stadtgebiets und die Bevölkerungsdichte gleichzeitig zunehmen, denn Bevölkerungswachstum ist kein »additives« Phänomen, bei dem jeder Zuwachs durch schrittweise Reorganisation ausgeglichen würde. Normalerweise führt Bevölkerungszunahme zu einer Reorganisation der gesamten Ökologie einer Stadt. Man muß sich die Stadt wie einen Kristall vorstellen, der seine Struktur jedesmal umbildet, wenn ihm mehr von der Substanz, aus der er besteht, zugeführt wird.
Könnten wir einen Rundgang durch das Paris von 1640 oder durch das London der Zeit vor dem großen Brand von 1666 machen, so würde uns allein schon die Ballung von Menschen auf einem nach modernen Maßstäben winzigen Raum verwundern. Dichtgedrängt standen die Häuser an nicht mehr als drei oder vier Meter breiten Straßen, dazwischen plötzlich Lücken mit weiten, offenen Flächen. Und wenn wir uns den Gebäuden nahe der Pariser Stadtmauer oder in dem Niemandsland zwischen der City von London und Westminster näherten, so würden wir keine allmähliche Abnahme der Bebauungsdichte

feststellen, sondern einen plötzlichen Bruch zwischen den überfüllten Straßen und isolierten, fast wie Landgüter angelegten Häusern.

Nach dem großen Brand in London im Jahre 1666 und während des Jahrzehnts nach 1680 in Paris nahm die Bevölkerungsballung in beiden Städten neue Formen an. Die niedergebrannten oder brachliegenden Flächen wurden nicht einfach wieder aufgefüllt. Sie wurden nach einem neuen Prinzip reorganisiert, nach dem des Platzes, freilich eines Platzes, der sich in Aussehen und Funktion radikal von den Plätzen mittelalterlicher Städte unterschied. Der Bruch zwischen der Vergangenheit und den neuen Prinzipien der Platzanlage nahm in London eine ganz andere Wendung als in Paris. Aber beide, durchaus gegensätzliche Revolten gegen das Überkommene führten zum gleichen gesellschaftlichen Ergebnis.

Der Bau von Plätzen, der in Paris in den Jahren nach 1680 einsetzte, wurde durch zwei ältere Beispiele geprägt: durch das Werk Berninis in Rom und das Werk Ludwigs XIV. und seiner Architekten in Versailles. Berninis Piazza Obliqua vor dem Petersdom in Rom war eine grundsätzliche Herausforderung an die Platzgestaltung der Renaissance. Bernini bediente sich des Platzes, um einen Eindruck von der Weite des Raums zu vermitteln, statt diese Weite, wie die Renaissance es beabsichtigte, einzugrenzen und zu bezähmen. Diesen Gedanken eines riesigen, vom Menschen geschaffenen Raums inmitten einer dichtgedrängten städtischen Ansiedlung griffen die Pariser Architekten auf – seinen ersten Ausdruck fand er in der Place des Victoires (1685-86).[8]

Die Bemühungen in Paris zielten darauf, die Masse der Bevölkerung und die vom Menschen ersonnene Illusion des grenzenlosen Raums zusammenzubringen. Die Illusion eines großen Raumes inmitten einer großen Masse ist das beherrschende Prinzip der Place Vendôme (gebaut 1701) und der Place des Invalides (vollendet 1706), ein Prinzip, das schließlich in Jacques-Ange Gabriels Place de la Concorde von 1763 kulminierte.

Die Architekten einiger dieser großen Stadträume hatten ihre Ausbildung in Versailles erhalten. Hardouin-Mansart z. B. wurde mit der Anlage der Place Vendôme beauftragt, nachdem er die Erweiterungsbauten des Versailler Schlosses überwacht hatte. Aber so wie Versailles ursprünglich als Gegenstück zu dem Paris von 1660 gedacht war, als Stätte der Ordnung, die ihren Bewohnern schon durch die Räumlichkeiten, Zimmerfluchten und Gärten ein Gefühl von Hierarchie einflößen sollte, so sollte das Paris des frühen 18. Jahrhunderts ein Korrektiv gegenüber Versailles darstellen. Die großen *places* sollten nicht sämtliche Aktivitäten der umliegenden Straßen konzentrieren; die Straße sollte nicht Durchgang zum Platz sein. Statt ein Brennpunkt, wie die ganze Architektur von Versailles Brennpunkt war, sollte der Platz ein Denkmal in sich sein, auf dem nur ganz bestimmte Aktivitäten, der Durchgangsverkehr und der Transport, stattfanden. Vor allem waren diese Plätze nicht im Gedanken an eine verweilende, sich versammelnde Menge geplant. Deshalb kämpfte Hardouin-Mansart dafür, Marktbuden, Akrobatengruppen und den gesamten Straßenhandel von den Plätzen zu verbannen. Auch wollte er nicht, daß die angrenzenden Cafés sich bis auf die Plätze ausbreiteten, Poststationen sollte es hier ebenfalls nicht geben.[9]

Auf diese Weise wurde das Leben des Platzes, wie man es im Mittelalter und während der Renaissance gekannt hatte, geschwächt. Wo die Plätze früher eine Vielzahl verschiedener Funktionen besessen hatten – Arnold Zucker spricht von der »Aufschichtung« sämtlicher Aktivitäten einer Stadt an einem Ort –, da wurde das Leben der städtischen Volksmenge nun zerstückelt und zerstreut.[10]

Allein schon die Abbruch- und Bauarbeiten, die in Paris zur Freilegung dieser weiten Flächen erforderlich waren, drängten ganze Bevölkerungsgruppen aus den Zentren von 1660 in weniger dicht besiedelte Gebiete. Die zahlreichen Adelsfamilien mit ihrer vielfältigen Diener- und Lieferantenschaft, die sich um den Invalidendom angesiedelt hatten, zogen im frühen 18. Jahrhundert zurück ins Marais. Die Räumungsarbeiten vor der Kirche St. Sulpice drängten eine andere Gruppe von Adeligen samt ihrem Anhang in die leeren Räume von St. Germain-des-Prés. Mit dem allmählichen Anwachsen der Pariser Bevölkerung wurden die Gebiete um die großen Plätze immer dichter besiedelt, aber diese Zentren selbst bildeten nicht mehr die Punkte, an denen die Menge sich zu verschiedenen Aktivitäten zusammenfinden konnte.[11]

Die Pariser Plätze des Mittelalters und der Renaissance waren freie Zonen, im Gegensatz zur kontrollierten Zone des Hauses. Die monumentalen Plätze des frühen 18. Jahrhunderts, die der Bevölkerungsballung in der Stadt eine neue Struktur gaben, veränderten auch die Funktion der Menge selbst, denn sie verwandelten die Möglichkeiten, die sich den Menschen boten, um zusammenzukommen. Das Zusammenkommen wurde selbst zu einer speziellen Aktivität, für die drei Orte vorgesehen waren: das Café, der öffentliche Park und das Theater.

Auch in London verlor der Platz in der Zeit zwischen 1666 und 1740 seine Funktion als freie Zone für Menschenansammlungen, aber infolge eines völlig anders gearteten Prozesses. Nach dem großen Brand von 1666 wurden zahlreiche Entwürfe für den Wiederaufbau der Londoner City gemacht, der weitestgehende stammte von Christopher Wren. Aber Charles II. verwarf diese Pläne ziemlich schnell. Wären sie realisiert worden, so hätte London ähnlich monumentale Brennpunkte erhalten, wie sie Bernini in Rom geschaffen hatte und wie sie später Hardouin-Mansart in Paris schuf. Tatsächlich bedeutete die Zurückweisung von Wrens Entwürfen die Ablehnung eines Typs von Platz, wie er noch kurz zuvor mitten in London entstanden war; ich meine den Covent Garden von Inigo Jones.[12]

Die Idee, die Stadtbevölkerung durch die Anlage von Plätzen zu strukturieren, war damit jedoch nicht aufgegeben. Der Duke of Bedford und der Earl of Southampton begannen, der eine im Bezirk Covent Garden, der andere in Bloomsbury, um zentrale Plätze herum Blocks von Reihenhäusern, die

»Squares«, zu errichten, »hingestreut, getrennt und doch nicht voneinander abgeschnitten«. Das entscheidende Merkmal dieser Squares war, daß sie nicht wie Covent Garden von Straßenhändlern, Akrobaten, Blumenverkäufern und dergleichen belebt werden sollten, sondern von Sträuchern und Bäumen.[13]

Man hat oft gesagt, mit der Anhäufung von Häusern um ein von Pflanzen bestandenes Terrain hätten die Engländer versucht, sich auch in der Stadt ein Stück Ländlichkeit zu bewahren. Das ist nur die halbe Wahrheit. Die Häuser in Bloomsbury trugen nämlich durchaus städtischen Charakter und waren in Gruppen errichtet. Sie ähnelten den Häusern im nicht verbrannten Teil der Londoner City. Will man sich die Haltung eines Bedford oder Southampton bei der Ausgestaltung ihres Grund und Bodens vergegenwärtigen, so muß man sich vorstellen, heutzutage würde ein Wolkenkratzer mit Parkplätzen, Verkehrsampeln und allen nötigen Versorgungseinrichtungen auf ein Kornfeld gesetzt in der Annahme, daß in der Umgebung alsbald weitere Wolkenkratzer emporwachsen werden.[14]

Die Erbauer dieser verstreuten Squares waren darauf bedacht, den Straßenhandel fernzuhalten. Bedford wandte sich an die Behörden um eine rechtliche Handhabe, Hausierer und Höker von den Plätzen zu vertreiben. In den Jahren nach 1690 war dieses Verbot noch schwer durchzusetzen, aber nach 1720 tat es seine Wirkung. Der Platz wurde zum Naturmuseum inmitten von Häusern der anspruchsvollsten Art. Und die Erwartungen der Bauherren hatten sich tatsächlich erfüllt: In der Nähe der Plätze entstanden neue Häuser, und nach und nach wurde das Gebiet so dicht besiedelt wie die alte City.

In Paris wie in London drängte also die Umstrukturierung der Bevölkerung gerade durch die Anlage von Plätzen den Platz als Zentrum vielseitiger Verwendungsformen, als Ort der Geselligkeit und der Beobachtung zurück. Wie erschien nun den Menschen von damals die Einschränkung des Platzes als einer Freizone? Für die zwanziger Jahre des 18. Jahrhunderts liefert uns Defoe eine lebhafte Schilderung:

»Es ist das Unglück Londons, was die Schönheit seines Äußeren angeht, daß sich seine Gebäude so weit verstreuen, gerade wie es jedem Bauherrn gefällt [...] und wie die Bequemlichkeit es den Leuten nahelegt. So ist das Antlitz dieser Stadt auf verwirrende Weise aufgedunsen, außer alle Form geraten, unfest und uneinheitlich.«[15]

Das Wachstum der Stadt führte zum Verlust des Zentrums. Dieses Wachstum erschien Defoe nicht als etwas mit den Bedürfnissen der Zeit langsam Heranreifendes, sondern als etwas Plötzliches, Unvermitteltes:

»Als eigenartige, bemerkenswerte Krise, die allen, die heutzutage schreiben, einzigartig erscheint, muß allererst gelten, daß die große, auffällige Zunahme von Gebäuden in und um die City von London sowie die Erschließung neuer, weiter Flächen, auf denen jetzt Straßen und die Häuser und Plätze der Adeligen entstanden sind, wodurch die Masse oder der Körper des ganzen unendlich groß geworden ist, im großen und ganzen in unserer Zeit erfolgt sind – in unserer Erinnerung gar nicht weit zurückliegend, sondern innerhalb weniger Jahre.«[16]

Die soziale Frage, die sich angesichts der neuen Bevölkerung von London und Paris stellte, lautete: Wie kann man als Fremder mit Fremden leben? Die soziale Frage, die sich angesichts der neuen Formen von Bevölkerungsballung in der Stadt stellte, lautete: Wo sind diese Fremden alltäglich sichtbar, damit sich Vorstellungen von den verschiedenen Typen von Fremden entwickeln können? Der alte Treffpunkt, der multifunktionale Platz, wurde in Paris vom Raum als Denkmal seiner selbst und in London von einem Naturmuseum verdrängt. So entstand aufgrund der Bevölkerungsentwicklung ein Milieu, in dem der Fremde ein Unbekannter war.

Wäre die hierarchische Struktur der Gesellschaft von den Veränderungen innerhalb der Stadt unberührt geblieben, so wäre den Fremden als Publikum füreinander ein großer Teil der Mühen erspart geblieben, die sie an die Selbstinszenierung wenden mußten, daran, einzig innerhalb einer Situation unmittelbar Glauben zu wecken. Denn die Vorstellungen von Rang, Pflicht und Höflichkeit in dieser Hierarchie hätten den Menschen Maßstäbe für die Begegnung miteinander an die Hand gegeben. Aber die Ökonomie der Hauptstadt und die genannten demographischen Veränderungen unterhöhlten den Maßstab »Hierarchie« als klaren Anhaltspunkt für die Beziehung zwischen Fremden. Weil die Hierarchie zu einem unsicheren Kriterium für den Umgang mit Fremden geworden war, entstand das Problem des Publikums.

Veränderungen im städtischen Bürgertum

In der ersten Hälfte des 18. Jahrhunderts erlebte die Wirtschaft Englands und Frankreichs einen deutlichen Aufschwung des internationalen Handels. Der englische Außenhandel verdoppelte sich zwischen 1700 und 1780; der Markt verlagerte sich von Europa, das bis dahin Hauptabnehmer englischer Erzeugnisse gewesen war, auf Englands eigene Kolonien in Übersee. Die Franzosen stießen in die so entstandene Lücke vor und übernahmen einen großen Teil des Handels mit dem übrigen Europa, den vorher England betrieben hatte.[17]

Die Zunahme des Handels hatte erhebliche Auswirkungen auf die Hauptstädte beider Länder. London und Paris besaßen wichtige Häfen; sie waren die finanziellen Zentren für den Überseehandel; in ihnen kreuzten sich die Handelsbeziehungen mit dem Ausland und der Binnenhandel zwischen den verschiedenen Landesteilen. Dieses kräftige Wachstum des Handels modifizierte sowohl die geographische wie auch die gesellschaftliche Struktur der Hauptstädte. In London führte die Zunahme des Handels auf der Themse, genauso wie die Anlage der neuen »Squares«, zu einer Ausdehnung der Stadt nach Westen. Auch Paris dehnte sich infolge des steigenden Handels auf der Seine nach Westen aus, und immer mehr Docks und Lagerhäuser drängten sich an den Quais im Zentrum der Stadt, entlang den Tuilerien und auf der Ile de la Cité.[18]

Das Wachstum der Stadt schuf neue Stellen im Finanz- und Handelssektor und in der Bürokratie der städtischen Gesellschaft. Wenn man für beide Städte von einem Anwachsen des Bürgertums spricht, so bezieht sich das auf eine Klasse, die eher mit der Distribution als mit der Produktion von Gütern befaßt war. Die jungen Leute, die in die Stadt kamen, fanden in den genannten Bereichen ihre Beschäftigung. Es bestand sogar eine gewisse Arbeitskräfteknappheit, denn es gab mehr Posten für Leute, die des Lesens und Schreibens kundig waren, als Menschen, die diese Bedingungen erfüllten. Ähnlich der Bevölkerungsdichte einer Stadt verhält sich auch das Beschäftigungsangebot wie ein Kristall: Die neuen Handelsaktivitäten des 18. Jahrhunderts wurden nicht einfach auf das, was vorher gewesen war, aufgesetzt, vielmehr nahm die gesamte ökonomische Struktur der Stadt um sie herum eine neue Gestalt an. So wurde etwa der Geschäftsraum an den Quais für die Kleinhandwerker zu teuer. Als die Kaufleute kamen, begannen sie sich aus dem Zentrum zurückzuziehen, schließlich aus der Hauptstadt überhaupt.

Aber wie stand es bei diesem mittleren Bürgertum mit seiner Identität als Klasse? Jemand hat einmal geschrieben, das Pariser Bürgertum habe gewußt, *daß* es etwas Neues war, aber nicht, *was* es war. Anders als bei ihren Vorläufern aus den Tagen von *la cour et la ville* im 17. Jahrhundert trifft man in den Reihen der Kaufleute des 18. Jahrhunderts durchaus auf Selbstvertrauen. Aber der Selbstwahrnehmung dieser Bürger fehlte es an einem Bezugspunkt. Sie waren die neuen Leute, doch was bedeutete das? In Diderots Theaterstücken über die bürgerliche Topographie seiner Tage, etwa in *Le père de famille*, kommt den Figuren ihr Überleben auf einem Boden, in dem sie nicht verwurzelt sind, und selbst die eigene Prosperität einigermaßen mysteriös vor.

Ein Grund für das Fehlen von Erklärungen, wer »wir« ist, könnte darin liegen, daß die Kaufmannsklasse den Schritt vom Selbstvertrauen zur Selbstgefälligkeit noch nicht getan hatte. Hinzu kommt, daß zuverlässige Selbstdefinitionen bei der spezifischen ökonomischen Formation dieser Klasse schwierig waren. Es handelte sich ja um eine Klasse, in die man eintrat, also um eine neue, expandierende Klasse; alles war eine Frage der Mobilität, nicht der Herkunft. Sie war weniger scharf umrissen als die älteren Kaufmannsklassen der Renaissance oder der Nach-Renaissance, insofern sich mit der Ausdehnung der Stadt auch das Wesen des städtischen Marktes veränderte. Im frühen 18. Jahrhundert ging der Markt von der Konkurrenz um Handelsmonopole für bestimmte Gebiete oder Waren über in eine Konkurrenz beim Handel in diesen Gebieten bzw. mit diesen Waren. Dieser Wandel machte die Identität der Mittelklasse auf allen Stufen des Geschäftslebens überaus labil.

In London wie in Paris setzten sich in dieser Zeit zum Beispiel Märkte unter freiem Himmel fest, auf denen riesige Gütermengen umgesetzt wurden. Sie verkauften Güter von den Schiffen und befanden sich in besonderen Stadtvierteln. Anders als die mittelalterlichen *foires* waren die Foires de St.-Germain und die Foires des Halles dauernde Einrichtungen, für die die Verkäufer ihre Konzessionen durch ein Regierungspatent erhielten. Mit der Errichtung von Covent Garden setzten sich in den Jahren nach 1640 die gleichen Reglementierungen der Stadtmärkte unter freiem Himmel auch in London durch. Aber die Konzessionen für den städtischen Handel sahen nun anders aus als die älteren Export- oder Importkonzessionen. Eine bestimmte Compagnie erhielt nicht mehr das ausschließliche Recht, mit einer bestimmten Ware zu handeln, wie es die East India Company eine Zeitlang für den Tee besaß, sondern eine Reihe von Firmen boten die gleichen Güter an, ob sie sie nun legal oder, wie es oft geschah, illegal erworben hatten. Auf diese Weise verwandelte sich die Konkurrenz aus einem Wettbewerb um das Monopol auf einem bestimmten Sektor in einen Handelswettbewerb innerhalb eines solchen Sektors. Als beide Städte zu Mittelpunkten des internationalen Handels wurden, begannen sich ihre Binnenmärkte zu überschneiden.[19]

In ihrem Buch *The Economy of Cities* hat Jane Jacobs argumentiert, diese Art von Städtewachstum habe zu einer kontinuierlichen Suche nach von Konkurrenz noch unberührten Gebieten geführt, nach neuen Kategorien verkäuflicher Güter und Dienstleistungen, um sich des Zwangs, mit anderen konkurrieren zu müssen, zu entledigen. So allgemein formuliert, ist dieses Argument auf den Unwillen der meisten Historiker gestoßen; leicht abgewandelt erklärt es aber ein bestimmtes Phänomen, auf das wir in beiden Städten treffen. Als die voneinander abgegrenzten »Territorien« der einzelnen Gewerbe zerstört wurden, wurde es für die Väter sehr viel schwieriger, die eigene Arbeit den Söhnen zu übermitteln, und zwar aus einem einfachen Grund: die Väter konnten nur das halbe Gewerbe weitergeben; sie konnten Kapital oder Geschicklichkeit vererben, aber keine feste Gruppe von Stammkunden, keine sichere Erwerbsquelle. Mehr noch, unter Bedingungen, wo die Väter heftig um Arbeit konkurrieren mußten, versuchten die Söhne, auszubrechen und einen neuen Markt für ihre Fähigkeiten zu schaffen, indem sie in Sparten und Berufen arbeiteten, die ihnen weniger überfüllt schienen (ein Eindruck, der sich angesichts der Wirklichkeit oft sehr bald als irrig erwies). Die Expansion des Handels in London und Paris um die Wende zum 18. Jahrhundert zerbrach die berufliche Kontinuität innerhalb der Familie. So wurde es schwierig, einen Fremden danach zu beurteilen, welchen Familienhintergrund er besaß.[20]

Im Zuge der Neustrukturierung der städtischen Ökonomie im 18. Jahrhundert wirkten sich die durch die Marktüberschneidungen hervorgerufenen Rangverschiebungen mehr und mehr auch auf den Bereich der Handarbeit aus. Besonders deutlich zeigte sich das an den Zünften. Im späten 17. Jahrhundert umfaßten die Zünfte von Paris und London große Teile der Arbeiterschaft; um die Mitte des 18. Jahrhunderts war die Zahl der Zunftmitglieder deutlich zurückgegangen. Die übliche Erklärung, etwa bei Sombart, lautet, die Zünfte hätten sich nicht an das Bedürfnis der entstehenden Industriegesellschaft nach einem mobilen Arbeitskräftereservoir anpassen können. Aber mit einer solchen Erklärung degradiert man die Geschichte des 18. Jahrhunderts zur Vorgeschichte dessen, was noch gar nicht da war. Für den städtischen Arbeiter gab es, wie Kaplow gezeigt hat, unmittelbare Gründe dafür, die Zunftarbeit zugunsten von weniger festen Tätigkeiten aufzugeben. Innerhalb eines Menschenalters den Schritt vom Gesellen zum Meister zu tun war theoretisch zwar möglich, praktisch aber so gut wie ausgeschlossen. In den Pariser Zünften des 18. Jahrhunderts »war die Armut dieser Arbeiter, ob als ewiger Gesellen oder *chambrelans,* häufig sehr groß, und ihre Mobilität gleich Null, ein Zustand, der für sie noch schwerer erträglich gewesen sein dürfte als für ihre Brüder außerhalb der Zünfte«. Selbst wenn es zutrifft, daß, wie Sombart meint, der Niedergang der Zünfte im 18. Jahrhundert funktionale Ursachen hatte, so lassen sich hierfür doch auch intentionale Ursachen angeben; denn das durch die Zunftmitgliedschaft des Vaters gesicherte Recht auf eine bestimmte Tätigkeit bot dem Sohn keinerlei Garantie dafür, wirklich ausreichend Arbeit, geschweige denn »gute Aussichten« zu haben.[21]

In den Unterklassen führte die Konkurrenz um den Verkauf von Dienstleistungen zu den gleichen Überschneidungen wie in den mittleren Klassen die Handelskonkurrenz. Ende des 17. Jahrhunderts war das Reservoir an Dienstboten in Paris und London weit größer als die Zahl der Dienstbotenstellen, und dieser Überschuß an Arbeitskräften verstärkte sich im Laufe des 18. Jahrhunderts noch weiter. Bei den Dienstboten überstieg das Angebot die Nachfrage so sehr, daß es schwierig war, den Brotherrn dazu zu veranlassen, auch die Kinder der Dienerschaft zu übernehmen – es war billiger, neue, erwachsene Dienstboten je nach Bedarf einzustellen, als die ganze Familie zu unterhalten, wie das früher der Fall gewesen war. Parallel zur Expansion des internationalen Handels zerfiel die Dienstleistungsökonomie innerhalb der Stadt, und die Konkurrenz innerhalb der einzelnen Gewerbe und innerhalb des Dienstbotenreservoirs nahm zu; die Idee abgegrenzter Territorien der einzelnen Gewerbe, durch die auch die Menschen voneinander getrennt und unterschieden wurden, geriet in Verfall.[22]

Alles in allem führte die demographische und wirtschaftliche Entwicklung von Paris und London dazu, den Fremden als Unbekannten zu definieren, als einen Unbekannten, der sich auch durch Nachfragen nicht ohne weiteres einordnen ließ. Bei Menschen, die die Beziehung zur Familie abbrachen, um in die Stadt zu kommen, halfen auch Familiennamen, Verbindungen und Traditionen nicht weiter. Unter Menschen, die nach neuen Mustern in großer Zahl um Plätze angesiedelt wurden, die nicht als Ort zwangloser Begegnung und Geselligkeit gedacht waren, wurde es schwieriger, den Fremden durch alltägliche Beobachtung kennenzulernen. In dem Maße, wie die Komplexität der einander überschneidenden Märkte die stabilen Territorien wirtschaftlicher Tätigkeit zerstörte, war auch die berufliche »Stellung« keine Hilfe. Statusbrüche zwischen den Generationen wurden häufiger; die Erblichkeit von Positionen wich dem Erwerb einer sei es höheren, sei es niedrigeren Position.

Das Auftreten in der Öffentlichkeit ließ sich also nicht anhand von Maßstäben wie Herkommen, Zugehörigkeit zu einer Gruppe oder Art der Beschäftigung beurteilen. Man vergleiche noch einmal die Demographie von New York zu Beginn des 20. Jahrhunderts: Die Einwanderer, die sich ihrer Sprache wegen sogleich einordnen ließen, kamen oft mit ihrer ganzen Familie oder holten diese bald nach; sie siedelten sich in ethnisch geprägten Bezirken der Stadt an, was so weit ging, daß sich in der Belegung von Häusern und Häuserblocks die regionale oder gar lokale Zusammengehörigkeit, wie sie zuvor in der Heimat bestanden hatte, reproduzierte. Einmal in New York angekommen, nutzte jede dieser ethnischen Untergruppen ihr Wohngebiet so, wie die Plätze von Paris im Mittelalter und während der Renaissance genutzt worden waren. Die Straße war Einkaufsstätte, Ort des Austauschs und der zwanglosen Beobachtung, und an einer zentralen Stelle der Straße stand die Kirche. Die Fremden in Paris und London verfügten um die Mitte des 18. Jahrhunderts nicht über derartige selbstregulative Organisationsformen.

Man muß sich vergegenwärtigen, was dieser Mangel an festen Regeln bedeutete, denn unsere Schilderung könnte den (falschen) Eindruck erwecken, die Weltbürger des Ancien Régime seien die Bewohner eines kafkaesken, abstrakten Universums mit einer gesichts- und ausdruckslosen Menschheit gewesen. Das stimmt natürlich nicht. Die Kapitale des 18. Jahrhunderts war ein Ort, an dem die Menschen große Anstrengungen unternahmen, um ihren Beziehungen zu Fremden Farbe und Gestalt zu verleihen; entscheidend ist allerdings, daß es dazu einer *Anstrengung* bedurfte. Die materiellen Bedingungen des städtischen Lebens zerstörten das sichere Gefühl, man könne die anderen auf herkömmliche, »natürliche« Weise nach Herkunft, Familienhintergrund oder Beruf einordnen. Die Anstrengung, der Beziehung zu anderen Farbe zu verleihen, und der Versuch, dem gesellschaftlichen Austausch eine Form zu geben, zielten darauf, ein Publikum im emphatischen Sinne zu schaffen. Man gewinnt einen Eindruck von dem Maß an Arbeit, das aufgewendet werden mußte, um aus einem Milieu von Fremden ein solches Publikum herauszubilden, wenn man die Anstandsregeln der neuen städtischen Gesellschaft an einem bestimmten Punkt mit der älteren Hofetikette vergleicht, dort nämlich, wo es um die Begrüßungs- und Höflichkeitsformen und das Geplauder geht, die auf der ersten Stufe der Geselligkeit, zwischen zwei Fremden möglich waren.

Der Austausch von Höflichkeiten am Hof und in der Stadt

Wer um 1750 die Umgangsformen der Pariser oder Londoner beobachtet hätte, dem wären nicht so sehr die Unterschiede zwischen diesen beiden

Städten aufgefallen, als vielmehr die Differenz zwischen städtischen und provinziellen Höflichkeitsformen. Und auffällig war auch, wie ähnlich die beiden Städte einander waren, wenn man sie mit den untereinander völlig gegensätzlichen Formen am englischen und französischen Hof vergleicht.

Das englische Hofleben unter Charles II. nahm eine ganz andere Richtung als das Hofleben, das sich unter Ludwig XIV. in Frankreich entfaltete. Nach der strengen Herrschaft der Puritaner erlebten die Engländer die Entstehung eines Hoflebens, das durch zwanglose Vergnügung, Lockerheit und ein hohes Maß an administrativer und politischer Improvisation geprägt war; das dauerte von 1660 bis 1688. Unter Ludwig XIV. entwickelte sich nach den Wirren der Fronde in Frankreich ein Hofleben, das bewußt zeremoniell und streng reglementiert verlief und bis 1715 immer affektierter wurde. In England war der Aufschwung des städtischen Wachstums seit etwa 1690 begleitet von einer zunehmenden Stabilisierung der Politik und des Hoflebens. Das Wachstum Londons ging Hand in Hand mit der Festigung einer in feste Schranken verwiesenen Monarchie. In Frankreich bildeten die Stärke des Königs und die Stärke von Paris antagonistische Kräfte. Ludwig schuf Versailles und verließ die Tuilerien als ständige Residenz, um den Adel besser kontrollieren zu können und den Hof in eine strenge Hierarchie zu verwandeln, aus der es keinen Rückzug und kein Entkommen gab. Nach dem Tod Ludwigs XIV. kam es unter Ludwig XV. zu einer erneuten Verlagerung nach Paris auf Kosten von Versailles. Politisch lassen sich die Entwicklungen der Höfe Frankreichs und Englands daher nur als Gegensatz begreifen. Sozial gesehen gab es jedoch gewisse Parallelen.[23]

An den Höfen des 17. Jahrhunderts, nicht nur in Frankreich, sondern auch in Deutschland, Italien und England, gehörten zu einer Begrüßung zwischen Menschen unterschiedlichen Rangs ausführliche, auf gegenseitiger persönlicher Kenntnis beruhende Schmeicheleien. Natürlich war es der Höhergestellte, dem geschmeichelt werden mußte. Beim Verkehr zwischen Leuten von Stand und Nichtadeligen galten Titel, die den jeweiligen Rang anzeigten, auf beiden Seiten als obligatorisch: *Monsieur le Marquis* sprach mit *Monsieur l'avocat.* Unter diesen Umständen Komplimente zu machen bedeutete, die bekannten Vorzüge des anderen direkt vor ihm zu rühmen. In Saint-Simons Memoiren begegnen wir Menschen, die einander die »Ehre erweisen«, indem sie etwa sagen: »Ich bin entzückt, dem Mann zu begegnen, der ...«, worauf eine ganze Liste von Kriegstaten, Familienverbindungen oder – sofern man es mit Leuten von geringerem Rang zu tun hatte – guten Charaktereigenschaften folgte, die die Reputation des anderen begründeten. Einer Person bei der ersten Begegnung die schmeichelhaftesten Dinge über sie selbst zu sagen war eine Form, soziale Kontakte aufzunehmen.[24]

Die Struktur einer vom Hof dominierten Gesellschaft macht Begrüßungen und Komplimente dieser Art leicht. Mit Ausnahme von Versailles waren diese Höfe so klein, daß sich der Ruf einer Person und ihr persönlicher Kontext in der überschaubaren Gemeinschaft rasch verbreiten konnten. Die Schätzungen darüber, wie viele Menschen damals in Versailles lebten, gehen weit auseinander, aber aus den Schriften Saint-Simons und moderner Autoren wie W. H. Lewis geht hervor, daß die Untergruppen innerhalb der einzelnen Ränge, die einander bei Hof begegneten, wiederum so klein waren, daß jeder durch mündliche Weitergabe das »Wichtige« über eine Person erfahren konnte, bevor diese einem vorgestellt wurde. Außerdem förderte die Bedeutung des Vortrittlassens intensive Nachforschungen über den Status des Fremden, dem man gegenübertreten sollte.[25]

Aus einer solchen Situation entstanden bestimmte Formen der Plauderei und des Klatsches. Sie bestanden im ungehemmten Austausch von Informationen über andere Leute. Deren Verfehlungen, Affären und Manöver wurden eingehend erörtert, denn am Hof waren derlei Intimitäten allgemein bekannt. Allerdings stand das Geplauder in einer festen Korrelation zum gesellschaftlichen Rang. Nie deutet bei Saint-Simon ein Niedrigergestellter einem Höhergestellten an, daß er von Gerüchten über diesen Höhergestellten wisse, wohingegen der, ohne beleidigend zu wirken, dem Niedrigergestellten bedeuten kann, daß er über ihn habe reden hören, und schon bei der ersten Begegnung kann er mit ihm Wahrheit und Falschheit solcher Gerüchte erörtern.

70 Jahre später haben sich in London und Paris diese Verhältnisse gründlich geändert. Wir wollen das an der Gesellschaftsklasse demonstrieren, die sich früher zum Hof hin orientiert hätte. Im Jahre 1750 ermahnt Lord Chesterfield seinen Sohn, niemals auf die Familie einer Person, der man vorgestellt wird, anzuspielen, denn man könne nie wissen, welche Gefühle zwischen dieser Person und ihrer Familie herrschen, außerdem könne man bei den »Wirrnissen« in London ohnehin nicht sicher sein, ob man die Familienbeziehungen wirklich kenne. In einer menschenreichen Umgebung, zu der fortwährend neue Fremde hinzustießen, wurden Begrüßungsformen, die der Person und ihren bekannten Vorzügen schmeichelten, immer schwieriger. Im allgemeinen bildete sich nun ein Repertoire formelhafter Begrüßungen heraus, die um so akzeptabler waren, je unspezifischer und eigenständiger als Redewendungen sie waren. Daß sie unbesehen auf jede Person angewendet werden konnten und angewendet wurden, tat der Höflichkeit keinen Abbruch. Das Wesentliche eines Kompliments bestand jetzt darin, einer Person die Ehre zu erweisen, ohne unmittelbar persönlich werden zu müssen.[26]

Als etwa Marivaux' Marianne in *La vie de Marianne* in Paris zum ersten Mal ein Essen in großer Gesellschaft erlebt, ist sie erstaunt, wie einladend und offen sich die Gesellschaft dort gibt, wie wenig über Leute gesprochen wird, von denen sie vielleicht noch nicht gehört hat, und mit welcher Vorsicht man sie zum Sprechen bewegt, ohne die Nase in ihr Privatleben zu stecken. In der städtischen Gesellschaft des 18. Jahrhunderts wurde Höflichkeit zum Gegenteil dessen, was sie in der Hofgesellschaft des 17. Jahrhunderts gewesen war.

Soziale Kontakte wurden nun über Höflichkeitsformen etabliert, die davon ausgingen, daß die Menschen füreinander »unbekannte Größen« waren.[27]
In städtischer Umgebung nahmen Klatsch und Plauderei eine merkwürdige Gestalt an. Wenn man mit jemandem, den man gerade kennenlernt, zu früh Klatsch auszutauschen beginnt, dann beleidigt man ihn. Der Klatsch steht als Feld gemeinsamer Gesprächsthemen nicht mehr von Anfang an offen, er wird zum Zeichen fortgeschrittener Freundschaft. Sonst hätte ja die Gefahr bestanden, über Menschen zu klatschen, denen der Gesprächspartner wohlgesonnen war, oder es hätte geschehen können, was in einer populären Geschichte aus der Zeit um 1730 erzählt wird, daß man nämlich ahnungslos einer fremden Frau deren eigene Ehebruchsgeschichte zum besten gibt. Die Großstadt machte also ein Gespräch über »persönliche Dinge« als Form der Kontaktaufnahme mit anderen unmöglich.[28]
Die Distanz zwischen persönlicher Sphäre und dem Umgang, den man mit der Welt pflegte, wurde für viele Schriftsteller in der Zeit nach 1740 zu einem überragenden Thema. Das vielleicht berühmteste Beispiel hierfür ist Lord Chesterfield. In den *Briefen an seinen Sohn* hob er immer wieder hervor, man müsse lernen, in der Welt zu bestehen, indem man die eigenen Empfindungen vor anderen verbirgt. So gibt er in einem Brief von 1747 den Rat:

»Leute deines Alters haben meist eine unbehutsame Offenherzigkeit an sich, die sie zum leichten Raub und Spielwerk der Listigen und Erfahrenen macht. [. . .] Hüte dich daher, da du nunmehr in die Welt trittst, vor diesen angebotenen Freundschaften! Nimm sie zwar mit großer Höflichkeit, aber auch großer Ungläubigkeit auf und erwidere sie bloß mit Höflichkeiten, nicht aber mit Vertrauen.«[29]

Einige Tage später ergänzt Chesterfield seine Empfehlung – tatsächlich beginnt in diesem Jahr eine nicht mehr abreißende Kette von Mahnungen an seinen Sohn, er könne den »Fallstricken« großer Städte wie London und Paris nur entgehen, wenn er eine Maske trage. Chesterfields Worte sind eindeutig:

»Vor allem verbanne das Ich aus deinen Gesprächen! Denke niemals daran, andere von deinen eigenen Angelegenheiten zu unterhalten! Sind sie auch für dich wichtig, so sind sie doch für jeden anderen langweilig und albern. Zudem kann man seine eigenen Dinge niemals geheim genug halten.«[30]

Wieder und wieder führt Chesterfield seine eigenen Fehler als junger Mann an. Von der Wirklichkeit Londons abgeschirmt, sei er in der Annahme aufgewachsen, Offenheit und Ehrlichkeit seien moralische Vorzüge, aber für diese Tugenden habe er, als er dann als Erwachsener in London lebte, mit »großem Kummer, den ich mir selbst und anderen zufügte«, bezahlt. In einem ähnlichen aristokratischen Milieu wie Madame de Sévigné erzogen, sah Chesterfield in ihrer »spiritualité« in den Jahren um 1740 eine erhebliche Gefahr, als sich nämlich das Leben, das er führte, vom Königshof und vom Landgut in die kosmopolitische Stadt und ihr Fremdenmilieu verlagerte.
Die Mitte des 18. Jahrhunderts war eines der großen Zeitalter der Geselligkeit, dabei hätte man das von den Menschen damals gar nicht erwarten sollen. Ihre

materiellen Lebensbedingungen veranlaßten sie dazu, einander nach Kennzeichen abzutasten, und die dabei zum Ausdruck kommende Unsicherheit war keineswegs emotional neutral. Die Angst vor den Anderen als Fremden veranlaßte Bemerkungen wie die Chesterfields, man könne »seine eigenen Dinge niemals geheim genug halten«, und gerade die Furcht vor materiellen Veränderungen verstärkte deren Wirkung – der Fremde konnte nicht mehr aufgrund seiner materiellen Verhältnisse »eingeordnet« werden. Aber wie vermochten derart verunsicherte Menschen eine Gesellschaft von so intensiver Geselligkeit zu entfalten? Welcher Mittel bedienten sie sich, um ihre Beziehungen untereinander zu festigen?

Kapitel 4
Öffentliche Rollen

Ein Mittel, mit dem die städtische Gesellschaft des 18. Jahrhunderts sozialen Interaktionen Bedeutung verlieh, waren Glaubhaftigkeitskodes, die im Theater wie im Alltag Geltung besaßen. Heute sollten wir diese Brücke zwischen Theater und Alltag allerdings genauer analysieren, als es die Menschen jener Tage taten. Damals hieß es in Paris und in London einfach, die Großstadt habe die alte Vorstellung vom *theatrum mundi* grundlegend verändert. Fielding meinte 1749, in London sei eine Gesellschaft entstanden, in der sich Bühne und Straße miteinander mischten; die Welt als Theater, das sei nicht mehr »bloß eine Metapher« wie in der Restaurationszeit, der Ausdruck sei jetzt wörtlich zu nehmen. Und in einer Abhandlung von 1757 wollte Rousseau zeigen, daß das Leben in Paris die Menschen dazu zwang, sich wie Schauspieler zu gebärden, wenn sie in der Stadt miteinander gesellig umgehen wollten. Wie wir in Kapitel 6 sehen werden, dürfen diese Erklärungen nicht allzu genau genommen werden; aus heutiger Sicht scheint es treffender zu sagen, daß eine Verbindung hergestellt wurde zwischen dem, was auf der Bühne, und dem, was auf der Straße glaubhaft wirkte. Dadurch wurde dem Leben auf der Straße eine Form verliehen. So wie der Schauspieler an die Gefühle des Publikums appellierte, ohne diesem die eigene Personalität zu enthüllen, so dienten die Glaubhaftigkeitkodes, deren er sich bediente, seinem Publikum zu einem ähnlichen Zweck; sie weckten Empfindungen bei anderen, ohne daß die einzelnen den Versuch machen mußten, sich voreinander zu definieren, was angesichts der materiellen Lebensbedingungen auch schwierig gewesen wäre. Die Brücke zwischen Bühne und Straße aber schuf für die Menschen eine Möglichkeit, miteinander auf einer allgemeinen Grundlage zu verkehren.
So trat das erste der vier Elemente des öffentlichen Lebens, das Publikumsproblem, in eine Beziehung zum zweiten, den Glaubhaftigkeitskodes, die Theater und Gesellschaft gemeinsam waren. Das Publikumsproblem ergab sich aus der Unordnung der materiellen Verhältnisse; die Glaubhaftigkeitskodes errichteten hierüber eine emotionale Ordnung – eine Ordnung, die auf jene Unordnung reagierte, diese aber zugleich transzendierte.
Die strukturelle Beziehung zwischen der Glaubhaftigkeit am Theater und auf der Straße formierte sich über zwei Prinzipien – das eine betraf den Körper, das andere die Sprache. Der Körper wurde als Kleiderpuppe begriffen und die Sprache als Zeichen, statt als Symbol. Dem ersten Prinzip zufolge betrachteten die Menschen Kleidung als Mittel der Dekoration und Konvention, wobei der Körper als Puppe und nicht als expressiver, lebendiger Organismus erschien.

Dem zweiten Prinzip zufolge schien ihnen Sprache etwas kundzutun, das an und für sich, unabhängig von äußeren Situationen oder der Person des Sprechers Geltung hatte. Mit diesen beiden Prinzipien waren die Menschen imstande, ihr Verhalten gegenüber anderen von den durch ihre materielle und soziale Lage bestimmten persönlichen Merkmalen abzulösen. Damit hatten sie den zweiten Schritt zur Schaffung einer öffentlichen Geographie getan.

Der Körper als Kleiderpuppe

Würde man den Bewohner einer modernen Großstadt plötzlich in das Paris oder London der Jahre um 1750 versetzen, so stieße er auf eine Menschenmenge, die in ihrem Erscheinungsbild zugleich einfacher und verwirrender ist als die unserer Tage. Heute kann man auf der Straße gerade noch den Unterschied zwischen einem Armen und einem Angehörigen des Mittelstandes und – obschon weniger deutlich – vielleicht auch den zwischen einem Angehörigen des Mittelstandes und einem Reichen erkennen. Das Erscheinungsbild der Leute auf den Straßen von London und Paris vor zweihundert Jahren lieferte dagegen sehr viel genauere Hinweise auf den gesellschaftlichen Status des einzelnen. Leicht waren Dienstboten von Arbeitern zu unterscheiden. Der ausgeübte Beruf ließ sich an der Tracht der verschiedenen Gewerbe ablesen, und bestimmte Tressen und Knöpfe deuteten an, welchen Rang ein Arbeiter innerhalb seines Gewerbes einnahm. Rechtsanwälte, Buchhalter und Geschäftsleute im mittleren Bereich der Gesellschaft waren sämtlich verschieden herausgeputzt und trugen unterschiedliche Perücken oder Tressen. Die höheren Gesellschaftskreise erschienen auf der Straße in einer Aufmachung, die sie deutlich von Leuten geringeren Standes absetzte und zudem das Straßenbild beherrschte.
Die äußere Erscheinung der Elite und des wohlhabenden Bürgertums würde den heutigen Betrachter in Erstaunen setzen. Nase, Stirn und Kinnpartien waren mit roter Schminke eingerieben. Es gab kunstvolle Perücken von erheblichen Ausmaßen. Zur Haartracht der Frauen gehörten mitunter genauestens gearbeitete Schiffsmodelle, die ins Haar geflochten wurden, Fruchtkörbe oder gar ganze, von kleinen Figuren dargestellte historische Szenen. Frauen wie Männer schminkten ihre Haut entweder kräftig rot oder matt weiß. Man trug Masken, aber nur um des Vergnügens willen, sie immer wieder abnehmen zu können. Der Körper schien zum Spielzeug geworden.
Während der ersten Augenblicke auf der Straße würde der moderne Besucher vielleicht zu dem Schluß kommen, in dieser Gesellschaft gebe es keine Ordnungsprobleme, jedermann sei klar gekennzeichnet. Und wenn er über historische Kenntnisse verfügte, so würde er eine einfache Erklärung für diese Ordnung haben: Die Menschen befolgten einfach die Gesetze. Denn die

englischen und französischen Gesetzbücher enthielten Kleiderordnungen, die jedem Stand in der gesellschaftlichen Hierarchie vorschrieben, wie er sich »angemessen« zu kleiden hatte, und die es den Angehörigen eines bestimmten Standes untersagten, die Kleider eines anderen Standes zu tragen. In Frankreich waren diese Kleiderordnungen besonders kompliziert. So durfte sich z. B. um 1750 die Frau, deren Mann Arbeiter war, nicht so kleiden wie die Frau des Handwerksmeisters, und der Frau des »Händlers« waren bestimmte Putzstücke verwehrt, die der Frau der höheren Schichten gestattet waren.[31]

Daß es Gesetze gibt, besagt allerdings noch nicht, daß sie auch eingehalten oder durchgesetzt werden. Zu Beginn des 18. Jahrhunderts kam es nur sehr selten zu Verhaftungen wegen eines Verstoßes gegen die Kleiderordnung. Theoretisch konnte man dafür, daß man die äußere Erscheinung eines anderen nachahmte, ins Gefängnis geworfen werden – in Wirklichkeit aber brauchte man das um 1700 kaum zu befürchten. In den Großstädten verfügten die Menschen, wie wir im letzten Kapitel gesehen haben, kaum über die Mittel, um festzustellen, ob die Kleidung eines Fremden auf der Straße ein getreues Abbild seiner gesellschaftlichen Stellung war. Die meisten Zuwanderer kamen aus relativ weiter Entfernung in die Großstadt und gingen hier neuen Beschäftigungen nach. War das, was der Betrachter auf der Straße sah, also ein Trugbild?

Der Logik einer egalitär gesinnten Gesellschaft zufolge werden die Menschen ihre gesellschaftlichen Unterschiede nicht hervorkehren, wenn sie nicht dazu gezwungen sind. Wenn Gesetz und Anonymität es zulassen, daß man sich in eine Person der eigenen Wahl verwandelt, so wird man nicht versuchen zu definieren, wer man in Wirklichkeit ist. Aber diese egalitäre Logik gilt für die Stadt des Ancien Régime nicht. Obwohl die Kleiderordnung nirgendwo in Europa jemals wirklich durchgesetzt wurde, obwohl es in der Großstadt schwierig war, etwas über die Herkunft derer, die einem auf der Straße begegneten, in Erfahrung zu bringen, bestand der Wunsch, die Gesetze standesgemäßer Kleidung zu befolgen. Damit hofften die Leute, Ordnung in das »Fremdengemisch« auf der Straße zu bringen.

Die Kleidung der meisten Franzosen und Engländer der städtischen Mittel- und Oberschicht wies in Schnitt und äußerer Form zwischen dem späten 17. Jahrhundert und der Mitte des 18. Jahrhunderts eine bemerkenswerte Stabilität auf, eine größere Stabilität jedenfalls als in den vorausgegangenen achtzig Jahren. Ausgenommen den Reifrock der Frauen und den Wandel im Männlichkeitsideal von der Korpulenz zu Schlankheit und enger Taille, hielt das 18. Jahrhundert hartnäckig an den Grundmustern der Mode des späten 17. Jahrhunderts fest. Allerdings wandelte sich die Verwendung dieser Formen.[32]

Die Kleidung, die Ende des 17. Jahrhunderts zu allen Gelegenheiten getragen wurde, galt in der Mitte des 18. Jahrhunderts nur noch im Theater und auf der Straße als angemessen. Daheim gaben alle gesellschaftlichen Klassen einer lockeren, einfachen Kleidung den Vorzug. Wir haben es hier mit einem ersten Moment der Trennung zwischen öffentlichem und privatem Bereich zu tun – der Privatbereich galt als »natürlicher«, und der Körper erschien dort als an sich »ausdrucksvoll«. Geoffrey Squire bemerkt dazu:

»Paris erlebte die vollständige Übernahme des Negligés. Das Kostüm des Boudoir stieg hinab in den Salon. Durch die allgemeine Verwendung von Formen, die früher als ›unordentlich‹ gegolten hatten, wurde die ›Privatheit‹ der Kleidung hervorgehoben.«[33]

Auf der Straße hingegen trug man Kleider, die den eigenen Platz in der Gesellschaft deutlich sichtbar machten – und dazu mußte die Kleidung bekannt und vertraut sein. Daß die äußere Erscheinung in ihren Grundzügen seit dem späten 17. Jahrhundert beibehalten wurde, stellt also nicht einfach historische Kontinuität dar. Man benutzte die erprobten Formen vielmehr, um zu zeigen, wo man hingehörte, um auf der Straße eine gesellschaftliche Ordnung zu definieren.

Angesichts der Wandlungen des städtischen Lebens stieß dieses Bestreben auf gewisse Schwierigkeiten. Zum einen hatten viele der neuen Tätigkeiten im kaufmännischen Bereich keine Vorläufer im 17. Jahrhundert – für jemanden, der in der Rechnungsabteilung einer Reederei arbeitete, gab es keine allgemein als angemessen erachtete Kleidung. Zum anderen war mit dem Niedergang der Zünfte in den Großstädten ein großer Teil des Kleidungsrepertoires, das auf die traditionellen Trachten der Zünfte zurückging, nutzlos geworden, weil nur wenige Menschen berechtigt waren, diese Kleidung zu tragen. Diese Schwierigkeiten waren aus dem Weg zu räumen, indem man auf der Straße ein Kostüm trug, das zwar einen bestimmten Beruf signalisierte, aber nicht unbedingt den des Trägers. Das führte nicht notwendig dazu, daß man sich besser kleidete, als es gemäß der eigenen Stellung schicklich gewesen wäre – dieser Fall scheint im niederen Bürgertum sogar recht selten gewesen zu sein. Wenn die überkommene Mode von jemandem aufgegriffen wurde, der in einem anderen, aber gleichrangigen Gewerbe oder Beruf arbeitete, so wendete er nicht viele Gedanken daran, sie so abzuwandeln, daß sie zu seinem eigenen Beruf paßte oder diesem Beruf symbolischen Ausdruck verlieh. Das wäre eigenbrötlerisch gewesen, denn diese Kleidung hätte denen, die ihren Träger nicht kannten, auf der Straße nichts bedeutet, und noch weniger hätten sie verstanden, warum er eine vertraute Form verändert hatte. Ob die Leute das waren, was die Kleider aus ihnen machten, war nicht so wichtig wie der Wunsch, etwas Erkennbares zu tragen, um auf der Straße jemand zu sein.[34]

Die Straßenkleidung des 18. Jahrhunderts ist deshalb so faszinierend, weil sie auch in weniger extremen Fällen, dort, wo die Disparität zwischen traditioneller Mode und den neuen materiellen Verhältnissen nicht dazu zwang, Schauspieler zu werden, wo die Mode vielmehr ziemlich genau widerspiegelte, wer man war, ein Element von Kostümierung besitzt. Zu Hause paßten sich die

Kleider dem Körper und seinen Bedürfnissen an; ging man auf die Straße, so hüllte man sich in eine Kleidung, die es anderen ermöglichen sollte, sich so zu verhalten, als wäre man ihnen bekannt. Man wurde zur Figur in einer Kunstlandschaft. Die Kleidung brauchte nicht sicher anzuzeigen, mit wem man es zu tun hatte, sie sollte aber erlauben, so zu tun, als ob man sich dessen sicher wäre. Forsche der Wahrheit von anderer Leute äußerer Erscheinung nicht allzu gründlich nach, riet Chesterfield seinem Sohn; das Leben ist geselliger, wenn man die Leute nimmt, wie sie sich geben, und nicht, wie sie sind. In diesem Sinne kam den Kleidern unabhängig von ihrem Träger und dessen Körper eine eigenständige Bedeutung zu. Anders als im Hause war der Körper auf der Straße bloß ein Werkzeug, das es zu drapieren galt.

Dieser Grundsatz betraf vor allem die Männer. Bei den Frauen nämlich wurde das Verhältnis zwischen Kleidung und Rang genauer beobachtet – innerhalb eines bestimmten Standes mochten sie wie die Männer dieses oder jenes Erscheinungsbild wählen, aber auf Mißbilligung stießen sie, wenn sie die Standesgrenzen übersprangen. Dieses Problem stellte sich insbesondere bei den feinen Rangunterschieden zwischen mittlerem und höherem Bürgertum. Es ergab sich aus der Art, wie die Mode damals unter der weiblichen Bevölkerung verbreitet wurde.

Für die Londoner Damen der Mittel- und Oberschicht war Frankreich in Angelegenheiten der Mode tonangebend. In diesem Jahrzehnt trugen Engländerinnen aus dem Mittelstand in der Regel das, was zehn oder fünfzehn Jahre zuvor die Französinnen der Oberklasse getragen hatten. Die französische Mode wurde mit Hilfe von Puppen verbreitet. Diese Puppen waren mit genauen Nachbildungen der aktuellen Mode angetan und wurden von Handelsreisenden, die 15 oder 20 solcher Miniaturmannequins mit sich führten, nach London und Wien gebracht. In Paris selbst gab es eine ähnliche zeitliche Verschiebung zwischen den Klassen, wobei es der Puppen natürlich nicht bedurfte.[35]

Diese Form der Verbreitung hätte zu einer allgemeinen Verwischung der Klassengrenzen geführt, wenn man die Puppenkleider exakt imitiert hätte. Oder der Unterschied zwischen Mittel- und Oberschicht wäre darauf reduziert worden, daß die erstere zum genauen Abbild dessen wurde, was die modebewußten Damen der letzteren in jungen Jahren gewesen waren. In Wirklichkeit aber wurden die Puppenkleider, wenn man sie wieder auf Lebensgröße brachte, systematisch vereinfacht – auch in Paris, wo die Puppen gar nicht benötigt wurden.[36]

Die Kleidersprache als Mittel der Orientierung auf der Straße funktionierte, indem sie die Menschen klar, wenngleich willkürlich, identifizierbar machte. Die Art und Weise, wie die Mode verbreitet wurde, konnte zu einer Bedrohung dieser Klarheit führen. Aus dem Jahr 1784 stammt die folgende Schilderung des *Lady's Magazine*, wie ein bürgerlicher Ehemann, ein Ölhändler, auf die nicht standesgemäße Kleidung seiner Frau reagierte:

»Als meine Ehehälfte die Treppe herabtänzelte, aber so merkwürdig umfältelt und voller Rüschen, wußte ich gar nicht, was ich mit ihr anfangen sollte. Ich rief: ›He, Sally, mein Liebes, was ist das jetzt wieder für ein neuer Streich: es ist ganz anders als die Kleider, die du sonst trägst.‹ ›Nein, nein, Lieber‹, rief sie, ›es ist kein Kleid, es ist die *chemise de la reine.*‹ ›Mein Liebes‹, erwiderte ich, ›wir wollen deinem neuen Stück einen ehrlichen englischen Namen geben‹, denn mir tat dieses Kauderwelsch weh. ›Warum nur?‹, meinte sie, ›aber wenn du es willst: es ist das Unterhemd der Königin.‹ Gott stehe mir bei, dachte ich, *wohin soll es mit der Welt noch kommen, wenn die Frau des Ölmannes im Unterhemd in den Laden kommt, um mitanzupacken, aber nicht in ihrem eigenen, sondern in dem der Königin.*«

Wenn die Frau des Ölhändlers oder irgend jemand sonst eine *chemise de la reine* tragen konnte und die Nachbildung exakt war, wie sollte man da wissen, mit wem man es zu tun hatte? Aber auch hier kam es nicht darauf an, sich des Ranges einer Person sicher zu sein, sondern gesicherten Umgang mit ihr haben zu können.[37]

Wenn man daher entdeckte, daß eine Frau sich nicht standesgemäß kleidete, so galt es durchaus als schicklich, sie der Lächerlichkeit preiszugeben und sogar andere Fremde darauf hinzuweisen, daß sie eine Hochstaplerin war. Dieses »Beschämen« war jedoch ein Verhalten, dem – wie der Kleidung selbst – eine bestimmte Geographie entsprach. Bei einer Gesellschaft im eigenen Haus einer nicht standesgemäß gekleideten Person so zu begegnen, wie man es auf der Straße für richtig gehalten hätte, wäre der Ausbund des schlechten Geschmacks gewesen.

Das Verhältnis zwischen der Kleidung der Aristokratie und des höheren Bürgertums einerseits und der der nachgeordneten Schichten andererseits läßt sich nun genauer bestimmen. Das Prinzip, den Körper wie eine Kleiderpuppe anzuziehen, wie ein Vehikel zur Demonstration festgefügter Konventionen, verband die oberen und die unteren Schichten der Gesellschaft enger, als man auf den ersten Blick vermuten sollte. Genauer gesagt, die Oberschichten trieben dieses Prinzip nur auf die Spitze, sie entkörperlichten das körperliche Erscheinungsbild. Wenn man nämlich einmal genauer betrachtet, worin das Spielerische und Phantasievolle der Kleidung der Oberschichten bestand, dann stößt man auf den erstaunlichen Umstand, daß die Perücke, der Hut, das Jackett als solche, als Dinge, die Aufmerksamkeit auf ihren Träger lenkten und nicht, indem sie der Eigenart seines Gesichts oder seiner Figur zum Ausdruck verhalfen. Vom Scheitel bis zur Sohle wollen wir nun verfolgen, wie die oberen Stände zu dieser Versachlichung des Körpers gelangten.

Der Kopfputz bestand bei den Männern aus Perücke und Hut, bei den Frauen aus geflochtenem, gelocktem Haar, in das oft künstliche Figurinen eingewoben wurden. Über die Entwicklung der Perücke bis zur Mitte des 18. Jahrhunderts schreibt Huizinga:

»Nach der Mitte des achtzehnten Jahrhunderts beginnt das Aufputzen der Perücke mit regelmäßigen steifen Locken über den Ohren, dem hochgekämmten Toupet und der Schleife, die das Haar hinten zusammenbindet. Jeder Schein einer Nachahmung der Natur ist aufgegeben, die Perücke ist völlig zu einem Ornament geworden.«

Die Perücken wurden gepudert, und den Puder festigte man mit Pomade. Es gab zahlreiche Perückenstile, der von Huizinga beschriebene war allerdings der am weitesten verbreitete. Die Pflege der Perücke selbst erforderte große Sorgfalt.[38]

Die Haartracht der Frauen läßt sich am besten an der *Belle-Poule*-Frisur veranschaulichen. Ein Schiff dieses Namens hatte eine englische Fregatte versenkt und damit eine Frisur angeregt, bei der in das Haar, das die See darstellte, ein genaues Modell der *Belle Poule* geflochten wurde. Andere Frisuren, etwa der *pouf au sentiment*, waren so hoch, daß die Damen in die Knie gehen mußten, um durch eine Tür treten zu können. Lester schreibt:

»Der *pouf au sentiment* war der bevorzugte Hofstil. Er bestand aus allerlei schmückendem Beiwerk, das im Haar befestigt wurde – Baumzweige, die einen Garten darstellten, Vögel, Schmetterlinge, kleine Cupidos aus Pappkarton, die herumflogen, sogar Gemüse.«

Die Kopfform und ein großer Teil der Stirn wurden auf diese Weise verdeckt. Der Kopf war bloß Träger des Aufmerksamkeitsobjekts: der Perücke oder der Frisur.[39]

Nirgendwo zeigte sich das Streben, den individuellen Charakter der Person auszulöschen, deutlicher als in der Behandlung des Gesichts. Männer und Frauen benutzten rote oder weiße Schminke, um ihre natürliche Hautfarbe und eventuelle Makel zu verbergen. Bei Männern und Frauen kam die Maske wieder in Mode.[40]

Das Gesicht mit Schönheitspflästerchen zu versehen war der letzte Schritt, das Gesicht unkenntlich zu machen. Diese Praxis setzte im 17. Jahrhundert ein, fand aber erst um die Mitte des 18. Jahrhunderts weite Verbreitung. In London brachte man die Schönheitspflaster auf der linken oder rechten Seite des Gesichts an, je nachdem, ob man Whig oder Tory war. Unter Ludwig dem XV. verriet die Plazierung der Schönheitspflästerchen etwas über den Charakter der Pariserin. Am Augenwinkel bedeuteten sie Leidenschaft, mitten auf der Wange: Heiterkeit, an der Nase: Keckheit. Von einer Mörderin nahm man an, sie trage Schönheitspflästerchen auf den Brüsten. Das Gesicht selbst war zur Folie geworden, auf der man Abzeichen abstrakter Charaktereigenschaften anbrachte.[41]

Ab 1740 zeigten die Frauen immer mehr von ihrer Brust, aber ebenfalls nur, um an ihr Schmuck und, wie wir hoffen wollen, in Ausnahmefällen ihre Schönheitspflästerchen zur Geltung zu bringen. Gleichzeitig ließen sich die Männer ihre Ärmelränder mit Spitzen besetzen und versahen ihre Kleidung mit immer feiner werdendem Beiwerk. In dem Maße, wie der Körper schlanker wurde, erhöhte sich seine Formbarkeit, und er ließ sich nun abwechslungsreicher ausschmücken.[42]

Bei den Frauen waren Beine und Füße weitgehend durch die Röcke verhüllt. Die Kniehose der Männer und die Gamaschen ließen das Bein zur Hälfte sichtbar. Die Aufmerksamkeit wurde auf die Schuhe und nicht, wie im frühen 18. Jahrhundert und dann wieder gegen Ende des Jahrhunderts, auf das Bein selber gelenkt. Wie das Gesicht und der Oberkörper dienten auch Beine und Füße dem Schmückungswunsch.[43]

Der Körper als Dekorationsobjekt stellte eine doppelte Beziehung zwischen Bühne und Straße her, eine sichtbare und eine weniger sichtbare. Die deutlich sichtbare Beziehung bestand darin, daß in beiden Bereichen die gleiche Kleidung getragen wurde. Die weniger sichtbare Beziehung ergab sich aus der Art, wie die Kostümbildner, ausgehend von dem Prinzip, daß der Körper eine Kleiderpuppe war, am Theater allegorische und phantastische Charaktere entwarfen.

Die Straßenkleidung aller Stände, ausgenommen die der Allerärmsten, konnte fast unverändert auf der Bühne verwendet werden. Aber ihr Gebrauch im Theater führte zu gewissen Ungereimtheiten, zumindest aus der Sicht eines modernen Beobachters. In Schauspielen, die, wie Molières Komödien, in einer zeitgenössischen Umgebung spielten, sah das Publikum um die Mitte des 18. Jahrhunderts Akteure, die für die Straße angezogen waren, auch wenn die Szene im Boudoir spielte. Intime Kleidung für intime Szenen galt als undenkbar. Auch in historischen Stücken entsprach das Bühnenkostüm der Straßenkleidung, gleichgültig, ob das Stück im alten Griechenland, im mittelalterlichen Dänemark oder in China spielte. David Garrick verkörperte den Othello in einer aufwendigen Perücke, Spranger Barry spielte ihn mit einem Dreispitz auf dem Kopf, und John Kemble als Hamlet trat im Gewand eines Gentleman mit gepuderter Perücke auf. Der Gedanke, historisch treu darzustellen, wie ein Däne oder ein Mohr an einem bestimmten Ort und zu einer bestimmten Zeit ausgesehen hatte, war der Vorstellungswelt des damaligen Theaters ziemlich fremd. 1755 schrieb ein Kritiker: »Historische Genauigkeit ist der Schauspielkunst unmöglich und verhängnisvoll.«[44]

Man darf also nicht annehmen, die Verbindung zwischen Bühnenkostüm und Straßenkleidung sei dem Wunsch entsprungen, die Kunst möge das Leben widerspiegeln. Was Ort und Zeit der Handlung anging, so verzerrte diese Verbindung das Spiegelbild ja geradezu. Außerdem waren der Annäherung von Bühne und Straße im Hinblick auf die Kleidung selbst soziale Grenzen gezogen.

Das damalige Publikum erwartete nämlich vom Theater eine klare Zäsur zwischen Bühne und Straße, wo es um die Darstellung der gesellschaftlichen Unterschicht ging. In der Stadt flanierte man mit geschlossenen Augen an den Armen vorüber, und im Theater wollte man sie ebensowenig sehen. Gelegentlich wurden auch bestimmte achtbare Berufe, die mit körperlicher Arbeit verbunden waren, aufgeschönt – vor allem die Dienerschaft. Die von dem Kostümbildner Martin eingekleideten Diener »waren ganz in Seide und Satin gekleidet und überall mit Tressen versehen. In den Porzellanfiguren der Zeit ist dieser Typus auf uns gekommen«. Im Jahre 1753 trat Madame Favart einmal als Arbeiterfrau aus der Provinz in Sandalen, mit grobem Kleid und nackten Beinen auf; das Publikum war empört.[45]

Innerhalb der Klassengrenzen und im Rahmen der im allgemeinen konservativen Maßstäbe für die Kleidung bildete das Bühnenkostüm häufig das Experimentierfeld für neue Perückenstile, neue Schönheitspflästerchen, neue Schmuckstücke. So wie die Bühnenbildner der Renaissance neue Architekturformen oft zunächst als Bühnenprospekt ausprobierten, so experimentierten die Couturiers um die Mitte des 18. Jahrhunderts mit neuen Modestilen häufig erst auf der Bühne, bevor sie sie in die Straßenkleidung einführten.

Wenn man die allgemeinen Prinzipien, von denen sich die bedeutendsten Kostümbildner der Zeit, Martin und Boquet in Paris, leiten ließen, genauer prüft, dann stößt man auf eine weniger sichtbare Beziehung zwischen dem Theater und den Grundsätzen, die das äußere Erscheinungsbild der Menschen auf der Straße bestimmten.

Martin verlieh dem Theaterkostüm eine in den Tagen Ludwigs XIV. unbekannte Leichtigkeit und Delikatesse; seine Kostüme für römische Gestalten neigten zu einer fast komischen Übertreibung. Boquet, sein Nachfolger, griff dieses phantastische Element auf. Die allegorischen Figuren streiften alles Kreatürliche ab, sie wurden zu einem Ensemble am Körper befestigter dekorativer Elemente, die in keinerlei Zusammenhang mit dessen Beschaffenheit und Bewegungen standen. Die Schauspielerin Mademoiselle Lacy trat in der Rolle des Amor in *L'Eglé* mit nackten Brüsten auf, aber dabei ging es gar nicht um die Zurschaustellung der Brust. Der Kostümbildner wollte den Spitzengirlanden, die ihren Oberkörper umhüllten, lediglich keinen anderen Stoff unterlegen. Der nackte Oberkörper bildete die Folie für das eigentliche Zentrum des Interesses – die Spitzenkrause. Der Schauspieler Paul trat als Zephir in einem Gewand auf, das ungeschickt um seinen Oberkörper hing – doch das war unerheblich, denn der Kostümbildner bekleidete den Oberkörper ja nicht, sondern benutzte ihn, um ein hübsches, delikates Stoffarrangement vorzuführen.[46]

Es waren die Regeln des Auftretens im Alltag – der Körper als eine Kleiderpuppe –, die durch solche Theaterkostüme vorbereitet wurden. Die allegorischen Figuren waren »phantastische Überspitzungen der zeitgenössischen Kleidung«, die ebenfalls mit den Mitteln der Phantasie die Freiheit und soziale Vorherrschaft ihrer Träger zum Ausdruck brachte.

»Die Grundformen des Bühnenkostüms wandelten sich mit der Mode«, schreibt Laver. Das gilt auch umgekehrt für die gewöhnliche Kleidung. Die Beziehung zwischen Straße und Bühne wurde auch dort sichtbar, wo eine Frau sich auf der Straße als Amor in *L'Eglé* kleidete. So weisen um 1750 die Grundzüge der körperlichen Erscheinungsbilder der Menschen in London und Paris fast in Reinform eine strukturelle Kontinuität zwischen Straße und Bühne auf.[47]

Als man dann einige Zeit später begann, Straßenkleidung und Bühnenkostüm auf den Körper abzustimmen, wie es schon für die häusliche Kleidung um 1750 die Regel war, da stellte sich auch eine Beziehung zwischen der Kleidung und dem Charakter der sie tragenden Person her. Damit geriet jedoch die Form, wie man sich in der Öffentlichkeit erkennbar macht, auf merkwürdige Weise außer Kontrolle. Indem Männer und Frauen in das Erscheinungsbild von Fremden immer mehr »hineinzulesen« suchten, verloren sie in ihrer gesellschaftlichen Wahrnehmung zunehmend die Orientierung. Die Kunstgriffe des 18. Jahrhunderts sind also doch dazu angetan, uns einigen Respekt abzunötigen, auch wenn heute niemand die Wiederbelebung jener Gesellschaft, in der sie verwendet wurden, wünschen mag.

Die Sprache als Zeichen

Männer und Frauen brechen über den Tod des Helden auf der Bühne in Tränen aus; laute Schmährufe, *catcalls*, für einen Schauspieler, der seine Verse vergessen hat; Aufruhr im Theater, wenn das Stück eine unpopuläre politische Wendung nimmt – dergleichen würde man in einem romantischen Ambiente oder unter den Bürgern der Revolutionszeit erwarten, es begegnet uns jedoch bei dem Perücken- und Flitterpublikum der Mitte des 18. Jahrhunderts. Es ist die Frau mit dem *pouf au sentiment* auf dem Kopf, die gegen die gereimte Politik eines Beaumarchais anschreit, und es ist der pomadisierte Herr, der so hemmungslos über die Mißgeschicke eines Lakaien weint.
Wie können sich Menschen, deren Leben von abstrakter Konvention beherrscht wird, so spontan verhalten, ihre Regungen so frei zum Ausdruck bringen? Die ganze Komplexität des Ancien Régime liegt in diesem scheinbaren Paradoxon begründet. Diese Spontaneität widerspricht der Auffassung, man müsse alle Hüllen fallen lassen, um expressiv sein zu können. Die Vorstellung, der natürliche Mensch sei ein expressives Geschöpf, der gesellschaftliche Mensch hingegen ein Wesen, dessen Gedanken und Empfindungen schwach, in sich gebrochen oder ambivalent, weil »unecht« sind, gehörte nach der Französischen Revolution zum romantischen Gemeinverstand und verbreitete sich dann bei den Intellektuellen und in der Volkskultur. Aus ihr spricht Schäferromantik. Ihrer jüngsten Ausformung begegnen wir in den sechziger Jahren unseres Jahrhunderts bei all denen, die die Städte verlassen, um in der natürlichen Umgebung des Landes »wieder zu sich selbst zu finden«. Schon ein flüchtiger Blick auf das Verhalten des großstädtischen Theaterpublikums um 1750 wirft jedoch in bezug auf dergleichen pastorale Ideale eine Reihe verwirrender Probleme auf. Hier haben wir es mit Menschen zu tun, die zum ersten Mal eine klare Scheidung zwischen dem Privaten und Natürlichen einerseits und dem Öffentlichen und Konventionellen andererseits vollzogen. In diesem letzteren Bereich verhielten sie sich auf eine zuweilen fast peinliche

Weise emotional. Kann es sein, daß die Freiheit des Fühlens und Empfindens größer ist, wenn die Individualität von der Identität, die man in der Gesellschaft besitzt, deutlich geschieden ist? Besteht womöglich eine versteckte Korrelation zwischen der Spontaneität und dem, was wir als »Gekünsteltheit« zu bezeichnen gelernt haben? Eine solche Korrelation besteht tatsächlich, und sie bekundet sich darin, daß die Sprache als Zeichen und nicht als Symbol angesehen wurde.

Um 1750 war diese expressive Sprache sowohl auf der Bühne als auch auf der Straße vorherrschend. Im Theater zeigte sie sich allerdings deutlicher, war klarer kodifiziert und läßt sich rückschauend dort besser erfassen. Um die Theatersprache um die Mitte des 18. Jahrhunderts zu verstehen, muß man sich zunächst einen Überblick darüber verschaffen, wie das Theater als Institution überhaupt funktionierte.

Es gab damals in London wie in Paris sowohl offiziell etablierte Theater mit einem »Patent« oder einer »Lizenz« als auch volkstümliche Theater, die darum kämpften, den gleichen Status wie jene zu erlangen. Auf den beiden Pariser Märkten, der Foire de St.-Laurent und der Foire de St.-Germain, gab es seit Ende des 17. Jahrhunderts feste Häuser, in denen Akrobaten auftraten und Zirkusvorstellungen sowie eine bestimmte Version der Commedia dell'arte gegeben wurden. Hieraus entwickelte sich das Théâtre Italien. In London und Paris gab es Opernhäuser, und in beiden Städten wurden an den offiziellen Theatern selbst die ernstesten Tragödien durch Balletteinlagen und Farcen aufgelockert.

In ihrem alten Quartier (bis 1781) bot die Comédie Française, wie es scheint, Platz für 1500 Zuschauer, in ihrem neuen Domizil waren es etwa 2000. Hogan setzt die Zahl für die Londoner Theater um die Mitte des 18. Jahrhunderts mit etwa 1500 an; Harbage schätzt die Zahl der Plätze im elisabethanischen Theater auf 1750 bis 2500. Um die Mitte des 18. Jahrhunderts scheinen die Häuser also etwas kleiner gewesen zu sein. Zum Vergleich: Die Metropolitan Opera in New York faßt heute 3600 Zuschauer, die Royal Opera am Londoner Covent Garden etwas weniger.[48]

Wie viele Leute gingen denn nun ins Theater? Für Paris verfügen wir über genauere Angaben als für London. Um die Mitte des 18. Jahrhunderts erlebte die Comédie Française einen enormen Publikumszuwachs – von unter 100 000 Zuschauern im Jahre 1737 stieg die Zahl stetig bis auf 160 000 im Jahre 1751 und auf 175 000 im Jahre 1765. Aber hinter diesen Zahlen verbirgt sich ein aufschlußreicher Sachverhalt. Die Franzosen gingen nicht deshalb häufiger ins Theater, weil sie dort neue Stücke sehen wollten. Zwischen 1730 und 1760 wurden nur wenige neue Stücke ins Repertoire aufgenommen; das gleiche gilt für die englischen Bühnen. Um 1750 besuchten die Leute in wachsender Zahl und mit größerer Regelmäßigkeit Dramen, die ihnen vollkommen vertraut waren.[49]

Und wer ging ins Theater? Für die Comédie Française wie auch für Garricks

Theater in London kann man eine größere Anteilnahme von Arbeitern ausschließen – die Eintrittskarten waren zu teuer. Das Publikum in den offiziellen Theatern in London bestand vielmehr aus einer Mischung von Angehörigen der Mittel- und der Oberschicht, während im Pariser Publikum die Elite dominierte. Aber auch im französischen Theater gab es Plätze für die Angehörigen des Bürgertums, für Studenten und Intellektuelle; sie befanden sich im Parterre, und die Leute im Parterre der alten Comédie Française standen. Ein interessantes Beispiel für das Verhalten des Publikums ergab sich, als die Comédie Française 1781 ihr neues Gebäude bezog. Hier war auch das Parterre mit Sitzen ausgestattet, und diese waren reserviert. Das Bürgertum hatte es jetzt bequemer, aber alle, die damals über das Theater schrieben, waren einhellig der Ansicht, daß mit der Bequemlichkeit im Parterre auch eine gewisse Leblosigkeit Einzug ins Theater gehalten hatte. Die Rufe aus dem Hintergrund des Saales blieben aus, niemand aß mehr etwas, während er stehend dem Geschehen auf der Bühne folgte. Die Schweigsamkeit des Publikums scheint das Vergnügen beim Theaterbesuch beeinträchtigt zu haben. Diese Reaktion liefert einen Anhaltspunkt, um die Spontaneität und Anteilnahme des Publikums in ihrer Eigenart besser zu verstehen.[50]

Obwohl sich um die Mitte des 18. Jahrhunderts die Londoner Dramenliteratur von der in Paris deutlich unterschied (die Franzosen hielten Shakespeare zum Beispiel für barbarisch), zeigte das Publikum beider Städte ein ähnliches Verhalten. Betrachten wir die Bühne dieser Zeit, so finden wir dort nicht nur Schauspieler, sondern auch zahlreiche Zuschauer versammelt – junge Leute und Mitglieder der Oberschicht –, die ihren Platz auf der Bühne eingenommen haben. Und je nach Lust und Laune stolzieren die unbekümmerten Jünglinge auf der Bühne umher und winken den Freunden in den Logen zu. Es macht ihnen nichts aus, zusammen mit den Schauspielern im Blickfeld des Publikums zu sein, im Gegenteil, es gefällt ihnen. Die Offenheit und die Spontaneität der Publikumsreaktionen dieser Zeit gründen in der Vorstellung, daß Schauspieler und Zuschauer sich in ein und derselben Welt befinden und daß sich dort wirkliches Leben abspielt, etwas, das dem Publikum sehr nahe ist. Niemand nimmt Anstoß, wenn Mithridates zu Füßen des Nachbarn von nebenan, der auf der Bühne Platz genommen hat, tot zu Boden fällt. Im Publikum provoziert ein solcher Tod Gefühlsäußerungen, die einen modernen Besucher peinlich berühren würden:

»[...] sie versetzten sich in den Schmerz der dargestellten Charaktere ganz hinein. Offen brachen sie in Tränen aus, [...] nach einer Sterbeszene weinten Männer wie Frauen; die Frauen kreischten, fielen mitunter auch in Ohnmacht. Sie versenkten sich so sehr in das Geschehen, daß ein fremder Besucher erstaunt war, sie nicht lachen zu hören, ›wenn in einer Tragödie gewisse Worte vorkamen, die ihnen lustig erschienen – wie es das deutsche Publikum macht‹.«[51]

Die Vermischung von Schauspieler und Publikum, die extremen Gefühlsausdrücke des Publikums, wenn es gerührt war, mögen erklären, warum die

Schweigsamkeit des Parterres nach der Übersiedelung der Comédie Française in ein neues Quartier als störend empfunden wurde, als Anzeichen dafür, daß der Entwurf des Theatergebäudes ein »außerordentlicher Mißgriff« war. Doch die Vermengung von Akteuren und Zuschauern, die Gefühlsausbrüche waren nicht Teil einer dionysischen Entladung, eines Rituals, bei dem sich Schauspieler und Zuschauer in der Feier eines gemeinsamen Ritus vereinten. Dieses Publikum mischte sich zwar ein, hatte sich gleichzeitig aber auch unter Kontrolle. Gegenüber den Schauspielern, die es zum Weinen brachten, war es objektiv und äußerst kritisch eingestellt. Das Publikum wollte mit den Schauspielern direkt in Beziehung treten, und es tat das vor allem bei den »Pointen« und mit Hilfe des *settling*, des »Zum-Schweigen-Bringens«.

Sowohl in London als auch in Paris brachten die staatlich lizenzierten Theater, wie wir sahen, ein Repertoire alter, vertrauter Stücke zur Aufführung. In jedem Stück gab es bestimmte Stellen, die das Publikum genau kannte und die es mit Spannung erwartete. Wenn ein Schauspieler oder eine Schauspielerin an eine solche »Pointe« gelangte, trat er oder sie an den Bühnenrand, direkt vor das Publikum, und rezitierte die nun folgenden Verse in die Menge hinein. Das Publikum reagierte entweder mit Johlen und Pfeifen oder, wenn der Schauspieler seine Sache gut gemacht hatte, mit »Tränen, Gekreisch, Ohnmacht«, die nach Wiederholung verlangten. Das konnte sieben- oder achtmal nacheinander geschehen: ein unverzügliches »Da capo« außerhalb der dramatischen Handlung. Die »Pointen« waren Momente der Konvention, die das Geschehen auf der Bühne unterbrachen, und zugleich Momente der direkten Verbindung zwischen Schauspieler und Publikum.[52]

Das *settling* hatte mit der Beziehung zwischen Schauspieler und Souffleur zu tun. Wenn ein Schauspieler nicht weiterwußte, blickte er natürlich hinunter zum Souffleur. Und wenn die Zuschauer ein solches Mißgeschick bemerkten, so versuchten sie, den Schauspieler noch weiter zu entnerven, indem sie derartig laut johlten und pfiffen, daß er die Einhilfen des Souffleurs nicht verstehen konnte. So brachten sie den Schauspieler zum Schweigen, oft ein für allemal.[53]

Diese Spontaneität war kein Vorrecht des privilegierten Publikums. In den Jahren nach 1740 war es dem Théâtre Italien eine Zeitlang untersagt, etwas anderes als Pantomimen zur Aufführung zu bringen. Das volkstümliche Publikum reagierte darauf, indem es die Worte, die die Schauspieler und Schauspielerinnen mimten, unisono dazuschrie. In den volkstümlichen Theatern in England ging es so hoch her, daß viele Häuser wegen der Schäden, die das Publikum bei seinen Beifalls- und Unmutskundgebungen anrichtete, in regelmäßigen Abständen von Grund auf renoviert werden mußten.[54]

Diese leidenschaftlichen, spontanen Gefühlsäußerungen des Publikums erklären sich zum Teil aus dem sozialen Status der Schauspieler. Sie galten in dieser Zeit als eine spezielle Art von Dienern, als Diener einer besonders verderbten Sorte – das betraf sowohl die Musiker wie alle darstellenden Künstler. In der

Stadt des 18. Jahrhunderts, wie schon in Versailles zur Zeit Ludwigs XIV., unterhielten sich die Leute mit großer Freimütigkeit vor ihren Dienstboten, und auch im Gespräch mit ihnen nahmen sie kein Blatt vor den Mund. Frauen zeigten sich auch vor ihren männlichen Dienern im *deshabillé*, denn diese galten ja für nichts. So auch im Theater – die Darsteller waren da, um zu dienen, da konnte man sie auch »Pointen« aufsagen lassen und sie hernach zum Schweigen bringen. Was sollte dieses Publikum daran hindern, direkt zu sein? Insofern war die Spontaneität im Theater eine Sache des gesellschaftlichen Rangs. Der Schauspieler war dazu da, Vergnügen zu bereiten. Er amüsierte oder weckte Mißmut; doch wie der Butler oder das Hausmädchen war er der Herrschaft untertan.[55]

Allein mit dem niederen Status des Schauspielers läßt sich diese kontrollierte Spontaneität jedoch nicht erklären. Damit würde man Veränderungen innerhalb des Schauspielerberufs übersehen, die mit Wandlungen im Sozialcharakter des Publikums zusammenhingen. Man würde auch die Korrelation außer acht lassen, die zwischen dem Verhalten des Publikums und seiner Auffassung von Sprache als Zeichen und nicht als Symbol bestand. Weil diese Auffassung der Sprache als eines Systems eigenständiger Zeichen der modernen Vorstellung von gesprochener Sprache fremd ist, wollen wir zunächst kurz die wechselseitigen Veränderungen beim Schauspieler und beim Publikum erörtern, denen dieses Zeichensystem vertraut war.

Um die Mitte des 17. Jahrhunderts gehörten die meisten Berufsschauspieler wandernden Theatertruppen an. Erst langsam entstanden einige feste, der Öffentlichkeit zugängliche Theater – in Paris waren es um diese Zeit drei –, aber die Schauspielerei blieb noch lange ein Vagabundenberuf; die Schauspieler zogen von Hof zu Hof und wechselten häufig die Gefährten. Die festen Häuser in London oder Paris boten nur einem Teil von ihnen Anstellung. So war es für den Schauspieler von überragender Bedeutung, immer wieder neue Gönner zu finden.[56]

Die Ökonomie dieses Berufs sah so aus, daß der Akteur in die Rolle des Tragöden, des Komödiendarstellers, Sängers oder Tänzers schlüpfte – je nachdem, was an dem Hof, an dem er Arbeit finden konnte, gerade benötigt wurde. Wichtiger noch war, daß die Rangunterschiede zwischen den einzelnen Auftrittsorten, weil eigenständige Theater fehlten, zusammenschrumpften. Die Truppen, die in Paris spielten, spielten auch in der Provinz oder in Versailles.[57]

In London entstand während der Restaurationszeit ein Theater, das von königlicher oder aristokratischer Schirmherrschaft weniger abhängig war und sich, allerdings nur für eine kurze Saison im Jahr, stärker auf öffentliche Subskriptionen stützen konnte, das aber immer noch auf eine Handvoll Gönner angewiesen blieb. Das galt vor allem für die Oper. Auch öffentliche Darbietungen von Instrumentalmusik wurden in London früher organisiert als in Paris oder Rom. Diese Vorführungen hatten ihren Ursprung in den

Gasthäusern, und die Musiker genossen einen Status, der dem eines Schankmädchens entsprach.[58]

Ob bei Hofe oder in der Stadt, um die Mitte des 17. Jahrhunderts waren die darstellenden Künste sehr stark von Unbeständigkeit und Vagabundentum geprägt. Der gewöhnliche Darsteller besaß wenig Prestige, und der befähigte Bühnendirektor hatte entweder einen einzigen Gönner und dessen Geschmack zu bedienen oder, wie in London, den eines kleinen Publikums, das aus ihm einen hektischen Hansdampf in allen Gassen machte.

Bei den Aufführungen war das Publikum ganz anders organisiert als später, um die Mitte des 18. Jahrhunderts. Bei jeder Art von Vorführung, ob Drama, Oper oder Gesangsdarbietung, bildete der Gönner des Tages den Brennpunkt des Publikumsverhaltens. Die um ihn herum waren, ahmten seinen Beifall oder seine Mißfallensbekundungen lediglich nach, und die Darsteller bemühten sich unverkennbar, statt beim Publikum als ganzem nur bei einigen wenigen Gefallen zu finden. Schon an der Bauweise der damaligen Theater lassen sich diese Rangunterschiede ausmachen. Die Pariser Theater waren so konstruiert, daß die königliche oder herrschaftliche Loge stets über die beste Sicht verfügte, und in den Londoner Theatern des 17. Jahrhunderts kam sie einigen wenigen Gönnern zugute, während das übrige Publikum einen besseren Blick auf diese wenigen als auf die Bühne hatte.

Zu Anfang des 18. Jahrhunderts nahmen Theater und Publikum eine neue Gestalt an. Einige Theater in London und Paris wurden zu Organisationen, die öffentliche Gelder und feste Privilegien erhielten. Das Theater wurde – in Duvignauds Worten – »nach und nach zu einer Institution und der Schauspieler wenn nicht zu einem Bürokraten, so doch zu einem festangestellten Arbeiter, der regelmäßig, zu bestimmten Zeitpunkten ein bestimmtes Quantum an Emotionen produzierte«. So brauchte er nicht mehr umherzuwandern. Wie andere Staatsbeamte hielt auch der Schauspieler in Paris oder London Ausschau nach einer festen Anstellung in einem dieser mit Patent versehenen Theater, die gesichert war, gleichgültig, ob die Kosten durch Subskriptionen des Publikums gedeckt wurden oder nicht.[59]

Auch in den zugelassenen, wiewohl nicht lizenzierten Theatern, wie der Comédie Italienne oder der Comédie de la Foire, bildeten sich auf der Grundlage einer Gruppe fester Gönner und mit Hilfe gelegentlicher inoffizieller Geldzuwendungen von der Regierung feste Theatertruppen heraus. In London stabilisierten sich die patentierten wie die zugelassenen Theater, obwohl sie vom Staat nur geringe Unterstützung empfingen.[60]

Die Gründe für diese Festigung des Schauspielerberufs braucht man nicht lange zu suchen. In der Stadt des Ancien Régime nutzte das Publikum sein Theater zunehmend so, wie es im alten Athen der Fall gewesen war: Das Theater wurde zum Treffpunkt der Volksmenge als ganzer, war nicht mehr das besondere Ereignis, das unter den Augen des Mäzens oder einiger weniger Gönner und zu deren Belustigung stattfand. Das zeigt sich auch in der

Baustruktur der Theater nach 1720; man achtete nun mehr darauf, daß große Teile des Publikums eine ungehinderte Sicht auf die Bühne hatten; die königliche Loge trat in der Publikumsaufmerksamkeit zurück. Fliegende Händler, die durch die Sitzreihen gingen, boten jetzt auch im Parkett und nicht nur in den Privatlogen der Mäzene Erfrischungen feil. Das Foyer wurde zu einem Ort, an dem man sich in den Pausen traf, war nicht länger lediglich Eingangshalle. Eintrittskarten wurden im Theater verkauft, statt bloß vom Schirmherrn als Geschenk verteilt zu werden – obwohl sich diese ältere Praxis in kleinerem Maßstab noch einige Zeit erhielt. Diese Veränderungen signalisierten freilich keineswegs eine Demokratisierung der öffentlichen Vorstellungen. Nach wie vor suchte man Gönner, auch wenn ihre Zahl nun für jede einzelne Produktion größer und größer wurde. Und nach wie vor repräsentierte die Sitzordnung im Haus selbst die Standesunterschiede innerhalb des Publikums. Aber das Theater war nun leichter zugänglich, war zu einem Kristallisationsfeld des gesellschaftlichen Lebens in der Stadt geworden und verlor allmählich den Charakter einer Unterhaltungsstätte, die vom König oder von einem höfischen Edelmann für das Volk »betrieben« wurde. Die »Routinisierung« der professionellen Schauspielerei war kein Zeichen ihres Absterbens oder eines »Verlustes an Spontaneität«. Die neuen Bedingungen erhöhter beruflicher Sicherheit machten das Theater zu einem verläßlichen Medium, das dem Publikum zunehmend für mehr denn bloße Unterhaltung galt.
In dem Maße, wie das Publikum als ganzes die Arbeit der schauspielenden »Diener« stützte, wurde es in seinen Reaktionen auf die Darbietungen auch lauter. Gewiß, auch im 17. Jahrhundert konnten die Leidenschaften des höfischen Publikums hochschlagen, aber ein Kopfnicken des Fürsten oder des Würdenträgers, der für die Unterhaltung gesorgt hatte, genügte, um sie wieder zur Ruhe zu bringen. Der Gönner herrschte nicht nur über die Schauspieler, er herrschte auch über das Verhalten der Zuschauer, die seine Gäste waren. Mit dem langsamen Zerfall dieser Art von Patronat im 18. Jahrhundert entzog sich das Publikum nach und nach solcher Kontrolle. Mit der Erweiterung des Publikums entstand zwischen Schauspielern und Zuschauern eine neuartige Beziehung. Aus dem schwerfälligen Rezitieren entwickelte der Schauspieler eine erhebliche Kunstfertigkeit; er wollte das »ganze Haus« erreichen, nicht bloß einige wenige beeindrucken. Das Publikum kannte die Stücke immer besser und verlangte ein ausgefeiltes Spiel; man wußte, wie es ausgehen würde, und konzentrierte sich stärker auf die Details der schauspielerischen Arbeit. Man richtete, in den Worten eines Kritikers, weniger Aufmerksamkeit auf das Stück als »Enthüllung einer Geschichte« und mehr auf das »Spiel« als eigenständigen ästhetischen Prozeß. Wer heutzutage in Norditalien ein Opernhaus aufsucht, mag hier und da noch etwas von dieser Aufführungssituation erahnen – es zählt der Augenblick und nicht der Ablauf der Handlung.
Daß sich die schauspielerische Darstellung in der Hauptstadt des 18. Jahrhunderts auf den einzelnen Augenblick mehr als auf den Gang der Handlung

konzentrierte, verlieh den gesprochenen Worten eher Zeichen- als Symbolcharakter. Der moderne Sprachgebrauch definiert »Symbol« als ein Zeichen, das für etwas anderes steht. Wir sprechen z. B. davon, daß Symbole »Referenten« haben, sich auf »Antezedenzien« beziehen usw. Das Symbol verliert leicht seine eigenständige Realität, etwa nach dem Muster: »Das sagst du zwar, aber in Wirklichkeit meinst du doch . . .« Einer der gesellschaftlichen Ursprünge des Gedankens, Zeichen müßten erst entschlüsselt werden, läßt sich bis ins letzte Jahrhundert zurückverfolgen – bis hin zu der Interpretation, die in der Stadt des 19. Jahrhunderts der äußeren Erscheinung der Menschen zuteil wurde: Das Äußere galt als Hülle, unter der das Individuum verborgen ist.[61]

Die Verwandlung des Zeichens ins Symbol, die Annahme, hinter einem gegebenen Ausdruck verberge sich eine ganze Welt, war den Menschen um die Mitte des 18. Jahrhunderts fremd. Sprechen bedeutete, eine starke, wirkungsvolle Feststellung treffen, die für sich selbst Bestand hatte. Daß dieses Sprechen genau durchdacht war, daß das körperliche Erscheinungsbild bewußt eingesetzt wurde, tat der Konvention keinen Abbruch. Die Frau unter dem *pouf au sentiment* kam sich nicht »gekünstelt« vor, der *pouf* war eine Ausdrucksform an sich. Der Schauspieler, der vor den Füßen des Nachbarn tot zu Boden fiel, war tot, und man reagierte entsprechend darauf, obschon uns diese Situation heute als unpassend erscheinen mag. Oder man denke an jenes höchste verbale Zeichen, die »Pointe« im Rampenlicht. Dieser absolute Augenblick, dieser vollständige Stillstand des Handlungsablaufs versetzte die Menschen in Wut über den Schauspieler oder rührte sie zu Tränen, weil sein Gebärdenspiel aus sich heraus vollkommen glaubhaft war. Dabei hatte es keinerlei Beziehung zu der Szene, in der es vorkam.

Diese Auffassung des Zeichens war eine konservative Kraft. Im 18. Jahrhundert konnte das Publikum, das so direkt und unmittelbar urteilte, dem Schauspieler oder Dramatiker, der die eingefahrenen Bahnen zu verlassen suchte, einen schrecklichen Dämpfer verpassen. Wir haben gesehen, mit welchem Mißfallen das Pariser Publikum dem realistischen Auftritt der Madame Favart als armseliger, abgerissener Frau aus dem Volke begegnete. Jetzt verstehen wir den Grund hierfür: Sie weckte beim Publikum Mitgefühl für ihre Not. Das Publikum konnte hiergegen nichts ausrichten, denn ihm erschien ein solcher Auftritt nicht als »bloßes Spiel«. Ein Theaterstück »symbolisierte« nicht Wirklichkeit, es schuf Wirklichkeit mit seinen eigenen herkömmlichen Mitteln. Und deshalb mußte Madame Favart von der Bühne vertrieben werden. Denn wohin käme man, wenn man am Ende über das Los der eigenen Dienstboten zu schluchzen anfinge? Beaumarchais hatte aus demselben Grund ein ums andere Mal mit dem Publikum zu kämpfen. Nicht weil es getäuscht werden, in ein Wolkenkuckucksheim entführt werden wollte, war das Publikum über den Diener Figaro als Bühnenhelden so entrüstet; Figaro brachte das Publikum deshalb auf, weil es sich nicht entziehen konnte und ihm Glauben schenken *mußte*.[62]

Stets besteht die Aufgabe des Theaters darin, eine Glaubhaftigkeit zu erzeugen, die aus sich Bestand hat. In Gesellschaften, in denen der Ausdruck als Zeichen und nicht als Symbol aufgefaßt wird, ist das sehr leicht. In solchen Gesellschaften besitzt das Wort »Illusion« nicht den Nebensinn von Unwirklichkeit, und die Erzeugung von Illusionen am Theater stellt einfach die Realisierung einer bestimmten Ausdruckskraft innerhalb des »wirklichen Lebens« dar und nicht einen Rückzug aus ihm. Ein anschauliches Beispiel für diese Auffassung von Illusion in einer am Zeichen orientierten Gesellschaft liefert die Erklärung, die die Pariser für das Verschwinden der Bühnenplätze gegen Ende der fünfziger Jahre des 18. Jahrhunderts gaben.

Es existieren zwei Versionen darüber, wie diese Plätze im Jahre 1759 von der Bühne verbannt wurden, damit das übrige Publikum der Aufführung ungestörter folgen konnte. Die eine besagt, ein wohlhabender Mann habe der Comédie Française als Ausgleich für die damit verbundenen Ertragseinbußen eine Stiftung zukommen lassen. Die andere und, wenn sie zutrifft, interessantere Version schreibt diese Veränderung Voltaire zu. In Stücken wie *Sémiramis* (1748) setzte dieser an den Höhepunkten und bei den Massenszenen so viele Schauspieler ein, daß, als das Stück im Jahre 1759 wieder aufgeführt wurde, die Bühnenplätze entfernt werden mußten. Garrick folgte diesem Beispiel 1762. Das Resultat war eine Steigerung der »Illusion« auf der Bühne. Collé, ein anderer Dramatiker dieser Zeit, schrieb dazu:

»Man hört besser und die Illusion ist größer. Es kommt nicht mehr vor, daß Caesar den Staub aus der Perücke irgendeines Dummkopfes in der ersten Reihe der Bühnenplätze aufwirbelt oder daß Mithridates inmitten der eigenen Bekannten sein Leben aushaucht.«

Wenn Collé davon spricht, die Illusion sei größer, wo man all diese Füße nicht mehr sieht, dann geht es ihm um eine Vervollkommnung des Zeichens. Er war der Ansicht, man könne dann inbrünstiger an den Tod auf der Bühne glauben. Es wäre jedoch ein Mißverständnis, anzunehmen, ihm sei alles »bloß als Spiel« erschienen und es sei ihm darum gegangen, nichts auf der Bühne zu belassen, was an die Unwirklichkeit dieses Spiels erinnerte.[63]

Weil die Wirklichkeit des gesprochenen Wortes im Augenblick lag, weil die Pointe auch ohne Beziehung zum Voraufgegangenen oder Folgenden glaubhaft war, konnte sich die Spontaneität des Publikums auch aus dem Augenblick heraus äußern. Die Menschen mußten sich nicht fortwährend mühen zu entschlüsseln, was ihnen mit dem Gebärdenspiel *eigentlich* gesagt wurde. Denn das war die Logik der Pointe: Spontaneität als Resultat von Künstlichkeit.

Wir wollen uns nun der Korrelation zuwenden, die diese Auffassung von Sprache zwischen Bühne und Straße herstellte. Die Institution, in der ein ähnliches Sprachverständnis vorherrschte, war das Kaffeehaus des frühen 18. Jahrhunderts. Bis zur Mitte des Jahrhunderts bildeten sich dann neue Institutionen heraus, in denen sich Fremde versammelten: das Café bzw. der Pub, in dem Alkohol ausgeschenkt wurde, die ersten Restaurants und der öffentliche Park. In einigen dieser neuen Institutionen blieben die Sprachformen des Kaffeehauses erhalten, in anderen zerfielen sie. Um die Mitte des 18. Jahrhunderts nahm noch ein anderer neuartiger Versammlungspunkt Gestalt an, der Männerclub, dessen Begriffe von geselliger Rede denen des Kaffeehauses, des Cafés und des öffentlichen Parks gleichermaßen entgegengesetzt waren. Institutionell gesehen scheint also die deutlichste sprachliche Verbindung zwischen dem Theater um die Mitte des 18. Jahrhunderts und dem Kaffeehaus einer früheren Periode bestanden zu haben. Diese Verbindung existierte auch noch um 1750. Doch daneben gab es auch Institutionen, in denen eine solche Sprache bereits zerfiel. Vor allem die Foyers und die Nebengebäude der Theater selbst wurden zu wichtigen gesellschaftlichen Zentren, in denen der sprachliche Austausch zwischen den Zuschauern ähnlich verlief wie der zwischen Darsteller und Publikum im Theater.

Im späten 17. und im frühen 18. Jahrhundert war das Kaffeehaus sowohl in London als auch in Paris ein beliebter Treffpunkt; dank der englischen Vorherrschaft auf dem Kaffeemarkt war allerdings die Zahl der Kaffeehäuser in London größer. Das Kaffeehaus wird häufig mit romantischen Elementen assoziiert: munteres, kultiviertes Gespräch, Zuvorkommenheit und innige Freundschaft, und das alles bei einer Tasse Kaffee, fern der alkoholisierten Stille der Schnapsschänke. Überdies hatten die Kaffeehäuser eine Funktion, die sie im Rückblick leicht in ein romantisches Licht taucht – sie waren damals in beiden Städten die wichtigsten Informationszentren. Hier las man Zeitungen, und zu Beginn des 18. Jahrhunderts fingen die Londoner Kaffeehäuser an, selbst Zeitungen herauszugeben; 1729 suchten sie gar um ein Monopol in diesem Gewerbe nach. Geschäftliche Aktivitäten, die, wie das Versicherungswesen, auf Informationen über die Erfolgsaussichten bestimmter Unternehmungen angewiesen waren, nahmen ihren Ausgang vom Kaffeehaus; Lloyd's of London war ursprünglich ein Kaffeehaus.[64]

Natürlich blühte in den Kaffeehäusern, die zugleich Informationsbörsen waren, das Gespräch. Trat ein Mann zur Tür herein, so ging er zunächst zum Schanktisch, zahlte einen Penny und ließ sich, falls er zum erstenmal da war, die Hausordnung erklären (z. B. nicht auf diese oder jene Wand spucken, keine Schlägerei in der Nähe des Fensters usw.). Dann setzte er sich und ließ es sich wohl sein, und zwar in der Unterhaltung mit anderen Gästen. Das Gespräch war von einer Grundregel geleitet: Um den Fluß der Informationen so offen wie möglich zu halten, wurden alle Rangunterschiede zeitweilig außer Kraft gesetzt; jeder im Kaffeehaus hatte das Recht, jeden anderen anzusprechen, sich an jedem Gespräch zu beteiligen, gleichgültig, ob er die übrigen Teilnehmer kannte oder nicht, ob man ihn zum Sprechen eingeladen hatte oder nicht. Es war unmanierlich, auf die gesellschaftliche Herkunft anderer zu sprechen zu kommen, wenn man sich im Kaffeehaus mit ihnen unterhielt, da dies den Gesprächsfluß hätte hemmen können.[65]

Um die Wende zum 18. Jahrhundert kam dem gesellschaftlichen Rang außerhalb des Kaffeehauses entscheidende Bedeutung zu. Um über Gespräche zu Kenntnissen und Informationen zu gelangen, schufen die Menschen dieser Zeit etwas, das für sie einer Fiktion gleichkam, der Fiktion nämlich, daß die gesellschaftlichen Unterschiede nicht existent waren. Innerhalb des Kaffeehauses war der Gentleman, der sich entschlossen hatte, Platz zu nehmen, auch der freien, unerbetenen Rede des sozial unter ihm Stehenden ausgesetzt. Eine solche Konstellation brachte spezifische Gesprächsformen hervor.

In der vagen Allgemeinheit vieler Kaffeehausgespräche, von denen Addison und Steele berichten, zeigt sich sehr genau, wie ein Gespräch beschaffen war, an dem sich jedermann beteiligen konnte. Wenn man an der langen Tafel saß, wo weitschweifige Geschichten kreisen, wo mit viel Aufschneiderei und Ausschmückung von Kriegen oder vom Betragen führender Bürger gesprochen wurde, dann brauchte man nur Augen und Ohren aufzusperren, um herauszubekommen, ob hier vom Standpunkt eines engstirnigen, kleinen Angestellten, eines kriecherischen Höflings oder eines degenerierten Kaufmannssohnes aus geredet wurde. Aber daß man den Sprecher auf diese Weise leicht »einordnen« konnte, durfte sich nicht auf die Unterhaltung auswirken. Die langen Satzperioden fließen dahin, die vertrauten Redensarten, die man schon hundertmal gehört hat, werden noch einmal aufgegriffen, und ein Stirnrunzeln geht um den Tisch, wenn jemand eine Anspielung macht, die auf einen der Anwesenden gemünzt sein könnte. Das Kaffeehausgespräch ist der Extremfall einer Ausdrucksform, die auf einem Zeichensystem gründet und im Gegensatz zu einem Symbolsystem steht, das auf Rang, Herkunft, Geschmack verweist, die gleichwohl auch hier sichtbar bleiben.

Die Menschen erlebten in diesen Kaffeehäusern Geselligkeit, ohne daß sie von ihren Empfindungen, ihrer privaten Geschichte oder ihrer Stellung viel preisgeben mußten. Tonfall, Beredsamkeit und Kleidung waren zwar wahrnehmbar, aber es galt, all dem keine Beachtung zu schenken. Die Kunst der Konversation war ebenso Konvention, wie die standesgemäße Kleidung um 1750 Konvention war, auch wenn die Funktion der Konversation eine völlig entgegengesetzte war: Standesunterschiede außer Kraft zu setzen. Doch beide machten es möglich, daß Fremde miteinander umgehen konnten, ohne ihre persönlichen Verhältnisse ins Spiel bringen zu müssen.

Um 1750 waren die Kaffeehäuser in London und Paris im Niedergang begriffen, zum Teil aus rein ökonomischen Gründen. Im frühen 18. Jahrhundert verlegte sich die British East India Company mehr und mehr auf den Teehandel, der weitaus größere Profite abwarf als die bisherigen Kaffeeimporte; der Handel mit China und Indien dehnte sich auf der Basis des Tees aus, und schließlich war der Tee auch in Mode gekommen. Die Kaffeehausbesitzer verfügten nicht über eine königliche Lizenz für Tee und gerieten daher ins Hintertreffen.[66]

Das Leben der Kaffeehäuser setzte sich um die Mitte des 18. Jahrhunderts in den Postgasthöfen der Hauptstädte fort, wo die Reisenden, die in die Stadt kamen, zu ihrem Erstaunen häufig Stammgäste antrafen, die sich »freimütig und ohne Zurückhaltung über die Gegenstände des Tagesgesprächs verbreiteten«. Es setzte sich auch in den neuen Etablissements von London und Paris fort, in denen alkoholische Getränke ausgeschenkt wurden. Häufig trifft man auf die These, das Café und der Pub des 18. Jahrhunderts seien ausschließlich von Angehörigen der arbeitenden Klassen frequentiert worden. Dem ist nicht so. In den Pubs und den Cafés in der Umgebung der Theater war die Klientel durchaus gemischt. Tatsächlich waren viele dieser Lokale mit den Theatergebäuden direkt verbunden und dienten dem Publikum vor und nach der Vorstellung als Treffpunkt. Leute, die damals ins Theater gingen, verbrachten dort oder in der Nähe der Theater sehr viel Zeit, die Konversation an diesen Orten war weit ausschweifend und allgemein, und die Sprecher waren sehr um Stil bemüht. Aus Memoiren dieser Zeit geht hervor, daß die »Pointe« und das »settling« auch in diesen Cafés eine Rolle spielten: ein Mann, der in seiner Rede an eine Pointe kam, mochte sich plötzlich erheben, und Rufe nach Wiederholung bestimmter Sätze galten keineswegs als unangebracht. Andererseits konnten die Zuhörer durch bloßes Lärmen einen Redner zum Schweigen bringen, wenn er sie langweilte.

Aber nicht alle Cafés funktionierten so wie die Theatercafés, und die Sprache als Zeichen konnte sich im Alltagsleben um die Mitte des 18. Jahrhunderts nicht völlig intakt erhalten. Einen Eindruck von der Vielfalt der Sprachformen mag das Pariser Café Procope vermitteln, ein Etablissement, das eine Lizenz für Speisen, Wein und Kaffee besaß.

Dieses gegen Ende des 17. Jahrhunderts gegründete Café war eines unter vielleicht 300 ähnlichen Lokalen in Paris. Im Procope standen die Gespräche jedermann offen, aber an bestimmten Tischen fand man auch Gruppen junger Männer, von denen die meisten Bühnenplätze in der Comédie Française besaßen und die nach den Aufführungen zum Reden, Trinken und Spielen ins Procope strömten. Als sie 1759 von der Bühne vertrieben wurden, veranstalteten sie in diesem Café eine Protestdemonstration. Andere Pariser Cafés hatten vielleicht eine weniger gebildete, weniger lebhafte Kundschaft, aber der Freundeskreis, der sich aus der allgemeinen Konversation im Café zurückzog, um den eigenen Interessen nachzugehen, war auch anderswo anzutreffen.[67]

Um die Mitte des 18. Jahrhunderts geriet die Sprache als Zeichensystem von zwei Seiten her in Bedrängnis: zum einen durch den Club, zum anderen durch die Promenade. Auch wenn der Club seit den dreißiger und vierziger Jahren des 18. Jahrhunderts nur bei einer kleinen Schicht populär wurde, lohnt es sich doch, ihn einmal genauer zu untersuchen – erstens, weil sich in seinen Sprachformen bereits ein Phänomen abzeichnet, das sich dann im 19. Jahrhundert weiter verbreiten sollte, zweitens, weil die spezifische Geselligkeit des Clubs seine von Snobismus angetriebenen Begründer zunächst nicht gänzlich zufriedenstellte.

Um den Club zu verstehen, muß man die Sprache des wohlhabenden Bürgertums und der gesellschaftlichen Elite verstehen. Diese Gruppen waren zunächst nicht bestrebt, spezifische Unterschiede zwischen privater und öffentlicher Sprache zu machen, wie sie sie in der Kleidung machten; die im frühen 18. Jahrhundert entwickelten gelehrten Redewendungen waren immer noch kennzeichnend für Unterhaltungen zu Hause, für den Austausch von Höflichkeiten zwischen Fremden und sogar für Liebeserklärungen. Die erste Institution, die eigens für das private Gespräch geschaffen wurde, war der Club. Kaffeehäuser hatten gelegentlich auch Speisen serviert, aber das war ein Übergriff auf den Bereich der Gasthäuser. Clubs trafen sich in diesen Gasthäusern (*taverns*) und *auberges*, nicht im Kaffeehaus, und im Mittelpunkt stand zunächst ein gemeinsames Essen. In London gab es mehr Clubs als in Paris, aber in beiden Städten hatten zunächst nur wenige Clubs ein eigenes Gebäude.[68]

Wie sich die Geselligkeit des Clubs von der des Kaffeehauses unterschied, führt uns eine Begebenheit in Boswells Biographie *Dr. Samuel Johnson. Leben und Meinungen* plastisch vor Augen. Sir Josuah Reynolds erwähnte gegenüber den Mitgliedern des »Türkenkopf«-Clubs, daß der Schauspieler Garrick gesagt hatte: »Der Club gefällt mir, ich glaube, da werde ich auch mitmachen.« Worauf Johnson entgegnete: »Ach, er wird auch mitmachen! Woher weiß er denn, ob wir ihn überhaupt mitmachen lassen?« Garrick verhielt sich zu dem Club gewissermaßen wie zu einem Kaffeehaus alten Stils, während Johnson diese Offenheit für jedermann verneinte.[69]

Um die Mitte des 18. Jahrhunderts repräsentierten die Clubs die Überzeugung, Gespräche seien dann am angenehmsten, wenn man die Teilnehmer ausgewählt und alle, die einem nicht zusagten oder die fremd waren, ausgeschlossen hatte. Insofern waren die Clubs privat. Privatheit bedeutete, Einfluß darauf nehmen zu können, mit wem man spricht.[70]

Für die Sprache als Zeichen, das Distanz zu den besonderen Verhältnissen des Sprechers wahrte, stellte das Clubgespräch eine Herausforderung dar. Das erste, was man wissen wollte, war nicht mehr, worüber gesprochen wurde, sondern, wer gerade sprach. Dadurch wurde der freie Informationsfluß gestört; das Zusammensein mit Freunden im Club machte es sehr viel schwieriger, sich, wie in der Zeit der Kaffeehäuser, über die Geschehnisse in der Außenwelt auf dem laufenden zu halten.

Diese Einschränkung erklärt, warum es die Clubs trotz aller Exklusivität um die Mitte des 18. Jahrhunderts noch so schwer hatten. In dieser Zeit intensiver Geselligkeit rief die Beschränktheit des Clubs bald Langeweile hervor. Oliver Goldsmith machte das deutlich, als er sich 1773 gegenüber den anderen Mitgliedern des »Türkenkopf«-Clubs für eine Erweiterung der Mitgliederzahl auf zwanzig aussprach: »Es wäre eine angenehme Abwechslung, denn zwischen uns kann es nichts Neues geben; wir haben unsere Geister gegenseitig ganz erkundet.«[71]

Eine allgemeine Bedrohung der Sprachformen des Kaffeehauses und des Theatercafés erwuchs merkwürdigerweise gerade daraus, daß die Menschen Vergnügen daran fanden, sich in einem Milieu von Fremden zu sehen und dort gesehen zu werden. Mitte des 18. Jahrhunderts gewann der Spaziergang durch die Straßen als gesellschaftliche Aktivität eine Wichtigkeit, die er in Paris und London vorher nie besessen hatte. Die Neigung zum Promenieren wurde damals mit dem »Einbruch« des italienischen Geschmacks in Zusammenhang gebracht, und in gewisser Weise trifft das zu. Die italienischen Städtebauer der Barockzeit, vor allem Sixtus V. in Rom, hatten dem Vergnügen, in der Stadt zu lustwandeln, sich zwischen den Denkmälern, Kirchen und Plätzen hin und her zu bewegen, große Bedeutung beigemessen. Hundert Jahre später, in London und Paris, wurde aus der Besichtigung der monumentalen Stadt die Besichtigung der Leute. Auf der Straße zu anderen eine Beziehung herzustellen war jedoch nicht leicht. London und Paris zeichneten sich noch immer weitgehend durch ein Gewirr enger, überaus schmutziger Straßen aus, während sich die Situation in Rom im Laufe des 17. Jahrhunderts verbessert hatte. Bürgersteige waren selten und gewöhnlich aus locker befestigten Holzbohlen hergestellt, die nur ein paar Jahre hielten. Selbst am hellichten Tage war man auch in den vornehmsten Vierteln der Stadt vor Gewaltverbrechen nicht sicher; die städtische Polizei steckte noch in den allerersten Anfängen.

Die Stadt brauchte eine neue Einrichtung: den öffentlichen Park, der die Ausfahrt in der Kutsche und den Spaziergang leicht machen sollte. In den dreißiger Jahren des 18. Jahrhunderts begann man mit großem Eifer, neue Parks anzulegen und ältere, unbebaute Flächen in Parks und Promenaden umzuwandeln.

Um die Jahrhundertmitte wurde der Spaziergang oder der Ausritt in den Park – vor allem in den St. James-Park – für viele Londoner zu einer alltäglichen Erfahrung.

»Ausländische Besucher erblickten in den Londoner Parks etwas von dem ›eigentümlichen Genius‹ des englischen Volkes: seine Leidenschaft für die Promenade, die Vermischung der Klassen, die man merkwürdigerweise tolerierte.«

Der Gang in den Park wurde nun auf seine Weise zum Mittel, jene Geselligkeit zwischen den Klassen zu bewahren, die einst das Kaffeehaus geboten hatte. Die Sprachformen jedoch hatten sich unterdessen gewandelt.[72]

Es existiert ein interessanter Brief von Leopold Mozart, worin er einen solchen Spaziergang mit seiner Familie im St. James-Park beschreibt:

»[...] der König kam mit der Königin gefahren: und obwohl wir alle andere Kleider anhatten, so erkannten sie uns doch, grüsten uns nicht nur, sondern der König öffnete das fenster und neigte das Haupt heraus und grüste lachend mit Haupt und Händen im Vorbeyfahren uns, und besonders unsern Master Wolfgang.«

Das Eigentümliche dieser unverhofften Begegnung besteht darin, daß sie nur einen Moment lang dauert: der König wendet sich mit einer knappen Geste dem kleinen Violinisten und seinem genialen Sohn zu; aber man läßt sich nicht für Stunden nieder, um über heißem Kaffee miteinander zu schwatzen. (Gewiß, ein König hätte das auch um 1700 nicht getan, ein Graf z. B. aber sehr wohl.) Die Spaziergänge im St. James-Park führten zu spontanen Begegnungen, wie die Gespräche im Kaffeehaus spontan zustande gekommen waren – nur war die Spontaneität jetzt Sache eines flüchtigen Augenblicks.[73]

Die Pariser benutzten die Tuilerien wie die Engländer ihren St. James-Park, allerdings mit zwei Einschränkungen. Da die Gärten nahe der geschäftigen, von Schiffen wimmelnden Seine lagen, stellte sich der bukolische Reiz des St. James-Parks hier nicht ein, denn häufig passierten Lastkarren den Park; und zudem waren die Tuilerien recht oft Schauplatz von Verbrechen. Für beide Parks aber gilt, daß hier erstmals die Idee des Schweigens in der Öffentlichkeit Gestalt annahm. Man setzte sich nicht zu stundenlangem Geplauder hin; man absolvierte seinen Spaziergang und konnte an allem und jedermann vorübergehen.[74]

In London und Paris konnten Fremde, die einander im Park oder auf der Straße begegneten, ohne Schwierigkeiten miteinander reden. In den Jahren um 1740 gehörte es für die Männer aller Gesellschaftsklassen durchaus zum guten Ton, in einer pantomimenhaften Geste an den Hut zu tippen, wenn sie dem Wunsch Ausdruck geben wollten, mit einer ihnen unbekannten Frau zu sprechen. Wenn sie mochte, konnte sie darauf eingehen, doch keinesfalls gaben solche Unterhaltungen dem Mann das Recht, die Frau oder ihre Familie daheim aufzusuchen. Das gleiche galt für die Unterhaltungen zwischen einander fremden Männern. Was sich auf der Straße zutrug, spielte sich in einer anderen Dimension ab als das häusliche Leben. Dagegen verlieh einem zur Zeit der Mme. de Sévigné der bloße Umstand, einer Person vorgestellt worden zu sein, das Recht, zumindest den Versuch zu machen, sie in ihrem Haus zu besuchen. Auch wenn man dort dann zurückgewiesen wurde, galt ein solcher Versuch nicht als Verstoß gegen die guten Sitten. Derartige Umgangsformen wurden im 18. Jahrhundert natürlich vor allem vom Mittelstand und der Oberklasse gepflegt, aber man hat Grund zu der Annahme, daß die Dienstbotenschaft sie nachahmte.

Wir begreifen nun genauer, welche eigentümliche Bedeutung die Spontaneität der Rede im Theater des 18. Jahrhunderts besessen hat. Innerhalb des Theaters konnte sich das Publikum in einer umfassenden Weise expressiv verhalten, wie es ihm außerhalb nicht mehr möglich war. Draußen mochte man die eigenen Gefühlsregungen mit ähnlicher Intensität vielleicht den Freunden im »Türkenkopf«-Club oder auch den Fremden im Café de la Comédie offenbaren, aber gewiß nicht irgendwelchen Spaziergängern im St. James-Park.

Ein Literaturhistoriker könnte hier vielleicht einwenden: »Sie reden über die Sprache als konventionelles Zeichen an diesen Theatern. Sie reden über die Spontaneität eines starken Konventionen unterworfenen Publikums; aber sehen Sie denn nicht, daß es zum Wesen aller Kunst gehört, dem Publikum Empfindungen zu vermitteln, denen es im Alltag so nicht begegnet? Sie beschreiben hier das Theater allgemein, nicht das Theater zweier bestimmter Städte um 1750.« Und man könnte auch ganz schlicht sagen: Es ist immer so – wenn Leute auf der Grundlage von Konventionen miteinander umgehen, dann tun sie dies mit Hilfe von Zeichen und nicht von Symbolen.

Dieser Einwand belegt, wie problematisch es ist, die Beziehung zwischen Sprache und Glaubhaftigkeit unhistorisch zu erörtern. Es ist nicht immer so, daß die Menschen lauthals verkünden, ob sie an ein Zeichen glauben oder nicht. Es liegen Welten zwischen dem Verhalten des Publikums in der Comédie Française des 18. Jahrhunderts und dem Verhalten eines modernen Theaterpublikums, das stumm dasitzt, während es mit Kunst konfrontiert wird. Ähnliches gilt für die Regeln des Straßengesprächs oder für Kleidung und Aufmachung. Die Art, wie man mit einem Zeichen umgeht – ob laut oder schweigend –, bestimmt darüber, was ein Zeichen ist. Das Publikum, das eine »Pointe« erzwingt, lebt eine andere Zeichensprache als das Publikum, das erst am Ende des Stückes oder am Schluß einer Rede applaudiert.

Leidenschaftlich ist das Unpersönliche

»Öffentliches« Verhalten ist durch zweierlei bestimmt. Es ist erstens ein Handeln, das einen gewissen Abstand von der Person des Handelnden, seiner Biographie, seinen Lebensverhältnissen und Bedürfnissen wahrt. Und zweitens gehört zu diesem Handeln die Erfahrung der Vielfalt. Diese Definition ist zeitlich und räumlich unbeschränkt, denn sie läßt sich im Prinzip auch auf einen Stamm von Jägern und Sammlern oder auf eine indische Stadt im Mittelalter anwenden. Aber historisch betrachtet hat sich die moderne Bedeutung von »öffentlich« zur gleichen Zeit herauskristallisiert, als auch die hier analysierten Glaubhaftigkeitskodes – der Körper als Kleiderpuppe, die Sprache als Zeichen – Gestalt annahmen. Dies war kein Zufall, denn beide Glaubhaftigkeitskodes erwiesen sich in dieser Öffentlichkeit als funktionsfähig.

Der Körper als Kleiderpuppe entsprach einer bewußt auf die Öffentlichkeit abgestimmten Mode. Kleidungsstücke, die den Körper sichtbar werden ließen, die sich ihm anpaßten und seinen Bedürfnissen entgegenkamen, galten nur zu Haus als angemessen. Dem Kriterium der Vielfalt entsprach der Körper als Kleiderpuppe in zweifacher Hinsicht: Dieses Modeprinzip beherrschte ohne wesentliche Variationen Straße und Bühne gleichermaßen, und auf der Straße selbst waren die Kennzeichnung durch Kleidung und der spielerische Umgang mit ihr ein Mittel, um Ordnung in die Vielfalt der Straße zu bringen.

Sprache als Zeichen entsprach ebenfalls den Kriterien von Öffentlichkeit. Sie stellte ein Handeln dar, das unabhängig von der Person des Handelnden war –

auf der Straße sprach man in allgemeinen Worten über Allgemeinheiten, und im Theater erregte man sich nicht gemäß persönlicher Laune oder privater Befindlichkeit, sondern nur an den passenden, von Konventionen vorgezeichneten Stellen. Und Sprache erfüllte genau wie die Kleidung das Kriterium der Vielfalt in zweifacher Weise: Sie schuf eine Verbindung zwischen Bühne und Straße, und sie schuf zugleich eine Verbindung zwischen den vielgestaltigen Fremden auf der Straße.

Beide Prinzipien, Glauben zu wecken, dienten demselben Zweck, obschon mit entgegengesetzten Mitteln. Das visuelle Prinzip führte zur willkürlichen Kennzeichnung des Körpers nach dem Rang der jeweiligen Person; das verbale Prinzip dagegen führte zur willkürlichen Aufhebung solcher Rangunterschiede. Beiden Prinzipien war jedoch die Zurückweisung des Symbols gemeinsam – der Vorstellung, daß hinter der Konvention eine innere, verborgene Wirklichkeit liege, auf die die Konvention nur verweist und der die »eigentliche« Bedeutung zukommt. Im visuellen wie im verbalen Prinzip zeigt sich also sehr deutlich ein Grundzug des »öffentlichen« Ausdrucks: er ist anti-symbolisch.

Wäre die öffentliche Sphäre nichts anderes als eine psychologische Welt, so könnten wir unsere Analyse hier abschließen. Denn die verbalen und visuellen Prinzipien, die wir bisher untersucht haben, sind genau jene Mittel, mit denen sich die Menschen in der Öffentlichkeit als psychologischer Welt bewegen können. Aber zur Öffentlichkeit gehört auch eine ganz bestimmte Geographie; Öffentlichkeit steht in einer Beziehung zu einem anderen Bereich, zur Privatsphäre. Öffentlichkeit ist Teil eines umfassenderen Gleichgewichts innerhalb der Gesellschaft. Und zudem erstreckt sich ihre Bedeutung auf das Feld des politischen Verhaltens, auf das Gebiet der Bürgerrechte, der Organisation der Familie und der Grenzen des Staates – Thematiken, die mit der Untersuchung der Öffentlichkeit als eines psychologischen Raums noch nicht erfaßt sind. Daher wollen wir uns jetzt der umfassenderen Geographie zuwenden, der Grenzlinie zwischen Öffentlichkeit und Privatsphäre, um die sich die Gesellschaft des 18. Jahrhunderts organisierte.

Kapitel 5
Öffentlich und Privat

Für den modernen Betrachter hat es heute den Anschein, als könne man von den materiellen Grundlagen des öffentlichen Lebens und seinen emotionalen Ausdrucksmitteln auf bestimmte Eigentümlichkeiten des Gegenstücks von Öffentlichkeit, nämlich der Privatsphäre, schließen. Hier, im Kreis der Familie und Freunde, so sollte man erwarten, waren die Menschen stärker darauf bedacht, ihren Besonderheiten, ihrer Individualität Ausdruck zu verleihen. Es wäre jedoch ein Irrtum, dies anzunehmen, und hieße, in das 18. Jahrhundert eine Vorstellung von Privatheit hineinzudeuten, die erst im 19. Jahrhundert Gestalt gewonnen hat. In der Zeit davor galt der dem Selbst nächste Bereich nicht als Feld, auf dem sich die »unverwechselbare Persönlichkeit« Ausdruck verschaffte. Das Private und das Individuelle hatten noch nicht zueinander gefunden. Die Eigenheiten individuellen Empfindens hatten damals noch keine gesellschaftliche Signatur, weil der dem Selbst nächste Bereich durch natürliche, und das heißt auch: universale, menschliche »Sympathien« geordnet war. Die Gesellschaft bildete ein Molekül; sie war *zusammengesetzt*, zum einen aus Ausdrucksformen, die ganz bewußt eine Distanz zu den persönlichen Verhältnissen, zum Familien- und Freundeskreis erzeugten, zum anderen aus Formen des Selbst-Ausdrucks, die im heutigen Sinne des Wortes ebenfalls »unpersönlich« genannt werden müssen. Es ist wichtig, diese zunächst fremd anmutende Vorstellung von einem natürlichen Bereich des Selbst zu begreifen, denn aus ihm sind auch unsere heutigen Auffassungen der Menschenrechte hervorgegangen.

Die moderne Menschenrechtsvorstellung rührt aus einer Entgegensetzung von Natur und Kultur. Unabhängig davon, wie die Sitten und Gebräuche einer bestimmten Gesellschaft beschaffen sind, unabhängig davon, welchen hohen oder niederen Rang der einzelne innerhalb dieser Gesellschaft einnimmt, verfügt jeder über bestimmte Grundrechte. Worin bestehen sie? Wir verfügen über zwei formelhafte Aufzählungen dieser Rechte, die beide aus dem 18. Jahrhundert stammen: Leben, Freiheit und das Streben nach Glück; Freiheit, Gleichheit, Brüderlichkeit. Dabei wird man sich über Leben, Freiheit oder Gleichheit leichter verständigen können als über das Streben nach Glück oder die Brüderlichkeit. Diese letzteren Kategorien scheinen weniger grundsätzlich zu sein, wirken eher wie ein Resultat, eine Art von Gewinn aus den ersteren. Wir messen ihnen nicht das gleiche Gewicht zu, weil uns die im 18. Jahrhundert entwickelte Annahme nicht mehr gegenwärtig ist, auf der sie fußen. Diese Annahme lautet, daß die Psyche eine natürliche Würde besitzt;

die Integrität psychischer Bedürfnisse resultierte ebenfalls aus einer Entgegensetzung von Natur und Kultur.
Wenn die Empfindungen eines Menschen verletzt werden, wenn er verächtlich gemacht oder beschämt wird, so ist das ein Eingriff in seine natürlichen Rechte genauso, als würde man ihm seine Habe wegnehmen oder ihn willkürlich ins Gefängnis werfen. Eine Person, der eine solche Verletzung widerfahren ist, ist daher berechtigt, die Wunde durch Veränderung der gesellschaftlichen Verhältnisse, die sie verursacht haben, zu heilen. Das »Streben nach Glück« oder die »Brüderlichkeit« formulieren diese psychische Integrität. Es ist der Mensch als Naturwesen, der über diese psychischen Rechte verfügt, nicht das Individuum. Jeder Mensch konnte Brüderlichkeit oder Glückseligkeit gerade deshalb fordern, weil das Natürliche als unpersönlich und nicht-individuell galt.
Die Vorstellung, daß die Menschen ein Recht auf Glück haben, ist eine moderne, abendländische Idee. In armen, hierarchisch streng gegliederten oder deutlich religiös orientierten Gesellschaften ist die Befriedigung psychischer Bedürfnisse als Selbstzweck praktisch bedeutungslos. Dieser merkwürdige Anspruch der Natur an die Kultur bildete sich im 18. Jahrhundert heraus, vor allem in England, Frankreich, Norditalien und im Nordosten Amerikas. Er trat nicht mit einem Schlag ans Licht. Zunächst bemühten sich unsere Vorfahren um Bilder und Erfahrungen, die diesen Gegensatz ausdrücken und damit dem Streben nach Glück eine konkrete, gesellschaftliche Kontur verleihen konnten. Eine Möglichkeit, ihm Ausdruck zu geben, bestand in der Unterscheidung zwischen »öffentlich« und »privat«. Die Geographie der Stadt lieferte ihren Bürgern einen Anhaltspunkt, um den Gegensatz von Natur und Kultur zu veranschaulichen, indem sie nämlich das Natürliche mit dem Privaten und die Kultur mit dem Öffentlichen gleichsetzten. Indem sie bestimmte Vorgänge des Seelenlebens als einer öffentlichkeitsorientierten Sprache unzugänglich, als transzendentale, quasi-religiöse Phänomene deuteten, die niemals durch die Vereinbarungen der Konvention verletzt oder zerstört werden konnten, bahnten sie einen, wenn auch nicht den einzigen Weg, auf dem die Naturrechte die Ansprüche jeder besonderen Gesellschaft zu transzendieren vermochten.
Je nachdrücklicher der Gegensatz von Natur und Kultur auf der Folie des Kontrasts zwischen Privatsphäre und Öffentlichkeit begriffen wurde, desto mehr erschien die Familie als Naturphänomen. Sie war »Hort der Natur«, keine Institution wie die Straße oder das Theater. Dahinter stand die folgende Vorstellung: Wenn das Natürliche und das Private zusammenfielen, dann war Familienleben zugleich Naturerleben. Nur ein Genie mochte die Natur als System begreifen können, aber jedermann konnte die Natur als transzendentales Phänomen erörtern, denn schon wenn man über die Gefühlsbeziehungen innerhalb der Familie sprach, handelte man ja über Fragen der Natur.
Aus diesem Grund wurden die psychischen Prozesse innerhalb der Familie aus einem Blickwinkel gedeutet, den wir heute als unpersönlich oder abstrakt bezeichnen würden. Die Psychologie des 18. Jahrhunderts verdrängte die

Lehre der Antike und der Renaissance von den »humores«, den Körpersäften, der zufolge der Charakter eines Menschen durch das Vorherrschen eines von vier, in manchen Versionen auch eines von sieben Körpersäften bestimmt war, die sich ihrerseits jeweils einem Organ zuordnen ließen. Der neueren Vorstellung lag die Konzeption natürlicher »Sympathien« zugrunde, die durch die funktionale Einheit der menschlichen Gattung und nicht durch funktionale oder dysfunktionale Körperprozesse bestimmt waren. Als Wissenschaft gründete die Psychologie jetzt auf der Naturtaxonomie, d. h. der Klassifikation des Verhaltens verschiedener Arten, und nicht mehr auf der Physiologie. Jene Sympathien wurden von allen Menschen geteilt; sie manifestierten sich vor allem im »Hort der Natur«, in der Familie. Das Wort »Sympathie« zeigt die zugrunde liegende Vorstellung an: Allen Menschen gemeinsam ist ein natürliches Mitgefühl, ein natürliches Empfinden für die Bedürfnisse anderer, unabhängig von deren Stellung in der Gesellschaft. Daß die Menschen Naturrechte besitzen, ist eine logische Folgerung aus dieser Bestimmung von menschlicher Natur.

Wollen wir diese private und zugleich natürliche Welt genauer untersuchen, so müssen wir zwei Vorbehalte machen. Der erste betrifft die Naturauffassung der Aufklärung. Zwar erblickten die Menschen in der Natur etwas Göttliches, ein transzendentales Phänomen, das etwa in der familialen Liebe sich konkretisierte, aber sie vergötterten die Natur deshalb doch nicht als einen Zustand der Vollkommenheit. Der interessanten Formulierung von Frank Manuel zufolge unterhielt die Aufklärung eine »ehrerbietige, aber keineswegs unterwürfige« Beziehung zu ihren Göttern; anders als im mittelalterlichen Aberglauben bot die Natur den Menschen Grund zur Hoffnung, nicht Anlaß, an den eigenen Kräften zu verzweifeln. Als Gegensatz zwischen Privatheit/Natur und Öffentlichkeit/Kultur formuliert, führte diese Haltung nicht zu einer absoluten Konfrontation, sondern zu einem Gleichgewicht beider Sphären. Der private Bereich zog dem öffentlichen eine Grenze darin, wie weit dieser durch konventionelle, willkürliche Ausdruckskodes das Verhältnis eines Menschen zur Wirklichkeit bestimmen konnte; jenseits dieser Grenze besaß der einzelne sein eigenes Leben, eigene Ausdrucksformen und eine Reihe von Rechten, die keine Konvention willkürlich außer Kraft setzen konnte. Aber der öffentliche Bereich seinerseits bildete auch ein Korrektiv für die Privatsphäre; der Mensch als Naturwesen war ein Tier; die Öffentlichkeit korrigierte also einen Mangel der Natur, den ein allein nach den Gesetzen der familialen Liebe geführtes Leben hervorgerufen hätte. Dieser Mangel bestand in der Unzivilisiertheit. Wenn der Fehler der Kultur in ihrer Ungerechtigkeit lag, dann lag der der Natur in ihrer Wildheit.

Aus diesem Grund muß man beide Bereiche als ein Molekül betrachten; sie schufen konkurrierende, an unterschiedlichen gesellschaftlichen Schauplätzen angesiedelte Ausdrucksformen, die wie Korrektive aufeinander wirkten.

Der zweite Vorbehalt betrifft die Sprache, in der wir diese Vorgänge zu erfassen versuchen. Genauso wie der öffentliche nahm auch der private Bereich erst nach und nach Gestalt an. Nur schrittweise begriff man die Familie als etwas Eigenständiges. Die Entdeckung der familialen Sphäre als eines von der Straße abgesonderten gesellschaftlichen Schauplatzes hing ihrerseits von einer anderen, nur langsam vonstatten gehenden Entdeckung ab: der Entdeckung eines besonderen, natürlichen Lebensalters, nämlich der Kindheit. Wir sprechen von Öffentlichkeit und Privatsphäre wie von etwas Feststehendem, weil man sich auf diese Weise besser verständigen kann. In Wirklichkeit freilich handelt es sich um komplexe, in dauernder Wandlung begriffene Phänomene.

Die Grenzen des öffentlichen Ausdrucks

Wir haben bereits gesehen, wie der visuelle und der verbale Ausdruck in der Öffentlichkeit beschränkt wurden. Die Kleidung im Haus paßte sich den Bedürfnissen des Körpers und der Bequemlichkeit an; die Kleidung für den öffentlichen Raum dagegen war ohne Rücksicht auf diese Bedürfnisse geschaffen. Die Sprache im Haus und in der Öffentlichkeit war zwar im wesentlichen die gleiche, aber im privaten Bereich ließ sich kontrollieren, mit wem man sprach. Die Mitglieder privater Clubs verstanden ihre Gesellschaft als »verwandt mit der Gemeinschaft der Familie«.
Als man in der Familie immer mehr eine natürliche Gruppierung sah, die eine ganz bestimmte Klasse von Lebewesen – die Kinder – beherbergte, wurden dem öffentlichen Ausdruck noch weitergehende Beschränkungen auferlegt. Die Erkenntnis, daß die Menschen die Kindheit erst vor zweihundert Jahren entdeckt haben, verdanken wir Philippe Ariès und seinem Buch *Geschichte der Kindheit*, das einen völlig neuen Forschungsbereich absteckte – die Analyse der Familie als historischer statt als fester, quasi-biologischer Formation. Ariès entdeckte – und seine Erkenntnisse sind inzwischen von David Hunt und John Demos ausgeweitet und vertieft worden –, daß die Erwachsenen um die Mitte des 18. Jahrhunderts sich als von den eigenen Kindern fundamental unterschieden zu begreifen begannen. Das Kind galt nicht länger als kleiner Erwachsener. Kindheit wurde als eigenständiges, besonders verletzliches Lebensalter erkannt. Das Erwachsenenalter begriff man als Gegenteil von Kindheit. Die Zeugnisse, auf die sich Ariès stützt, stammen zumeist aus Dokumenten städtischer Familien, die dem Bürgertum oder den oberen Gesellschaftsklassen angehörten. Das hat einen besonderen Grund: Die Formulierung von Lebensaltern diente diesen Menschen auch dazu, die Grenzen des öffentlichen Lebens festzulegen. Die erwachsenen Bewohner der großen Städte begannen nämlich, das öffentliche Leben in seiner ganzen Komplexität und mit all seinen Posen und vor allem die alltägliche Begegnung

mit Fremden als etwas zu betrachten, das nur Erwachsene verkraften und genießen konnten.
Die Begrenzung des öffentlichen Lebens auf Erwachsene hat einen interessanten Ursprung; sie rührt zum Teil aus der allmählich vollzogenen Differenzierung zwischen Kinder- und Erwachsenenspielen.
Noch im späten 17. Jahrhundert gab es kaum eine Grenze zwischen Spielen, an denen Kinder, und Spielen, an denen Erwachsene ihren Spaß hatten, das heißt, es gab kaum Kindervergnügungen, für die sich nicht auch die Erwachsenen begeistert hätten. Puppen in aufwendigen Kleidern interessierten alle Altersstufen, ebenso Spielzeugsoldaten. Der Grund hierfür ist, daß es damals noch nicht die scharfe Scheidung der verschiedenen Lebensalter gab. Da der junge Mensch schon in sehr frühem Alter zum heranreifenden Erwachsenen wurde, hatten seine Vergnügungen nichts Eigentümliches an sich. Als Ende des 17. Jahrhunderts und Anfang des 18. Jahrhunderts die Grenze zwischen Kindheit und Erwachsenenalter deutlicher gezogen wurde, wurden bestimmte Arten von Spielen für die Kinder reserviert, andere wurden ihnen verboten. Mitte des 18. Jahrhunderts wurde es Kindern z. B. untersagt, sich an Glücksspielen zu beteiligen. Die Behörden waren der Ansicht, sie schickten sich nur für Erwachsene, die eine Vorstellung von der Allgegenwart des Bösen in der Welt besaßen. 1752 wurde den Lehrern des Federball- und des Billardspiels in ganz Frankreich verboten, den Kindern während des Unterrichts das Spielen zu gestatten, weil dabei häufig um Geld gespielt wurde. Kinder waren, so dachte man, zu naiv, um damit zurechtzukommen.[75]
Während des 17. Jahrhunderts und der beiden voraufgegangenen Jahrhunderte hatten sich Kinder wie Erwachsene an gemeinsamem Singen und Musizieren beteiligt. Aber zu Beginn des 18. Jahrhunderts kamen den Erwachsenen dieses Treiben und das laute Vorlesen in Gruppen immer weniger passend, ja, kindisch vor; andererseits begannen sie, sich für Märchen – in gedruckter Form – zu interessieren, die man still lesen konnte. Diese gedruckten Märchen wiederum galten als ungeeignet für Kinder. Sprechen bedeutete für den Erwachsenen, seine eigenen Worte zu gebrauchen, und zwar in der Öffentlichkeit.[76]
Es hing zum Teil mit diesem Vorstellungswandel in bezug auf das Spielen zusammen, daß man das Leben in der kosmopolitischen Stadt als Domäne der Erwachsenen verstand. Das Kind war nicht in der Lage, seine gesellschaftliche Stellung genau zu signalisieren oder, wenn es von Stand war, mit seinem Äußeren spielerisch umzugehen. Die standesgemäße und aristokratische Kleidung von Kindern, wie man sie auf Gemälden des 17. Jahrhunderts, in Spanien auch noch im 18. Jahrhundert, findet, galt um 1750 in London und Paris als absurd. Die Kleidung sollte auf die Kinder zugeschnitten sein, sollte sie als eigene Klasse von der Klasse der Erwachsenen absetzen.
Ähnlich war es mit dem Theater. Wenn Kinder in früherer Zeit ihre Eltern dorthin begleiten durften, so erwartete man von ihnen, daß sie still und

unauffällig blieben. Es gibt keine vergleichenden Untersuchungen über das Kind als Teil des Theaterpublikums des späten 17. Jahrhunderts, aber wir wissen, daß auch Kinder die Aufführungen von Congreve oder Wycherley besuchten und als normale Zuschauer angesehen wurden – was einigermaßen erstaunlich ist, wenn man bedenkt, welchen Stücken sie da beiwohnten.
Cafés, Clubs und Wirtshäuser galten ebenfalls als Orte der Erwachsenen, auch wenn Kinder sicher nicht gänzlich ausgeschlossen waren, vor allem nicht bei den Wirtshäusern oder *auberges*, die als Poststationen dienten. Gelegentliche Hinweise bei Addison und Steele lassen darauf schließen, daß man Kindern, die sich in Kaffeehausgespräche einmischten, mit Humor und Wohlwollen begegnete. Der Club war aus sich heraus nicht geeignet, Kinder aufzunehmen. Um die Mitte des 18. Jahrhunderts galten die Pariser Kneipen als gefährlich für Kinder, weil ihnen eine Flasche Branntwein oder Port in die Hände fallen konnte – nicht ihre Moral also, sondern ihre Gesundheit sah man gefährdet.
So setzte das zunehmende Bewußtsein von Kindheit als einer besonderen Lebensstufe dem öffentlichen Ausdruck bestimmte Schranken. Der öffentliche Bereich, so könnte man formulieren, war dem Spiel der Erwachsenen vorbehalten; außerhalb der Öffentlichkeit vermochte der Erwachsene nicht zu spielen. Um 1750 hätte es einen Vater in Verlegenheit gebracht, die Puppen seines Sohnes anzuziehen, obwohl er genau das gleiche Spiel spielte, wenn er sich selbst zum Ausgehen ankleidete.
Wenn das Kind nicht in die Öffentlichkeit gehörte, inwiefern gehörte es dann in die Familie? Worin bestand die spezifische Leistung der Familie für das Kind, die das öffentliche Leben nicht erbringen konnte? Indem sie Antworten auf diese Fragen suchten, fingen die Menschen an, die Familie als den »Hort der Natur« zu definieren und neue Ausdrucksformen zu entwickeln.

Natürlicher Ausdruck liegt außerhalb der öffentlichen Sphäre

Um zu verstehen, wie die Entdeckung der Kindheit voranschritt und sich parallel dazu die Überzeugung durchsetzte, daß die Familie der Ort des natürlichen Ausdrucks sei, müssen wir bei den Widerständen ansetzen, auf die dieser Prozeß damals stieß. Wenn man bei Turgot liest, daß »man sich seiner Kinder schäme«, oder bei Vandermonde (in seinem *Essay on the Means of Perfecting the Human Species*), daß »man erröte bei dem Gedanken, die eigenen Kinder zu lieben«, dann gewinnt man den Eindruck, daß der Familiensinn, falls überhaupt, nur schwach ausgeprägt war. Gibbon erzählt, wie er wegen der Achtlosigkeit seiner Eltern nur durch einen Zufall vor dem Tod gerettet wurde (und zwar durch seine Amme); Talleyrand hat niemals im selben Haus wie seine Eltern geschlafen. Je höher man die soziale Stufenleiter hinaufsteigt, desto häufiger begegnet man der Ansicht, es sei ein Zeichen von Vulgarität, wenn eine Mutter ihr Kind selbst versorgt und ihm ihre Liebe schenkt. In London und Paris kamen die Kinder des höheren und mittleren Bürgertums häufig direkt von der Amme in die »Erziehungsanstalt«, die sich um die Sieben- bis Zwölfjährigen »bemühte«, worunter man zumeist fortwährende körperliche Züchtigung verstand. Die führenden Kinderärzte um die Mitte des 18. Jahrhunderts, James Nelson und George Armstrong, hielten ihren Lesern und Leserinnen immer wieder die »unnatürliche Vernachlässigung und Mißachtung« ihrer Nachkommen vor. Kein Zweifel auch, daß sich Swifts Zeitgenossen in dessen *Bescheidenem Vorschlag, wie man verhindern kann, daß die Kinder der Armen ihren Eltern oder dem Lande zur Last fallen* zu ihrem Schrecken in mehr als einer Hinsicht wiedererkannten.[77]

Doch das Wichtigste an all diesen Debatten über das inhumane Verhalten gegenüber Kindern war die Tatsache, daß sie überhaupt geführt wurden. Die Vernachlässigung der Kinder war im abendländischen Europa seit Jahrhunderten gang und gäbe; im 18. Jahrhundert jedoch begann sie so viele Menschen zu beunruhigen, daß man darüber zu debattieren anfing. Die Unzufriedenheit mit der Bürde, die die Kinder darstellten, genauso wie die Sorge der Reformer angesichts des Verhaltens derer, die die Kinder als lästig empfanden – beides rührte von der zunehmend sich ausbreitenden Vorstellung her, daß die Kindheit ein eigenständiges Lebensalter sei. Die Menschen bemerkten, daß sie selbst eine besondere, *abhängige* Klasse von Lebewesen erzeugten. Und die Wahrnehmung dieser Abhängigkeit war für sie ebenso neu wie die Angst, das Mitgefühl oder die Verunsicherung, mit denen sie darauf reagierten.

Die Idee des »Naturzustandes« reicht in der politischen Philosophie bis ins Mittelalter zurück. Das wachsende Bewußtsein von der Verletzlichkeit des Kindes führte im frühen 18. Jahrhundert zu einer konkreteren, erfahrungshaltigen Vorstellung davon, wie dieser Naturzustand beschaffen war. Er blieb nicht länger ein Gedankengebilde, sondern war plötzlich Bestandteil jedes Menschenlebens.

Die Wahrnehmung der kindlichen Abhängigkeit weckte den Sinn für die Notwendigkeit eines rechtlichen Schutzes der Kinder, der dann in den fünfziger und sechziger Jahren des 18. Jahrhunderts in Frankreich wie in England durch die gesetzliche Regelung des Ammenwesens und die Abschaffung der schlimmsten Auswüchse in den Schulen verwirklicht wurde. Die Begründung für den Schutz des Kindes lautete: Wenn das Kind von Natur aus verletzlich ist, dann hat es ein natürliches Recht auf Versorgung und Wohlergehen, gleichgültig, in welche Verhältnisse es hineingeboren wird und ob seine Eltern ihm zugetan sind oder nicht. Auf diese Weise erlangte die Familienbeziehung größeres Gewicht. In dem Maße, wie man den verschiedenen Stadien der natürlichen Reifung mehr Gewicht beimaß, gewannen alle Familienmitglieder ihre spezifische Bedeutung, auch die Kinder. Eben dies stand vor zweihundert Jahren hinter dem »Recht auf Leben«; es bedeutete nicht nur ein Recht auf

Existenz, sondern auch das Recht, geachtet und geliebt zu werden. Der Umstand, daß ein Kind von Natur aus schwach und ganz anders war als die Erwachsenen, rechtfertigte nicht seine Vernachlässigung; seine natürliche Schwäche verlieh ihm vielmehr Rechte gegen eine Gesellschaft (angefangen bei den Eltern), die diese Schwäche ausnutzen und das Kind zu einem Wesen ohne Bedeutung degradieren konnte.
So nahm die Naturordnung in der Aufklärung eine moralische Qualität an. Aus der Natur folgte das Recht auf Versorgung. Für die Parteigänger des Kindes in der Debatte um das Recht auf Versorgung bedeutete Versorgung zweierlei: zum einen Nachsicht, um beim Kind die Anlage zur Freundlichkeit zu fördern. So heißt es bei Mary Wollstonecraft:

»Nur in den Jahren der Kindheit ist das Glück eines Menschen abhängig von anderen, und diese Jahre durch nutzlosen Zwang zu verbittern ist grausam. Um Liebe zu gewinnen, muß man selbst Liebe zeigen.«

Die zweite Bestimmung von Versorgung forderte die Beteiligung beider Eltern daran. So vertrat der Kinderarzt Nelson die Ansicht, Mütter sollten ihre Kinder selbst stillen, und Väter sollten ihre Autorität nicht auf Stellvertreter übertragen. Trotz aller Ambivalenz gegenüber der Elternrolle folgten um 1750 immer mehr Angehörige des Bürgertums dieser Forderung, und auch die Eltern aus dem höheren Bürgertum fühlten sich durch sie immer stärker herausgefordert – die aristokratische Erziehung allerdings stützte sich nach wie vor auf die gegenteiligen Prinzipien, nicht selbst zu stillen und durch Stellvertreter der Eltern eine strenge Disziplin ausüben zu lassen.[78]
Die spezifische Aufgabe, die die Familie erfüllen konnte, die Versorgung derer, die hilflos waren, erschien allmählich als natürliche Funktion der Familie schlechthin. Diese Versorgungsfunktion löste die Familie aus dem Geflecht der sie umgebenden Gesellschaft. So konnte Nelson ein Buch über die Funktionen der Familie schreiben, ohne sich auf Dinge wie Erstgeburtsrecht, Eheverträge oder Wittumsrechte einzulassen. In dem Maße, wie sich diese natürliche Funktion der Familie herauskristallisierte, schloß sich daran auch die Vorstellung, daß innerhalb der Familie natürliche Ausdrucksformen, natürliche »Sympathien« angesiedelt waren, die den Ausdrucksformen, die das Auftreten in der Öffentlichkeit glaubhaft machten, diametral entgegengesetzt waren.
Die Theorie der Sympathie ist von der Wissenschaft bislang kaum beachtet worden – wohl weil die Psychologen oft zu der Ansicht neigen, frühe oder »vorwissenschaftliche« psychologische Theorien seien, wenn überhaupt, einzig von historischem Interesse. Die verschiedenen Beschreibungen des natürlichen Charakters, die Diderot für die *Encyclopédie* sammelte oder die Beccarias Abhandlung *Über Verbrechen und Strafen* zugrunde lagen, zeichnen sich zumindest durch zwei Gemeinsamkeiten aus. Die natürlichen Sympathien umfassen »Neigungen«, die nicht völlig identisch sind mit den individuellen Bedürfnissen der diese Neigungen empfindenden Menschen; und sofern die

Neigungen der Menschen »maßvoll« sind, richten sich ihre Wünsche auf dieselben Dinge: Fruchtbarkeit, Versorgung der Hilflosen, Geselligkeit und dergleichen. Die maßvollen Neigungen gehören nach den Worten Youngmans »der Spezies und nicht dem Individuum mit all seinen Zufälligkeiten« an.[79]

Hierüber gelangte man zunächst zu der Auffassung, natürliches Handeln sei einfaches Handeln. Gewiß, die Ordnung der Natur war komplex, aber dem Individuum flößte sie eine Vorliebe für das Einfache, Unkomplizierte ein. Man denke an die Bevorzugung lockerer, schmuckloser Kleidung im Hause als Ausdruck natürlichen Empfindens. Der Glaube an die Einfachheit machte alles Konventionelle überflüssig; Kleidung und Sprache in der Öffentlichkeit legten die Bedeutung in die Geste, ins Zeichen an sich, während der sympathetische Ausdruck seine Bedeutung aus der Beziehung des Verhaltens zur beschränkten Klasse der Bedürfnisse, der natürlichen Neigungen eines Menschen zog.

Sodann gelangte man zu der Ansicht, daß die natürlichen Sympathien sich von einer zur anderen Person nicht unterschieden, denn alle Menschen ließen sich in ihrem Handeln von den gleichen Neigungen leiten. Das bedeutete praktisch, daß man von einer Person, die sich natürlich verhielt, erwartete, daß sie sich von den anderen nicht unterschied, daß sie sich nicht als etwas Besonderes und Einzigartiges darstellte. Das 18. Jahrhundert verfügte über einen treffenden Ausdruck, der die Einfachheit und das Nicht-Außergewöhnliche der natürlichen Bedürfnisse bezeichnete: Mäßigung (*modesty*).

Die Versorgungsfunktion der Familie hatte ihren Platz in diesem System natürlichen Ausdrucks. Wenn man die Beziehungen innerhalb der Familie als »einfach und roh« pries oder verurteilte, dann besagte das, daß die emotionalen Anforderungen im Familienkreise und insbesondere bei der Versorgung der Kinder weit unkomplizierter waren als die Anforderungen, die die Erwachsenen außerhalb der Familie aneinander stellten. Heute, in einer Zeit, da sich alle Welt fast zwanghaft mit Erziehungsproblemen beschäftigt, ist es schwierig zu begreifen, daß die Kinderaufzucht jemals unkomplizierter erschien als andere soziale Verwicklungen. Weil damals jedoch die psychischen Anforderungen an die Eltern als sehr begrenzt angesehen wurden, erschien die Familie als der Ort, an dem die natürliche Einfachheit der Erwachsenen Ausdruck finden konnte.

Hier eröffnete sich der Psyche und dem Ausdruck eine Dimension, die unabhängig von den besonderen Verhältnissen des Individuums Integrität und Würde besaß. Und aus der Integrität dieser natürlichen Psyche erwuchs eine Reihe von natürlichen Rechten. In seinem Buch über das Gefängnis vertrat Beccaria die Auffassung, der Gefangene besitze ein natürliches Recht auf »menschliche Behandlung«, da er, gleichgültig, wie abscheulich sein Verbrechen nach den Maßstäben der Gesellschaft sei, im Gefängnis von anderen so abhängig sei wie ein Kind und daher ein gewisses Maß an Mitgefühl verdiene;

er habe ein natürliches Recht auf Befriedigung seiner elementaren Bedürfnisse, da er zu absoluter Hilflosigkeit verurteilt sei. Eine milde Behandlung war also nicht Gunsterweis, sondern Pflicht seiner Bewacher. Überdies sollten sich die Kerkermeister klarmachen, daß der Gefangene kein Wesen von völlig anderer Art als sie selbst war, daß er vielmehr mit ihnen eine ganze Skala maßvoller Neigungen teilte; unabhängig von seinem individuellen Verbrechen in der Gesellschaft besaß er als Menschenwesen ein Element der Sittlichkeit. So lieferten die Anerkennung einer allen Menschen gemeinsamen Natur und die Theorie der naturwüchsigen Abhängigkeit das Fundament für bestimmte politische Rechte.

Sofern sie auf die Vorstellung von der Versorgung und der Einfalt natürlicher Neigungen zurückgingen, richteten sich diese Naturrechte ganz allgemein gegen die ungleiche Verteilung von Schmerz. An anderer Stelle habe ich zu zeigen versucht, wie sich die Idee der Menschenwürde im 18. Jahrhundert vom Begriff der Gleichheit ablöste. Die natürliche Würde setzte nur dem Gegenteil von Gleichheit, der Ungleichheit, Schranken, und zwar einer ganz spezifischen Ungleichheit. Die aus der gesellschaftlichen Stellung resultierenden Konventionen im frühneuzeitlichen Europa errichteten solche Barrieren zwischen den Menschen, daß sie kein Bewußtsein davon hatten, derselben Art anzugehören. Madame de Sévigné, gegenüber Angehörigen ihres Standes eine überaus einfühlsame Frau, besuchte zu ihrer Entspannung Hinrichtungen und fand den Todeskampf der Verbrecher »spaßig«. Die Vorstellung einer natürlichen Verpflichtung zur Sorge für die Schwachen und das Bewußtsein eines die ganze Menschheit umschließenden Bandes gemeinsamer Neigungen zogen dem Maß an Schmerz, das eine Klasse von Menschen tolerieren oder einer anderen Klasse auferlegen durfte, eine Naturgrenze.[80]

Wenn aber die Hierarchie als solche auf natürliche Grenzen stieß, dann waren die Rituale der Hierarchie bloße Konventionen, Übereinkünfte, die man verabredet hatte, und die entsprechenden Verhaltensweisen, wie die Hierarchie selbst, verloren die Gewalt ihrer Unabänderlichkeit. Von hier aus war der nächste Schritt, die Prinzipien des natürlichen Ausdrucks als etwas zu betrachten, das die Konvention überhaupt einschränkte. Und daraus ergab sich der Grundsatz, daß die natürliche Welt des Privaten gegenüber der kosmopolitischen Öffentlichkeit als Korrektiv wirksam werden konnte.

Diese Begrenzung des Öffentlichen durch das Private ist uns schon in dem Verbot begegnet, das Kindern die Teilnahme am öffentlichen Leben verwehrte, oder auch im visuellen und verbalen Verhalten der Erwachsenen. Einer Person, die sich nicht standesgemäß kleidete, durfte man dies in der Familie oder innerhalb des Hauses nicht vorhalten. Im »Hort der Natur« waren dem Schmerz, den man anderen zufügen durfte, Schranken gesetzt. Es war ein Affront, jemanden in seinem Haus verächtlich zu machen – nicht dagegen auf der Straße. Ein triviales Beispiel für eine grundlegende Struktur: Die Welt der öffentlichen Konventionen darf das Streben nach Glück nicht beeinträchtigen,

denn dieses Streben war abhängig von psychischer Integrität und davon, daß man sich selbst und andere »als Mensch« respektierte.
Umgekehrt zog auch die Öffentlichkeit dem Recht auf Glück als vollständiger Definition von Wirklichkeit Grenzen. Obgleich das Reich der Konventionen die Natur nicht abwandeln oder verändern konnte, weil die Natur ihrem Wesen nach jeden gesellschaftlichen Zustand transzendierte, diente die Kultur bzw. die Öffentlichkeit dem Zweck, die Wirkungen der Natur zu zähmen. Voltaires berühmte Erwiderung gegen Rousseau, ihm sei die Lust, auf allen vieren zu laufen, seit langem vergangen, klingt auch in der kurze Zeit später erschienenen populären Abhandlung eines englischen Arztes an, in der dieser die natürliche Menschengesellschaft mit einem Stall voller glücklicher, liebender Enten vergleicht – sie sorgen füreinander, und es herrscht Einfachheit im Umgang, aber die »Geselligkeit besteht nur aus freudigem Geschnatter, und ein Rülpsen ist die höchste Form der Unterhaltung«.

Öffentlichkeit und Privatsphäre bilden ein Gesellschaftsmolekül

Die Formen öffentlichen und privaten Ausdrucks bildeten nicht eigentlich einen Gegensatz, sondern waren gleichsam zwei Atome eines Moleküls. In der Öffentlichkeit begegnete man dem Problem der gesellschaftlichen Ordnung, indem man Zeichen schuf; in der Privatsphäre begegnete man dem Problem der Versorgung der Kinder, indem man auf transzendentale Prinzipien zurückgriff. Die Impulse, die die Öffentlichkeit beherrschten, waren Wille und Kunstgriff; die Privatsphäre dagegen war von dem Impuls bestimmt, alles Künstliche abzustreifen und auszuschalten. Das Öffentliche war »Kreation«, das Private »Kondition« des Menschen.
Diese Balance wurde durch das aufrechterhalten, was wir heute als das Unpersönliche bezeichnen würden: Weder in der Öffentlichkeit noch in der Privatsphäre war der »individuelle Charakter mit all seinen Zufälligkeiten« für die Gesellschaft ein leitendes Prinzip. Und daher rührte ein zweites Strukturmoment: Die einzigen Beschränkungen der in der Öffentlichkeit gültigen Konventionen waren die, die als natürliche Sympathien vorstellbar waren. Diese Vorstellung natürlicher Rechte erscheint heute abstrakt und gestaltlos. Als die natürlichen Rechte jedoch in der Alltagserfahrung erstmals eine Bedeutung gewannen, besaßen sie eine sehr viel konkretere Gestalt. Das Prinzip der Naturordnung war eines der Mäßigung – die Konventionen der Gesellschaft wurden einer Prüfung nur dann unterzogen, wenn sie ein Übermaß an Leiden und Schmerz hervorriefen.
Was aber würde geschehen, wenn sich eine Vorstellung von gesellschaftlichen Rechten durchsetzte, die den Rahmen der natürlichen Mäßigung sprengte? Als die Menschen im 18. Jahrhundert mit dem Begriff der Freiheit zu experimen-

tieren begannen, kam eine Idee ins Spiel, die dem Prinzip der Mäßigung nicht unterlag. Freiheit als Prinzip oder Struktur gesellschaftlicher Beziehungen ließ sich weder mit der Idee der Konvention noch mit der Idee der natürlichen Sympathien begreifen. Zwar verfochten schon ältere Theoretiker des Gesellschaftsvertrags, wie John Locke, einen Begriff von natürlicher Freiheit; aber dieser ließ sich nicht ohne weiteres in die Praxis umsetzen. Würde ein solcher Begriff in das alltägliche Leben der Gesellschaft Eingang finden, so konnte er das Molekül aus Öffentlichkeit und Privatsphäre sprengen. Dieses Molekül hielt deshalb zusammen, weil der individuelle Charakter nicht die Grundlage der Gesellschaft bildete. Mit der Forderung nach Freiheit änderte sich das. Wie das Molekül zerbrechen konnte und wie das Verlangen nach Freiheit zusammen mit dem Glauben an den individuellen Charakter zu einer neuen Basis der Gesellschaft wurde, möchte ich an der Geschichte eines Mannes aus der Mitte des 18. Jahrhunderts veranschaulichen, den man als einen der ersten »individuellen Vorkämpfer der Freiheit« bezeichnet hat. Seine Geschichte ist symptomatisch für den Bruch, der die Gesellschaft des Ancien Régime dann später zerstören sollte. Die Spaltung des Moleküls aus Natur und Kultur, die er bewirkte, war zunächst nicht von Dauer, denn seine Karriere als »individueller Vorkämpfer der Freiheit« war kurz. Aber sein Leben läßt vorausahnen, wie dieser Bruch eines Tages tatsächlich zustande kam und wie im Laufe dieses Prozesses die Freiheit auf der Strecke blieb, während sich »Persönlichkeit« als gesellschaftliches Organisationsprinzip auch unter neuen Herrschaftsverhältnissen halten konnte.

Das Molekül spaltet sich

John Wilkes (1727-1797), Sohn eines wohlhabenden Branntweinfabrikanten im Londoner Stadtteil Clerkenwell, war bereits mit zwanzig Jahren das Musterbeispiel eines Lebemannes. Schielend, mit vortretender Stirn und zurückweichender Oberlippe, entwickelte dieser abstoßend häßliche Mann so viel Charme und Geist, daß er es sich ganz selbst zuzuschreiben hatte, als ihm aus dem ausschweifenden Leben, dem er sich hingab, Schwierigkeiten erwuchsen. Er trank übermäßig und gehörte dem bekanntesten Club seiner Tage an, dem Hell Fire Club, einer Parodie auf die mittelalterlichen Orden, dessen »Riten« ein Gemisch aus Schwarzer Messe, römischem Gelage und anglikanischem Abendgottesdienst darstellten. Mit zwanzig heiratete Wilkes, seinem Vater zum Gefallen, eine reiche Frau, die außer ihrem Geld kaum Vorzüge aufwies. Die Heirat machte seinen Ausschweifungen jedoch kein Ende. Und dennoch war Wilkes im Jahre 1763 zur bekanntesten politischen Figur seiner Zeit geworden – »zufällig«, wie er meinte. Er wurde zum Vorkämpfer für das Recht des Volkes, seine Regierungsvertreter selbst zu wählen. In den Jahren nach 1760 fortwährend in Liebesaffären verstrickt – noch im Gefängnis wußte er sich zahlreiche kostspielige, aristokratische Vergnügungen zu verschaffen –, galt er bei den Arbeitern und den Angehörigen des niederen Bürgertums von London nicht lediglich als Verteidiger der Freiheit, sondern geradezu als Inkarnation dieses hohen sittlichen Prinzips. Wilkes war eine in sich widersprüchliche Erscheinung. Er verkörperte die Trennung zwischen öffentlicher Politik und dem »individuellen Charakter mit all seinen Zufälligkeiten« und war zugleich doch einer der ersten, die diese Kluft überbrückten und damit die Bedeutung von Öffentlichkeit selbst veränderten.[81]

Wer heute die politischen Pamphlete und Reden aus England und Frankreich in der Zeit um 1750 liest, den verblüfft immer wieder ihre wortgewaltige Heftigkeit. Da werden in einem englischen Pamphlet von 1758 die Gegner der Ansichten des Verfassers als die »Hurenjäger des Teufels«, als »Bastarde ohne einen Funken von Barmherzigkeit für ihre Väter« beschimpft, und in einem französischen Pamphlet über die Auflage einer Auslandsanleihe bezeichnet der Autor seine Feinde als »schäbige Affen, Sklaven des Misthaufens, über den sie geifern«. Und doch war diese boshafte, individuelle Sprache in der Politik durch eine ähnliche Distanz geprägt wie das gesichtslose Kaffeehausgespräch. Am Fall Wilkes läßt sich das gut zeigen.[82]

Zur Politik kam Wilkes als politischer Pamphletist. Er und ein Kreis von Freunden beschlossen 1762 die Gründung des *North Briton*, einer Zeitschrift, die der Opposition gegen die Regierungspolitik, wie sie im *Briton*, herausgegeben von Smollett, und im *Auditor*, herausgegeben von Arthur Murphy, vertreten wurde, Stimme verleihen sollte. Gemäß den Gepflogenheiten der damaligen Zeit erschienen sämtliche Artikel anonym; es galt als ungehörig, jemanden in Druckschriften anzugreifen und sich dabei zu erkennen zu geben. In seinen Attacken war Wilkes äußerst bissig, vor allem gegen Samuel Johnson und William Hogarth. Aber als Gedrucktes stammten sie von unbekannter Hand. Diese Konvention bedeutete, daß man nie mit Sicherheit sagen konnte, wer einen als »Hurenjäger des Teufels« beschimpft hatte. Die rhetorischen Attacken des *North Briton*, wie die des *Briton* und des *Auditor*, besaßen zwei Eigentümlichkeiten. Der persönliche Angriff richtete sich gegen die öffentliche Beteiligung des Angegriffenen an einer bestimmten Politik oder politischen Fraktion oder gegen seine Fähigkeiten als Politiker. Sein Charakter kam nur dann ins Spiel, wenn er die Ursache für die nachlässige Amtsführung, die Dummheit oder leichte Täuschbarkeit eines Ministers oder Parlamentsmitglieds war.[83]

Diese Grundsätze des politischen Diskurses führten zu bestimmten Verhaltensspielregeln. Ein interessanter Fall, der ihre Wirkung veranschaulicht, ergab sich, als Lord Talbot, der Großhofmeister, sich vom *North Briton* allzu bösartig verleumdet fühlte. Er forderte Wilkes zum Duell, denn er vermutete in diesem den Urheber der Verleumdungen. Bevor die Schüsse gewechselt wurden, steigerte sich Talbot in eine furchtbare Wut und versuchte, Wilkes das

Geständnis abzuringen, daß er tatsächlich der Verfasser des Artikels gewesen sei. Wilkes willigte in den Kampf ein, doch ohne seine Autorschaft zuzugeben. Es kam zum Duell. Beide Männer, geübte Schützen, verfehlten einander aus sieben Meter Entfernung. Nun gestand Wilkes seine Verfasserschaft ein; die beiden wechselten Komplimente und begaben sich in ein nahegelegenes Wirtshaus, wo sie unter allen Anzeichen von guter Laune eine Flasche Rotwein leerten.[84]
Öffentliche Beleidigung und öffentliche Satisfaktion als Rituale, die unabhängig neben Freundschaft und Geselligkeit standen – ohne ein Verständnis für diese Gestensprache bliebe ein großer Teil des politischen Verhaltens im Paris und London der Mitte des 18. Jahrhunderts unerklärlich. Die politische Rhetorik innerhalb der herrschenden Klasse wurde von einer Gestensprache bestimmt, die so fest verankert war wie die Gestik der Kleidung. Auch wenn dabei andere Personen geschmäht wurden, stets handelte es sich um eine unpersönliche Leidenschaft, die durch Konventionen wie die publizistische Anonymität ermöglicht wurde.
Die Nummer 45 des *North Briton* scheint jedoch gegen eine dieser Konventionen verstoßen zu haben. Sie wurde als direkter Angriff auf die Person des Königs George III. verstanden. Aus heutiger Sicht wirkt die Nummer 45 einigermaßen zahm, jedenfalls weniger rabiat als die Nummer 17; sie erzürnte die Bevollmächtigten der Krone jedoch so sehr, daß Lord Halifax, der ein Amt innehatte, das dem eines heutigen Innenministers entspricht, Haftbefehl gegen die Autoren, Drucker und Verleger des *North Briton* erließ. Nun entspann sich ein langer, verwickelter Konflikt. Wilkes wurde gezwungen, seinen Sitz im Parlament aufzugeben und schließlich auf den Kontinent zu fliehen, wo er die Zeit seines Exils abwechselnd in Begleitung seiner Tochter oder in den Armen von Italiens berühmtester Kurtisane, Madame Corradini, verbrachte. Ende der sechziger Jahre kehrte er nach England zurück, wurde wegen des *North Briton* Nr. 45 vor Gericht gestellt und verbrachte anderthalb Jahre im Gefängnis. Viermal wurde er ins Unterhaus gewählt, und viermal wurde ihm der Sitz in dieser Körperschaft von deren Mitgliedern verweigert; aber als er das Gefängnis verließ, sah er sich als Führer einer Massenbewegung von Londoner Bürgern, die seine Prozesse mit der Sache der Freiheit in England identifiziert hatten.[85]
Diese Vorgänge sind heute nicht mehr ohne weiteres verständlich. Sie hingen jedoch unmittelbar mit der Vorstellung zusammen, die man in der damaligen Zeit von der öffentlichen rhetorischen Geste als einer vom Selbst distanzierten Ausdrucksform hatte.
Wie andere aus seiner Generation zog Wilkes einen klaren Trennungsstrich zwischen seinen Familienpflichten, vor allem als Vater seines einzigen ehelichen Kindes, seiner Tochter Polly, einerseits und seinen »Pilgerfahrten ins Reich der Lüste« andererseits. Obgleich Wilkes und seine Frau nach vier Jahren geschieden wurden, hielt der Vater doch ein Auge auf die Erziehung

seiner Tochter und war bemüht, sie vor jedem Kontakt mit seinen »Pilgerbrüdern«, ausgenommen seinen engen Freund Charles Churchill, zu schützen. Anders als Lord Rochester, ein Londoner Libertin des späten 17. Jahrhunderts, war Wilkes auch stets bemüht, sein eheliches Kind vor einer Begegnung mit den unehelichen Halbbrüdern und Halbschwestern zu bewahren. In dem Bestreben, die eigene Familie und sein Leben draußen in der Welt getrennt zu halten, war Wilkes durchaus ein Mann seiner Zeit.

Auch seine sexuellen Ausschweifungen waren öffentlich und wurden als solche akzeptiert. Ebensowenig wie andere Gentlemen seiner Epoche hat Wilkes je den Versuch gemacht, seine Liebesaffären geheim zu halten, außer wenn es sich um die Ehefrau eines Gleichrangigen handelte, der ihn zur Rechenschaft hätte ziehen können. Ansonsten war es bei einer Affäre mit einer verheirateten Frau deren Sache, die »Geschichte« vor ihrem Ehemann zu verbergen. Bei Prostituierten oder »Wollüstigen« wurde keinerlei Diskretion gewahrt.

Die Sprache der außerehelichen Geschlechtsbeziehungen wies zahlreiche Gemeinsamkeiten mit anderen Formen des öffentlichen Diskurses auf. Komplimente gefielen, wenn sie als solche gut vorgebracht oder geistreich waren; wie tief die Leidenschaft dessen war, der sie vorbrachte, war nicht das Entscheidende; ein gewisser ironischer Ton ließ den Sprecher nur um so verführerischer erscheinen. Die Vorstellung, ein Liebhaber müsse eine unverwechselbare Sprache finden, um seine Gefühle für eine besondere Frau zum Ausdruck zu bringen, eine zwei besonderen Menschen eigentümliche Sprache der Liebe, war unbekannt. Die nämlichen Worte dienten in dieser Affäre so gut wie in der nächsten; es kam darauf an, wie sie gesprochen, wie sie miteinander kombiniert und wie sie inszeniert wurden.[86]

Wilkes trieb all dies auf die Spitze und erwarb sich schon mit zwanzig Jahren den Ruf eines Libertin. Benjamin Franklin schrieb über ihn: »[...] ein Verbrecher und Verbannter von schlechtem persönlichen Charakter, der keinen Heller wert ist.« Burkes Urteil lautete: »[...] ein lebhafter, umgänglicher Mensch, aber unbesonnen und ohne Grundsätze.« Und schließlich die Ansicht Horace Walpoles: »Der Despotismus wird der Freiheit die Verworfenheit dieses Heiligen stets zum Vorwurf machen.«[87]

Dieser Ruf wurde zuweilen auch in seinem politischen Leben gegen ihn gekehrt, und viele Historiker haben ihn als einen Mann geschildert, dessen politisches Handeln von seinen Zeitgenossen nach seinem Charakter beurteilt worden sei. Aber diese Deutung trifft nicht ganz zu. Es stimmt zwar, daß Wilkes' Autorschaft an einem *Essay on Woman*, einer pornographischen Parodie auf Popes *Essay on Man*, seinen Feinden als Anlaß diente, ihm seinen Parlamentssitz streitig zu machen, obgleich Wilkes in seinem Londoner Wahlkreis mit überwältigender Mehrheit gewählt worden war. Aber bei der letzten der vier Wahlen, nach der Wilkes sein Sitz im Parlament noch einmal versagt blieb und bei der der *Essay on Woman* eine ausschlaggebende Rolle gespielt hatte, bestätigte ebendieses Parlament die Wahl eines gewissen

Colonel Luttrell, der womöglich ein noch bekannterer Lebemann war als Wilkes. Viele von Wilkes' damaligen Gegnern (Mitte 1769) waren früher seine Saufkumpane gewesen, manche waren es noch immer, und jedermann wußte davon. Die Art und Weise, wie Wilkes' Charakter von seinen Feinden ins Spiel gebracht wurde, muß also mit einiger Skepsis aufgenommen werden. Die sich am lautesten empörten, machten sich hinter vorgehaltener Hand oft genug über die eigene Empörung lustig. Die eigentliche – für die öffentlichen Konventionen seiner Zeit fatale – Verknüpfung der Person Wilkes mit dem Politiker Wilkes war das Werk seiner eigenen Anhänger.[88]

Eine gründliche Untersuchung von George Rudé über Wilkes' Anhängerschaft gelangt zu dem Schluß, daß sie von wohlhabenden Kaufleuten bis zu angelernten Arbeitern reichte, wobei die letzteren ein gewisses Übergewicht hatten. Für sie stellte sich mit den von Wilkes und der Nr. 45 des *North Briton* aufgeworfenen Fragen, verschärft durch seine mehrfache Zurückweisung im Parlament, das Problem der Volksvertretung – er stand für die weniger privilegierten Mitglieder der Gesellschaft, die ihre Freiheit ausüben wollten, einen ihnen gemäßen Vertreter in die Regierung zu wählen. Im Jahre 1763 war aber nicht klar, was diese Freiheit bedeutete. Wilkes' Anhänger konnten sich nicht auf eine überkommene, klare Freiheitsidee berufen, die bereitlag, um lediglich angewendet zu werden – sie mußten diese Idee vielmehr erst entwickeln und ihr Bedeutung verleihen, indem sie Wilkes wieder an die Macht brachten. Weil sie ein politisches Prinzip entwickeln mußten, statt ein bereits vorhandenes Prinzip anzuwenden, gewannen der Mann, seine bloße Existenz, seine Entschlossenheit, ins Unterhaus zu gelangen, für sie eine so überwältigende Bedeutung. Der Ruf »Wilkes und Freiheit!« belegt das sehr genau. Der Mann und das Prinzip waren eins, weil man sich ohne den Mann nicht vorstellen konnte, was Freiheit bedeuten sollte.[89]

Aufgrund dieser Verbindung nahm alles Handeln der Person Wilkes notwendigerweise symbolischen oder öffentlichen Charakter an. Seine Libertinage mußte entweder geleugnet, aus dem Bild dieses Mannes ausgelöscht werden – wozu die wohlhabenden unter seinen Anhängern neigten –, oder man mußte sie in ein Zeichen der Rebellion gegen die etablierte Ordnung ummünzen, eine sexualromantische Deutung seines Verhaltens, die seinen Anhängern aus der Arbeiterklasse näherlag. Voller Bewunderung bezeichnete ihn 1768 ein Bierkutscher als »frei vom Schwanz bis zur Perücke«. Die Promiskuität mußte so wie alle übrigen Handlungen dieses Mannes interpretiert werden, denn das Leben der Person John Wilkes war selber zum Symbol von Freiheit geworden.

Der Versuch, ein politisches Prinzip aus den Wirkungen des Charakters zu deuten, rief fundamentale Wandlungen hervor und war von weit größerer Bedeutung als die Anklagen, die von Parteigängern der Regierung gegen Wilkes erhoben wurden. Diesen Leuten machte es nichts aus, ihn anzugreifen und dann durch einen »besseren Mann« vom Schlage Luttrells zu ersetzen, der für seine vollends hemmungslosen Gelüste bekannt war. Die von Wilkes' Gefolgsleuten vorgenommene Verknüpfung von Charakter und Politik verwandelte die Heuchelei des Parlaments in etwas anderes: in eine persönliche Beleidigung, die sich gegen jeden Parteigänger von Wilkes und nicht gegen eine kollektive Bewegung richtete.

Gewiß, aus Wilkes' Briefen und Gesprächen ergeben sich kaum Hinweise darauf, daß er die Grenze zwischen seiner Persönlichkeit und seiner Politik bewußt verwischt hätte. Freunden gegenüber sprach er über die eigene Berühmtheit mit der gleichen Ironie, mit der er sich über seine Anhänger äußerte. Er war bestrebt, den Abstand zwischen seiner öffentlichen Existenz und seinem Privatleben zu wahren, und die persönlichen Lobhudeleien seiner Anhänger befriedigten ihn zwar, waren ihm zugleich aber ausgesprochen lästig.

Nach einer Zeit ungeheurer Popularität vertiefte sich die Kluft zwischen der Identität, die ihm seine Gefolgsleute zuschrieben, und seinem eigenen Empfinden immer mehr. Eine besonders unselige, weithin bekannte Liebschaft wurde von vielen als Verrat am Wilkesismus bezeichnet, weil sie heftige Angriffe in der Öffentlichkeit auslöste. Als dem Sinnbild der Freiheit, das er für sie war, ließen ihm seine Anhänger immer weniger die Freiheit, sein eigenes Leben zu führen. Während der von Lord Gordon geschürten antikatholischen Unruhen in London war Wilkes einer der wenigen in der Stadt, die versuchten, die aufrührerische Menge zu bändigen. Die Massen hatten den Eindruck, er sei zum Werkzeug der Ordnung geworden und habe sie noch einmal und gründlicher als zuvor verraten; sie erklärten diesen Verrat mit einer Veränderung in seiner Persönlichkeit und nicht mit den institutionellen Zwängen und Verpflichtungen, denen er als Repräsentant des Lord Mayors unterlag, oder mit seiner Überzeugung, Freiheit sei ein Akt der Toleranz.[90]

Welche Wirkung hatte Wilkes als öffentliche Person in der Phase seiner größten Popularität Anfang der siebziger Jahre auf die politische Rhetorik? An vorderster Front in dem heftigen Zeitungskrieg, den Wilkes' Aktivitäten entfesselten, kämpfte ein anonymer Schreiber, der sich »Junius« nannte. Sein Kredo war einfach:

»Maßnahmen, nicht Menschen, so heuchelt die vorgetäuschte Mäßigung; eine niederträchtige Sprache der Verstellung, von Spitzbuben ersonnen und unter Dummköpfen ausgestreut. [...] sanfter Tadel ist nicht angebracht bei der gegenwärtigen Verkommenheit der Gesellschaft.«

Junius' Verteidigung von Wilkes war wirkungsvoll und wurde dort am meisten beachtet, wo er die Charaktereigenschaften von Wilkes' Feinden, namentlich die des Duke of Grafton, aufs Korn nahm. Aber diese persönlichen Angriffe unterschieden sich von dem Stil, der zehn Jahre zuvor gepflegt worden war; sie unterschieden sich sogar von den Polemiken im *North Briton*. Während die politische Rhetorik früherer Tage den Charakter nur dann ins Spiel brachte, wenn es um öffentliche Probleme und Erfordernisse ging, vermied es Junius überhaupt, von »Maßnahmen« zu sprechen. Der Charakter als solcher wurde zum politischen Streitpunkt. Wie Wilkes als Person die Freiheit verkörperte, so verkörperten seine Feinde die Tyrannei. Ein Anschlag auf ihren Charakter genügte, um den Maßnahmen, die mit ihrem Namen verbunden waren, die Legitimität streitig zu machen. Auf diese Weise wurde die Basis jeder öffentlichen Geste zunichte gemacht: öffentliche Reden, ob von Freunden oder Feinden, besagten für sich genommen nichts, sie lieferten nur Indizien für den Charakter des Sprechers. Gewiß, Junius folgte noch dem alten Muster, d. h. er bediente sich der vertrauten Sprache, einer ausgefeilten, fast gespreizten Sprache, wie sie für die öffentliche Rede als angemessen galt. Aber diese Sprache diente jetzt einem einzigen Zweck – das Vokabular der Invektive zielte auf die Vernichtung des Charakters, auf »Rufmord«, und eine solche Form der Vernichtung erschien an sich schon als politische Tat, als Verteidigung der Freiheit.[91]

Es ist interessant, Junius mit Samuel Johnson zu vergleichen, einem Gegner von Wilkes, der Ende der sechziger Jahre des 18. Jahrhunderts selbst in die rhetorische Schlacht eingriff. In seinem berühmtesten Pamphlet, *The False Alarm*, setzte Johnson alles daran, von dem Menschen Wilkes nur im Zusammenhang mit »Maßnahmen«, mit den abstrakten Grundsätzen der verfassungsmäßigen Rechte und Privilegien zu sprechen. Man vergleiche die Diktion von Junius mit einem Abschnitt aus *The False Alarm* wie dem folgenden:

»Einer der Hauptvorteile, den die heutige Generation aus der Verbesserung und Verbreitung der Philosophie gezogen hat, ist die Befreiung aus unnötigen Schrecknissen und die Erlösung von falschen Ängsten. Die außergewöhnlichen Erscheinungen, die, ob gesetzmäßiger oder zufälliger Art, Jahrhunderte der Unwissenheit in Bestürzung versetzten, dienen heute der wißbegierigen Sicherheit zur Erbauung.«[92]

Wie James Bulton über diesen rhetorischen Krieg gesagt hat, beruhen die Stilunterschiede zum Teil auf Klassenunterschieden – Johnson richtete sich bewußt an die Oberklasse. Darüber hinaus jedoch hängen sie mit dem Verhältnis von Persönlichkeit und Ideologie in der damaligen Zeit zusammen. Johnson und mit ihm Edmund Burke, beide Verteidiger der etablierten Ordnung und Kontrahenten von Wilkes, bedienen sich in ihren politischen Schriften einer Gestik, die ihrem Wesen nach der Gestik der Mode und des Theaters entspricht. Die Sprache der Politik wahrt einen Abstand zur personalen Sphäre. Auch da, wo Johnson am heftigsten schmäht, auch in seinen persönlichsten und boshaftesten Angriffen auf Wilkes, geht es ihm stets um Wilkes' Eignung für ein Regierungsamt und nie um seinen Charakter. Johnson wie Burke und die anderen Träger der etablierten Ordnung verfügten über ein klares Ideensystem, über eine klare politische Sprache und ein Koordinatennetz von Objektivität, in das sie Wilkes einfügen konnten – das Netz des Etablierten, des Althergebrachten, des Bekannten. Wilkes und seine Gefolgsleute rebellierten gegen diese etablierte Klarheit. Sie waren Neuerer auf der Suche nach Freiheit, aber jene klare, objektive Struktur, welche die Idee des

Privilegs im Laufe der Jahrhunderte und durch vielfachen Umgang gewonnen hatte, besaß die Idee der Freiheit nicht und konnte sie nicht besitzen. Die Anhänger von Wilkes waren gezwungen, das neue Prinzip aus seiner Verkörperung in einem Individuum zu begreifen.

So kam es zur Spaltung des Moleküls. Die Freiheit paßte nicht in den Rahmen der natürlichen Sympathien; sie stand in einem Gegensatz zur Idee der Konvention als öffentlicher Ordnung. Was war Freiheit? In Wilkes' Tagen vermochten nur wenige Menschen diese Frage zu beantworten; man konnte also nur versuchen, das eigenartige Leben des Vorkämpfers der Freiheit zum »Symbol« der Freiheit selbst zu erheben. Zwar spaltete sich das Molekül aufgrund des Rufs nach Freiheit, aber nicht die Freiheit war die eigentliche Bedrohung des öffentlichen Lebens, sondern die Individualität als »symbolische« Kraft. Aus der Idee der Individualität als eines gesellschaftlichen Organisationsprinzips entstand letztlich der moderne Impuls, politische Konzepte nur dann als gültig zu betrachten, wenn ihre Verfechter »glaubwürdige«, »anständige« Menschen sind.

In seiner Politik zeigte Wilkes, wohin es einmal kommen sollte; aber sein Leben bezeugt auch, welche Kraft die Öffentlichkeit im 18. Jahrhundert noch besaß. In seinem Festhalten an der Privatsphäre und vor allem darin, daß es ihm nicht gelang, seine Gefolgsleute über eine lange Frist an sich zu binden, offenbart sich die Stärke, mit der das Molekül aus Öffentlichkeit und Privatheit um die Jahrhundertmitte den Forderungen einer persönlich aufgefaßten Freiheit noch standhielt.

Kapitel 6
Der Mensch als Schauspieler

Eine letzte Frage stellt sich in bezug auf die öffentliche Sphäre im 18. Jahrhundert: Wie war der Mensch beschaffen, der sie bewohnte? Die Menschen von damals hatten hierauf eine klare Antwort: er war ein Schauspieler, ein Darsteller. Aber was ist ein Schauspieler in der Öffentlichkeit? Diese Frage zielt auf die Identität – ein brauchbarer, aber häufig auch mißbrauchter Begriff. Im Sinne Erik Eriksons bezeichnet Identität den »Schnittpunkt« zwischen dem, was eine Person sein will, und dem, was die Welt ihr zu sein gestattet. Also nicht Existenzbedingung oder Wunsch für sich genommen, sondern die Stelle, an der sich äußere Situation und Wunsch kreuzen. Vor zweihundert Jahren lieferte die Vorstellung, daß der *public man* ein Schauspieler sei, eine klar umrissene Identität; und in der Rückschau wird diese Vorstellung für uns zu einem wichtigen Bezugspunkt, um das Selbstgefühl der Menschen in der Öffentlichkeit angesichts des Verfalls der materiellen und ideologischen Bedingungen des öffentlichen Lebens nach dem Niedergang des Ancien Régime zu erfassen.

Der *public man,* der »Öffentlichkeitsmensch«, als Schauspieler – so beziehungsreich dieses Bild ist, es bleibt unvollständig, denn hinter ihm steht eine noch bedeutsamere Idee, nämlich daß Ausdruck Darstellung von Emotionen ist. Hieraus leitet sich die Identität des Schauspielers ab. Der Schauspieler in der Öffentlichkeit ist derjenige, der Emotionen darstellt.

Tatsächlich ist Ausdruck als Darstellung von Emotion ein sehr grundlegendes Prinzip, das ein Moment wie die weiter oben erörterte Sprache als Zeichen in sich schließt. Nehmen wir an, jemand erzählt einem anderen von den Tagen, da sein Vater im Krankenhaus gestorben ist. Heute würde die bloße Nacherzählung aller Einzelheiten ausreichen, um beim anderen Mitleid zu wecken. Starke Eindrücke, genau beschrieben, sind für uns identisch mit Ausdruck. Aber man stelle sich eine Situation oder eine Gesellschaft vor, in der die bloße Wiedergabe der Einzelheiten des Leidens für eine andere Person nichts bedeutet. Der, der diese Augenblicke nacherzählt, müßte sie nicht nur vergegenwärtigen, er müßte sie auch formen, müßte einiges hervorheben, anderes zurückdrängen, müßte seinen Bericht womöglich gar verfälschen, um ihn in eine Form zu bringen, einem Bild anzupassen, das der Zuhörer mit dem Sterben verbindet. Unter diesen Bedingungen will der Sprecher seinem Zuhörer den Tod in seinen Einzelheiten so darstellen, daß sich das Bild eines mitleiderregenden Ereignisses ergibt. In diesem Sinne ist die Reaktion »Mitleid« losgelöst von dem besonderen Todesfall, um den es geht. Mitleid existiert als unabhängige

Emotion, die sich keineswegs mit der Lage, in der man sie empfindet, wandelt.

Diese Theorie des Ausdrucks ist unvereinbar mit der Vorstellung, die *individuelle* Persönlichkeit sei expressiv. Wenn die bloße, ungeformte Nacherzählung dessen, was ich gesehen, gefühlt, erlebt habe, als expressiv gilt, dann kann »Mitleid« für mich kaum das gleiche ausdrücken wie für den anderen, denn dessen Vorstellung von Mitleid wurzelt in einer anderen individuellen Erfahrung. Wenn ich einem anderen von meinen besonderen Empfindungen, so wie sie mir erscheinen, erzähle, wenn ich also Emotion *verkörpere*, brauche ich keine Ausdrucksarbeit zu leisten, ich brauche bloß »ich zu sein«. Keine Formung, keine Gestaltung macht die Szene ausdrucksstärker; im Gegenteil, würde sie in ein allgemeines Erlebnismuster gezwängt, so erschiene sie weniger »authentisch«. In diesem Sinne ist das Prinzip der Verkörperung von Emotion asozial. Da die Menschen nicht in der gleichen Weise über Mitleid zu sprechen vermögen, fehlt ihnen das soziale Band einer gemeinsamen Mitleidserfahrung.

In einem System, in dem Ausdruck die Darstellung von Emotion bedeutet, verfügt dagegen der Mensch in der Öffentlichkeit über eine Identität als Schauspieler und Darsteller, und diese Identität erzeugt eine soziale Verbindung zwischen ihm und den anderen. Ausdruck als Darstellung von Emotion ist Sache des Schauspielers; seine Identität beruht darauf, daß es ihm gelingt, Ausdruck in Darstellung umzusetzen. Wenn die Kultur einen Wandel von der Darstellung der Emotion zu ihrer Verkörperung durchmacht, so daß schließlich das in allen Einzelheiten erzählte individuelle Erlebnis expressiv erscheint, dann verliert der »Öffentlichkeitsmensch« eine Funktion und damit seine Identität. Damit aber verliert auch der Ausdruck immer mehr an gesellschaftlichem Charakter.

Leider kann ich diese Theorie hier nur knapp entfalten. Aber es ist wichtig, von Anfang an zu erkennen, wie grundlegend die Vorstellung vom *public man* als einem Schauspieler ist. Man muß diese Beziehung kennen, wenn man die merkwürdigen Begriffe verstehen will, mit denen sich die Menschen, die an der Öffentlichkeit der Hauptstädte des Ancien Régime teilhatten, über den Menschen als Schauspieler verständigten. Dabei treten drei Ansichten besonders hervor.

Die erste war bei den Weltbürgern der damaligen Zeit am meisten verbreitet: Wenn wir ein *theatrum mundi* bewohnen und zu Schauspielern geworden sind, dann haben wir eine neue, glücklichere Sittlichkeit erlangt. Die zweite, kritischere Ansicht wurde von Autoren wie Diderot vertreten, die das Schauspielen in seinem Verhältnis zum öffentlichen Leben und zur Natur untersuchten. Die dritte Ansicht, die originellste, stammt von Rousseau. Dieser hat für seine Epoche die bedeutendste Theorie über die Verbindung von weltbürgerlichem Leben und Theater entwickelt – und zugleich hat er diese Verbindung scharf verurteilt. Er war nicht nur Analytiker und Kritiker, er war auch

Prophet, und er sagte voraus, daß die Ordnung der Öffentlichkeit einem Leben weichen werde, das auf einer Verbindung von authentischem, intimem Fühlen und politischer Unterdrückung gründe. Diesen neuen Zustand – der unserer heutigen Welt sehr ähnelt – begrüßte er. Doch zugleich erwies er sich als schlechter Prophet, denn er glaubte, die neue Ordnung werde aus dem Niedergang der Großstadt und der Auferstehung der kleinen Stadt hervorgehen. Anhand seiner Ideen läßt sich erkunden, wie die öffentliche Welt auf dem Weg zur modernen Stadtkultur verloren ging, einer Kultur, die das Ausdrucksleben und die Identität des »Öffentlichkeitsmenschen« durch ein persönliches, »authentisches« und, alles in allem, inhaltsleeres Leben ersetzt hat.

Die geläufigen Vorstellungen vom Menschen als Schauspieler

In Henry Fieldings Roman *Tom Jones* beginnen mit Buch 7 die Reiseabenteuer des jungen Mannes auf der Landstraße nach London. An dieser Stelle fügt der Autor eine kleine Abhandlung mit dem Titel »Die Welt im Vergleich zur Bühne« ein. Er beginnt so:

»Man hat oft die Welt mit einem Theater verglichen. [...] Dieser Gedanke ist so weit gediehen und hat sich so eingebürgert, daß einige Wörter auf dem Gebiet des Theaters, die zuerst im übertragenen Sinne auf die Welt angewandt wurden, jetzt unterschiedslos und in buchstäblicher Bedeutung für beides gebraucht werden; so sind zum Beispiel die Ausdrücke ›Bühne‹ und ›Szene‹ im allgemeinen Sprachgebrauch ebenso geläufig geworden, wenn wir vom Leben schlechthin sprechen, als wenn wir uns auf Dramenaufführungen beschränken.«

Fielding schlägt einen entschuldigenden Ton an; natürlich wissen seine Leser, daß auf Bühne und Straße die gleichen Worte in »buchstäblicher Bedeutung« angewendet werden; er spricht in Gemeinplätzen und entschuldigt sich dafür. Er möchte seine geneigten Leser nur daran erinnern, daß die Vermischung von Schauspielkunst und Leben Wirklichkeit ist und keine kunstvolle Metapher wie noch in der Restaurationszeit.[93]

»Die Welt als Bühne« war tatsächlich ein alter Gemeinplatz, der um die Mitte des 18. Jahrhunderts wiederauftauchte. Wir haben gesehen, daß eine der klassischen Funktionen des Bildes vom *theatrum mundi* darin bestand, die Natur des Menschen von seinem gesellschaftlichen Handeln abzulösen, indem sie den Handelnden bzw. den Schauspieler, den *actor*, und die Handlung, den *act*, voneinander trennte. Die herkömmliche Meinung über den Menschen als Schauspieler besagte, daß man wegen einer schlechten Handlung noch nicht als schlechter Mensch gescholten werden sollte; man brauchte ja nur sein Verhalten zu ändern. Das Joch der Moral lastet auf dem Menschen als Schauspieler nicht so schwer wie auf dem Puritaner oder dem frommen Katholiken; er trägt die Sünde nicht als Erbe mit sich, er tritt vielmehr gleichsam eine Zeitlang in sie ein, wenn er einmal eine böse Rolle übernimmt.

Fielding selbst drückte das sehr gut aus. Er schrieb in seiner Abhandlung: »Eine einzige böse Handlung macht im Leben ebensowenig einen Schurken wie eine einzige böse Rolle auf der Bühne.« Der Charakter der Handlungen und der Charakter der Handelnden bzw. der Schauspieler sind geschieden, so daß ein Mann von Welt »einen Fehler oder gar ein Laster tadeln kann, ohne sich über den Schuldigen zu ereifern«.[94] Überdies kann man in der großen Stadt nie mit Sicherheit sagen, wer die Menschen sind, mit denen man es zu tun hat. Daher muß alles Schwergewicht darauf liegen, was sie tun. Fügt jemand anderen Schaden zu? Dann steht er vor dem Problem, wie Garrick die Rolle zu wechseln. Und warum soll er sich nicht ändern, ist doch in der Stadt kein äußeres Erscheinungsbild, keine Rolle durch Notwendigkeit oder durch Kenntnis, die andere von seiner Vergangenheit besitzen, ein für allemal festgelegt?

Wenn sich der Mensch als Schauspieler durch eine Trennung zwischen seiner Natur und seinem Handeln von der Last der Erbsünde befreien konnte, dann konnte er nach der im 18. Jahrhundert vorherrschenden Ansicht ein unbeschwertes Leben führen. Im öffentlichen Bereich weder an die Natur noch an christliche Glaubenspflichten gebunden, hatten seine Lebensfreude und sein Vergnügen am Verkehr mit anderen freies Spiel. Aus diesem Grund brachten die Schriften der damaligen Zeit das Bild vom Menschen als Schauspieler so häufig mit dem weltbürgerlichen Leben in Verbindung; ihre Deutung des *theatrum mundi* bezog das Gleichnis nicht auf das Verhältnis zwischen dem Menschen und seinen Göttern, erfüllte es auch nicht, wie die Platoniker der Renaissancezeit und die elisabethanischen Dramatiker, mit einem finsteren Pessimismus über den Sinn des Daseins. In Montesquieus *Persischen Briefen* findet sich eine wunderbare Schilderung, wie der Held des Buches eines Abends in die Comédie Française spaziert und nicht unterscheiden kann, wer eigentlich auf der Bühne steht und wer zuschaut. Alles stolziert herum, posiert, läßt es sich wohl sein. Unterhaltung, spöttische Toleranz und Vergnügen an der Gesellschaft der Freunde – diese Stimmungslage war in der Alltagsvorstellung vom Menschen als Schauspieler enthalten.

Aber es gab auch jene, die begriffen, daß dieser Gemeinplatz gerade in seinem Verhältnis zur Geselligkeit von einer fundamentalen, unausgesprochenen Vorstellung von Ausdruck abhängig war. Unter ihnen war Diderot der bedeutendste. In seinem *Paradox über den Schauspieler* stellte er eine Verbindung zwischen der Schauspielerei und einer umfassenden psychologischen Theorie her.

Diderots Paradox über den Schauspieler

Diderot faßt das, was er als Paradox über den Schauspieler bezeichnet, wie folgt zusammen:

»Sagt man nicht in der Gesellschaft von manchem Menschen, daß er ein großer Komödiant ist? Man versteht darunter nicht, daß er fühlt, sondern im Gegenteil, daß er hervorragend Gefühle vortäuscht...«

Diderot war der erste bedeutende Theoretiker, der die Schauspielkunst als säkulare Aktivität begriff. Die meisten französischen Schauspieltheorien des 16. und 17. Jahrhunderts stellen einen Zusammenhang her zwischen der Darstellungsweise des Schauspielers und dem Inhalt, den er darstellt. Die Wahrheit der gesprochenen Verse stand in einem Verhältnis dazu, wie gut der Schauspieler spielen konnte. So war es möglich, die Idee der Schauspielerei unter die Rhetorik zu subsumieren, und Rhetorik hatte mit Moral und Religion zu tun. In dieser Vorstellung wurde der Priester zum bestmöglichen Rhetor, weil die Texte, die er sprach, die absolute Wahrheit waren. Natürlich wäre es keinem guten Christen eingefallen, Priester und Schauspieler direkt miteinander zu vergleichen; aber das lag gerade daran, daß die Rhetorik des Priesters allem, was auf der Bühne möglich war, von Natur aus überlegen schien, weil er göttliche Wahrheiten aussprach.[95]

Diderot zerbrach diese Beziehung zwischen Schauspielkunst, Rhetorik und der Substanz des Textes. Mit seinem *Paradox* entwarf er eine Theorie des Dramas, die sich vom Ritual gelöst hatte; er war der erste, der die Darstellung als eigenständige Kunstform verstand, unabhängig von dem, was dargestellt werden sollte. Die »Zeichen« der Darstellung waren für Diderot nicht identisch mit den »Zeichen« des Textes. Diderot drückt dies sehr anschaulich aus:

»Wenn der Schauspieler Gefühl hätte, könnte er – Hand aufs Herz! – zweimal hintereinander die gleiche Rolle mit der gleichen Wärme und dem gleichen Erfolg spielen? Bei der ersten Vorstellung wäre er warm, ja heiß, um bei der dritten bereits erschöpft und eiskalt zu sein.«[96]

Ein Schauspieler, der an die eigenen Tränen glaubt, der sich in seiner Darstellung nach den eigenen Gefühlsregungen richtet, der keine Distanz zu den von ihm dargestellten Emotionen hat, ist zu einem in sich geschlossenen, konsistenten Spiel nicht fähig. Ein Schauspieler darf auf den Gehalt des Textes nicht reagieren, und dieser beherrscht auch nicht sein Spiel. Wir wissen ja, daß ein guter Schauspieler auch in einem schlechten Stück eine gute schauspielerische Leistung vollbringen kann. Das liegt an der Art, wie ihm die Darstellung von Ausdruck gelingt – ohne Arbeit an den Emotionen, die dargestellt werden sollen, ohne kritische Beurteilung und Berechnung läßt sich eine Gefühlsregung nicht öfter als einmal darstellen.[97]

Die von Diderot vorgetragene Theorie erstreckt sich nicht allein auf die Kniffe der Bühnenkunst; sie richtet sich auch auf die Überlegenheit der Kunst gegenüber der Natur, wenn es um den Ausdruck von Emotion geht. So stellt Diderot die Frage:

»Haben Sie jemals über den Unterschied zwischen den Tränen, die durch ein tragisches Ereignis, und denen, die durch eine traurige Erzählung hervorgerufen werden, nachgedacht?«

Seine Antwort: Tränen im wirklichen Leben kommen plötzlich und direkt, während die Tränen, die die Kunst hervorruft, allmählich und bewußt herbeigeführt werden müssen. Wenn die wirkliche Welt deshalb der des Schauspielers überlegen scheint, so ist sie doch auch empfindlicher und anfälliger für den Zufall. Stellen Sie sich eine unglückliche, weinende Frau vor, sagt Diderot, die durch irgendeinen unscheinbaren Zug entstellt wird, so daß unsere Aufmerksamkeit von ihrem Schmerz abschweift. Oder eine ihrer Bemerkungen klingt im Ohr des Zuhörers falsch, so daß er abgelenkt wird. Oder sie zeigt ihre Verzweiflung in einem Augenblick, da man nicht darauf vorbereitet ist. Auf solche Weise wird der Gefühlsausdruck in der Welt, in der die Menschen direkt und spontan miteinander verkehren, allzu oft entstellt; je natürlicher der Gefühlsausdruck zwischen zwei Menschen ist, desto unverläßlicher ist er als Ausdruck.[98] Wenn es in einer von Sympathie und natürlichem Empfinden regierten Welt zu einer genauen Gefühlsdarstellung kommt, dann nur ein einziges Mal.[99]

Diderot fragt nun, wie ein Gefühlsausdruck mehr als einmal dargestellt werden kann, und in seiner Antwort umreißt er die Idee des konventionellen Zeichens. Eine Empfindung kann mehr als einmal vermittelt werden, wenn der Schauspieler aufgehört hat, sie zu »erleiden«, wenn er dahin gelangt ist, sie aus der Distanz zu studieren und das Wesentliche ihrer Form zu bestimmen. Dieses Wesentliche ergibt sich, wenn man alles Zufällige abstreift: Wenn die steife Körperhaltung einer Frau, die ihren Kummer über die Abwesenheit des Gatten ausdrückt, von der Szene ablenkt, dann wird man die steife Haltung durch eine gebeugte ersetzen. Wenn lautes Deklamieren die Aufmerksamkeit auf die Kraft der Stimme statt auf die gesprochenen Worte lenkt, dann wird man leiseres Sprechen üben. Durch solche Studien kommt man zum Wesentlichen einer Emotion. Gelangt er zur Herausbildung solcher Zeichen, so hört der Schauspieler auf, die Gefühlsregung auf die gleiche Art zu empfinden wie das Publikum, dem er sie vorführt. Er hört nicht auf zu empfinden – Diderot ist häufig in diesem Sinne mißverstanden worden –, aber die Empfindungen, die der Schauspieler mit seinen Gesten verbindet, unterscheiden sich von denen, die diese Gesten beim Publikum auslösen.[100]

Allein durch solche Gesten kann der Ausdruck von Gefühlen Stabilität und Dauerhaftigkeit gewinnen. Ziel der Geste ist es, der Verformung durch die Zeit zu entgehen.

»Sie sprechen von einem vergänglichen Augenblick der Natur, und ich spreche von einem geplanten, folgerichtigen Kunstwerk, das seine Entwicklung und seine Dauer hat.«

Wiederholbarkeit macht geradezu das Wesen eines Zeichens aus.[101]

Für Diderot war der Engländer David Garrick das Muster eines guten Schauspielers. Er begegnete ihm im Winter 1764-65. In einem Abschnitt seines *Paradox* schildert er den Eindruck, den Garrick auf ihn machte:

»Garrick steckt seinen Kopf durch einen Türspalt und im Laufe von vier bis fünf Sekunden verändert sich sein Gesichtsausdruck von wilder Freude über gemäßigte Freude zur Ruhe, von der Ruhe zur Überraschung, von der Überraschung zum Erstaunen, vom Erstaunen zur Trauer, von der Trauer zur Niedergeschlagenheit, von der Niedergeschlagenheit zum Schrecken, vom Schrecken zum Entsetzen, vom Entsetzen zur Verzweiflung. Von dieser letzten Stufe steigt er wieder bis an den Ausgangspunkt. *Kann seine Seele all diese Gefühle empfinden und diese ganze Skala in Übereinstimmung mit dem Gesicht?*«[102]

Man hat Diderots Überlegungen in das Cliché gepreßt, er spiele die Kunst gegen die Natur aus, er schätze die Kraft eines Schauspielers wie David Garrick in dem Maße, wie sie unnatürlich, ja widernatürlich ist. Aber dieser Gegensatz trifft nicht. Diderot war der Meinung, daß alle Mühe des Schauspielers darauf gerichtet sein müsse, die wesentlichen Formen, die die natürliche Welt beherrschen, herauszufinden und herauszuarbeiten. Indem er sein Gefühl vom Material abzieht, gewinnt er die Kraft, bewußt zu erkennen, welche Formen dem natürlichen Empfinden zugrunde liegen. Weil der Darsteller auf der Natur aufbaut, kann er mit Menschen, die in diesem Zustand des Chaos verharren, kommunizieren. Durch das Auffinden wiederholbarer Ausdrucksformen bringt er für einen Augenblick das Gefühl der Ordnung in ihre eigenen Wahrnehmungen. Dieses Kommunizieren besteht nicht darin, daß er sie am Zeichen als solchem teilhaben läßt. Einer muß Herr der Empfindung werden und Abstand zu ihr gewinnen, während der andere sich ihr hingibt. In der Idee eines dauerhaften, wiederholbaren Gefühlsausdrucks ist insofern ein Moment der Ungleichheit enthalten.

Man muß sich diese potentiell freundschaftliche Beziehung zwischen Kunst und Natur in Diderots Theorie vor Augen halten, wenn man die Grundlage der schauspielerischen Darstellung analysiert. Diderot ging es um mehr als ein paar Genies vom Schlage Garricks. Diese lieferten ihm nur Modelle für soziale Ausdrucksformen. Aus sich heraus expressiv sind soziale Handlungen, die sich wiederholen lassen. Wiederholbare soziale Handlungen zeichnen sich dadurch aus, daß der Handelnde zwischen seine Person und die Sprache oder die Kleidung, die er anderen zeigt, eine Distanz legt. Ein äußeres Erscheinungsbild, das Abstand vom Selbst wahrt, unterliegt der Berechnung, und die Person, die dieses Erscheinungsbild wählt, kann, je nach den Umständen, in die sie gerät, ihre Sprache oder ihre Kleidung verändern. Diderot liefert die Erklärung dafür, warum Zeichen von der Art des künstlichen, unpersönlichen Kompliments, das fast unbesehen gegenüber jedermann wiederholt werden kann, auf Dauer Vergnügen bereiten können. Das Kompliment besitzt ein Eigenleben, eine Form, die vom jeweiligen Sprecher und seinem Zuhörer unabhängig ist. Es spricht aus sich selbst, genau wie der *pouf au sentiment*, genau wie das Schönheitspflästerchen. Die Abstraktheit einer Klassengrenzen überwindenden Sprache besitzt die gleiche Grundlage – sie ist in dem Maße expressiv, wie sie absichtsvoll künstlich ist, eine Welt für sich, eine Form, die unabhängig von den persönlichen Verhältnissen von Sprecher und Publikum bedeutungsvoll ist. Von der hohen Schauspielkunst gelangt Diderot auf diese Weise zu einer Theorie des Gefühls als Darstellung. Die Gefühle, die ein Schauspieler weckt, haben eine Form und daher eine eigenständige Bedeutung, so wie eine mathematische Formel eine eigenständige Bedeutung besitzt, gleichgültig, wer sie niederschreibt. Wenn diese Art von Ausdruck zustande kommen soll, müssen sich die Menschen unnatürlich verhalten und erforschen, welche Konvention, welche Formel immer wieder aufs neue wiederholt werden kann.

Aus heutiger Sicht wirken Diderots Ideen fast wie das intellektuelle Fundament des öffentlichen Lebens seiner Epoche. Aber als direkten Wortführer seiner Pariser Mitbürger kann man Diderot dennoch nicht bezeichnen, denn sein 1778 fertiggestellter Text erschien erst 1830 im Druck. Es gab um 1750 auch eine Reihe von Schriften zum Theater, die Ansichten wie die Diderots ausdrücklich ablehnten und die natürlichen Sympathien in den Mittelpunkt der Überlegungen stellten. Diderots *Paradox* selbst war eine Antwort auf die bekannte Abhandlung *Le comédien* von Rémond de Sainte-Albine aus dem Jahre 1747, die von John Hill sehr bald ins Englische übersetzt und 1769 dann von Sticotti ins Französische zurückübersetzt wurde – diese Fassung las Diderot. *Le comédien* vertrat die These, das Empfinden (und somit die Seele) des Schauspielers sei die Quelle seiner Kraft; habe er eine kalte Seele, so werde aus ihm ein teilnahmsloser Schauspieler. Aber auch die Ansichten Diderots waren um 1750 durchaus populär, obwohl sie nirgendwo so bündig zusammengefaßt waren wie in seiner Schrift. Antizipiert wurde Diderot von Riccobonis *L'art du théâtre*, von Grimms Äußerungen zum Theater, und Marmontel umriß sie später in einem *Encyclopédie*-Artikel über die Vortragskunst.[103]

Um 1750 entbrannte zum erstenmal jener Streit, den die Theaterhistoriker als den »Kampf zwischen Empfindung und Berechnung« beschreiben. Aus dieser Zeit ist uns eine amüsante Episode überliefert. Die beiden großen Schauspielerinnen aus den Tagen Diderots, Madame Clairon und Madame Dumesnil, begegneten einander im Théâtre Boule-Rouge. In Diderots Verständnis war Madame Clairon der weibliche Garrick, während er Madame Dumesnil für eine mittelmäßige Schauspielerin hielt, weil sie von ihren eigenen Gefühlen abhängig war. Die beiden begannen über die Frage von Empfindung oder Berechnung auf dem Theater zu diskutieren. Madame Dumesnil erklärte: »Ich war von meiner Rolle erfüllt, ich erfühlte sie, ich überließ mich ihr.« Worauf Madame Clairon heftig erwiderte: »Ich habe nie verstanden, wie man ohne Berechnung etwas zuwege bringt.« Nun ergriff der Schauspieler Dugazon das Wort: »Es geht ja nicht um die Frage, ob es die Schauspielkunst gibt, denn das steht außer Frage, sondern darum, ob in ihr die Fiktion oder die Wirklichkeit vorherrschen soll.« Madame Clairon: »Die Fiktion.« Madame Dumesnil: »Die Wirklichkeit.«[104]

Auch wenn dieser Streit in einen Abtausch von Trivialitäten mündet, so war doch beiden Parteien eine zentrale Voraussetzung gemeinsam. Von Rémond de Sainte-Albine und Riccoboni über Diderot bis hinein ins 19. Jahrhundert, bis zu den Überlegungen eines Schauspielers wie Coquelin wurde Diderots Grundannahme, daß die schauspielerische Darstellung gegenüber dem Text Eigenständigkeit besitze, allgemein akzeptiert. Der Konflikt zwischen Empfindung und Berechnung betraf die Frage, was der Schauspieler empfand, und nicht die, ob diese Empfindungen seinem Text entsprachen. Wie kann euch meine Beredtheit bewegen, so fragte Bischof Bossuet seine Gemeinde in einer seiner berühmten Predigten, und am Ende seid ihr doch nicht bereit, Gott eure Sünden zu beichten? Achtzig Jahre später war es möglich, Bossuets Qualitäten als Redner für sich zu erörtern und zu fragen, wie weit er sich unter Kontrolle hatte oder selbst von dem Feuer ergriffen war, mit dem er seine Pfarrkinder entflammte. Man brauchte sich jetzt nicht mehr bei dem Problem aufzuhalten, ob man nicht mehr Frömmigkeit an den Tag legen müsse, da er doch ein so bedeutender Redner war. Beide Parteien säkularisierten zu Diderots Zeiten das Phänomen der Darstellung und trennten es von äußeren Wahrheitskriterien. Mit seiner Theorie des Ausdrucks zog Diderot die Konsequenz aus dieser säkularen Idee: Wenn die Darstellung unabhängig vom jeweiligen Text Bedeutung hat, dann muß sie auch unabhängig vom jeweiligen Darsteller, seinen privaten Empfindungen und vorübergehenden Stimmungen Bedeutung besitzen.

Ihre Vollendung fand die Idee einer säkularen schauspielerischen Darstellung bei Rousseau, der sie in ein Verhältnis zur Wirklichkeit der großen Stadt setzte.

Rousseaus Anklage gegen die Stadt als Theater

Merkwürdigerweise war der beharrlichste Erforscher des öffentlichen Lebens der Stadt, der bedeutendste Autor, der sich mit ihm beschäftigte, ein Mann, der dieses Leben verabscheute. Jean-Jacques Rousseau betrachtete den Kosmopolitismus nicht als hohe Stufe der Zivilisation, sondern als monströsen Auswuchs. Gründlicher als irgendein anderer seiner Zeitgenossen untersuchte er die große Stadt, gleichsam als hätte er ein Krebsgeschwür vor sich. Paris stand im Mittelpunkt seines Interesses, doch Rousseau war überzeugt, daß die theatralischen Züge des Pariser Lebens auf die übrigen Hauptstädte Europas übergreifen würden. Dabei war Rousseau mehr als ein Chronist oder Sittenschilderer seiner Epoche. In seinen Attacken gegen die Vermischung von Bühne und Straßenleben gelangte er zu der ersten umfassenden Theorie der modernen Stadt als einer spezifischen Ausdruckswelt.

Rousseau war der erste, der die Stadt als säkulare Gesellschaft beschrieb. Er war der erste, der gezeigt hat, daß diese Säkularität aus einer ganz bestimmten Art von Stadt erwuchs, nämlich aus der kosmopolitischen Kapitale. Er war der erste, der einen Blick für die Diskontinuitäten der »urbanen« Erlebniswelt entwickelte und von hier aus zu einer Theorie des Kosmopolitismus vorstieß. Er war der erste, der die in der Öffentlichkeit der Kosmopolis gültigen Glaubhaftigkeitskodes auf psychische Grunderfahrungen wie Vertrauen und Spiel bezog; der erste, der die Psychologie der Großstadt mit einer Psychologie der Kreativität verband. Und all diese Einsichten führten ihn zu einer schrecklichen Konsequenz. In seiner Anatomie der großen Stadt kam Rousseau zu dem Schluß, daß die Menschheit psychologisch authentische Beziehungen – das Gegenteil des Kosmopolitismus – nur dann entwickeln könne, wenn sie sich einer politischen Tyrannei unterwerfe, und diese Tyrannei billigte er.

Die äußeren Umstände, unter denen Rousseau seine Theorie entwarf, geben auch einige Hinweise auf das, was er schrieb. Zwischen 1755 und 1757 verfaßte der französische Philosoph d'Alembert für die *Encyclopédie* einen Artikel über die Stadt Genf. D'Alembert bemerkte, daß es in der Stadt kein Theater gab. Angesichts der calvinistischen Tradition Genfs war das nicht verwunderlich. D'Alembert wußte, daß die Genfer »die Putzsucht, Verschwendung und Zügellosigkeit, welche die Truppen von Schauspielern unter der Jugend verbreiten«, fürchteten. Aber als Außenstehender sah er keinen Grund, warum die strenge, asketische Stadt kein Theater dulden sollte, er war sogar der Ansicht, daß es ihren Bürgern zum Wohle gereichen würde: »Die Theatervorstellungen«, so schrieb er, »würden den Geschmack der Bürger bilden und ihnen eine Feinheit des Takts, eine Zartheit des Empfindens verleihen, die ohne diese Hilfe sehr schwer zu erlangen sind.«[105]

D'Alembert hegte eine ähnliche Ansicht wie Fielding: Das Theater hielt moralische Lehren für den Alltag bereit. Diese Auffassung empörte Rousseau, einen Bürger von Genf, der einige Jahre in Paris gelebt hatte. Und 1758 veröffentlichte er seinen *Brief an Herrn d'Alembert*. Dieser Brief ist viel mehr als eine bloße Erwiderung. Um das politische Verbot des Theaters zu rechtfertigen, mußte Rousseau zeigen, daß d'Alembert kosmopolitische Werte vertrat; sodann mußte er zeigen, daß die Verbreitung kosmopolitischer Werte in einer kleinen Stadt deren Religion zerstören würde und daß infolgedessen die seelischen Fähigkeiten von Menschen, die gelernt hätten, sich mit der »Zartheit des Empfindens« von Schauspielern zu verhalten, an Tiefe und Aufrichtigkeit verlören.[106]

Alle Gegensätze, die Rousseau hervorkehrte – kosmopolitische Stadt/kleine Stadt, Schauspielerei/Authentizität, Freiheit/gerechte Tyrannei –, ergeben sich aus einer Theorie des Verfalls, nämlich des Verfalls der Sitten. Dabei umfaßt der Begriff der Sitte, *mœurs*, die Lebensweise der Menschen ebenso wie ihre Moral und ihre Anschauungen.[107]

Zum Verfall der Sitten kommt es, so behauptet Rousseau, wenn die Menschen einen Lebensstil entfalten, der über Arbeit, Familie und Bürgerpflicht hinausdrängt. Aus dem Zusammenhang der das Überleben sichernden Funktionen

herauszutreten, Gedanken an Vergnügungen zu wenden, die nichts zur Erzeugung und Erhaltung von Leben beitragen – darin liegt Verderbnis. Man könnte sagen, daß Rousseau mit Verderbnis das meinte, was wir heute als Überfluß bezeichnen.[108]
Wie leicht »verdirbt« man eine Frau oder einen Mann? Zu Beginn seines *Briefes* behauptet Rousseau, das sei schwer. »Ein Vater, ein Sohn, ein Ehemann, ein Bürger haben so kostbare Pflichten zu erfüllen, daß für Langeweile keine Zeit übrigbleibt.« Aber sogleich verbessert er sich, denn die Gefahr – leichtfertiges Vergnügen, fremdländische Unterhaltung, nutzloses Geschwätz im Café – lauert offenbar überall. Die Gewohnheit, zu arbeiten, kann durch »die Unzufriedenheit mit sich selbst, die Last des Müßiggangs, das Vergessen der einfachen und natürlichen Freuden« zugrundegerichtet werden. Mit anderen Worten, der Mensch ist andauernd bedroht vom Sittenverfall.[109]
Johan Huizinga hat das Spiel als Befreiung aus dem Ökonomischen definiert; er sieht im Spiel ein Tun, das die Welt täglicher Notdurft und Lebenserhaltung transzendiert. So verstanden ist das Spiel für Rousseau das Feindliche. Das Spiel verdirbt.[110]
Das Spiel hat seinen Ort in den Stunden der Muße. Der Protestantismus ist der Ansicht, daß der Mensch, der Muße hat und den keine Pflichten bedrücken, seinen natürlichen Leidenschaften nachgibt, die böse und sündhaft sind. Der Faule, der Schlemmer, der Verführer, der Zügellose – sie alle erweisen sich im Spiel als natürliche Menschen. Das war Calvins Überzeugung, und Genf wurde von ihm so organisiert, daß die Menschen keine Ruhe und damit auch keine Gelegenheit zur Sünde fanden.
Calvins Idee der kleinen Stadt als vollkommener Theokratie fußte auf einer einfachen Überlegung. Die kleine Stadt war ökonomisch lebensfähig, sie bot ihren Bewohnern in Kriegszeiten Schutz und war noch klein genug, um eine ständige Überwachung der Bevölkerung zu ermöglichen. Aus religiöser Sicht bestand der Vorteil der kleinen Stadt darin, daß sie das sicherste Werkzeug zur Unterdrückung der natürlichen Niedertracht des Menschen war. Rousseau war bestrebt, die Menschheit als von Natur aus gut und gleichwohl ihre politische Überwachung als legitim zu betrachten. Daher sind seine Ansichten über das Verhältnis von Sittlichkeit und kleiner Stadt komplexer als die Calvins.
Was würde geschehen, so fragt er, wenn die Menschen aus der Strenge des Kleinstadtlebens entlassen würden? Was würde geschehen, wenn Männer und Frauen über Zeiten wirklicher Muße verfügten? Freiheit von den Pflichten der Lebenserhaltung hätte zur Folge, daß Männer und Frauen mehr Gelegenheit zu geselligem Umgang fänden – für Besuche in Cafés, für Spaziergänge auf der Promenade und dergleichen. Geselligkeit entspringt der Muße. Je mehr aber die Menschen miteinander verkehren, desto abhängiger werden sie voneinander. Die Geselligkeitsform, die wir als öffentlich bezeichnet haben, verstand Rousseau also als ein Verhältnis wechselseitiger Abhängigkeit. Von dieser

wechselseitigen Abhängigkeit, die nicht mehr aus den Lebenserfordernissen erwächst, entwirft der *Brief* ein erschreckendes Bild.

Die Menschen machen sich um ihres Selbstgefühls willen voneinander abhängig. Man rückt die eigene Erscheinungsweise im Blick auf die anderen so zurecht, daß man deren Billigung findet, und dadurch erst ist man mit sich selbst zufrieden. Lionel Trilling faßt Rousseaus Überlegungen zusammen:

»Der Zuschauer läßt sich durch die charakteristische Schauspielerkrankheit anstecken und erleidet eine Schwächung des Selbstseins, die die Folge der Darstellung anderer Personen ist. [...] Die von Rousseau beklagte Schauspielerkrankheit besteht [...] darin, daß der Schauspieler, indem er überhaupt Personen darstellt, seine eigene Existenz als Person schwächt...«[111]

Im Müßiggang entwickeln Männer und Frauen die Sitten von Schauspielern. Wie schwerwiegend dieser Verlust von Unabhängigkeit ist, wird verdeckt, weil den Menschen das ganze als Spiel erscheint; sich selbst zu verlieren erleben sie als Vergnügen. In den Worten Rousseaus:

»[...] der Hauptzweck ist, zu gefallen, und wenn nur das Volk sich die Zeit vertreibt, so ist diesem Zwecke Genüge getan.«[112]

Es ist kein Zufall, daß Rousseau sich zu Wort meldete, als man ein Theater für seine Heimatstadt vorschlug. Das Theater, mehr noch als unzüchtige Bücher und Bilder, ist eine gefährliche Kunst, weil es die Laster von Männern und Frauen befördert, die um ihr Überleben nicht zu kämpfen brauchen. Es ist die Triebkraft des Selbstverlusts.

Von hier nun fällt der Blick auf die Kapitale, die kosmopolitische Großstadt: ihre Öffentlichkeitskultur ist der Schauplatz des Selbstverlusts.

Alle Städte sind Orte, an denen zahlreiche Menschen dichtgedrängt beieinander leben, wo es einen zentralen Markt (oder mehrere Märkte) gibt und wo die Arbeitsteilung weit fortgeschritten ist. Diese Bedingungen beeinflussen die Sitten der Städtebewohner. In der kleinen Stadt, so meint Rousseau, vollzieht sich dieser Einfluß direkt.[113] Die kleine Stadt bringt alle Tugenden guter, ehrbarer Menschen, die sich um ihren Lebensunterhalt bemühen, zur Blüte. Dagegen üben Ökonomie, Familie und andere materielle Faktoren in London oder Paris einen indirekten Einfluß auf den Lebensstil aus; direkt beeinflussen sie nur die *volonté*, den Willen der Stadtmenschen. Und die Sitten ergeben sich aus dem, was dieser Wille begehrt.[114]

Warum diese Unterscheidung? Für sie gibt es zwei Gründe. Mit der Einführung dieses Mittelbegriffs gelangt Rousseau zu einer spezifischen moralischen Bestimmung der Stadt. Er geht über die modernen, liberalen Formeln hinaus, denen zufolge die Schlechtigkeit der Stadtleute aus der Schlechtigkeit der gesellschaftlichen Verhältnisse resultiert, während die edlen Seelen dieser Leute hinter den Kulissen auf Erlösung warten. Dagegen meint Rousseau, daß die große Stadt gerade den Kern der Menschen verdirbt, ihren Willen.

Überdies hat die Komplexität der gesellschaftlichen und wirtschaftlichen Beziehungen in der großen Stadt zur Folge, daß man nicht weiß, mit was für

einem Menschen man es in einer bestimmten Situation zu tun hat, wenn man einzig und allein weiß, was dieser Mensch tut, wie viele Kinder er zu versorgen hat – kurz, wie er sich verhält. Die Komplexität der gesellschaftlichen Beziehungen in der Stadt macht es schwierig, den Charakter einer Person aufgrund der materiellen Verhältnisse zu erkennen. Wirtschaftlich betrachtet, liegt es im Wesen des kosmopolitischen Zentrums, daß das, was man heute als »Surplus-Kapital« bezeichnen würde, akkumuliert wird. Hier genießen die Reichen ihr Vermögen und geben sich dem Müßiggang hin, und die Armen tun es ihnen nach; allein schon die Konzentration von Kapital führt dazu, daß einige wenige über Muße verfügen und die Vielen aus lauter Neid »genußsüchtig« werden, d. h. ihre materiellen Interessen zugunsten eines müßiggängerischen »Stils« opfern.
Rousseau beschrieb die große Stadt also als eine Welt, in der man nicht sagen kann, was für ein Mensch der Fremde ist, mit dem man zu tun hat, auch wenn man weiß, was er treibt. Man begegnet ihm ja nicht in Situationen, die sich aus einem funktionalen Zusammenhang ergeben, sondern nur im Kontext nichtfunktionaler Geselligkeit, in der sozialen Interaktion um ihrer selbst willen. Und auf diese Erkenntnis gründet Rousseau seine Analyse des müßigen Spielens. Im Zustand der Muße interagieren die Menschen mehr und mehr aus bloßer Freude am Kontakt; je mehr sie außerhalb der Enge ihrer wirklichen Bedürfnisse Umgang pflegen, desto mehr werden sie zu Schauspielern, und zwar zu Schauspielern einer ganz besonderen Sorte:

»In einer großen Stadt [...] voller Intriganten, Müßiggänger, Menschen ohne Glauben und Grundsätze, deren Einbildungskraft von Müßiggang, Faulheit, Vergnügungssucht und großen Bedürfnissen verdorben ist und nichts als Ungeheuer gebiert und Bubenstücke eingibt, in einer großen Stadt, wo Sitten und Ehre nichts sind, weil man sein Leben den Augen des Publikums leicht entziehen kann, nur mit seinem Ansehen in Erscheinung tritt ...«[115]

Ansehen – bekannt sein, erkannt werden, anerkannt sein. In der großen Stadt wird das Streben nach Ruhm zum Selbstzweck; die Mittel dazu sind all die Hochstapeleien, Konventionen und Manieren, mit denen die Menschen in der Kosmopolis so leichtfertig spielen. Und doch führen diese Mittel unausweichlich zum Ziel, denn wer nicht über einen vom Staat, der seinerseits das Werkzeug einer höheren Macht ist, zugewiesenen Platz in der Gesellschaft verfügt, der verschafft sich selbst einen, indem er seine äußere Erscheinung »zurechtmacht«. Alle Schauspielerei ist verderbt, und das einzige, was man durch das Spiel mit dem eigenen Erscheinungsbild erlangen will, ist Beifall. Dadurch wiederum, so meint Rousseau, zerstört die kosmopolitische Stadt die Glaubhaftigkeit der Religion, da sich der Mensch seinen Platz und seine Identität selbst schaffen kann, statt sich in die Identität zu fügen, die die höhere Macht für ihn ausersehen hat. Das Streben nach Ansehen tritt an die Stelle des Strebens nach Tugend.
In Rousseau wohnen mehrere Seelen; viele der von ihm verfaßten Werke

widersprechen einander oder nehmen voneinander abweichende Standpunkte ein. Was die Ansichten über Spiel, Prestige und Religion betrifft, so ist der Rousseau des *Émile* nicht genau derselbe wie der Rousseau des *Briefs an Herrn d'Alembert*. Und der Rousseau der *Confessions* hat sich ein Stück weit von der Strenge des *Briefes* entfernt. Der *Brief* vertritt eine extreme Position, die bis zur letzten Konsequenz verfochten wird.[116]

Dennoch stößt man in Rousseaus Werken immer wieder auf die Anklage gegen ein weltbürgerliches, öffentliches Leben. So in *Julie*:

»Wie Uhren regelmäßig aufgezogen werden müssen, damit sie dann nur vierundzwanzig Stunden hintereinander gehen, so müssen diese Menschen allabendlich in die Gesellschaft hinaus, um zu erfahren, was sie am nächsten Tage denken sollen.«[117]

Und hier eine weitere außergewöhnliche Passage aus demselben Roman, in dem, wie Ernst Cassirer bemerkt, »nichts ›erfunden‹ ist; jedes Wort ist aus Rousseaus eigener Erfahrung [in Paris] gewonnen«:

»Man begegnet mir voller Freundschaft, man erweist mir tausend Zuvorkommenheiten, man trägt mir Dienste aller Art entgegen. Aber eben dies ist es, worüber ich mich beklage. Wie kann man vom ersten Moment an der Freund eines Menschen sein, den man nie zuvor gesehen hat? Das wahre menschliche Interesse, die schlichte Hingabe einer edlen und freien Seele: sie führen eine andere Sprache als all die äußeren Höflichkeitsbezeugungen, die die Sitte der großen Welt verlangt.«[118]

Die große Stadt ist ein Theater, in dem sich alles um die Jagd nach Ansehen dreht. Die Stadtmenschen werden zu Künstlern einer besonderen Art: zu Schauspielern. Indem sie ihr öffentliches Leben inszenieren, verlieren sie den Kontakt zu natürlicher Tugendhaftigkeit. Künstler und Großstadt stehen im Einklang miteinander, und das Resultat ist eine moralische Katastrophe.[119]

An dieser Stelle erheben sich freilich einige Fragen. Paris ist ein Theater, eine Gesellschaft von Männern und Frauen, die voreinander posieren. Aber heilt die Pose nicht mitunter auch Mißbildungen der Natur oder Wunden, die die materiellen Verhältnisse geschlagen haben? Rousseau sagt uns, das Streben nach Ansehen nehme in den Städten überhand. Doch wie steht es damit, wenn die Menschen in der Hoffnung auf Ruhm Großes hervorbringen? An einer Stelle im *Émile* spricht Rousseau voller Verachtung davon, daß die Leute in der großen Stadt oft in eine Rolle schlüpfen, um ihre niedere Herkunft zu vergessen, doch auf der Sündenskala wird man so etwas schwerlich mit Raub und Mord gleichsetzen.

Rousseaus Kritik der großen Stadt könnte von Anfang bis Ende wie ein Loblied auf den einfältigen, aber redlichen Bauerntölpel erscheinen. Der Banalität entgeht er, indem er im Verlauf seiner Überlegungen eine plötzliche Wendung vornimmt.

Rousseau hatte mit dem Gegensatz Tugend/Arbeit versus Laster/Muße begonnen. Die große Stadt ist voller Geschäftigkeit, sie führt ein pulsierendes Leben, das mit dem Alltag des schläfrigen Genf nichts zu tun hat. Mitten in seinem

Brief lenkt Rousseau nun den Blick auf einen anderen Zug menschlichen Handelns: Ein hektisches Kommen und Gehen, Handlungen ohne Bedeutung kennzeichnen die Großstadt, weil sich der vom Druck der Lebenserhaltung befreite Mensch nur wie verrückt im Kreise dreht. In der kleinen Stadt dagegen geht das Handeln langsamer vonstatten, so bleibt Muße, um über das eigene Tun und das eigene Selbst nachzudenken.[120]

Rousseau vollzieht diese plötzliche Wendung, weil er so zeigen kann, welche Auswirkungen die Stadt ganz allgemein auf die Formen des menschlichen Ausdrucks hat. Ein wahrhaft kreativer Ausdruck gelingt dem Menschen, der auf der Suche nach einem wahren Selbst ist; der Entdeckungsreise zu diesem Selbst verleiht er in Worten, Musik oder Bildern Gestalt. Die Werke der Kunst sind dann gleichsam Dokumente der Seelenerforschung. Die Kunst der Großstadt, die auf einem Netz sozialer Wechselbeziehungen beruht, bringt fiktive, stilisierte Selbstbilder hervor. Sie entspringen der Konvention und führen ein Eigenleben; sie haben keine Beziehung zum Charakter einer Person. Rousseau verabscheut diese Art der Darstellung von Emotion; ihm geht es um die nach innen gerichtete Charakterprüfung. Er formuliert den Gegensatz von Darstellung und Verkörperung, wenn er schreibt:

»Das ist die Einfalt des wahren Genies, [...] es kennt den Weg der Ehrungen und des Glückes nicht und denkt nicht daran, ihn zu suchen, es vergleicht sich mit niemandem, alle seine Hilfsmittel sind in ihm allein ...«[121]

Rousseau bedient sich in seiner Argumentation eines Tricks: Der Ausdruck wird dadurch bestimmt, wie aufrichtig – *honnête* – ein Mensch ist, und die Aufrichtigkeit ihrerseits hängt davon ab, wie unverwechselbar dieser Mensch ist. Für den Calvinisten besteht Aufrichtigkeit darin, täglich ein genaues Register seiner Sünden anzulegen; für Rousseau besteht sie darin, daß man aufhört, sich darum zu kümmern, welchen Eindruck man auf die Welt macht.[122]

So ergibt sich ein merkwürdiges Paradoxon. Schlecht am Schauspieler ist, daß er sich, empfindlich gegen Beschimpfung und empfänglich für Lobsprüche, in einer Welt bewegt, in der es Definitionen von Gut und Böse, Tugend und Laster gibt. Genauso bei der großen Stadt: in ihr gibt es *zuviel* Gemeinschaft. Die Werte der Gemeinschaft, wie immer sie beschaffen sind, besitzen zu großes Gewicht, weil die Menschen bestrebt sind, durch Darstellung dieser Werte bei anderen Ansehen zu erlangen. Die kleine Stadt hat bessere Werte, Werte der Lebenserhaltung. Doch gegen Ende des *Briefes* entwickelt Rousseau einen zweiten Vorzug der kleinen Stadt. Sie gestattet mehr Isolierung, sie erlaubt es den Menschen, die Maßstäbe der Gemeinschaft zu ignorieren und ihr eigenes Herz zu erforschen. In einer kleinen Stadt, so schreibt Rousseau,

»findet man mehr originale Geister, mehr sinnreiche Erfindungskraft, mehr wahrhaft neue Dinge, denn bei der kleinen Anzahl von Vorbildern ahmt man weniger nach, jeder nimmt viel mehr aus sich selbst und legt mehr von sich selbst in alles, was er tut...«[123]

Die Zensur einer Kunst, des Theaters, ist daher aus demselben Grund gerechtfertigt, aus dem auch eine Reform des Denkens gerechtfertigt ist. Wenn das Theater in Blüte steht, welkt das Sittengesetz dahin. In einer Stadt wie Genf könnte das Theater die Menschen verführen, ihr Verhalten an Vorbildern zu orientieren. Dagegen sollen die Menschen in Genf, mitten in einer politischen Tyrannei, ihre schöpferische Unverwechselbarkeit entfalten. In einer großen Stadt ist die Zensur nutzlos; welche Stücke aufgeführt werden, ist weniger wichtig als die Tatsache, daß überhaupt Stücke aufgeführt werden. Der Schauspieler auf der Bühne wird zum Muster dessen, was jeder Pariser in seinem Privatleben erstrebt.[124]

Rousseaus Prophezeiung

Wir haben nun die Umrisse dieser beeindruckenden und zugleich beängstigenden Infragestellung des öffentlichen Lebens nachgezeichnet. Noch ihre Widersprüche machen einen Teil ihrer Größe aus – Widersprüche, die auch all jene nicht losgelassen haben, die in Rousseaus Fußstapfen getreten sind. Politische Tyrannei und die Suche nach individueller Authentizität gehen Hand in Hand. Das ist der Kern von Rousseaus Prophezeiung, und darin hat sie sich erfüllt. Und wenn die Menschen zu Schauspielern werden, um Ruhm zu erlangen, um anderen gefällig oder einfach um freundlich zu sein, dann kommen sie schließlich an den Punkt, wo keiner mehr »eine Seele hat«. Auch diese Anschauung hat sich heute durchgesetzt.

Zugleich aber war Rousseau in bezug auf die moderne Zeit ein schlechter Prophet. Sein vielleicht aufschlußreichster Irrtum zeigt sich, wenn man seine Theorie mit dem Verhalten von Wilkes und seinen Gefolgsleuten vergleicht. Diese erste städtische Massenbewegung des 18. Jahrhunderts, die sich aus allen Rängen der Gesellschaft, vom wohlhabenden Kaufmann bis zum Laufburschen ohne einen Pfennig Geld, zusammensetzte, brachte die Darstellungskunst der Metropole des Ancien Régime auf eine Weise zum Einsturz, wie sie sich Rousseau nie träumen ließ. Seiner Ansicht nach konnte die Konvention nur durch eine Zunahme der herrschaftlichen Kontrolle über die Menschen zerstört werden. Für Wilkes und seine Leute ergab sich diese Zerstörung aber daraus, daß ihre Freiheit gegenüber herrschaftlicher Kontrolle wuchs. Rousseau konnte sich das Ende des öffentlichen Lebens nur in der Kleinstadt vorstellen, d. h. er konnte sich eine Alternative zur Metropole, nicht aber deren historisches Wachstum vorstellen. Zusammenhalt und politische Tyrannei, vollkommene Übereinstimmung zwischen der Tyrannei und den Bedürfnissen der Menschen als Naturwesen – das war seine Vision. Sie signalisierte eine Flucht in die Vergangenheit, und zwar in eine mythische Vergangenheit, einen Rückzug aus der großen Stadt. Aber die Kräfte, die innerhalb dieser

Stadt am Werke waren und die im Ancien Régime gültigen Prinzipien der äußeren Erscheinung umstießen, zielten in die entgegengesetzte Richtung, auf die Abschaffung der Zwänge, auf die Freiheit in der Kapitale. Durch Symbolisierung individueller Erfahrung hofften die Menschen, diese grenzenlose Freiheit faßlich zu machen.

Teil III
Die Erschütterung des öffentlichen Lebens
im 19. Jahrhundert

Eine betagte Pariserin, im Ancien Régime geboren und noch die achtziger Jahre des 19. Jahrhunderts erlebend, hätte den Wandel zwischen der Stadt ihrer Jugend und der Stadt ihres Alters möglicherweise als die Entfaltung eines fieberhaften öffentlichen Lebens wahrgenommen. Die Straßen der Stadt boten ein ausgelassenes Schauspiel: Vielleicht denkt sie an den Ballonaufstieg Nadars, der Hunderttausende auf dem Champ de Mars zusammenführte; oder an den Auftritt einer Giraffe im Jardin des Plantes, der eine solche Masse von Menschen anzog, daß mehrere zu Tode gequetscht wurden; oder an einen Hund namens Munito, der angeblich sprechen konnte und zahllose Leute in den Jardin Turc lockte, die tagein, tagaus vergeblich darauf warteten, daß Munito endlich seine Rede halten würde. Bei einiger Aufmerksamkeit wäre ihr vielleicht aufgefallen, daß auch die Tage der Revolution von einem ganz ähnlichen Element des Spektakulären geprägt gewesen waren. Vielleicht hätte sie auch die Romane Balzacs gelesen, deren eigentliches Thema die städtische Masse als menschlicher Zirkus ist. Und vielleicht würde sie die hektische Jagd der Pariser nach Erregungen aller Art mit dem förmlichen, wohlbedachten Austausch zwischen Fremden vergleichen, den sie als Kind, in den Tagen vor der ersten Revolution erlebt hatte.[1]

Es hätte ihr vielleicht ein zweifelndes Lächeln entlockt, wenn man ihr gesagt hätte, daß die große Stadt damals im Begriff war, den Charakter einer öffentlichen Kultur zu verlieren. Aber schon die Äußerlichkeiten des Lebens in der Großstadt waren rätselhafter, als es ihren Erinnerungen nach den Anschein hatte. Wer in der Stadt des Spektakels lebte, wußte, daß die Augenblicke öffentlicher Begeisterung flüchtig und vergänglich waren; Maxime du Camp formulierte es so: »[...] es ist, als ob die Köpfe der Menschen von einem närrischen Wind hin- und hergedreht würden. Die Begeisterungsausbrüche in Paris kommen plötzlich, und mitunter sind sie äußerst heftig, aber sie dauern nicht an.« Auch das Schauspiel als solches verselbständigte sich. Die Massen, die Nadars Ballon beobachteten, erlebten etwas, das außerhalb ihres Alltags stand – gerade deshalb war es spektakulär. Wie sollten sie sich angesichts des Außergewöhnlichen ein Urteil bilden können? Wie sollten sie teilnehmen? Wenn der Flaneur die Straße entlangstolzierte, so sahen ihm die Leute zu; sie hatten nicht mehr das Gefühl, daß sie ihn ansprechen dürften. Passive Betrachter, schweigende, staunende Zuschauer – mochte sich die Stadt auch im Taumel der Erregung befinden, in ihrer äußeren Erscheinung zeigten sich doch Anzeichen einer Veränderung.[2]

Es fällt schwer, sich heute ein Bild von dieser sittsamen, gezierten und zugleich in jäh aufwallender Begeisterung so freizügigen Ära, von ihrer Großartigkeit und Komplexität zu machen. Das Gezierte erscheint uns als Sklaverei, der wir hundert Jahre später mit knapper Not entronnen sind, und das Phantastische dieser Ära wirkt auf uns falsch und überdreht – als ein Ensemble phantasierter Leidenschaften und übersteigerter Empfindungen, die lediglich eine »Kompensation« für den Zwang der Anstandsformen darstellen. Es fällt uns schwer, an den Geschäftsleuten Balzacs und an den Flaneuren, die in Baudelaires Gedichten durch die Straßen von Paris schlendern, das Großartige und das zugleich tödlich Kranke wahrzunehmen. Es fällt uns schwer, zu verstehen, wie in ihrem Kampf an der immer mehr sich verwischenden Grenze zwischen Öffentlichkeit und Privatheit bereits jene Auseinandersetzung angelegt ist, die wir heute mit der Intimität führen.

Nicht minder schwer fällt es uns, die fieberhaft vibrierende öffentliche Welt des letzten Jahrhunderts mit dem in Verbindung zu bringen, was ihr vorausging. Die Stadt des passiven Spektakels war etwas Neues; aber sie war auch eine Folge jener öffentlichen Welt der Höflichkeiten, die sich im Ancien Régime herausgebildet hatte. Das war die Voraussetzung dafür, daß das Bürgertum diese ältere Kultur zu einem Spektakel aufblähen und damit letztlich die öffentliche Sphäre ihrer Bedeutung als einer Form von Geselligkeit berauben konnte.

Wir wollen uns hier mit vier für das öffentliche Leben im 19. Jahrhundert zentralen Fragen beschäftigen. Die erste lautet: Wie wirkten sich die materiellen Verhältnisse – die Bevölkerungs- und die Wirtschaftslage in der Großstadt des 19. Jahrhunderts – auf die öffentliche Sphäre aus? Die zweite: Wie wurde die Person zu einer gesellschaftlichen Kategorie? Wir erinnern uns, daß das Problem der Individualität die öffentliche Sphäre auch im Ancien Régime, etwa im Falle des John Wilkes, äußerst heftig, wenn auch nur zeitweilig, erschütterte. Im 19. Jahrhundert nun verfestigte sich das Bild vom Individuum mit seinen je besonderen Fähigkeiten, Wünschen und Vorlieben zu einer gesellschaftlichen Grundvorstellung, sei es in Form eines grobschlächtigen Individualismus, etwa als *survival of the fittest,* oder ähnlich rauhtönenden Rechtfertigungen der neuen ökonomischen Verhältnisse, sei es in Form subtilerer, zugleich aber auch verunsichernder Anschauungen darüber, wie die Gesellschaft in ihrer Funktionsweise die Persönlichkeit zugleich ausnutzte und stärkte. Wie sich dieser Glaube an die Persönlichkeit des einzelnen im öffentlichen Verhalten umsetzte und wie man sie in der Öffentlichkeit zu begreifen versuchte, darauf zielt diese zweite Frage.

Die dritte Frage lautet: Was wurde aus der Identität des Menschen in der Öffentlichkeit, als man begann, Persönlichkeit als gesellschaftliche Kategorie aufzufassen? Genauer, was wurde aus der Vorstellung vom Menschen als Schauspieler? Wir werden es hierbei nicht nur mit dem weiteren Schicksal eines Gemeinplatzes aus dem 18. Jahrhundert zu tun haben, sondern mit der wesentlichsten Wandlung des 19. Jahrhunderts, in deren Verlauf schweigende Beobachtung zu einem Ordnungsprinzip der Öffentlichkeit wird.

Die vierte und letzte Frage lautet: Inwiefern bildet die Persönlichkeit als Dimension von Öffentlichkeit die Voraussetzung für die Vorherrschaft von Intimität in neuerer Zeit? Die ersten drei Fragen richten sich also darauf, was das letzte Jahrhundert von einer älteren Epoche erbte und wie es dieses Erbe umgestaltete, während die vierte darauf zielt, wie das 19. Jahrhundert die Zerstörung der *res publica* in heutiger Zeit vorbereitete.

Jedes der nun folgenden vier Kapitel beschäftigt sich mit einer dieser Fragen. Kapitel 7 konzentriert sich auf den Zusammenhang von materiellen Verhältnissen und öffentlichem Leben und untersucht die Bevölkerungssituation, die Ökologie und die Ökonomie der Hauptstädte des 19. Jahrhunderts, insbesondere eine neuartige Form von Warenöffentlichkeit in der Großstadt. Kapitel 8 untersucht, wie Persönlichkeit zu einer gesellschaftlichen Kategorie wurde; es zeigt zunächst, wie ein einzelner Schriftsteller, nämlich Balzac, Persönlichkeit als gesellschaftliche Kategorie deutete; sodann werden die Auswirkungen, die dies auf die öffentliche Sphäre hatte, am Straßen- und Bühnenkostüm der Zeit nach 1840 untersucht; das Kapitel schließt mit einem Vergleich zwischen einer Revolte gegen das aus dem Ancien Régime überkommene körperliche Erscheinungsbild im Jahre 1795 und einer Revolte, die sich hundert Jahre später gegen das viktorianische Vorstellungsbild des Körpers in der Öffentlichkeit richtete. Kapitel 9 untersucht Vorstellungsbilder von öffentlicher Identität und zeigt, wie die Personalisierung der öffentlichen Sphäre zu einer neuartigen Abgrenzung von Sprechen und Schweigen führte und wie es fortan nur noch einer bestimmten Gruppe von Menschen möglich war, sich in dieser neu formierten Öffentlichkeit als Schauspieler zu bewegen. Kapitel 10, das sich der Frage zuwendet, wie die Personalisierung des öffentlichen Raumes die Aushöhlung der *res publica* in heutiger Zeit vorbereitete, hat es mit der Politik zu tun; es prüft, wie es dazu kommt, daß politische Führungskraft zusehends durch Charaktereigenschaften der »öffentlichen Persönlichkeit« definiert wird, und wie der politische Kampf der Gemeinschaft immer mehr zu dem Versuch gerät, eine »Kollektivpersönlichkeit« herauszubilden. Während das Kapitel über die materiellen Verhältnisse allgemeine Entwicklungslinien für das gesamte 19. Jahrhundert nachzeichnet, folgen die drei anderen Kapitel einer vergleichenden Methode, indem sie die einzelnen Fragestellungen jeweils für die vierziger und die neunziger Jahre des 19. Jahrhunderts untersuchen.

Zu Beginn dieses Buches war von drei Kräften die Rede, die an der Verwandlung des öffentlichen Lebens im 19. Jahrhundert beteiligt waren: Der Industriekapitalismus brachte einen doppelten Wandel mit sich; eine neuartige Säkularität veränderte die Auffassung von Öffentlichkeit grundlegend; und gerade das Fortbestehen bestimmter Elemente der Öffentlichkeitsideologie des Ancien Régime führte zu einem Wandel des öffentlichen Verhaltens. Mit Hilfe dieser Kräfte läßt sich eine, wie ich hoffe, schlüssige Erklärung dafür geben, wie sich die materiellen Veränderungen auf das öffentliche Leben auswirkten, wie die »Persönlichkeit« zu einer Dimension von Öffentlichkeit wurde, warum sich ein neuer Begriff des »Öffentlichkeitsmenschen« herausbildete und wie die Ängste, die das öffentliche Leben im 19. Jahrhundert auslöste, den Weg bereiteten für die Verleugnung von Öffentlichkeit im 20. Jahrhundert. Der Leser könnte nun fragen, warum diese Probleme hier auf so talmudistische Weise erörtert werden; warum nicht einfach jeder dieser Kräfte ein Kapitel widmen und darin ihre Wirkungen auf Sitten und Gebräuche darstellen?

Die Kategorien von Ursache und Wirkung kann man mechanisch anwenden – wenn man x tut oder wenn x existiert, resultiert daraus y –, man kann sie aber auch historisch anwenden. Dann wird das Ganze jedoch komplexer. Aus einer Reihe von Phänomenen, die innerhalb einer bestimmten Zeitspanne Wandlungen durchlaufen, versucht der Analytiker eine Theorie des Wandels zu konstruieren. Ein gutes Beispiel für den Unterschied zwischen mechanischer und historischer Anwendung ist die Art und Weise, wie ein Mensch seine besondere Lebensgeschichte im Zusammenhang einer Therapie darstellt. Sehr früh innerhalb einer Therapie kommt es zu den sogenannten »therapeutischen Flitterwochen«; der Patient liefert ein klares Bild aller x in seinem Leben, die seine neurotischen Symptome, die y, hervorgebracht haben. Aber allein der Mangel an Mehrdeutigkeit, das Statische an diesem Bild machen diese Erklärungen bedeutungslos. Der Satz »Ich weiß, worin meine Probleme bestehen« zeigt nur, wie tief man ihnen noch verhaftet ist. Im Laufe der Therapie werden dann nach und nach Veränderungen in spezifischen Phänomenbereichen zusammengesetzt, und langsam entsteht eine Theorie, die erklärt, warum es zu diesen Phänomenen kam. Vielleicht steht am Ende tatsächlich etwas, das den ursprünglichen Erklärungen des Patienten aus der Zeit der »therapeutischen Flitterwochen« sehr ähnlich ist, aber es hat jetzt eine andere, erfahrungshaltige Bedeutung.

Will man die Geschichte einer Kultur rekonstruieren, so tritt ein ähnliches Problem wie bei der Rekonstruktion einer Lebensgeschichte auf: mechanische Klarheit ist nicht schon Klarheit per se. Es liegt im Wesen der drei Kräfte, die im 19. Jahrhundert am Werke waren, daß jede von ihnen bestimmte Bereiche des öffentlichen Lebens auf eine je spezifische, von den anderen deutlich unterschiedene Weise durchdrang. Die überkommene Vorstellung vom bedeutungsvollen visuellen Auftreten in der Öffentlichkeit z. B. wies zwar Ähnlichkeiten mit der überkommenen Vorstellung von öffentlicher Rede als einem spezifischen Erfahrungsbereich auf, aber beide waren einander nicht völlig gleich. Ebenso entsprangen etwaige Wandlungen bestimmter Züge des öffentlichen Lebens nie einer einzigen, reinen Quelle. Die Begriffe Ursache und Wirkung gleichen in gewisser Weise dem Klassenbegriff: sie besitzen Realitätsgehalt, aber sie verleiten zum Mißbrauch. Ohne sie wird die Gesellschaft zum unermeßlichen Meer der Erscheinungen; alles existiert, aber nichts läßt sich

erklären. Das Problem besteht also darin, weder gedankenlos noch mechanisch zu verfahren. Ich habe versucht, den historischen Wandel zu erfassen, indem ich die Auswirkungen dieses Wandels konkret darstelle, dadurch nach und nach die Komplexität jener drei Kräfte aufdecke und so zu einer Theorie des Wandels gelange.
Was für diese Kräfte gilt, trifft auch auf vier Indikatoren für das »Unbehagen in der Kultur« zu, die man bei der Analyse der Wandlungsprozesse verwenden kann. Diese vier Indikatoren dafür, daß der Eintritt der »Persönlichkeit« ins öffentliche Leben mit Schwierigkeiten verbunden war, sind: die Angst vor unwillkürlicher Gefühlsoffenbarung; die Überlagerung öffentlicher Situationen durch eine unangemessene private Vorstellungswelt; der Wunsch, die eigenen Gefühle zu unterdrücken, um sich in der Öffentlichkeit abzuschirmen; der Versuch, die dem Schweigen innewohnende Passivität zu einem Strukturierungsprinzip für den öffentlichen Raum zu machen. Die Angst vor unwillkürlicher Gefühlsoffenbarung bedeutet nun aber für eine Frau, die auf der Straße von Männern schweigend angestarrt wird, etwas anderes als für einen Politiker, der gerade im Begriffe steht, seine Zuhörer zu belügen. Die wechselnden Erscheinungsformen solchen Unbehagens, wie die der genannten drei Kräfte, gleichen den verschiedenen Stimmen einer Fuge.
Hier noch eine letzte Vorbemerkung über die Verwendung des Wortes »städtisch« (urban) und über die Stadt Paris selbst.
Der Gebrauch der Worte »städtisch« und »verstädtern« (urbanize) wirft gewisse Probleme auf. Der Sprachgebrauch geht davon aus, daß sich »städtisch« auf einen bestimmten Ort auf der Landkarte und die dortigen Lebensformen bezieht; und »verstädtern« meint die Ausbreitung dieser Lebensformen auf andere Gebiete außerhalb der Stadt. Charles Tilly hat gezeigt, wie unzureichend dieser Sprachgebrauch ist, wenn man sich der Gesellschaft des 19. Jahrhunderts zuwendet; was »die Stadt« ausmachte, war ein administrativer, finanzieller und rechtlicher Zusammenhang von internationaler Reichweite. Und Verstädterung bedeutete im 19. Jahrhundert mehr als eine bloße Ausbreitung städtischer Lebensformen; sie steht hier für einen allgemeineren Prozeß der Ausbreitung »moderner«, anti-traditionaler Kräfte. Und dennoch war diese Gesellschaft nicht aus einem Guß: immer noch bildete die Stadt eine unterscheidbare Kultur, vor allem die Hauptstadt. Ihr öffentliches Leben konnte sich über ihre Grenzen hinweg ausbreiten, aber hier war der Ort, von dem dieser Prozeß seinen Ausgang nahm.[3]
Wir haben gesagt, eine städtische Situation zeichne sich dadurch aus, daß in ihr Fremde einander alltäglich begegnen. Wir haben uns mit der Sozialpsychologie der Interaktion zwischen Fremden bereits beschäftigt; im Laufe des 19. Jahrhunderts verschärften sich die dabei auftretenden Probleme erheblich, und zwar infolge massiver demographischer Verschiebungen. In den ländlichen Gebieten Westeuropas genauso wie in denen Süd- und Südosteuropas kam es in dieser Zeit zu beträchtlichen Abwanderungsbewegungen. Diese Umwälzung,

zum Teil durch Hungersnot, zum Teil durch die Umgestaltung der Eigentumsverhältnisse für Grund und Boden und durch die Kapitalisierung der Landwirtschaft verursacht, vertrieb eine Vielzahl von Bauern und Dorfbewohnern aus ihrer angestammten Heimat und verschlug sie entweder in die großen Städte Europas, in unbekannte Provinzorte oder in die Vereinigten Staaten, nach Argentinien oder Brasilien. Auch für diese Vertriebenen wurde die Begegnung mit Fremden zu einem Stück Alltagserfahrung – sie war Bestandteil des Traumas ihrer Entwurzelung.

So entstand aus der Demographie der ländlichen Gebiete im 19. Jahrhundert eine Ursache dafür, daß die Lebensformen der Stadt außerhalb ihrer Grenzen Bedeutung gewannen. Nicht daß sich jede Neuerung des öffentlichen Verhaltens in der Großstadt augenblicklich auch in der Provinz verbreitet hätte; aber Menschen, die selbst zu landlosen Nomaden geworden waren, erschien das Leben in der Stadt als permanente Entwurzelung und war ihnen insofern nicht völlig fremd. Auch das Land stand vor den Problemen, die ein Leben inmitten von Fremden mit sich bringt; das Publikumsproblem der Großstadt stellte sich in ähnlicher Weise, wenngleich es durch die Erinnerung an ältere Traditionen und durch die kleinen Kerngruppen von Dorfbewohnern oder Landleuten modifiziert wurde, die die in die Stadt getriebenen Bauern bald bildeten. Dieser Zusammenhang von Stadt und Land im 19. Jahrhundert bereitete die nachhaltige Auslöschung der geographischen Grenzen in unserem Jahrhundert vor, die zur Folge hat, daß die Verleugnung des öffentlichen Lebens in der heutigen Großstadt über die neuen Kommunikationstechniken die gesamte Gesellschaft ergreift.

Hier wollen wir uns zunächst auf die Metropole konzentrieren, und zwar vor allem auf Paris. In den beiden ersten der nun folgenden vier Kapitel steht im Vordergrund, was Paris und London gemeinsam war – in bezug auf die materiellen Verhältnisse und auf den Glauben an die Persönlichkeit in der Öffentlichkeit. In den beiden letzten Kapiteln dieses Teils, die sich mehr der Politik zuwenden, steht dann Paris im Mittelpunkt. Walter Benjamin bezeichnete Paris als die »Hauptstadt des 19. Jahrhunderts«, zugleich erschien es ihm als ein Ort, der sich jeder Klassifizierung entzog. Es war das Verhältnis von Politik und Kultur, das Paris in Benjamins Augen zur Hauptstadt des 19. Jahrhunderts machte. Hier wurden die ideologischen Konflikte auf die Spitze getrieben; revolutionäre Erhebungen, vor denen man anderswo bloße Angst verspürte, bildeten ein Element in der Erfahrung und der Erinnerung jener Generation von Pariser Bürgern. Paris war der Platz, an dem sich im 19. Jahrhundert alle Ängste und alle Wunschträume des Bürgertums konzentrierten. Paris faßte die Spannungen, die ganz Westeuropa durchzogen, wie mit einem Brennglas zusammen und ließ dadurch ihre Strukturen und ihre Folgeerscheinungen besonders manifest werden. Deshalb war diese Stadt, wie das heutige New York, für andere ein Ort der Faszination und des Schreckens zugleich.

Kapitel 7
Auswirkungen des Industriekapitalismus
auf das öffentliche Leben

Mit Begriffen wie »städtische Revolution« und »Industriestadt« lassen sich die Veränderungen, die im letzten Jahrhundert stattgefunden haben, nicht zureichend beschreiben. Der erste Begriff ist insofern irreführend, als er den Eindruck erweckt, das Wachstum der Städte habe im 19. Jahrhundert solche Ausmaße angenommen, daß sie mit den Städten, wie sie vorher existierten, kaum noch etwas zu tun hatten. Und der zweite Begriff ist irreführend, weil er suggeriert, das Wachstum habe sich vor allem dort vollzogen, wo das Leben der Stadtbevölkerung von der Industriearbeit in riesigen Fabriken geprägt war. In Wirklichkeit aber war das stärkste Bevölkerungswachstum in Städten zu verzeichnen, in denen es nur wenig Großindustrie gab, nämlich in den Hauptstädten. Gewiß, die Zunahme der Bevölkerung hatte einen beispiellosen Umfang. Die traditionellen Formen, eine solche Bevölkerung ökonomisch zu unterhalten, veränderten sich bis hin zur Unkenntlichkeit – der quantitative Wandel zog den der Formen nach sich. Zunächst wurde die neue Bevölkerung nach den überkommenen Mustern der Großstadtökologie strukturiert; doch allmählich modifizierten sich diese Muster. Die Zuwanderer waren zumeist jung und alleinstehend; erst im weiteren Verlauf des Jahrhunderts, als die Landflucht mehr und mehr um sich griff, gründeten sie Familien.
Die Ökonomie in den Hauptstädten des 19. Jahrhunderts weitete die aus der Stadt des Ancien Régime stammenden institutionalisierten Praktiken zum Teil lediglich aus. Handel, Finanzwesen und Bürokratie blieben die Hauptaktivitäten. Fabriken waren landhungrige Unternehmungen; falls sie sich überhaupt in Städten ansiedelten, taten sie das in den Außenbezirken, wo der Boden billiger war. Im Zentrum der Stadt fand man eher kleine Werkstätten, die weniger stark mechanisiert waren. Solche im Stadtgebiet liegenden Betriebe waren häufig mit dem Handel verbunden, mit der schnellen, oft hochspezialisierten Verarbeitung von Rohgütern aus den Kolonien und anderen europäischen Nationen zu Einzelhandelswaren.
Die innere Ökonomie der Hauptstädte brachte einen neuen Wirtschaftszweig hervor. Aufgrund des starken Bevölkerungswachstums in der Stadt wurde der Einzelhandel gewinnträchtig wie nie zuvor. Die immense Vervielfachung der Käuferschichten ließ eine neue Institution des Handels entstehen, das Warenhaus, das sich zu Lasten der klassischen Märkte unter freiem Himmel und der kleinen Läden durchsetzte. In diesem neuen Institut des Einzelhandels traten die Probleme des öffentlichen Lebens im 19. Jahrhundert beispielhaft zutage – ein Paradigma für die Veränderungen, die sich innerhalb der öffentlichen

Sphäre ereignen sollten. Um dies zu verstehen, wollen wir zunächst verfolgen, wie die materiellen Entwicklungen die überlieferten Strukturen aufblähten.

War der Stadtbewohner des 19. Jahrhunderts eine neue Gestalt?

Im 19. Jahrhundert war das Bevölkerungswachstum in den Hauptstädten beträchtlich, so daß die Zahlenangaben für sich genommen schon aufschlußreich sind. Für das Wachstum von Paris liefert uns der Demograph A. F. Weber folgende Daten:

1801	547 756
1821	713 966
1841	935 261
1861	1 174 346
1881	2 269 023
1896	2 536 834

Die Bedeutung dieser Daten kann man sich folgendermaßen klarmachen: Man setze die Bevölkerungszahlen von 1801 für ganz Frankreich, für die 12 größten französischen Städte und für Paris jeweils mit 100 an und drücke das Bevölkerungswachstum im weiteren Verlauf des 19. Jahrhunderts relativ zu dieser Basisgröße aus. Es ergeben sich dann folgende Vergleichsgrößen:

Jahr	Frankreich	12 Städte	Paris
1801	100	100	100
1821	110	120	130
1841	120	154	171
1861	133	268	306
1881	140	354	414
1896	143	405	463*

* Die Verhältniszahlen für Paris stehen nicht völlig in Einklang mit den oben genannten absoluten Zahlen, weil bestimmte Erweiterungen des Stadtgebietes von Paris zwischen 1852 und 1865 von den Statistikern nicht einheitlich behandelt worden sind.

Diese Zahlen ergeben ein deutliches Bild: Die Einwohnerzahl der zwölf größten Städte stieg sehr viel schneller als die Frankreichs insgesamt, und die von Paris seinerseits nahm schneller zu als diejenige dieser Städte.[4]
London hatte im Verlauf des 19. Jahrhunderts ein ebenso kräftiges Wachstum wie Paris zu verzeichnen, es ist jedoch schwieriger, zu genauen Angaben zu gelangen, weil »London« sich demographisch, administrativ und sozial nicht deutlich von seiner Umgebung abgrenzen läßt. Es gab den Verwaltungsbezirk London; zusammen mit einem äußeren Ring von Vororten bildete er das

sogenannte »Greater London«; aber auch über diese Grenze hinaus breitete sich die Stadt aus. Diese über ein weites Gebiet verteilte Masse von Menschen stand jedoch in der gleichen Relation zur Bevölkerung anderer englischer Städte und zur Bevölkerung von England insgesamt wie die Bevölkerung von Paris zu der von Lille und der von ganz Frankreich. Zwischen 1871 und 1901, so schreibt Asa Briggs, »wuchs die Bevölkerung von Greater London schneller als die irgendeines anderen Siedlungsraumes in der Provinz und sehr viel schneller als die Gesamtbevölkerung«.[5]

Für den Verwaltungsbezirk London ergeben sich im 19. Jahrhundert folgende Zahlen:

1801	864 845
1821	1 225 694
1841	1 873 676
1861	2 803 989
1881	3 834 354
1891	4 232 118

Wie im 18. Jahrhundert war London auch jetzt erheblich größer als Paris, aber beide Städte waren ihrerseits wieder viel größer als andere europäische Metropolen. Die Zuwachsraten von London und Paris in bezug auf die Gesamtnation waren einander ähnlich. Hier die Vergleichszahlen für London, andere Großstädte (über 100 000 Einwohner) und die gesamte Nation (England und Wales):

Jahr	Nation	andere Großstädte	London
1801	100	—	100
1821	134	100	141
1841	178	158	216
1861	226	153	324
1881	292	136	443
1891	326	166	489

Der Unterschied zwischen den französischen und den englischen Verhältnissen betrifft das Wachstum der Provinzstädte, das in Frankreich schneller und kontinuierlicher vonstatten ging als in England. Die Verhältniszahlen für das Wachstum von Paris und London weisen dagegen erstaunliche Parallelen auf.[6]

Um zu ermessen, was diese Zahlen für die Menschen bedeuteten, muß man sich vor Augen führen, daß die einzige Stadt, die der Größe von London oder Paris auch nur annähernd entsprach, das kaiserliche Rom des 2. nachchristlichen Jahrhunderts gewesen ist. Und es gab bis dahin keine andere städtische Ansiedlung, die in so kurzer Zeit so rasch gewachsen wäre.

Warum diese beiden Städte so groß wurden, läßt sich nicht ohne weiteres sagen. Es ist einigermaßen sicher, daß sich das Verhältnis zwischen Geburten und Todesfällen im Laufe des Jahrhunderts zugunsten der Lebenden veränderte. Verbesserungen in der Medizin und im Gesundheitswesen beseitigten die

ständige Seuchengefahr – die große Geißel der Stadtbewohner früherer Zeiten –, und so erreichten immer mehr Kinder aus städtischen Familien ein Alter, in dem sie selbst eine Familie gründen konnten. Die Stadt hatte also auch ein gewisses inneres Bevölkerungswachstum zu verzeichnen, die Hauptquelle ihrer Ausdehnung blieb jedoch die Zuwanderung. In der ersten Jahrhunderthälfte waren es immer noch vor allem junge, ungebundene Menschen, die aus einiger Entfernung in die Stadt kamen; die Krise der Landgebiete brach mit vollem Ernst erst in den fünfziger Jahren aus. Aber auch dann verdrängte die Bauernfamilie den freiwilligen Zuwanderer nicht eigentlich; die neu zuwandernden Familien schlossen sich dem anhaltenden Zustrom der Alleinstehenden an.
Angesichts dieser riesigen Zahlen muß man einen Vorbehalt machen. Der Abfluß aus der Stadt war ebenfalls beträchtlich; viele, die in einem Jahr von einer Volkszählung erfaßt wurden, waren im nächsten wieder in die Provinzstädte und aufs Land zurückgekehrt. Das gilt vor allem für die entwurzelten Bauern. Eine Untersuchung von Peter Knights und Stephan Thernstrom weist darauf hin, daß sich das wirkliche Bild des Städtewachstums im 19. Jahrhundert zusammensetzt aus einer starken, stetigen Zunahme auf Dauer bleibender Stadtbewohner und einer noch sehr viel stärkeren, aber sehr viel unstetigeren von Leuten, die in die Städte kamen, nur um sie bald wieder zu verlassen und einer neuen Welle Nachdrängender, die ebenfalls nicht lange blieben, Platz zu machen.

Die »Lokalisierung« der Stadt

Wir wissen nicht genug über die Unterschiede zwischen den Zuwanderern, die sich auf Dauer in der Stadt einnisteten, und jenen, die sie bald wieder verließen, um sagen zu können, ob sie unterschiedliche Wohnerfahrungen innerhalb der Stadt machten – eine Grunderfahrung war jedenfalls die Bevölkerungsdichte. Meine eigenen Untersuchungen über Chicago deuten darauf hin, daß Angehörige des Bürgertums, die seit langem in dieser Stadt ansässig waren, ebenso häufig umzogen wie Arbeiter, die nur für kurze Zeit blieben; eine Studie über Paris im 19. Jahrhundert kommt zu dem gleichen Ergebnis, eine andere nicht.[7]
Wie im 18. Jahrhundert gingen London und Paris auch im 19. Jahrhundert auf sehr unterschiedliche Weise mit dem Problem der steigenden Bevölkerungsdichte um; aber wie im Ancien Régime führten diese unterschiedlichen Reaktionen zum gleichen gesellschaftlichen Resultat.
Man erhält ein Bild vom Wachstum der Pariser Bevölkerung in der ersten Hälfte des 19. Jahrhunderts, wenn man sich einen festen Kasten vorstellt, der mit Glasstücken angefüllt ist; in den Kasten wird nun immer mehr Glas

geworfen, die Glasstücke zerbrechen unter dem steigenden Druck, aber die Seitenwände des Kastens halten stand. Um 1850 ist der Kasten randvoll; er wird nun aber nicht aufgebrochen, sondern es wird ein neuer, größerer Kasten mit ebenso festen Seitenwänden geschaffen. Und der Druck innerhalb dieses Kastens beginnt von neuem zu steigen. Paris war, anders als London, keine Stadt, die sich zunehmend ausbreitete; in Paris brachte das Bevölkerungswachstum die äußere Gestalt der Stadt vielmehr immer wieder fast zum Platzen.

Der Kasten, der Paris seit seinen Anfängen umschloß, war die Stadtmauer. Der Zweck dieser Mauer veränderte sich im Laufe der Zeit. Seit dem 18. Jahrhundert diente sie der Stadt nicht mehr als Schutz vor äußeren Feinden; um 1770 war sie vielmehr ein Mittel, um in ihrem Innern die Volksmassen zu kontrollieren. Alle für die Stadt bestimmten Lebensmittel und Handelsgüter mußten durch eines der 60 Stadttore passieren, wo sie mit einer Oktroi genannten Zollabgabe belegt wurden. Die Stadtmauer war die »Mauer der Fermiers Généraux« (der Generalsteuerpächter). Bis 1840 bildete sie die formelle Stadtgrenze. Baron Haussmann begann dann in den späten fünfziger Jahren mit der Errichtung einer neuen juristisch, administrativ und städtebaulich relevanten Mauer, die allerdings anders als die früheren Stadtmauern unsichtbar war.

In der ersten Hälfte des 19. Jahrhunderts mußte die wachsende Bevölkerung innerhalb der Mauer der Fermiers Généraux Platz finden. Die verfügbaren Häuser waren bald gefüllt. Also begann man damit, die Häuser in eine Vielzahl von Wohnungen aufzuteilen; als der so geschaffene neue Raum nicht mehr ausreichte, erweiterte man die alten Gebäude durch Obergeschosse. Der Gegensatz zwischen den riesigen freien Plätzen, die im vorausgegangenen Jahrhundert geleert worden waren, und den umliegenden dichtbesiedelten Gebieten, in denen die Menschen einander fast erdrückten, muß im frühen 19. Jahrhundert besonders kraß gewesen sein.[8]

Unter Historikern ist umstritten, wie weit sich die verschiedenen Gesellschaftsklassen im Gewühl der Straßen vermischt haben. Der klassischen Vorstellung von einem Pariser Haus zu Beginn des 19. Jahrhunderts zufolge wohnt im ersten Stock eine wohlhabende Familie, im nächsten eine achtbare Familie und so weiter, bis hin zu den Dienstboten, die in den Mansarden hausen. Dieses Bild ist natürlich stark vereinfacht, aber einen gewissen Nutzen hat es doch. Denn als Haussmann die Stadt in den fünfziger und sechziger Jahren des 19. Jahrhunderts von Grund auf umwandelte, wurde die Vermischung der Klassen innerhalb der einzelnen Bezirke mit Absicht eingedämmt. Der sozialen Heterogenität, die sich im Zusammenhang mit der Aufteilung der Privathäuser in Wohnungen in der ersten Jahrhunderthälfte ergeben hatte, trat nun das Bestreben entgegen, die einzelnen Stadtviertel zu homogenen, ökonomisch überschaubaren Einheiten zu gestalten. Den Leuten, die in den Neubau oder die Renovierung von Häusern investierten, erschien eine solche Homogenität insofern rational, als sie genau wußten, wie das Gebiet beschaffen war, in das sie ihr Geld steckten. Die Ökologie der *quartiers* als Ökologie der Klassen: das war die neue Mauer, die Haussmann sowohl zwischen den Bürgern der Stadt als auch um die Stadt herum errichtete.

Am Grundproblem der Bevölkerungsdichte änderte sich dadurch für Paris nichts; ein bestimmter Raum stand einer steigenden Zahl von Menschen zur Verfügung, die ihn sehr bald ausfüllten. Hinter den *grands boulevards* und abseits der neuen *places* klebten die Wohnungen und die kleinen Läden so dicht aufeinander wie eh und je. Aber die Umwandlung der *quartiers* zu Stadtteilen mit einer homogeneren Klassenstruktur wirkte sich auf das Verhältnis von Lokalismus und Kosmopolitismus aus.

David Pinckney hat festgestellt, daß der »Raum, in dem ein normaler Pariser während des letzten Jahrhunderts wohnte und arbeitete und in dem er sein Vergnügen fand, auf wenige Häuserblocks beschränkt war«. Haussmanns materiale Umformung der Stadt war nur ein Ausdruck, eine Konkretisierung eines umfassenderen Prozesses, den der Chicagoer Stadtforscher Louis Wirth als »Segmentierung« bezeichnet und den sein Kollege Robert Park als Herausbildung gesellschaftlicher »Moleküle« beschrieben hat. Diese Segmente entsprachen der zunehmenden Arbeitsteilung im Industriesektor. Die immer dichter werdende Bevölkerung wurde innerhalb eines Bezirks homogenisiert und von Bezirk zu Bezirk gleichzeitig differenziert.[9]

Im Paris des Ancien Régime gab es selbstverständlich reiche und arme Stadtbezirke – »reich« bedeutete damals allerdings, daß dort viele reiche Leute wohnten. Es bedeutete nicht, daß die Nahrungsmittelpreise oder die Mieten durchweg höher waren als in einem Viertel mit weniger reichen Bewohnern. Einem modernen Städter ist der Gedanke, daß die Ökonomie eines Bezirks dem Einkommensniveau seiner Bewohner entspricht, so vertraut, daß er sich nur schwer ein Bild von einem Stadtviertel machen kann, wie es vor dem 19. Jahrhundert existierte – mit seiner Vermischung verschiedener Gesellschaftsklassen in benachbarten Gebäuden, wenn nicht im selben Haus, und mit seiner Vielfalt an Buden, Geschäften und kleinen Jahrmärkten, die den unterschiedlichen Ansprüchen einer so gemischten Kundschaft genügten.

Die Molekülbildung, die sich innerhalb der Bevölkerungsverteilung im Paris des 19. Jahrhunderts vollzog, verstärkte einen Vorgang, dessen Beginn in der Stadt des Ancien Régime wir im Zusammenhang mit der Rolle des öffentlichen Platzes bereits beobachtet haben. In dem Maße, wie sich die Stadt mit Menschen füllte, verloren diese außerhalb des engeren Familien- und Freundeskreises den funktionalen Kontakt zueinander. Fremdheit und Isolation zwischen ihnen nahmen zu. Das Problem des Platzes verschärfte sich im *quartier* und in der Nachbarschaft.

Auch in London kam es im Laufe des 19. Jahrhunderts zu einer Isolation der gesellschaftlichen Klassen voneinander, aber nicht, wie in Paris, aufgrund zunehmender Verdichtung der Bevölkerung, sondern durch Ausbreitung des

Stadtgebiets. Wenn die Stadt in neue Gebiete vordrang, errichteten die Bauherren große Gebäudekomplexe, die den Bedürfnissen einer ökonomisch homogenen Gruppe genügten. Wie in Paris schien die Investition lohnender und gesicherter, wenn die damit errichteten Häuser einheitlich von den Mitgliedern einer Klasse bewohnt wurden; im Falle bürgerlicher Wohnhäuser bedeutete die Einheitlichkeit bei der Anlage eines neuen Bezirks, daß der Wert der Häuser und des Bodens mit hoher Wahrscheinlichkeit nicht sinken würde; im Falle von Arbeiterhäusern bedeutete eine vereinheitlichte Bauweise, die den finanziellen Spielraum von Käufern aus der Arbeiterklasse berücksichtigte, daß die Baukosten durch Großeinkäufe von Baumaterial und Installationen niedrig gehalten werden konnten.

Als sich London immer weiter ausbreitete, entwickelte sich allein aufgrund der räumlichen Trennung und der Entfernung der gleiche Lokalismus, der sich in Paris durch die Preisunterschiede für Wohnen, Lebensmittel und Unterhaltung zwischen relativ nah beieinander liegenden Vierteln hergestellt hatte. Die Demographen haben Hinweise darauf, daß das »Zentrum« von London (oberhalb des St. James-Park und merkwürdigerweise auch Mayfair) ökonomisch und sozial stark integriert blieb, aber dieses Zentrum verlor seine Bedeutung; London wurde allmählich zu jener Kette miteinander verbundener Ansiedlungen, als die es sich heute darbietet. Allein schon seine Flächenmaße führten dazu, daß die Minderheit von Arbeitern, die einen längeren Weg zur Fabrik zurückzulegen hatte, einen großen Teil ihrer freien Zeit im Straßenverkehr zubrachte; das wiederum erhöhte die Bedeutung, die man dem eigenen Viertel beilegte – es war der Ort, an dem man von der Arbeit ausruhte.

Wir haben oben festgestellt, daß die Hauptstädte im Industriezeitalter nicht sonderlich viel Industrie aufweisen. Und außerdem bedeutete Industrie in Frankreich etwas anderes als in England; aber auch aus diesen unterschiedlichen Bedingungen resultierten in beiden Hauptstädten ähnliche Ergebnisse. Clapham, der große Kenner der deutschen und französischen Wirtschaftsgeschichte des 19. Jahrhunderts, zweifelt daran, daß das Frankreich von 1848 dem englischen Fabriksystem irgend etwas Vergleichbares an die Seite stellen konnte; zwar wurden in jenem Jahr mehr Güter und Dienstleistungen produziert als im Jahre 1815, aber nicht in Fabriken, sondern in erweiterten Werkstätten. Als dann in der zweiten Hälfte des 19. Jahrhunderts Fabriken entstanden, geschah das in einiger Entfernung von Paris. Der Grund hierfür war einfach: Die Bodenpreise in Paris oder auch nur in seiner Nähe waren für einen solchen Zweck zu hoch. In Greater London herrschte keine Bodenknappheit, und dennoch, aus nicht ganz einsichtigen Gründen kam es trotz einiger Fabriken, die hier Fuß faßten, nicht zur Entwicklung eines Industriegebiets von einer ähnlichen Dichte wie in Manchester oder Birmingham.[10]

Die Autoren der Chicago School of Urban Studies waren der Ansicht, daß der Wechsel von einem Stadtviertel ins andere, von einem Schauplatz zum anderen das Wesen »städtischer« Erfahrung ausmache. Für sie war der Städter dadurch gekennzeichnet, daß er nicht bloß ein *quartier,* einen einzelnen Bezirk, sondern gleichzeitig eine ganze Anzahl von ihnen kannte. Den Städtern des vergangenen Jahrhunderts ist diese Erfahrung jedoch durchaus nicht gleichmäßig zuteil geworden; sie hatte Klassencharakter. In dem Maße, wie sich die Struktur des *quartiers* nach ökonomischen Gesichtspunkten homogenisierte, beschränkte sich der Kreis derer, die von Schauplatz zu Schauplatz wechselten, auf jene Menschen, die von ihren vielfältigeren Interessen und Verbindungen in verschiedene Teile der Stadt gelenkt wurden, und das waren eben die eher Wohlhabenden. Daß einen die Alltagsgeschäfte aus dem eigenen *quartier* hinausführen, wurde zu einem Element bürgerlicher Stadterfahrung; auf diese Weise rückten Kosmopolitismus und Zugehörigkeit zur bürgerlichen Klasse näher zueinander. Zugleich wurde der Lokalismus, gleichsam ein »urbaner Provinzialismus«, vornehmlich zu einem Attribut der Unterklasse. Der einzige alltägliche Weg, den Angehörige der Arbeiterklasse in andere Pariser Stadtviertel machten, führte sie in eines der neuen Warenhäuser. Kurz, Kosmopolitismus – als Erfahrung von Vielfalt innerhalb der Stadt – wurde für die Arbeiterklasse zu einer Konsumerfahrung.

Man sollte den Gegensatz zwischen dem Provinzialismus der Arbeiterklasse und dem Kosmopolitismus des Bürgertums jedoch nicht überbewerten. Auch unter den angesehenen Leuten waren nur wenige, die ihr sicheres Plätzchen in der Stadt verlassen wollten. Vor allem bei den bürgerlichen Frauen gab es den starken Wunsch, sich vor der Masse der Fremden abzuschirmen. Immerhin brachte es die größere Komplexität von Geschäft, Vergnügen und Geselligkeit bei den Wohlhabenden mit sich, daß sie die engen Grenzen ihrer unmittelbaren Umgebung hin und wieder überschritten; die Frau besuchte ihre Putzmacherin, ihren Schneider, ging in den Frauenverein, nahm zu Hause den Tee und ging dann zum Abendessen aus; der Mann ging ins Büro, in den Club, vielleicht auch ins Theater oder auf eine Versammlung.

Heute stimmt man häufig ein Loblied auf die *vie du quartier* an. Aber man muß beachten, daß das »Recht auf die Stadt«, wie es Henri Lefebvre nennt, im 19. Jahrhundert zu einem bürgerlichen Vorrecht wurde. Jene, die heute die *vie du quartier* romantisieren, begeistern sich für das »Farbige« des Lebens der Arbeiterklasse im Café oder auf den Straßen, aber sie übersehen, daß diese »Farbe« das Produkt einer ökonomischen Simplifizierung des urbanen Raums im 19. Jahrhundert ist. Auch im Ancien Régime hatte der Arbeiter an Ketten zu tragen; sie waren nicht minder schwer, aber sie waren anders beschaffen und schränkten jedenfalls nicht die Bewegungsfreiheit innerhalb der Stadt ein. Das Loblied auf den Lokalismus und die Überschaubarkeit des Stadtviertels, das von wohlmeinenden Stadtplanern heute oft gesungen wird, knüpft im Grunde an eine im letzten Jahrhundert neuartige Form von Herrschaft an, die die Arbeiter der Stadt beraubt hat.

Sich in der Öffentlichkeit zu bewegen, stellte daher für das Bürgertum ein größeres Problem dar als für die anderen Gesellschaftsklassen. Diese Schwierigkeiten entbehren nicht einer gewissen Ironie: Wäre das durch den Auftritt in der Öffentlichkeit erzeugte Unbehagen vielleicht weniger stark gewesen, wenn der Kreis von Leuten, denen man alltäglich dort begegnete, größer gewesen wäre?

Zufall und bürgerliches Leben

In einer Gesellschaft, die die Feudalbande zerreißt, ist das Bürgertum die entscheidende Klasse. Eine Tätigkeit im Bereich von Handel oder Bürokratie bedeutete im 18. Jahrhundert in Paris oder London nicht die Erfüllung einer seit unvordenklichen Zeiten bestehenden Verpflichtung. Im Laufe des 19. Jahrhunderts gerieten diese Tätigkeiten der kosmopolitischen Bürger in einen neuen Kontext.
Zur bürgerlichen Klasse von London und Paris können wir zunächst die Geschäftsinhaber mit wenigstens einem Angestellten rechnen, sodann Büroangestellte, Kanzlisten, Buchhalter und dergleichen und darüber schließlich die Angehörigen der freien Berufe und Inhaber von leitenden Funktionen. Sie bildeten eine erstaunlich große Bevölkerungsgruppe; mit ihren Familien machten sie z. B. im Jahre 1870 zwischen 35 und 43 Prozent der Londoner Bevölkerung aus, und in Paris lag ihr Anteil im selben Jahr zwischen 40 und 45 Prozent. Der Anteil der Bürgerfamilien war in der Hauptstadt jeweils größer als im übrigen Land; in England insgesamt machte der Anteil des Bürgertums im Jahre 1867 etwa 23 Prozent aus.[11]
So wie der Industriekapitalismus in England etwas anderes bedeutete als in Frankreich, so besaß die Vorstellung vom »angesehenen« Londoner andere Nuancen und Untertöne als die Vorstellung vom »bürgerlichen« Pariser. Aber die Unterschiede zwischen den Hauptstädten waren durchaus nicht so einschneidend wie die zwischen den beiden Ländern insgesamt. Wie im Ancien Régime erstreckte sich der Kosmopolitismus über Ländergrenzen hinweg, doch er war im 19. Jahrhundert nur für einen bestimmten Teil der Einwohnerschaft charakteristisch. Es war nämlich gerade nicht das Proletariat der Industrieländer, sondern die kosmopolitische Bourgeoisie, die im letzten Jahrhundert einen gewissen Internationalismus entfaltete. Das Wort »Feinsinnigkeit«, *sophistication*, wurde während des 18. Jahrhunderts sowohl in Frankreich als auch in England abwertend verwendet; im 19. Jahrhundert jedoch entwickelte es sich innerhalb des Bürgertums zu einem Kompliment. Es bezeichnete den, dessen »Wohlerzogenheit«, dessen »gute Manieren« unabhängig von Sprach- und Altersbarrieren und jenseits unterschiedlicher nationaler Gebräuche offenkundig waren.
Einer Untersuchung zufolge stieg der Anteil bürgerlicher Berufstätiger in Paris zwischen 1770 und 1870 nicht sehr stark, ungefähr um ein Drittel. Der eigentliche Wandel betraf das, was sie verwalteten und womit sie handelten –

ein System maschinengefertigter, in Massenproduktion hergestellter Waren. Es ist wichtig zu verstehen, welche Vorstellungen die Menschen damals von diesem System entwickelten. Ihre Vorstellungen waren nämlich keinesfalls klar, zum Teil deshalb, weil sie die neue Stadt häufig in den Kategorien der alten zu begreifen versuchten. Wichtig ist aber, worin dieses Mißverständnis der industriellen Ordnung eigentlich bestand, denn in ihm enthüllt sich eine Grundüberzeugung, die die gesamte Einstellung zur öffentlichen Sphäre prägte: ihr zufolge gründete bürgerliches Ansehen auf dem Zufall.

Die Geschäftsleute und Bürokraten des letzten Jahrhunderts hatten kaum das Gefühl, an einem geordneten System teilzuhaben. Da sie dieses System leiteten, neigen wir heute zu der Annahme, daß sie zumindest ihre eigene Funktion darin verstanden. Das stimmt keineswegs. Die neuen Prinzipien, nach denen man Geld verdiente und große Unternehmungen leitete, waren selbst für die dabei Erfolgreichen von Geheimnis umhüllt. Jene, die in den sechziger und siebziger Jahren des 19. Jahrhunderts in den großen Firmen von London oder Paris tätig waren, begriffen ihre Arbeit gewissermaßen als Spiel, als Glücksspiel nämlich – und der Ort des Glücksspiels war die Börse.

Um die neuen ökonomischen Anreize, durch die sich die Wohlhabenden damals herausgefordert fühlten, zu begreifen, müssen wir wissen, was für sie Spekulation bedeutete. Es war nämlich leicht möglich, in ganz kurzer Zeit große Geldmengen zu gewinnen oder auch zu verlieren. Die einzelnen Familien steckten ihr Kapital in ein einziges oder allenfalls einige wenige Unternehmen. Eine Fehlinvestition – und ehrbare, angesehene Familien standen vor dem Ruin. Eine erfolgreiche Investition – und man befand sich in einer anderen, völlig neuen Welt. Nach welchen Regeln ließen sich richtige und falsche Entscheidungen treffen? Vor hundert Jahren verfügten die Investoren über sehr viel weniger Informationen, auf die sie ihre Entscheidungen stützen konnten, als heute. Es gab z. B. nur wenige Firmen, die Jahresbilanzen veröffentlichten. Der größte Teil der »Informationen« kursierte in Gestalt von Gerüchten. Die Londoner Börse, die City, die Pariser Börse und ihre Filialen verfügten über keinerlei echte Kontrollmöglichkeiten, nicht einmal *pro forma* war Sicherheit darüber zu erlangen, daß die Gesellschaften, deren Aktien an der Börse gehandelt wurden, auch tatsächlich existierten; an den Warenbörsen war es womöglich noch schlimmer. Große Staatsinvestitionen waren ebenso zufallsabhängig und wurden nicht nach wirklich rationalen Kriterien getätigt. In Frankreich trieb man Eisenbahnstrecken in gänzlich entlegene Gebiete voran – einzig und allein aufgrund der »Vermutung«, daß man dort eines Tages Eisenerz finden könnte. Neben großen Skandalen, wie der Panama-Affäre, kam es alljährlich zu kleineren »Krächen«, die vielleicht minder spektakulär, aber um nichts weniger betrügerisch waren. Das Ausmaß, das der Betrug in dieser Zeit annahm, läßt sich nur damit erklären, daß die Klasse der Investoren kaum Vorstellungen über die industrielle Entwicklung hatte und daher auch nicht über Kriterien für eine rationale Investitionsentscheidung verfügte.

Erst Ende der sechziger Jahren begannen die Menschen, einen Zusammenhang in der Abfolge guter und schlechter Zeiten zu erkennen, und entwickelten nach und nach einen Begriff von Konjunkturzyklen. Aber worin bestand die Ursache für diese Zyklen? Mit Hilfe der in jener Periode vorgetragenen Argumente von Karl Marx läßt sich das heutzutage gut erklären, aber welcher Börsenmakler las damals Marx? Geschäftsleute neigten meist dazu, die Konjunkturzyklen zu mystifizieren. Ein Bankmann aus Manchester, John Mills, war der Ansicht, die Konjunkturzyklen hingen vom »Wissen der Seele« ab; 1876 vertrat William Purdy die These, Konjunkturzyklen würden dadurch verursacht, daß junge Investoren nach und nach älter werden und deshalb die Kraft verlieren, das Kapital in heftiger Zirkulation zu erhalten. In Frankreich war man auch nicht klüger. Dieses Unverständnis war deshalb so folgenreich, weil die ökonomischen Umschwünge im letzten Jahrhundert sehr viel abrupter und plötzlicher eintraten als heute. Innerhalb weniger Monate konnte die französische Industrie aus einer Phase der Expansion in die Depression geraten und dann nach einer Stagnationsperiode, in der es keinerlei Anzeichen für eine Besserung gab, unvermittelt einen neuen Aufschwung nehmen.[12]

Die unerklärlichen Schwankungen, die den Investitionssektor beherrschten, prägten auch die Finanzbürokratien. Gigantische Unternehmungen, wie der Crédit Foncier, traten auf, beteiligten sich an bedeutenden und, wie es schien, langfristigen Projekten und brachen dann plötzlich wieder zusammen; andere Firmen mit neuem Personal nahmen ihre Stelle ein. Einige Historiker heben die Finanzgeschichte Frankreichs positiv gegenüber der von England hervor, und zwar mit der Begründung, der Umstand, daß die französische Wirtschaft einer stärkeren Kontrolle von seiten des Staats unterworfen gewesen sei, habe den Finanzleuten eine größere Sicherheit gegeben. Für die Provinz mag das zutreffen, nicht jedoch für Paris, denn zwar waren hier alle zentralen Organe des französischen Staates angesiedelt, aber die Wirtschaft der Stadt war der staatlichen Kontrolle auf niedriger Ebene weit weniger ausgesetzt als die der Provinz. Der Umbau von Paris durch Haussmann, der riesige finanzielle und geschäftliche Verluste nach sich zog, wäre in einer Provinzstadt unmöglich gewesen, weil dort die regulierende Hand der Bürokratie die hektische (und gesetzwidrige) Akkumulation von Kapital, Arbeitern und Material behindert hätte.

Ansehen auf Zufall gegründet – so war die ökonomische Realität beschaffen, die den Hintergrund für das Bevölkerungswachstum und die zunehmende Isolation der Menschen bildete. Wieder begegnet uns hier die Würde des Bürgertums: Dieser Ökonomie ein gesichertes Heim entgegenzusetzen und die Familie als Gruppe in ein Leben rigider Anstandsformen zu zwängen war ein Willensakt, der Kraft erforderte. Heute erscheinen uns diese selbstauferlegten Zwänge erdrückend; daß die kapitalistische Wirtschaft heute in relativ geordnete Bahnen gelangt ist und die Menschen fester im Griff hat, ist vielleicht der

Grund dafür, daß wir verächtlich auf die Sitten des 19. Jahrhunderts herabblicken können.

Wenn das Bewußtsein der Menschen von ihrer Zeit tatsächlich ein direktes Produkt der materiellen Verhältnisse, in denen sie lebten, gewesen wäre, dann hätten die Bürger in den Hauptstädten des 19. Jahrhunderts unter dem Eindruck ständiger Umwälzungen gelebt. Im Rückblick können wir heute erkennen, daß die Wurzeln dieser materiellen Verhältnisse bis in die Zeit vor der Industrialisierung zurückreichen. Für einen Zeitgenossen jedoch müssen das Bevölkerungswachstum, die Umweltveränderungen und die Unwägbarkeiten der neuen industriellen Ordnung traumatische Ausmaße angenommen haben. Dem zufolge hätte die Stadt der Inbegriff eines Lebens sein müssen, dem jeder aus dem Weg zu gehen wünscht, der Ort, an dem sich ziellose, wurzellose, bedrohliche Volksmassen drängen, an dem der Erwerb eines ausreichenden Lebensunterhalts nicht mehr eine Frage des Willens, sondern des Zufalls ist.

Aber einen solchen Eindruck haben die materiellen Verhältnisse der Großstadt nicht erweckt. Ihre Einwohner und auch die Bewohner der Provinz wußten von der materiellen Unordnung der Großstadt, und dennoch waren viele Leute darauf aus, in die Hauptstadt zu ziehen, so gräßlich das Leben dort auch sein mochte. Betrachtet man das 19. Jahrhundert insgesamt, so kam der größte Teil der Zuwanderer aus eigenem Entschluß in die Stadt, junge, alleinstehende Menschen, keine Vertriebenen. Überdies wurde eine Reihe von Provinzstädten selbst in den Sog der Unordnung gezogen, zum Teil deshalb, weil diese Provinzstädte die Basis für den neuen Industriekapitalismus bildeten. Die Fabriken standen in Lille und Lyon, in Manchester und Birmingham, sie machten aus ihnen neue Städte. In anderen, älteren Städten war das Netz der gesellschaftlichen Beziehungen schon so porös, daß die Fabriken und die Auswirkungen der Kapitalisierung der Landwirtschaft es leicht zerreißen konnten. In dem Roman *Middlemarch. Aus dem Leben der Provinz (Middlemarch)* beschreibt George Eliot, wie sich in einer Kleinstadt »große Wandlungen« vollziehen; und Charles Dickens schildert in *Klein Dorrit (Little Dorrit)*, wie sich solche Neuerungen im Großstadtleben von London ausdrücken.

Der Grund dafür, daß die materiellen Veränderungen nicht den Eindruck eines totalen Chaos hervorriefen, daß die Angehörigen des Bürgertums der Ansicht sein konnten, ein Überleben in der Großstadt sei möglich, daß das kosmopolitische Beziehungsgeflecht trotz all seiner Schrecknisse wesentlich und bedeutungsvoll war, bestand darin, daß die Bürger eine städtische Kultur nicht erst zu entwickeln brauchten; sie besaßen Vorstellungen über das Leben in der Stadt, darüber, wie man mit dem Unbekannten umgehen und wie man sich Fremden gegenüber verhalten konnte. Diese Kultur war ein Erbe aus älterer Zeit, es war die Kultur der öffentlichen Sphäre. Ähnlich wie sie sich im Ancien Régime angesichts einschneidender demographischer Wandlungen herausgebildet hatte, diente sie unseren Urgroßvätern im 19. Jahrhundert dazu, inmitten sehr

viel größerer materieller Umwälzungen in der Stadt eine bestimmte Ordnung aufrechtzuerhalten. Aber unsere Urgroßväter gingen mit ihrem Erbe nicht sorgfältig genug um, sie verschleuderten es. Am Ende blieb nichts übrig, und das Bürgertum hatte die im 18. Jahrhundert entwickelten Formen für ein sinnhaftes Leben, das Abstand zu den Unwägbarkeiten der persönlichen Verhältnisse der einzelnen wahrte, völlig entstellt. Der Wunsch freilich, ein solches Leben zu führen, blieb stark, auch als die Mittel dazu zerfielen. Dieses Paradoxon zeichnet das Ende des letzten Jahrhunderts: In dem Maße, wie die materiellen Verhältnisse durchschaubar wurden und an Gleichmäßigkeit gewannen, verlor die Öffentlichkeit an Stabilität.
Wie also war dieses öffentliche Leben inmitten neuartiger materieller Verhältnisse – zugleich Reaktion auf und Abwehr gegen sie – beschaffen?

Warenöffentlichkeit

Den besten Zugang zum öffentlichen Leben des 19. Jahrhunderts bietet die merkwürdige Geschichte der Veränderungen des Einzelhandels in den Hauptstädten der damaligen Zeit. Der Aufstieg des Warenhauses, so prosaisch dieses Thema zunächst erscheint, veranschaulicht in gleichsam komprimierter Form, wie im Leben der Menschen an die Stelle einer durch aktiven Austausch geprägten Öffentlichkeit eine andere, intensivere, aber weniger gesellige Öffentlichkeitserfahrung trat.
Im Jahre 1852 eröffnete Aristide Boucicault in Paris ein kleines Einzelhandelsgeschäft namens Bon Marché. Er ging dabei von drei neuartigen Ideen aus. Die Handelsspanne bei jedem einzelnen Artikel sollte klein sein, die Menge der umgesetzten Artikel dafür aber groß. Jeder Artikel sollte deutlich sichtbar mit einem festen Preis ausgezeichnet sein. Ohne das Gefühl, zu einem Kauf verpflichtet zu sein, sollte jedermann das Geschäft betreten und sich umsehen können.[13]
Die Idee des Festpreises war nicht völlig neu. Parissots Kaufhaus »Belle Jardinière« verkaufte schon 1824 Wäsche auf dieser Basis. Aber Boucicault war der erste, der dieses Prinzip auf einen großen Kreis von Waren anwendete. Wie neuartig diese Idee war, kann man daran ermessen, daß es bis in die letzten Jahrzehnte des Ancien Régime hinein den Einzelhändlern verboten war, Handzettel zu verteilen, aus denen feste Preise für ihre Waren ersichtlich waren. Aber auch auf die Kauferfahrung als solche wirkte sich das System der Festpreise nachhaltig aus.[14]
Auf einem Markt, auf dem die Preise für die einzelnen Artikel schwanken, entfalten Verkäufer und Käufer ihre ganze Theatralität, um den Preis zu steigern bzw. zu drücken. In den Basaren des Mittleren Ostens bilden Gebärden der Entrüstung, leidenschaftliche Schmerzensbekundungen, veranlaßt durch

den »Verlust« oder den Kauf dieses oder jenes wunderschönen Teppichs, einen festen Bestandteil solcher Transaktionen. Auf den Pariser Fleischmärkten des 18. Jahrhunderts mochten über dem Feilschen um ein paar Centimes mehr oder weniger für eine Rinderhälfte Stunden vergehen.[15]

Das Feilschen und die zugehörigen Rituale sind die verbreitetste Form von Alltagstheater in der Stadt, bei der der einzelne als Schauspieler in der Öffentlichkeit auftritt. In einer Gesellschaft, die keine festen Preise kennt, stehen am Ende von Produktion und Verteilung Pose, Übervorteilung und die Taktik, die schwachen Stellen des Gegenüber auszumachen. Das stilisierte Wechselspiel zwischen Käufer und Verkäufer erzeugt eine soziale Verbindung zwischen ihnen; wer nicht aktiv daran teilnimmt, läuft Gefahr, Geld zu verlieren.

Boucicaults Festpreise verringerten die Gefahr für den, der keine aktive Rolle spielen wollte. Seine Idee vom freien Eintritt ohne Kaufverpflichtung machte die Passivität zur Regel.

Wer im Ancien Régime oder im frühen 19. Jahrhundert ein Pariser Einzelhandelsgeschäft betrat, gab damit zu verstehen, daß er etwas kaufen wollte, gleichgültig was. Wer sich zwanglos umsehen und herumstöbern wollte, tat das auf dem Markt unter freiem Himmel, nicht im Ladengeschäft. Angesichts des schauspielerischen Aufwands, der in einem System offener Preise betrieben werden muß, erscheint eine solche implizite Kaufverpflichtung durchaus sinnvoll. Wenn ein Verkäufer seine Zeit mit glühenden Lobpreisungen seiner Waren zubringen soll, mit ergreifenden Erklärungen, wie nahe er dem Bankrott sei und daß er keinen Penny mehr nachlassen könne, dann muß er wissen, daß der Kunde es ihm am Ende lohnt. Eine solche Dramaturgie erfordert viel Zeit und steht deshalb dem schnellen Umsatz großer Warenmengen im Wege. Boucicault, der geringe Handelsspannen und hohe Umsätze im Auge hatte, mußte deshalb die theatralische Gebärde aus dem Geschäft verbannen.[16]

Warum begannen Boucicault und seine Nachahmer, Burt in London, Potter Palmer in Chicago, Waren in großen Mengen und mit kleiner Gewinnspanne zu verkaufen? Die einfachste Antwort verweist auf das Produktionssystem. Maschinengefertigte Waren konnten sehr viel rascher und in größeren Stückzahlen hergestellt werden als handgefertigte Erzeugnisse. Insofern stellt das Warenhaus eine Antwort auf die Fabrik dar. Eine zusätzliche Erklärung gibt C. Wright Mills unter Hinweis auf die Industriebürokratie. In seinem Buch *Menschen im Büro (White Collar)* liefert er eine Begründung für das Festpreis-System: In einem Geschäft, in dem große Mengen von Waren verkauft werden sollen, muß es zahlreiche Angestellte geben, und das heißt: »Kann oder will der Unternehmer seine Ware nicht selbst verkaufen, so muß er zumindest ihren Preis festsetzen. Er kann seinen Angestellten nicht zutrauen, daß sie ebenso geschickt und erfolgreich zu feilschen verstehen wie er.«[17]

Als Ergänzung der Fabrik und als Produkt einer anonymen Bürokratie wäre dem Warenhaus gleichwohl kein Erfolg beschieden gewesen, wenn nicht eine große Masse potentieller Käufer dagewesen wäre. An diesem Punkt kommt der Bevölkerungszustrom in die Hauptstadt ins Spiel. Doch die ökonomische Entwicklung im Wohnungsbau führte zu einer Aufteilung dieser Kundschaft in verschiedene, teils entlegene Bezirke. Allein schon das Straßengewirr der alten Stadt bildete ein Hindernis, wenn es darum ging, eine solche Masse von Konsumenten zusammenzubringen. Man hat geschätzt, daß ein Fußweg, für den man heute eine Viertelstunde benötigen würde, wegen der engen, verwinkelten Straßen in Paris zu Beginn des 19. Jahrhunderts anderthalb Stunden in Anspruch nahm. Das eigene *quartier* zu verlassen war also zeitraubend, und dabei mußten die Warenhäuser ihre Kundschaft aus der ganzen Stadt anlocken, um auf die nötigen Umsätze zu kommen. Die Schaffung der *grands boulevards* in den sechziger Jahren trug dazu bei, dieses Problem zu lösen. Hinzu kam die Einrichtung eines öffentlichen Verkehrssystems in Paris und London. In Paris wurde die erste Pferdebahn im Jahre 1838 eingerichtet, die hohe Zeit ihres Wachstums jedoch fällt erst in die fünfziger Jahre; 1855 beförderte sie 36 Millionen Passagiere, im Jahre 1866 waren es 107 Millionen. Auch die Entwicklung Chicagos nach dem großen Brand von 1871 ist von diesem Zusammenhang zwischen Verkehrssystem und Einzelhandel geprägt. Die öffentlichen Verkehrsmittel dienten nicht dem Vergnügen, und ihre Streckenführung leistete der Vermischung der Gesellschaftsklassen keinen Vorschub – sie beförderten die Berufstätigen zu ihrer Arbeit und zu den Geschäften.[18]

Die Hinweise auf die in Massenproduktion gefertigten Waren, auf die großen bürokratischen Einheiten und die Masse der Kunden mögen erklären, warum die Verkäufer im Interesse größerer Profite den Einzelhandel in seiner alten Form aufgaben. Sie erklären noch nicht, warum der Kunde bereit war, in eine andere Rolle zu schlüpfen. Der Profit des Händlers erklärt nicht die Bereitschaft des Käufers, zu einer passiven Figur zu werden, wenn es ans Bezahlen geht.

Wir wollen zunächst eine einfache, scheinbar naheliegende Erklärung für diesen Vorgang ausschalten. Die Warenhauspreise lagen im allgemeinen nicht unter denen der älteren Läden. Bei einigen wenigen Artikeln sanken die Preise, aber was die Kunden hier sparten, das gaben sie für andere Artikel aus, die zu besitzen ihnen früher gar nicht in den Sinn gekommen war. Das Konsumniveau im ganzen Bürgertum und in den oberen Schichten der Arbeiterklasse erhöhte sich. Ein Beispiel: Mit dem Aufkommen des Warenhauses setzte sich nach und nach die Vorstellung durch, daß man mehrere Garnituren Straßenkleidung besitzen müsse, alle einander recht ähnlich und maschinengefertigt. Ein weiteres Beispiel: In diesen Geschäften begannen die Leute Töpfe und Pfannen zu kaufen, die für ganz bestimmte Zwecke vorgesehen waren; Schmortopf und Bratpfanne, die früher vielfach verwendbar waren, erschienen ihnen nun nicht mehr ausreichend.

Zwischen den neuartigen Konsumanreizen und der neuen, passiven Rolle des Käufers besteht ein Zusammenhang. D'Avenel gibt eine deutliche Schilderung der Qualität jener Waren, die in den neuen Warenhäusern verkauft wurden:

»Statt erstklassige Ware mit einer überhöhten Gewinnspanne oder minderwertige Ware mit einer verringerten Gewinnspanne anzubieten, verkauften sie [die Warenhäuser] Waren von guter oder ausreichender Qualität mit einer Gewinnspanne, wie sie früher nur bei minderwertigen Waren Anwendung fand.«

Güter von mittlerer Qualität mit einer Gewinnspanne, wie sie früher bei Gütern von schlechter Qualität üblich war, und Verbraucher, die mehr Geld ausgaben, um mehr zu besitzen – darauf lief die »Standardisierung« der Waren hinaus. Den Händlern von damals, besonders deutlich bei Boucicault und Palmer, war klar, daß sie vor dem Problem standen, die Menschen zum Kauf all dieser seltsamen Güter zu bewegen. Sie suchten die Lösung darin, daß sie das Geschäft in ein Spektakel verwandelten und den angebotenen Waren assoziativ eine Bedeutung verliehen, die ihnen an sich abging.[19]

Das erste Mittel, dessen sich die Händler bedienten, war die unerwartete Kombination verschiedener Waren. Statt hundert gleichgroße Töpfe vom selben Hersteller nebeneinander aufzubauen, stellte man nur ein Exemplar hin und setzte daneben einen anderen Topf von anderer Größe. Zola schrieb, »die Stärke des Warenhauses wird um das Zehnfache gesteigert durch jene Anhäufung verschiedenartiger Waren, die einander gegenseitig stützen und vorwärtstreiben«. D'Avenel deutet das gleiche an: »Es scheint [...], daß die verschiedenartigsten Waren einander Stützung bieten, sobald man sie nebeneinander stellt.« Wie kam das zustande? Der Gebrauchscharakter eines Gegenstands wurde zeitweilig außer Kraft gesetzt. Er wurde »attraktiv«, man wollte ihn kaufen, weil er unerwartet, weil er fremd war.[20]

Die Warenhausbesitzer verstärkten die anziehende Wirkung, die von der Zusammenstellung verschiedenartiger Gegenstände ausging, indem sie andauernd nach exotischen *nouveautés* suchten, die sich inmitten der alltäglichsten Waren verkaufen ließen. Fremdartig anmutende Waren, wie sie aus den Kolonien importiert werden, so schreibt Bertrand Gille, sind nicht allein als Handelsartikel nützlich. Sie gewöhnen den Kunden auch an die Vorstellung, daß er im Warenhaus Dinge finden kann, die er nicht gesucht hat, und somit das Warenhaus auch mit Waren verlassen kann, die er nicht kaufen wollte. Der Umsatz, so könnte man sagen, wurde im Warenhaus durch eine Art von Desorientierung erzielt: Der Kaufanreiz ging von der Aura aus Fremdheit und Mystifikation aus, die diese Gegenstände zeitweilig umgab.[21]

Hoher Umsatz bedeutete nun, daß die Gegenstände mit großer Schnelligkeit im Kaufhaus auftauchten und wieder verschwanden. Die Händler machten sich das zunutze und erzeugten die Illusion, es bestehe eine ständige Knappheit an jenen Gegenständen, die in Wirklichkeit Massenprodukte waren. Es regte die Kunden zum Kauf an, wenn man ihnen Dinge vorführte, deren Existenz

flüchtig zu sein schien und deren Kern von Assoziationen umlagert war, die auf alles mögliche verwiesen, nur nicht auf ihren Gebrauchscharakter.
In den letzten Jahrzehnten des 19. Jahrhunderts begannen die Warenhausbesitzer, das Spektakuläre ihrer Unternehmungen ganz bewußt zu betonen. Im Erdgeschoß der Gebäude wurden spiegelverglaste Schaufenster eingerichtet, in denen vor allem das Unerwartete und nicht etwa das Alltägliche ausgestellt wurde. Und die Schaufensterdekorationen wurden immer aufwendiger und phantastischer.[22]
Indem man den Käufer dazu brachte, Gegenstände über ihre Brauchbarkeit hinaus mit persönlicher Bedeutung zu besetzen, entwickelte sich ein neuer Glaubhaftigkeitskode, der den Warenhaushandel profitabel machte. Dieser neue Glaubhaftigkeitskode im Bereich des Handels war ein Anzeichen für eine umfassendere Wandlung in der Art, wie die Menschen Öffentlichkeit erlebten – die Besetzung mit individuellen Empfindungen und die passive Beobachtung gingen eine Verbindung miteinander ein; sich draußen in der Öffentlichkeit zu bewegen war zugleich eine persönliche und eine passive Erfahrung.
Karl Marx hat für diese Konsumpsychologie den treffenden Ausdruck »Warenfetischismus« geprägt. Im *Kapital* schrieb er, unter dem modernen Kapitalismus werde jedes Arbeitsprodukt zu einer »gesellschaftlichen Hieroglyphe«; sie verdecke die reale Beziehung zwischen den an der Produktion dieses Gegenstandes beteiligten Privatarbeitern. Die Aufmerksamkeit konnte von den gesellschaftlichen Bedingungen, unter denen die Gegenstände hergestellt worden waren, auf die Gegenstände selbst abgelenkt werden, wenn diese etwas Geheimnisvolles, Bedeutungshaftes gewannen – einen Hof von Assoziationen, die mit ihrem Gebrauch nichts zu tun hatten.[23]
Boucicault und andere Warenhausbesitzer wollten diese Bedeutung ganz bewußt schaffen. Sie verschleierten den Gebrauchscharakter der Artikel; sie verliehen einem Kleid dadurch »Status«, daß sie ein Bild der Gräfin X., die es gerade trägt, dazuhängten; sie machten einen Topf »attraktiv«, indem sie ihn im Schaufenster in die Nachbildung eines maurischen Harems plazierten. Kurz, sie lenkten ihre Kunden davon ab, darüber nachzudenken, wie oder auch wie gut diese Dinge gemacht waren und wie ihre eigene Rolle als Käufer beschaffen war. Die Ware war alles.
Warum funktionierte dieser Warenfetischismus? Damit kommt die Frage nach dem Verhältnis zwischen Kapitalismus und öffentlicher Kultur ins Spiel. Die kapitalistische Ordnung hatte die Macht, die äußere Erscheinung der Dinge auf Dauer als fragwürdig erscheinen zu lassen, sie zu »mystifizieren«, wie Marx sagte. Man stelle sich vor, was Boucicault tun muß, wenn er einen neuen Topf zum Verkauf anbietet – die Hausfrauen werden ihm die Töpfe nicht von den Regalen herunterreißen, wenn er ihnen sagt, zu was sie nütze sind und wie man sie gebrauchen kann; er muß vielmehr zu verstehen geben, daß die Verwendungsmöglichkeiten dieser Töpfe unendlich zahlreich und im einzelnen gar nicht zu schildern sind; er muß den Topf in seinem als maurischer Harem

herausstaffierten Schaufenster ausstellen und den Eindruck erwecken, der Absatz gehe so stürmisch vonstatten, daß der Topf bald schon Sammlerwert besitze. Im Bereich der Bekleidungsindustrie schritt die Mystifikation der äußeren Erscheinung mit sehr viel einfacheren Mitteln voran; die billigsten maschinengefertigten Kleidungsstücke waren jene, die nur weniger Materialien bedurften und nach einigen wenigen Grundmustern geschnitten waren, so daß viele Leute in ihrem Erscheinungsbild einander stark ähnelten. Wer waren sie? Nach dem Aussehen ließ sich das jetzt nicht mehr entscheiden.

Die ökonomischen Veränderungen indes können nicht erklären, warum die Bewohner der Großstädte im 19. Jahrhundert ihre mystifizierende, undurchdringliche äußere Erscheinung allmählich derartig ernst nahmen und wie sie dahin gelangten; warum sie im Warenhaus plötzlich glaubten, ein Zehn-Franc-Kleid, das auch die Gräfin X. trägt, mache sie »ein bißchen aristokratischer« und der gußeiserne Topf beziehe aus der Traumwelt maurischer Vergnügungen eine neue, persönliche Bedeutung. Das eine große Thema der Zeit ist das Anschwellen der Menge gleichförmiger, maschinell gefertigter Gegenstände, das andere große Thema ist das stetig wachsende Gewicht, das die Bewohner von Carlyles London und Balzacs Paris den äußeren Erscheinungsbildern als Signalen des individuellen Charakters, des privaten Empfindens und der Persönlichkeit beilegten.

Marx selbst ist sein Leben lang angegriffen worden, weil er die These vertrat, daß die Waren als Statuswerte oder als Ausdruck der Persönlichkeit des Käufers konsumiert wurden. Dieser Gedanke ist uns heute so vertraut, daß wir uns nicht mehr ohne weiteres in die Argumentationen von Marx' utilitaristischen Kritikern versetzen können, die jeden Menschen als ein Wesen ansahen, das auf rationale Weise seine rationalen ökonomischen Interessen verfolgt und nur das kauft, was es in der Tat benötigt. Darin bestand die scharfe Dualität im Denken des 19. Jahrhunderts: in der Theorie das Beharren auf Nützlichkeit und harten Tatsachen, in der Praxis die Wahrnehmung einer psychomorphen Welt. So wie Marx selbstbewußt feststellte, daß sich die Waren zum scheinhaften Ausdruck der Persönlichkeit des Käufers entwickelten, so deuteten andere, die sich ihrer Eindrücke weniger sicher waren, das flüchtige Bild der äußeren Erscheinung als Hinweis auf einen inneren, dauerhaften Charakter.

John Stuart Mill entwickelte eine »Ethologie«, eine Wissenschaft, die die Besonderheit eines Menschen aufgrund bestimmter Verhaltensmerkmale bestimmen können sollte. Daraus leiteten sich dann populäre Theorien ab, die den Charakter mit Hilfe äußerer Merkmale, etwa der Schädelform oder der Neigung der Handschrift, zu ermitteln suchten. In seinem Buch *Sartor Resartus* entwarf Carlyle eine Theorie der Kleider als »Gleichnisse der Seele«; Darwin veröffentlichte eine psychologische Studie *The Expression of Emotion in Man and Animals*, in der er die Bedeutung des Kummers aufgrund kleinster Details beim Weinen oder die des Zorns aufgrund der Bewegungen der Gesichtsmuskeln zu bestimmen versuchte. Auch kriminologische Methoden wie die

Bertillonschen Messungen zur Ermittlung »typischer« Schädelformen von Verbrechern waren ein Reflex dieser neuartigen Wissenschaft, genannt Ethologie. Das Universum Fieldings, in dem die Masken nichts über das Wesen des Schauspielers, der sie trägt, verrieten, war untergegangen; die Masken wurden zu Gesichtern.

In der Welt des Einzelhandels zeigten sich also die ersten Anzeichen für einen Wandel der öffentlichen Sphäre im 19. Jahrhundert. Die eine zentrale Auswirkung des Kapitalismus auf das öffentliche Leben bestand in der Mystifikation der öffentlichen Erscheinungsbilder. Aber diese Mystifikation konnte nur gelingen, wenn die Menschen bereitwillig daran glaubten, daß den Dingen menschliche Charaktereigenschaften zukamen. Daß der Verkäufer davon profitierte, erklärt diese Bereitwilligkeit noch nicht. Um sie zu verstehen, müssen wir uns genauer mit der damals im Entstehen begriffenen neuen Vorstellung von Charakter beschäftigen.

In der Geschäftswelt begegnet uns erstmals eines der psychischen Symptome dieses neuen öffentlichen Lebens – Vorstellungsbilder aus Sphären, die im Ancien Régime deutlich voneinander geschieden waren, begannen einander zu überlagern. Um 1750 hatte ein Kleidungsstück nichts mit dem zu tun, was man selbst empfand; es war ein aufwendiges, willkürliches Kennzeichen für den Platz, den man in der Gesellschaft einnahm, und je höher dieser Rang war, desto mehr Freiheit hatte man, gemäß einem Kanon ungeschriebener Regeln mit diesem Gegenstand, der eigenen Erscheinung, zu spielen. Um 1891 konnte einem das richtige Kleid, auch wenn es »von der Stange« und gar nicht besonders hübsch war, das Gefühl geben, man sei züchtig oder verrucht, je nachdem, denn die Kleider waren »Ausdruck« des Selbst. Im Jahre 1860 ist man verlockt, einen schwarzen gußeisernen Topf von 25 Zentimetern Durchmesser deshalb zu kaufen, weil er in einem Schaufenster steht, das die »geheimnisvolle, verführerische Küche des Orients« in sich birgt. Die Werbung funktioniert über eine bestimmte Strategie der Desorientierung. Diese wird durch die Überlagerung zweier Vorstellungswelten erzeugt, die ihrerseits abhängt von der Existenz einer ganz bestimmten Produktionsweise und eines ganz bestimmten Glaubens an die Allgegenwart menschlicher Charaktereigenschaften.

Neben die Mystifikation trat eine weitere zentrale Auswirkung des Industriekapitalismus auf die öffentliche Sphäre. Er veränderte das Wesen von Privatheit, d. h. er beeinflußte jenen Bereich, der ein Gegengewicht gegen die Öffentlichkeit darstellte. Anzeichen für diese zweite Auswirkung fanden sich ebenfalls im Geschäftsleben der Großstadt, nämlich in den Veränderungen, die sich in den kleinen Geschäften und auf den Märkten aufgrund der Herausforderung durch das Warenhaus vollzogen.

Bis ins späte 17. Jahrhundert hinein bildete der zentrale Markt der Stadt für die Bewohner von Paris die eigentliche Bezugsquelle für sämtliche Agrar- und Handwerkserzeugnisse. Um die Zeit, als Ludwig XIV. starb, entwickelten sich die Pariser Hallen zu einem spezialisierten Markt für Nahrungsmittel. Schon lange vor dem Industriezeitalter hatten die Hallen den Charakter einer *foire* eingebüßt; mit der betonten Spezialisierung des Handels verschwanden die Umzüge und Feste, die im Spätmittelalter das Marktgeschehen umrahmt hatten. Das Industriezeitalter hat diese Spezialisierung nicht verursacht, es hat sie vollendet.[24]

Im 19. Jahrhundert nun wandelten sich die gesellschaftlichen Bedingungen, unter denen sich Kauf und Verkauf von Nahrungsmitteln vollzogen. Während des wirtschaftlichen Aufschwungs in der Zeit um 1740 verdächtigten die Gesetze den Händler der Hallen als einen potentiellen Gesetzesbrecher, und seine gesamte Tätigkeit unterlag einer Vielzahl strenger Regelungen: bestimmte Formen von Werbung waren verboten; der Käufer hatte festgelegte Ansprüche auf Entschädigung; das Gesetz definierte, was ein Händler verkaufen durfte.[25]

Diese Beschränkungen wurden im 19. Jahrhundert aufgehoben. Wenn man den freien Markt als das Evangelium des 19. Jahrhunderts bezeichnet, wie das Karl Polanyi getan hat, dann meint das, daß die Person des Verkäufers befreit worden war. Der Akt des Verkaufs als solcher war nicht in der gleichen Weise »befreit« worden. Denn im Laufe des 19. Jahrhunderts setzte sich der feste Preis nach dem Vorbild der Warenhäuser auch im Einzelhandel der Hallen von Paris durch.[26]

Allerdings verschwand der offene Preis damit nicht völlig, im Großhandel blieb er erhalten. Diese Variante des Geschäfts galt jetzt aber zum ersten Mal als etwas Vertrauliches. Wäre nämlich die »Öffentlichkeit« über die offenen Preise informiert gewesen, so hätte sie sich den Festpreisen womöglich widersetzt und so den ganzen auf hohe Umsätze angewiesenen Einzelhandelsmarkt in Verwirrung gestürzt. Gesellschaftlich ist eine Großhandelstransaktion also durch eine neue Form von Privatheit geprägt – in dieser privaten Sphäre können die Menschen nun jene Rollen und Interaktionsmuster aufgreifen, die hundert Jahre vorher für den öffentlichen Handel überaus kennzeichnend waren.[27]

Fraglos liefert uns die Wirtschaftstätigkeit im Paris des 19. Jahrhunderts Hinweise auf umfassendere Wandlungen in der Gesellschaft. In der »Öffentlichkeit« beobachtete man und gab man zum Ausdruck, was man kaufen wollte, was man dachte, was man guthieß – dies freilich nicht als Ergebnis einer kontinuierlichen Interaktion, sondern nach einer Phase passiver, schweigender, konzentrierter Aufmerksamkeit. Dagegen bildete die Privatsphäre einen Kosmos, in dem man sich beim Austausch mit dem anderen direkt ausdrücken konnte, in dem die Interaktion bestimmend war – allerdings um den Preis der Verschwiegenheit. Gegen Ende des 19. Jahrhunderts bezeichnete Engels die bürgerliche Privatfamilie als das Geschöpf des kapitalistischen Ethos. Das ist ungenau. In der Familienstruktur bekundete sich nämlich nicht die öffentliche Welt des Kapitalismus, sondern die Welt des Großhandels; hier wie dort war

Diskretion der Preis, den man für dauerhafte, kontinuierliche menschliche Beziehungen zahlen mußte.

Doch auch in diesem Falle stehen wir vor einer Reihe von Rätseln, die sich nicht ohne weiteres auflösen lassen. Die Diskretion hatte im 19. Jahrhundert eine merkwürdige Gestalt. Die Familie, vor allem die bürgerliche Familie, sollte vor den Wirren der Wirklichkeit abgeschirmt werden. Es scheint unlogisch, daß das Auftreten in der Stadtöffentlichkeit als Indikator von Individualität so ernst genommen wurde, während man zugleich fest davon überzeugt war, daß die Familie gerade aufgrund ihres Abstands von der Außenwelt der Ort war, der der Expressivität des einzelnen Raum ließ. Vom Standpunkt der Logik aus hätte der äußeren Erscheinung nur innerhalb der Familie oder in der privaten Sphäre von Großhandelstransaktionen psychologische Bedeutung zukommen dürfen. Aber dieser Logik folgte die Wirklichkeit nicht. Neben der Privatsphäre als einem Feld interaktiven Ausdrucks gab es jene Kultur, in der einander Fremde den Charakter ihres Gegenüber aufgrund von dessen Aussehen und Kleidung entzifferten. Die Großstadt war eine fiebernde »comédie«, doch nur wenige Menschen spielten darin eine aktive Rolle.

Die Überzeugung, Diskretion sei vonnöten, wenn Menschen miteinander interagieren, verweist auf ein weiteres Symptom des Unbehagens in der Gesellschaft: auf den Wunsch, das eigene Fühlen einzuschränken, um nicht anderen die Empfindungen unwillkürlich zu offenbaren. Der eigenen Gefühle ist man sich nur dann sicher, wenn man ein Geheimnis aus ihnen macht; einzig in seltenen Augenblicken, an verborgenen Orten kann man es sich erlauben, zu interagieren. Doch eben diese Zurücknahme von Ausdrucksbereitschaft veranlaßt die anderen dazu, näherzurücken, um zu erfahren, was man empfindet, was man will, was man weiß. Diese Fluchtbewegung ist geradezu der Ursprung der zwanghaften Intimität – der bloße Ausdruck einer Emotion, irgendeiner Emotion, wird um so wichtiger, je mehr Anstrengung darauf verwendet werden muß, die Abwehrschranken des anderen so weit zu durchbrechen, daß er sich bereitfindet, zu interagieren.

Diese Anzeichen für Widersprüche in der öffentlichen und in der privaten Sphäre verwirrten diejenigen, die in ihnen lebten, nicht weniger als uns heute. In der Welt des Einzelhandels traten die Auswirkungen des Kapitalismus auf das öffentliche Leben – Mystifikation und Privatisierung – erstmals deutlich zutage. Im folgenden wollen wir nun untersuchen, wie »Persönlichkeit« zu einer gesellschaftlichen Kategorie wurde und in die öffentliche Sphäre Einlaß fand. Man darf ja nicht übersehen, daß dieses entfesselte Szenarium des 19. Jahrhunderts gerade in seiner Verwirrung und seiner Ernsthaftigkeit etwas durchaus Heroisches besaß. Das Paris Balzacs mag weniger »zivilisiert« gewesen sein als das Marivaux', aber zweifellos war es anregender. Und aus dieser Welt ist die Lebenswelt unserer Epoche hervorgegangen.

Kapitel 8
Die Persönlichkeit in der öffentlichen Sphäre

Wenn wir die Frage stellen, welche Auswirkungen die neuen materiellen Verhältnisse, besonders der Industriekapitalismus, auf das öffentliche Leben hatten, dann müssen wir auch eine zweite Frage aufwerfen: Wie fand die »Persönlichkeit« Eingang in die öffentliche Sphäre? Zwar war das Profitsystem, um sich durchsetzen zu können, auf diese neue Konstellation angewiesen, aber damit ist sie noch nicht erklärt.

Der Auftritt der Persönlichkeit in der öffentlichen Sphäre hängt mit einer neuen säkularen Weltsicht zusammen, die sich innerhalb der Gesellschaft immer mehr durchsetzte. In ihr trat an die Stelle einer Ordnung der Natur die Einordnung der natürlichen Erscheinungen. Die ältere Naturordnung wurde dadurch glaubhaft, daß sich jeder Tatsache und jedem Ereignis ein fester Platz in einem umfassenden System zuweisen ließ; die Einordnung natürlicher Erscheinungen gewann ihre Glaubhaftigkeit schon auf einer früheren Stufe, dort, wo sich eine Tatsache oder ein Ereignis aus sich heraus verstehen ließ und deshalb real erschien. Die Naturordnung verwies auf säkulare Transzendenz, die Einordnung natürlicher Erscheinungen auf säkulare Immanenz. Die Persönlichkeit war Ausdruck dieses Glaubens an eine Welt der immanenten Bedeutungen.

Es fällt nicht schwer, sich den »Kapitalismus« als historische Kraft vorzustellen, weil man es hier mit greifbaren Handlungen und Veränderungen in Produktion, Markt und Machtverhältnissen zu tun hat. Weniger leicht kann man sich heute ein Bild von der »Säkularität« machen, weil sie sich kaum anders denn als abstraktes Produkt anderer gesellschaftlicher Kräfte vorstellen kann. Die Unfähigkeit, Säkularität als unabhängige gesellschaftliche Kraft zu verstehen, hängt, wie ich vermute, damit zusammen, daß wir heute kaum noch in der Lage sind, Glauben als eigenständige Realität zu begreifen. Und das wiederum rührt aus unserem Mangel an Verständnis für die soziale Wirklichkeit von Religion, die doch, wie Louis Dumont gelegentlich bemerkt hat, für die Mehrzahl menschlicher Gesellschaften und für die längste Zeit ihres Bestehens *die* primäre Sozialstruktur war. Weil heute die Götter aus unserer Vorstellungswelt verschwunden sind, neigen wir zu der Ansicht, Glauben sei keine grundlegende gesellschaftliche Kategorie mehr, sei vielmehr zu einem Reflex anderer gesellschaftlicher Kräfte geworden. Die Nachfolger von Lévi-Strauss z. B. versteifen sich auf seinen Begriff allgemeiner Denkstrukturen und sind blind gegenüber der Weltsicht, der diese Strukturen allererst entsprungen sind, nämlich den Glaubensimpulsen, die jene Sprach-, Wirtschafts- und

Familienstrukturen hervorgebracht haben, durch die scheinbar höchst unterschiedliche Gesellschaften eng miteinander verknüpft sind.
Man hat gesagt, der Naturgott des 18. Jahrhunderts sei immerhin noch ein Gott gewesen, von einer säkularen Gesellschaft könne deshalb erst seit dem 19. Jahrhundert die Rede sein. Mir scheint es jedoch zutreffender, das 18. und das 19. Jahrhundert als zwei Phasen in einem umfassenden Säkularisierungsprozeß zu betrachten. Der Gott der Natur war ein gesichtsloses Wesen; man konnte ihn verehren, aber man konnte nicht zu ihm beten. Auch wenn die Natur als transzendent angesehen wurde, sicherte der Glaube an sie den Gläubigen dennoch kein Leben nach dem Tode, d. h. ein solcher Glaube machte aus ihnen keine transzendenten Wesen. Deshalb scheint mir die in Kapitel 1 gegebene Definition brauchbar: Säkularität ist, vor unserem Tod, das feste Wissen, warum die Dinge sind, wie sie sind. Aber über den Tod hinaus hat dieses Wissen keine Bedeutung.
Daß die Säkularität zwischen dem 18. und dem 19. Jahrhundert einen Wandel durchmachte, liegt auf der Hand. Er zeichnet sich nicht nur im wissenschaftlichen Positivismus ab, sondern ebenso in Darwins Evolutionstheorie, in der Kunstauffassung, in den Alltagsanschauungen und in den einschneidenden Veränderungen auf dem Feld der Psychologie. Warum es zu diesem Wandel kam, wird noch zu klären sein; ich möchte hier zunächst versuchen, diese Veränderungen kurz zu umreißen.
Glauben bleibt eine Grundvoraussetzung von Gesellschaft, und der Wille zu glauben verliert sich nicht, auch wenn die Menschen ihren Glauben an Gott verlieren. Das Besondere an unserem Zeitalter sind nicht unsere wissenschaftlichen und rationalistischen Vorlieben, sondern die Art, wie wir die Wissenschaft als Immunisierungsmittel gegen eine bildhafte Religion gebrauchen. Dieser Prozeß setzte in der Aufklärung ein und hat seitdem ständig an Wirksamkeit gewonnen. Im 19. Jahrhundert wendete sich der Wille zu glauben von einer nicht-bildhaften Religion ab und konzentrierte sich zusehends auf das unmittelbare Dasein der Menschen, dergestalt, daß Erleben und Erfahrung zur Grenze dessen wurden, was der Mensch glauben konnte. Unmittelbarkeit, Empfindung, Konkretion – nur in diesem Umfeld konnte es noch Glauben geben, nachdem die Götter abgetreten waren. In dieser Richtung ging das 19. Jahrhundert dann über den ersten, im 18. Jahrhundert erfolgten Bruch noch hinaus. Während er die Götter entmystifizierte, mystifizierte der Mensch seine eigene Existenz; er befrachtete sein Leben mit Bedeutung, und doch mußte er es auch »spielen«. Bedeutung war diesem Leben immanent, aber der Mensch war weder Stein noch Fossil, die unbeweglich sind und sich deshalb als Formen untersuchen lassen.
Hier nun tritt die Persönlichkeit in das System des Glaubens an die Immanenz ein. »Persönlichkeit« wurde im letzten Jahrhundert zu einer Schlüsselkategorie, um die dem menschlichen Leben immanente Bedeutung zu begreifen. So wie man »die Familie« als feste biologische Formation in der Geschichte zu

betrachten pflegte, kann man sich auch heute noch »Persönlichkeit« als eine menschliche Konstante vorstellen. Stets hat es bei den Menschen Gefühls-, Wahrnehmungs- und Verhaltensunterschiede gegeben. Aber es kommt darauf an, was die einzelnen aus diesen Unterschieden machen. Als die Götter abtraten, gewann die Unmittelbarkeit von Empfindung und Wahrnehmung an Gewicht; an und für sich real erschienen die Phänomene im unmittelbaren Erleben. Die Menschen ihrerseits neigten dazu, die Unterschiede zwischen den unmittelbaren Eindrücken, die sie beieinander erweckten, immer wichtiger zu nehmen, ja, sie als Grundlage ihrer gesellschaftlichen Existenz zu verstehen. Der unmittelbare Eindruck, den ein einzelner, von den anderen unterschiedener Mensch hervorrief, galt als Indikator seiner »Persönlichkeit«.

Die Persönlichkeitsauffassung des 19. Jahrhunderts unterschied sich von der Idee des natürlichen Charakters, wie sie im Zeitalter der Aufklärung geläufig war, in drei wesentlichen Punkten. Erstens galt Persönlichkeit für etwas, das von Person zu Person differiert, während der natürliche Charakter als gemeinsamer Besitz der gesamten Menschheit angesehen wurde. Die Persönlichkeit variiert, weil es keine Differenz zwischen dem äußeren Erscheinungsbild der Gefühle und dem inneren Wesen des Menschen, der sie empfindet, gibt. Man ist der, als der man erscheint; Menschen, die unterschiedliche Erscheinungsbilder hinterlassen, sind deshalb unterschiedliche Menschen. Wo sich die eigene Erscheinung wandelt, da wandelt sich auch das Selbst. In dem Maße, wie der Glaube der Aufklärung an ein allen Menschen Gemeinsames untergeht, wird ein Zusammenhang zwischen dem Wechsel der äußeren Erscheinung und der Instabilität der Persönlichkeit selbst hergestellt.

Zweitens ist die Selbstkontrolle der Persönlichkeit, anders als die des natürlichen Charakters, eine Sache des Bewußtseins und nicht des Handelns. Seinen natürlichen Charakter kontrollierte das Individuum, indem es seinen Gelüsten Mäßigung auferlegte; wenn es auf eine bestimmte Weise, nämlich maßvoll, *handelte,* brachte es sich in Übereinstimmung mit dem natürlichen Charakter. Die Persönlichkeit dagegen kann durch Handeln nicht kontrolliert werden; die Umstände machen es vielleicht erforderlich, daß das Individuum verschiedene Erscheinungen annimmt und dadurch sein Selbst destabilisiert. Die einzige Form der Kontrolle besteht darin, daß es ständig bestrebt ist, die eigenen Empfindungen zu formulieren. Das aber geschieht weitgehend retrospektiv; was man getan hat, begreift man, nachdem die Situation selbst vorbei ist. Dabei ist das Bewußtsein dem emotionalen Ausdruck stets nachgeordnet. »Persönlichkeiten« setzen sich deshalb nicht nur aus verschiedenen Elementen von Zorn, Mitgefühl oder Zuversicht zusammen; zur Persönlichkeit gehört auch die Fähigkeit, die eigenen Emotionen »zurückzugewinnen«. Sehnsucht, Bedauern und nostalgische Gefühle nehmen in der Psychologie des 19. Jahrhunderts einen besonderen Platz ein. Fortwährend beschäftigt den Bürger des 19. Jahrhunderts die Erinnerung an die eigene Jugend, die ihm zum eigentlichen Leben wird. Sein Bewußtsein bestimmt sich nicht so sehr aus dem Versuch, das

eigene Empfinden von dem anderer abzugrenzen, als vielmehr daraus, bekannte, ein für allemal abgeschlossene Empfindungen zu einer Definition seiner selbst zu erheben.
Und schließlich unterscheidet sich die moderne Persönlichkeitsauffassung von der Idee des natürlichen Charakters darin, daß ein spontanes, freies Empfinden nun wie ein Verstoß gegen das »normale«, konventionelle Empfinden erscheint. Um die Mitte des 18. Jahrhunderts war eine solche Spannung zwischen gesellschaftlicher Konvention und Spontaneität unbekannt. Jetzt aber gerät die Spontaneität der Person in einen Gegensatz zur gesellschaftlichen Konvention und läßt den freien Geist als deviant erscheinen. Spontaneität und unwillkürliche Charakteroffenbarung haben etwas Gemeinsames, aber es besteht zugleich ein wichtiger Unterschied zwischen ihnen: Spontaneität ist eine Form des *ungefährdeten* unwillkürlichen Gefühlsausdrucks, aus dem weder dem Subjekt noch anderen jeweils ein Schaden erwächst. Dagegen gelangten die Psychologen des 19. Jahrhunderts, ebenso wie ihre Patienten, zu der Ansicht, daß die einfachen Leute, die zu unwillkürlichem Gefühlsausdruck neigten, häufig geisteskrank waren; auch hierin zeigt sich die Angst vor spontanem Empfinden als etwas Abnormem. Das gleiche Prinzip wurde aber auch umgekehrt wirksam. Das Bewußtsein von der eigenen Verschiedenheit hemmte die Spontaneität des Ausdrucks.
Persönlichkeit als Produkt der äußeren Erscheinung, allenfalls kontrolliert von einem an der eigenen Vergangenheit orientierten Bewußtsein, und Spontaneität als Abweichung – diese beiden Vorstellungen bildeten im 19. Jahrhundert die Grundlage einer Gesellschaftsauffassung, die die Gesellschaft als eine Ansammlung von »Persönlichkeiten« bestimmte. Vor diesem Hintergrund betrat die »Persönlichkeit« die öffentliche Sphäre der Hauptstadt.
Persönlichkeit variiert von einem Menschen zum anderen und ist bei jedem instabil, weil es keine Distanz zwischen äußerer Erscheinung und innerer Regung gibt. Die äußere Erscheinung ist der direkte Ausdruck des »Innern« eines Menschen, d. h. die Persönlichkeit ist der Erscheinung immanent – im Unterschied zum natürlichen Charakter, der, wie die Natur selbst, jede Einzelerscheinung in der Welt transzendiert.

»Alle sichtbaren Dinge sind nur – Gleichnisse! Was du siehst, ist nicht um seiner selbst willen da. Alles Wirkliche ist geistiger Art, alles Sinnliche nur bestimmt, die Idee darzustellen und zu verkörpern. Eben darin liegt auch die unsagbar große Bedeutung der Kleider, so gering du sonst von ihnen denken magst.«

Im Zeitalter der Perücke und des *pouf au sentiment* hätten diese Sätze aus Carlyles *Sartor Resartus* keinen Sinn ergeben. Für Carlyle aber hatten die Kleider eine »unsagbar große Bedeutung« erlangt, weil der äußere Eindruck, den jemand hervorruft, dessen authentisches Selbst nicht verbirgt, sondern, zumindest teilweise, erkennbar macht.[28]
Zu einem wirklichen Verständnis der Person gelangt man auf der allerkonkretesten Ebene: indem man die Einzelheiten von Kleidung, Sprache und

Verhalten betrachtet. Hier wahrte die äußere Erscheinung keine Distanz mehr zum Selbst, sie lieferte vielmehr Hinweise auf das private Empfinden; und umgekehrt reichte »das Selbst« nicht mehr über seine äußere Erscheinung in der Welt hinaus. Darin bestand die Grundvoraussetzung von Persönlichkeit.

Das Zusammentreffen dieses säkularen Glaubens an die Persönlichkeit mit der Ökonomie des Industriekapitalismus schuf die Grundlage für den Auftritt der Persönlichkeit als einer sozialen Kategorie in der öffentlichen Sphäre. Seitdem stehen diese beiden Kräfte in einem Dialog miteinander. Im letzten Kapitel haben wir von der Seite des Profits her gesehen, welche Auswirkungen das Auftauchen der Persönlichkeit in der Öffentlichkeit hatte: Passivität, zwischenmenschlicher Austausch als Geheimnis, Mystifikation der äußeren Erscheinung selbst. Der neue, säkulare Glaube an die Persönlichkeit brachte nun eine eigenständige Logik mit sich, die in der öffentlichen Sphäre zu ganz ähnlichen Resultaten führte. Um etwas zu begreifen, darf man sich selbst, die eigenen Interessen nicht ins Spiel bringen; man muß sich in der Öffentlichkeit still verhalten, um sie zu verstehen – das ist die Objektivität der Wissenschaft, die »Gastronomie des Auges«. Der Voyerismus war die logische Ergänzung der Säkularität des 19. Jahrhunderts.

Um die Stimme der Säkularität und ihre Stellung in diesem Dialog zu verstehen, ist es wohl am besten, so konkret wie möglich anzufangen, bei einem einzelnen Menschen, der die Welt in diesen Kategorien deutete – ich meine Balzac. Mit einem wachen Blick für alles Neue war dieser Mann bestrebt, die materiellen Verhältnisse der modernen Stadt mit Hilfe der neuen Persönlichkeitsauffassung zu interpretieren.

Die Persönlichkeit als gesellschaftliche Kategorie bei Balzac

»Wo in den Romanen Balzacs von Paris nicht direkt die Rede ist, da ist diese Stadt zwischen den Zeilen um so gegenwärtiger«, schrieb Henry James. Überfluß, Vereinzelung, Zufall – das waren die neuen Triebkräfte der Kapitale, und sie bilden das entscheidende Thema Balzacs. Sie stehen im Zentrum seines geradezu obsessiven Interesses für Paris, den Ort, an dem große Vermögen zusammenfließen und wieder zerrinnen, der dem Talent alle Tore öffnet und sich doch ebenso plötzlich wie unerklärlich wieder vor ihm verschließt. Hier ist die Haltung des Unternehmers die Grundform menschlicher Beziehungen. Dem Besonnenen, wenn er denn in der Welt Balzacs einmal auftaucht, wie David in den *Illusions perdues*, bleibt nur die Rolle eines passiven Opfers der Unternehmergesellschaft. Eine Schilderung wie die folgende aus *Splendeurs et misères des courtisanes* ist kennzeichnend für Balzacs Bild von Paris als einem Schauplatz, an dem eine neue materielle Ordnung entsteht:

»Paris, wissen Sie, gleicht einem Wald in der Neuen Welt, durch den ein Schwarm von Wilden streift – die Illinois, die Huronen, die von dem Ertrag leben, den ihnen die verschiedenen Gesellschaftsklassen bieten. Man macht Jagd auf Millionen und nimmt dazu Schlingen, Leimruten und Köder. Einige jagen reiche Erbinnen, andere ein Vermächtnis. Einige angeln nach dem Gewissen der Leute, andere verkaufen ihre Klienten an Händen und Füßen gefesselt. Wer mit wohl gefüllter Jagdtasche heimkehrt, der wird gepriesen und gefeiert und in vornehmer Gesellschaft empfangen.«

Um in einer solchen Umgebung zu überleben, muß der Mensch alle Bindungen, alle festen Verpflichtungen aufgeben:

»Ein Mann, der sich etwas darauf zugute hält, daß er im Leben stets den geraden Weg wählt, ist ein Dummkopf, der an die Unfehlbarkeit glaubt. Prinzipien gibt es nicht, es gibt nur Fälle. Das einzige Gesetz ist das des Eigennutzes.«[29]

Um die Auswirkungen der materiellen Verhältnisse auf die Lebensführung in dieser Umwelt zu bezeichnen, greift Balzac zum Bild des Rads der Fortuna. Doch er verwendet es auf eine von den Renaissance-Autoren, die sich seiner zur Schilderung ihrer Gesellschaft ebenfalls bedienten, abweichende Weise. Fortuna ist für Balzac nicht mehr das, was dem Menschen als dem Spielball der Götter widerfährt, und sie ist auch nicht Machiavellis »Frau des Glücks«, die im Streit mit der Religion liegt. Seinem Roman *Père Goriot* legt Balzac den *King Lear* zugrunde, aber indem er die Handlung in eine moderne Großstadt verlegt, entzieht er der Vorstellung vom Rad der Fortuna ihre tradierte Würde und Majestät und stößt sie in den Schmutz einer von Skandalen, Kompromissen und Vorspiegelungen erfüllten Szenerie. Das Glück wird aus der Sphäre der Götter hinabgezogen in die Niederungen der Alltäglichkeit, es wird säkularisiert, und Fortuna – *fortune,* Vermögen – steht für die Möglichkeit des totalen Umschwungs, des Sturzes von der Höhe des Erfolgs in den Abgrund der Vernichtung oder des jähen Aufstiegs. So heißt es in *Père Goriot*:

»Noch gestern bei einer Gräfin hoch oben auf dem Glücksrad [...] heute ganz unten, zu Füßen eines Geldverleihers: das ist das Schicksal der Pariserin.«[30]

Balzacs Bestreben, die Neuartigkeit des großstädtischen Lebens darzustellen, hat einige Interpreten veranlaßt, ihm bei aller Redlichkeit eine Art von Täuschung des Lesers zu unterstellen:

»Die *Comédie humaine* nahm die Hauptsache, nämlich die Produktion, auf die leichte Schulter und gab dem Nebensächlichen, nämlich der Spekulation, zu großes Gewicht.«

Gewiß, eine solche Kritik ist töricht und vordergründig, aber sie rührt doch an einen entscheidenden Punkt: Warum beschäftigten Balzac Instabilität, Glück, Zufall und extreme Umbrüche im Paris des 19. Jahrhunderts so sehr? Eine erste Antwort auf diese Frage liegt auf der Hand: Balzac schuf ja gerade ein Porträt der neuen Triebkräfte in der Großstadt. Aber es gibt noch eine weitere Antwort.[31]

Tatsächlich erschien Balzac das Getriebe der modernen Großstadt als Gleichnis einer von festen Pflichten, feudalen Banden und traditionellen Übereinkünften befreiten Psyche. Die kleine Verderbtheit, ein Anflug gedankenloser

Grausamkeit, die scheinbar geringfügige Kränkung wurden in der Großstadt moralisch absolut gesetzt, denn ein transzendentes Prinzip – Gott oder König –, das Maßstab hätte sein können, gab es nicht mehr. Die Stadt wurde zum großen Schaufenster der psychologischen Abenteuer des Menschen; jede Einzelszene war für sich bedeutungsvoll, ein die menschlichen Ambitionen transzendierendes Prinzip, das der einzelnen Szene hätte zugrunde liegen können, gab es nicht mehr. Die *Comédie humaine* ist untergliedert in *Scènes de la vie privée*, *Scènes de la vie de province* und *Scènes de la vie parisienne* usw., und in einem Vorwort hat Balzac ausgeführt, daß er auf diese Weise die verschiedenen Stufen des Lebenszyklus darstellen wollte: daß die Menschheit erst in der Großstadt zu voller Reife gelangt. Aber was reift da eigentlich heran, nachdem die Bande der Abhängigkeit und der Pflicht endgültig zerrissen sind? Balzacs Antwort steckt in der im Rahmen seines Gesamtwerks vielleicht berühmtesten Schilderung von Paris:

»In Paris sind echte Gefühle die Ausnahme; sie zerbrechen im Spiel der Interessen, werden im Räderwerk dieser Maschinenwelt zermalmt; die Tugend wird verleumdet, die Unschuld verschachert; die Leidenschaften haben verschwenderischen Launen und dem Laster Platz gemacht; alles wird verfeinert und zergliedert, verkauft und gekauft. Es ist ein Basar, in dem alles seinen Preis hat, und die Berechnungen stellt man ohne Scheu am hellichten Tage an; nur zwei Arten von Menschen gibt es noch, Betrüger und Betrogene. [...] Man sehnt den Tod der Großeltern herbei; der ehrliche Mann ist ein Dummkopf; Großzügigkeit ist ein Mittel zum Zweck; die Religion gilt als politisches Erfordernis; Ehrbarkeit wird zur Pose; alles wird ausgenutzt und umgesetzt; das Lächerliche wird zum Aushängeschild und öffnet alle Türen; der junge Mensch ist hundert Jahre alt und schmäht das Alter.«[32]

Fast scheint es, als habe es Balzac wiederum auf die Verurteilung der großen Stadt abgesehen. Er durchschaut diese Verhältnisse genauso klar wie Rousseau, aber er mißt sie an einem anderen Maßstab. Zu Beginn der *Scènes de la vie parisienne* nennt er Paris »ein ganz seltsames Ungeheuer«, und tatsächlich kostet er alle Schrecknisse dieser Stadt aus. Bei Balzac tritt uns eine Leidenschaft entgegen, die Großstadt noch in jeder ihrer empörendsten Eigenarten zu studieren, ein Vergnügen daran, den Leser mit dem Furchtbaren vertraut zu machen, eine Liebe für dieses »ganz seltsame Ungeheuer«, die nicht im Gegensatz zu Balzacs tiefer Abscheu vor dem Leben von Paris steht, sondern sich dieser gleichsam beigesellt. Nicht die einfache Ablehnung, sondern diese doppelte Sicht macht Balzac zu einem so trefflichen Porträtisten der Großstadtmentalität. Auf ihr beruht seine Überzeugung, daß die Persönlichkeit zur entscheidenden gesellschaftlichen Kategorie der Großstadt geworden ist, und diese Ansicht gewinnt er aus der Analyse der äußeren Erscheinungen in all ihren Einzelheiten.

Lange Zeit hat man Balzacs Aufmerksamkeit fürs Detail als eine Sache seines »Stils«, im Unterschied zu seiner »Thematik«, erachtet; heute indes erblickt man in dieser Detailfreudigkeit geradezu das Wesen seiner Kunst. Angesichts von Balzacs Versenkung ins Detail spricht man nun von »romantischem

Realismus« oder von »Melodrama«, zwei Deutungen, die nicht in Widerspruch zueinander stehen, wohl aber unterschiedliche Schwerpunkte setzen. Donald Fanger handelt vom romantischen Realismus Balzacs – der Romancier konzentriere sich auf die Details des privaten Alltaglebens, weil jedes dieser Details, wenn man es nur gründlich genug dreht und wendet, nicht allein den Charakter oder die Persönlichkeit eines bestimmten Menschen in tausend verschiedenen Verkleidungen offenbart, sondern ein noch viel größeres Geheimnis enthüllen kann, nämlich ein Bild der Gesellschaft als ganzer. Jede noch so unscheinbare Lebensäußerung enthält ein Miniaturbild der gesamten Gesellschaft, aber um dem Alltagsdetail dieses Geheimnis zu entlocken, müssen Autor und Leser ihre ganze Kraft und Empfindungsfähigkeit aufwenden. Georg Lukács hat diese Art des Umgangs mit den geringfügigen Wandlungen in Einstellung und Handeln der Menschen treffend beschrieben: Balzac habe die typischen Charaktere seiner Zeit geschildert und ihnen dabei so riesenhafte Dimensionen verliehen, daß sie weit über das Individuum hinaus auf gesellschaftliche Konstellationen verweisen. Das Interesse am Detail ist das eines Realisten; die Empfindungsfähigkeit, mit der sich der Romancier diesem Detail zuwendet, ist die eines Romantikers. Wo beides zusammenkommt, geraten jede Figur und jede Szene auch zu einer Chiffre der Gesellschaftsordnung der Großstadt als ganzer.[33]

Balzacs Vorstellung von der Persönlichkeit als gesellschaftlicher Kategorie ist von dem Gedanken geleitet, daß diese Persönlichkeit zwar überall im gesellschaftlichen Leben präsent ist, aber mystifiziert, als Geheimnis, das sich nicht von selbst offenbart. Wie aber läßt es sich lüften? Zunächst muß der Beobachter dazu mit beharrlichem Interesse das Detail als Symbol entziffern. Aber das allein genügt noch nicht. Peter Brooks hat diesen Symbolisierungsvorgang als »melodramatisch« bezeichnet – nicht allein deshalb, weil sich Balzac sein Leben lang von der Bühne angezogen fühlte und selbst mehrere Stücke schrieb (das früheste trug den Titel *Le nègre: mélodrame en trois actes*), sondern auch deshalb, weil Balzac dort, wo er das Detail zum Symbol erweiterte, das gleiche Verfahren anwendete, dessen sich die Melodramatiker zur Zeichnung ihrer Bühnencharaktere bedienten. Es bestand darin, nur solche Details in Verhalten und Empfinden einer Person auf die Bühne zu bringen, die sich ohne weiteres mit anderen Details verknüpfen ließen. Das Detail an sich, das auf nichts anderes verweist, war in dieser Art von Schilderung bedeutungslos. Der Zuschauer sollte ein Faktum stets als einem bestimmten Typus, ein bestimmtes Verhalten stets als einem bestimmten Verhaltenstypus zugehörig begreifen. Auf diese Weise läßt sich bei einem Melodrama leicht ausmachen, wer der Bösewicht, wer die Jungfrau in Bedrängnis und wer der jugendliche Held ist.[34]

Auf der Bühne also gewinnen individuelle Charaktere nur insofern Bedeutung, als sie einem allgemeinen Charaktertypus entsprechen. In den Romanen Balzacs wird diese Beziehung umgekehrt. Das Geflecht der Einzelheiten ist so angelegt, daß allgemeine gesellschaftliche Kräfte nur in dem Maße Bedeutung erlangen, wie sie in individuellen Fällen widergespiegelt werden können. Balzac gelingt es, nach den Worten Lukács', mit Hilfe dieses Verfahrens zu zeigen, daß selbst den trivialsten Alltagsverrichtungen gesellschaftliche Strukturen innewohnen. Doch sie lassen sich nur schwer als solche herauspräparieren. So entsteht ein glaubhaftes Bild gesellschaftlicher Kategorien nur dort, wo wir diese Strukturen in bestimmten Gestalten und ihrem Leben am Werke sehen. Genau darin beruht Balzacs Meisterschaft – die Überzeugung, daß gesellschaftliches Leben nur auf diese Weise sichtbar gemacht werden kann, macht ihn zum Repräsentanten einer neuen, sich ausbreitenden Mentalität.

Es gibt eine berühmte Szene zu Beginn des *Père Goriot*, eine Schilderung des Eßzimmers in Madame Vauquers Pension und eine Beschreibung von Madame Vauquer selbst, und es gibt eine berühmte Interpretation dieser Szene in Erich Auerbachs Buch *Mimesis*, die uns vor Augen führt, wie Balzac aus einer Reihe psychologischer Symbole, die auf unscheinbare, bedeutungslose Details zurückgehen, das Bild einer ganzen Gesellschaft aufbaut. Zunächst wird das Zimmer selbst des Morgens um sieben Uhr beschrieben, zusammen mit der Katze, die ihrer Herrin vorausgelaufen ist. Dann betritt Madame Vauquer die Szene. Jeder Zug ihres Gesichts wird in der Beschreibung zu einer Metapher. Dann wird das ganze Gesicht noch einmal in anderen Metaphern beschrieben. Sodann erhalten wir ein genaues Bild der verschiedenen Schichten ihrer Kleidung. Es folgen sechs Sätze, die in leicht abgewandelter Form noch einmal Charakterzüge festhalten, die schon früher erwähnt worden sind. Auerbach nennt diese insistierende Aufmerksamkeit fürs Detail »dämonisch«; das leidenschaftliche Beobachten, die nicht nachlassende Einfühlung in das, was der morgendliche Eintritt ins Eßzimmer für diese herausgeputzte Frau bedeutet, die Zusammenfassung ihres ganzen Lebens schon im ersten Augenblick ihres Erscheinens – solche dämonischen Momente machen das aus, was Fanger als »romantischen Realismus« bezeichnet. Der Beobachter wendet seine ganze Leidenschaft den geringfügigen Fakten zu.[35]

Wie führt uns Balzac ein solches Faktum vor Augen? Auerbach zeigt, wie Balzac in jedem materiellen Detail ein anderes, umfassenderes Phänomen aufscheinen läßt. So heißt es in diesem Abschnitt über Madame Vauquer einmal: »sa personne explique la pension, comme la pension implique sa personne«; gleich im folgenden bedient sich Balzac der Assoziation und stellt eine Verbindung zwischen der Pension und einer Galeere her. Oder die einzelnen Fakten werden durch ihre Anordnung, durch Reihung zum Sprechen gebracht:

»Ihr verblühtes fettes Gesicht, das von einer Papageiennase beherrscht wird, ihre kleinen fleischigen Hände, ihre feiste Figur, die einer vollgefressenen Kirchenratte gleicht, ihre offene Jacke, all das entspricht diesem Speisezimmer, das von Unglück durchsickert ist...«

Oder die Fakten werden so in eine allgemeine Schilderung eingeflochten, daß sie eine Bedeutung annehmen, die sie von sich aus nicht hatten:

»Frau Vauquer, die etwa fünfzig Jahre alt ist, gleicht all den *Frauen, die Unglück im Leben hatten.* Sie hat das glasige Auge und den Unschuldsblick einer Kupplerin, die sich ereifert, um einen höheren Preis herauszuschinden, und zu allen Schandtaten bereit ist, um ihr Los zu erleichtern.«

Wir sind nicht darauf gefaßt, daß plötzlich eine Verbindung zwischen einer klagenden Frau mittleren Alters und einer feilschenden Kupplerin hergestellt wird. Vermittelnd schiebt sich zwischen diese beiden Gestalten das Detail des »glasigen Auges«. Durch seine Plazierung verbindet sich dieser Ausdruck mit beiden Charakteren. Dieses äußerliche Detail ist gewissermaßen der einzige »Beweis« dafür, daß eine Beziehung zwischen diesen beiden Charaktertypen besteht. Als Vermittelndes zwischen Ungleichem nimmt es eine metaphorische und eine wörtliche Bedeutung an. Es verweist auf etwas, das umfassender ist als es selbst. Durch dieses Verfahren hebt Balzac das einzelne Detail über den Bereich des bloß Faktischen hinaus. Die ganze Beschreibung wendet sich, Auerbach zufolge, »an die nachbildende Phantasie des Lesers, an die Erinnerungsbilder von ähnlichen Personen und ähnlichen Milieus, die er gesehen haben mag«. Die Detailliertheit macht uns glauben, daß uns hier »eine Pariser Pension« geschildert wird. Aber diese Pension gerät nicht zu einem repräsentativen Typus, dem die individuellen Züge abgingen. Alle Momente, die die Szene in eine Beziehung zu »ähnlichen Personen und ähnlichen Milieus« setzen – der Vergleich zwischen der Pension und der Galeere, die Parallele zwischen der von ihren Spitzen und ihrem Unglück eingehüllten Pensionsinhaberin und der Kupplerin –, dienen nur dazu, das Eigengewicht der Szene zu erhöhen. Indem Balzac das Detail durch die Herstellung engster Verbindungen zu allen anderen Elementen der gesellschaftlichen Wirklichkeit erweitert, wird es bedeutungsschwer, wird zu einem Faktum, das entschlüsselt und entmystifiziert werden muß. Eine solche Wahrnehmungsweise erzeugt den Eindruck, die ganze Stadt berste in all ihren Einzelheiten von geheimer Bedeutung; sie erscheint als *comédie,* die darauf wartet, erschlossen, erobert zu werden, indem sich der Beobachter in jeder ihrer Szenen wie in einer Welt für sich festkrallt.[36]

Die Personalisierung der Gesellschaft, wie sie mit der Aufblähung des Details und seiner Miniaturisierung, also seiner Verwandlung in ein Miniaturbild der Gesellschaft, einhergeht, hat zwei Ergebnisse: die Wahrnehmungen verlieren ihre Beständigkeit, und der Wahrnehmende wird passiv.

Häufig benutzt Balzac in seinen Werken die Kleidung, um Individualität in allen äußeren Erscheinungen darzustellen. Die Kleidung verrät nicht nur den Charakter dessen, der sie trägt; Veränderungen in der Kleidung machen Balzacs Gestalten häufig auch glauben, sie seien nun selber anders geworden. An einem bestimmten Punkt in *Peau de Chagrin* scheint Rastignac durch seine neuen Kleider wie »metamorphosé«; in den *Illusions perdues* glaubt der eben

in Paris eingetroffene Lucien, wenn er nur die richtigen Kleider trage, werde er sich auch weniger linkisch benehmen und weniger ängstlich sein; neue Kleider werden ihm »Kraft verleihen«. Der moralische Verfall in *Père Goriot* läßt sich anhand der Modifikationen in der Kleidung deutlich verfolgen.[37]
Die Charakterveränderungen, die durch die Kleidung bewirkt werden, brachten Balzac auf ein eigentümliches Motiv: die äußere Erscheinung ist zur Maske geworden, die dem Menschen, der die Maske trägt, die Illusion eines eigenständigen, festen Charakters verschafft, während er doch in Wirklichkeit nur Gefangener seiner augenblicklichen Erscheinung ist. Dahinter steht das große Thema des 19. Jahrhunderts: die Angst vor der unwillkürlichen Charakteroffenbarung. Eine Grenze zwischen dem inneren Charakter und der augenblicklichen äußeren Erscheinung ist nicht erkennbar; wenn sich also die äußere Erscheinung verändert, so offenbaren sich jedem genauen Beobachter auch die inneren Wandlungen. Maskierung gibt es nicht; jede Maske ist ein Gesicht. Immanenz der Persönlichkeit, Unbeständigkeit der Persönlichkeit, unwillkürliche Offenbarung der Persönlichkeit – Balzac zeigt diese Dreiheit als Gefängnis. Nach den zeitgenössischen Kommentaren zu den Werken Balzacs zu urteilen, scheint das Problem der Maske sein Publikum am meisten beunruhigt zu haben.
Wohl fühlt sich Balzac zur Beobachtung und zur Stadt insgesamt hingezogen, aber irgendein bestimmter Schauplatz vermag ihn nicht auf Dauer zu fesseln. Er spricht von der »Gastronomie des Auges«; er liebt die Stadt wegen der Szenen, die es dort zu beobachten gibt. Innerhalb der Stadt bewegt er sich von Molekül zu Molekül, aber durch keines von ihnen läßt er sich als Erzähler oder Kommentator in seiner Freiheit beschränken. Er spricht nicht aus der Perspektive eines bestimmten Teils der Stadt. Hier bekundet sich ein weiterer Zug seiner Kunst, eine eigenartige Passivität, die daher rührt, daß er die Gesellschaft in psychologischen Symbolen wahrnimmt.
An anderer Stelle haben wir erörtert, wie die zunehmende Zerstückelung der Hauptstadt aufgrund klassenspezifischer und ethnischer Differenzierungen den Kosmopolitismus zu einer eminent bürgerlichen Erfahrung werden ließ. Der Bürger bewegte sich eher von Schauplatz zu Schauplatz, während der Arbeiter seiner ökonomischen Lage wegen stärker an die engen Grenzen seines Viertels gefesselt war. Wenn sich Balzac nicht an einen bestimmten Schauplatz binden läßt, wenn er nicht aus dem Blickwinkel eines bestimmten Moleküls über alle anderen spricht, so steht dahinter jener bürgerliche Kosmopolitismus. Man vergleiche darin Balzac mit Daumier. Daumier war in einer bestimmten Kultur verwurzelt, im städtischen Proletariat eines bestimmten Stadtviertels. Die meisten seiner Gestalten »gehen auf Menschen zurück, die ich von meinem Fenster aus sehe«. Ähnlich fixiert war seine Gesellschaftssicht – im Arbeiter erblickt er eher ein Opfer als einen Sünder. Für ihn sind die gesellschaftlichen Beziehungen bekannt und brauchen nur gezeigt zu werden. Für Balzac dagegen ist jedermann ein Sünder. Um die Laster der Menschen in ihrer

ganzen Vielfalt zu begreifen, muß man die ganze Stadt durchstreifen, darf niemals das Verhalten eines Gesellschaftsmoleküls als Maßstab für die übrigen nehmen. Jedes Einzelleben läßt sich nur »aus sich heraus« verstehen. Es sind diese Wurzellosigkeit, dieser absolute Relativismus, diese Bindungslosigkeit, die Balzacs Sicht der Großstadt zu einer bürgerlichen machen. Der bürgerliche Schriftsteller engagiert sich nicht für Anschauungen und Überzeugungen, er engagiert sich für das Beobachten. Daran wendet er seine Leidenschaft und seine spezifische Passivität. Die »Gastronomie des Auges« bezeichnet eine Klassenkultur, die, wie wir noch sehen werden, nicht allein die Sichtweise der Künstler, sondern auch die Sichtweise der verschiedenen gesellschaftlichen Gruppen in der Stadt prägt.

Wenn man nun Balzacs Methode mit den neuen Formen des Einzelhandels in der Großstadt vergleicht, ergibt sich ein deutliches Bild der öffentlichen Sphäre um die Mitte des 19. Jahrhunderts. In Balzacs Schriften nimmt die Personalisierung der Gesellschaft eine zentrale Stellung ein. Die gesellschaftlichen Beziehungen sind in die Details der individuellen Erscheinung eingebettet; die wahrgenommene Unbeständigkeit der Persönlichkeit entspricht der schweifenden Passivität des Wahrnehmenden. Der Einzelhandel zeigt, wie sich aus der allgegenwärtigen Personalisierung der gesellschaftlichen Verhältnisse Profit ziehen ließ. Die Ursprünge der Welt Balzacs liegen in der säkularen Konzeption der Bedeutungsimmanenz; die Ursprünge des Warenhauses liegen in der massenhaften Warenproduktion und -verteilung.

Ohne daran zu rühren, ob ein genialer Schriftsteller für seine Zeit repräsentativ ist – heute könnte man eher zu der Ansicht neigen, die mittelmäßige Kunst sei für ihre Ära repräsentativ –, wird man doch die Frage stellen dürfen, wie es dazu kam, daß die Zeitgenossen Balzacs seine Weltdeutung (und sei es nur als Maßstab dafür, was glaubhaft war) teilten, auch wenn sie darüber zu ganz anderen Schlüssen gelangten als der Schriftsteller.

Neue Körperbilder

Für die meisten Modehistoriker sind die Jahrzehnte um die Mitte des 19. Jahrhunderts ausgesprochen langweilig. Squires Urteil ist kurz und vernichtend: »Die glanzloseste Dekade in der Geschichte der Damenmode begann im Jahre 1840. Diese durch und durch bürgerliche Epoche war von einer abgeschmackten Mittelmäßigkeit gekennzeichnet.« Selten wurde der weibliche Körper in so plumpe Gewandung gepreßt, selten war die Kleidung des Mannes so farblos wie damals. Und doch ist diese Zeit von hoher Wichtigkeit für uns. Denn in ihr betrat die Persönlichkeit zum erstenmal die öffentliche Sphäre, und zwar, indem sie sich – im Medium der Kleidung – mit den industriellen Kräften verband. Die Menschen nahmen das Erscheinungsbild ihrer Mitbürger auf der

Straße überaus wichtig; sie glaubten, mit seiner Hilfe den Charakter ihres Gegenüber ermitteln zu können; aber die Leute, die ihnen begegneten, steckten in Kleidern, die immer homogener und einförmiger wurden. Um von dem Aussehen einer Person auf diese selbst zu schließen, mußte man sich also an Indizien halten, die die Feinheiten ihrer Kleidung preisgaben. Diese Entschlüsselung des Körpers auf der Straße zog nun aber die Verbindung, die bislang zwischen Bühne und Straße bestanden hatte, in Mitleidenschaft. Die Glaubhaftigkeitskodes, die für die Begegnung auf der Straße galten, unterschieden sich immer stärker von den auf der Bühne geltenden Kodes. In diesem Sinne entwickelte das kosmopolitische Bürgertum nach und nach einen ähnlichen Wahrnehmungsstil wie Balzac, aber dieser Wahrnehmungsstil führte letztlich zur Spaltung von Kunst und Gesellschaft.[38]

Allerdings müssen wir mit Ausdrücken wie »homogen«, »einförmig« oder »farblos« vorsichtig umgehen. Verglichen mit der für alle Altersstufen und Geschlechter einheitlichen, militärisch anmutenden Kleidung im heutigen Peking, erscheint die Mode nach 1840 alles andere als farblos und einförmig. Verglichen mit der amerikanischen Mode in den fünfziger Jahren unseres Jahrhunderts wirkt sie geradezu wie eine Verherrlichung des Besonderen. Aber gegenüber dem, was ihr im Ancien Régime oder in der Romantik vorausgegangen war, wirkte sie eintönig und farblos. Mit ihr beginnt sich ein Modestil durchzusetzen, dem es vor allem auf Neutralität, auf Unauffälligkeit ankam.

In diesem Zusammenhang sind zwei Fragen zu bedenken. Wie und warum kam es dazu, daß die Kleidung immer neutraler wurde? Wie und warum konnten die Menschen darauf beharren, auch von der neutralen äußeren Erscheinung einer Person deren Individualität ablesen zu wollen? Die erste Frage rührt an ein neues Verhältnis zwischen Kleidung und Maschine.

Die ersten Nähmaschinen tauchten um 1825 auf. Eine Reihe amerikanischer und europäischer Firmen verbesserten in den folgenden Jahren deren Konstruktion, und 1851 erhielt Singer ein Patent für einen wirklich ausgereiften Typus. In den vierziger Jahren des 19. Jahrhunderts wurden Uhren zu einem Massenartikel. Nachdem ein Amerikaner eine Maschine zur Filzherstellung entwickelt hatte, war man schon 1820 zur Massenfertigung von Hüten übergegangen. Um die Mitte des 19. Jahrhunderts wurde der überwiegende Teil der in den Städten verkauften Schuhe maschinell hergestellt.[39]

Welche Auswirkungen diese Veränderungen in der Produktion auf die Pariser und die Londoner Mode hatten, läßt sich nur verstehen, wenn man die neuen Formen, in denen diese Mode propagiert wurde, mitberücksichtigt. Hundert Jahre zuvor hatte es zwei Möglichkeiten gegeben, wie sich die Pariser Mode verbreitete: entweder durch direkten Kontakt auf der Straße und in den öffentlichen Gärten oder durch Modepuppen. Jetzt hatte sich diese Situation grundlegend gewandelt. Über die »Modekupfer« in den Zeitungen wurden die jeweils neuesten Kreationen fast augenblicklich überall bekannt. Die vierziger

Jahre des 19. Jahrhunderts waren die erste große Zeit der Massenpresse; die Verbreitung, die die Zeitung damals gewann, enthob die Mehrzahl der Käufer der Notwendigkeit, Kontakt mit einem Handelsreisenden aufzunehmen, um zu erfahren, was gerade *en vogue* war. Zwar wurden auch im 19. Jahrhundert noch Modepuppen hergestellt, aber sie hatten ihre Funktion eingebüßt; sie galten nun als Antiquitäten, als Sammelobjekte, die Modehändler jedenfalls bedienten sich ihrer nicht mehr. In der Welt der Mode ereignete sich also etwas ähnliches wie im Warenhaus: Den aktiven Austausch zwischen Käufer und Verkäufer ersetzte eine vornehmlich passive, einseitige Struktur.[40]

Im Jahre 1857 erreichte dieser Wandel in Produktion und Verbreitung von Kleidungsstücken auch die anspruchsvolle Mode. In jenem Jahr eröffnete L. Worth in Paris seinen Modesalon. Er war der erste ambitionierte Modeschöpfer, der maschinelle Fertigungsweisen gebrauchte. Heutzutage fällt eher die technische Qualität der Kleidung von Worth als ihre Schönheit ins Auge; vor 120 Jahren jedoch beruhte ihre Wirkung darauf, daß ihr »guter Geschmack« und ihre »Anmut« das Ergebnis von Schnittmustern waren, die sich leicht in die maschinelle Kleiderfertigung übernehmen ließen. Und Worth selbst benutzte in begrenztem Umfang auch Maschinen, um die Kostüme für seine königliche und aristokratische Kundschaft herzustellen. Infolgedessen kam es nun nicht mehr zu den für das 18. Jahrhundert so typischen Vereinfachungen, die die Modeformen auf ihrem Weg von der innovatorischen Elite hinab zum imitierenden Bürgertum durchliefen. Solche Vereinfachungen wurden dank Worth gleichsam mechanisch obsolet. Die Unterschiede im Erscheinungsbild zwischen Oberklasse und Bürgertum wurden subtiler.[41] – In den dreißiger und vierziger Jahren des 19. Jahrhunderts setzten sich im Kleidungsstil der Frauen die Wespentaille und der Keulenärmel immer mehr durch. Der Körper wurde in ein Korsett gezwängt. Der Reiz dieser Mode für die bürgerlichen Damen lag in dem Anklang an die Würde einer längst vergangenen Zeit, als bei Hofe noch enge Korsetts und aufwendige Kleider getragen wurden. Um 1840 war praktisch der gesamte weibliche Körper unterhalb des Schlüsselbeins von Kleidung bedeckt, denn damals hatte sich auch der Rock nach und nach wieder bis über die Knöchel gesenkt.[42]

In den dreißiger Jahren des 19. Jahrhunderts löste sich die Herrenkleidung langsam von den fließenden, ausufernden Formen der romantischen Mode. Bis 1840 verlor die Krawatte die Extravaganz, sie lag nun flach am Hals an. Die äußere Erscheinung des Mannes wurde in diesen beiden Jahrzehnten einfacher, ihre Farbigkeit schwand. Feiner schwarzer Wollstoff war nun das Ausgangsmaterial für die Straßenkleidung der mittleren und oberen Gesellschaftsschichten und ebenso für den »Sonntagsanzug«, den der Proletarier beim Kirchgang trug.[43]

Alle diese Kleidungsstücke wurden nach Schnittmustern von Maschinen gefertigt; auch die handgefertigte Kleidung dessen, der sich einen Schneider oder eine Näherin leisten konnte, folgte den Formen der Maschinenerzeugnisse, es sei denn, der Kunde wäre sehr reich oder sehr exzentrisch gewesen. Doch ausgefallene Kleidung wurde in diesen Jahrzehnten mit wachsendem Mißfallen betrachtet.

Wir stoßen hier, um mit François Boucher zu reden, auf ein »Geschmacksrätsel«, das auf eine tiefsitzende, komplexe Grundüberzeugung der Menschen von damals hinweist. In der Öffentlichkeit wollten sie auf keinen Fall hervorstechen, um keinen Preis auffallen. Warum?

Modehistoriker haben für diese Scheu vor der Auffälligkeit ziemlich belanglose Gründe angeführt. Sie verweisen z. B. auf den Einfluß von Beau Brummell. Während sich Romantiker wie der Comte d'Orsay äußerst prachtvoll und reichlich kleideten, präsentierte sich Brummell in Makellosigkeit, Glätte, schlichter Eleganz. So wie die bürgerlichen Damen ihre Körper verformten, um einem verblaßten höfischen *bon ton* zu genügen, so waren die Gentlemen dreißig oder vierzig Jahre nach dem Sturz Brummells im Jahre 1812 der Ansicht, Steifheit und Farblosigkeit würden ihren guten Geschmack beweisen.[44]

Aber diese Erklärung reicht nicht aus. Man betrachte etwa ein um die Jahrhundertmitte von A. M. Hounoeus geschaffenes Gemälde, das heute in Kopenhagen hängt und eine Menschenmenge auf der Straße einer großen Stadt zeigt. Die Kleidung der Kinder ist dänisch, während die Erwachsenen nach der »Pariser Mode« gekleidet sind. Als Gemälde ist dieses Bild schlecht, als Dokument jedoch von außerordentlicher Beredtheit. Eine Menschenmenge, alle Gestalten ziemlich dunkel gekleidet – wer sind sie? Woran kann man ihren Beruf, ihre gesellschaftliche Stellung, ihren Lebenskontext ablesen? Anhand ihrer optischen Erscheinung läßt sich das nicht ausmachen. Sie sind abgeschirmt.

Bei dieser Vorliebe für die Anonymität müssen allerdings bestimmte Unterschiede zwischen Großstadt und Provinz berücksichtigt werden. In den vierziger Jahren des 19. Jahrhunderts wurde die Anonymität zum Abzeichen bürgerlich kosmopolitischer Bildung oder auch des Strebens nach Urbanität bei den Bewohnern der Provinz. Außerhalb der großen Städte aber begannen im selben Jahrzehnt die Menschen auf dem Kontinent immer größeres Gewicht auf die Bewahrung ihrer »nationalen« Kleidung, im Gegensatz zur »Pariser Mode«, zu legen. Der sich ausbreitende »Volksgedanke« und die Idee eines »Volksgeistes«, aus dem die Eigenart jeder Nation entspringe, hatten Anteil an dieser bewußten Trennung zwischen Paris und der »nationalen« oder »patriotischen« Kleidung. Der »Volksgedanke« hat seinen Ursprung in der Generation Herders, überlebte aber noch dessen romantische Zeitgenossen – er verweist auf Land und Dorf, als Gegenpol zur kosmopolitischen Großstadt.

Die Besinnung auf Heimat und Nation führte im Bereich der Mode zu außergewöhnlichen Kontrasten. Wenn man sich die Männer auf den Modekupfern in den Lyoner oder Birminghamer Zeitungen ansieht, so stellt man fest,

daß in beiden Ländern die provinziellen Vorstellungen von gutem Geschmack auf sehr viel mehr Farbigkeit, größere Vielfalt hinausliefen, daß sie »interessanter« waren als die entsprechenden kosmopolitischen Vorstellungen. Um sich im städtischen Sinne geschmackvoll zu kleiden, mußte man lernen, das individuelle Erscheinungsbild abzudämpfen und sich unauffällig zu machen.
Leicht läßt sich hier ein Zusammenhang erkennen. Angesichts der gesellschaftlichen Umbrüche in der Großstadt wollten sich die Menschen schützen, indem sie sich mit der Menge vermischten. Die Konfektionskleidung lieferte ihnen hierzu das Mittel. Der Gedanke läge nahe, daß die Maschinengesellschaft nun die Ausdrucksmittel der Stadtkultur ganz unter ihre Kontrolle gebracht hatte. Und wenn dem so wäre, dann würden die altbekannten Gemeinplätze – Gespaltenheit, Entfremdung und dergleichen – wieder hervortreten. Die Menschen mußten sich demnach als von ihren Körpern abgespalten erleben, weil ihre Körper nur noch Ausdrucksträger der Maschine waren; sie mußten Entfremdung spüren, weil niemand mehr seine Individualität durch die äußere Erscheinung auszudrücken vermochte. Aber solche Formeln machen es sich zu leicht.
Denn zu derartigen Spaltungsprozessen kam es gerade nicht. Je einförmiger die Körperbilder wurden, desto ernster wurden sie von den Menschen als Hinweis auf die Persönlichkeit genommen. Die in Balzacs Werk immer wieder begegnende Annahme, daß auch ein blasses, unauffälliges Äußeres wichtige Rückschlüsse auf die Person zulasse, wurde von seinen Lesern im alltäglichen Umgang geteilt. Der äußerlich ziemlich farblose Kosmopolit neigte eher als sein provinzieller Gegenspieler dazu, die Kleidung zum psychologischen Symbol zu machen. Der Widerspruch seines öffentlichen Lebens bestand darin, daß er sich vor dem Interesse für seine Person schützen wollte, wozu ihm die Maschine die Mittel lieferte, daß er aber zugleich die äußere Erscheinung seiner ebenso abgeschirmten Mitbürger nach Anzeichen für ihre innere Verfassung absuchte. Wie wird ein schwarzer Anzug zur »gesellschaftlichen Hieroglyphe«, um noch einmal Marx' Ausdruck zu verwenden? Man erhält eine Antwort hierauf, wenn man untersucht, wie sich die neue Vorstellung von »immanenter Persönlichkeit« mit der Massenproduktion von öffentlichen Erscheinungsbildern verknüpfte.
Die beiden Dimensionen, die die Angehörigen des Bürgertums in ihrem öffentlichen Erscheinungsbild personalisierten, waren Klasse und Geschlecht. An den Nuancen der äußeren Erscheinung versuchte der Fremde abzulesen, ob jemand seine ökonomische Position in die eines »Gentleman« hatte übersetzen können. Der sexuelle Status einer Frau wurde in der Öffentlichkeit personalisiert, indem der Fremde zu ermitteln suchte, ob ihr Äußeres bei aller scheinbaren Sittsamkeit gewisse Signale aufwies, die auf ihre »Verworfenheit« hindeuteten. Der »Gentleman« ebenso wie die »verworfene« Frau, die sich hinter der achtbaren Dame verbarg, waren nur in der Öffentlichkeit visuell

bedeutungsvoll. Daheim waren völlig andere Konnotationen bestimmend. Zu Hause zeichnete sich der Gentleman durch Rücksichtnahme, vor allem auf die Bedürfnisse seiner Frau, aus. Dabei spielte seine äußere Erscheinung keine Rolle. Und wer innerhalb der Familie die Verworfenheit einer Frau wahrnahm, ersah das aus ihrem Verhalten und nicht aus versteckten Hinweisen in ihrem Aussehen oder ihrer Kleidung.

Wie erkennt man, daß der Fremde, dem man begegnet, ein Gentleman ist? In *La Diorama*, einer populären Erzählung, die um 1840 in Paris spielt, macht ein junger Mann plötzlich eine Erbschaft. Sogleich faßt er den Entschluß, sich neu und gut einzukleiden. Nachdem das geschehen ist, begegnet er auf der Straße einem Freund, einem Republikaner, der für privilegierten Wohlstand nur Verachtung übrig hat. Daß der junge Mann zu Wohlstand gelangt ist, erkennt dieser Freund aber nicht, denn die Kleidung macht diese Tatsache nicht offenkundig. Der junge Mann fühlt sich dadurch verletzt, denn er als Eingeweihter vermag durchaus zu sagen, ob die Kleidung die eines Gentleman ist oder nicht. Weil der Freund die Regeln nicht kennt, nimmt er nichts wahr. Als der junge Mann dann aber in eine Fabrik kommt, ist er seinerseits nicht imstande, den Rang der verschiedenen Arbeiter zu erkennen, während seinem Freund das mühelos gelingt. Das bedeutet, diese Kleidung spricht eine gesellschaftliche Sprache; sie hat einen Kode, der entschlüsselt werden kann.

Um 1750 lieferte die Art und Weise, wie Farben, Embleme, Hüte, lange Hosen und Kniehosen verwendet wurden, einen unmittelbaren Hinweis auf die gesellschaftliche Stellung, den jedermann auf der Straße entziffern konnte; solche Zeichen waren zwar willkürlich, aber sie waren klar und deutlich. Die jungen Leute aus der Zeit um 1840 dagegen leben in einer Welt, deren Gesetze nur den Eingeweihten zugänglich sind. Die Hinweise, die der Eingeweihte zu lesen vermag, sind Resultat eines Miniaturisierungsprozesses. Feinheiten der »Machart« zeigen jetzt, wie »vornehm« ein Mann oder eine Frau ist. Die Art, wie ein Mantel geknöpft wird, ist entscheidend; auf die Stoffqualität kommt es an, wenn der Stoff selbst in Farbe und Tönung gedämpft ist. Auch das Schuhleder gewinnt Zeichencharakter. Das Binden der Krawatte wird zu einer vertrackten Ausdrucksleistung; der Krawattenknoten zeigt an, ob jemand »Kinderstube« hat oder nicht, die Krawatte als solche besagt gar nichts. In dem Maße, wie sich die äußere Form der Uhren vereinfacht, wird das Material, aus dem sie gemacht sind, zum Hinweis auf die soziale Stellung ihrer Besitzer. Bei alledem kommt es auf die Subtilität der Selbstkennzeichnung an. Wer von sich behauptet, ein Gentleman zu sein, ist schon deshalb ganz sicher keiner.[45]

Ein Russe, der den Jockey Club besuchte, bat seine Gastgeber um eine Definition des Gentleman: Handelte es sich um einen ererbten Titel, um eine Kaste, war das ganze eine Frage des Geldes? Die Antwort lautete, ein Gentleman offenbare seine Qualität nur jenen, die sie zu erkennen vermögen, ohne daß es ihnen gesagt werden muß. Der Russe, augenscheinlich ein ungeschliffener Kerl, wollte wissen, in welcher Form sich solche Offenbarungen abspielten. Worauf ihm ein Mitglied des Clubs im Ton strenger Vertraulichkeit erklärte, die Kleidung eines Gentleman könne man stets daran erkennen, daß sich die Knöpfe am Ärmel seines Mantels wirklich auf- und zuknöpfen ließen, und das Verhalten eines Gentleman könne man daran erkennen, daß er seine Knöpfe stets sorgfältig zugeknöpft halte, um keinerlei Aufmerksamkeit auf seine Ärmel zu lenken.

Die Miniaturisierung breitete sich bis in die Reihen des Kleinbürgertums und der oberen Arbeiterklasse aus. Spitzenrüschen wurden nach 1840 zu einem Zeichen gesellschaftlichen Ansehens. Doch schon die bloße Sauberkeit bestimmter Teile der Kleidung, etwa des Halsbundes, mochten einem Ladenbesitzer genügen, um zu entscheiden, ob der, dem er da gerade vorgestellt wurde, »zu uns« gehört oder nicht.

Auch die Charaktere der verworfenen und der achtbaren Frau lassen sich mit dieser Kombination aus Überbetonung des Details und Miniaturisierung entschlüsseln. Steven Marcus hat in seiner Untersuchung über die viktorianische Sexualität, *The Other Victorians,* gezeigt, wieviel Gewicht Soziologie und Medizin um die Mitte des 19. Jahrhunderts auf die Ähnlichkeit zwischen der Prostituierten und der gewöhnlichen ehrbaren Frau legten. So schreibt etwa ein Arzt namens Acton:

»Wenn wir die Prostituierte im Alter von 35 Jahren mit ihrer Schwester vergleichen, die vielleicht verheiratet ist und eine Familie hat oder sich jahrelang in einem der überheizten Modeateliers abgeplagt hat, so werden wir nur selten feststellen, daß der körperliche Verfall, den man für eine notwendige Folge der Prostitution erachtet, über das hinausgeht, was die Sorge um eine Familie mit sich bringt.«

Nicht einmal durch ihr Verhalten auf der Straße fällt die verworfene Frau besonders auf. Sie gibt nur einen Wink – ein zu langer Blick, eine sehnsuchtsvolle Geste, und der Mann, der zu lesen weiß, versteht sie.[46]
Andererseits hatte diese Ähnlichkeit Folgen für die ehrbare Frau. Wie konnte sie sich von der verworfenen oder – noch problematischer – von der gefallenen Frau absetzen, wenn die Ähnlichkeit so groß war? Woher sollte sie, die doch unschuldig und rein zu sein hatte, das hierzu erforderliche Wissen nehmen? Aus diesem Dilemma erwuchs das Bedürfnis, den Nuancen der eigenen Erscheinung große Aufmerksamkeit zu widmen und sich eine strenge Zurückhaltung aufzuerlegen, aus Angst, falsch oder böswillig gedeutet zu werden; und, wer weiß, vielleicht gehörte man, wenn man solche winzigen Signale von Verworfenheit von sich gab, tatsächlich zu den Verworfenen.
Bei der Wahrnehmung der Verworfenheit wurde die Miniaturisierung unmittelbar physisch wirksam. Da die wichtigsten Partien des Körpers bedeckt waren und da die Form des bekleideten Frauenkörpers mit der des unbekleideten nichts gemein hatte, gewannen Kleinigkeiten, eine geringfügige Verfärbung der Zähne oder die Kurve der Fingernägel, sexuelle Bedeutung. Selbst unbelebte Objekte in der Umgebung des Menschen vermochten eine derart

suggestive Wirkung zu entfalten, daß sich der Betrachter oder der Benutzer von ihnen kompromittiert fühlte. Vielleicht erinnert sich der eine oder andere Leser an die Überzüge, mit denen man im Hause seiner Großeltern die Beine des Klavierflügels oder des Eßtischs bedeckte. Es galt eben als unschicklich, daß »Beine« sichtbar waren. Über diesem Ausmaß an Prüderie könnte man ihre Ursache leicht vergessen. Alle Phänomene besitzen eine individuelle Bedeutung: Wenn man der Ansicht ist, daß sich in einem Augenaufschlag unwillkürlich sexuelle Zügellosigkeit verraten kann, ist es auch verständlich, daß ein nacktes Klavierbein als Provokation erlebt wird. Diese alles überziehende Angst hat sowohl sexuelle wie kulturelle Wurzeln, genauer, es war ein Wandel der Kultur, der das viktorianische Bürgertum veranlaßte, eine größere Prüderie als seine Ahnen im Ancien Régime zu entfalten. Dieser kulturelle Wandel geht auf die Vorstellung zurück, daß alle Erscheinungen sprechen, daß allen Phänomenen eine menschliche Bedeutung immanent ist.

In einer solchen Situation bestand der einzige Schutz darin, sich zu verstecken – daher die tiefsitzende Angst der Frauen vor dem Auftritt in der Öffentlichkeit. Sich nicht dem Licht und der Straße auszusetzen und alle Glieder zu verdecken, darin bestand die Grundregel der körperlichen Erscheinung.

»Nur wenige Viktorianer zeigten sich, nachdem sie das Jugendalter einmal hinter sich gelassen hatten, in hellem Licht. Abends waren sie vom Licht der Öllampen und Gaslichter umgeben; tagsüber ruhten sie im Halbdunkel. Sie entkleideten sich im Dunkeln; die reiche Frau frühstückte im Bett und zeigte sich erst im Haus, nachdem ihr Gatte sein Amt, seinen Club oder sein Landgut aufgesucht hatte.«

In den vierziger Jahren des 19. Jahrhunderts wurde die Haube oder »Schute« wieder zu einem Bestandteil der vornehmen Damenkleidung; später kam auch der dichte Schleier, der das Gesicht fast vollständig verdeckte, wieder in Mode.[47]

In dem Maße, wie die Individualität der Menschen aus ihrem Äußeren ersichtlich schien, wurden Fragen der Klassenzugehörigkeit und der Sexualität mit wirklicher Angst besetzt. Daher ist die Welt der immanenten Wahrheiten so viel angespannter und zugleich so viel problematischer als die öffentliche Welt des Ancien Régime, in der eine Distanz zwischen dem Erscheinungsbild und dem Selbst gewahrt blieb. Im Kaffeehaus, im Theater wurde die eigene gesellschaftliche Stellung von der Kleidung in einer Weise offengelassen oder – und sei es irreführend – signalisiert, die im gesellschaftlichen Verkehr nicht notwendig zu Problemen führte. Ob jemand wirklich das war, was seine Kleidung über ihn aussagte, oder nicht – die Aussage selbst war jedenfalls klar. Aufgrund der Konventionen war die Angst in bezug auf das unbekannte Gegenüber geringer als in der viktorianischen Epoche, in der ein Entschlüsselungsvorgang zum notwendigen Bestandteil des sozialen Austauschs wurde. Spürsinn war erforderlich, um eine Beziehung zur Person hinter der Fassade ihrer äußeren Erscheinung herzustellen. Wer jedoch die Regeln, die die jeweilige äußere Erscheinung bestimmten, nicht kannte, wer den Krawattenknoten oder das Tuch über dem Chignon nicht zu »lesen« verstand, der konnte auch keine Gewißheit darüber gewinnen, mit wem er es auf der Straße zu tun bekam. Die zwanghafte Aufmerksamkeit für das Detail, das ängstliche Verlangen nach Gewißheit, die uns seitdem in vielen Gestalten verfolgen, gehen zurück auf diese Sorge in bezug auf das, was die äußere Erscheinung symbolisiert.

Eng verknüpft mit der Personalisierung aller öffentlichen Erscheinungsbilder war das Bestreben, diese Bilder durch Verstärkung der bewußten Selbstkontrolle zu steuern. Verhalten und Bewußtsein stehen jedoch in einer eigenartigen Beziehung zueinander; zuerst kommt das Verhalten und danach das Bewußtsein. Das Verhalten liefert unwillkürliche Botschaften und ist vorab schwer zu kontrollieren, gerade weil es keine klaren Regeln für die Deutung der Details einer äußeren Erscheinung gibt; klar sind diese Regeln lediglich den Eingeweihten, aber weder der Gentleman noch die ehrbare Frau kann sich auf einen festen Kode stützen. Sobald sich – in der Mode oder in der Sexualität – »jedermann« bestimmter Zeichen bedienen kann, werden diese Zeichen bedeutungslos. Neue Signale, ein neuer Kode, den es erst zu durchdringen gilt, entstehen; die Mystifikation der Persönlichkeit bleibt genauso erhalten wie die Mystifikation der Ware in den Kaufhäusern. Bewußtsein wird damit zu einem retrospektiven Handeln, zur Beherrschung dessen, was gewesen ist, oder, mit den Worten von G. M. S. Young, zu einem »nachträglichen Entwirren«, statt zu einem »Vorbereiten«. Wenn sich der Charakter im Präsens, in der Gegenwart unwillkürlich offenbart, läßt er sich nur in der Zeitform der Vergangenheit, in der Rückschau kontrollieren.

Eine Geschichte der Nostalgie müßte noch geschrieben werden, gewiß aber erklärt diese Nachträglichkeitsbeziehung zwischen Bewußtsein und Verhalten einen entscheidenden Unterschied zwischen der Autobiographie des 18. und der des 19. Jahrhunderts. In den Erinnerungen etwa eines Lord Hervey aus dem 18. Jahrhundert erscheint die Vergangenheit im nostalgischen Rückblick als eine Zeit der Unschuld und Unbeschwertheit. In den Erinnerungen des 19. Jahrhunderts treten zwei neue Momente hinzu. Die Vergangenheit ist die Zeit des »eigentlichen Lebens«, und wenn es einem gelingt, diese Vergangenheit mit Sinn zu erfüllen, dann verringert man die Wirrnis, die dem Leben in der Gegenwart anhaftet. Wahrheit resultiert somit aus der Rückschau. Die psychoanalytische Therapie geht auf diese viktorianische Nostalgie ebenso zurück wie die moderne Verherrlichung der Jugend.

In diesem Zusammenhang ist übrigens auch das Aufkommen des Detektiv- und Kriminalromans in Paris und London während des 19. Jahrhunderts zu sehen. Jeder muß ja zum Detektiv werden, wenn er begreifen will, was auf der Straße vor sich geht. Man betrachte etwa (auch wenn das Beispiel aus späterer Zeit stammt) folgende Szene aus einer von Arthur Conan Doyles Sherlock-Holmes-Geschichten. In *Der verschwundene Bräutigam (A Case of Identity)* betritt eine junge Frau die Wohnung von Holmes in Baker Street. Er wirft einen Blick auf sie und sagt dann:

»Finden Sie es bei Ihrer Kurzsichtigkeit nicht ein wenig anstrengend, so viel auf der Maschine zu schreiben?«

Die Frau und, wie immer, auch Watson sind verblüfft darüber, daß Holmes auf der Stelle eine solche Feststellung zu treffen vermag. Nachdem die Besucherin wieder gegangen ist, bemerkt Watson:

»Du scheinst eine ganze Menge aus ihr herauszulesen, was für mich gänzlich unsichtbar war.«

Woraufhin Holmes die berühmte Erwiderung gibt:

»Nicht unsichtbar, du hast es nur nicht bemerkt, Watson. Du wußtest nicht, wo du hinschauen mußtest, und hast all das übersehen, was wichtig ist. Ich kann dich offenbar nicht dahin bringen, dir die Bedeutung von Ärmeln klarzumachen, den Aussage-Reichtum von Daumennägeln oder die wichtigen Hinweise, die von einem Schnürsenkel ausgehen.«[48]

Dieser Satz hätte auch Balzac als Motto dienen können; auch seine Methode der Charakterisierung beruhte auf der Entschlüsselung isolierter Details der äußeren Erscheinung, auf der Vergrößerung des Details zu einem Gleichnis für den »ganzen Menschen«. Balzac hat diese Vergrößerungsmethode sogar auf sich selbst angewandt, etwa im Fall seiner berühmten Spazierstöcke. So schreibt er eines Tages an Madame Hanska:

»Schwerlich könnte man den Erfolg, den mein neuester Spazierstock in Paris hatte, übertreiben. Er ist nahe daran, eine europäische Mode zu kreieren. In Neapel und Rom spricht alle Welt davon. Alle Dandies sind eifersüchtig.«

Leider entbehrten Äußerungen wie diese jeglicher Ironie.[49]

Der Unterschied zwischen Conan Doyles Prosa und der Ethologie eines Balzac, eines Flaubert oder eines Thackeray besteht allerdings darin, daß sich bei diesen »ernsthaften« Schriftstellern, die sich ebenfalls auf die Deutung des Charakters aus der äußeren Erscheinung verstehen, in den Akt der Deutung selbst, wenn sie ihn in ihren Werken schildern, ein Element der Angst mischt. Solches Deuten erschien ihnen, anders als es Conan Doyle darstellt, nicht als lustvoll; es galt ihnen als gefahrvolle Notwendigkeit, die leicht zu einem Irrtum führen und dadurch den Figuren ihrer Romane Vorwürfe, Angriffe eintragen und sie ins Unglück stürzen konnte.

Menschen, deren Leben darauf angelegt war, einer Enthüllung auf der Straße zu entgehen, waren, wie es Thackeray formuliert hat, bestrebt, »dem prüfenden Blick ein Wissen zu verweigern, das in der Stadt nicht jedem Beliebigen offenstehen sollte«. Zu dieser Welt gehörten die Schirmlampe, die Schute, die Ausfahrt in der geschlossenen Equipage. Unabhängig von der durch die Maschine erzeugten Mystifikation, veranlaßte allein schon die Überzeugung, daß das Äußere den Charakter offenbare, die Menschen dazu, sich unauffällig und damit so geheimnisvoll, so unverletzlich wie möglich zu machen. Ihren theoretischen Ausdruck fand diese neue Auffassung von der Allgegenwart des Individuellen in den öffentlichen Erscheinungsbildern in einer Reihe bedeutender Werke, die sich bis heute erhalten haben, genauso wie in eher zeitgebundenen Werken und Praktiken, etwa der Phrenologie, die uns heute unsinnig erscheinen.

Um die Mitte des 19. Jahrhunderts bezeichnete das Wort »Ethologie« bei J. St. Mill und anderen Autoren »die Wissenschaft vom menschlichen Charakter, wie er sich aus dem Äußeren des Menschen ableiten läßt«, während heutige Biologen darunter die Erforschung der tierischen Genetik verstehen, wie sie sich aus dem Verhalten der Tiere ableiten läßt. Die Bedeutung der Kleider in diesem Zusammenhang bildete das zentrale Thema von Carlyles *Sartor Resartus*, der ersten »Kleiderphilosophie«, einer verwickelten, bitterbösen Satire. Carlyle führt uns einen Professor Teufelsdröckh vor und stellt sich selbst als den Herausgeber der Satire dar. Dieser Professor nun gibt allerlei idealistische Philosopheme zum besten. Nachdem man einmal so weit ist, daß man über ihn zu lachen beginnt, legt Carlyle ihm nach und nach eine Reihe allgemein anerkannter Anschauungen in den Mund, läßt ihn über die Tugenden der Ordnung und Standhaftigkeit, die Bedeutung der Frömmigkeit und ähnliches reden, so daß sich der Leser schließlich selbst auslachen muß. Allmählich wird Teufelsdröckh ernsthaft, äußert nun keine unsinnigen, sondern durchaus radikale Ideen, bekennt sich etwa zu einem vom allgemein anerkannten Ritual freien Agnostizismus. Sobald der Leser beginnt, sich selbst in Teufelsdröckh wiederzuerkennen, sieht er auch einen neuen Teufelsdröckh, der sich zu einem philosophischen Radikalen gewandelt hat.

Wir haben es hier mit einem komplizierten Überzeugungsspiel zu tun, in dem Kleider und das Bild des Körpers die zentrale Rolle innehaben. Die Idee einer »Kleiderphilosophie«, wie sie Teufelsdröckh eingangs entwickelt, erscheint zunächst als gänzlich unsinnig, als überzogene Abstraktion. Bis zum Kapitel 8 des ersten Buches hat dieser Gedanke jedoch erheblich an Überzeugungskraft gewonnen. Indem die Menschen den Kleidern keine Beachtung schenken, über sie lachen und die äußere Erscheinung nicht ernst nehmen, sagt der Professor, verschließen sie »ihre Augen vor den einfachsten Tatsachen« und leben

»in Kraft einer aus Vergeßlichkeit oder Stumpfsinn entspringenden Geistesträgheit inmitten einer Welt voller Wunder und Schrecknisse doch ganz gemächlich dahin«.

Aber was geschieht, wenn die Menschen in den Kleidern Gleichnisse des Innenlebens erkennen?

»Mich für meinen Teil erfüllen diese Betrachtungen, wie nämlich diese unsere Kleiderhülle uns bis ins innerste Herz hinein beeinflußt, unsere Seele zur Schneiderseele herabsetzt und entwertet, mit einem gewissen Abscheu vor mir selbst sowohl wie vor dem Menschengeschlecht.«

Die Kleider offenbaren unsere Verderbtheit. Doch Carlyle geht noch einen Schritt weiter. Die Kleider selbst haben die Kraft, uns zu verderben. Die äußere Erscheinung ist nicht nur um dessentwillen ernst zu nehmen, was sie »durchsichtig« macht, sondern auch, weil unter widrigen gesellschaftlichen Bedingungen eine falsche äußere Erscheinung den Menschen schlechtmachen kann.[50]

Am Ende von *Sartor Resartus* hat Carlyle eine kohärente Gesellschaftskritik entwickelt: Wenn Männer und Frauen einander nur ansehen, die äußere Erscheinung ihrer Mitmenschen wirklich betrachten würden, wären sie genötigt, sich Gedanken über eine Veränderung der gesellschaftlichen Verhältnisse zu machen. Von dem, was sie sähen, wären sie entsetzt. Wie jedes große ironische Werk ist auch Carlyles Traktat am Ende nicht mehr ironisch: Männer und Frauen stellen sich absichtlich blind; aus der Wahrnehmung selbst erwächst schon eine moralische Anklage gegen die Gesellschaft, all deren Übel sind *sichtbar*.

Philip Rosenberg hat *Sartor Resartus* als eine »Art von jeu d'esprit« bezeichnet, »aber es ist das jeu d'esprit eines äußerst bedrückten Mannes«. Das Buch erschien zu einer Zeit, da Carlyle an sich selbst und an der Last des Selbst verzweifelte – in einem dunklen Augenblick des Abscheus vor dem Abgrund der Begierde in den Menschen, der jetzt in ihrer Erscheinung so deutlich sichtbar geworden war. Daß die Kleider ein Selbst enthüllen, dessen Anblick unerträglich ist – um das zu beschreiben, mußte sich Carlyle in die Ironie flüchten.[51]

Der gleichen Methode, den Charakter des Menschen von seiner äußeren Erscheinung abzulesen, begegnen wir in einem ganz anderen Buch, einem nüchternen, der Wissenschaft verpflichteten Werk, das es sich zum Ziel gesetzt hatte, jenes dunkle Selbst, das uns bei Carlyle begegnet ist, zu entmystifizieren, nämlich in Charles Darwins *Der Ausdruck der Gemütsbewegungen bei dem Menschen und den Tieren*. Darwin wollte erhärten, daß sich die Mittel des Gefühlsausdrucks bei Mensch und Tier gleichen und daß sich diese Ähnlichkeit nur mit Hilfe der Evolution erklären läßt. Durch den Nachweis der physiologischen Wurzeln des menschlichen Gefühlsausdrucks in der Tierwelt hoffte Darwin, seine Untersuchungen zur Evolution des Menschen bis in den Bereich der Evolution der »Werte und Bindungen« voranzutreiben.[52]

Die neuartige Auffassung der äußeren Erscheinung zeigt sich bei Darwin in der von ihm verwendeten wissenschaftlichen Methode. Sie bezeichnet einen Höhepunkt der Ethologie, also der Charakterdeutung aus der äußeren Erscheinung. Darwin konzentrierte sich auf den menschlichen Körper und fragte: Welche Organe, Muskeln und Reflexbewegungen des Körpers erzeugen auf seiner Außenhaut jene Phänomene, mit denen eine emotionale Bedeutung verbunden ist? Warum weinen die Menschen, wenn sie traurig sind? Warum ziehen sie ihre Augenbrauen zusammen, wenn sie nachdenken? Warum werden die Gesichtsmuskeln in freudiger Stimmung nach oben und in verdrießlicher Stimmung nach unten gezogen? Solche Fragen hätte auch Diderots Schauspieler stellen können, aber Darwin läßt das Gebiet der hohen Kunst hinter sich und zeigt uns die Naturform, die der Schauspieler möglichst genau zu reproduzieren strebt.

Besonders anschaulich wird Darwins Methode in Kapitel 7, wo er den Kummer untersucht. Woran erkennen wir, so fragt er zunächst, daß jemand Kummer empfindet, auch wenn sich sein Schmerz schon gemildert hat, aber noch fortdauert? In seiner Antwort geht er überhaupt nicht auf mögliche Ursachen für solchen Kummer ein – ein Todesfall in der Familie, der Verlust des Arbeitsplatzes –, und er beschreibt auch nicht das soziale Verhalten eines Menschen, der mit einem Todesfall oder erzwungener Untätigkeit zurechtzukommen versucht. Er beschreibt das Phänomen vielmehr so:

»Die Zirkulation wird träge, das Gesicht bleich; die Muskeln werden schlaff, die Augenlider matt; der Kopf hängt auf die zusammengezogene Brust herab; die Lippen, Wangen und der Unterkiefer sinken alle unter ihrem eigenen Gewicht herab. Es sind daher die ganzen Gesichtszüge verlängert, und von einer Person, welche eine schlimme Nachricht hört, sagt man, daß sie ein langes Gesicht mache.«

Darwin macht es sich keineswegs so einfach, Kummer und das Ermatten der Augenlider miteinander gleichzusetzen; wenn der Organismus »Kummer« empfindet, so gibt er dieser Empfindung durch das Sinkenlassen der Augenlider vielmehr Ausdruck. Was ist dann aber eine »Empfindung«, und warum drückt sie sich körperlich auf diese Weise aus?[53] In seiner Antwort auf diese Frage beschreibt Darwin eine Reihe von »Gram-Muskeln« im Gesicht, die, wenn die Augenbrauen zueinander schräg gestellt werden, gleichzeitig die Mundwinkel hinabziehen.[54] In bezug auf diese Muskeln stellt Darwin zwei Behauptungen auf: erstens, daß sie sich in frühem Alter bei allen Lebewesen herausbilden, und zwar um die Augen gegen physischen Schmerz zu schützen; zweitens, daß diese Muskeln unwillkürlich arbeiten, außer in seltenen Fällen, wenn sie von großen Schauspielern bewußt eingesetzt werden. Darwins erste Behauptung steht im Zusammenhang mit seiner Evolutionstheorie. In der Struktur einer »höheren« Lebensform erhalten sich bestimmte anatomische Merkmale, die einer niedrigeren Lebensform in anderer Umgebung einmal nützlich waren; wenn sich der Organismus dieser Merkmale weiterhin bedient, so benutzt er sie häufig für Zwecke, die, vom ersten Auftreten dieser Merkmale beim niedrigeren Organismus her gesehen, keinen Sinn ergeben. So entwickelt das Pferd durch natürliche Selektion »Gram-Muskeln«, um seine Augen vor allzu starkem Sonnenlicht abzuschirmen; diese Muskeln haben sich in höheren Evolutionsformen erhalten, weil sich dieselbe physiologische Reaktion auch unter veränderten Umweltbedingungen als nützlich erweist. Darwin begreift demnach den Kummer als überstarkes Licht, das in das Leben eines Menschen einbricht. Aber eine solche Vorstellung war für ihn keine sophokleische Metapher; die Methode zur Erklärung von Oberflächenerscheinungen vermag vielmehr wissenschaftlich gesichert genau jenen Ort anzugeben, wo die Niedergeschlagenheit, das Gefühl, von allzu starkem Schmerz überwältigt zu werden, ihren Ursprung hat. Daß der Mensch imstande ist, das

Gefühl der Niedergeschlagenheit auf seinem Gesicht auszudrücken, verdankt sich dem Umstand, daß auf einer früheren Entwicklungsstufe ein Tier über die anatomischen Möglichkeiten verfügte, sich gegen allzu starkes Licht, das seine Augen störte, zu schützen.[55]

Aus der ersten Überlegung ergibt sich die zweite: Wenn wir die anatomische Grundlage einer Empfindung bestimmen, wird klar, warum diese Empfindung unwillkürlich in Erscheinung tritt. Für Darwin war dieses unwillkürliche Sichtbarwerden genauso wichtig, wie es für uns ist, wenn wir die ausgeprägte Angst begreifen wollen, die die Menschen des 19. Jahrhunderts vor den Blicken anderer oder vor einem Auftreten außerhalb des schützenden Heims verspürten. Im Schlußkapitel seines Buches faßt Darwin die Idee des unwillkürlichen Ausdrucks noch einmal zusammen:

»Soweit wir es beurteilen können, sind nur wenige ausdruckgebende Bewegungen [...] von jedem Individuum gelernt worden. [...] Die bei weitem größere Zahl der Bewegungen des Ausdrucks, und alle die bedeutungsvolleren, sind, wie wir gesehen haben, angeboren oder vererbt, und von diesen kann man nicht sagen, daß sie vom Willen des Individuums abhängen.«

Was die »Gram-Muskeln« angeht, so beharrt Darwin darauf, daß auch bei denjenigen, die sie willkürlich manipulieren können, die Fähigkeit hierzu meistens ererbt ist; er führt dazu das Beispiel einer Schauspielerfamilie an, in der die Fähigkeit zur kontrollierten Betätigung dieser Muskeln von einer Generation an die andere weitergegeben wurde.[56]

Soweit seine Ausdrucksfähigkeiten von niedrigeren Evolutionsformen ererbt sind, ist der Mensch nicht imstande, zu verhindern, daß seine Empfindungen in Erscheinung treten. Unter den entsprechenden Umständen werden seine »Gram-Muskeln« unabhängig von seinem Willen funktionieren, nicht anders als seine Tränendrüsen, die Muskeln seiner Finger usw. So gelingt es Darwin, den Ursprung der Empfindungen zu entmystifizieren und zugleich das Bild eines Menschen zu entwerfen, der den Blicken seiner Umgebung schmerzlich ausgesetzt ist: Wenn jemand wirklich tief bewegt ist, dann wird sich diese Regung zeigen, ob er will oder nicht. In Darwins anatomischer Psychologie wird die äußere Erscheinung zur unerbittlichen Offenbarung von Charakter und Gefühlslage. Darwin hat den Menschen der Vorstellung beraubt, er sei imstande, zwischen Eindruck und Ausdruck eine Distanz zu legen.

Darwins Werk ist typisch für sein Zeitalter – nicht darin, daß es die Gemütsbewegungen mit Hilfe evolutionärer Prinzipien deutet, sondern seiner Methode wegen, die die äußere Erscheinung als Indiz für Geschichte, Charakter oder moralische Veranlagung nutzt. Im Bereich der Medizin tauchte diese Methode etwa in Gestalt der Bertillonschen Messungen auf, mit denen die Veranlagung zu kriminellem Verhalten anhand der Schädelform im voraus bestimmt werden sollte. Die Phrenologie, mit der sich noch der junge Freud beschäftigt hat, stellte im Grunde die Anwendung dieser Bertillonschen Messungen auf das »Innere« des Kopfes dar: Um 1890 war man der Ansicht, die sexuelle Leidenschaft konzentriere sich im rechten Vorderlappen des Gehirns, der Zorn an der mittleren Basis des verlängerten Rückenmarks und so weiter. Sogar Freud war zunächst der Meinung, Es, Ich und Über-Ich seien in verschiedenen Partien des Gehirns lokalisiert. Die Vorstellung einer unwillkürlichen Charakteroffenbarung unmittelbar durch den Körper zeigt sich vor allem in den Ansichten über die Sexualität, wie sie um die Mitte des 19. Jahrhunderts geläufig waren. Die Masturbation des Mannes, ein Zeichen degenerierter Schwäche, sollte zu unwillkürlichem Haarwuchs auf der Innenfläche der masturbierenden Hand führen; die Masturbation der Frau dagegen sollte den Ausfall der Schamhaare zur Folge haben. Ist es da verwunderlich, daß Frauen Angst davor hatten, sich in der Öffentlichkeit zu zeigen, wenn solche Ansichten über den unwillkürlichen Selbstausdruck allgemein verbreitet waren? Man versteckte sich vor den anderen, weil man glaubte, sie vermöchten die geheimsten Gefühlsregungen mit einem Blick zu entdecken.

Heute glaubt man, daß ein Mensch, der seine Gefühlsregungen unterdrückt, auf eine psychische Katastrophe zusteuert. Vor hundert Jahren erlebte eine ganze Klasse von Menschen eine solche Katastrophe, weil sie ihre inneren Regungen zu ignorieren und zu unterdrücken trachteten. Aber der Grund, warum sie das taten, ist durchaus einsichtig. Sie versuchten auf diese Weise, mit der Verwirrung zwischen öffentlichem und privatem Leben zurechtzukommen. Wenn sich jede Gefühlsregung sogar Fremden unwillkürlich offenbart, dann besteht der einzige Schutz darin, keinerlei Gefühle – und vor allem keine sexuellen Regungen – zu entwickeln. Auch die Deformation des Körpers durch die Kleidung erweist sich vor diesem Hintergrund als verständlich: Beraubt man den Körper seiner natürlichen Form, so kann er nicht mehr sprechen; wenn man alle Spuren der Natur verwischt, macht man sich gegenüber den Blicken der anderen relativ unverletzlich. Vielleicht war die viktorianische Prüderie eine »unvernünftige Leidenschaft im Namen der Verleugnung aller Leidenschaft« (Lytton Strachey), vielleicht war sie als »Selbstunterdrückung das Gegenstück zur Unterdrückung anderer« (Bakunin), vielleicht aber war sie ganz einfach der Versuch, sich vor anderen zu schützen – einen Schutz zu finden, der angesichts der Psychologisierung des öffentlichen Lebens geradezu lebensnotwendig erschien.

Inzwischen haben wir uns sehr weit von Fielding entfernt, der noch der Ansicht war, weil zwischen Selbst und äußerer Erscheinung eine Distanz liegt, sollten wir diese Erscheinung und nicht das Selbst, die Handlung und nicht den Handelnden loben oder verurteilen. Carlyles Leser waren ebensowenig bereit, sich von ihm radikalisieren zu lassen, wie sie sich von Darwin zur Annahme seiner Evolutionstheorie bewegen ließen. Aber die Methode dieser großen Autoren strahlte dennoch aus auf Medizin und Kriminologie, auf die kirchliche Lehre zu sexuellen Fragen und auf den Gebrauch von Kleidung.

Das Theater als Schauplatz des eigentlichen Lebens

Das Vordringen der Persönlichkeit in die öffentliche Sphäre führte zu einer radikalen Veränderung der Korrelation von Straße und Bühne. In den späten dreißiger Jahren des 19. Jahrhunderts begann das Publikum die Forderung zu stellen, im Theater nicht, wie auf der Straße, mit ethologischen Untersuchungsproblemen konfrontiert zu werden. Wenigstens in der Kunst wollte man eindeutig und zweifelsfrei erkennen können, wen man vor sich hatte. Dieser Wunsch nach glaubwürdiger, wahrhaftiger Erscheinung auf der Bühne bekundete sich zunächst in dem Verlangen nach historischer Genauigkeit des Kostüms.

Mit viel Energie, wenn auch häufig unzulänglichen Mitteln, versuchte man in den dreißiger Jahren, die Charaktere der Stücke mit Kostümen auszustaffieren, die absolut treue Nachbildungen der Mode der Epoche waren, in der das jeweilige Stück spielte. Der Versuch selber war nicht neu. Seit den Tagen der Madame Favart – wir haben bereits gesehen, wie sie als Bäuerin in detailgetreuer Bauernkleidung und im Jahre 1761 als türkische Prinzessin in einem tatsächlich aus der Türkei eingeführten Kostüm aufgetreten war – begegnet man diesem Wunsch auf den Londoner und den Pariser Bühnen immer wieder. In den dreißiger Jahren des 19. Jahrhunderts aber und während der folgenden Jahrzehnte gewinnt dieser Historismus eine Kraft, die er vorher nicht besessen hatte. Das Publikum verlangte Genauigkeit, damit die »notwendige Illusion« des Theaters entstünde – ein Ausdruck von Moyr Smith, mit dem wir uns noch beschäftigen müssen.[57]

Sehen wir zu, wie Charles Kean, der Sohn des großen Schauspielers Edmund Kean aus dem 18. Jahrhundert, um die Mitte des 19. Jahrhunderts Shakespeare auf die Bühne brachte. In seinen Aufführungen von *Macbeth* (1853), *Richard III.* (1854), *Heinrich VIII.* (1854) und *Das Wintermärchen* (1856) strebte er eine exakte Rekonstruktion der Kostüme und Schauplätze an, so wie sie zu der Zeit, in der die Stücke spielen, beschaffen waren. Dem gingen monatelange Forschungen voran. Sogar eine wissenschaftliche Kapazität aus Oxford beteiligte sich daran, die allerdings Keans erfreuliche Honorare nur unter der Bedingung annahm, daß ihr Name ungenannt blieb. Auf dem Theaterzettel für *Richard III.* informierte Kean, James Laver zufolge, sein Publikum, »daß er das Stück ausgewählt habe, weil es Gelegenheit bietet, eine von den bereits vorgeführten unterschiedene Geschichtsepoche zu zeigen. Er nennt seine historischen Gewährsleute [...] und verbürgt sich für die absolute Echtheit aller Einzelheiten«.[58]

Es wäre falsch, diesen Historismus als Besonderheit innerhalb der Kostümgeschichte zu klassifizieren. Das gleiche Beharren auf glaubwürdigem Auftreten prägte zum Beispiel auch die Ausstattung allegorischer oder mythologischer Figuren. Le Comptes Sammlung von Theaterkostümen aus der Mitte des 18. Jahrhunderts belegt, daß damals mythologische Charaktere wie Zephir oder

Eros noch mit Stoffen drapiert wurden, die mit dem schwerfälligen Körper darunter nichts zu tun hatten. In der Theatersammlung der Lincoln Center Library of the Performing Arts in New York gibt es eine außerordentliche Kollektion von Kostümbildern des Théâtre de la Porte St.-Martin aus der Mitte des 19. Jahrhunderts. Auf den Tafeln 131 und 132 sieht man, wie die Gestalten eines mythologischen Stücks, *Das Königreich der Fische,* hundert Jahre nach Zephir und Eros gekleidet waren.[59] Jeder Schauspieler, der einen Fisch darstellte, trug eine Maske, die ziemlich genau den Kopf eines Fisches nachbildete, und zwar nicht den eines Fisches »allgemein«, sondern den einer ganz bestimmten Fischart. Eine Frau trat mit dem Kopf eines Seebarschs auf, ein paar Männer mit dem Kopf eines Lungenfischs usw. Zudem war der ganze Körper dieser Schauspieler mit Schuppen bedeckt, um den Eindruck zu erwecken, daß man tatsächlich einen Fisch vor sich hatte und nicht irgendeine phantastische Figur, die einen Fisch nur darstellt. Der König der Fische im Mittelpunkt dieser Tafeln trägt eine Krone. Die Krone gipfelt in einem Schwanz, der genau der Schwanzform des Fisches nachgebildet ist, auf den auch die Fischmaske des Königs zurückgeht.[60]

In derselben Sammlung befinden sich Bilder von Kostümen, wie sie in *Les mystères de Paris* Verwendung fanden, einem auf Mercier zurückgehenden Melodrama, das in den dreißiger und vierziger Jahren des 19. Jahrhunderts populär war. Die Figuren dieses Stücks wurden als Rätselbilder aus der Unterklasse von Paris präsentiert, die der bürgerliche Außenstehende nicht ohne weiteres verstehen konnte; die Kostüme waren das Ergebnis des gewissenhaften Versuchs, Figuren aus der Arbeiterklasse und dem unteren Bürgertum zu gestalten. Mit den anmutigen Bediensteten und den »pittoresken Landleuten«, denen man um die Mitte des 18. Jahrhunderts auf der Bühne begegnete, hatten sie nichts mehr gemein. Edith Dabneys kostümhistorische Sammlung, die sich ebenfalls im Archiv des Lincoln Center befindet, bestätigt, daß die Kleidung der bürgerlichen Frau für die Bühne reproduziert wurde, ohne sie irgendwie zu verändern oder auf das Theater abzustimmen – ganz im Gegenteil. Erst auf der Bühne erkennt man, was eine Person wirklich ausmacht. Das gleiche gilt für die Gestik des Theaters: Der Körper sollte sich genauso bewegen, wie er sich im »wirklichen Leben« bewegte; selbst im Melodrama waren in den fünfziger Jahren melodramatische Gesten der Schauspieler verpönt.[61]

Einige Autoren, etwa Carlos Fischer, sind der Ansicht, das leidenschaftliche Streben nach historisch getreuen Bühnenkostümen habe der Entfaltung der freien Phantasie bei der Aufführung eines Stückes im Wege gestanden. Hier wollen wir jedoch einen Augenblick lang ästhetische Wertungen beiseite lassen. Im Zuschauerraum des Theaters saßen Männer und Frauen, die so gekleidet waren, daß man sie mit einem Blick nicht »durchschauen« konnte. Und doch waren diese Menschen überzeugt, daß die Kleidung ein intimes Wissen offenbare. Im Theater nun suchten sie eine Welt, in der man sicher sein konnte, die Gestalten als das zu sehen, was sie waren. Eine Täuschung, eine falsche Schlußfolgerung konnte es hier nicht geben. Auf dem Theater schirmte sich das Leben, anders als auf der Straße, nicht ab; es erschien als das, was es war.

Wir haben es hier also mit einer merkwürdigen Verkehrung zu tun. Der Theaterhistoriker Richard Southern hat die Epoche um die Mitte des 19. Jahrhunderts einmal das »Zeitalter der Illusion« genannt. Aber im Rahmen dieser Illusion gab es Gewißheit. Die kosmopolitische Großstadt hingegen war eine Welt, in der das körperliche Erscheinungsbild keinerlei Gewißheit bot. Mit anderen Worten, in inszenierten Illusionsverhältnissen war die Wahrheit über die Menschen leichter zugänglich als auf der Straße. Wenn Moyr Smith von der Suche nach der »notwendigen Illusion« sprach, um derentwillen all diese Streifzüge in die Vergangenheit unternommen wurden, dann meinte er damit, daß ein Theaterstück, um glaubwürdig zu sein, eine Wahrheit der Zeit und des Ortes erzeugen mußte, wie sie die Schauspieler und das Publikum in ihrem wirklichen Leben nicht erzeugen konnten.

Aristoteles sagt, zum Theater gehöre die Bereitschaft, den Zweifel zeitweilig außer Kraft zu setzen. Aber um die Mitte des 19. Jahrhunderts waren die Menschen in den europäischen Hauptstädten hierzu nicht nur bereit. Die Gesellschaft war auf die Kunst geradezu angewiesen, um der Mystifikation ein Ende zu setzen, um eine Wahrheit zu artikulieren, zu der die Menschen anders nur auf dem Weg über oft irrtümliche Schlußfolgerungen aus miniaturisierten Indizien gelangen konnten. Mit anderen Worten, die Beziehung des Publikums zu dieser Form von Kunst entwickelte sich nach und nach zu einem Abhängigkeitsverhältnis. Das Theater leistete für die Menschen etwas, das ihnen selbst in der modernen Großstadt nicht mehr ohne weiteres gelingen mochte. Die Differenz zwischen Geheimnis, Illusion und Täuschung einerseits und Wahrheit andererseits nahm um die Mitte des 19. Jahrhunderts eine merkwürdige Gestalt an: Authentisches Leben, in dem es nicht nötig war, Erscheinungsbilder zu entschlüsseln, spielte sich fortan nur noch auf der Bühne ab.

So veränderte innerhalb der öffentlichen Sphäre die neue Persönlichkeitsauffassung das Verhältnis zwischen Bühne und Straße. Aber sie veränderte ebenso das Verhältnis zwischen Öffentlichkeit und Privatheit – nicht nur, was die unwillkürliche Offenbarung privater Empfindungen anging, sondern auch, indem sie die grundlegende Institution der Privatsphäre, die Familie, in Mitleidenschaft zog.

Persönlichkeit und Privatfamilie

Eingangs habe ich erwähnt, daß mir bei der Vorbereitung dieses Buches bestimmte Probleme in meinen früheren Arbeiten aufgefallen sind. Auf eines

von ihnen möchte ich an dieser Stelle hinweisen. Es betrifft einen Wandel in der Institution, die um die Mitte des 19. Jahrhunderts als Antithese zum öffentlichen Leben und seinen Unzuträglichkeiten betrachtet wurde: die stabile bürgerliche Familie.
Als erster hat der Soziologe P. I. Sorokin erkannt, daß die Wandlungen der Großstadt im 19. Jahrhundert in einem Zusammenhang stehen mit grundlegenden Wandlungen in der Familie. Er vertrat die Ansicht, das Wachstum der Städte habe einen Wandel in der Form der Familie von der »erweiterten« Familie zur »Kernfamilie« verursacht. Von einer erweiterten Familie spricht man, wenn mehr als zwei Generationen oder zwei und mehr Ehepaare einer Generation im selben Haushalt leben. Sorokin meinte, die Komplexität des großstädtischen Lebens habe es zunehmend schwieriger gemacht, die erweiterte Familie zusammenzuhalten; die einfachere Kernfamilie habe, um Sorokins Ausdruck zu verwenden, als »Niederschlag« der zerbrochenen erweiterten Familie überlebt. Sorokins Schüler, Talcott Parsons, hat diesen Grundgedanken aufgegriffen, allerdings mit einer eigentümlichen Akzentverschiebung. In Parsons Schriften wird die Kernfamilie zu einer »effizienteren« Familienform als die erweiterte Familie; sie erscheint nicht als Überrest der zusammengebrochenen erweiterten Familie, sondern als positive Reaktion auf eine neue, in der Großstadt sich verkörpernde Gesellschaft, die durch anonyme bürokratische Verhältnisse, soziale Mobilität und ein hohes Maß an Arbeitsteilung gekennzeichnet ist. Die Kernfamilie erschien innerhalb dieser Umgebung effizienter, weil sie das Individuum weniger stark in die Familie einband. Statt sich zum Beispiel Gedanken darüber machen zu müssen, was ein Berufswechsel für den Großvater, mit dem man jahraus, jahrein zusammengearbeitet hat, bedeutet, braucht der Familienvater in der Kernfamilie mit Ehefrau und Kindern lediglich die neue Stellung selbst, ihre Vor- und Nachteile, abzuschätzen. Auf diese Weise stellte Parsons einen Zusammenhang her zwischen Individualismus, Kernfamilie und der im Entstehen begriffenen Industriegesellschaft.[62]
Vor fünfzehn Jahren war diese Theorie der modernen Familie allgemein bestimmend – sie wurde modifiziert und kritisiert, bildete aber in Soziologenkreisen das Zentrum der Aufmerksamkeit. Die Historiker jedoch wußten schon damals, daß sie falsch war. Die Angehörigen des Bürgertums haben die Kernfamilie im 19. Jahrhundert niemals als ein Instrument von größerer Effizienz betrachtet, und es war auch keine unsichtbare Hand am Werk, die die Menschen dazu brachte, sich in diesen Familien effizienter zu verhalten als in der erweiterten Familie. Ohne die Unterstützung durch Verwandte trieben die Menschen sogar häufig richtungslos im Strudel der Gesellschaft und wurden eher zu Opfern der damals häufigen unvorhergesehenen ökonomischen Zusammenbrüche.
Sorokins Vorstellung von einem »Niederschlag«, als Rückstand aus einer Katastrophe, schien der historischen Wahrheit näher, doch sie sagte nicht viel darüber, wie das Familienleben selbst strukturiert war. Es war überdies

bekannt, daß die Kernfamilie als Form weder für das 19. Jahrhundert noch für die Großstadt etwas Neues oder Eigentümliches war. Was sich im 19. Jahrhundert veränderte, war die Funktion der städtischen Kernfamilie.

Autoren, die, wie ich selbst, sowohl an historischen wie an soziologischen Fragestellungen interessiert sind, standen deshalb vor dem Problem, einen Zusammenhang zwischen der Entwicklung und der Form der Familie herzustellen. Als eine ernsthafte historische Familienforschung vor etwa fünfzehn Jahren Gestalt anzunehmen begann, gelangten wir schnell, fast zu schnell, zu einer Formel, die unseren Untersuchungen zur Familie des 19. Jahrhunderts eine Richtung wies: Die Kernfamilie war für die damaligen Menschen ein Werkzeug, um die ökonomischen und demographischen Umbrüche innerhalb der Gesellschaft zu bestehen, und nicht ein Mittel, an ihnen zu partizipieren. Die Familie übernahm unserer Ansicht nach die Funktion eines Schutz- und Zufluchtsorts und war kein Mittel zur »Anpassung und Integration«, wie es Parsons sah. Bei meinen Untersuchungen über bürgerliche Familien in Chicago, *Families Against the City,* ergaben sich sogar gewisse Hinweise darauf, daß die Kernfamilie möglicherweise eine geradezu effizienzmindernde Wirkung hatte, denn ihre Angehörigen hatten beruflich eine weniger feste Stellung und geringere Chancen zu sozialem Aufstieg als die Angehörigen der erweiterten Familie. Andere Forscher, die sich mit der gesellschaftlichen Stellung der Frau beschäftigt haben, sind zu einer ähnlichen Auffassung der Funktion der Kernfamilie im 19. Jahrhundert gelangt; ihnen zufolge bot sie die Möglichkeit, Frauen und Kinder von der Gesellschaft fernzuhalten, sie zugleich zu unterdrücken und zu beschirmen. Autorinnen wie J. Mitchell und M. Bensman haben dem Marxschen Begriff der Privatisierung zu neuer Brisanz verholfen, und eine ausführliche Analyse der zeitgenössischen Schriften über den Umgang mit Kindern, über Eheprobleme und das Bild der Familie hat gezeigt, daß die Rückzugsideologie im Laufe des 19. Jahrhunderts immer stärker wurde. Alle diese Arbeiten gingen zurück auf die Untersuchung von Ariès über die Familie des Ancien Régime, die zwar die Neuartigkeit der Kernfamilie als Familienform überbewertete, aber dennoch überzeugend belegte, wie diese Kernfamilie im Verlauf des 19. Jahrhunderts eine neue Funktion übernehmen konnte.[63]

Nicht daß diese Betrachtungsweise falsch wäre, aber sie ist analytisch unvollständig. Sie neigt dazu, ein statisches Bild der Entwicklung der Familie zu zeichnen. Das folgende Zitat aus einer Untersuchung über das bürgerliche Wien gegen Ende des 19. Jahrhunderts liefert hierfür ein anschauliches Beispiel:

»[. . .] *Stabilität* stand in der Reihe der Tugenden sehr weit oben. Ihre Konkretisierung fanden diese Ideen im Zuhause eines Menschen [. . .], der Vater war der Garant von Ordnung und Sicherheit und besaß als solcher absolute Autorität. Aber die Bedeutung des Zuhauses beschränkte sich nicht darauf, daß es die Erfolge des Mannes widerspiegelte. Es war auch *Refugium* vor der Außenwelt, ein Ort, zu dem die Verwicklungen des

Arbeitslebens keinen Zutritt hatten. Ein Nicht-Zeitgenosse kann sich nur schwer vorstellen, was es bedeutete, in einer solchermaßen *isolierten* Umgebung geboren zu werden und heranzuwachsen, die von allen *Alltagssorgen* so sorgfältig abgeschirmt war.«[64]

Ich habe die vier Begriffe in diesem Abschnitt, die sich zu einem statischen Bild der bürgerlichen Familie zusammenfügen, hervorgehoben: Der Stabilität kommt ein hoher Wert zu, weil die Gesellschaft instabil ist; die Familie wird zum Stabilitätsfaktor, weil sie die Möglichkeit zum Rückzug aus der Gesellschaft bietet; aus diesem Grund isoliert sie sich; das gelingt dadurch, daß die Familie ihre Angehörigen dazu bringt, die Alltagssorgen ganz bewußt aus dem familialen Austausch herauszuhalten. Diese Darstellung geht in doppelter Hinsicht an der Wirklichkeit vorbei. Einerseits setzt sie voraus, daß sich das wirtschaftliche Element des bürgerlichen Lebens leicht handhaben ließ, daß die Menschen es einfach dadurch fernhalten konnten, daß sie stillschweigend übereinkamen, es nicht zur Sprache zu bringen. Aber in einer Zeit, in der das eigene Ansehen auf Glück und Zufall beruhte, konnte sich niemand die Ökonomie aus dem Kopf schlagen, auch wenn man bei Tisch nicht über Geldfragen sprach. Andererseits – und noch entscheidender – paßt die »isolierte, zurückgezogene« Familie eher ins 18. Jahrhundert, denkt man nur an die Vorstellung, daß sich der natürliche Charakter allein in der Familie Ausdruck verschaffen könne; im 19. Jahrhundert mit seiner Vorstellung, daß die Individualität allen gesellschaftlichen Beziehungen immanent sei, war diese isolierte Familie bloß ein schöner Traum. Gewiß war auch die bürgerliche Familie bestrebt, sich vor den gesellschaftlichen Erschütterungen abzukapseln, und sicherlich glaubten ihre Angehörigen, dies sei möglich. Jedoch: Die Beziehungen zwischen den Menschen in der Öffentlichkeit waren nach den gleichen Regeln geformt, die auch die Beziehungen innerhalb der Familie bestimmten. Diesen Regeln zufolge wurden winzige, veränderliche Details der Person zu Symbolen erhoben, von denen man annahm, sie offenbarten den Charakter eines Menschen vollkommen. Dabei unterlagen die »Ausgangsdaten« dieser Symbole einem dauernden Wandel oder verschwanden einfach. Die Familie galt als Ort, an dem die Menschen ihre Persönlichkeit zum Ausdruck bringen konnten; sofern sie jedoch die Details der familialen Interaktion zu psychischen Symbolen erhoben, mußten sie entgegen ihrem Wunsch und gegen ihren Willen auch innerhalb der Familie die Erfahrung der grundsätzlichen Instabilität sozialer Beziehungen machen. In der Öffentlichkeit waren es nicht nur die brutalen Tatsachen des ökonomischen Prozesses, die ein Unsicherheitsgefühl erzeugten. Dazu trug zugleich der neuartige Blick auf diese Tatsachen bei, der neuartige Umgang mit der Gesellschaft als einer riesigen menschlichen »Hieroglyphe«. Sobald die Angehörigen der Familie anfingen, ihre gegenseitigen Beziehungen gleichfalls als Hieroglyphen aufzufassen, die sich nur verstehen ließen, indem man den flüchtigen Erscheinungsbildern eine »tiefere Bedeutung« abgewann, hatte der »Feind« die letzte Bastion eingenommen. Wiederum erzeugte die »Persönlichkeit« jene Desorientierung, der die Menschen gerade zu entkommen suchten.

In T. G. Hatchards *Hints for the Improvement of Early Education and Nursery Discipline* etwa (dessen 16. Auflage im Jahre 1853 erschien) erweisen sich die Regeln zur Herstellung von Ordnung innerhalb der Familie als Regeln zur Stabilisierung der Erscheinungsbilder, in denen die Familienmitglieder einander gegenübertreten sollen. Hatchard führt sämtliche damals geläufigen Erziehungsgrundsätze auf: »kleine Kinder soll man sehen, aber nicht hören«, »ein Platz für jedes Ding, und jedes Ding an seinem Platz«, »Frühaufstehen gibt Kraft und Stärke«. Dies sind sämtlich Vorkehrungen gegen spontanes Verhalten. Nur indem man im Kind ein Gefühl dafür erzeuge, daß es eine »geordnete Darstellung« seiner selbst geben muß, so erklärt Hatchard, könne es Gefühlsregungen, Liebe, Gehorsam, Mitgefühl, entwickeln. Für den Vater und die Mutter gilt die nämliche Regel. Damit das Kind ihnen Liebe entgegenbringt, müssen auch sie ihr Verhalten ihm gegenüber regulieren. Das Kind faßt Zutrauen, wenn es weiß, was es zu erwarten hat.[65]

Bei Hatchard fehlt jede Spur jener natürlichen Sympathie zwischen Eltern und Kindern, der man bei den Kinderärzten des 18. Jahrhunderts begegnet. Solche Empfindungen müssen vielmehr erst »entwickelt« werden; sie entstehen mit der Herausbildung der Persönlichkeit. Damit sich aber eine stabile Persönlichkeit entwickeln kann, müssen die Menschen ihre Beziehungen zueinander in »geordneten Darstellungen« fixieren. Die Eltern müssen ihr eigenes Verhalten genauso »überwachen« wie das ihrer Kinder. Und weil die Persönlichkeit aus dem Erscheinungsbild entsteht, birgt jede Entspannung Gefahren in sich, denn es gibt keine Naturordnung, die einen in der Entspannung auffängt. Darin liegt ein entscheidender Unterschied zwischen der älteren Theorie der natürlichen Sympathie und der neuen Theorie der Persönlichkeitsentwicklung. Bewußt geschaffene Liebe erfordert fixierte Erscheinungsbilder.

Das ist der Hintergrund, vor dem die moderne Vorstellung einer sich entwickelnden Persönlichkeit an die Stelle des natürlichen Charakters, der sich ausdrückt, tritt und in die Privatsphäre vordringt. Aus diesem Grund war auch die Ordnung innerhalb der Familie mehr als eine bloße Reaktion auf die materielle Unordnung in der Außenwelt. Der Kampf um Ordnung innerhalb der Familie wurde durch die gleichen Wahrnehmungsregeln ausgelöst, die die Menschen zur Personalisierung des gesellschaftlichen Geschehens veranlaßten. Dieses Streben nach Ordnung in der Familie steht nun in einem spezifischen Verhältnis zur Form der Kernfamilie.

Die Kernfamilie vereinfacht das Ordnungsproblem, indem sie die Zahl der Handelnden verringert und damit auch die Zahl der Rollen, die jeder innerhalb der Familie spielen muß. Auf jeden Erwachsenen entfallen nur zwei Rollen, Ehegatte und Vater bzw. Mutter; wenn keine Großeltern im Hause sind, so wird das Kind den Vater oder die Mutter niemals als Kind anderer Menschen erleben. Das Kind selbst hat stets nur mit einem einzigen Bild von Erwachsenenliebe und Erwachsenenerwartung zu tun; es braucht nicht zu ermitteln, worin sich das erwartete Verhalten gegenüber den Eltern vom erwarteten Verhalten gegenüber den Großeltern oder Onkeln und Tanten unterscheidet. Mit anderen Worten, die Kernfamilie erzeugt Ordnung im Erscheinungsbild der Menschen durch Vereinfachung der Beziehungen zwischen ihnen. Je weniger komplex sie sind, desto stabiler sind sie; je weniger es gibt, mit dem man sich auseinandersetzen muß, desto besser kann man seine Persönlichkeit entwickeln.

Diese Anschauungen treten besonders deutlich in Dokumenten hervor, die man als Vorläufer des berühmten *Moynihan Report* über die Lage der schwarzen Familie in den sechziger Jahren des 20. Jahrhunderts bezeichnen könnte. Um 1860 bereitete die Demoralisierung der Armen den in der Sozialfürsorge Tätigen sowohl in Paris als auch in London erhebliche Sorgen. Sie sahen einen Zusammenhang zwischen jener Demoralisierung und den Familienverhältnissen, in denen die Armen lebten. Um 1860 erkannte man, wie hundert Jahre später ebenfalls, in der »Zerrüttung« der häuslichen Verhältnisse die Ursache für jene Demoralisierung, wobei in beiden Fällen die Frauen die führende Rolle innerhalb des Haushalts übernommen hatten. Aber was man 1860, wie dann auch 1960, als zerrüttetes Zuhause beschrieb, war in Wirklichkeit nur ein Segment der erweiterten Familie. Die Witwe oder die verlassene Frau war gar nicht isoliert, sie war vielmehr Teil eines Beziehungsgeflechts, in dem die Kinder von der Mutter bei einem Onkel oder einer Tante untergebracht wurden, in dem die Ehemänner zur Arbeit in eine andere Stadt gingen und später zurückkehrten. Die Familiengruppe wurde mehrdimensional – anders hätte die arme Familie mit den Wechselfällen ihres Schicksals gar nicht fertigwerden können. Ohne zu erkennen, daß die erweiterte Familie eine Art von Defensivstruktur bildete, ohne daran zu denken, was die katastrophalen Schicksalsschläge für eine Arbeiterfamilie bedeuten würden, wenn sie tatsächlich auf eine Kernfamilie reduziert worden wäre, verfochten die bürgerlichen Fürsorger die Meinung, die Unbeständigkeit der elterlichen Liebe sei die Ursache dafür, daß der Lebensmut der Kinder in der Familie gebrochen werde; diese Fürsorger verstellten sich den Blick für die Zerstörungskräfte der Ökonomie, wenn sie glaubten, die Kernfamilie sei das einzige Medium, in dem das Kind emotionale Stabilität gewinnen könne.[66]

In der modernen Gesellschaft waren historische Kräfte am Werke, die die Überzeugung hervorgebracht haben, Persönlichkeit könne sich einzig über die Stabilisierung individueller Interaktionen entwickeln; die Kernfamilie erschien den Menschen als das geeignete Medium, um diese Überzeugung in die Praxis umzusetzen. Wenn aber jedes Detail in äußerer Erscheinung und Verhalten eine Grundbefindlichkeit der Person »symbolisiert«, gerät diese selbst in die Gefahr, sich aufzulösen, sobald sich jene Details verändern. Deshalb wird eine geordnete äußere Erscheinung zur notwendigen Voraussetzung einer dauerhaften, stabilen Persönlichkeit. Elementares, einfaches Empfinden erscheint als »gut«, komplexe Empfindungen erscheinen als bedrohlich, denn sie lassen sich nicht stabilisieren. Um zu wissen, wer man wirklich ist, muß man sich der Vielfalt entziehen und sich auf das Wesentliche beschränken. In der entblößten Umgebung der Kernfamilie entfaltet das Kind die Eigenschaften seiner Persönlichkeit, indem es aus seiner eigenen Erscheinung Vielfalt und Komplexität entfernt und lernt, Liebe und Zutrauen nur gegenüber fixierten, einfachen Elternbildern zu entwickeln. Auf ihre Glaubwürdigkeit kann es sich in dem Maße verlassen, wie ihr Verhalten konsistent ist. Hatchards Ratschläge, die bei Fachleuten für Jugenddelinquenz, wie Frederic Demety und Johann Wichern, ebenso anklingen wie bei einer neuen Generation von Kinderärzten am London Hospital oder in den Unterhausreden Lord Ashleys über die ausgesetzten und im Stich gelassenen Kinder, zielten im Grunde auf die Herstellung von gesellschaftlichen Beziehungen, die die Kinder vor der Bedrohung durch ambivalente, widersprüchliche Erfahrungen bewahren sollten. Das erschien als einzige Möglichkeit, die Person des Kindes zu stärken oder ihm seine Stärke zurückzugeben.[67]

In dem Maße, wie die Menschen die Komplexität als gegen die Ausbildung eines dauerhaften Charakters gerichtet betrachteten, entwickelten sie eine feindliche Einstellung gegenüber Idee und Realität des öffentlichen Lebens. Wenn Komplexität als Bedrohung des Selbst erlebt wird, ist sie nicht länger eine wünschenswerte soziale Erfahrung. Es begegnet uns hier ein historisches Paradoxon. Die öffentliche Welt des Ancien Régime war trotz ihrer unpersönlichen Komplexität stabiler als die des 19. Jahrhunderts. Gerade der Sinn für das Künstliche, gerade die Beachtung von Konventionen brachten Klarheit und sogar förmliche Strenge in die öffentliche Sphäre.

Wie diese Stabilisierung funktionierte, erkennt man, wenn man die Reihe der »Beschwerden« mustert, mit denen es die Hausärzte im 19. Jahrhundert immer wieder zu tun hatten. Es handelte sich zumeist um mehr oder minder erträgliche somatische Leiden, die auf Ängstlichkeit, fortgesetzte nervöse Anspannung oder paranoische Ängste zurückgingen. Die »Hartleibigkeit«, die chronische Verstopfung der Frau, führte Carl Ludwig, Arzt an der medizinischen Fakultät der Universität Marburg, auf die Angst der Frau zurück, nach dem Essen unwillkürlich zu furzen, was eine fortwährende Anspannung der Hinterbacken zur Folge hatte. Von der »Bleichsucht« wurden Frauen befallen, die sich aus Angst, daß man ihnen nachspioniere oder daß Fremde sie beobachten könnten, nicht ins Freie, ja, nicht einmal in den Garten wagten; aus Mangel an körperlicher Bewegung nahm ihr Gesicht eine krankhafte Blässe an. In Breuers Arbeiten über Hysterie (noch vor Freud) werden bestimmte Symptome, wie etwa zwanghaftes Lachen, als Reaktionen auf häusliche Depressionen gedeutet, die den einzelnen daran hinderten, fortwährend liebenswürdig zu sein; diese Reaktion war unter achtbaren Frauen so weit verbreitet, daß sie fast als normal erschien. Die medizinischen Untersuchungen zu diesen Beschwerden bewegten sich zwar stets in den Grenzen der Physiologie, aber ein gemeinsames Moment lassen die diagnostischen Berichte immer wieder durchscheinen: die Angst davor, sei es den Bedürfnissen des eigenen Körpers, sei es dem eigenen Empfinden im Familienkreis unwillkürlichen, unvermittelten Ausdruck zu geben. Der Katalog der »Beschwerden« in den medizinischen Lehrbüchern des 19. Jahrhunderts zeugt von dem Versuch, in das Verhalten und den Ausdruck innerhalb der Familie »Ordnung zu bringen«. Wenn eine Gesellschaft in ihren Angehörigen die Überzeugung weckt, daß Regelmäßigkeit und Einfachheit des Empfindens der Preis ist, den man für die Ausbildung eines Selbst zu zahlen hat, dann wird die Hysterie logischerweise zu einem, wenn nicht zum einzigen Mittel der Rebellion. Liest man Passagen wie die folgende aus Trollopes *The Way We Live Now*, so kann man sich eines Schauders nicht erwehren:

»[Paul Montague] war seit der ersten Stunde ihrer Bekanntschaft ihr gegenüber stets wahr gewesen. Könnte sich eine Frau eine höhere Wahrheit wünschen? Ohne Zweifel schenkte sie ihm ein jungfräuliches Herz. Kein anderer Mann hatte je ihre Lippen berührt, hatte ihr die Hand drücken oder mit rückhaltloser Bewunderung in ihre Augen schauen dürfen. [...] indem sie ihn nahm, richtete sich ihr ganzes Wünschen darauf, er möge ihr gegenüber wahrhaftig sein, jetzt und immerdar.«

Jungfräulichkeit, Reinheit, Beständigkeit des Gefühls, Fehlen jeder Erfahrung mit anderen Männern – das war der Stoff, aus dem die hysterischen »Beschwerden« späterer Lebensjahre gemacht waren.[68]
Wenn die Hysterie ein Zeichen für die Prüfungen war, die die Person in der Familie zu bestehen hatte, so ist es gewiß kein Zufall, daß Freud und andere ihr mit einer Therapie entgegenzuwirken suchten, die auf eine Stärkung der bewußten Selbstkontrolle zielte. Die meisten Gesprächstherapien vor Freud wollten die Symptome zum Verschwinden bringen (und damit die Rückkehr zu einem »regelmäßigen« Leben ermöglichen), indem der Patient dem Arzt eine ausführliche Schilderung seines Leidens lieferte, was angeblich (und selten genug) eine kathartische Wirkung hatte. Der Grundgedanke hierbei war folgender: Wenn man einmal über die eigenen Empfindungen gesprochen hatte, waren sie vorüber und abgetan; sie wechselten in die eigene Vergangenheit hinüber. Sich der eigenen Symptome bewußt zu werden, hielt man für eine regulierende »Maßnahme«; der Abstieg in die Tiefen der Psyche lag nicht im Sinne der Medizin vor Freud. »Selbstbeherrschung« war das Ziel. Eine erhöhte Spannung innerhalb der Familie aufgrund der Furcht vor unwillkürlichem Gefühlsausdruck gebot die Kontrolle des sichtbaren Verhaltens durch Steigerung der eigenen Bewußtheit. Freud unterschied sich von seinen Vorgängern durch seine Bereitschaft, den Patienten durch das Gespräch über die hysterischen Symptome bis zu dessen tieferen, verworrenen Regungen vordringen zu lassen.
Wir können jetzt genauer bestimmen, wie sich die moderne Persönlichkeitsvorstellung auf das Verhältnis von privatem und öffentlichem Leben auswirkte. Eine Trennungslinie zwischen Familie und öffentlichem Leben hatte schon die

Gesellschaft des Ancien Régime gezogen; im letzten Jahrhundert verstärkte sich das Bestreben, diese Linie deutlich zu markieren, aber die Mittel, das zu bewerkstelligen, gerieten immer mehr in Unordnung. Die Familie im Zeitalter der Aufklärung leitete ihre Ordnung aus einer bestimmten Naturauffassung ab; die Familie des 19. Jahrhunderts dagegen leitete ihre Ordnung vom menschlichen Willen her. Mäßigung der Wünsche war der Stempel der Natur auf dem Charakter; Reinheit der Wünsche war der Stempel des Willens auf der Persönlichkeit. Das Persönlichkeitsprinzip erzeugte gerade in dem Bereich Instabilität, den die Menschen als Tableau hatten fixieren wollen – in der Familie.

Revolten gegen die Vergangenheit

Gegen Ende des 19. Jahrhunderts versuchten die Menschen, die Ängste und die Eintönigkeit dieser psychologischen Kultur langsam abzustreifen. In der Mode, so nimmt man gemeinhin an, begann dieser Prozeß der Deviktorianisierung in den neunziger Jahren, nahm dann in der Zeit unmittelbar vor dem Ersten Weltkrieg, als Paul Poiret die Frauen vom Korsett befreite, an Intensität zu und verschärfte sich in den zwanziger Jahren zu einer regelrechten Revolte. Während der nächsten drei Jahrzehnte verloren die Kräfte der Befreiung wieder an Boden, gewannen jedoch in den sechziger Jahren, in der Zeit der durchsichtigen Blusen und hautengen Hosen, erneut die Oberhand.
Eine solche Darstellung der historischen Abläufe greift freilich zu kurz. Zwar hat es eine an Stärke ständig zunehmende Revolte gegen die beengende Kleidung der Viktorianer gegeben – sie war Bestandteil des Protests gegen die viktorianische Sexualunterdrückung –, aber eine Revolte gegen die Ursache dieser Beengungen und Zwänge, nämlich das »Erscheinen der individuellen Persönlichkeit« in der öffentlichen Sphäre, hat nicht stattgefunden. Nach wie vor betrachtete man die Kleidung als Zeichen für den Charakter, und wer die Besonderheit eines ihm fremden Menschen aus dessen Kleidung abzulesen versuchte, berief sich dabei nach wie vor auf eine Ästhetik des Details. Die Kluft zwischen der Welt der Straße und der Welt des Bühnenkostüms hat sich weiter vertieft – nicht in bezug auf die spezifischen Körperbilder, die uns auf der Bühne begegnen, sondern in bezug darauf, wie wir diese Körperbilder auffassen.
Ganz allgemein kann man sagen, eine Revolte gegen Repression, die sich nicht auch gegen die Personalisierung der Öffentlichkeit richtet, ist keine wirkliche Revolte. Es kommt zu einer »Kulturrevolution«, es entsteht eine »Gegenkultur«, aber ungebeten und unerwartet tauchen alle Übel der alten Ordnung in der neuen wieder auf. In den bürgerlichen Protesten gegen das bürgerliche Leben hat sich dieser Vorgang in neuerer Zeit mit solcher Regelmäßigkeit

abgespielt, daß man fast zu dem Schluß kommen könnte, eine kulturelle Revolte als solche sei sinnlos. Dies ist jedoch nicht ganz richtig. Rebellionen auf dem Feld der *mœurs,* der Sitten im weitesten Sinne, schlagen fehl, weil sie kulturell nicht radikal genug sind. Immer noch geht es ihnen um die Schaffung eines glaubwürdigen Modus von Persönlichkeit, und insofern bleiben sie der bürgerlichen Kultur verhaftet, die sie zu überwinden wünschen.
Ein gutes Beispiel für eine solche Selbsttäuschung liefert der Vergleich zwischen zwei Rebellionen im Bereich der Mode, eine zu Beginn und eine gegen Ende des 19. Jahrhunderts. Die erste richtete sich gegen die Sprache des Körpers im Ancien Régime; sie ereignete sich im Jahre 1795, und ihr Ziel war die Befreiung des »natürlichen Charakters« – die *nature spontanée* sollte sich in der Öffentlichkeit frei Ausdruck verschaffen können. Die zweite Revolte ereignete sich Mitte der neunziger Jahre des 19. Jahrhunderts. Sie wendet sich gegen die Repression und die Prüderie des viktorianischen Zeitalters, aber ihr Ziel war es, den Menschen die Möglichkeit zu geben, ihrer Persönlichkeit in der öffentlichen Sphäre freien Ausdruck zu verleihen. Dieser Vergleich wird uns über die Schwierigkeiten einer Verknüpfung von Persönlichkeit und Spontaneität belehren, darüber, was geschieht, wenn man, wie heutzutage, die Befreiung des Selbst zum Glaubensbekenntnis erhebt.
Was bedeutet der Ausdruck »revolutionäre Kleidung«? Während der Französischen Revolution verband man in Paris mit ihm zwei einander widersprechende Vorstellungen. Die eine prägte die Jahre von 1791 bis 1794, die andere die Zeit des Thermidor, seit 1795.
Die erste dieser beiden Vorstellungen ist uns auch aus neuerer Zeit vertraut. Die moderne chinesische Kleidung gründet auf demselben Prinzip wie die Kleidung im Paris des Robespierre, wenngleich sich die Kleider selbst voneinander unterscheiden. Die Kleider sollen hier wie dort zur Uniform werden und das Gleichheitsstreben der Gesellschaft symbolisieren. Die eintönige Bluse, die schlicht geschnittene *culotte,* das Fehlen von Schmuck, Orden und anderem Zierat, dies alles bedeutete in Paris den Abbruch gesellschaftlicher Barrieren. Es war eine direkte Attacke gegen den Aufwand, den man im Ancien Régime getrieben hatte, um die eigene gesellschaftliche Stellung zu signalisieren. Die dabei verwendeten Zeichen wurden entfernt. Der Körper wurde desexualisiert – d. h. es sollte kein »überflüssiger« Zierat getragen werden, um ihn attraktiv oder auffällig zu machen. Durch diese Neutralisierung des Körpers waren die Bewohner der Stadt »frei«, miteinander zu verkehren, ohne daß äußere Unterschiede dazwischentraten.
Kurz nach dem Sturz Robespierres wich diese Konzeption von »revolutionärer Kleidung« einer sehr viel komplexeren Modeform. Statt den Körper und seine Besonderheiten auszulöschen, entwickelte man eine Mode, die den Körper auf der Straße überaus sichtbar machte und betonte. Die Freiheit fand ihren konkreten Ausdruck jetzt nicht mehr in der Uniform, sondern darin, daß die Kleidung dem Körper Bewegungsfreiheit beließ. Auf der Straße wollten die

Leute die natürlichen, spontanen Körperbewegungen der anderen Leute sehen. Das *negligée* aus dem Boudoir des 18. Jahrhunderts eroberte die Öffentlichkeit.

Unter dem Ancien Régime war der Körper der Frau eine mit Stoffen bedeckte Kleiderpuppe gewesen. Im ersten Jahr des Thermidor blieb er fast bis zur Nacktheit unbedeckt und wurde Fleisch. Die *merveilleuse*, die modebewußte Frau, trug ein Gewand aus leichtem Musselin, das die Form ihrer Brust deutlich hervorhob und weder ihre Arme noch ihre Beine unterhalb des Knies bedeckte. Unternehmungslustige Frauen wie Madame Hamelin spazierten nackt, nur mit einem dünnen Gazeschleier angetan, in den öffentlichen Gärten umher. Madame Tallien, die in der Pariser Mode des Thermidor den Ton angab, erschien lediglich mit einem Tigerfell bekleidet in der Oper. Louise Stuart schrieb aus Paris, diese »durchsichtigen Kleider lassen einen nicht im unklaren, daß sich darunter kein Hemd mehr befindet«.[69]

Mesdames Hamelin und Tallien waren sicherlich Extremfälle. Aber für die Frauen, die weiter unten auf der sozialen Stufenleiter standen und die sich noch im Jahr zuvor »uniformiert« hatten, schufen diese *merveilleuses* eine Mode, die sogleich nachgeahmt wurde. Bei weniger extremer Aufmachung konnte man unter dem Musselin ein Hemd tragen. Der Musselin ließ nicht nur die Gestalt der Brüste, sondern auch, was noch wichtiger war, die Bewegungen der Gliedmaßen sichtbar werden.[70] Um diese Bewegungen zu zeigen, war es üblich, daß Männer und Frauen ihre Musselinkleidung am Körper einlaufen ließen, damit sie eng anlag. Winters wie sommers begaben sie sich triefnaß auf die Straße – mit dem Resultat, daß es zu einer erheblichen Zunahme der Tuberkulosefälle in der Pariser Bevölkerung kam. Im Namen der Gesundheit und der Natur riefen die Ärzte zur Vorsicht auf – ohne großen Erfolg.[71]

Die aufwendigen Perücken, die Frisuren mit Grünzeug und Schiffsmodellen hatten den Parisern der Zeit um 1750 Vergnügen bereitet. Dabei steckte selbst in solcher ausufernden Staffage kein Moment von Selbstironie. Im Paris der Thermidor-Zeit dagegen wurde Selbstironie zu einem bestimmenden Moment. Besonders anschaulich wird das an dem männlichen Gegenstück zur *merveilleuse*, dem *incroyable*.

Der *incroyable* kleidete sich so, daß er gleichsam die Form eines auf der Spitze stehenden Kegels annahm. Über sehr engen, oft aus dem gleichen Musselin wie die Negligées der Frauen gefertigten Hosen dehnte sich ein kurzes Jackett, das in einem hohen, ausladenden Kragen und einer grellfarbigen Krawatte auslief. Das Haar darüber war entweder zerzaust oder im Stil römischer Sklaven kurzgeschnitten.[72]

Diese Kombination war nun als Modeparodie gedacht. Die *incroyables* parodierten die *macaronis*, modische Herren aus der Periode um 1750, indem sie Lorgnetten benutzten und in trippelnden Schritten dahergingen. Die *incroyables* erwarteten, daß man sie auf der Straße auslachte; sie amüsierten sich über die Mißgunst, die sie auf sich zogen; ihre Zuschauer und sie selbst verstanden ihren Körper als »Witz«. Auch in der Damenmode kam es gelegentlich zu bösen Parodien. Der Haarschnitt im *style du pendu* oder *à la victime* war von der Frisur angeregt, die die Kandidaten für die Guillotine verpaßt bekamen. Populär war auch der *bal des pendus,* auf dem Männer und Frauen in der Kleidung von Todeskandidaten oder mit einem gemalten roten Ring um den Hals erschienen.[73]

In der Geschichte aller Städte gibt es Zeiten, in denen die gewohnten Regeln und Verbote aufgehoben sind. Manchmal geschieht das für einen oder mehrere Tage, etwa in der Fastnachtszeit oder an bestimmten Festtagen. Mitunter kann die Stadt aber auch für mehrere Jahre zu einem Ort werden, an dem die von der herrschenden ländlichen Gesellschaft errichteten Verbote kassiert sind, weil immer mehr Zuwanderer in die Stadt drängen und diese selbst noch keine entsprechenden Regelungen erlassen hat. Jean Duvignaud hat diese Zeiten, in denen die sonst geltenden Verbote erloschen sind oder bestehende Regelungen nicht wirksam durchgesetzt werden können, als Phasen der negativen Stadtfreiheit bezeichnet.[74]

Den Pariser Thermidor mit seinem gesellschaftlichen Leben könnte man als eine solche Phase bezeichnen, und hier zeigt sich, worin das Problem einer solchen Freiheit besteht. Wenn man von einem Verbot befreit ist, was fängt man dann mit dieser Freiheit an? Die Thermidorianer bemerkten nicht, daß sie nur gleichsam Urlaub machten, daß die Regeln bloß für einen Augenblick außer Kraft gesetzt waren, damit die Leute verschnaufen konnten. Genauso wie Robespierre glaubten auch die Menschen von 1795, daß sie der Entstehung einer neuen Gesellschaft beiwohnten. Die Thermidorianer waren der Ansicht, sie würden der Natur Eingang in die öffentliche Sphäre verschaffen. Ihre Naturauffassung war durchaus körperlich, in der Öffentlichkeit bedeutete sie, daß die Menschen in ihren gesellschaftlichen Beziehungen Spontaneität entfalten konnten. »Glauben Sie, wir hätten uns freigefühlt, als wir kein Gesicht und keine Brust und keine Hüften hatten?« sagte einmal ein Ladenmädchen zu Talleyrand.

Dieses Vordringen körperlicher Natur in die öffentliche Sphäre entfachte nun plötzlich eine enorme Begeisterung für körperliche Aktivitäten in der Öffentlichkeit. Man schätzt, daß im Jahre 1796 in Paris mehr als 600 Tanzlokale eröffnet wurden; zu jeder Tages- und Nachtzeit strömten die Leute in diese meist ungeheizten, übelriechenden Etablissements. Sich ständig und frei in den Straßen zu bewegen war für die Pariser ein Genuß, den sie sich nur selten versagten. Die Bedeutung der Straße nahm zu. In diesem Jahr eröffneten im Stadtzentrum viele die ganze Nacht hindurch betriebene Cafés. Zur Straße hin waren ihre Fenster geöffnet, und im Winter wurden sie nicht verhängt. Früher hatten schwere Vorhänge den Cafébesucher vor den neugierigen Blicken der Straßenpassanten abgeschirmt.[75]

Um 1750 betrachtete man Rangabzeichen in Paris nicht als Hinweise auf den

Charakter ihres Inhabers; jetzt wurde der Körper selbst zum Abzeichen. Auf der Straße wollte man so gesehen werden, wie man war; man wollte sichtbar sein und sich nicht verstecken. Vom einfachen Musselingewand bis zur Entfernung der Vorhänge von den Fenstern der Cafés – überall regte sich der gleiche Impuls. Die Pariser Straßen des Thermidor sollten maskenlose Orte sein.

Einige Bestandteile der Thermidor-Mode, das Musselinhemd und der lockere Gehrock etwa, konnten sich in den beiden ersten Jahrzehnten des 19. Jahrhunderts halten. Im Laufe dieser Jahre aber wurde der Körper mit immer mehr Stoff, Beiwerk und zahlreichen Kleiderschichten bedeckt. Der Pariser des Jahres 1795, der mit der Einfachheit und Direktheit des antiken Griechenland wetteiferte, hatte begonnen, seinen Kleidungsstücken lateinische Namen beizulegen. Doch nach und nach verschwand diese Praxis, so wie die parodierende Kleidung aus der Mode kam.[76]

Die dauerhafte Bedeutung der Thermidor-Mode läßt sich nicht daran ablesen, wie lange sie ihren Einfluß bewahrte. Sie beruht vielmehr darauf, daß es hier zu einer authentischen Kulturrevolution gekommen war. Die revolutionäre Erfahrung stand jedem offen, der sie haben wollte, weil die Grundlagen dieser Revolution unpersönlich waren: Wer beabsichtigt, seinen Körper in der Öffentlichkeit zu zeigen, muß sich nicht vorher überlegen, ob er tatsächlich ein Revolutionär ist oder nicht. Indem er es tut, nimmt er schon teil. Eine Revolution, die in dieser Weise unpersönlich aufgefaßt wird, wird zu einem realistischen Projekt, weil sie durch praktisches Handeln ausgelöst werden kann. Mit einer Revolution, die persönlich aufgefaßt wird, läßt sich weniger leicht umgehen. Man muß »Revolutionär sein«, um sich an ihr beteiligen zu können. Da die meisten Revolutionen überaus verwirrende Prozesse sind und da die revolutionären Gruppen meist nicht über fest umrissene Identitäten verfügen, gerät die Revolution nicht so sehr zu konkreter Aktion als vielmehr zur symbolischen Geste und zu einer allein in der Phantasie vollzogenen Veränderung. Die gleiche Schwierigkeit kann sich angesichts bescheidenerer Bestrebungen, Bestehendes zu verändern, ergeben, so zum Beispiel hundert Jahre nach dem Thermidor. Nachdem die Persönlichkeit einmal eine kulturell beherrschende Position erobert hatte, geriet die persönliche Revolte in den neunziger Jahren des 19. Jahrhunderts zur Abweichung von den gesellschaftlichen Normen. Die meisten Menschen, die gegen die Prüderie der viktorianischen Mode revoltierten, waren sich über ihr eigenes Handeln nicht im klaren und glaubten, die »wirklichen« Rebellen seien Leute, die völlig anders waren als sie selbst.

In den Jahren davor hatte die Mode der Einschnürung des weiblichen Körpers einen neuen Höhepunkt erreicht. In den siebziger und achtziger Jahren war der Cul de Paris in Mode gekommen, der ein umständliches Stützwerk benötigt. Das Korsett war weiterentwickelt und noch enger geworden, so daß der Körper der Frau tatsächlich wie eingesperrt war. Kiepenhüte, die die Form des Kopfes

entstellten, und häßliche Schuhe vervollständigten das Bild. Das Erscheinungsbild des Mannes wirkte nicht minder abstoßend. Formlose Hosen mit großen Umschlägen, saloppe Überzieher und der flache Polokragen gaben den Männern ein ziemlich heruntergekommenes Aussehen.[77]
Sowohl in London als auch in Paris machte man in den neunziger Jahren den Versuch, den Körper aus solcher physischen Deformation zu befreien. 1891 kam der Cul de Paris plötzlich außer Mode und wurde durch die Hüften eng umschließende Röcke ersetzt. Mitte der neunziger Jahre setzte sich in der Damen- und Herrenmode die Farbe wieder stärker durch. Die Revolte gegen die Gleichförmigkeit der Herrenmode brachte eine Fülle neuer Details in der Kleidung, bei den Stöcken, in der Farbe der Gamaschen und der Krawatten hervor. Londoner oder Pariser Bürger, die mit solcher Kleidung in die Provinzstädte oder aufs Land kamen, lösten Empörung aus.[78]
Die Revolte gegen die Viktorianer läßt sich in ihrer Heftigkeit nicht mit der Revolte der Thermidorianer gegen die »Große Revolution« und das Ancien Régime vergleichen. Sarkastisch bemerkt dazu Barton:

»Hundert Jahre, nachdem die befreite Bürgerin von Paris ihr Korsett und ihre hochhackigen Schuhe weggeworfen hatte, schnürte sich ihre Nachfahrin (und mit ihr die ganze weibliche Welt des Abendlandes) die Taille wieder auf die korrekten 45 Zentimeter und quetschte ihre Füße in spitze Lackschuhe mit Absätzen, die höher waren als die einer Marie Antoinette.«[79]

Bei den Männern kam es nach wie vor auf das Detail an, das Monokel, den Stock und dergleichen. Die Verfeinerung bestimmter Details in der Herrenmode, etwa der gestärkte Kragen, machten die Kleidung häufig beengender, als sie zwanzig Jahre zuvor gewesen war. Die Frauen hatten ihre Hüften befreit, den übrigen Körper jedoch nicht – das Korsett blieb so eng wie eh und je. Aber die eigentliche Distanz zwischen dem Thermidor und den neunziger Jahren des 19. Jahrhunderts kann man nicht daran ermessen, daß die Frauen jetzt kaum noch in der Lage waren, sich selbst aus- oder anzuziehen. Der Unterschied liegt vielmehr in dem, was die Menschen der neunziger Jahre mit diesen, und sei es noch so beschränkten, Innovationen ausdrücken wollten.
Es lohnt sich, einen genaueren Blick auf eine vorübergehende Mode der frühen neunziger Jahre zu werfen – das Durchbohren der Brustwarzen der Frau zu dem Zweck, goldene oder edelsteinbesetzte Anhänger an ihnen befestigen zu können. Hier ein Brief an eine zeitgenössische Frauenzeitschrift, in dem die Autorin zu erklären versucht, warum sie sich einer solch qualvollen Operation unterzogen hat:

»Lange Zeit konnte ich nicht verstehen, warum ich ohne rechten Grund einer so schmerzhaften Operation meine Zustimmung geben sollte. Bald jedoch kam ich zu der Erkenntnis, daß viele Damen bereit sind, um der Liebe willen vorübergehend Schmerz zu erdulden. Ich bemerkte, daß die Brüste jener Damen, die Ringe trugen, unvergleichlich viel runder und voller waren als bei denen, die es nicht taten. [...] daher ließ ich mir meine Brustwarzen durchbohren und ließ mir, als die Wunden verheilt waren, Ringe einsetzen. [...] Ich muß sagen, es ist nicht im mindesten unbequem und schmerzt überhaupt nicht. Im Gegenteil, das leichte Reiben und Schleifen der Ringe bereitet ein prickelndes Gefühl.«[80]

Aus demselben Grund, der die Frauen dazu bewog, sich die Brustwarzen zu durchbohren, begannen sie auch, seidene Unterröcke zu tragen, die angeblich verführerisch raschelten. Sie fingen an, ihr Haar zu locken, um sich ein »verlockendes« Aussehen zu geben, und sie griffen sogar zum Make-up. Welche Vorstellung von Sexualität hofften sie damit zu vermitteln? Der Zermarterung der Brüste, der Verwendung raschelnder Unterwäsche und bestimmter Formen von Make-up ist gemeinsam, daß hier ein sinnlicher Reiz durch Vorkehrungen erzeugt werden soll, die als solche von der Kleidung verdeckt werden oder, wie im Falle der Kosmetik, das Gesicht verdecken. Niemand sieht die Ringe, solange man die Frau nicht nackt sieht; die Unterröcke kann man zwar hören, aber nicht sehen. An die Stelle der schützenden, abschirmenden Kleidung, wie sie in den Jahren um 1840 geläufig war, trat um 1890 die attraktive Kleidung; dieser Wandel lief darauf hinaus, den Körper mit einer weiteren Deckschicht zu überziehen, aber unterhalb des sichtbaren Äußeren. Ein Symbol für die innere Freiheit des Gefühls wie die Brustringe war ja *unsichtbar*. Aber was für eine Vorstellung vom Körper der Frau mußte ein Mann hegen, der das Rascheln von fünf Unterrockschichten vernahm? Es wäre einleuchtend gewesen, wenn die Revolte gegen die Steifheit der Mode in den neunziger Jahren des 19. Jahrhunderts zu einer Vereinfachung der Kleidung geführt hätte; in Wirklichkeit jedoch wurde die Kleidung in diesem Jahrzehnt komplexer und bedeutungsträchtiger. Sie befreite die Frauen nicht aus ihrer Beengung, sondern fügte den zahlreichen Textilschichten noch eine weitere – sexuelle – Schicht hinzu.[81]

Warum war es so schwierig, die weibliche Mode zu vereinfachen? Wohl deshalb, weil die Art, wie hier Sexualität durch eine weitere Kleidungsschicht symbolisiert wurde, durchaus in der Kontinuität jener um die Jahrhundertmitte entstandenen Anschauungen lag, daß nämlich die Kleidung Ausdruck der Persönlichkeit ist.

Durchbohrte Brustwarzen, Unterröcke, Kosmetika und ähnliches bildeten in den neunziger Jahren einen Charakterkode, zu dem der Beobachter einen Schlüssel benötigte. Ein Beispiel: Mitte der neunziger Jahre ging man davon aus, daß die Anzahl der raschelnden Unterröcke einer Frau anzeigte, welche Bedeutung sie der gesellschaftlichen Situation, in der sie gerade auftrat, beimaß. Wenn sie nachgerade knisterte, dann bedeutete das, daß sie sich in allerbester Verfassung befand. Aber leicht konnte sie auch übertreiben, sich für ein bestimmtes gesellschaftliches Ereignis allzu verführerisch herausputzen und damit zu verstehen geben, daß sie den »Rang« der übrigen Beteiligten falsch beurteilt hatte. Mit solchen Nuancen umzugehen und den Körper ins richtige Verhältnis zur jeweiligen Situation zu bringen war um 1890 nicht minder schwierig als um 1840.

Der Versuch, sich mit verborgenen Hilfsmitteln, wie Brustringen, Unterröcken oder Parfüm, sexuell attraktiv zu machen, deutete auf einen eigenartigen, anrüchigen Charakter hin. Die Frau, die sexuell freizügig war, gehörte der Demi-Monde an, galt als vornehme Prostituierte. Das ganze 19. Jahrhundert hindurch hatte man den Gebrauch von Kosmetika mit der Welt der Kurtisanen in Verbindung gebracht. In den neunziger Jahren waren am ehesten so berühmte *horizontales* wie Emilie d'Alençon und La Belle Otero in der Verwendung von Salben und Parfums bewandert. Noch im Jahre 1908 sagte Helena Rubinstein:

»Make-up wurde ausschließlich für Bühnenzwecke verwendet, und Schauspielerinnen waren die einzigen, die von dieser Kunst etwas verstanden oder es wagten, sich in der Öffentlichkeit mit mehr als bloß einer hauchdünnen Puderschicht zu zeigen.«

Das ist übertrieben. In den neunziger Jahren wurden Kosmetika bereits in großen Mengen produziert und in Frauenzeitschriften diskret angezeigt. Aber es trifft zu, daß die Verwendung solcher Mittel, den Körper anziehend zu machen, etwas Anrüchiges, fast Verbrecherisches an sich hatte. Hier eine Erinnerung von Gwen Raverat an die neunziger Jahre:

»Natürlich griffen von der Natur weniger begünstigte Damen diskret zum Puder, junge Mädchen jedoch nie. Und nie, niemals Rouge oder Lippenstift. Das schickte sich allein für Schauspielerinnen oder ›eine gewisse Art von Frauen‹ oder die übelste Sorte von ›modischen‹ Damen.«

Das Gefühl, etwas Anrüchiges, Verpöntes zu tun, ist der Grund dafür, daß die bürgerlichen Frauen, die ihrem Körper einen sexuellen »Anstrich« gaben, diesen möglichst unsichtbar zu machen suchten. Der Körper sollte sprechen, allerdings insgeheim. Die Kosmetik stellte den einzigen mutigen Widerstand gegen die viktorianischen Sitten dar.[82]

Frauen, die sich ideologisch für die Frauenemanzipation engagierten, benutzten die Kleidung auf andere Weise als Symbol. Sie wollten sich von der Vorstellung befreien, ihre Körper seien einzig und allein dazu da, anziehend auf Männer zu wirken; sie wollten ihre Kleidung aus der sexuellen Konnotation herauslösen. Um das auszudrücken, wählten sie nun aber die Kleidung der Männer; sogar ihre Gestik nahm männliche Züge an. Diejenigen, die ihre Aufmärsche beobachteten, sahen in der demonstrativen Freizügigkeit der Frauenrechtlerinnen lediglich einen Beweis für ihre angeblich lesbischen Gelüste. Die äußere Erscheinung der Frauen, die sich von ihren Sexualrollen emanzipieren wollten, und die äußere Erscheinung der Frauen, die sich sexuell attraktiver zu machen versuchten, erweckten am Ende den gleichen Eindruck – anderen erschien ihr Tun als sitten- und gesetzeswidrig.[83]

Revolte wird unter solchen Bedingungen zur sozialen Devianz. Und deviantes Handeln ist per se anormales Handeln. Freier Selbstausdruck, Devianz und Anormalität – diese drei Kategorien überlagern einander, sobald die Öffentlichkeit zu einem Bereich wird, in dem sich die Persönlichkeit offenbart. Im Thermidor sagte der naturhafte Körper etwas darüber, welches Aussehen die Menschen allgemein auf der Straße annehmen sollten; der Schock, den diese

Fast-Nacktheit vielleicht auslöste, wurde nicht so aufgefaßt, als hätte der *incroyable* oder die *merveilleuse* ein Delikt begangen. Dagegen erwies sich um 1890 eine Frau oder ein Mann wie Oscar Wilde erst durch eine Regelverletzung als frei. In einer Persönlichkeitskultur besteht die Freiheit des einzelnen am Ende darin, daß er sich anders verhält und anders aussieht als die übrigen; Freiheit wird zum idiosynkratischen Selbstausdruck und entwirft kein Bild mehr vom Zusammenleben der Menschheit als ganzer.
In einer Revolte dieser Art muß die Bedeutung der Selbstkontrolle zunehmen, und zwar unmittelbar zu Lasten der Spontaneität. Die Memoiren der Thermidorianer berichten, wie zu ihrer Zeit das Leben auf den Straßen ausgesehen hat. Die Memoiren der Rebellen von 1890 berichten, welche Gefühle sie mit ihrer Kleidung verbanden. Wenn der Thermidorianer sein Äußeres bewußt kontrollierte, so ging es ihm um die Parodie, um einen gesellschaftlichen Zweck; er wollte mit anderen über sich selbst lachen. Die bewußte Selbstkontrolle der Person läßt ein solches Treiben kaum zu. Experimente mit der Kleidung sind gefährlich, weil sie stets auch etwas über den Experimentierenden verraten.
Deviantes Handeln hat eine merkwürdig verfestigende Wirkung in bezug auf die jeweils dominante Kultur. Wenn sich die Leute über Oscar Wildes Vorliebe für Halstücher und Krawatten verbreiteten – noch in der Zeit, bevor er wegen Homosexualität angeklagt wurde –, dann ging es ihnen einerseits um die Bestimmung seiner Individualität, andererseits aber um die Feststellung, daß seine Erscheinung das genaue Gegenteil davon war, wie ein gewöhnlicher Gentleman aufzutreten hatte. Wenn eine Gesellschaft bestimmte Menschen als deviant zu identifizieren vermag, dann verfügt sie, einer These von Kai Erikson zufolge, auch über die Mittel, zu bestimmen, wer oder was nicht deviant ist; der Deviante bestätigt die Normen der anderen, indem er deutlich sichtbar macht, was abgelehnt werden soll. Die Ironie der in den neunziger Jahren des 19. Jahrhunderts beginnenden Revolte gegen die Einförmigkeit und Farblosigkeit der Kleidung liegt darin, daß jede Stufe dieser Revolte auch jene »interessiert«, die sich nicht daran beteiligen, und daß sie diesen ein konkretes Bild davon vermittelt, wie sie nicht aussehen dürfen, wenn sie nicht zu Außenseitern werden wollen.
Am deutlichsten zeigen sich die Hindernisse, die einer individuellen Revolte in einer Persönlichkeitskultur im Wege stehen, in der Beziehung zwischen dem Glaubhaftigkeitskode des Theaters und dem des Publikums. Vom Publikum wird der Künstler immer mehr in eine kompensatorische Rolle gedrängt, er soll der Mensch sein, der sich wirklich auszudrücken vermag, der wirklich frei ist. Im Alltagsleben wird der spontane Ausdruck idealisiert, aber realisiert wird er im Bereich der Kunst. Das Theaterkostüm der neunziger Jahre wirkte zur damaligen Zeit gerade deshalb revolutionär, weil es dem Körper zu einem Ausdruck verhalf, der die Kategorien von Devianz und Konformität weit hinter sich ließ. Dem Publikum begegnete im Bühnenkostüm eine unbe-

schränkte Freiheit, die es in der eigenen Straßenkleidung nirgendwo finden konnte.

Im Jahre 1887 eröffnete André Antoine, der bedeutende Verfechter eines realistischen Theaters, in Paris seine Théâtre Libre. Er war bestrebt, das »wirkliche Leben« so genau wie möglich auf der Bühne zu rekonstruieren: Wenn ein Schauspieler jemanden darstellen sollte, der am Herd steht und kocht, dann wurden auf dem Theater tatsächlich Spiegeleier gebraten. Damit war die Suche nach Wahr-Scheinlichkeit, die 40 Jahre zuvor eingesetzt hatte, in ihr letztes Stadium getreten. Bald schon wurde Antoines Theater von einigen Malern angegriffen, die sich selbst als Symbolisten bezeichneten und bestimmte Gemeinsamkeiten mit den Ideen des Kreises um Stéphane Mallarmé hatten, wenn sie ihm auch nicht in allem folgten. Unter der Führung von Paul Fort gründeten diese Symbolisten das Théâtre d'Art.[84]

Das Théâtre d'Art (das schon bald in Théâtre de l'Œuvre umbenannt werden sollte) war bestrebt, alle Elemente des Theaterspiels so frei zu gestalten und aufeinander abzustimmen wie möglich. Aussehen und Gerüche der »wirklichen Welt« waren nun nicht länger der Bezugsrahmen. Die Leute vom Théâtre d'Art gingen vielmehr davon aus, daß das Stück eine Struktur, eine symbolische Dimension besitze, aus der sich mit Notwendigkeit ableiten läßt, wie das Bühnenbild auf die Kostüme, die Kostüme auf die Beleuchtung usw. bezogen werden müssen. Die körperlichen Erscheinungen sollten diese Struktur sinnlich und unmittelbar zum Ausdruck bringen.

Im Théâtre d'Art konnten die Pariser Bürger körperliche Erscheinungsbilder erleben, deren Ausdruck sich gelockert hatte, die sich aus der Tyrannei des Spiegeleier-Realismus gelöst hatten. Sie erlebten, wie der Körper plastisch wurde und sich von der Welt frei machte – nicht indem er sie zurückwies, sondern indem er über sie hinausging. Auf dem Theater konnte der Körper so viele Ausdrucksformen annehmen, wie die Symbolwelt des Stückes in sich barg.

Das Théâtre d'Art war ein avantgardistisches Unterfangen, doch die hier entwickelte neue Körperlichkeit beeinflußte auch die volkstümlichen Theater. Die Harvard Theatre Collection verfügt über eine große Zahl von Photographien aus den neunziger Jahren, die Sarah Bernhardt in verschiedenen Rollen zeigen. Als jugendlicher Troubadour in Coppées *Le Passant* trägt sie ein Trikot, das Beine und Hüften hervorhebt, sowie einen phantastischen Umhang und eine lockere Weste – weder eine historisch getreue Nachbildung eines Troubadours, wie der Kostümbildner von 1840 sie vielleicht geschaffen hätte, noch eine phantastische Übertreibung der normalen Straßenkleidung, wie man sie um 1750 auf die Bühne gebracht hätte. Ihr Bild stellt vielmehr eine Mischung aus wirklichen und erfundenen Elementen dar, die mit so viel Phantasie und Freiheit kombiniert worden sind, daß ihr Kostüm, von einem dem Stück äußerlichen Bezugspunkt her betrachtet, gar keine Bedeutung besitzt. Als *Phèdre* tritt sie in klassischen, fließenden Gewändern auf. Aber auch hier handelt es sich nicht um eine archäologische Rekonstruktion oder eine Ausformung der zur Zeit gerade herrschenden Mode. An den Hüften wird dieses Gewand von einem Gürtel aus Goldplatten zusammengehalten. Bei jeder Bewegung der Schauspielerin nehmen sie eine neue Form an. Der Körper schafft Ausdruck, er bildet das Symbol der klassischen Heldin; und die Kostüme sind gleichsam eine Verlängerung des agierenden Körpers der Schauspielerin.[85]

In der Zeit um 1840 wendeten sich die Menschen dem Theater zu, weil sie sich dort eine Lösung der Problematik von Straße und Öffentlichkeit erhofften; gegen Ende des Jahrhunderts wendeten sie sich dem Theater zu, weil sie dort Bilder der Spontaneität zu finden hofften, eine Ausdrucksfreiheit, die sich nicht in der bloßen Ablehnung der Straße erschöpfte. In beiden Fällen sollte das Theater für das Publikum etwas leisten, das dieses Publikum im Alltagsleben selbst nicht zu leisten imstande war. In den vierziger Jahren gerieten die Theaterzuschauer dabei in eine Position, aus der heraus sie der Wahrheit zuschauten, ohne sich einzumischen. Um 1900 hatte sich diese Passivität weiter verstärkt. Dem Zuschauer begegnet im Theater eine außerordentliche Ausdrucksfreiheit, aber wie schon beim Theaterzuschauer fünfzig Jahre zuvor erfährt seine eigene Wahrnehmung keine Klärung; statt dessen wird ihm ein alternativer Wahrnehmungsmodus vorgeführt.

Diese Kluft zeigt sich besonders deutlich, wenn wir für einen Augenblick die Schwelle ins 20. Jahrhundert überschreiten und uns dem Auftritt der Ballets Russes in Paris zuwenden. Von heute aus fällt es schwer, sich die elektrisierende Wirkung zu vergegenwärtigen, die vom Auftritt dieser Truppe ausging. Sie bestand aus hervorragenden Tänzern; ihre Bewegungen hatten nichts Konventionelles, nicht »Ballettöses«. Der Körper schien ganz im Dienste authentischer Gefühlsregungen zu stehen. Es war diese animalische Expressivität der Körper und nicht die orientalische oder exotische Atmosphäre der Ballets Russes, was die Phantasie des Publikums fesselte.

Die Kostüme, die Léon Bakst für die Ballets Russes entworfen hatte, zogen die Summe aus dem, was das Théâtre d'Art angestrebt hatte, und waren noch eindringlicher, noch elementarer. Für sich genommen, in einem Museum oder einem Schaukasten wirken sie schwerfällig und plump. Wenn sie aber getragen werden, wie wir es auf Photographien und den schönen Zeichnungen von Bakst sehen können, dann verschmelzen Körper und Kostüm zu einer Einheit. Was der Körper vollführt und wie das Gewand ihn umgibt, das wird eins, so daß jede Bewegung eine zugleich kinästhetische und »photographisch-statische« Bedeutung bekommt.[86]

In gewisser Hinsicht waren die Ballets Russes die auf dem Theater wiedererstandene Stadt des Thermidor – allerdings eine Stadt, die außerhalb des Theaters nirgendwo mehr existierte. Es war eine Sternstunde der Ballettgeschichte, als der wichtigste männliche Tänzer der Truppe, Nijinskij, in der Rolle eines Fauns seinen Abgang von der Bühne mit einem Sprung machte, der ihn in eine unwahrscheinliche Höhe zu tragen schien, bevor er hinter der Seitenkulisse verschwand. Sein Kostüm unterstrich jede einzelne seiner Bewegungen. Als habe er sich von den Gesetzen der Schwerkraft gelöst, symbolisierte seine Erscheinung schwereloses, müheloses Schweben. Das Publikum raste. Doch welche Chance hatte Proust in seinem Pelzmantel, welche Chance hatten die Damen in ihren engen Korsetts oder die Herren mit Stöckchen, Kragen und Klapphut, einer solchen Freiheit des Ausdrucks jemals außerhalb des Theaters, auf der Straße zu begegnen oder gar selbst diese Freiheit des Ausdrucks zu entwickeln?[87]

Zusammenfassung

Die Persönlichkeitsvorstellung des 19. Jahrhunderts setzte sich aus drei Elementen zusammen: Einheit von innerer Regung und äußerer Erscheinung; Selbstkontrolle des Gefühlslebens; Spontaneität als Abnormität. Diese Auffassung wurzelte in einer neuartigen säkularen Anschauung – an die Stelle einer transzendenten Natur traten als harter Kern der Realität die Immanenz der Empfindungen und die Unmittelbarkeit des Faktischen.
In Balzacs Werk wird diese Persönlichkeitsauffassung zum Schlüssel für das Verständnis der Gesellschaft. Balzac stellt die Persönlichkeit in den Zusammenhang der materiellen Verhältnisse seiner Zeit. An der Kleidung um die Mitte des 19. Jahrhunderts zeigt sich, wie diese neue Auffassung in die öffentliche Sphäre vordringt und dort in ein Wechselverhältnis mit den Kräften der industriellen Produktion und Distribution tritt. Obwohl die Kernfamilie der damaligen Zeit alles daransetzte, die individuellen Beziehungen innerhalb der Familie zu stabilisieren und sich von der Gesellschaft abzuschirmen, verursachte eben jene Persönlichkeitsauffassung auch hier erhebliche Erschütterungen. Und in den Rebellionen gegen die öffentliche Kultur der damaligen Zeit blieb das zwanghafte Interesse daran, wie sich die Persönlichkeit in der Öffentlichkeit ausdrückt, ungebrochen erhalten, wodurch die Reichweite und die Spontaneität der Rebellion eingeschränkt und die Kluft zwischen den Erscheinungsbildern der Menschen im Alltag und auf der Bühne noch weiter vertieft wurden.
Auf das Vordringen der Persönlichkeit in die Gesellschaft und auf ihre spezifische Beziehung zum Industriekapitalismus gehen all jene Symptome zurück, die bezeugen, daß die Menschen unter der neuen öffentlichen Kultur psychisch litten: Angst vor unwillkürlicher Charakteroffenbarung, Vertauschung und gegenseitige Durchdringung öffentlicher und privater Bildwelten, defensive Einschränkung des eigenen Empfindens und zunehmende Passivität. Kein Wunder, daß über dieser Epoche etwas Unheilverkündendes, Dunkles zu schweben scheint. In dem Maße, wie sich die Realität, an die die Menschen

glauben konnten, in etwas unmittelbar Erfahrbares verwandelte, erfaßte die Menschen ein Schrecken vor der Immanenz.

Dieses Schicksal von Öffentlichkeit bringt uns zurück zu Balzac. Die achtbare Frau fürchtet beim Ankleiden, »verräterische Details« in ihrer äußeren Erscheinung könnten ihren Charakter in ein falsches Licht rücken. Untereinander mustern sich die Bankleute, suchen nach Indizien, die für oder gegen die Ehrenhaftigkeit des anderen sprechen. Während die Vorbilder zu seinen Gestalten die überkommene Auffassung vom Auftritt in der Öffentlichkeit deformierten und damit als Alltagsschauspieler in ihrem Eifer und ihrer Expressivität hinter ihren Vorvätern weit zurückblieben, gelingt es Balzac, aus diesen Verhältnissen ein neues *theatrum mundi* erstehen zu lassen, eine *comédie humaine*.

Merkwürdig, der Leser von heute, der Balzacs Universum betritt, hat ständig – und das hat der Autor so gewollt – das Gefühl: »Genauso ist es in Paris gewesen, hier sieht man, wie es in der Welt zugeht, wie sie funktioniert.« Balzacs Zeitgenossen standen die gleichen Wahrnehmungsinstrumente zur Verfügung, aber ihnen fiel es immer schwerer zu begreifen, wie die Welt funktionierte. Im 19. Jahrhundert konnte nur noch ein großer Künstler jene öffentliche Ausdrucksleistung vollbringen, die um 1750 noch Bestandteil des Alltags gewesen war. Donald Fanger hat jene Aufgabe sehr gut umrissen, vor der Romanautoren wie Balzac und Dickens, die sich mit der Großstadt befaßten, standen:

> »[...] jeder von ihnen mahnte seine Leser: ›Die alten Voraussetzungen, die alten Kategorien besitzen keine Gültigkeit mehr; wir müssen versuchen, die Dinge neu zu sehen.‹ Die bequeme Gewißheit eines Fielding etwa, der sich die Natur des Menschen zum Thema nehmen und sie einfach veranschaulichen konnte, [...] war ihnen nicht mehr zugänglich. Ihre Welt lag nicht auf der Tagseite des menschlichen Lebens; hier regierte nicht Apoll, und die Schönheit selbst war vom Thron gestoßen.«[88]

Kapitel 9
Der »public man« im 19. Jahrhundert:
Akteur und Zuschauer

Mit dem Vordringen der Persönlichkeit in die öffentliche Sphäre spaltete sich die Identität des »Öffentlichkeitsmenschen«, des *public man*, in zwei Teile. Einige wenige drückten sich weiterhin aktiv in der Öffentlichkeit aus, hielten die Vorstellung des Ancien Régime vom Menschen als dem Schauspieler und Handelnden, dem *actor*, aufrecht. Um die Mitte des 19. Jahrhunderts hatten diese wenigen Akteure aus ihrer Aktivität jedoch einen Beruf gemacht, waren zu fähigen Darstellungskünstlern geworden. Daneben bildete sich eine andere Identität heraus: die des Zuschauers. Und dieser Zuschauer beteiligte sich nur insofern am öffentlichen Leben, als er darauf aus war, dieses öffentliche Leben zu beobachten. Seiner Empfindungen war er sich nicht sicher und lebte in der angstvollen Überzeugung, daß die Empfindungen, wie immer sie aussehen mochten, unabhängig von seinem Wollen Ausdruck finden würden – und doch entzog er sich der Öffentlichkeit nicht. Er glaubte fest, daß es außerhalb seines Heims, draußen in der großstädtischen Menge wichtige Erfahrungen zu machen gebe; doch anders als bei seinem Vorgänger im Ancien Régime kamen ihm diese Erfahrungen in der Öffentlichkeit nicht als einem gesellschaftlichen Wesen, sondern als Persönlichkeit zugute. Wenn er sich nur richtig darauf vorbereitete, vor allem, wenn es ihm gelang, sich in der Öffentlichkeit zu völligem Schweigen zu disziplinieren, dann harrten seiner dort Erlebnisse, die er als isoliertes Individuum nie haben könnte.

In der Öffentlichkeit passiv und gleichwohl von der Bedeutung öffentlichen Lebens überzeugt, wird dieser Zuschauer zum Schnittpunkt einer neuen säkularen Ordnung und einer aus dem Ancien Régime überkommenen und immer noch lebendigen Auffassung von Öffentlichkeit. Aus allem, was bisher über die Wirkungen der Immanenz gesagt worden ist, wird deutlich, daß der *public man* des 19. Jahrhunderts lieber Zeuge der Darstellungen anderer war, als selbst etwas darzustellen; diese Einstellung bekundete sich in unterschiedlicher Weise schon im Modegeschmack der vierziger und der neunziger Jahre des 19. Jahrhunderts. Das Fortbestehen eines öffentlichen Raums erscheint also allein schon deshalb notwendig, weil es dem Zuschauer einen Bereich sicherte, in dem es etwas zu beobachten gab. Doch darin erschöpft sich die Bedeutung dieses Fortbestehens nicht.

Als isolierte Gestalt hoffte der Zuschauer, für sich etwas zu vollbringen, wozu er sich nur imstande sah, wenn er nicht in einen aktiven Austausch mit anderen eintrat. In der sozialen Interaktion verwirrten sich seine Empfindungen und verloren ihre Stabilität; von seiner Passivität erhoffte er sich eine Intensivierung seiner Empfindungen. Diese Hoffnung richtete sich auf mehr als bloßen Sinnenkitzel. Die Menschen, vor allem die Männer, wollten in der öffentlichen Sphäre erleben, wie die Realität außerhalb der Enge häuslicher Wohlanständigkeit beschaffen war. Der schweigende Mann, der das Leben an sich vorüberziehen ließ, war endlich frei. Aus dem Fortbestand einer öffentlichen Sphäre unter veränderten Verhältnissen ergab sich somit ein Grundwiderspruch des modernen Lebens – die freie Persönlichkeitsentfaltung geriet in einen Gegensatz zur sozialen Interaktion, wie sie sich in der Familie verkörperte. Paradoxerweise verwandelte gerade das Fortbestehen eines öffentlichen Lebens Persönlichkeit und Geselligkeit in zwei einander befeindende Kräfte.

Die öffentliche Identität der wenigen, die aktiv blieben, machte im 19. Jahrhundert einen bemerkenswerten Wandel durch. Man begann, den Politiker danach zu beurteilen, ob er als Persönlichkeit ebenso überzeugend wirkte wie der Schauspieler auf der Bühne. Der Inhalt seiner politischen Überzeugungen trat zurück hinter dem Interesse, das die Leute an seiner Person und seinem Leben nahmen. Im Fall des John Wilkes hatte sich diese Entwicklung schon abgezeichnet. Hundert Jahre später bestimmt sich die politische Persönlichkeit in den Augen der Masse durch die Lauterkeit ihrer Regungen und immer weniger durch ihre Anschauungen.

Man macht es sich zu einfach, wenn man sagt, der öffentliche Akteur beherrsche die schweigenden Zuschauer. Er beherrscht sie zwar insofern, als sie ihn nicht mehr zu »Pointen« zwingen oder zum Schweigen bringen können. Aber der Ausdruck »Beherrschen« bringt doch zwei irreführende Elemente ins Bild. Die stummen Zuschauer *wollen* nämlich im Akteur bestimmte Persönlichkeitsmerkmale wiederfinden, gleichgültig, ob er sie besitzt oder nicht. In der Phantasie statten sie ihn mit dem aus, was ihm in der Wirklichkeit möglicherweise fehlt. Zu sagen, er beherrsche ihre Empfindungen, ist deshalb nicht richtig, denn die Frustrationen, die das Publikum in seinem eigenen Leben erfährt, wecken in ihm das Gefühl eines Mangels, ein Bedürfnis, und dieses Bedürfnis wird nun auf den öffentlichen Akteur projiziert. Zudem könnte man aus der Vorstellung, der öffentliche Akteur »beherrsche« sein Publikum, den Schluß ziehen, ohne den Akteur gebe es auch keinen Zuschauer mehr. Doch der stumme Beobachter verweilt auch dann in der Öffentlichkeit, wenn er seine Aufmerksamkeit nicht einer einzelnen Person zuwenden kann. Das auf den Akteur projizierte Bedürfnis macht dann eine Verwandlung durch; der Zuschauer wird zum Voyeur. Schweigend, unter dem Schutz der Isolation bewegt er sich im öffentlichen Raum, beobachtet das Leben auf der Straße und hält sich durch Phantasien und Tagträume an der Wirklichkeit schadlos. In seinen Bildern von schweigenden, vereinzelten Menschen in einem Café hat Degas das Eigentümliche eines solchen Lebens erfaßt. Wir stehen hier am Ursprung des modernen Paradoxons von Sichtbarkeit und Isolation.

Schließlich ist der öffentliche Akteur im 19. Jahrhundert auch deshalb eine so komplexe Gestalt, weil, soweit es sich um einen darstellenden Künstler handelt, die zunehmende Personalisierung seines Handelns nicht allein Resultat kultureller Einflüsse auf sein Selbstgefühl war. Diese Personalisierung erwuchs auch aus der Eigendynamik seines Tuns. Diderot hatte noch versucht, die Persönlichkeit aus dem Theater auszuschließen. In der Zeit der Romantik gelangten die darstellenden Künstler zu einer anderen Lösung.
In diesem Kapitel wollen wir zunächst untersuchen, wie sich die Begegnung zwischen dem darstellenden Künstler der Romantik und der neuen Auffassung von immanenter Persönlichkeit vollzogen hat; aus dieser Begegnung entwickelte der Darsteller für sich eine neue öffentliche Identität. Dann wollen wir uns dem Publikum zuwenden. Dieses Publikum aus stummen Zuschauern blieb auch dann noch auf seinem Posten, als die ersten Wellen der romantischen Begeisterung längst verebbt waren. Und schließlich werden wir uns mit jenen stummen Zuschauern in der Öffentlichkeit beschäftigen, die ihr Augenmerk nicht auf einen Darsteller richten: mit den Voyeuren auf der Straße. Im darauf folgenden Kapitel werden wir uns dann wieder dem *public man* zuwenden, aber nicht in Gestalt des Künstlers, sondern in der des Politikers.

Der Akteur

Im letzten Kapitel haben wir gesagt, die persönlichkeitsorientierte Kultur habe sexuelle Ängste »bestärkt«. Von »verursachen« zu sprechen schien uns übertrieben. Denn diese Ängste wurzeln so tief in der abendländischen Welt, daß kein einzelnes Zeitalter allein für sie verantwortlich gemacht werden kann. Ähnlich wird man sagen müssen, daß die persönlichkeitsorientierte Kultur den darstellenden Künstler darin bestärkt hat, sich als besonderes Wesen zu betrachten, ohne daß sie ihn direkt dazu gemacht hätte. In der abendländischen Kultur nämlich hat der Darsteller einen Text, auf den er sich bei seiner Tätigkeit stützen muß, und aus dem Problem, das dieser Text aufwirft, rührt die Selbsteinschätzung, er besitze einen ganz besonderen Charakter. In den dreißiger und vierziger Jahren des 19. Jahrhunderts hatte die persönlichkeitsorientierte Kultur diese Auffassung so weit befestigt, daß der professionelle Darsteller zur einzigen aktiven Gestalt in der Öffentlichkeit wurde, zum einzigen, der in der öffentlichen Sphäre in anderen intensive Empfindungen hervorzurufen vermochte.
Jeder Schauspieler und jeder Musiker stützt sich auf einen Text, aber er kann mit diesem Text auf zweierlei Weisen umgehen, je nachdem, wie weit sich seiner Auffassung nach das, was er tut, »notieren« läßt. Im Bereich der Musik stellt sich hier die Frage, wie weit die gedruckten Zeichen in der Partitur tatsächlich die Musik wiedergeben, die der Komponist im Sinne hatte. Wenn

der Musiker diese Zeichen – die Noten, die Anweisungen zur Dynamik, die Tempoangaben – für eine angemessene Sprache hält, dann konzentriert er sich bei der Aufführung des Stückes auf die akustische Realisierung dessen, was er in den Noten vorfindet. Wenn er jedoch davon ausgeht, daß sich Musik nicht angemessen notieren läßt, besteht die Aufgabe des »Interpreten« darin, herauszufinden, was in der Partitur nicht gesagt ist. Der Schauspieler steht vor einer ähnlichen Entscheidung. Er kann den Text als Anregung zur Gestaltung eines bestimmten Charakters auffassen, eine Anregung, die er zwar nicht übergehen darf, die ihm aber doch viel Freiheit beläßt; oder er kann den Text wie eine Bibel behandeln, die ihm, wenn er sie verstanden hat, genau angibt, wie er zu spielen hat. Beim Ballett tritt dieses Problem noch deutlicher zutage: Lassen sich Körperbewegungen schriftlich fixieren, und wenn ja, soll man sich dann ganz und gar von dieser Notation leiten lassen?[89]

Immer wieder also stehen die darstellenden Künste vor diesem Textproblem: Wie weit wird die Notation dem Ausdruck gerecht? Von der Antwort auf diese Frage hängt es ab, in welchem Grade die Person des darstellenden Künstlers ins Spiel kommt. Sofern die Notation für ihn eine auf der Hand liegende Bedeutung besitzt, braucht sich der darstellende Künstler nicht zu engagieren; er ist Ausführender, Werkzeug, Mittelsmann, der es, wenn er nur über genügend Kunstfertigkeit verfügt, dem Zuschauer oder Zuhörer möglich macht, in direkten Kontakt mit der in der Notation enthaltenen Bedeutung zu treten. Aber den Möglichkeiten der Notation sind Grenzen gezogen. Nur wenige Musiker würden wohl die Auffassung vertreten, daß die Lektüre einer Partitur dem Hörerlebnis ebenbürtig ist; und erst recht nicht würde ein Choreograph behaupten, daß die Aufzeichnung von Tanzbewegungen, und sei sie noch so detailliert, dem Tanz selbst entspreche. Wegen der Indirektheit der Notation, weil die Noten, Zeichen und Linien nur Anleitungen zu einem andersgearteten Handeln sind, ist der darstellende Künstler eigentlich stets mehr als bloß »Spiegel« oder »Ausführender«.

In der Musikgeschichte bildeten sich zu Beginn des 19. Jahrhunderts zwei einander befehdende Schulen heraus, in denen sich die unterschiedlichen Einstellungen zur Notation und zur Rolle der Person in der Darstellung polarisierten. Paradoxerweise hing das zum Teil damit zusammen, daß die Komponisten dazu übergingen, in ihre Partituren immer mehr und immer genauere Anweisungen einzuschreiben. Im 18. Jahrhundert hatten die Komponisten, etwa Bach in seinen Sonaten für Viola da Gamba und Basso Continuo, noch nicht einmal bezeichnet, wo laut und wo leise gespielt werden sollte, und die Tempoangaben waren sehr allgemein. In der Partitur von Beethovens Sonate für Cello und Klavier, Opus 69, dagegen findet man genaue Vorschriften zur Dynamik und zum Tempo. Schließlich griffen die Komponisten sogar zu literarischen Umschreibungen, um bestimmte Angaben zu machen, die sich ihrer Ansicht nach mit den klassischen Notenzeichen nicht mehr vermitteln ließen. Bezeichnungen wie »calmato« oder »molto tranquillo« begegnete man jetzt immer häufiger. In seiner Spätzeit machte Beethoven noch sehr viel ausführlichere Angaben, und nach seinem Tod begannen einige Komponisten, ihren Stücken Gedichte zur Einstimmung voranzustellen, oder sie wählten, wie Schumann in seinen *Kinderszenen,* komplizierte Titel, die den Gehalt ihrer Musik andeuten sollten. Gegen Ende des Jahrhunderts nahmen diese Versuche, etwa bei Debussy, geradezu barocke oder, wie bei Satie, selbstironische Züge an.[90]

Wie sollten sich die darstellenden Künstler zu der wachsenden Komplexität der Notation verhalten? Es bildeten sich zwei miteinander rivalisierende Schulen. In Mitteleuropa zählten zu der ersten Richtung Schumann und Clara Wieck und nach ihnen Brahms und Joachim, in Frankreich zeitweilig Bizet und dann Saint-Saëns, Fauré und Debussy. Sie alle betrachteten den Text, ganz gleich, wie aufwendig die außermusikalischen Angaben waren, als die einzige und ausschlaggebende Richtschnur der musikalischen Darbietung. Sie sahen in der Erweiterung der musikalischen Sprache eine Verbesserung und Vervollständigung ihrer Möglichkeiten.[91]

Die andere Schule nahm zu Beginn des 19. Jahrhunderts Gestalt an, und sie war es, die eine Verbindung zwischen dem Akt des musikalischen Vortrags und der Persönlichkeit des Musikers in der Öffentlichkeit herzustellen begann. Für sie lag das Wesentliche der Musik jenseits dessen, was sich in Noten fassen ließ; die immer komplizierter werdenden Notationen betrachtete sie nur als eine Bestätigung dieser Auffassung. In dieser Schule wurde der darstellende Künstler, der Musiker, zur Hauptfigur. Er war der eigentliche Schöpfer – der Komponist wurde zum Zuträger. Für die radikaleren Vertreter dieser Schule besaß die Treue zum Text keine Bedeutung, weil der Text keine absolute Affinität zur Musik besaß. Warum sollte man eine Mozart-Partitur getreu wiedergeben, wenn diese Partitur Mozarts Musik gar nicht wiedergab? Um diese Musik lebendig erstehen zu lassen, mußte der Musiker gleichsam selbst ein Mozart werden; er gleicht dem Zauberer, der durch Reiben an der Wunderlampe eine Figur zum Leben erweckt. Für die Musikauffassung dieser Schule hieß das zweierlei: Musik war erstens eine Kunst, in der es auf die unmittelbare Bedeutung und nicht auf die verfestigte Textbedeutung ankam, d. h. sie gründete auf dem Immanenzprinzip. Und zweitens kam es bei der Darbietung auf die intensive Offenbarung intensiver Empfindungen durch den Musiker an. Dieses neue Verhältnis zwischen dem darstellenden Künstler und seinem Text kommt in der berühmten Bemerkung von Franz Liszt zum Ausdruck: »Das Konzert bin ich.« Die spezifische Wirkung des Künstlers, Klang und Duktus der Musik wurden jetzt der Künstlerpersönlichkeit und nicht der Geschicklichkeit dessen, der sein Handwerk versteht, zugeschrieben.[92]

Eine ähnliche Beziehung zwischen Immanenz und Persönlichkeit bildete sich in allen Künsten, die unter dem Einfluß der Romantik standen, heraus. In seinem Buch *Culture and Society* (dt. *Gesellschaftstheorie als Begriffsgeschichte*) hat

Raymond Williams unter anderem gezeigt, wie sich nach 1820, unter dem
Einfluß der Romantik, die Begriffe, mit denen schöpferisches Handeln erfaßt
wurde, selbst veränderten:

»Die Betonung der Kunstfertigkeit in dem Wort *skill* wurde allmählich durch die
Betonung der darin enthaltenen Sensibilität ersetzt. Dieser Vorgang wurde durch die
parallelen Veränderungen in Wörtern wie *kreativ* [...] *Original* [...] *Genie* unterstützt.
Aus *artist/Künstler* in diesem neuen Sinne wurden *artistic* und *artistical/künstlerisch*
geformt, und gegen Ende des 19. Jahrhunderts verwiesen diese Worte gewiß eher auf
›Temperament‹ als auf ›Kunstfertigkeit‹ oder ›Praxis‹. *Aesthetics/Ästhetik* [...] stand Pate
für das Wort *aesthete/Ästhet*, womit wiederum eine ›besondere Art von Mensch‹
bezeichnet wurde.«[93]

Dennoch unterschied sich der darstellende Künstler in seiner Eigenart vom
romantischen Dichter, Maler oder Essayisten. Anders als der Dichter, der im
einsamen Umgang mit Bildern und Reimen sein Selbst »veredeln« konnte,
mußte der darstellende Künstler dem Publikum eine direkte Reaktion entlokken. Außerdem unterhielt ein Pianist eine andere Beziehung zu seinem
Medium als etwa ein Maler. Gleichgültig, wie persönlich er ihn gestaltet – der
romantische Pianist bleibt an einen Text gebunden, der vor der Aufführung
und in der Regel nicht von ihm selbst geschaffen worden war. Der romantische
Musiker, der Musik zu einem immanenten Erlebnis machen will, steht daher
vor der doppelten Aufgabe, einen Text »auszuführen« und ihn zugleich in
etwas Eigenes zu verwandeln.

Zeitgenössische Kritiken vermitteln einen Eindruck davon, wie es geklungen
haben muß, wenn der romantische Musiker bestrebt war, die Musik zu einem
immanenten Erlebnis zu machen: Pausen, Rallentandos, Rubatos verschafften
dem Augenblick, in dem der Klang erzeugt wurde, Eigengewicht. Solche
Verzerrungen des Rhythmus gingen zu Lasten der langen Bögen, der disziplinierten Ensemblearbeit mit dem Orchester und der Ausgewogenheit zwischen
den einzelnen Teilen. Aber um solche Dinge kümmerte sich ohnehin nur der
Musiker, der einen Text »ausführte«. Der überraschende Einsatz, der sinnliche
Ton, der überwältigende Akkord – mit Hilfe solcher Techniken ließ sich Musik
hier und jetzt absolut real machen.

Wie mußte die Persönlichkeit des Musikers beschaffen sein, der solches zu
leisten vermochte? Am 23. August 1840 erschien ein Nachruf von Franz Liszt
auf Paganini. Er beginnt mit den folgenden Worten:

»Wenn Paganini [...] in der Öffentlichkeit erschien, bewunderte ihn die Welt wie ein
übernatürliches Wesen. So außerordentlich war die Erregung, die er auslöste, so mächtig
war der Bann, in den er die Phantasie seiner Zuhörer schlug, daß sie sich mit einer
natürlichen Erklärung nicht zufriedengeben mochten.«

Die Aufnahme, die Paganini in der Öffentlichkeit fand, wird hier nicht
übertrieben. Dieser aus Genua gebürtige Violinist wurde zu seiner Zeit nicht
nur von bürgerlichen Zuhörern, sondern auch von Arbeitern über die Maßen
verehrt. Er war der erste Musiker, der zu einem populären Heros wurde.[94]

Paganini verfügte über eine außerordentliche Technik, doch ihm fehlte der musikalische Geschmack. Sein ganzes Streben ging dahin, alle Aufmerksamkeit seiner Zuhörer auf sich selbst zu lenken. Das Publikum eines typischen Paganini-Konzertes konnte Zeuge werden, wie dem Geiger eine, zwei und schließlich drei Saiten seines Instruments rissen, so daß er ein schwieriges Konzert auf einer einzigen Saite zu Ende führen mußte. Er improvisierte Kadenzen, vor denen die ursprünglichen Themen völlig verblaßten; von der bloßen Flut der Töne sollten die Zuhörer geblendet werden. Paganini liebte es, urplötzlich aus der Verborgenheit im Orchester vor das Publikum zu treten, statt in der Seitenkulisse auf seinen Auftritt zu warten. Wenn er einmal sichtbar war, verharrte er, den Blick ins Publikum gerichtet, ein, zwei oder drei Minuten schweigend, um dann, nachdem er das Orchester zu völliger Stille gebracht hatte, unvermittelt einzusetzen. Am liebsten spielte Paganini vor einem feindselig eingestellten Publikum, um es dann durch sein Spiel zu frenetischen Ovationen hinzureißen. Mit Ausnahme einer England-Tournee fand er überall stets größten Beifall, und doch konnten die Musikkritiker nie recht sagen, was eigentlich so außergewöhnlich an ihm war. »Daß er groß ist, weiß man, aber man weiß nicht, warum«, schrieb einer von ihnen. Paganini machte die Aufführung zum Selbstzweck; tatsächlich beruhte seine Größe darauf, daß er das Publikum den musikalischen Text vergessen ließ.[95]
Mit seinem Spiel fesselte Paganini auch Leute, die sich von seiner Protzerei zugleich abgestoßen fühlten. Berlioz schätzte die »Idee« Paganinis, auch wenn ihn dessen Musik häufig genug empörte. Diese »Idee« bestand darin, den Augenblick der Aufführung zum Augenblick der musikalischen Wahrheit zu machen. Immanente Musik bot allerdings eine überaus spannungsgeladene Erfahrung. Die Aufführung lief darauf hinaus, den Zuhörer zu schockieren, ihn plötzlich etwas hören zu lassen, was er nie zuvor gehört hatte, sich seiner musikalischen Sinne zu bemächtigen. So wie der Komponist bemüht war, das, was er zu Papier brachte, durch alle möglichen literarischen Umschreibungen lebendig zu machen, so bemühten sich die Musiker der Paganini-Schule, ihre Konzerte lebendig zu machen, indem sie ihrem Publikum noch in der vertrautesten Musik Dimensionen eröffneten, die es nie zuvor wahrgenommen hatte. Immanenz und Schockerlebnis – das vertrauteste Musikstück klang bei Paganini vollkommen neu.[96] So machte der protzende Heros deutlich, daß Schumanns Satz »Immerhin bleibt die Originalhandschrift die Autorität, die am ersten gefragt werden muß« nicht das letzte Wort war. Es war möglich, das technische Feuerwerk des Belcanto auf das Orchesterinstrument und die aufwühlende Dramatik der Oper in den Konzertsaal zu übertragen.[97]
Das wesentliche Persönlichkeitsmerkmal des Künstlers, der Musik zu einem immanenten Erlebnis macht, besteht darin, daß er sein Publikum zu schockieren versteht. Er selbst ist eine schockierende Gestalt. Ist der Mensch, der über solche Kräfte verfügt, nicht eine »beherrschende« Persönlichkeit?
In gesellschaftlichen Zusammenhängen kann der Ausdruck »beherrschende

Persönlichkeit« drei unterschiedliche Bedeutungen annehmen. Er kann einen Menschen bezeichnen, der für andere etwas leistet, das sie selbst nicht zu leisten vermögen – man denke etwa an Max Webers Begriff des Charisma und der charismatischen Herrschaft. Er kann zweitens einen Menschen bezeichnen, der für andere etwas zu leisten scheint, das in Wirklichkeit weder er noch die anderen für sich zu leisten vermögen – man denke an den Charisma-Begriff in Eriksons Studie über Luther. Und schließlich kann man als »beherrschende Persönlichkeit« einen Menschen bezeichnen, der anderen vorführt, daß er für sich etwas zu leisten vermag, wozu sie selbst ebenfalls imstande sein sollten, nämlich Gefühlen in der Öffentlichkeit Ausdruck zu verleihen. So löst er bei seinem Publikum gleichsam schockartig Empfindungen aus. Aber sein Publikum ist nicht in der Lage, diese Empfindungen aus dem Theater mit in den Alltag zu nehmen. Es ist nicht in der Lage, die Kräfte der »beherrschenden Persönlichkeit« wie Webers charismatische Herrscher zu »veralltäglichen«, noch kann es, wie Eriksons Luther mit seinen Glaubensbrüdern, mit dieser Persönlichkeit eine Gemeinde bilden. Unter modernen Verhältnissen können die Menschen, die in den Bann des Akteurs geraten, diesem lediglich zuschauen. Seine außergewöhnlichen Kräfte verleihen ihm den Anschein spontanen Empfindens und die Fähigkeit, in anderen zeitweilig Empfindungen zu wecken. Wie alle charismatischen Gestalten ist er anders als sie, aber er ist überdies von allen, die er anregt, auf Dauer isoliert. In Liszts Huldigung an Paganini zeigt sich das sehr deutlich:

»[...] dieser Mann, der so viel Begeisterung weckte, konnte unter seinen Mitmenschen keine Freunde haben. Niemand erriet, was in seinem Herzen vorging; sein reich gesegnetes Leben machte nie einen anderen glücklich. [...] Paganinis Gott [...] war kein anderer als sein eigenes, dunkel trauriges ›Ich‹.«[98]

Welche Leistungen vollbringt diese isolierte, jedoch »beherrschende Persönlichkeit«? Im Zuschauer ruft sie Empfindungen hervor, die zugleich anormal und ungefährdet sind. Sie scheint ihren Empfindungen in der Öffentlichkeit spontanen Ausdruck zu geben, und das ist anormal. Durch ihre Schocktaktik löst die »beherrschende Persönlichkeit« bei anderen Empfindungen aus. Aber diese Schocks sind ungefährlich, gerade weil die Persönlichkeit isoliert ist. Das Publikum braucht die eigenen Kräfte nicht an denen des Akteurs zu messen. Schließlich ist er ein »außerordentlicher« Mensch. Hier zeigen sich die beiden Identitäten, die sich aufgrund des Vordringens der Persönlichkeit in die Öffentlichkeit herausbilden: auf der einen Seite der außerordentliche Akteur, auf der anderen die Zuschauer, die es sich in ihrer Passivität bequem machen können. Ihre Gaben sind geringer als die seinen, aber er stellt keine Herausforderung für sie dar. Er »regt sie an«.

Diese Situation unterscheidet sich fundamental von der Kontrolle, die das Publikum des Ancien Régime über Schauspieler und Musiker ausübte. Damals fanden die Entfaltungsmöglichkeiten des Akteurs ihre Grenze in dem, was dem Publikum bekannt war, was ihm als wirklich erschien. Wenn Madame Favart die Zuschauer schockierte, dann sorgten diese dafür, daß sie ihr Kostüm wechselte. Paganinis Publikum dagegen fällt gerade dort in Begeisterung, wo er ihm einen Schock versetzt. Daran wird deutlich, wie sehr sich die Verbindung zwischen Bühne und Straße zu einer Abhängigkeit des Publikums von der Bühne gewandelt hatte. Was einerseits hinter dem Wohlgefallen am wirklichkeitstreuen Bühnenkostüm steht – die Auffassung, nur im Theater spreche die äußere Erscheinung die Wahrheit – und was andererseits hinter dem Wohlgefallen am phantasievoll freien Bühnenkostüm steht – die Auffassung, nur auf der Bühne entwickelten die Menschen ihre Empfindungen frei –, das vereinigt der Virtuose in seiner Person.

Die aktive »öffentliche Persönlichkeit« mußte über eine ganz besondere Begabung, im Falle des romantischen Künstlers über eine außergewöhnliche Technik verfügen. Daß sie nicht umhin kamen, ihre Besonderheit hervorzukehren, um eine große, außerordentliche technische Fähigkeiten erfordernde musikalische Leistung zu vollbringen, hebt Liszt, Berlioz und die übrigen Vertreter eines ernsthaften Egoismus gegenüber ihrem Lehrer Paganini positiv hervor. Niemand hat diese Zwangslage, in der sich der romantische Musiker befand, besser erfaßt als Robert Schumann, der dieser musikalischen Aufführungspraxis äußerst distanziert gegenüberstand. Zu den *Etudes* von Liszt schrieb er:

»*Hören* muß man solche Kompositionen, sie sind mit den Händen dem Instrument abgerungen, sie müssen uns durch sie auf ihm entgegenklingen. Und auch *sehen* muß man den Komponisten; denn wie der Anblick jeder Virtuosität erhebt und stärkt, so erst recht jener unmittelbare, wo wir den Komponisten selber mit seinem Instrumente ringen, es bändigen, es jedem seiner Laute gehorchen sehen.«[99]

Der seriöse Kern jenes ernsthaften Egoismus bestand darin, daß sich das Medium selbst als widerspenstig erwies; es bedurfte ungeheurer Anstrengung, um den Klang zur Musik werden zu lassen, um den unmittelbaren Augenblick expressiv zu machen, wenn schon die Erzeugung des Tonmaterials solche Schwierigkeiten bereitete. Auf diese Widerspenstigkeit des Ausdrucksmediums geht die Hervorhebung der Rolle des Virtuosen zurück. Der Virtuose ist kein *besserer* Künstler als andere Künstler. Ohnehin kann hier nur der ganz außergewöhnlich Begabte Künstler sein, denn nur eine ganz außergewöhnliche Begabung vermag Musik zum Klingen zu bringen.

Virtuosität zeitigt eine soziale Auswirkung: Der Virtuose übernimmt die Herrschaft über jene, die seine Empfindungen, seine Leiden, seine Träume nie begreifen werden. Er ergreift das Regiment über die unwürdige Menge (auf deren Beifall er insgeheim durchaus erpicht sein mag). Als physische Bewältigung des widerspenstigen Mediums lenkt Virtuosität die gesamte Aufmerksamkeit des Publikums auf den physischen Kampf des Künstlers. Heute neigen wir dazu, diese romantische Selbst-Übersteigerung zu belächeln. Doch sind nicht auch wir überzeugt, daß nur die außergewöhnliche Darbietung Musik wirklich »lebendig« macht; sehen wir in der Kunst nicht auch einen Kampf;

glauben nicht auch wir, Mozarts Streichquartett in F-Dur ganz anders zu hören, wenn es vom Budapester Quartett, statt von einer redlich bemühten, doch uninspirierten Gruppe gespielt wird? Wir stehen immer noch im Bann der romantischen Auffassung, daß die Kunst den Text transzendiert, aber uns fehlt die Leidenschaft der Romantiker – und jene Naivität, mit der sie sich selbst so ernst nahmen.

Expressivität und außerordentliches Talent – so lautete die Formel für das Vordringen der Persönlichkeit in die öffentliche Sphäre. Sie galt nicht nur für musikalische Darbietungen, sondern auch für das Theater. Ihre deutlichste Verbindung gingen die Elemente Talent, Expressivität und persönliche Glaubwürdigkeit im Melodrama der dreißiger und vierziger Jahre des 19. Jahrhunderts ein, als sich bedeutende Pariser Schauspieler, wie Marie Dorval und vor allem Frédérick Lemaître, der melodramatischen Texte annahmen.

Im letzten Kapitel haben wir gesehen, daß es beim Melodrama auf die Erzeugung »unverfälschter Charaktertypen« ankam, die man ohne weiteres als Bösewicht, Jungfrau, jugendlicher Held, Hausherr, junger Künstler, vom Tode gezeichnetes Mädchen, reicher Gönner einordnen konnte – Typen und nicht Individuen sollten sie sein. Paradoxerweise wurden diese Rollen in den dreißiger Jahren nun von Schauspielern übernommen, die selbst über eine starke Individualität verfügten. Wenn eine Marie Dorval oder ein Frédérick Lemaître eine solche Standardrolle spielte, dann diente ihnen der Text als Mittel, um, wie die Presse nicht müde wurde zu wiederholen, ihre eigene »unvergleichliche Persönlichkeit« zum Ausdruck zu bringen.

Marie Dorval und Frédérick Lemaître begannen etwa um die Zeit eine neue schauspielerische Auffassung des Melodramas zu entwickeln, als sie, im Juni 1827, gemeinsam in Goubaux' Stück *Trente Ans* auftraten. Sie fingen an, natürlich zu sprechen, statt mit Stentorstimme zu deklamieren, wie es auf den Höhepunkten der Handlung sonst üblich gewesen war. Sie konzentrierten sich auf inszenatorische Details, reicherten bestimmte Bewegungen mit neuer Bedeutung an. Frédérick Lemaître war der erste große Schauspieler des 19. Jahrhunderts, der bemerkte, daß man mit bestimmten pantomimischen Details beim Publikum eine starke Bewegung hervorrufen konnte. So betrat zum Beispiel der herkömmliche Bösewicht die Bühne mit kleinen, trippelnden Schritten, so als fürchte er, vom Publikum gesehen zu werden; sobald er in Erscheinung trat, wußte man, mit wem man es zu tun hatte. Als nun Lemaître in den dreißiger Jahren in bekannten Melodramen die Rolle des Bösewichts übernahm, trat er mit ganz natürlichen Schritten auf die Bühne, genau wie jede andere Figur. Das Publikum empfand dies als Sensation, es sah darin eine *grande geste:* gewiß, die Zuschauer wußten, welche Rolle Lemaître spielte; aber in einer solchen Abwandlung erkannten sie eine Äußerung seiner schöpferischen Persönlichkeit und nicht etwa eine vertiefende Deutung der Figur des Bösewichts innerhalb des Stücks.[100]

Die Stücke, die am Boulevard du Crime, wo die volkstümlichen Theater lagen, gegeben wurden, entwickelten sich immer mehr zu Gelegenheiten, um Lemaître spielen zu sehen. Um das Jahr 1839 hatten gute Melodramen und romantische Stücke nur dann eine wirkliche Erfolgschance, wenn in ihnen Frédérick Lemaître auftrat, und ein Stück, in dem Lemaître auftrat, galt sogleich als bedeutend. Diese Erhöhung des Texts durch den Schauspieler wird offenkundig am Beispiel eines Stücks, bei dessen Abfassung Lemaître selbst die Hand im Spiel hatte. *Robert Macaire,* das populärste Theaterstück der dreißiger Jahre des 19. Jahrhunderts, verschmolz zum erstenmal und mit größtem Erfolg das Melodrama mit Motiven einer romantischen Revolte gegen die Gesellschaft und stellte den pikaresken Helden in den Mittelpunkt. Gautier schreibt darüber:

»*Robert Macaire* war der große Triumph der revolutionären Kunst, die auf die Juli-Revolution folgte. [...] Dieses Stück hat etwas Besonderes, ich meine den scharfen, verzweifelten Angriff, den es gegen die Gesellschaftsordnung und die Menschheit insgesamt führt. Aus der Gestalt des Robert Macaire schuf Frédérick Lemaître eine Figur von echt shakespearescher Komik – schauerliche Lustigkeit, finsteres Gelächter, bitterer Hohn [...] und über alle dem eine verblüffende Eleganz, Leichtigkeit und eine Grazie, wie sie der Aristokratie des Bösen eigen ist.«

Und doch ist dieses Stück heute vergessen. Es ist unspielbar geworden, weil Frédérick Lemaître nicht mehr zur Verfügung steht. Es wäre ungerecht zu sagen, Gautier sei durch den Künstler so geblendet worden, daß er die Mängel der Textvorlage übersehen habe; das hieße verkennen, was Gautier tatsächlich gesehen hat: die Herstellung eines bedeutungsvollen Texts durch die Kraft eines außerordentlichen Schauspielers.[101]

Frédérick Lemaître fand den gleichen leidenschaftlichen Beifall, den Musiker wie Liszt geerntet hatten; aber anders als Liszt war er ein volkstümlicher Held, denn er spielte vor einem sehr viel gemischteren Publikum und galt als Mann des Volkes. Wenn wir nach der Bedeutung der virtuosen Darstellung im 19. Jahrhundert fragen, müssen wir eine Gestalt wie Lemaître berücksichtigen, denn sie bildet ein Gegengewicht und eine Ergänzung zur Gestalt des protzenden Heros, wie ihn Paganini verkörperte. Paganinis Kunst fußte auf Übertreibung, die Kunst Lemaîtres auf Natürlichkeit. Dem öffentlichen Auftritt den Anstrich von Natürlichkeit zu geben erforderte ebensoviel Geschicklichkeit und Kunstfertigkeit, wie nötig war, um sich über exakt notierte Partituren hinwegzusetzen. Virtuosität beruhte auf der Fähigkeit, den Augenblick der Aufführung vollkommen lebendig erscheinen zu lassen, und nicht auf der Anwendung bestimmter Kunstgriffe.

Diese Künstler, die einzigen öffentlichen Akteure, die es noch gab, zeichneten sich durch folgende Merkmale aus: Sie bedienten sich einer Schock-Taktik, um alles Gewicht in den Augenblick der Aufführung zu legen; wer solche Schocks auslösen konnte, den betrachtete das Publikum als kraftvolle Persönlichkeit, der es sich, anders als dem Dienstboten-Darsteller des 18. Jahrhunderts, unterlegen fühlte. Wie sich der darstellende Künstler über sein Publikum erhebt, so erhebt er sich auch über den Text.[102]

Der Zuschauer

Zwar erlebten die Menschen, die diesen Akteuren zusahen, deren Künste als Erbauung. Aber es wäre ein großer Irrtum, deshalb anzunehmen, der schweigsame Zuschauer habe sich in einer behaglichen Lage befunden. Sein Schweigen war das Signal eines gründlichen Selbstzweifels. Als die erste Generation romantischer Künstler abtrat, nahm dieser Selbstzweifel merkwürdigerweise sogar noch zu. Wenden wir uns zunächst dem Zuschauer zu, der sich auf eine öffentliche Persönlichkeit konzentriert, und danach dem, der sich nur noch auf sich selbst konzentriert.

»Wollen Sie etwa Abstoßendes hören?« fragt M. Pierre Véron in seinem Buch *Paris s'amuse,* einem populären Stadtführer aus den siebziger Jahren des 19. Jahrhunderts, und schildert dann das Théâtre de la Porte St.-Martin:

»Mitten im 19. Jahrhundert gibt es immer noch primitive Kreaturen, die ihre Tränen nicht zurückhalten können, wenn sie das Unglück irgendeiner Bühnenheldin in den Händen eines Verräters sehen. Besuchen Sie dieses Theater nicht, bloß um das freimütige Schluchzen dieser offenherzigen Arbeiter, dieser leutseligen Kleinbürger mitzuerleben. [...] Sollen sie sich allein mit ihrer Trübsal vergnügen. In ihrer Verzweiflung sind sie glücklich!«

Sich über Leute lustig zu machen, die im Theater oder im Konzert ihre Gefühlsregungen zu erkennen gaben, wurde um die Mitte des 19. Jahrhunderts fast zu einer Pflichtübung. Die Zurückhaltung im Theater wurde für das bürgerliche Publikum zu einem Merkmal, mittels dessen es sich von einem Arbeiterpublikum abzugrenzen vermochte. Um 1850 zeichnete sich ein »gesittetes« Publikum dadurch aus, daß es imstande war, die eigenen Regungen durch Schweigen zu beherrschen. Die alte Spontaneität erschien jetzt als »primitiv«. Neben das von Beau Brummell verkörperte Ideal eines zurückhaltenden körperlichen Erscheinungsbildes trat der neue Gedanke, Geräuschlosigkeit in der Öffentlichkeit sei ein Zeichen der Ehrbarkeit.[103]

Wenn sich um 1750 ein Schauspieler bei einer »Pointe« dem Publikum zuwandte, konnte ein einziger Satz oder ein einziges Wort Buh-Rufe oder Applaus auslösen. Auch in der Oper des 18. Jahrhunderts fühlte sich das Publikum durch eine bestimmte Phrase oder durch einen schön dargebotenen hohen Ton mitunter dazu veranlaßt, eine sofortige Wiederholung zu verlangen; die Aufführung wurde unterbrochen und jener Ton oder jene Phrase einmal, zweimal oder noch öfter wiederholt. Um 1870 hatte der Applaus eine andere Form angenommen. Man unterbrach die Schauspieler nicht mitten in der Szene, sondern hielt sich mit dem Beifall bis zum Schluß zurück. Dem Sänger applaudierte man erst am Ende einer Arie, und man klatschte auch nicht mehr zwischen den einzelnen Sätzen einer Symphonie. Während sich also der romantische Darsteller über seinen Text erhob und hinwegsetzte, bewegte sich das Publikum in die entgegengesetzte Richtung und legte sich immer straffere Zügel an.[104]

So breitete sich in Theater und Konzertsaal eine eigenartige, neue Stille aus. Noch um 1850 hatte ein Theaterbesucher in London oder Paris keinerlei Skrupel, sich während der Aufführung mit seinem Nachbarn oder seiner Nachbarin zu unterhalten. Um 1870 war das Publikum gesitteter geworden. Reden im Theater galt nun als Indiz schlechten Geschmacks. Auch wurde die Saalbeleuchtung jetzt gedämpft, um Stille zu erzeugen und alle Aufmerksamkeit auf die Bühne zu lenken: Charles Kean begann mit dieser Praxis in den fünfziger Jahren, Richard Wagner erhob sie in Bayreuth zum absoluten Gesetz, und in den neunziger Jahren waren die Theater- und Konzertsäle in den europäischen Großstädten grundsätzlich abgedunkelt.[105]

Die eigenen Gefühle im dunklen, stillen Saal zurückzuhalten, wurde zu einer Regel des Anstands. In den letzten Jahrzehnten des 19. Jahrhunderts breitete sich diese Selbstdisziplinierung sogar in den volkstümlichen Straßentheatern aus, aber früher entwickelt und stärker ausgeprägt war sie in den bürgerlichen Theatern, den Opernhäusern und Konzertsälen. Auch das Publikum des 19. Jahrhunderts ließ sich mitunter noch zu spontanen Gefühlsäußerungen hinreißen, wenn es das, was auf der Bühne geschah, als »Zumutung« empfand; aber im Laufe der Zeit wurden solche »Zumutungen« immer seltener.[106]

Die disziplinierte Stille war ein ausgesprochen großstädtisches Phänomen. In den Provinztheatern Englands und Frankreichs waren die Zuschauer in der Regel lauter – zum Mißfallen der gastierenden Stars aus den Hauptstädten. In diesen Häusern, von denen es in jeder Stadt meist eins oder zwei gab, waren Arbeiterklasse und Bürgertum nicht deutlich voneinander getrennt, das Publikum war gemischt. Andererseits bestand der typische »Fauxpas des Provinzlers«, der in Paris oder London ein Theater besuchte, darin, daß er seinen Regungen allzu lautstark Ausdruck gab. Vernons Schilderung des Tölpels im Theater bezieht sich also sowohl auf die Angehörigen der Unterklasse als auch auf die Provinzbewohner aus dem Nirgendwo, d. h. aus Bath, Bordeaux oder Lille.

In Paris, London und anderen europäischen Metropolen wurden im 19. Jahrhundert zahlreiche neue Theater gebaut. Diese Theater verfügten über sehr viel mehr Sitzplätze als die Häuser des 18. Jahrhunderts. Jetzt drängten sich 2500, 3000 oder gar 4000 Leute in einem Saal. Schon um in diesen großen Häusern etwas verstehen zu können, mußten die Zuschauer leiser sein als in einem kleinen Saal, doch das allein brachte noch keine Ruhe ins Publikum, auch nicht in einem riesigen Bau mit schlechter Akustik wie Garniers Pariser Opéra. Die architektonische Anlage der Theaterbauten selbst richtete sich an der neuen Vorstellung vom Zuschauer aus. Das zeigt sich, wenn wir zwei höchst unterschiedliche Theater miteinander vergleichen, die beide in den siebziger Jahren des 19. Jahrhunderts fertiggestellt wurden, Garniers Opéra und Wagners Festspielhaus in Bayreuth. Mit entgegengesetzten Mitteln erzielten sie die gleiche Wirkung.[107]

An modernen Maßstäben gemessen, ist Garniers Opéra ein unförmiges Monstrum, eine riesige Hochzeitstorte, die unter der Last ihrer Verzierungen einsackt. Das immense Gebäude ist mit griechischen, römischen, barocken und rokokohaften Versatzstücken überladen. Alles ist von einer Großartigkeit, die ans Groteske grenzt.»Dem Zuschauer, der von der Place de l'Opéra bis zu seinem Platz im großen Saal vordringt«, schreibt Richard Tidworth, »bietet sich ein erhebendes Schauspiel – und vielleicht soll es sogar das erhebendste des ganzen Abends sein.«[108]

Dieser Bau verkehrte alle architektonischen Verhältnisse der 1781 erbauten Comédie Française in ihr Gegenteil. Dieses Opernhaus sollte nicht Zuschauer beherbergen, es sollte nicht Fassade sein, vor der die Zuschauer miteinander verkehren konnten, es bot nicht den Rahmen für den Auftritt der Akteure. Es war dazu da, bestaunt zu werden, unabhängig von dem, was in ihm geschah. Überall drängte es sich in den Vordergrund. Nur ein Falke hätte diese riesigen Räume überblicken können. Das Innere war so schmucküberladen, daß es die Ereignisse auf der Bühne überstrahlte. Die Großartigkeit der Pariser Opéra ließ keinen Raum für reguläre Geselligkeit. Foyergespräche und intimes Geplauder mußten verstummen in einem Gebäude, das nach den Worten seines Architekten ganz darauf angelegt war, »stille Ehrfurcht« einzuflößen. So schrieb Garnier:

> »Eingangs wird das Auge wundersam verzaubert; ihm folgt die Phantasie wie in einen Traum; man gleitet in ein Gefühl des Wohlseins.«[109]

Ein solches narkotisierendes Theater verkörpert genau jene Idee, gegen die Richard Wagner mit seinem Bayreuther Festspielhaus zu Felde zog. Aber auch das von ihm geschaffene Ambiente zielt, wenngleich mit entgegengesetzten Mitteln, auf die Verordnung von Stille. Das Bayreuther Haus wurde 1872 begonnen und 1876 vollendet. Sein Äußeres war vergleichsweise schmucklos, fast kahl, denn Wagner wollte die Aufmerksamkeit ganz auf die im Innern dargebotene Kunst lenken. Dieser Innenraum fiel in zweierlei Hinsicht aus dem Rahmen des Gewohnten. Erstens waren alle Sitzplätze nach dem Muster des antiken Amphitheaters angeordnet. Jeder Zuschauer hatte eine ungehinderte Sicht auf die Bühne, wobei die übrigen Zuschauer so weit als möglich aus seinem Blickfeld gerückt waren, denn nicht der Geselligkeiten wegen sollte man nach Wagners Willen ins Theater kommen. Die Bühne war alles.

Eine zweite radikale Änderung nahm Wagner vor, indem er das Orchester den Blicken des Publikums entzog. Dazu verdeckte er den Orchestergraben mit einer Blende, einem mit Leder überspannten Holzgerippe. So konnte man die Musik hören, jedoch nicht sehen, wie sie erzeugt wurde. Außerdem errichtete Wagner zusätzlich zum Bühnenproszenium ein zweites Proszenium über dem Orchestergraben. Damit schuf er das, was er den »mystischen Abgrund« nannte. Er ruft beim Zuschauer den Eindruck hervor, daß die

Bühne weit entfernt liege, obgleich man sie in der ganzen Deutlichkeit ihrer wirklichen Nähe sieht; so nun entsteht die Illusion, als seien die auf der Bühne erscheinenden Gestalten von einer übermenschlichen Größe.[110]
Die Disziplin in diesem Theater resultiert daraus, daß die Bühne zum Raum des Lebens gemacht wird. Die Gestaltung steht in Einklang mit dem ununterbrochenen Fortgang der Wagnerschen Opernmusik. Beides dient der Disziplinierung der Zuhörer. Dem Publikum war es nicht möglich, sich von der Musik abzukehren, denn diese Musik kam nie an ein Ende. Wagners damaliges Publikum hat dessen Musik kaum wirklich verstanden, aber es begriff durchaus, was Wagner von ihm forderte. Die Zuhörer wußten, daß sie sich dieser Musik unterwerfen sollten, die ihnen, wie es ein Kritiker formulierte, »eine Vision vermittelte, die sie, bevor es die Oper gab, im Leben nicht finden konnten«. In Bayreuth, wie in Paris, wird das Publikum zum Zeugen eines Ritus, der »mehr« ist als das Leben. Die Rolle des Publikums besteht nicht darin, zu reagieren, sondern zu schauen. Sein Verstummen während der langen Stunden der Aufführung bezeugt, daß es Fühlung mit der Kunst aufgenommen hat.[111]

Diejenigen, die der freien Selbstäußerung eines darstellenden Künstlers beiwohnen wollten, bereiteten sich darauf durch einen Akt der Selbstunterdrückung vor. Der Darsteller erregte sie; doch um sich erregen zu lassen, mußten sie selbst zunächst passiv werden. Am Ursprung dieser seltsamen Situation steht ein tiefer Selbstzweifel. Der Zuschauer wußte nicht, wie er sich in der Öffentlichkeit ausdrücken sollte; Ausdruck war etwas, das ihm unwillkürlich zustieß. Im Bereich von Theater und Musik wollten die Menschen deshalb im voraus wissen, was sie während der Aufführung empfinden würden oder empfinden sollten. Deshalb wurde der erläuternde Programmzettel, den Sir George Grove als erster mit großem Erfolg verwendet hatte, im Theater- und Musikleben so populär.

In seinen Musikkritiken aus den dreißiger Jahren hatte Robert Schumann den Ton dessen angeschlagen, der sich mit einem Freund über einen Gegenstand gemeinsamer Begeisterung unterhält oder ihm etwas neu Entdecktes mitteilen möchte. Die Musikkritik, die mit Grove Gestalt annahm und das ganze Jahrhundert über beherrschend blieb, hatte einen anderen Charakter. Sie trat in drei verschiedenen Formen in Erscheinung, doch stets in derselben Absicht. Die erste Form bestand darin, den späteren Zuhörern in einem »Feuilleton« – auf dem Programmzettel oder in der Zeitung – zu erklären, was sie empfinden sollten. Dazu schilderte der Autor sein eigenes Erschauern vor der großen Kunst. Carl Schorske hat die damit verbundene Verherrlichung subjektiven Empfindens folgendermaßen umrissen:

»Der Feuilletonschreiber, ein Vignettenkünstler, arbeitete mit jenen Einzelheiten und Episoden, die auf den Geschmack des 19. Jahrhunderts am Konkreten so anziehend wirkten. [...] Die subjektive Reaktion des Berichterstatters oder des Kritikers auf ein Erlebnis, seine Gefühlstönung erhielt deutlich Vorrang vor dem eigentlichen Gegenstand seines Diskurses. Die Mitteilung der subjektiven Stimmungslage geriet zum ästhetischen Urteil.«[112]

Andere Kritiker, etwa Grove, erläuterten den Aufbau der Musik oder das Spiel des Musikers, so als stünden Kritiker und Zuhörer vor einer seltsamen Maschine, die ohne Gebrauchsanweisung nicht funktioniert. Die dritte Form der Kritik, etwa bei Eduard Hanslick, könnte man als professoral bezeichnen; sie verstand Musik als »Problem«, dem sich nur mit Hilfe einer allgemeinen Theorie der »Ästhetik« beikommen lasse. Urteil und »Geschmack« bedurften in jedem Falle der Initiation. Und jede der drei Formen von Musikkritik betrieb diese Initiation auf ihre Weise.[113] Sie stellten für den Leser solcher Feuilletons oder Kritiken eine Form der Absicherung dar. Diese interpretierenden Vermittlungsinstanzen gewannen innerhalb des Musiklebens in dem Maße an Bedeutung, wie dem Publikum der Glaube an die eigene Urteilskraft abhanden kam. Dabei wurde die ältere, bekannte Musik genauso behandelt wie die neue Musik von Brahms, Wagner oder Liszt. Der erläuternde Programmzettel, der sich seit den fünfziger Jahren auch im Theater immer mehr durchsetzte, entsprach eben jenem Publikumsbedürfnis, das im Theater auf unmittelbare Durchschaubarkeit und historisches Kolorit Wert legte. Um die Mitte des 19. Jahrhunderts entwickelte das Publikum eine solche Furcht davor, in Verlegenheit zu geraten, beschämt zu werden, sich »selbst zum Narren zu machen«, wie sie dem Publikum zu Voltaires Zeiten, das sich an den Leistungen schauspielender Dienstboten delektierte, nicht verständlich gewesen wäre. Man begegnet der Sorge um die eigene »Kultiviertheit« im 19. Jahrhundert überall, jedoch besonders ausgeprägt war sie im öffentlichen Bereich der darstellenden Künste.[114]

Alfred Einstein hat auf einen blinden Fleck im Bewußtsein des romantischen Musikers hingewiesen: Dieser wußte, daß er von seinen Zuhörern isoliert war, aber er vergaß, daß diese Zuhörer sich auch von ihm isoliert fühlten. Für den Künstler hatte diese Isolation etwas Bequemes, denn sie ließ sich leicht mit der spießbürgerlichen Haltung des Publikums erklären. Rossini hat einmal gesagt, das Publikum sei von der Angst beherrscht, all das Unfreundliche, was man über es sage, treffe zu.[115]

Es war eigentlich gar nichts anderes zu erwarten, als daß Menschen, denen es Schwierigkeiten bereitete, einander auf der Straße zu »deuten«, auch im Theater oder im Konzertsaal der Zweifel plagte, ob sie die Dinge richtig wahrnahmen und erlebten. Und das Mittel, mit dem sie diese Sorge dämpften, ähnelte der Abschirmung, die sie auf der Straße praktizierten. Wer keinerlei Reaktion zeigt, wer seine Gefühle verbirgt, der wird unverletzlich, kann sich gar nicht ungeschickt benehmen. In seinem dunklen Aspekt, als Indiz für Selbstzweifel, war das Schweigen ein Korrelat der zeitgenössischen Ethologie.

Der darstellende Künstler der Romantik regte als »öffentliche Persönlichkeit« sein Publikum dazu an, sich Gedanken darüber zu machen, wie er »in

Wirklichkeit« war. An der Selbstdisziplin der Zuschauer änderte sich auch dann nichts, als die erste und schillerndste Generation romantischer Virtuosen abgetreten war. Mit der Passivität erhielt sich auch jene Besetzung der »öffentlichen Persönlichkeit« mit den Phantasien ihres Publikums. Diese Besetzung verstärkte sich sogar noch und drang immer stärker in den politischen Bereich vor. Einerseits bürdete der selbstdisziplinierte Zuschauer dabei der »öffentlichen Persönlichkeit« eine phantasierte Autorität auf; andererseits riß er alle etwa schützenden Schranken um dieses öffentliche Selbst nieder.

Unsere intuitive Vorstellung von persönlicher »Autorität« geht von einem Führer aus, dem die Menschen gehorchen wollen und nicht bloß gehorchen müssen. Wenn aber ein schweigender Gefolgsmann oder ein schweigender Zuschauer das Bedürfnis entwickelt, in dem, der sich in der Öffentlichkeit zum Ausdruck bringt, eine Autorität zu sehen, dann schlägt diese Autoritätsphantasie einen merkwürdigen Weg ein. Jemand, der seine Empfindungen sowohl zu zeigen als auch zu kontrollieren vermag, muß über ein unwiderstehliches Selbst verfügen; in den Augen seines Publikums hat er sich unter Kontrolle. Diese Selbststabilisierung verleiht ihm eine Kraft, die über die Kraft zu schockieren, wie sie uns in der ersten romantischen Ära begegnet ist, noch hinausgeht.

Daß diese Phantasie immer mehr an Gewicht gewann, läßt sich etwa an den Veränderungen ablesen, die das Bild des Orchesterdirigenten in der Öffentlichkeit erfahren hat. Im späten 18. Jahrhundert spielten viele Orchester ohne Dirigenten, und die meisten Musikvereine, die öffentliche Konzerte veranstalteten, verfügten nicht über einen berufsmäßigen »Musikdirektor«. Im 19. Jahrhundert wurde dann immer häufiger eine besondere Person mit der Leitung der immer größer werdenden Orchester beauftragt. In Berlioz' *Memoiren* kann man nachlesen, mit welch geringem Respekt der Komponist in den ersten Jahrzehnten des 19. Jahrhunderts mit verschiedenen Dirigenten umgeht – übrigens nicht anders als die Orchestermusiker oder das Publikum bei den Konzerten. Eine typische Schmähung, wie sie sich z. B. in einer Zeitung aus den zwanziger Jahren findet, bezeichnet den Dirigenten als »Chronometer, der mit Nervosität und Speise aufgezogen wird.«[116]

Im Laufe des Jahrhunderts, als die Größe der Orchester und die Koordinationsprobleme zunahmen, verdichtete sich das Dirigieren zu einer anerkannten musikalischen Fertigkeit. In Paris war der erste bedeutende Dirigent dieser Art Charles Lamoureux. Er machte aus dem »Chronometer«-Dirigenten eine musikalische Autorität; er entwickelte viele der Zeichen und Bewegungen, die seitdem bei den Orchesterleitern in Gebrauch sind; 1881 gründete er sein eigenes Orchester. Andere Dirigenten in Paris, vor allem Edouard Colonne, verstanden ihre Arbeit in ähnlicher Weise. Lamoureux und Colonne wurden nun ganz anders behandelt als jene Dirigenten, die Berlioz in jungen Jahren kennengelernt hatte. Die Frage, ob Dirigieren eine legitime Tätigkeit sei, stellte sich nicht mehr. Aber warum wurde in den Jahren nach 1890 gerade die Gestalt des Dirigenten mit einer so starken persönlichen Autorität besetzt? Die Haltung des Publikums gegenüber dem Dirigenten war von absolutem Respekt geprägt; im Fall von Lamoureux grenzte sie an Heldenverehrung. Es gab Menschen, die bezeugten, in seiner Gegenwart gerieten sie in Verlegenheit, sie fühlten sich nicht würdig, ihm gegenüberzutreten – eine Einstellung, die vor den Söhnen eines Johann Sebastian Bach ganz sicherlich niemand bekundet hat.

Diese Männer waren keine romantischen »Stars«, d. h. Wunderkinder oder Magier, die ihr Publikum durch unvergleichliche Leistungen hinzureißen verstanden. Sie handelten und sie wurden behandelt, als seien sie Könige, nicht Prinzen. Der Dirigent schuf Disziplin, er kontrollierte eine vielgestaltige Gruppe von Musikern; dazu mußte er über Selbstkontrolle verfügen. Anders als hundert Jahre zuvor schien es daher einleuchtend, daß sich der Dirigent wie ein Tyrann aufführen mußte. Mit seiner neuen Form von Darstellung verkörperte er die Autorität, die einem in Schweigen verharrenden Publikum angemessen war.[117]

In dem Maße, wie man der Persönlichkeit des öffentlichen Lebens Autorität zuschrieb, wurden die Schranken um ihr öffentliches Selbst von denen, die ihr Handeln beobachteten, niedergerissen. Es ist aufschlußreich, einmal die Ansichten des französischen Publikums über die Schauspielerin Rachel, die von 1821 bis 1858 lebte, mit seiner Einstellung zu Sarah Bernhardt zu vergleichen, die ihre Schauspielerlaufbahn in Paris vier Jahre nach dem Tod der Rachel begann. Rachel war eine hervorragende Schauspielerin, vor allem als Tragödin, und stand als solche in hohen Ehren. Das Publikum wußte über ihr Privatleben Bescheid und empfand es als würdelos (sie wurde von Dr. Véron ausgehalten), aber es machte einen Unterschied zwischen der Schauspielerin und der Privatperson. Eine Generation später hatten Schauspielerinnen wie Sarah Bernhardt oder Eleonora Duse in den Augen ihres Publikums kein Privatleben mehr. Das Publikum wollte alles wissen, was es über die vor ihm auftretenden Schauspieler und Schauspielerinnen in Erfahrung bringen konnte; ihre Person übte eine magnetische Anziehungskraft aus. »Sarahs eigentliche Leistung«, schrieb ein Kritiker, »war ihr Auftritt in der Rolle der Sarah Bernhardt: die persönliche *mise en scène*«.[118]

Das Publikum war von Sarah Bernhardt fasziniert, und zwar in jeder Hinsicht. Ihr Make-up, ihre Meinung über Tagesereignisse, ihre boshaften Plaudereien – alles verschlang die Massenpresse mit Heißhunger. Wie soll sich ein Publikum, das nicht über eine eigenständige Expressivität verfügt, kritisch äußern; wie soll es den Darsteller objektivieren, beurteilen, ins richtige Verhältnis stellen? Die Zeit, in der man über die eigenen Dienstboten geplaudert hatte, war vorüber. Was waren das für Menschen, die fähig waren, eine wahrhaft expressive Maske zu tragen und die eigenen Empfindungen zum Ausdruck zu bringen? Man verschlang die Einzelheiten über das Leben der Sarah Bernhardt, um das innerste Geheimnis ihrer Seele zu entdecken; die Grenzen um das öffentliche Selbst waren verschwunden.

Sowohl in den Autoritätsphantasien als auch in der Einebnung der Wälle um das öffentliche Selbst wird deutlich, daß es der Zuschauer ist, der dem öffentlichen Darsteller eine Persönlichkeit verleiht. Aus diesem Grund ist es eben nicht ganz richtig, die Beziehung zwischen den Zuschauern und den Akteuren als die Abhängigkeit der Vielen von den Wenigen zu beschreiben. Ihre Schwäche veranlaßte die Vielen, sich auf die Suche zu machen und bestimmte Menschen, die ihnen einst gedient hatten, zu Persönlichkeiten zu erheben. Man kann es auch anders ausdrücken: Nicht der Darsteller hat die Zuschauer von sich abhängig gemacht – diese Vorstellung von Abhängigkeit geht auf die traditionelle Idee des charismatischen Religionsführers zurück, die auf den modernen Künstler nicht mehr zutrifft. Die Kräfte, die der Persönlichkeit Zugang zur öffentlichen Sphäre verschafften, raubten zugleich der Mehrzahl derer, die diese Sphäre bevölkerten, den sicheren Glauben, selbst eine »wirkliche« Persönlichkeit zu besitzen. Deshalb machten sich diese Menschen auf die Suche nach jenen wenigen, die tatsächlich über eine Persönlichkeit verfügten – und doch mußten sie diese Suche schließlich in der Phantasie zu Ende bringen. Ein Resultat dieser Entwicklung war eine neue Vorstellung vom »Künstler« und eine neue Form von politischer Herrschaft. Doch davon später.

Die Passivität, derer sich die Menschen im Theater bedienten, wurde für sie zu einer Gelegenheit, das Gefühlsleben in einer Umgebung von Fremden zu erkunden. In der Öffentlichkeit war der passive Zuschauer befreit und erlöst von der Last des Ansehens, die er zu Hause zu tragen hatte – mehr noch, er war vom Handeln selbst befreit. Passives Schweigen in der Öffentlichkeit ist ein Mittel, um sich zurückzuziehen; solange sich das Schweigen aufrechterhalten läßt, so lange ist der Schweigende aus dem gesellschaftlichen Verband selbst entlassen.

Um den Zuschauer als öffentliche Gestalt zu begreifen, müssen wir ihm deshalb aus dem Theater hinaus auf die Straße folgen. Denn hier dient sein Schweigen einem allgemeineren Zweck; hier erfährt er, daß seine Art, den Ausdruck von Gefühlen zu interpretieren, zugleich eine Form der Isolation von anderen ist; hier entdeckt er eine fundamentale Wahrheit der modernen Kultur: daß das Beharren auf dem eigenen Bewußtsein und dem eigenen Empfinden eine Abwehr gesellschaftlicher Beziehungen darstellt. Beobachtung und »Sich-Gedanken-Machen« treten an die Stelle des Diskurses.

Werfen wir einen Blick darauf, wie das gespannte Interesse an dem professionellen Darsteller auf den Fremden in der Straße übertragen wird. In seinem Essay über Constantin Guy, *Le peintre de la vie moderne,* hat Baudelaire die Figur des Flaneurs zu ergründen versucht, des Mannes auf dem Boulevard, der »sich kleidet, um gesehen zu werden«, und dessen ganze Existenz darauf angelegt ist, das Interesse der anderen Passanten zu wecken – der Flaneur hat

Muße, ohne freilich ein wohlhabender Aristokrat zu sein. Im Flaneur erblickt Baudelaire das Ideal des Pariser Bürgers, so wie ihn Poe in *Der Massenmensch (The Man of the Crowd)* als Ideal des Londoner Bürgers beschrieb und Walter Benjamin später als Gleichnis für den Bürger des 19. Jahrhunderts, der sich vorstellt, was es bedeutet, interessant zu sein.[119]

Wie gelingt es diesem Mann, der auf den Boulevards umherstolziert und die Aufmerksamkeit anderer zu fesseln versucht, tatsächlich Eindruck zu machen? Wie reagieren diese anderen auf ihn? Eine Erzählung von E. T. A. Hoffmann, *Des Vetters Eckfenster,* liefert uns einen Hinweis. Dieser Vetter ist gelähmt; von seinem Eckfenster aus beobachtet er die städtische Menschenmenge, die unter ihm vorüberzieht. Er hat nicht den Wunsch, sich dieser Menge anzuschließen, jenen Leuten zu begegnen, die seine Aufmerksamkeit auf sich ziehen. Seinem Besucher möchte er »die Prinzipien der Kunst, zu schauen, beibringen«. Diesem Besucher wird nach und nach klar, daß er die Menge nicht verstehen wird, solange er nicht selbst gelähmt ist, solange er sich nicht aufs Schauen verlegt, sondern sich selbst bewegt.[120]

So muß man dem Flaneur begegnen. Man soll ihn beobachten, nicht mit ihm sprechen. Um ihn zu verstehen, muß man »die Kunst, zu schauen« erlernen, und das heißt, gleichsam zu einem Gelähmten werden.

Das gleiche Beharren auf der Beobachtung der Erscheinungen, ohne in eine Interaktion mit ihnen einzutreten, kennzeichnet auch die positivistische Wissenschaft der damaligen Zeit. Wenn der Forscher seinen eigenen Wertvorstellungen nachgibt, »mit seinen Tatsachen spricht«, dann verzerrt er sie. Selbst innerhalb der Psychologie erläuterten die ersten Psychologen, die Versuche mit der Gesprächstherapie machten, ihr Tun, indem sie es von den Tröstungen des Priesters abgrenzten – der Priester höre nicht wirklich zu; immer wieder bringe er seine eigenen Vorstellungen ins Spiel und könne deshalb kein Verständnis für die Probleme entwickeln, mit denen er im Beichtstuhl konfrontiert wird. Der Psychologe dagegen, der passiv zuhört, ohne sogleich mit Ratschlägen bei der Hand zu sein, versteht die Probleme des Patienten besser, weil er sich in das, was dieser zum Ausdruck bringt, nicht einmischt, weil er es nicht durch seine eigene Rede »färbt« oder »verzerrt«.

Genau in diesem psychologischen Kontext weckt die Vorstellung von einer Verbindung zwischen Schweigen und Wahrnehmung unser Interesse. Zwischen jener Haltung, die die äußere Erscheinung als Zeichen für die dahinter stehende Person auffaßte, und der Schweigsamkeit des Zuschauers im Alltag bestand im letzten Jahrhundert ein enger Zusammenhang. Das scheint auf den ersten Blick vielleicht unverständlich, denn wer das Äußere eines Menschen als Zeichen für dessen Selbst ernst nimmt, muß ja aktiv mit dem Leben dieses Menschen umgehen, muß sich sogar einmischen. Man erinnere sich jedoch der Veränderungen in der Alltagsschauspielerei beim Kaufen und Verkaufen in den großen Warenhäusern – auch hier verband sich das Schweigen mit einem Akt der Konzentration; ähnlich erforderte die neue Ausprägung der Persön-

lichkeit neue Formen des Sprechens, im Theater ebenso wie auf der Straße und in der politischen Versammlung. Um zu verstehen, was in der Öffentlichkeit zum Ausdruck gebracht wurde, mußte man sich selbst Zurückhaltung auferlegen. Das bedeutete Unterwerfung unter die wenigen Akteure. Und es bedeutete noch mehr. Das disziplinierte Schweigen war auch ein Reinigungsakt. Die stimulierende Wirkung der Öffentlichkeit sollte nicht dadurch geschwächt werden, daß eigene Vorlieben, die eigene Vergangenheit oder der Wunsch, zu reagieren, störend dazwischenkamen. Vor diesem Hintergrund erschien Passivität als eine notwendige Vorbedingung von Erkenntnis.
Wie innerhalb des Theaterpublikums gab es auch in der Menge auf der Straße einen Zusammenhang zwischen Schweigen und gesellschaftlicher Klassenzugehörigkeit. Wenn die Arbeiter in der Öffentlichkeit stumm waren, so sah das Bürgertum darin ein Anzeichen dafür, daß sie wenn schon nicht zufrieden, so doch wenigstens friedlich waren. Diese Interpretation hing mit der bürgerlichen Auffassung des Verhältnisses von Revolution und Redefreiheit bei den Arbeitern zusammen. Wäre es den Arbeitern gestattet, sich zu versammeln, würden sie die ihnen widerfahrenden Ungerechtigkeiten miteinander vergleichen, würden Ränke schmieden, konspirieren, revolutionäre Intrigen anstiften. Daher die französischen Gesetze von 1838, die öffentliche Diskussionen zwischen Arbeitern untersagten. Im Zusammenhang damit wurde in der Stadt ein Netz von Spionen aufgebaut, die über alle Versammlungen der Arbeiter berichten sollten, in welchen Cafés sie sich trafen und zu welchen Zeiten.
Um sich zu schützen, gaben die Arbeiter nun vor, ihre Zusammenkünfte in den Cafés dienten einzig und allein dem Zweck, nach der Arbeit beim Wein Entspannung zu finden. Um 1840 kam bei den Arbeitern der Ausdruck *boire un litre* (einen Liter trinken) in Gebrauch; in Hörweite des Fabrikherrn verwendet, sollte er besagen, daß sich seine Leute jetzt ins Café begeben würden, um sich dort zu betrinken. Solche Geselligkeit braucht man nicht zu fürchten; der Alkohol raubt den Leuten die Sprache.[121]
In den vierziger Jahren des 19. Jahrhunderts war das Versammlungsrecht der Arbeiter in England nicht so stark durch formelle Gesetze eingeschränkt wie in Frankreich; hier scheinen diese Dinge eher in den Aufgabenbereich der Polizei gefallen zu sein, denn die Ängste des Bürgertums vor den Arbeitern waren die gleichen. Daher begegnet man in London der gleichen Prahlerei mit der eigenen Trunksucht, der gleichen Taktik, Arbeiterversammlungen zu tarnen, wie in Paris, obwohl derlei rechtlich gesehen nicht notwendig gewesen wäre.
Es läßt sich nicht leugnen, daß eine eskapistische Trunksucht unter den Arbeitern von Paris, London und anderen großen Städten im 19. Jahrhundert sehr verbreitet war. Doch gleichgültig, wie das Verhältnis zwischen echtem und simuliertem Alkoholismus ausgesehen hat, so ist doch jene Tarntaktik von großem Interesse, weil sich an ihr ablesen läßt, wie Pariser oder Londoner Bürger den Zusammenhang von sozialer Stabilität, Schweigen und Proletariat aufgefaßt haben.

Wenn das Café zu einem Ort wurde, an dem die Arbeiter miteinander sprachen, wurde es zu einer Bedrohung für die gesellschaftliche Ordnung; solange es dagegen ein Ort blieb, an dem der Alkohol die Menschen sprachlos machte, stützte das Café die gesellschaftliche Ordnung. Deshalb ist die moralische Verurteilung der Arbeiterkneipe durch das achtbare Bürgertum nicht ganz glaubwürdig; sie mag ehrlich gemeint gewesen sein, doch zur Schließung eines Cafés oder eines Pubs kam es in den meisten Fällen nicht dann, wenn dort Alkoholexzesse außer Kontrolle geraten waren, sondern wenn ruchbar geworden war, daß sich die Gäste dort nüchtern und zornig miteinander besprachen.

Der Zusammenhang zwischen Alkohol und öffentlicher Passivität führt uns noch weiter. Dank den Arbeiten von Brian Harrison wissen wir heute, wie sich im 19. Jahrhundert Pubs und Geschäfte, in denen Alkoholika verkauft wurden, über die einzelnen Stadtviertel von London verteilten. In den Arbeitervierteln gab es Ende des Jahrhunderts zahlreiche Pubs, aber nur relativ wenige Spirituosengeschäfte. In den Vierteln, in denen das gehobene Bürgertum wohnte, war dieses Verhältnis umgekehrt. In der Umgebung des »Strand«, wo das Straßenbild weitgehend von Büroangestellten bestimmt wurde, gab es eine große Zahl von Pubs, die man mittags besuchte. Die Entspannung, die der Pub und der dort ausgeschenkte Schnaps zur Mittagszeit boten, galt als ehrbar, denn hier erholte man sich von der Arbeit. Dagegen galt es als unehrenhaft, den Pub zur Entspannung von Heim und Familie aufzusuchen. Über die dreißiger Jahre des 19. Jahrhunderts sagt Harrison:

»Londoner Geschäftsleute tranken damals zu Hause, und privates Trinken, im Unterschied zum Trinken in der Öffentlichkeit, wurde zu einem Anzeichen von Ehrbarkeit.«[122]

Daran, wie weit es einer Nachbarschaft gelang, Pubs als Orte des Lärms und der Ausschweifung aus ihrem Viertel fernzuhalten, bemaß sich ihr Ansehen. Wenngleich wir über diesen Ausschließungsprozeß für London besser unterrichtet sind als für Paris, ist es doch wahrscheinlich, daß Haussmann mit seiner Erneuerung von Paris auch auf die *taverne* und mehr noch auf die *cave*, das Kellerlokal unter der Weinhandlung, zielte – nicht um sie auszutilgen, sondern um sie aus den bürgerlichen Stadtvierteln zu verdrängen. Schweigen bedeutet Ordnung, denn es unterbindet soziale Interaktion.

Der Idee des Schweigens, wie sie innerhalb des Bürgertums selbst vorherrschend war, kommt eine ähnliche Bedeutung zu. Man betrachte etwa die Veränderungen, die sich seit den Tagen Samuel Johnsons in den englischen Clubs vollzogen hatten. Um die Mitte des 19. Jahrhunderts gingen die Menschen in den Club, um dort, von niemandem gestört, ihre Zeit in Schweigen zu verbringen; wenn ihnen danach war, konnten sie in einem mit lauter Freunden gefüllten Raum allein bleiben. Im Club des 19. Jahrhunderts war das Schweigen zu einem Recht geworden.[123]

Dies beschränkte sich nicht auf die großen Londoner Clubs; auch in den kleineren Clubs der Stadt war Schweigen obligatorisch geworden. Aber es war typisch für London. Besucher aus der Provinz berichteten, wie die Stille der Londoner Clubs sie eingeschüchtert habe, und häufig zog man einen Vergleich zwischen der Gastlichkeit der provinziellen Clubs von Bath, Manchester oder sogar Glasgow und der »tödlichen Stille bei White's«.[124]

Warum diese Stille in den großstädtischen Clubs? Eine einfache Erklärung bietet sich an: Das Leben in London war aufreibend und zermürbend, und die Leute gingen in ihre Clubs, um all dem zu entfliehen. Das trifft im großen und ganzen wohl zu, aber dann erhebt sich eine zweite Frage: Warum fand man »Entspannung« gerade dann, wenn man die Unterhaltung mit anderen einstellte? Schließlich waren all diese Gentlemen nicht gerade dazu aufgelegt, sich auf der Straße mit jedem x-beliebigen Fremden auf ein Gespräch einzulassen. Nein, wenn die Großstadt tatsächlich das anonyme, blinde Ungeheuer war, als das sie in der populären Mythologie erscheint, dann hätte die Flucht vor der Straße eigentlich zu einem Ort führen müssen, an dem man ungestört und ungezwungen miteinander reden konnte.

Um dieses Rätsel zu lösen, lohnt es sich, den Londoner Club mit dem nicht-proletarischen Pariser Café zu vergleichen. Gewiß, dieser Vergleich hinkt. Denn die Cafés standen jedem offen, der zahlen konnte, während die Clubs exklusiv waren. Doch hier wie dort setzte sich nach und nach in ganz ähnlicher Weise das Recht auf Schweigen als ein Recht auf Abschirmung vor öffentlicher Geselligkeit durch.

Seit der Mitte des 19. Jahrhunderts drängten die Cafés in verschiedenen Stadtteilen von Paris auf die Straße hinaus. Schon im 18. Jahrhundert hatte das Café Procope hin und wieder, bei außergewöhnlichen Anlässen, Tische und Stühle »nach draußen gestellt«, etwa nach einem großen Abend in der Comédie Française. Nachdem aber Baron Haussmann in den sechziger Jahren des 19. Jahrhunderts die *grands boulevards* durch die Stadt geschlagen hatte, hatten die Cafés sehr viel mehr Platz, um sich auszubreiten. Die Klientel dieser Straßencafés auf den *grands boulevards* setzte sich aus Angehörigen von Mittel- und Oberschicht zusammen, ungelernte oder angelernte Arbeiter gehörten nicht dazu. In den Jahrzehnten nach der Fertigstellung der *grands boulevards* saßen vom Frühling bis zum Herbst stets sehr viele Leute vor den Cafés. Nur im Winter zogen sie sich hinter die Glasscheiben zurück, die aber einen freien Blick auf die Straße ließen.

Neben den Boulevards gab es zwei Zentren des Café-Lebens, eins in der Umgebung von Garniers neuer Opéra; dicht beieinander lagen hier das Grand Café, das Café de la Paix, das Café Anglais und das Café de Paris. Das andere Zentrum lag im Quartier Latin. Zu den berühmtesten Lokalen zählten das Café Voltaire, das Soleil d'Or und das François Premier. Das Rückgrat dieses Cafébetriebs bildete der *habitué*, nicht der Tourist und auch nicht der Elegant, der eine Halbweltdame ausführte. Es war diese Klientel, die das Café als einen

Ort benutzte, an dem man in der Öffentlichkeit und doch für sich allein sein konnte.[125]

Auf Degas' Gemälde *Der Absinth* sehen wir eine Frau, die allein in einem Café auf der *rive gauche* sitzt und in ihr Glas starrt, eine ehrbare Frau vielleicht. Von ihrer Umgebung ist sie völlig isoliert. In seinem Buch *Question Ouvrière au XIX. siècle* stellt Leroy-Beaulieu angesichts des Pariser Bürgertums, das sich dem Müßiggang hingibt, die Frage: »Was sollen all die vielen Cafés auf unseren Boulevards, die von Müßiggängern und Absinthtrinkern überquellen?« In Zolas Roman *Nana* lesen wir von den »großen schweigenden Menschenmengen, die dem Leben auf den Straßen zusehen«. Wir betrachten Atgets Photographien eines Cafés am Boulevard Saint-Michel, das heute den Namen Sélect Latin trägt, und erkennen lauter einzelne Gestalten, die ein oder zwei Tische voneinander getrennt dasitzen und auf die Straße blicken. Hier scheint sich ein klarer Wandel vollzogen zu haben. Im Café ballte sich zum erstenmal eine große Zahl von Menschen, die sich entspannten, die tranken und lasen, die aber durch unsichtbare Wände voneinander geschieden waren.[126]

Um 1750 bestimmten die Bürger von Paris oder London ihre Familie als »Privatsphäre«. Verhaltensformen, Sprache und Kleidung der großen Welt schienen in die Intimität des eigenen Heims nicht mehr recht zu passen. Hundertfünfundzwanzig Jahre später war diese Kluft zwischen dem eigenen Heim und der großen Welt absolut geworden – jedenfalls in der Theorie. Aber dieser historische Gemeinplatz stimmt eben doch nicht ganz. Weil Schweigen Isolation erzeugt, erlebte der Gegensatz von »öffentlich« und »privat« eine merkwürdige Verkehrung. Der schweigende Zuschauer, der keine bestimmte Figur beobachtete und durch sein Recht auf Alleingelassenwerden abgeschirmt war, konnte sich jetzt auch in der Öffentlichkeit ganz seinen Gedanken und Tagträumen hingeben. Um in dieser Weise bei sich zu sein, um diese Privatheit zu finden, floh er aus dem Wohnzimmer in den Club oder ins Café. Das Schweigen führte zu einer Verschränkung von öffentlicher und privater Vorstellungswelt. Das Schweigen ermöglichte es, für andere sichtbar und zugleich von ihnen isoliert zu sein. Hier liegt der Ursprung eines Gedankens, den das moderne Hochhaus, wie wir schon gesehen haben, dann auf die Spitze treibt.

Dieses Rechts, in der öffentlichen Privatheit Zuflucht suchen zu können, erfreuten sich Männer und Frauen nicht gleichermaßen. Noch in den neunziger Jahren konnte eine Frau nicht allein in ein Café oder ein vornehmes Restaurant gehen, ohne kritische oder anzügliche Bemerkungen auszulösen, ja, zuweilen wurde sie an der Tür abgewiesen – dies alles, weil sie angeblich besonders schutzbedürftig war. Ein Arbeiter, der einen Herrn auf der Straße ansprach und ihn nach der Uhrzeit oder nach dem Weg fragte, rief damit keine ärgerliche Reaktion hervor; hätte dieser Arbeiter jedoch mit der gleichen Frage eine bürgerliche Dame angesprochen, so wäre das ein Verstoß gegen die guten Sitten gewesen. Mit anderen Worten, die »einsame Masse« bildete einen

Bereich privatisierter Freiheit, und dem Mann gelang es eher, sich dorthin zu flüchten – sei es, weil er die überlegene Position innehatte, sei es, weil er ein größeres Bedürfnis danach verspürte.

Die Kategorien zur Deutung äußerer Erscheinungen hatten sich im 19. Jahrhundert gegenüber den Kategorien, mit denen Rousseau die große Stadt analysiert hatte, sehr verändert. Rousseau konnte sich eine lebendige kosmopolitische Öffentlichkeit nur so vorstellen, daß darin jedermann zum Schauspieler wurde; sein Paris war von Leuten bevölkert, die sich größer machten, als sie waren, und denen ihre Reputation über alles ging. Er stellte sich das Großstadtleben als groteske Oper vor, in der jeder seinen Part recht und schlecht herunterstümperte. In den Hauptstädten des 19. Jahrhunderts jedoch war der Monolog die Grundform des Gesellschaftstheaters. Rousseau hatte ein gesellschaftliches Leben erhofft, in dem aus Masken Gesichter und aus den äußeren Erscheinungen Charakterzeichen würden. In gewissem Sinne hat das 19. Jahrhundert diese Hoffnung erfüllt. Aus den Masken wurden tatsächlich Gesichter, doch das Ergebnis war ein Verfall der sozialen Interaktion.

In den neunziger Jahren entstand in London und Paris eine Form von Geselligkeit, in der sich die neuen Umgangsformen sehr deutlich bekundeten. In der Großstadt kamen riesige öffentliche Bankette in Mode, bei denen Hunderte und gelegentlich Tausende von Menschen zusammenkamen, die sich untereinander kaum kannten. Allen wurde das gleiche Essen serviert, und nachher erhob sich jemand, um eine Rede zu halten, aus einem eigenen oder einem fremden Buch vorzulesen oder die Versammelten auf andere Weise zu unterhalten. Das Bankett markiert den Endpunkt einer Entwicklung, die zweihundert Jahre zuvor im Kaffeehaus begonnen hatte. Hier hörte die Sprache auf, freie, ungezwungene und gleichwohl mit Ernst betriebene Interaktion zu sein. Das riesige Bankett war das Sinnbild einer Gesellschaft, die an Öffentlichkeit als einem wichtigen Erfahrungsbereich noch festhielt, während sie die gesellschaftliche Dimension von Öffentlichkeit bereits völlig ausgehöhlt hatte.[127]

Man begreift jetzt, warum sich die Struktur der öffentlichen Sphäre gegen Ende des 19. Jahrhunderts grundlegend gewandelt hatte. Das Schweigen förderte die Abhängigkeit der Menschen von der Kunst und ließ sie ihre Unabhängigkeit in der Isolation von der Gesellschaft suchen. Damit zerbrach die Grundlage von öffentlicher Kultur. Das Verhältnis zwischen Bühne und Straße hatte sich verkehrt. Die Quellen der Kreativität und Phantasie im Bereich der Künste vermochten das Alltagsleben nicht mehr zu speisen und zu inspirieren.

Kapitel 10
Die Kollektivpersönlichkeit

An diesem Punkt der Geschichte des öffentlichen Lebens könnte es nützlich sein, einmal die Frage zu stellen, inwiefern das 19. Jahrhundert die Voraussetzungen für die Probleme, denen wir uns heute gegenübersehen, geschaffen hat. Formen von unpersönlicher Erfahrung gelten heutzutage als bedeutungslos, und gesellschaftliche Komplexität erscheint als immense, lähmende Bedrohung. Dagegen haben Erfahrungen, die etwas über das Selbst mitzuteilen scheinen, die der Selbstfindung und der Entfaltung des Selbst förderlich sind, eine ungeheure Bedeutung erlangt. In der intimen Gesellschaft werden alle gesellschaftlichen Erscheinungen, gleichgültig, wie anonym sie ihrer Struktur nach sind, personalisiert, damit sie überhaupt Bedeutung gewinnen. Politische Konflikte werden als Auseinandersetzung zwischen politischen Figuren gedeutet; politische Führungskraft wird an der »Glaubwürdigkeit« und nicht an der Leistung des Politikers gemessen. Die eigene »Klassenzugehörigkeit« erscheint als Produkt des individuellen Durchsetzungsvermögens und nicht als Resultat gesellschaftlicher Determinierung. Inmitten der Komplexität suchen die Menschen nach einem innerlichen, einfachen Prinzip, denn die sozialen Tatsachen lassen sich nur dann in Persönlichkeitssymbole umwandeln, wenn die komplexen Abstufungen von Kontingenz und gesellschaftlicher Bestimmtheit ausgeschaltet werden.
Das Vordringen der Persönlichkeit in die öffentliche Sphäre während des 19. Jahrhunderts schuf die Grundlage für diese intime Gesellschaft. In dieser Zeit bildete sich die Vorstellung aus, gesellschaftlicher Austausch sei gleichbedeutend mit Offenbarung der Persönlichkeit. Doch diese Persönlichkeit trat in der Wahrnehmung der Menschen nie klar zutage, so daß sie sich auf eine endlose, zwanghafte Suche nach Hinweisen auf das »wirkliche« Wesen der anderen und ihrer selbst begeben mußten. Im Laufe der letzten hundert Jahre sind soziale Bindungen und gesellschaftliches Engagement zunehmend der emotionalen Selbsterkundung gewichen. »Persönlichkeitsentfaltung« gilt heute geradezu als Gegenteil von gesellschaftlichem Handeln.
Der Unterschied zwischen dem letzten Jahrhundert und unserem eigenen besteht darin, daß man damals noch bestimmte Leistungen der Persönlichkeit, vor allem die Erregung spontaner Empfindungen, in einer unpersönlichen Umgebung ansiedelte, auch wenn es zu dieser Erregung keiner aktiven sozialen Teilnahme bedurfte. Dieses Festhalten an der Bedeutung von Öffentlichkeit verband sich mit dem starken Wunsch, der Familie und ihren Zwängen zu entkommen. Man mag diese Flucht heute verurteilen, weil die Männer eher zu

dieser Möglichkeit greifen konnten als die Frauen. Aber in dem Maße, wie Öffentlichkeit in unserem Denken und Verhalten verblaßt ist, stellt die Familie immer höhere Ansprüche. Sie ist zum einzigen Modell geworden, anhand dessen wir bestimmen können, was emotional »echte« Beziehungen sind. Wir kennen hierzu keine kosmopolitischen Alternativen. Daher sollte man die voyeuristische Flucht aus der Familie, die im letzten Jahrhundert noch möglich war, nicht so ohne weiteres verdammen.

Die intime Gesellschaft wird im wesentlichen durch zwei Momente bestimmt: durch das, was ich als Narzißmus bezeichnet habe, und durch ein zweites Moment, das ich in diesem Kapitel entwickeln werde, die »destruktive Gemeinschaft«. Beiden Momenten ist durch das Vordringen der Persönlichkeit ins öffentliche Leben während des 19. Jahrhunderts der Weg geebnet worden.

Schon zu Beginn dieses Buches haben wir den Narzißmus als nicht endende Suche des Selbst nach Gratifikation definiert, wobei das Selbst zugleich verhindert, daß diese Gratifikation tatsächlich eintritt. Dieser Narzißmus wird nicht durch bestimmte kulturelle Verhältnisse hervorgerufen; als Möglichkeit ist er jederzeit präsent. Aber bestimmte kulturelle Entwicklungen begünstigen ihn mehr als andere, und er kann zu verschiedenen historischen Zeiten unterschiedlichen Ausdruck finden; unter bestimmten Bedingungen kann er als unangenehm, unter anderen als pathetische Haltung empfunden werden, und unter wiederum anderen befällt er womöglich eine ganze Gesellschaft.

Der Narzißmus bildet sich, wenn ein elementarer Teil des psychischen Apparats außer Kraft gesetzt wird, nämlich das »aufgeklärte Eigeninteresse« oder, psychoanalytisch gesprochen, die »sekundären Ich-Funktionen«. Wenn jemand sich darüber klar zu werden vermag, was er will, was seinen Interessen dient und was nicht, dann unterwirft er die Realität einer spezifischen Prüfung. Er beurteilt sie nach dem, was sie für ihn enthält, und nicht danach, ob er sich in ihr wiederfindet oder nicht. Das kommt in dem ökonomischen Terminus »aufgeklärtes Eigeninteresse« besser zum Ausdruck als in dem psychoanalytischen Begriff. Der Realität wird hier nicht zugemutet, einzig und allein als Medium des Selbstausdrucks und der Selbstvergewisserung des Menschen zu dienen. Eine solchermaßen entlastete Realität erscheint nicht als grundsätzlich mangelhaft, wie es geschieht, wenn der Mensch stets aufs neue versucht, konkrete Momente der Realität zur Symbolisierung seiner selbst zu verwenden. Aufgeklärtes Eigeninteresse bedeutet auch, daß hier Licht in eine Situation gebracht wird, daß sie aus dem richtigen Blickwinkel betrachtet wird, daß ihre Grenzen erkannt werden, um so herauszufinden, welche Befriedigungen sie tatsächlich bietet. Mir scheint, die beste Definition eines »funktionierenden« Ich ist die folgende: Es hat gelernt, zu nehmen und nicht bloß zu wünschen. Das klingt besitz- und herrschaftsorientiert; in Wirklichkeit jedoch sind Leute, die gelernt haben zu nehmen, bescheidener als die, die im Narzißmus eines ziellosen Wünschens steckengeblieben sind.

Eine Kultur, die den Narzißmus begünstigt, muß den Menschen das Nehmen erschweren; sie muß sie von ihrem Eigeninteresse ablenken, ihnen die Fähigkeit rauben, neue Erfahrungen selbst zu beurteilen, und in ihnen die Überzeugung stärken, jede neue Erfahrung sei absolut. Dieser Prozeß der Auflösung der eigenen Urteilskraft begann im letzten Jahrhundert mit dem Vordringen der Persönlichkeit in die öffentliche Sphäre.

Wir haben im letzten Kapitel das Verhältnis zwischen Künstler und »Text« untersucht; der Künstler lenkte die Aufmerksamkeit vom Text auf sich selbst. Im folgenden werden wir sehen, daß der Politiker, der die Aufmerksamkeit auf sich als öffentliche Persönlichkeit lenkt, ebenfalls von einem »Text« ablenkt. Dieser Text besteht in der Gesamtheit der Interessen und Bedürfnisse seiner Zuhörer. In dem Maße, wie ein Politiker bei seinem Publikum die Bereitschaft weckt, an ihn als Person zu glauben, verlieren die, die ihm Glauben schenken, sich selbst aus dem Auge. Im künstlerischen Bereich haben wir bereits beobachtet, wie die Urteilskraft durch Passivität und Selbstzweifel außer Kraft gesetzt wurde. Statt den Künstler zu beurteilen, wollte sein Publikum von ihm bewegt werden, wollte ihn erleben. Das gleiche gilt für den Politiker; auch seine Zuhörer büßen ihre Urteilskraft ein. Sie fragen, wer dieser Politiker ist, und nicht, was er für sie tun kann. Dies bezeichne ich als Suspendierung der Ich-Interessen einer Gruppe – kein sonderlich eleganter Ausdruck, aber eine nützliche Verbindung von ökonomischen und psychoanalytischen Kategorien. Der Sachverhalt begegnet uns zum erstenmal im 19. Jahrhundert, im politischen Leben der Hauptstädte.

Das zweite Merkmal der intimen Gesellschaft von heute ist das Moment von »Gemeinschaft«, dem großes Gewicht beigemessen wird. Ferdinand Tönnies hat den Gegensatz von »Gemeinschaft« und »Gesellschaft« zur Grundlage seiner Soziologie gemacht. Mit »Gemeinschaft« bezeichnet er Verhältnisse, in denen die Beziehungen der Menschen zueinander emotional, innerlich und offen sind. Im Gegensatz dazu steht die von rationalem Zweck-Mittel-Denken bestimmte »Gesellschaft«. Tönnies wollte mit diesen beiden Begriffen zugleich eine historische Abfolge beschreiben und nicht etwa zwei zu gleicher Zeit nebeneinander existierende Lebensformen. Für ihn bestand »Gemeinschaft« in der vorkapitalistischen, nicht städtisch geprägten Welt des Spätmittelalters oder in traditionalen Gesellschaften. Gemeinschaft, die umfassende, emotional offene Kommunikation mit anderen, kann es nur in einer hierarchischen Gesellschaft geben. Dagegen gehören »gesellschaftliche« Beziehungen der modernen Welt an, in der die Arbeitsteilung weit fortgeschritten ist und an die Stelle des festen Status eine instabile Klassenzugehörigkeit getreten ist. Hier erfaßt das Prinzip der Arbeitsteilung auch die Gefühle; jedermann engagiert sich in der einzelnen Interaktion mit anderen stets nur partiell. Tönnies bedauerte den Verlust der Gemeinschaft, war aber der Meinung, nur ein »Sozialromantiker« könne auf ihre Wiederkehr hoffen.

Wir sind heute die »Sozialromantiker«, von denen Tönnies gesprochen hat.

Wir halten die Selbstoffenbarung vor anderen für einen moralischen Wert an sich, gleichgültig, wie die gesellschaftlichen Verhältnisse beschaffen sind, in denen sie stattfindet. Man erinnere sich der Interviewer, auf die wir zu Anfang dieses Buches kurz eingegangen sind; sie waren überzeugt, nur dann eine humane, authentische Beziehung zu ihren Klienten aufnehmen zu können, wenn sie jede Offenbarung des Klienten mit einer Selbstoffenbarung beantworteten. Andernfalls, so glaubten sie, würden sie ihren Klienten wie ein »Ding behandeln«, und Verdinglichung ist schlecht. Die hier wirksam werdende Vorstellung von Gemeinschaft nimmt an, daß durch solche gegenseitigen Selbstoffenbarungen ein Netz entsteht, das die Menschen miteinander verbindet: ohne psychologische Offenheit keine soziale Bindung. Dieses Gemeinschaftsprinzip ist das genaue Gegenteil der »geselligen« Gemeinschaft des 18. Jahrhunderts, in der die Gemeinsamkeit zwischen den einzelnen darin bestand, daß sich alle hinter einer Maske verbargen.

Jede Form von Gemeinschaft ist mehr als ein Komplex von Sitten, Verhaltensweisen oder Einstellungen gegenüber anderen Menschen. Gemeinschaft kennt auch eine kollektive Identität, eine Art und Weise, »wir« zu sagen. Würde man es dabei belassen, so könnte man jede gesellschaftliche Gruppierung von der Nachbarschaft bis zur Nation als Gemeinschaft betrachten, sofern nur die Menschen sich als Teil eines solchen Ganzen begreifen können. Die Frage ist aber, wie das Bild einer solchen kollektiven Identität entsteht, mit welchen Mitteln die Menschen sich eine Vorstellung davon bilden, wer »wir« ist.

Am einfachsten entsteht gemeinschaftliche Identität, wenn das Überleben einer Gruppe, etwa durch einen Krieg oder eine andere Katastrophe, bedroht ist. Indem sie gemeinsam handeln, um der Bedrohung zu begegnen, kommen sie einander nahe und suchen nach Bildern, durch die sie sich miteinander verbinden können. Kollektives Handeln bringt ein kollektives Selbstbild hervor – dieser Zusammenhang zeigt sich schon in den Idealen des politischen Denkens der Griechen, und er zeigt sich noch in den Sprachformen von Kaffeehaus und Theater im 18. Jahrhundert; die gemeinsame Sprache erzeugt das Fundament einer »Öffentlichkeit«. Allgemein kann man sagen, daß der »Gemeinschaftssinn« einer Gesellschaft mit starkem öffentlichen Leben aus einer Verbindung von gemeinsamem Handeln und gemeinsamem Kollektiv-Selbst hervorgeht.

Doch in Zeiten, in denen das öffentliche Leben in Verfall gerät, zerbricht auch diese Beziehung zwischen gemeinsamem Handeln und kollektiver Identität. Wenn die Leute auf der Straße nicht miteinander sprechen, wie sollen sie sich dann als Gruppe erkennen? Man könnte sagen, sie hören einfach auf, sich als Gruppe zu begreifen; aber wenn man das öffentliche Leben des 19. Jahrhunderts untersucht, stellt man fest, daß dem, zumindest in moderner Zeit, nicht so ist. Jene stummen, vereinzelten Menschen in den Cafés, jene Flaneure, die auf den Boulevards umherspazierten, waren nach wie vor der Ansicht, daß sie sich in einer spezifischen Umgebung befanden und daß sie mit den anderen, die sich darin bewegten, etwas Gemeinsames teilten. Die Mittel, mit denen sie jetzt, da weder Kleidung noch Sprache Aufschluß gaben, ein Bild ihrer kollektiven Identität entwarfen, waren die Mittel der Phantasie und der Projektion. Und da sie gesellschaftliches Leben nurmehr in Kategorien der Persönlichkeit und persönlicher Symbole auffaßten, entwickelten sie die Vorstellung einer gemeinsamen öffentlichen Persönlichkeit, die nur in ihrer Phantasie Bestand hatte. Angesichts des Umstandes, daß die Persönlichkeitssymbole in der Wirklichkeit so instabil waren, daß die Deutung der Persönlichkeit immense Schwierigkeiten bereitete, wird verständlich, daß man auf den Gedanken verfallen konnte, die Kategorie der Persönlichkeit auf die Gruppe insgesamt auszudehnen, und sei es nur in Phantasie und Projektion.

Was wir also im folgenden untersuchen wollen, ist eine Gemeinschaft, die eine Kollektivpersönlichkeit besitzt, eine Kollektivpersönlichkeit, die der gemeinsamen Phantasie einer sozialen Gruppe entsprungen ist. Und wir wollen weiter untersuchen, was dieses in einer gruppenübergreifenden Persönlichkeit zum Ausdruck kommende Gemeinschaftsgefühl mit dem oben erwähnten Problem der Interessen des Gruppen-Ichs zu tun hat. Zwischen der durch Projektion erzeugten Kollektivpersönlichkeit und dem Verlust der Gruppeninteressen besteht ein direkter Zusammenhang: Je mehr das Leben einer Gruppe von einer phantasierten Kollektivpersönlichkeit beherrscht wird, desto weniger ist diese Gruppe imstande, ihre Kollektivinteressen zu artikulieren. Mit brutaler Deutlichkeit zeigt sich das in den Klassenkämpfen des 19. Jahrhunderts.

In den letzten hundert Jahren, in denen sich Gemeinschaften mit einer Kollektivpersönlichkeit herausgebildet haben, ist es nun dahin gekommen, daß eine gemeinsame Vorstellungswelt bei den Menschen geradezu ein Hindernis für gemeinsames Handeln darstellt. So wie Persönlichkeit selbst zu einer antisozialen Kategorie geworden ist, so hat sich aus der Kollektivpersönlichkeit eine Gruppenidentität entwickelt, die sich nur schwer in Gruppenhandeln umsetzen läßt. Gemeinschaft ist zu einer Dimension von kollektivem Sein statt von kollektivem Handeln geworden – außer in einer Hinsicht. Die einzigen Aktionen, zu denen sich die Gruppe zusammenfindet, sind solche der Reinigung, der Ausschließung und Bestrafung derer, die »anders« als die anderen sind. Weil das symbolische Material, das für die Bildung einer Kollektivpersönlichkeit verwendet werden kann, selbst instabil ist, wird dieser Reinigungsakt zu einer kontinuierlichen, unendlichen Suche nach dem loyalen US-Bürger, dem »wirklichen Arier«, dem »echten« Revolutionär. Kollektivpersönlichkeit bedeutet in der Konsequenz Säuberung, Bekämpfung aller Bündnisse, aller Kooperationsversuche, aller »Einheitsfronten« zwischen unterschiedlichen Gruppen. Anders ausgedrückt, wenn Menschen heute emotional offene Beziehungen zueinander anstreben, dann gelingt ihnen das nur um den Preis gegenseitiger Verletzung. Es ist dies die logische Folge einer »destruktiven Gemeinschaft«, die mit dem Auftritt der Persönlichkeit in der Gesellschaft Gestalt annahm.

Da sowohl die Suspendierung der Ich-Interessen als auch die Phantasie der Kollektivpersönlichkeit zur Rhetorik verlocken und insofern in den Bereich der Politik gehören, möchte ich diese beiden Keimzellen der intimen Gesellschaft anhand spezifischer Ereignisse und Personen untersuchen. Die Suspendierung der Ich-Interessen einer Gruppe durch eine öffentliche Persönlichkeit möchte ich dort erörtern, wo sie zum erstenmal in Erscheinung tritt: in den frühen Tagen der Revolution von 1848 in Paris. Zum Vergleich werde ich dann kurz auf die Tätigkeit eines revolutionären Priesters im Florenz der Renaissancezeit eingehen. Die Herausbildung einer Kollektivpersönlichkeit werde ich vor allem an der gemeinschaftsorientierten Sprache in der Affäre Dreyfus, vor allem an Zolas *J'accuse,* analysieren.

1848: Die individuelle Persönlichkeit triumphiert über die Klasse

Parallel zum Aufstieg des Orchesterdirigenten bildeten sich auch neue Formen von Politik heraus. In Augenblicken der Krise gelang es dem Bürgertum manchmal, die revoltierenden Arbeiter mit dem Instrument der Persönlichkeit in Schach zu halten. Der Politiker war zu einem glaubwürdigen, bewegenden öffentlichen Darsteller geworden, zu einer Figur, die Autorität besaß und ihr Arbeiterpublikum jener Disziplin des Schweigens unterwerfen konnte, der sich das bürgerliche Publikum im Feld der Kunst normalerweise selbst unterwarf. Das Ergebnis bestand darin, daß die Arbeiter zeitweilig, und häufig mit fatalen Folgen, ihre eigenen Forderungen zurückstellten.

Wir stoßen hier auf ein äußerst komplexes Problem. Man machte es sich nämlich zu leicht, wenn man in den Politikern bewußte Manipulatoren sähe oder annähme, diese Leute hätten ihren Einfluß und ihre Autorität selbst begriffen. Dann würde sich ein Bild des Klassenkampfes im 19. Jahrhundert ergeben, dem zufolge eine Horde bürgerlicher Bösewichter die tugendhaften Proletarier schlicht verführt hätte. Doch das eigentliche Drama der Klassenherrschaft im letzten Jahrhundert rührt gerade daher, daß das Bürgertum die Unterschichten blind jenen Wahrnehmungsregeln unterwarf, mit denen es sich selbst beherrschte und unterdrückte. Daß diese Regeln in Zeiten revolutionärer Spannung eine wirkungsvolle Passivität erzeugten, verstanden und durchschauten diejenigen, die sie anwendeten, ebensowenig, wie sie den Konjunkturzyklus, der sie reich machte, verstanden, und ebensowenig, wie sie ihre Angst, sich durch ihr Äußeres zu verraten, als Element einer umfassenden Sozialpsychologie begriffen.

Die Revolution von Februar bis Juni 1848 markiert den Punkt, an dem die Kultur- und die Klassenwirklichkeit des 19. Jahrhunderts zum erstenmal direkt aufeinandertreffen. Zum erstenmal hatten sich die Grundelemente der bürgerlichen Öffentlichkeitskultur – Ethologie, Schweigen, Isolation – so weit entwickelt, daß sie die Revolutionserfahrung der Menschen beeinflussen konnten. Und zum erstenmal kamen in dieser Revolution den an ihr Beteiligten Fragen der Klassenzugehörigkeit und des Klassenkonflikts deutlich zu Bewußtsein.

In jeder Revolution und in jeder sozialen Bewegung vermag ein Beobachter, der sich darum bemüht, das Spiel der Klasseninteressen zu erkennen. Etwas anderes aber ist es, wenn die Akteure selbst anfangen, von ihren Klasseninteressen zu sprechen. Daß Klassenbewußtsein auftauchte, unterscheidet die 48er-Revolution von der Revolution des Jahres 1830, bei der sich die Beteiligten ihres Interesses als Klasse nicht bewußt waren, wenngleich sie von ihm motiviert gewesen sein mögen. Die Blütezeit der kapitalistischen Industrieproduktion brach erst in den Jahren zwischen 1830 und 1848 an; daher es nur natürlich, daß den Kämpfern von 1848 bestimmte Probleme vor Augen standen, die den Kämpfern von 1830 noch nicht bewußt waren.

Üblicherweise bezeichnet man die Revolution von 1830 als »bürgerliche Revolution«. Aber es wäre falsch, deshalb anzunehmen, die Volksmenge auf den Straßen von Paris habe sich aus Angehörigen des Bürgertums zusammengesetzt oder das Bürgertum sei mit jenen Deputierten einig gewesen, die einen konstitutionellen Kampf gegen das Restaurationsregime führten. Diese Revolution wurde von bürgerlichen Journalisten und Politikern angeführt, hinter denen eine vielgestaltige Masse von Arbeitern stand, von denen jeder einen anderen Grund zur Unzufriedenheit hatte, eine buntscheckige Gruppe, in der allein die ganz Armen und die ganz Reichen fehlten. An dem Begriff »bürgerliche Revolution« kann man sich allerdings die spezifische Auffassung von »Volk« verdeutlichen, die die Voraussetzung für den zeitweiligen Zusammenschluß so vielfältiger Elemente bildete.[128]

Delacroix' Gemälde *Die Freiheit führt das Volk an* von 1831 ist die berühmteste Darstellung dieser Gemeinschaft, genannt »das Volk«. Unter sich ein Gewirr toter Leiber, dringen drei lebende Gestalten über eine Barrikade nach vorn: in der Mitte eine allegorische »Freiheit« in klassischer Pose, aber mit einer Fahne in der einen und einem Gewehr in der anderen Hand. Sie fordert die Menschen im Hintergrund auf, ihr zu folgen. Das »Volk« besteht insbesondere aus einem Herrn mit Zylinder und schwarzem Rock auf der linken Seite und einem jungen Arbeiter mit offenem Hemd und zwei Pistolen in den Händen auf der rechten Seite. Das »Volk« besteht also aus zwei repräsentativen Figuren, die von einer Abstraktion, einer allegorischen Freiheit, angeführt werden. Schon zu Wilkes' Zeiten hatte sich das Problem ergeben, wie sich Freiheit durch Menschen darstellen ließ. Delacroix löst es, indem er zu einem mythischen Bild des Volkes greift. Aber dieser Mythos hatte nicht lange Bestand. In seinem brillanten Buch *The Absolute Bourgeois* schreibt T. J. Clark am Ende einer Interpretation dieses Gemäldes:

»Darin lag das Problem des bürgerlichen Revolutionsmythos. Der Mythos selbst – die Geschichte, die sich der Bürger erzählte – lief auf seine eigene Auflösung hinaus. [...]

Wenn die neue Revolution wirklich heroisch und universal war, wenn sie zu einer Neubestimmung des Menschen gelangte, wenn Volk und Bürgertum wirklich Verbündete waren, dann mußte das Volk auch dargestellt, politisch repräsentiert werden – und der Bürger sah sich plötzlich eingekesselt, einer gegen vier, einer gegen hundert, ein Plantagenbesitzer inmitten seiner Sklaven.«[129]

Im Jahre 1848 konstituierte diese Vorstellung von einem klassenübergreifenden »Volk« keine glaubhafte revolutionäre Gemeinschaft mehr. In der bildenden Kunst gab es ein paar vergebliche Versuche, Delacroix' Gemälde von 1831 zu einem Symbol auch für 1848 zu machen; einige namenlose Maler griffen auf Delacroix' Figuren zurück, um die neue Revolution auszudrücken, aber diese Bestrebungen fanden keinen Anklang und blieben künstlerisch völlig unzureichend. Nach und nach verschwand das Bürgertum aus den Revolutionsdarstellungen – obgleich es 1848, wie schon 1830, eine führende Rolle spielte. Als im Februar 1848 die ersten Feindseligkeiten ausbrachen, kehrte sich Daumier von der Bildwelt des Jahres 1831 ab (wie sie sich noch in *Der Aufstand,* um 1848, zeigt); als »Volk« betrachtete er jetzt nurmehr die verelendeten, unterdrückten Arbeiter (etwa auf dem Bild *Familie auf den Barrikaden,* um 1849).[130]

Ähnliches wie in der Malerei ereignete sich auch in den Schriften der Arbeiter und ihrer intellektuellen Parteigänger. Um 1830 würden die *journaux de travail* die Arbeiterinteressen vielleicht als »unterschieden« von denen der Besitzenden bezeichnet haben; 1848 dagegen sprach man von einem »antagonistischen« Gegensatz. Gewiß, Ausdrücke wie »Arbeiterklasse«, »Proletarier«, *»menu peuple«* hatten keine festumrissene Bedeutung; die Definitionen, die Marx diesen Begriffen gab, waren nicht die einzigen und nicht einmal sehr verbreitet. Doch im Jahre 1848 entwickelten zahlreiche Arbeiter zum erstenmal ein gewisses Mißtrauen gegen die bürgerlichen Intellektuellen, die sich zu Vorkämpfern ihrer Sache aufwerfen wollten. So schlossen zum Beispiel die Arbeiterschriftsteller, die die Zeitung *L'Atelier* gründeten, ausdrücklich bürgerliche Sympathisanten von der Leitung dieses populären Blattes aus.[131]

Menschen aus allen sozialen Schichten ließen sich von der Revolte mitreißen, aber wirklich aktiv waren nur die Angehörigen der Arbeiterklasse. Der liberale Bürgerliche des Jahres 1848 war tatsächlich ein Mann der Mitte. Er mochte gegen die Überreste des Ancien Régime ankämpfen, er mochte für die konstitutionelle Regierung, für die Expansion der Industrie, für die Reform sein, und doch befand er sich gleichzeitig in der Defensive. Er war Rebell und Objekt der Rebellion zugleich; er war für eine neue Ordnung, aber eben auch für Ordnung als solche.

Revolutionen verzerren die Zeit. In den Köpfen derer, die sie mitmachen, scheint das gesellschaftliche System über Nacht Wandlungen von ungeheurer Tragweite zu erleben; Sitten und Gebräuche, die über Jahre und Jahrhunderte praktiziert wurden, werden mit einem Mal aufgegeben; es ist fast unmöglich, die Bedeutung der Ereignisse richtig zu ermessen, zu erkennen, ob sie von

umwälzender Wichtigkeit oder einen Tag später schon verblaßt sind. Die revolutionären Erschütterungen drängen die Menschen dazu, jeden Augenblick vom voraufgegangenen abzutrennen; jedes Feuergefecht, jede improvisierte Ansprache wird zu einer Sache für sich; man will prüfen, was sie für den Ablauf des Geschehens bedeutet, aber dazu fehlt die Zeit. In der nächsten Straße sind neue Gefechte aufgeflackert; am anderen Ende der Stadt muß eine Rede gehalten werden, oder man muß einfach die Flucht ergreifen.
In der Revolution erhält deshalb die Frage, wie man sich bei einer flüchtigen Begegnung orientiert, wie man die Glaubwürdigkeit seines Gegenüber erkennt, ein ungeheures Gewicht. Die Frage, wie einander Fremde sich an der äußeren Erscheinung des anderen orientieren können, nimmt in Perioden, da das Tempo der Geschichte zunimmt und die Zeit stillgestellt scheint, eine außergewöhnliche Bedeutung an.
In Phasen revolutionärer Wirren bleiben die herkömmlichen Wahrnehmungsweisen meist intakt, geraten aber aus ihrer Bahn. Aristokraten können auf einmal mit den Augen von Arbeitern sehen und Dinge erfühlen, die ihnen in ruhigen Zeiten gar nicht auffallen würden. Umgekehrt können die Revoltierenden im Verlauf des Aufstands plötzlich anfangen, die Welt mit den Augen der Herrschenden zu betrachten, und dieser Blick kann ihr Selbstbewußtsein trüben. Plötzlich versucht man, das Geschehen zu begreifen, indem man es aus dem Blickwinkel einer ihrer selbst scheinbar sichereren, gebildeteren Gruppe aufnimmt, um sich auf diese Weise über die eigenen Interessen klar zu werden, die womöglich auf die Vernichtung dieser herrschenden Gruppen hinauslaufen. Zu einer solchen Wahrnehmungsverschiebung kam es im Jahre 1848.
Dabei spielte Alphonse de Lamartine eine entscheidende Rolle. Bis in die dreißiger Jahre des 19. Jahrhunderts galt er als bedeutender romantischer Dichter. Zur Politik kam er nicht zufällig; seit den späten dreißiger Jahren hatte er starkes Interesse an den großen Fragen der Nation entwickelt. In den vierziger Jahren hieß es immer wieder, er sei im Grunde würdiger, die Nation zu führen, als der Bürgerkönig Louis Philippe. Als dann in Paris die Revolution losbrach, war er plötzlich der Mann, dem die Pariser Massen die größte Aufmerksamkeit entgegenbrachten.
Am 22. und 23. Februar 1848 führte die seit Jahren schwelende Unzufriedenheit mit der Herrschaft Louis Philippes schließlich zum Ausbruch der Revolution. Jeder dachte an die großen Tage von 1830, an die großen Jahre nach 1789, aber die Revolution des Jahres 1848 verlief zunächst fast ohne Blutvergießen. Sie hatte etwas beinahe Fröhliches an sich. Marx erschien die Zeit nach dem Februar eher als »dramatisch« und »poetisch« denn als wirklich:

»In keiner Periode finden wir [...] ein bunteres Gemisch von überfliegenden Phrasen und tatsächlicher Unsicherheit und Unbeholfenheit, von enthusiastischerem Neuerungsstreben und von gründlicherer Herrschaft der alten Routine, von mehr scheinbarer Harmonie der ganzen Gesellschaft und von tieferer Entfremdung ihrer Elemente.«

Im März, April und Mai nahm die Unordnung in Paris immer mehr zu. Im Juni wurden die Pariser in schweren Straßenkämpfen von den »Ordnungskräften« unter General Cavaignac blutig niedergeworfen. Es trat der Neffe Napoleons I. auf; bei den nationalen Präsidentschaftswahlen trug er einen überwältigenden Sieg davon, und kurze Zeit später begann er, seine Karriere als Diktator über Frankreich vorzubereiten.[132]

Lamartine, ein Mann der Februartage, war im März und im April ganz oben; im Juni war er abgetan; und im Dezember, bei den Präsidentschaftswahlen, entfielen ganze 17 000 Stimmen auf ihn, gegenüber 5,5 Millionen für den jungen Napoleon. In den frühen Tagen der Revolution war Lamartine kein revolutionärer Verschwörer, wenngleich seine 1847 erschienene *Histoire des Girondins* in weiten Teilen des bürgerlichen Publikums die Erinnerung an die Große Revolution wiederbelebt hatte.[133]

Um zu verstehen, woher der »öffentlichen Persönlichkeit« die Macht zufiel, aufgebrachte Arbeiter zu befrieden, muß man sich das Gewicht, das Worten in dieser Februarrevolte zukam, vergegenwärtigen – das, was Marx als ihre »Illusionen« und ihre »Poesie« belächelte. Theodore Zeldin schreibt:

»Plötzlich war die Freiheit da, zu sagen, was einem gefiel, ohne Angst vor der Polizei, jedes Buch zu veröffentlichen und ungefährdet Zeitungen herauszugeben, ohne Steuer, Geld oder Zensur.«

Mit einem Mal entstand eine ungeheure Zahl von Zeitungen, dreihundert allein in Paris, die eine riesige Verbreitung hatten. Das Schweigen, das die Arbeiter, wie wir gesehen haben, in den Cafés wahren mußten, war einen Augenblick lang gebrochen. Daß Lamartine wegen seiner rednerischen Begabung so hoch im Kurs stand, wird in einer solchen Umwelt verständlich, in der es unvermittelt möglich geworden war, frei und ungehindert zu sprechen.[134]

Wir wollen Lamartine während eines Tages, während des 24. Februar 1848, begleiten. Den ganzen Tag über tagte die Provisorische Regierung in dem von einer großen Menschenmenge umlagerten Hôtel de Ville. Diese Leute waren durchaus nicht der Bodensatz der Gesellschaft; es waren Handwerker und Arbeiter aus allen möglichen Sparten, und die meisten waren einander unbekannt. Sie waren überaus aufgebracht; jeder, der versuchte, die Zügel in die Hand zu nehmen, erregte ihren Unwillen.[135]

An diesem Tag trat Lamartine siebenmal vor die Menge, um zu ihr zu sprechen. Gegen Abend waren viele seiner Zuhörer betrunken; Augenzeugen berichten, plötzlich sei in der Menge mit Pistolen gefuchtelt worden, ein Mann habe eine Axt auf Lamartine geschleudert. Jedesmal, wenn er auftrat, brandete ihm der Hohn der Leute entgegen; jemand fordert am Abend seinen Kopf. Lamartines Reaktion an diesem Abend, wie schon während des ganzen Tages, ist ungewöhnlich. Er richtet keine flehenden Bitten an die Menge, sucht sie nicht zu beschwichtigen. Im Gegenteil, er fordert sie heraus. Er rezitiert Gedichte, er sagt den Leuten, *er* wisse, was es bedeutet, einen revolutionären Augenblick zu erleben. Er nennt sie Dummköpfe, sagt ihnen rundheraus, sie begriffen nicht, was vor sich gehe. Er ist nicht leutselig; er ist empört über sie und sagt es ihnen.[136]

Eigentlich hätte Lamartine, der seine Verachtung für die Menge nicht verheimlicht, schon nach dem ersten Satz ein toter Mann sein müssen. Aber es ist gerade diese demonstrative Herablassung, diese Weigerung, sich mit der Menge gemein zu machen, die diese zur Ruhe bringt. Whitehouse, sein Biograph, sagt, Lamartine habe die Menge durch seine herausfordernde Haltung beschämt. Er »fasziniert« sie als Person, und sie reagieren mit Reue. Elias Regnault, ein Augenzeuge, erinnert sich, Lamartine habe eine »stolze, herrscherliche« Haltung bekundet; aber an das, was Lamartine gesagt hat, kann er sich kaum erinnern.[137]

Lamartines Triumphe im Februar, März und April fielen einem Mann zu, der die, wieder einmal, nach Freiheit, Gleichheit, Brüderlichkeit rufende Menge dadurch disziplinierte, daß er sie rundweg als Pöbel beschimpfte. Er sagte den Leuten, er sei etwas Besseres als sie, weil er über »Zurückhaltung und Macht« verfüge, während sie sich wie die Tiere gebärdeten. Das machte sie unterwürfig und respektvoll. In seiner Gegenwart vergaßen sie ihre eigenen Ansprüche, mit anderen Worten, die »öffentliche Persönlichkeit« drängte den Ausdruck der Interessen der Leute zurück. Lamartine war ihr Dirigent.

In den Ereignissen des nächsten Tages, des 25. Februar, kommen alle Momente seiner öffentlichen Autorität deutlich zum Vorschein – alles Gewicht liegt auf dem Augenblick, in dem der Politiker zur Volksmenge spricht; sie erlebt seine Rednergabe als Offenbarung einer überlegenen Persönlichkeit; er gebietet der Menge Schweigen; sie läßt eine Zeitlang ihre Eigeninteressen fahren.

In jeder Revolution gibt es Augenblicke, in denen irgendein im Grunde belangloser Punkt für eine Weile eine ungeheure symbolische Bedeutung gewinnt. Das kann die Niederreißung der Statue eines alten Herrschers oder die Zerstörung eines zur Verherrlichung einer weit zurückliegenden Schlacht errichteten Denkmals sein. Ende Februar 1848 ging es um die Farbe der Fahne: Sollte sie rot sein und die Revolution symbolisieren, oder sollte sie trikolor sein und die Nation symbolisieren? Ausländische Regierungen entfalten eine bedrohliche Aktivität, fortwährend kommt es zu Verschwörungen und Gegenverschwörungen, aber mit aller Leidenschaft debattiert man über die Farbe der Fahne. Am 29. Februar hat sich erneut eine große Menge aufgebrachter Arbeiter um das Hôtel de Ville versammelt. Abermals entsendet die Regierung Lamartine, um die Menschen zu beschwichtigen, so daß sich die Volksvertreter weiter mit der metaphysischen Bedeutung von rotem Tuch beschäftigen können.

Aber Lamartine spricht nun nicht über die Fahne als solche. Er spricht über seine Empfindungen; er vergleicht die rote Fahne mit einem Blutbanner und trägt dann ein soeben verfaßtes Gedicht vor, in dem es um am Himmel flatternde, blutige Fahnen geht. Vor allem aber spricht er von der Ungleichheit zwischen ihm und der Menge, solange diese sich seiner Poesie widersetzt. In seinen Memoiren erinnert er sich an den Schluß seiner Rede:

»Was mich angeht, so wird meine Hand diese von Ihnen geforderte Verordnung niemals unterzeichnen, bis mich der Tod ereilt, werde ich mich weigern, dieses Blutbanner hinzunehmen. Und Sie sollten es mit ebensolchem Nachdruck abweisen wie ich.«

Vielleicht ist es Lamartine nicht schwergefallen, sich diese Sätze zu merken; er hatte sie nämlich schon einmal niedergeschrieben, und zwar in seiner *Histoire des Girondins,* wo er sie einem der führenden Girondisten von 1791 in den Mund legte. Dank den Untersuchungen von Barthou zu Lamartines Redekunst wissen wir, daß er die meisten seiner Reden einstudierte und häufig vor einem Spiegel probte. Er erweckte den Anschein spontaner Inspiration, berechnete aber seinen Auftritt ebenso exakt wie Garrick die verschiedenen Tonlagen seiner Stimme.[138]

Woran zeigte sich die Passivität der Menge? Ein anderer Augenzeuge, eine Aristokratin, die unter dem Pseudonym Daniel Stern publizierte, liefert uns eine genaue Schilderung. Die Volksmenge mußte auf den Fluß von Lamartines Worten achten, um mitzubekommen, worum es ihm ging. Denn er handelte nicht von ideologischen Fragen, nicht von der Position, die er bezog, es ging vielmehr darum, wie er sprach. Was die Zuhörer erfaßten, war etwas Statisches: Lamartine als empfindendes Wesen. Sobald die Menge von seiner Darstellung ergriffen wurde, so berichtet uns Stern, wurde sie »unvernünftig still«. Sie vergaß ihre Unzufriedenheit und ihre Interessen. Indem Lamartine den Leuten zu verstehen gab, daß er sich verständlich machen könne, ohne ausfällig zu werden, daß er sich unter Kontrolle hatte, tat sich ein beschämender Kontrast zu ihren lärmenden, ziellosen Protesten auf. »Allein kraft seiner unvergleichlichen Beredsamkeit bändigte er die Leidenschaft der Menge.« Niemand achtete auf das, was er sprach, alle achteten darauf, wie poetisch, wie elegant er sein konnte. Wenn wir sagen, bei einem solchen Manne werde die Maske zum Gesicht, dann meinen wir, daß er allein aufgrund seiner Fähigkeit, in der Öffentlichkeit Emotionen zu wecken und zu agieren, als überlegene, weil »authentische« Persönlichkeit erschien.[139]

In diesem Sinne setzte der Politiker die Persönlichkeit als antiideologische Kraft ein; soweit er durch sein Auftreten in der Öffentlichkeit Interesse, Respekt, Glauben zu wecken vermochte, so weit konnte er sein Publikum davon ablenken, sich mit der eigenen Stellung in der Welt zu beschäftigen. Es war diese Macht, die Tocqueville so erschreckte, obgleich er konservativer als Lamartine war und daher die Wiederherstellung der Ordnung zwischen Februar und Mitte Mai nur begrüßen konnte. Tocqueville schrieb:

»Nie hat jemand, glaube ich, so stürmische Ausbrüche der Begeisterung hervorgerufen, wie er [Lamartine] damals; nur wenn man eine solche von Furcht gepeitschte Leidenschaft erlebt hat, kann man beurteilen, bis zu welchem Übermaß von Anbetung sich die Zuneigung der Menschen steigern kann.«[140]

Als Redner muß Lamartine dem de Gaulle der Fünften Republik geähnelt haben oder, wenn man so will, auch Richard Nixon bei den Reden, in denen er sich gegen die Korruptionsvorwürfe verteidigte. Solange es dem politischen Führer gelingt, die öffentliche Aufmerksamkeit auf seine Person zu lenken, vermag er den Ansprüchen derer, die auf ihn eindringen, alles Recht abzusprechen. In einer Hinsicht ist dieser Vergleich allerdings ungenau. In dieser revolutionären Erhebung des 19. Jahrhunderts gelang es dem politischen Führer, einem aus empörten Arbeitern bestehenden Publikum ein bestimmtes Prinzip bürgerlichen Anstands aufzuzwingen, daß man sich nämlich angesichts von Kunst still zu verhalten habe. Die modernen Politiker dagegen vollbringen etwas Ähnliches bei einem Publikum, dessen Klassenstruktur sehr vielfältig ist. Auch ist die blumige Rhetorik selbst aus der Mode gekommen. Doch was sich erhalten hat, ist die Art, wie diese Rhetorik eingesetzt wird, ihre Funktion. An der Gestalt Lamartines in den ersten stürmischen Tagen der Februarrevolution zeigt sich, welche Macht die persönlichkeitsbestimmte Kultur über das Klasseninteresse gewinnen kann. Es war ein Irrtum, als Marx die »Poesie« und die »überfliegenden Phrasen« dieser revolutionären Bewegung als für den »wirklichen Kampf« irrelevant abtat, denn es war diese Poesie, es waren diese Phrasen, die den Klassenkampf zum Erliegen brachten.

Tocqueville tat Lamartine Unrecht, als er ihn als bloße Marionette des Regimes einstufte; Lamartine übernahm das Amt des Außenministers und erwies sich darin nach dem Urteil eines modernen Historikers, William Langer,

»[...] als nüchterner Realist, [...] im Grunde vertrat er eine Politik des Friedens, wie Palmerston sofort erkannt hat. Die öffentliche Meinung in Großbritannien wie auch der Außenminister selbst schätzten Lamartine sehr hoch, der offensichtlich ein Mann mit Verstand war.«

Aber es waren nicht diese Fähigkeiten, die ihn bei den revolutionären Massen von Paris populär machten; seine Außenpolitik war sogar sehr unpopulär und galt als schwach. Man muß sich vor Augen führen, daß Lamartine mit seinen zahlreichen öffentlichen Auftritten in den ersten Monaten der Revolution in der Gunst der Öffentlichkeit das an Boden zurückgewinnen wollte, was er durch seine nüchterne Außenpolitik zu verlieren drohte.[141]

Ein Unterschied zwischen 1830 und 1848 lag, wie wir gesehen haben, darin, daß »das Volk« 1848 nicht mehr als eine Gemeinschaft erschien, deren vielgestaltigen Interessen man mit einer einheitlichen Politik entsprechen konnte. 1848 war das Bürgertum die führende Klasse der Revolution, doch zugleich war es für die Menge der Feind. In der Theorie glaubte Lamartine an das Volk, aber die Berührung mit ihm war ihm unheimlich. Er war überzeugt, daß »Würde« eine Nation leiten müsse, und fragte sich doch fortwährend, ob der Adel dieses Prinzip wirklich am besten verkörpere. Er war überzeugt, daß »Poesie« die Nation groß mache, aber was ein Gedicht mit dem Zwölf-Stunden-Tag sechsmal die Woche oder mit einer von Ratten wimmelnden Wohnung zu tun hatte, war ihm nicht klar. Deshalb fiel es Männern wie Lamartine so schwer, die Ereignisse, an deren Spitze sie standen, zu begreifen. Sie waren keine falschen Republikaner, sie waren nur von Grund auf ambivalent.

Die Menge der Pariser, zu der Lamartine sprach, nahm, verglichen mit dem weiteren Verlauf der Revolution, eine besonders extreme Haltung ein. Schon in den Wahlen vom April 1848 wählten die Arbeiter von Paris vielfach bürgerliche Kandidaten; nur zwölf sozialistische Deputierte wurden gewählt, und so prominente Radikale wie Blanqui und Raspail fielen durch. Und doch war die Situation insgesamt sehr stark von einem Klassenantagonismus geprägt. Diejenigen, die am heftigsten auf Konfrontationskurs steuerten, waren auf der Straße auch am lautesten und aktivsten; sie waren bereit, sich jene seltenen Gelegenheiten zunutze zu machen, in denen selbst eine populäre Regierung zu Fall gebracht werden kann. Lamartines Fähigkeit, diese extremen Rebellen schweigen zu machen, zeugt von der Macht der Persönlichkeit in der Öffentlichkeit, aber sie zeigt auch die Grenzen dieser Macht. Denn als Ende Mai schließlich wieder eine gewisse Ordnung in den Alltag eingekehrt war, wendeten sich die Leute auf der Straße sehr bald von Lamartine ab. Sie wurden gleichgültig, fast als hätte bei ihnen nun die innere Bereitschaft, sich zu unterwerfen, seine Person verdrängt und überflüssig gemacht. Ende Mai hatten sie ihn völlig ausgepreßt.[142]

Wenn wir diese Macht der Persönlichkeit, Gruppeninteresse zu suspendieren, bis an ihren Ursprung zurückverfolgen, stoßen wir noch einmal auf das Prinzip der Immanenz, auf den Glauben an die Unmittelbarkeit, der im 19. Jahrhundert so bestimmend wurde. Diese Macht offenbart sich darin, daß ein Auftritt in der Öffentlichkeit mit einem Mal das Gewicht der Vergangenheit, die Erinnerung an erlittenes Unrecht, die Erfahrungen eines ganzen Lebens beiseite zu schieben vermag. Der Menge erscheinen Auftreten und Verhalten eines starken Einzelnen als eine aus allen Zusammenhängen herausgelöste, absolute Situation. Es kommt zu einem Erinnerungsverlust, wenn die Menge eine öffentliche Gestalt nicht mehr an ihrem Handeln, ihren Leistungen, ihren Ideen mißt. In der Beurteilung der Substanz, in der Aufmerksamkeit für den »Text« läge das Ich-Interesse der Gruppe. Aber das Immanenzprinzip widersetzt sich der Entfaltung dieses Ich-Interesses. Dieses Prinzip bildet den Kern des modernen Säkularismus.

Es heißt immer, die Masse sei wankelmütig; sobald sich ein »starker Mann« zeigt, laufe sie ihm nach. Doch das stimmt nicht. Wie sich Menschenmassen kontrollieren lassen, wie sie sich einem Führer unterwerfen, hängt sehr von den in der jeweiligen Gesellschaft vorherrschenden Grundüberzeugungen ab. Um die Dominanz der Persönlichkeit über die Klasseninteressen in der Moderne zu verstehen, ist es deshalb vielleicht nützlich, noch einmal auf die Unterschiede zwischen säkularen und religiösen Glaubensüberzeugungen einzugehen. Dazu dient der folgende exemplarische Vergleich zwischen der politischen Ausstrahlungskraft Lamartines und der eines revolutionären Priesters aus dem Florenz der Renaissance-Zeit.

Im Jahre 1484 hatte ein junger Mönch des Klosters San Giorgio in Florenz die Vision, Gott werde ein schreckliches Strafgericht über die Kirche verhängen. Daraufhin werde sich jemand erheben, um die Niedergeschlagenen zu führen. Savonarola, im Klostergarten sitzend, meinte ganz deutlich zu erkennen, daß er selbst dieser Führer sein sollte. Tatsächlich wurde er im Laufe der nächsten zehn Jahre zum bestimmenden Faktor der öffentlichen Meinung von Florenz. 1494 war die Stadt von äußeren Feinden bedroht. Savonarola, der als Vertreter der Stadt mit ihnen verhandelte, wurde auch innerhalb der Stadtmauern zum Wortführer der Sittlichkeit. Er rief die Florentiner auf, alle Eitelkeiten, allen Tand abzulegen, unkeusche Bilder, Bücher und Kleider zu verbrennen. Unter den vielen, die sich angesprochen fühlten, war auch Botticelli, der eine große Zahl seiner Gemälde dem Feuer übergab. Aber wie Lamartine mußte auch Savonarola erleben, daß seine Karriere plötzlich abbrach, daß seine Macht, die Volksmassen der Stadt zu bändigen, mit einem Mal schwand.[143]

Zwei populäre Führer miteinander zu vergleichen, zwischen denen vier Jahrhunderte liegen, ist, wie wenn man Wasser mit Öl mischt. Doch diese beiden Männer hatten in ihren Erfahrungen so viele Gemeinsamkeiten, daß auch bestimmte Unterschiede zwischen ihnen besonders plastisch hervortreten. Lamartine und Savonarola wurden zu Führern des Volks nicht deshalb, weil sie die formelle Regierungsgewalt innehatten, sondern durch die Macht des Wortes und der Rede. Ihre Popularität gründete sich auf die gleiche rhetorische Position: Sie waren die Züchtiger, die Bändiger der Volksmenge, die sie anführten. Keiner von beiden versuchte, der Menge, die sich um sie versammelte, zu gefallen; ihre Botschaft war die Zurechtweisung und die moralische Zensur. Beide entwickelten eine Sprache des Tadelns, zugeschnitten auf eine große Masse von Leuten, die sich untereinander kaum kannten, d. h. beide begründeten eine Rhetorik für die städtische Masse, im Unterschied zur Rhetorik des Priesters, der vor seiner Gemeinde predigt, oder des Dichters, der in einem Salon aus seinen Werken vorträgt. Und schließlich waren sie sich auch in ihrem Sturz ähnlich.

Der Unterschied zwischen ihnen besteht darin, daß der eine als Priester in einer nach wie vor gläubigen Kultur sprach, während der andere als Dichter in einer Kultur sprach, in der Religion zu einer Sache der gesellschaftlichen Sitte geworden war. Dieser Unterschied betrifft nicht die Kluft zwischen Glauben und Unglauben, sondern die Differenz zwischen einem transzendenten und einem immanenten Glauben an die Person einer öffentlichen Gestalt. Welche Konsequenzen hat dieser Unterschied für das Verhalten der Masse? In seinem Buch *Die Kultur der Renaissance in Italien* stellte Jacob Burckhardt eine These auf, die in den hundert Jahren seit ihrer Formulierung wiederholt diskutiert worden ist. Burckhardt erblickte in den Stadtstaaten der Renaissance erste Ausformungen der säkularen Stadt, die sich aus dem träumerischen

Glauben des Mittelalters gelöst hatte. Seine Analyse wurzelte in den Ansichten dominierender Gestalten der Renaissance wie etwa Marsilio Ficino, der geschrieben hatte:

»Dieses ist ein goldenes Zeitalter, das die fast ausgelöschten freien Künste der Dichtung, Beredsamkeit, Malerei, Architektur zu neuem Leben erweckt hat [...] und dies alles in Florenz.«

Nach hundert Jahren weiterer Renaissance-Forschung erscheint Burckhardts Anschauung historisch unvollständig, denn neben der von ihm hervorgehobenen stolzen Weltzugewandtheit gab es eine sehr viel dunklere, der mittelalterlichen Vergangenheit sehr viel stärker verhaftete Gefühlsstruktur.[144]

Robert Lopez hat auf das bei den Denkern der Renaissance immer wieder zutage tretende pessimistische Menschenbild hingewiesen, das nicht nur bei den Klerikern, sondern auch bei Politikern wie Machiavelli und Künstlern wie Leonardo und Michelangelo wirksam war. Die gebildete Elite, so sagt er, sei von einem »eschatologischen Hunger« erfaßt worden. Rationalisten wie Pico della Mirandola brachten Stunden um Stunden über dem Studium der mystischen Zeichen der Kabbala zu. Bei den städtischen Massen besaßen der Glaube an die Kirche und die religiöse Bildwelt des Mittelalters nach wie vor große Kraft.[145]

Die Ordnung der Religion bestimmte die Kohäsionsstruktur, durch welche die Florentiner zusammengehalten wurden. Das Florenz des späten 15. Jahrhunderts war eine äußerst vielgesichtige Stadt; in ihr lebten zahlreiche Menschen, die nicht aus der Toskana stammten und deshalb auch keine Bürgerrechte besaßen – Verbannte aus anderen Stadtstaaten oder Leute, die als Kriegsflüchtlinge in die Stadt gekommen waren. Zudem wurde die hohe Sterberate innerhalb der in der Stadt lebenden toskanischen Bevölkerung nicht durch eine hohe Geburtenrate, sondern durch die große Zahl der Zuwanderer vom Lande ausgeglichen. Die Florentiner, deren Eltern ebenfalls Florentiner waren, befanden sich in der Minderzahl.[146]

An diese Ansammlung von Fremden, deren gemeinsames Band allein die Religion bildete, richtete Savonarola seine Worte. Er selbst war ein Außenseiter, war als Sohn eines Kaufmanns und Bankiers 1452 in Ferrara zur Welt gekommen. 23 Jahre später trat er in das Dominikanerkloster von Bologna ein; die Dominikaner nannten sich selbst Predigermönche und machten das Studium der Rhetorik zur religiösen Pflicht. Für Savonarola war also die Schulung seiner Beredsamkeit eine Glaubensangelegenheit. Nach einigen Wechselfällen in seiner Laufbahn ließ er sich 1490 in Florenz nieder, wurde im Jahre 1491 Prior von San Marco und bildete in den nächsten vier Jahren das moralische Gewissen der Stadt.

Savonarola war kein hellerer oder originellerer Kopf als Lamartine. Felix Gilbert hat gezeigt, daß sich sein Denken aus zahlreichen heterogenen Quellen speiste und daß sich seine theologische Lehre im Rahmen des Altbewährten hielt. Die Menschen kamen nicht wegen der spezifischen Weltsicht, die er ihnen vermittelte, zu ihm.[147] Seine Botschaft war einfach. Er tadelte die Leute ihrer schändlichen Lebensführung wegen und sagte ihnen, was sie tun müßten, um das zu ändern. Savonarola lieferte ihnen eine dramatische Schilderung all der Nichtigkeiten und Niedrigkeiten eines Lebens in Verderbnis und Luxus. Sein bevorzugter Kunstgriff war dabei die Mimikry: »Trüge ich Pelze, seht, wie albern mir solche Gewandung stünde.« Indem er die Aufmerksamkeit seiner Zuhörer auf sich als Person konzentriert, hält er ihnen einen Spiegel vor; und nachdem er ihnen gezeigt hat, wie abstoßend ihre Laster wären, wenn sie sich in ihm verkörperten, dreht er den Spieß um, züchtigt sie, weil sie selbst diesen Lastern verfallen sind, und erklärt ihnen in allen Einzelheiten, wie sie sich bessern sollten.[148]

Zu Beginn von Savonarolas Reden waren seine Zuhörer ihm gegenüber oft feindselig eingestellt: Er sprach nicht nur in Kirchen, sondern auch auf öffentlichen Plätzen, hielt während der Marktstunden aus dem Stegreif Predigten. Wie Lamartine beschämte er seine Zuhörer, indem er ihr ganzes Augenmerk auf seine Person lenkte und immer wieder die eigenen Empfindungen zum Gegenstand seiner Predigt nahm. In zweierlei Hinsicht jedoch unterschied sich der Priester vom Poeten.

Es ging ihm um mehr als die bloße Unterwerfung und das Schweigen seiner Zuhörer. Er wollte sie zum Handeln bewegen, wollte, daß sie ihr Verhalten änderten. Lamartine dagegen wollte seine Zuhörer lediglich zur Ruhe bringen. Bei allen zeitlichen, räumlichen und situationsbedingten Unterschieden gibt es einen elementaren, strukturellen Grund dafür, daß der Priester zur Veränderung, der Dichter jedoch nur zur Selbstdisziplin aufrufen kann. Der Priester ist bloß das Instrument einer höheren Macht. Alle Bedeutung, die sich an seine öffentliche Persönlichkeit knüpft, stammt aus einer anderen Welt. Sein Auftreten als Priester, gleichgültig, wie unmittelbar ergreifend es sein mag, ist niemals allein aus sich bedeutsam. Die Kraft seiner Rhetorik weist über seine Persönlichkeit hinaus; seine Wirkung zeigt sich dort, wo das Publikum durchs Ritual selbst am Göttlichen teilnimmt. Man erinnere sich der Worte Bossuets: Wenn euch Sprachgewalt bewegt, dann mangelt es euch an Gottesfurcht.[149]

In Lamartines Welt gibt es nichts, was jenseits des jeweiligen Augenblicks stünde. Der Auftritt wirkt aus sich selbst, hat eine eigenständige Wirklichkeit; das führt dazu, daß das Publikum, einmal diszipliniert, passiv wird. Das einzige, was das Publikum erkennt, ist die Überlegenheit des Redners. Wie hätte es da das Recht, etwas anderes als unterwürfige Zustimmung zu bekunden? Weil der Priester Instrument einer Macht ist, die jenseits der Welt der Erscheinungen liegt, werden seine Zuhörer nicht zu Gefangenen der unmittelbaren Situation, in der sie beschämt werden und den Priester als überlegen erfahren.

Unter den Aktionen, zu denen Savonarola aufgerufen hat, sind die beiden »Verbrennungen der Eitelkeiten« die bekanntesten. Auf einen alten, seit langem nicht mehr geübten Brauch zurückgreifend, setzte er 1497 und 1498 jeweils einen Tag fest, an dem die Kinder von Florenz von Haus zu Haus gehen sollten, um profane, luxuriöse Gemälde, Pelze, Kleider und Bücher einzusammeln. Diese wurden an einem zentralen Platz der Stadt zusammengetragen und unter zahlreichen improvisierten Gebeten verbrannt. Bei diesen Kinderrazzien soll auch Botticelli eigene Gemälde zum großen Scheiterhaufen beigesteuert haben.[150]

Im thomistischen Denken gibt es den Unterschied zwischen innerer Frömmigkeit und äußerem Theater. Die Menschen bedürfen der äußeren Zeremonie, weil sie unvollkommene Wesen sind; das gemeinsame Gebet, der Weihrauch, die Musik sind Wege ins Innere, wo die eigentliche Verherrlichung Gottes stattfindet. Das äußerliche Theater dient der Hinführung zu Gott. Savonarola verlegte die Bühne dieses äußerlichen Theaters von der Kirche in die Stadt.[151]

Der Preis, den man zahlen muß, wenn man diese Magie, die Lehre vom Transzendentalen, die Priester mit ihrem ganzen Mummenschanz beiseite schiebt, besteht darin, daß die Menschen höchst anfällig für die narkotisierende Wirkung des großen politischen Redners werden. Jenseits seiner Vorstellung gibt es keine Bezugsgrößen, keine Realität. Der Priester dagegen ist stets an seine Rolle als Vertreter einer transzendenten Macht gebunden. Er kann göttliche Gnade zwar verkörpern, aber er kann niemals den Anspruch erheben, sie zu besitzen. Der Priester macht die, die ihm glauben, dumm, doch in ihren expressiven Fähigkeiten schränkt er sie nicht ein – ja, er ermutigt sie sogar, durch die Dramatik des Rituals gemeinsam mit ihm an Gott teilzuhaben. Der säkulare Politiker vermittelt seinen Gefolgsleuten den Glauben an die absolute Wirklichkeit des Konkreten, an den unmittelbaren Augenblick und zerstört damit ihre Fähigkeiten, sich selbst und die eigenen Ich-Interessen auszudrücken. Unter religiösen und säkularen Verhältnissen nehmen die Menschen zwei verschiedene Arten von Drogen zu sich – die einen blockieren ihr Denken, die anderen ihren Willen.

Wenn ein solcher disziplinierender Redner, ob Priester oder Laie, einer Menschenmenge sagt »Du bist böse« oder »Du brauchst mich«, wer ist dann dieses »Du«, das er anspricht? Der Priester spricht nicht zum »ganzen Menschen«, weil der Mensch nicht als ganzer an dieser dramatischen Beziehung beteiligt ist, ebensowenig wie an irgendeiner anderen irdischen Angelegenheit. Ein Teil von ihm, der Teil, den Gott zu berühren vermag, steht immer fern der Welt und fern der weltlichen Sünden dieses Menschen. Eben deshalb kann ein Priester wie Savonarola sagen »Du bist böse« und zugleich erwarten, daß man sich vom Bösen abkehrt; ein Teil dieses »Du«, nämlich der Wille, steht in Distanz zu den Sünden dieses Du.

Wenn der Redner in einer modernen säkularen Kultur, in der das Unmittelbare das Wirkliche ist, einer Volksmenge zu verstehen gibt »Du bist böse«, wie soll sie sich da »bessern«? Das ganze Selbst fühlt sich angeklagt. Und der einzige Weg der Besserung ist, die Selbst-Behauptung aufzugeben. Wenn der Redner sagt »Du brauchst mich« und man glaubt ihm in diesem Augenblick, dann liefert man sich ihm ganz aus. Die Menschen werden verletzlich und unterdrücken ihre Ich-Interessen als Gruppe. Die emotionale Ungleichheit in der Beziehung zwischen Redner und Publikum wird spürbar. Und weil sie innerhalb der Beziehung als absolut empfunden wird, fällt die unterlegene Partei in Schweigen. Und all jene, die das Unmittelbare, das Empirische zum Maßstab der Wahrheit gemacht haben – Kirchengegner, Naturwissenschaftler, Philosophen der Erscheinungswelt –, haben dieses politische Instrument unabsichtlich geschärft.

»Charisma« besitzt jemand, der von ciner Gnade erfüllt ist, der begnadet ist. Für den Priester ist diese Gnade die Macht Gottes, die ihn zeitweilig erfüllt, wenn er einen Gottesdienst oder einen Ritus zelebriert. Beim Priester draußen auf der Straße zeigt sich das Charisma darin, daß er seinem Publikum den Wunsch einzugeben vermag, das eigene Leben zu ändern. Solange er als Katalysator ihres eigenen Strebens nach Besserung dient, erscheint er den Menschen wie ein Gesandter Gottes.

Wenn es sinnvoll ist, Lamartine als charismatischen Darsteller zu bezeichnen, würde man sein Charisma wohl darin erkennen, daß er bei seinen Zuhörern das Gefühl erzeugen kann, er als Person besitze etwas, das ihnen völlig abgeht. Aber wie dieses Etwas aussieht, worin seine Gnade besteht, bleibt für sie ein Geheimnis. »Jeder war von M. Lamartine bewegt«, schrieb Ledru-Rollin einem Freund, »aber an seine Worte oder sein Thema kann ich mich nicht erinnern.« Ledru-Rollin selbst hatte als politischer Führer der linken Mitte den Arbeitern von 1848 eine kräftige Botschaft zu predigen, einen Text, der ihren Interessen und Forderungen entsprach. Aber verglichen mit Lamartine, dessen Worte und Themen sich so schwer behalten ließen, weckte er selten Begeisterung.

In den Jahren von 1825 bis 1848 gingen die Politiker immer mehr dazu über, ihre Rhetorik und ihre öffentlichen Auftritte mit den Auftritten von Bühnenkünstlern, vor allem von Schauspielern und Instrumentalsolisten, zu vergleichen. Lamartine, ein Freund und Bewunderer Liszts, beneidete diesen um seinen ungeheuren Ruhm in der Öffentlichkeit und war, nach seinen eigenen Worten, fasziniert von der Vorstellung, wie sich »die volkstümliche Begeisterung, die Sie wecken, nutzen ließe, um die Welt zu regieren«. Ledru-Rollin studierte die Wirkung des Schauspielers Frédérick Lemaître auf das Publikum und riet seinen Freunden, wenn sie der Linken in Frankreich zum Sieg verhelfen wollten, müßten sie begreifen lernen, warum Lemaître für die Massen von Paris ein Held war. Geraldine Pelles spricht für Westeuropa in der Zeit nach 1830 von einer allgemeinen »Übertragung« heroischer Symbole. Die Erregung, die Menschen unterschiedlicher Anschauungen früher angesichts von Politikern empfunden hatten, begannen sie nun auf die Kunst zu »übertragen«. Als die Legende Napoleons verblaßt war, übernahm der Künstler seinen Platz als Verkörperung einer wirklich glaubhaften öffentlichen Persönlichkeit. Im Gegenzug orientierten sich nun wieder die Politiker an den geläufigen

Vorstellungen vom Schaffen und Leiden der Künstler, denn darin sahen sie Leitbilder eines neuen Heroismus.[152]
Lamartine war der erste repräsentative Politiker, der von dieser Übertragung charismatischer Züge aus der Kunst auf die Politik geprägt war. Seit den Tagen Napoleons hatte die Gesellschaft, in der Lamartine lebte, einen weiten Weg zurückgelegt. Nach dem Sieg bei Austerlitz wurde Napoleon von einem ehemaligen Feind für seinen »Wagemut« gepriesen, wie ihn die Welt seit Cäsar nicht gesehen habe; nach dem Debakel in Rußland kritisierte dieser selbe Mann Napoleon wegen seiner an Wahnsinn grenzenden Eitelkeit. Napoleons Charakter wurde aus seinem Handeln erklärt, während Lamartine, um in der Öffentlichkeit zu »wirken«, nichts zu tun brauchte. In der Kunst liefen die Aufführungsprinzipien auf eine Transzendierung des Textes hinaus; in den Bereich der Politik übertragen, trennten sie den Darsteller von seinen Handlungen. Persönlichkeit, die von Lamartines Generation nicht mehr als Ausdruck von Handeln begriffen wurde, gewann einen unabhängigen, eigenständigen Status. Diese Spaltung ist eine Keimzelle der politischen Welt von heute.
Die heimliche Macht eines Redners wie Lamartine beruht darauf, daß er sich die Mystifikation zunutze macht. Er braucht sich nicht an einen Text zu halten und entgeht so der kritischen Prüfung anhand äußerer Wahrheits- oder Wirklichkeitskriterien. Auf die Eigenart seiner Intentionen und Empfindungen gründet er die Legitimität seiner Herrschaft, und wenn er ein Goebbels ist, dann gelingt es ihm auch, eine große Zahl normalerweise intelligenter Leute davon zu überzeugen, daß die Juden Kommunisten sind und gleichzeitig das internationale Finanzkapital in der Hand haben. Ob das mystischer oder weniger mystisch ist, als wenn man zahlreiche Menschen von der unbefleckten Empfängnis überzeugt, wollen wir hier offenlassen.
Das Zeitalter der proletarischen Revolution ist vorüber und ebenso das Zeitalter des romantischen Darstellers. Was sich erhalten hat, nachdem Farbe, Leidenschaft und Bombast geschwunden sind, ist die Wahrnehmungsstruktur: Glaubwürdigkeit in der Öffentlichkeit wird durch die glaubwürdige öffentliche Persönlichkeit und nicht durch ein glaubwürdiges Handeln erzeugt. Nachdem die ästhetische Dimension der Beziehung zwischen Politik und Kunst geschrumpft ist, bleibt nur die obskurantistische, lähmende Wirkung einer »Persönlichkeitspolitik«.

Gemeinschaft

Lamartines Erfahrung läßt sich auch als Lektion für die Linke verstehen: Der Glaube an die Persönlichkeit kann das Selbst-Bewußtsein und die Interessen der Arbeiterklasse überdecken. Daraus ließe sich der Schluß ziehen, daß

Persönlichkeit, so wie sie in der heutigen Kultur begriffen wird, der Kontrahent jeder tatsächlich politischen Gemeinschaft ist. Aber das wäre zu simpel. Denn die Bestandteile und Symbole des Selbstausdrucks, wie sie Lamartine verwendete, lassen sich auch kollektiv von ganzen Gruppen, die in einem politischen Kampf stehen, benutzen. Die kriegführenden Lager betrachten sich als kriegführende Personen. Man gehört diesem oder jenem Lager an, weil man den anderen Menschen im einen oder anderen Lager ähnelt; diese Ähnlichkeit ergibt sich nicht aus einem Vergleich zwischen dem eigenen Verhalten und dem der anderen und auch nicht aus einer Beantwortung der Frage, ob die eigenen Bedürfnisse denen der anderen ähneln. Die Idee einer Ähnlichkeit mit anderen, einer gemeinsamen Identität ergibt sich vielmehr aus dem, was wir in Kapitel 8 als »Entschlüsselung« bezeichnet haben.

»Entschlüsselung« bezeichnet den Vorgang, bei dem ein Verhaltensdetail zum Symbol für einen ganzen Charakter erhoben wird. So wie die Farbe des Halstuchs oder die Zahl der offenen Knöpfe an der Bluse die Freizügigkeit einer Frau in sexuellen Belangen symbolisieren können, so können bestimmte Details in der äußeren Erscheinung oder im Verhalten auch eine politische Position symbolisieren. Diese Details scheinen anzudeuten, wie die Menschen beschaffen sind, die sich einer bestimmten Ideologie anschließen. Ist zum Beispiel ein Sprecher der Arbeiterklasse elegant gekleidet, so konzentriert man sich auf diese Unstimmigkeit in seiner Erscheinung und meint deshalb am Ende wohl gar, alles, was er sagt, sei Täuschung. So entschlüsselt man, was er sagen will, aus seinem Aussehen.

Aus solchen Entschlüsselungen kann sich das Bild einer politischen Gemeinschaft ergeben. Bei den Personen, die diese oder jene Auffassung vertreten, achtet man auf bestimmte Verhaltensdetails, um festzustellen, wohin man am ehesten gehört, wozu man am besten paßt. In solchen Details scheint sich der Charakter des Konflikts zu offenbaren; sie symbolisieren, worum es in dem Konflikt geht. Wenn die Glaubwürdigkeit einer Ideologie an solchen Verhaltensdetails gemessen wird, nimmt der politische Kampf als solcher eine stärkere persönliche Färbung an. Die politische Sprache wird Gegenstand eines Miniaturisierungsprozesses; unscheinbare Momente oder Ereignisse erlangen ungeheures Gewicht, weil man anhand solcher Details erkennt, wer da kämpft, und damit auch, auf welche Seite man selbst gehört.

Eine politische Gruppierung, die auf diese Weise zustande kommt, ist eine Gemeinschaft. Die Menschen achten darauf, wo sich andere enthüllen, um in Erfahrung zu bringen, wohin sie selbst gehören, und diese Enthüllungen betreffen Details, die Rückschlüsse auf den zulassen, der da etwas glaubt, und nicht auf das, was man glauben sollte. Die Enthüllung des Selbst wird zur heimlichen Hauptsache des politischen Lebens. Und wenn derlei Details, die die Person der Kämpfenden symbolisieren, zu einer Kollektivperson vergrößert werden, dann nimmt eine solche politische Gruppierung statt des ideologischen eher ein moralistisches Gepräge an.

In einer Gesellschaft, deren Angehörige sehr wenig interagieren und die von der Vorstellung einer individuellen, instabilen Persönlichkeit beherrscht ist, kann leicht die Phantasie einer überaus destruktiven Kollektivpersönlichkeit entstehen. Weil die Menschen voneinander und von sich selbst sehr wenig wissen und nur über wenige symbolische Details verfügen, gerät die Kollektivperson in der Phantasie besonders großartig. Aus dem gleichen Grund sind ihre Charaktermerkmale abstrakt. Leicht verliert diese Kollektivgestalt ihre scharfen Umrisse, zum einen wegen ihrer Abstraktheit, zum anderen weil die Art und Weise, wie Persönlichkeit wahrgenommen wird, selbst zu einer Destabilisierung der wahrgenommenen Persönlichkeit führt. Und wenn sie einmal Gestalt angenommen hat, wird es für die Gemeinschaft schwer, kollektiv zu handeln, denn nun drängt sich die ständige Sorge in den Vordergrund, wer dazugehört und wer aus dieser instabilen »Größen-Identität« ausgeschlossen werden muß. Eine solche Gemeinschaft verhält sich gegenüber Außenseitern feindselig, und in ihrem Innern grassiert ein ständiger Streit darüber, wer die Kollektivpersönlichkeit »wirklich« verkörpert, wer wirklich der loyale Amerikaner, der reinblütige Arier, der echte Revolutionär ist.

Die Brüche in der Öffentlichkeitskultur des 19. Jahrhunderts begünstigten die Entstehung solcher destruktiven Gemeinschaftsphantasien. Das Vordringen der Persönlichkeit in die öffentliche Sphäre bahnte auch der Vorstellung einen Weg, die Kollektivperson müsse im wesentlichen einer konkreten Person gleichen. Gleichzeitig sollte die konkrete Person fähig sein, sich in der Kollektivität wiederzuerkennen; innerhalb dieses Schemas wird das Wesen der Persönlichkeit durch gesellschaftliche Beziehungen nicht verändert. Das ist ein Grund dafür, daß um die Mitte des 19. Jahrhunderts Delacroix' allegorische Freiheit als Anführerin einer revolutionären Gemeinschaft nicht mehr glaubhaft wirkte; eine allegorische Gestalt verwandelt die Persönlichkeit; an die Stelle der Allegorie mußte eine phantasierte Kollektivperson treten, die sich als Individuum konkretisieren ließ. Die sich in diesem Individuum wiedererkannten, brauchten nicht direkt miteinander zu sprechen; das 19. Jahrhundert lehrte sie sogar, daß sie ein Recht auf Ungestörtheit und Schweigen hatten. Damit aber war die Grundlage für die destruktive Gemeinschaft geschaffen – emotionale Beziehungen zu anderen Menschen erschienen als Zustand und nicht als Resultat gemeinsamen Handelns. Von nun an gleicht die Gemeinschaft innerhalb der Gesellschaft einer Maschine, die sich im Leerlauf dreht.

Die destruktive Wirkung einer solchen Gemeinschaftlichkeit werden wir an zwei Punkten untersuchen, zunächst an der Sprache der Zugehörigkeit und der Ausgrenzung, wie sie im Verlauf der Affäre Dreyfus, vor allem im Januar 1898, in Erscheinung tritt; sodann werden wir uns der Frage zuwenden, mit welchen sprachlichen Mitteln bürgerliche Revolutionäre ihre legitime Zugehörigkeit zur proletarischen Gemeinschaft erkämpften.

In Konfliktsituationen und in der revolutionären Politik verwandelte die

Sprache der Gemeinschaft institutionelle oder ideologische Probleme in psychologische Fragen. Da die Masken, die die Menschen in einem Konflikt oder als radikale politische Führer trugen, als Enthüllung ihrer Persönlichkeit aufgefaßt wurden, konnten die wirklichen Streitpunkte schnell hinter dem Bestreben verblassen, die eigene Erscheinung zu rechtfertigen; aus der Stellungnahme zu einem Problem wurde eine Selbstrechtfertigung. So konnten sich gemeinsame Positionen und gemeinsame Überzeugungen mit einem gemeinsamen Selbst vermischen.

Wenn man solche politischen Gemeinschaften als »urban« bezeichnen könnte, dann nicht deshalb, weil sich die von ihnen betriebenen politischen Auseinandersetzungen und revolutionären Kämpfe allein in der Großstadt abgespielt hätten, sondern weil mit der Entstehung dieser Gemeinschaften jene in der Großstadt, im Kontakt mit Fremden entstandene Art, äußere Erscheinungen zu deuten, Einfluß auf die politische Sprache insgesamt gewann. Die Politik wird insofern »urban«, als sich eine bestimmte, in der Großstadt gebildete Wahrnehmungsweise ausbreitet und die gesamte Gesellschaft ergreift.

Die Affäre Dreyfus: Destruktive Gemeinschaft

Man hat die Affäre Dreyfus gelegentlich »ein doppeltes Drama aus Verbrechensaufklärung und ideologischem Konflikt« genannt. Der Ausgangspunkt war ein Spionagefall: Hatte ein Offizier der französischen Armee, der Hauptmann Alfred Dreyfus, mit den Italienern und den Deutschen gegen Frankreich konspiriert? Wenn er es nicht getan hatte, wer hatte dann diesen Anschein erweckt und warum? Parallel zum Fortgang der Aufklärung des Spionagefalles entfaltet sich ein Konflikt über die Bedeutung des Beweismaterials. Je länger aber die Affäre dauert, desto weniger interessieren sich die beteiligten Parteien für das, was dieses Beweismaterial über mögliche Spionagehandlungen aussagt; immer mehr geht es ihnen darum, mit Hilfe des Materials zwei miteinander im Konflikt liegende Gemeinschaften zu definieren. Von einem bestimmten Punkt an verliert die Spionagegeschichte selber jedes Interesse, sie dient nurmehr als Brennstoff, um den Konflikt weiter anzuheizen. Dieser Punkt ist im Januar 1898 erreicht.[153]

Der gesamte Fall ist sehr verwickelt. Beschränken wir uns bei unserer Darstellung auf die Fragen, wie Dreyfus in den Verdacht geriet, ein Spion zu sein, und wie es dazu kam, daß seine Schuld später wieder in Frage gestellt wurde.[154]

Im September 1894 wurde ein angeblich für den deutschen Militärattaché in Paris bestimmter Brief entdeckt. Dieser Brief, das sogenannte *bordereau*, enthielt gewisse Informationen über die französische Armee und schien von einem französischen Offizier geschrieben worden zu sein. Man gelangte zu der

Auffassung, daß die Handschrift des Briefes die des Hauptmanns Dreyfus sei, und verhaftete ihn. Nach seiner Festnahme tauchte innerhalb der Militärbürokratie plötzlich weiteres belastendes Material auf, darunter ein Brief des deutschen Militärattachés an seinen italienischen Amtskollegen, in dem von einem Spion mit der Initiale »D.« die Rede war. Unter Ausschluß der Öffentlichkeit fand der Prozeß gegen Dreyfus im Dezember 1894 vor einem Pariser Kriegsgericht statt. Er wurde für schuldig befunden. Am 5. Januar 1895 wurde er in aller Form öffentlich degradiert; man nahm ihm seine Ehrenzeichen und zerbrach seinen Offiziersdegen. Ein Schiff brachte ihn zu lebenslanger Haft auf die Teufelsinsel. Alle, die in der Haft mit ihm in Berührung kamen, wurden angewiesen, nicht mit ihm zu sprechen.

Im März 1896 erhielt der neue Chef des französischen Militärgeheimdienstes, Major Picquart, einige zerrissene Dokumente, die eine als Agentin für die Franzosen arbeitende Putzfrau aus dem Papierkorb des deutschen Militärattachés entwendet hatte. Darunter befand sich auch ein handgeschriebener, offenbar nicht abgeschickter Rohrpostbrief, das sogenannte *petit bleu;* dieses *petit bleu* war an einen anderen französischen Offizier, Major Esterhazy, adressiert und weckte in Picquart den Verdacht, Esterhazy sei möglicherweise ein Spion. Bei seinen Nachforschungen fielen ihm Handschriftenproben von Esterhazy in die Hand; er glaubte in ihnen die Schrift des *bordereau* wiederzuerkennen, das man Dreyfus zur Last gelegt hatte. Weitere Untersuchungen bewogen ihn gegen Ende August zu dem Schluß, daß Esterhazy in beiden Affären der Spion gewesen und daß Dreyfus zu Unrecht verurteilt worden war.

Nach einer Reihe weiterer Enthüllungen und aufgrund der Bemühungen der Familie Dreyfus begann sich im Jahre 1897 auch der Vizepräsident des Senats für Dreyfus einzusetzen. Dieses Jahr war von unentschlossenem Manövrieren geprägt. Die Aufklärung der Affäre kam kaum voran. Immerhin war gegen Ende des Jahres aufgrund des öffentlichen Drucks ein Prozeß gegen Esterhazy unumgänglich geworden. Die Verhandlung vor dem Kriegsgericht begann am 10. Januar 1898 und endete am nächsten Tag. Esterhazy wurde freigesprochen. Am 12. Januar wurde Picquart wegen Untreue gegenüber der Armee verhaftet und später für schuldig erklärt. Angesichts dieser schlimmen Rückschläge für die Dreyfusisten veröffentlichte Zola am 13. Januar seinen offenen Brief an den Präsidenten: *J'accuse.*

Die Aufklärung des ganzen Falles wurde im Grunde am 13. August dieses Jahres abgeschlossen. An diesem Tag entdeckten Regierungsbeamte, daß eins der Beweisstücke gegen Dreyfus gefälscht war. Einzig Oberstleutnant Henry, ein hoher Offizier, war in der Lage gewesen, das zu tun. Zur Rede gestellt, gab er zu, dieses und andere Beweisstücke gegen Dreyfus gefälscht zu haben. Am 31. August erfuhr die Öffentlichkeit, daß sich Henry, der auf seinen Prozeß wartete, im Gefängnis die Kehle durchgeschnitten hatte, daß Esterhazy, der einen neuen Prozeß wegen seiner Beteiligung an der Fälschung zu gewärtigen hatte, nach England geflohen war und daß einer der Chefs der französischen Armee, General Boisdeffre, seinen Abschied eingereicht hatte. Daraufhin war eine Revision des Prozesses Dreyfus nicht mehr zu verhindern. Sie fand im August 1899 in Rennes statt. Dreyfus wurde nicht freigesprochen, sondern zu zehn Jahren Festungshaft unter Zubilligung mildernder Umstände verurteilt, wenige Tage später aber begnadigt. Erst im Jahre 1906 wurde er rehabilitiert und in den Rang eines Majors erhoben.

Aus heutiger Sicht läßt sich nicht ohne weiteres begreifen, warum dieser Spionagefall die französische Öffentlichkeit so sehr in Aufregung versetzt hat, daß François Mauriac noch 1965 sagen konnte: »Zur Zeit der Affäre Dreyfus war ich ein Kind, aber sie hat mein Leben erfüllt.« Léon Blum sah in ihr die »Grundfrage«, aus der alle politischen Fragen des modernen Frankreich erwachsen sind. Ab 1898 führte jede neue Wendung, die die Affäre nahm, in Paris und einigen Provinzstädten zu Straßenunruhen. Zwischen 1898 und 1900 kam es in den Cafés mehrfach zu tätlichen Auseinandersetzungen, wenn ein Parteigänger der einen Seite einen Anhänger der Gegenseite am Nachbartisch über die Affäre sprechen hörte. Eine berühmte Karikatur, die am 14. Februar 1898 im *Figaro* erschien, zeigt eine Familie, die am Mittagstisch in ein Handgemenge gerät, als sich das Gespräch der Affäre Dreyfus zuwendet; aus den Erinnerungen zahlreicher Zeitgenossen wissen wir, daß diese Karikatur nicht sonderlich übertrieben hat.[155]

Solange man sich auf die Einzelheiten und den Ablauf der Spionagegeschichte und ihrer Aufklärung beschränkt, wird aus dem Fall noch keine Affäre. Und selbst wenn man in der Affäre einen Konflikt zwischen verschiedenen Kräften der französischen Gesellschaft erkennt, bleiben die Leidenschaften, die er aufwühlte, immer noch unverständlich. Der zugrunde liegende ideologische Konflikt wird zumeist als Zusammenstoß zwischen dem »alten Frankreich«, verkörpert in Armee, Kirche und Großbourgeoisie, und dem »neuen Frankreich«, dessen Vertreter das Erbe dreier französischer Revolutionen angetreten hatten, gedeutet. Bei zahlreichen Gelegenheiten in den Jahren nach der Commune und dem Deutsch-Französischen Krieg waren diese Kräfte aufeinandergestoßen, aber kein Fall hatte die Gemüter so erhitzt wie die Affäre Dreyfus. Es war die Herausbildung einer Kollektivpersönlichkeit auf der Grundlage eines Konflikts, die die Leidenschaften auf die Spitze trieb.

Warum wollte das alte Frankreich Dreyfus vernichten? Die ideologische Antwort verweist auf die Niederlagen dieses alten Frankreich, darauf, wie sehr es in den Jahren nach dem Deutsch-Französischen Krieg in Mißkredit geraten war. Viele Menschen ganz unterschiedlicher politischer Überzeugungen hegten den Verdacht, das französische Offizierskorps habe den Krieg gegen die Preußen 1871 durch schiere Unfähigkeit verloren. Die französischen Truppen hatten tapfer gekämpft, hatten sogar ihren Feinden Respekt abgenötigt. Die Niederlage konnte man sich nur mit groben Fehlern der Armeeführung erklären. Dieses Mißtrauen fand neue Nahrung, als im März 1889 General

Boulanger, ein überaus populärer Mann, der einen *coup d'état* gegen die Republik geplant hatte, seine Anhänger im Stich ließ und mit seiner Geliebten nach Belgien floh. Das nährte den Verdacht, die Armee übe Verrat an der Nation. Die Armeeführung selbst spürte den Stachel dieses Zweifels. Deshalb war sie energisch bestrebt, sich in ein besseres Licht zu rücken.
Gegen Ende der achtziger Jahre entstand eine von diesen Führern des alten Frankreich, aber auch von den gläubigen Bauern und breiten Schichten des städtischen Kleinbürgertums getragene Bewegung zur Befreiung Frankreichs von den Juden. In der Geschichte sind die Juden immer wieder zu Sündenböcken gestempelt worden, aber sie waren durchaus nicht ständig das Ziel von Angriffen. Die antisemitische Kampagne Ende der achtziger Jahre war von der Überzeugung getragen, der Verfall des alten Frankreich sei das Werk fremder, »verräterischer Elemente«. Ihre Anführer waren keine Machiavellisten; sie suchten für sich und andere nach einer Erklärung dafür, daß sie scheinbar von dunklen, ungreifbaren Kräften ihrer Macht beraubt worden waren.
Eine Gemeinschaft, die aus der Konfrontation erwächst, braucht einen Gegner. Brüderlichkeit untereinander empfinden nur die, die einen gemeinsamen Gegner haben. Aber die beiden einander befehdenden Parteiungen in der Affäre Dreyfus entwickelten sich nicht im gleichen Tempo. Über Jahre hinweg arbeiteten die Repräsentanten des alten Frankreich an einer Rhetorik, die es ihnen ermöglichen sollte, sich an einer dramatischen Konfrontation zu beteiligen, aber ein leibhaftiger Feind, den sie hätten angreifen können, trat bis zum Jahre 1898 nicht in Erscheinung. Im vorangegangenen Jahrzehnt hatte sich das alte Frankreich mit zahllosen Hirngespinsten über Verschwörungen und Verrätereien herumgeschlagen, hinter denen stets »die Juden« steckten. Doch, so lautete die antisemitische Doktrin, es lag im Wesen des Juden, daß er sich niemals im offenen Kampf stellt. Er war ein »Schleicher«, macht dir lächelnd den Hof und verkauft dann hinter deinem Rücken Staatsgeheimnisse. In der Zeit vor dem Januar 1898 existierte also eine *potentielle* Gemeinschaft, die zur Konfrontation bereit war, durch ihre eigenen Vorurteile über den Feind jedoch eine solche Konfrontation verhinderte.
Wir wollen nun zusehen, wie sich diese Gemeinschaftsrhetorik innerhalb der antisemitischen Rechten entwickelt hat. Der führende Antisemit der achtziger und frühen neunziger Jahre war Edouard Drumont, Gründer der Zeitung *La Libre Parole*. Für Drumont und seine Gefolgsleute, etwa den Comte de Rochefort, war Dreyfus der Inbegriff ihrer Phantasien vom jüdischen Verräter: er hatte sich in die Armee eingeschlichen; er war kein offener Gegner, sondern ein Ränkeschmied. Daher stellt Drumont ihn in einem Artikel »Die Seele des Hauptmanns Dreyfus«, erschienen am 26. Dezember 1894 in *La Libre Parole*, außerhalb des Verbrechens:

»Dreyfus hat einen Vertrauensbruch begangen, aber er hat kein Verbrechen gegen sein Land begangen. Damit ein Mann sein Land verraten kann, muß er zunächst einmal ein Land haben.«

Zum »Wesen des Juden« gehört es aber, daß er keinem Land angehören kann, und deshalb, so Drumont, »können die Juden einfach nicht anders«, sie müssen die Geheimnisse Frankreichs gegen Bares verkaufen.[156]
Auf ideologischer Ebene zielt eine antisemitische Sprache wie diese darauf, die in der Vergangenheit von Antisemiten begangenen Sünden zu sühnen: Der Haß auf die Juden wäscht sie rein. Doch diese Sprache ist noch mit einer anderen verknüpft. Schon in den Jahren 1894 und 1895 tritt in den Schriften Drumonts und anderer Antisemiten die Persönlichkeit dessen, der bereit ist, dem stets sich entziehenden Juden die Stirn zu bieten, in den Vordergrund. Mit einer solchen Selbstdarstellung und nicht mit einer Zusammenfassung seiner Gedanken über Dreyfus schließt Drumont auch seinen Artikel »Die Seele des Hauptmanns Dreyfus«:

»Ich bin immer ein äußerst hinfälliger, äußerst empfindsamer, leicht zu entmutigender Mensch gewesen. Den Mut, mein Land aus dem Schlaf zu rütteln, habt ihr [die anderen Antisemiten] mir gegeben. [...] Meine Bücher haben unserem geliebten Frankreich einen ungeheuren Dienst erwiesen, indem sie ihm die jüdische Gefahr enthüllten. [...] Allein hätte ich sie nicht schreiben können. Ich habe nur der Stimme eines höheren Willens gehorcht: ›Spreche!‹ Und ich habe gesprochen.«

Der Antisemitismus ist für Drumont ein Abzeichen seines persönlichen Werts, seiner Integrität. Wie könnte ihm irgend jemand zumuten, eine gemäßigtere Haltung einzunehmen, Kompromisse zu schließen? Er würde seine Integrität kompromittieren. Die Affäre Dreyfus symbolisiert für Drumont unmittelbar das, was er als Person ist.[157]
Die Abscheu vor dem Juden verwandelte sich in Bekenntnisse des Hasses, wie das Drumonts, und diese Bekenntnisse wurden zu Chiffren für die Vaterlandsliebe, für die eigene Lauterkeit und den eigenen Mut im Angesicht von Verschwörern. Diese Bekenntnisse signalisierten anderen, daß man ein Freund war, dem man trauen durfte. Aus diesen Zeichen entwickelte sich ein Gemeinschaftsgefühl. Erinnerungen aus dieser Zeit berichten von Unterhaltungen auf Abendgesellschaften, bei denen die Leute an den Tischen einander umkreisen und abtasten, um anhand bestimmter Indizien und Erkennungswörter herauszufinden, ob man es mit Gleichgesinnten zu tun habe oder nicht. Wenn das Terrain günstig scheint, ergeht man sich in langen Haßtiraden auf die Juden. Fäuste donnern auf den Tisch, um zu beteuern, daß Frankreich vor seinen inneren Feinden gerettet werden muß; es kommt zu einer großen Gefühlsaufwallung, die Leute sind sichtlich bewegt. Und doch lesen wir in den Memoiren eines Bankiers:

»Das alles ist so seltsam unpersönlich. Man stimmt diesen intimen Offenbarungen zu oder wahrt Schweigen, und dann steht man vom Tisch auf, angefüllt mit Zigarrenrauch und Cognac, und weiß nicht einmal, wer dieser Mann war, der einem sein Herz mit solcher Inbrunst ausgeschüttet hat.«[158]

Doch obwohl die Sprache des Antisemitismus zeitweilig ein solches Gemeinschaftsgefühl entstehen ließ, konnte es sich zunächst noch nicht wirklich festigen, denn es traf auf keine wirkliche Reaktion. Die an der Schuld von

Dreyfus zweifelten, waren in der Minderzahl und erregten sich bei weitem nicht so wie seine Ankläger. Erst im Januar 1898 entwickelten die Verteidiger von Dreyfus eine ähnliche Leidenschaft.
Wie wir gesehen haben, war es im Januar 1898 zum Prozeß gegen Esterhazy gekommen, und unmittelbar auf dessen Freispruch folgte die Verhaftung seines Anklägers Picquart. Im Jahr zuvor hatten sich die Verteidiger von Dreyfus immer häufiger in der Presse zu Wort gemeldet; die Prozesse nun ließen das Interesse für den Fall Dreyfus stark anwachsen, doch die Meinungen zu seinen Gunsten waren diffus, in sich gebrochen und widersprüchlich.
Am 12. Januar sah es so aus, als sei die Affäre zu Ende: Esterhazy war freigesprochen, und Picquart hatte man für seine Beschuldigungen verhaftet. Die Bedeutung von Emile Zolas Brief »J'accuse«, der am 13. Januar in der Zeitung *L'Aurore* erschien, beruht darauf, daß er die festgefahrene Bewegung der Dreyfusisten mit neuem Leben erfüllte, indem er dem Diskurs eine Form gab, die die Herausbildung einer Gemeinschaft gestattete. Zola gelang es, die Vorstellung eines »Wir« der Dreyfusisten im Gegensatz zu den Anti-Dreyfusisten plastisch zu machen. Dabei bediente er sich der Techniken des Melodramas und entwarf ein Bild des Dreyfusisten als Person. Nun hatte jede der miteinander verfeindeten Parteien feste Umrisse gewonnen – zwei feindliche Lager, die fortan ohne einander nicht mehr auskommen konnten.
Die Aufregung über das Extrablatt von *L'Aurore* war ungewöhnlich groß. 300 000 Exemplare waren in wenigen Stunden verkauft. Die Leute prügelten sich regelrecht darum. Zolas Name war in aller Munde, und sein Artikel wurde von den mit neuem Mut erfüllten Dreyfusisten in ganz Frankreich verbreitet. Wenn man diesen Text Schritt für Schritt analysiert, erkennt man, wie Zola die Grenzlinie zwischen politischer Argumentation und einer neuen Art von Gemeinschaftsrhetorik überschreitet.[159]
»J'accuse« hat die Form eines Briefes an Félix Faure, den Präsidenten der Republik. Warum wendet sich Zola an ihn? Man könnte meinen, weil Faure das Staatsoberhaupt ist. Aber das ist nicht der Grund. Mit »J'accuse« zielte Zola auf seine Verhaftung wegen Verstoßes gegen das Pressegesetz über üble Nachrede von 1881, um in dem zu erwartenden Verfahren gegen ihn die Affäre Dreyfus selbst noch einmal zur Verhandlung zu stellen. Faure war von Amts wegen weder in der Lage, ein solches Verfahren zu veranlassen, noch, es einzustellen. Der rhetorische Kern von Zolas Brief an Faure besteht darin, daß dieser als die »erste Autorität des Landes« (Abschnitt 4) angesprochen wird; er repräsentiert alle Franzosen als Richter (obgleich der Präsident rechtlich gesehen durchaus nicht oberster Richter war – anders als der amerikanische Präsident besaß er zum Beispiel nicht das Recht zur Begnadigung).
Man muß sich diese Ausgangssituation klarmachen, um zu verstehen, wie Zola den Präsidenten in den ersten vier Abschnitten seines Briefes anredet, nämlich von Mann zu Mann. Hier warnt Zola den Präsidenten und vergibt ihm. Die Warnung wird brillant vorgetragen:

»Aber welch eine Befleckung Ihres Namens – ich hätte fast gesagt Ihrer Regierungszeit – ist diese abscheuliche Affäre Dreyfus!« (Abschnitt 2)

Frankreich hat sich vor 25 Jahren der Könige und Kaiser entledigt; betrachten Sie sich deshalb nicht als Herrscher, denn dann würden Sie sich als Teil des alten Frankreich sehen; betrachten Sie diese Affäre als Sache Ihrer Ehre, Ihrer menschlichen Integrität. Gleichheit bedeutet, daß es zwischen den verschiedenen Selbst keine Distanz gibt. Auf dieser Linie liegt auch die Argumentation, mittels derer Zola »vergibt«: »Im Interesse Ihrer Ehre bin ich überzeugt, daß Sie nichts davon [von der Wahrheit] wissen.« Wer ist Zola, daß er dem französischen Präsidenten etwas verzeihen könnte – es sei denn, sie sprächen als vertraute Freunde miteinander?

Die eigene Parteinahme erläutert Zola in ganz ähnlicher Weise. Er kannte weder Dreyfus noch die beteiligten Militärs und war zuvor durch die Affäre auch nicht geschädigt oder bedroht worden. Warum also mischt er sich ein? In Abschnitt 3 drängt sich Zola dem Leser mit den folgenden Worten auf: er werde es »wagen« zu sprechen, er werde »die Wahrheit sagen«. Mit anderen Worten, die erste Vorstellung, die wir innerhalb der Affäre von ihm gewinnen, ist die von einem mutigen Mann. Mehr noch: »Es ist meine Pflicht zu sprechen, ich will nicht Komplice sein.« Wer hat das je angenommen? Im Grunde besagt dieser Satz: Wer sich einmischt, beweist damit, daß er Charakter hat, und Nicht-Einmischung erscheint als Mangel an Mut. Das leitet über zu einem eigenartigen Bekenntnis. Wenn er nicht spräche, so schreibt Zola, dann würden seine Nächte

»gestört sein von dem Geist des Unschuldigen, der dort unter den furchtbarsten Qualen für ein Verbrechen büßt, das er nicht begangen hat«.

Wenn ein Publizist über seinen Mut und seine »gestörten Nächte« spricht, dann geht es nicht darum, ob er ehrlich ist. Es geht darum, die eigenen Überzeugungen einem Publikum zu vermitteln. In »J'accuse« lenkt der Mann mit Gewissen die Aufmerksamkeit zunächst einmal auf seinen Heldenmut; er dramatisiert die Tatsache, daß er ein Gewissen hat – gewiß eine merkwürdige Form, die Verteidigung eines anderen zu beginnen, und zudem eine, die der Sprache der Anti-Dreyfusisten vom Schlage Drumonts genau entspricht.

Vor dem Hintergrund der eigenartigen rhetorischen Atmosphäre dieses Anfangs können wir auch Zolas weitere Ausführungen begreifen, die so vielen modernen Kommentatoren, die diesen Text aus logischem und juristischem Blickwinkel geprüft haben, als nichtssagend erschienen sind. Es ist die Logik der öffentlichen Persönlichkeit des 19. Jahrhunderts, die diese Argumentationen geprägt hat.

In den Abschnitten 5 bis 11 erklärt Zola, wer Dreyfus eine Falle gestellt hat. Seine Behauptung ist einfach:

»Ein verhängnisvoller Mensch hat alles angestiftet, alles getan; es ist der Oberstleutnant du Paty de Clam, damals noch Major. Er verkörpert die ganze Affäre Dreyfus.« (Abschnitt 5)

Zolas Beweise? Juristisch haltbare, konkrete Beweise kann er nicht anführen. In Abschnitt 5 sagt er, wenn man eine »ehrliche Untersuchung« anstelle, dann werde Klarheit entstehen. »Ich brauche nicht das Ganze zu sagen; sollen sie suchen, sie werden finden.« In der Mitte von Abschnitt 6 erklärt Zola, es genüge, darauf hinzuweisen, daß der Major du Paty de Clam in dem Augenblick auftrat, als der Verdacht auf Dreyfus fiel. Aber Zola geht es gar nicht um juristisch tragfähige, konkrete Beweise, denn über Richtig und Falsch in dieser Affäre ist nur am Maßstab der Persönlichkeit zu entscheiden. Wenn er uns den Eindruck vermitteln kann, daß du Paty de Clam eine abstoßende Person ist, dann muß du Paty auch derjenige sein, der Dreyfus eine Falle gestellt hat. Deshalb gibt Zola gleich nach seiner Anschuldigung gegen du Paty eine aufwendige Schilderung von dessen Charakter. Da ist von »romantischen Anzettelungen« und »geheimnisvollen Frauen, die mitten in der Nacht mit niederschmetternden Schuldbeweisen hausieren«, die Rede (Abschnitt 5). Und du Paty de Clam hatte mit seinen Ränken nicht deshalb Erfolg, weil bestimmte institutionelle Kräfte ein Opfer benötigten oder weil sich das Militär in ein besseres Licht setzen wollte. Nein, sein Erfolg beruht darauf, daß du Paty als Person die Kraft besitzt, andere Menschen zu hypnotisieren,

»denn er beschäftigt sich auch mit Spiritismus und Okkultismus; er verkehrt mit den Geistern.« (Abschnitt 6)

Die Mystifikation vervollständigt das Bild von Zolas hohem Charakter. Dort ist ein Teufel am Werke, und hier steht der Heldenmütige, der ihn entlarven will. Der Richter zwischen beiden ist ehrbar, aber ahnungslos. Und ganz nebenbei gibt es auch noch den institutionellen Prozeß, der einen Menschen ins Gefängnis gebracht hat.
Nachdem er auf den Bösewicht gewiesen hat, geht Zola daran, alles Beweismaterial ins Persönliche zu wenden. Da gibt es zum Beispiel ein belastendes Dokument, das geheimgehalten wird. Was sagt Zola dazu? »Ich bestreite das Dasein dieses Dokuments, ich bestreite es mit meiner ganzen Kraft.« (Abschnitt 10) Indem er es »bestreitet«, spricht ihm der Autor jeden möglichen Wahrheitsgehalt ab. Ein paar Sätze weiter dann, nachdem er behauptet hat, gleichgültig, was das Dokument enthalte, es stehe jedenfalls nicht in Beziehung zu Fragen der nationalen Sicherheit, erklärt er plötzlich:

»[...] nein, das ist eine Lüge. Und das ist um so abscheulicher und zynischer, weil sie ungehemmt lügen dürfen, ohne fürchten zu müssen, daß man sie überführen kann.«

Aus einem »das« (das Dokument) werden hier plötzlich »sie«, die Feinde. Obwohl wir eben noch gehört haben, daß das Dokument von belanglosen Dingen handelt und daher wohl bloß ein Stück Papier ist, erscheint es jetzt als das Werk der Feinde, und ob es echt ist oder gefälscht, läßt sich nicht diskutieren, »weil sie ungehemmt lügen dürfen, ohne fürchten zu müssen, daß man sie überführen kann.«

Nachdem er die Affäre zunächst zu einem Drama persönlicher Moralität gemacht hat: der Held gegen den Teufel, läßt Zola alle Erörterungen über das Beweismaterial jetzt nur insofern gelten, als sie auf die Persönlichkeit der Antagonisten bezogen sind. Neben seiner psychologischen Symbolkraft kommt dem Beweismaterial keine eigenständige Realität zu.

In den Abschnitten 12 bis 22 werden die Ereignisse vom Esterhazy-Prozeß bis zum Tag vor dem Erscheinen von »J'accuse« der gleichen Darstellung unterzogen. Der Augenblick, in dem die Militärs über die Strafverfolgung Esterhazys zu entscheiden haben, wird als »qualvoller psychologischer Augenblick« dargestellt. Weil sie ihre Entscheidung erst mit Verspätung treffen, greift Zola sie ganz persönlich an: »Und diese Menschen schlafen, und dabei haben sie Frauen und Kinder, die sie lieben.« (Abschnitt 14) Was bedeutet diese merkwürdige Feststellung? So wie Zola die Affäre auffaßt, gibt es darin keine konkrete Welt, keine Bürokratie, keine Macht- und Autoritätskonflikte, es gibt nur die absoluten Werte des Selbst. Wie können Sie behaupten, ein Mensch zu sein, wenn Sie anderer Meinung sind als ich? Jedes äußere Erscheinungsbild, jede spezifische Handlung verweist auf diese absoluten Werte. Des Menschen Maske ist der Wegweiser zu seinem Charakter, und deshalb kann es weder für Zola noch für Drumont ein Abweichen von der einmal bezogenen Position geben, denn keiner von ihnen kann sich seine Integrität abkaufen lassen.

So gelangen wir zum inneren Prinzip jener berühmten Äußerung am Schluß von Abschnitt 18, von der ein zeitgenössischer Jurist sagte, sie sei »der Gipfel der Irrationalität im Namen rationaler Gerechtigkeit«. Mit den folgenden Worten faßt Zola die Lebensläufe von Esterhazy und Picquart zusammen:

»Ja, wir erleben dieses schändliche Schauspiel: Männer, die tief in Schulden und Verbrechen stecken, werden zu Unschuldigen proklamiert, und einen Mann fleckenlosen Lebens greift man in seiner Ehre an. Wenn eine Gesellschaft so tief sinkt, ist sie dem Verfall ausgeliefert.« (Abschnitt 18)

Zola meinte das wörtlich: Die Massenpresse hatte dem Umstand, daß Esterhazy zahlreichen Leuten Geld schuldete, während Picquart schuldenfrei war, große Aufmerksamkeit geschenkt. Diese Passage bezeichnet den Höhepunkt einer Charaktergerichtsbarkeit und zugleich des Rufmords. Wenn die Grenze zwischen öffentlichem Leben und Privatleben einmal verwischt ist, kann sich Politik nur noch in Form solcher Charaktergerichtsbarkeit vollziehen.

»J'accuse« belegt eine Konsequenz aus dem Wandel in der Rhetorik, der sich zwischen der Generation Napoleons und der Lamartines vollzogen hatte. Der Charakter hatte sich vom Handeln gelöst, Lamartine konnte sich dem Volk als Führer darstellen, ohne sein Handeln anzuleiten, und so konnte es zu einer Verkehrung kommen, die der öffentlichen Welt des Handelns, außer in bezug auf die individuelle Motivation des Politikers, jegliche Bedeutung genommen hat.

Zola gelangt jetzt zum entscheidenden Punkt seines Artikels, der Reihe von

Anklagen, die im Abschnitt 26 beginnt. Jede von ihnen wird mit den Worten eröffnet »Ich klage ... an ...« und nicht mit »X hat sich des/der ... schuldig gemacht ...«. Tatsächlich ist »ich« das wichtigste Wort der gesamten Anklage. Es geht nicht so sehr darum, eine Ungerechtigkeit anzuprangern oder diese Männer zu entlarven; auf dergleichen will sich Zola, wie er selbst gesagt hat, nicht einlassen; das ist Sache der Behörden. Wichtig ist, daß »ich« sie anklage. Aber worin besteht seine Anklage? Hier die Liste von Zolas Angeklagten und ihren Verbrechen:

du Paty de Clam – »teuflischer Urheber des Justizirrtums«
Mercier – »Geistesschwäche«
Billot – »Verbrechen gegen die Menschheit und gegen die Gerechtigkeit aus politischer Berechnung«
Boisdeffre – »leidenschaftlicher klerikaler Eifer«
Gonse – »Gehorsam gegenüber dem Korpsgeist«
Pellieux – »verbrecherische Untersuchung angestellt«
Schriftsachverständige – »lügnerische und betrügerische Gutachten«
Kriegsministerium – »ungeheuerliche Propaganda« in der Presse
Kriegsgericht – »das Recht verletzt«.

Nur die Verbrechen Boisdeffres – sein »klerikaler Eifer« – und des Kriegsgerichts – Verstoß gegen die Kriegsgerichts-Gesetzgebung – haben institutionellen Charakter. Alle übrigen sind Persönlichkeitsverbrechen. Deshalb ist es so wichtig, daß »ich« sie anklage, oder, anders gesagt, mit der Rhetorik des »Ich klage an« stößt man am ehesten auf Persönlichkeitsverbrechen.
Der Schluß von Zolas »J'accuse« weist eine irritierende Parallele zu dem Schluß von Drumonts Artikel »Die Seele des Hauptmanns Dreyfus« auf. In Abschnitt 28 versichert Zola, daß seine Leidenschaft rein sei, daß ihn mit dem ganzen Fall weder Gewinnstreben noch Interesse verbinde. Und in Abschnitt 29 informiert er den Leser ähnlich wie Drumont, wie stark ihn der Fall bewege. Wir empfangen einen Eindruck seines Gefühlszustandes: »Mein glühender Protest ist nur der Schrei meiner Seele.« Wie Drumont entwirft Zola (in Abschnitt 30) ein letztes Bild, nicht ein Bild von Dreyfus oder von Frankreich, sondern eines von Zola, vom trotzigen, kämpferischen Zola. Das Motto, mit dem er seine Haltung gegenüber dem bevorstehenden Prozeß wegen übler Nachrede umschreibt, lautet: »Ich warte!« Mit dieser Deklaration von Zolas Standhaftigkeit endet sein Plädoyer für Dreyfus.
Wenn wir fragen, warum von diesem Artikel an einem Tag 300 000 Exemplare verkauft wurden; warum er einen großen Teil der französischen Bevölkerung aufrüttelte und für Dreyfus Partei ergreifen ließ; warum »J'accuse« auch dann noch der Grundtext der Bewegung blieb, als Zola nach seinem Prozeß, angesichts einer einjährigen Gefängnisstrafe, mit seiner Geliebten und einem Stoß Banknoten in der Tasche nach England floh und sich damit als Vorkämpfer der Sache in Mißkredit brachte; wenn wir fragen, warum »J'accuse« auch nach dem Selbstmord Henrys und der daraus resultierenden Ehrenrettung du Paty de Clams für eine Vielzahl von Menschen ein überzeugendes Dokument

blieb, dann kann die Antwort nur lauten: Sie wollten genau das, was Zola ihnen anbot, nämlich eine Sprache der Zugehörigkeit zu einem kollektiven Kampf, und nicht eine logische Beweisführung für die Unschuld von Dreyfus.

Der wirkliche Inhalt von »J'accuse« ist die Frage, wie die Menschen beschaffen sind, die den jüdischen Hauptmann verteidigen, und wie jene beschaffen sind, die ihn angreifen. Auf keiner der beiden Seiten bildet sich eine Führerfigur heraus. Zolas rasches Verfahren und seine noch raschere Abreise disqualifizieren ihn, und nach dem 13. Januar 1898 lösen die führenden Gestalten in der Affäre einander so schnell ab, daß kein einzelner und keine Gruppe jemals Herr des Geschehens gewesen zu sein scheint. Aber diese Unbeständigkeit an der Spitze bedeutet nicht, daß sich an der Basis die Front zwischen Dreyfusisten und Anti-Dreyfusisten verwischt hätte. Innerhalb der Volksmassen verhärten sich die beiden Lager gegeneinander; Henrys Fälschungen z. B. werden von den Anti-Dreyfusisten schnell als Zeichen von Edelmut und Opferbereitschaft gedeutet, denn selbst wenn Dreyfus nicht schuldig ist, müßte er es im Grunde sein. Jede neue Wendung, die die Affäre weiter aufklärt und damit Dreyfus der Rehabilitation näherbringt, ist für die beiden Fraktionen nur Anlaß zu neuen Straßenunruhen.

Nach 1902, als die offene Gewalt zwischen beiden Lagern abgeklungen war, ist es gleichwohl zu einer Versöhnung zwischen ihnen nicht gekommen. Beide betrachteten die Ferry-Gesetze, die das französische Schulwesen säkularisierten, als eine Art Rache für die Verurteilung von Dreyfus, denn die Kirche war mit der Armee verbündet. Schriftsteller wie Charles Maurras und Gruppen wie die Camelots du Roi verdanken den Anti-Dreyfusisten entscheidende Impulse, und unter den Historikern außerhalb Frankreichs hat sich inzwischen die Ansicht durchgesetzt, daß sich die Energien für die französische Kollaboration mit den Nazis zum Teil aus den alten Wunden der Armee und aus dem durch diese Affäre aufgewühlten Judenhaß speisten. Die Dreyfus-Affäre ist ein klassisches Beispiel dafür, wie sich in einer Gesellschaft ein unüberbrückbares Schisma auftut, wenn in ihr eine Gemeinschaft entsteht, die sich auf eine abstrakte, diffuse Kollektivpersönlichkeit stützt. Kein Wandel der materiellen Verhältnisse, keine geschichtliche Wende vermag die Positionen, die die Gegner einmal bezogen haben, zu verändern, denn es geht in diesem Konflikt, so jedenfalls scheint es, beiden Seiten nicht um irgendeinen Sachverhalt, sondern um Integrität, Ehre und Kollektivität als solche.

Nachdem sich die Gemeinschaft einmal gebildet hatte, konnten ihre Mitglieder aus dem Handeln keine Lehre mehr ziehen. Henrys Selbstmord erschüttert das Weltbild der Feinde von Dreyfus nicht; er wird schnell als der heldenmütige Akt eines loyalen katholischen Armeeangehörigen gedeutet. Du Paty de Clams Ehrenrettung durch den Selbstmord Henrys läßt die Anhänger von Dreyfus keinen Augenblick schwanken. Sie retteten Zolas Idee von der »Verschwörung«, indem sie eilfertig die These aufstellten, du Paty de Clam, meisterhafter

Hypnotiseur, der er war, habe Henry eines Abends in ein Café geführt und ihn dort durch Mesmerismus dazu veranlaßt, die Fälschungen herzustellen.

Die Affäre Dreyfus markiert einen Extremfall jener Wahrnehmungsweise, die die äußere Erscheinung in Zeichen des Selbst verwandelt. Die Maske enthüllt nun ein gemeinsames Gesicht; damit die Gemeinschaft Bestand haben kann, damit die Gesichter aller in diesem einen, gemeinsamen Gesicht erkennbar werden, muß sich die Gemeinschaft in sich versteifen, darf sich nicht rühren. Auf beiden Seiten hat die Gemeinschaft nur so lange Konsistenz, wie sie der Gegenseite ein unflexibles Erscheinungsbild darbietet.

Auf der Bühne weiß man, daß jede Handlung des »Doktor Weltschmerz« von seinem sittlichen Charakter bestimmt ist; und auch auf der Straße glaubt man, jedes Anzeichen dafür, daß Dreyfus Gerechtigkeit zuteil wird, auf eine jüdische Verschwörung gegen die anständigen Franzosen zurückführen zu können. Weil diese Bösewichter, die Juden und ihre Fürsprecher, einen verderbten Charakter haben, streitet man ihnen nun aber, anders als auf der Bühne, jegliche Daseinsberechtigung ab. Wenn in einer Kultur, die ängstlich besorgt ist um die Glaubhaftigkeit der äußeren Erscheinung, das Melodrama aus dem Theater auf die Straße drängt, dann hat das unvermeidlich die Konsequenz, daß der einzelne an sich selbst nur glauben kann, wenn er seine Feinde vernichtet. Wie soll man sich den Glauben an die eigene äußere Erscheinung bewahren, solange diese Feinde an die ihre glauben können? Gehört man wirklich zur Gemeinschaft? Wenn alles Handeln ein Sinnbild für die Persönlichkeit ist, wenn die Rücksicht auf die eigene Persönlichkeit zum Kriterium für die Haltung zu Dreyfus wird, dann müssen jene, die nicht die gleichen Sinnbilder verkörpern, inauthentisch, lügenhaft, falsch sein und müssen deshalb vernichtet werden. Auf der Bühne zeitigt das Melodrama keine Folgen, es bewirkt keine Veränderung der Charaktere; das politische Melodrama dagegen führt bis zu dem Punkt, an dem die letzte Möglichkeit, die eigene Erscheinung zu stabilisieren, in der Zerstörung des Gegners zu bestehen scheint. Die Logik der Kollektivpersönlichkeit ist die der Säuberung.

Vor dem Hintergrund dieser Gleichsetzung von Gemeinschaftsgefühl und Teilhabe an einer gemeinschaftlichen Identität erscheint es durchaus natürlich, wenn die Sprache des Aushandelns, der Bürokratie, der Verwaltungsbeziehungen in einem anderen, abgesonderten Bereich verankert wird. So entwickelte sich zu Beginn unseres Jahrhunderts die Vorstellung, das Leben der Gemeinschaft und das des Staates seien substantiell verschieden.

Eine Gemeinschaft, die sich zum Selbstzweck wird, gerät unter den Einfluß einer merkwürdig verkehrten Domino-Theorie. Das Verhandeln wird zur großen Bedrohung der Gemeinschaft: Jede Modifikation oder Preisgabe der einmal bezogenen Position schwächt den Geist des Zusammenhalts. Es wird wichtiger, zu erklären, wer man ist, als sich mit anderen, die anders sind als man selbst, einzulassen. Deshalb lag den von der Dreyfus-Affäre aufgewühlten heftigen Leidenschaften eine Passivität zugrunde, die nicht weniger statisch und erstarrt war als die reglose Unterwerfung, die Lamartine den Volksmassen von Paris suggeriert hatte.

Wer ist wirklich radikal?

Die Gemeinschaftsrhetorik tauchte im 19. Jahrhundert auch in einem Bereich auf, aus dem sie eigentlich hätte verbannt bleiben müssen, nämlich im Bereich radikaler Politik. Sie diente bürgerlichen Radikalen dazu, sich einen legitimen Platz innerhalb der proletarischen Bewegung zu schaffen. Wir wollen zunächst darstellen, warum eine Kollektivpersönlichkeit insbesondere im Marxismus nicht hätte hervorgebracht werden dürfen, und dann nachzeichnen, wie es gleichwohl zu ihrer Herausbildung kam.

Das vielleicht bedeutendste, bis heute nicht ganz ausgelotete Vermächtnis des 19. Jahrhunderts ist eine Geschichtsauffassung, der zufolge die Ereignisse auf einsehbare Weise, wenn auch nicht unvermeidlich, aus den gesellschaftlichen Verhältnissen folgen. Zu ihren Vertretern gehörten jene, die davon ausgingen, jede Nation habe ihr besonderes »Schicksal«, aber auch zahlreiche Anarchisten des 19. Jahrhunderts, einige Anhänger Saint-Simons, die meisten Sozialdarwinisten sowie die Anhänger von Marx. Die Marxsche Geschichtsdialektik setzt eine Abfolge von Erfahrungsstufen, wobei sich jede Stufe aus den Widersprüchen der vorangegangenen bildet. Uns ist dieser Gedankengang so vertraut, daß wir ihn wie einen Katechismus herbeten können: Die These explodiert zur Antithese, in deren Licht Situationen und Personen ein anderes Aussehen annehmen; diese Antithese explodiert ihrerseits und führt entweder nach einer Periode der Revolution zu einer Synthese oder in einem unaufhaltsamen Kreislauf der materiellen und intellektuellen Re-Formation zu einer weiteren Antithese, einer Anti-Antithese.

Dieser Katechismus gilt uns zwar fast als eine Selbstverständlichkeit, aber wir sind auch Zeuge von Ereignissen geworden, die ihm zuwiderlaufen. Mehr als die halbe Welt wird von Regierungen beherrscht, die das Marxsche Konzept in der einen oder anderen Spielart gutheißen, doch handelt es sich dabei genau um jene Gesellschaften, die Marx und mit ihm Fourier und Saint-Simon als nicht reif für eine Revolution erachtet haben, nämlich um kolonisierte, industriell unentwickelte oder sonstwie von den europäischen Verhältnissen, aus denen Marx seine historische Entwicklungslogik abgeleitet hatte, abweichende Länder.

Keine einzelne Generation und sicher auch kein einzelnes Buch vermögen das Paradoxon dieser Verschiebung zu erklären. Aber aus der Entwicklung der Stadtkultur, wie wir sie bisher nachgezeichnet haben, fällt zumindest auf eine Dimension dieses Paradoxons Licht: auf die psychologische Deformation, die die Kultur bei denen, die für einen radikalen, dialektischen Wandel eintreten, bewirkt und die zur Folge hat, daß sie, wenn die Geschichte vor der Theorie die Flucht ergreift, mit Abwehr reagieren. Immer wieder taucht bei Marx die Vorstellung auf, daß die Menschen ihre Anschauungen unter der Wirkung neuer Ereignisse und Situationen umbilden. Der Satz, das materielle Sein bestimme das Bewußtsein, läßt sich leicht vulgarisieren, und das ist auch geschehen. Marx jedenfalls wollte damit sagen, daß jede neue materielle Konstellation, in die eine Gesellschaft gerät, einen Wandel des Bewußtseins erzwingt, weil die Welt, aus der sich dieses Bewußtsein speist, eine andere geworden ist.

Was bedeutet es psychologisch für einen Menschen, wenn er imstande ist, seine Anschauungen umzubilden? Muß er dialektisch denken? Wenn eine bestimmte Anschauung so tief in einem Menschen verwurzelt ist, daß sie seine Identität mitdefiniert, muß jeder Anschauungswandel zu einer erheblichen Umwälzung im Selbst führen. Oder anders ausgedrückt: Je stärker eine bestimmte Überzeugung in der Person oder im Selbst verankert ist, desto schwieriger ist es, sie zu verändern.

Ein dialektisches Bewußtsein erfordert also eine fast übermenschliche Kraft. Wir haben es mit einer Ideologie des leidenschaftlichen Interesses an der Welt, des leidenschaftlichen Engagements gegen Ungerechtigkeiten zu tun, zugleich aber auch mit einer Ideologie, die die Forderung erhebt, in dem Maße, wie sich die historischen Situationen verändern, das eigene Engagement zu prüfen, zu überdenken, neu zu formulieren. Man soll die eigenen Überzeugungen engagiert vertreten und sie zugleich in einer Distanz zum Selbst halten, so daß man sie modifizieren kann, ohne dies als Verlust oder Gefährdung zu erleben.

So gesehen erscheint das, was Marx unter dialektischem Bewußtsein verstand, dem Konzept öffentlichen Verhaltens, das wir am Beispiel der Großstadt untersucht haben, sehr nahe zu stehen. Um in den eigenen Wahrnehmungen dialektisch sein zu können, muß man sich in die Öffentlichkeit begeben, weg von den Symbolisierungen der Persönlichkeit durch Überzeugungen und soziales Handeln. Während Rousseau einer so verstandenen Öffentlichkeit feindlich gegenüberstand, war Marx gewiß einer ihrer Vorkämpfer.

Und doch kennen wir alle jenes Wesen, das sich einen Marxisten nennt und gerade diese Flexibilität verabscheut. Manchmal bezeichnet man es als »Ideologen«, manchmal als »Dogmatiker«. Oft handelt es sich um Angehörige des Bürgertums, die aus humanitären Motiven oder aus Unzufriedenheit mit der eigenen Vergangenheit und mit sich selbst zu Radikalen werden und den Kampf für Recht und Gerechtigkeit in der Gesellschaft mit den Unternehmungen der Arbeiterklasse identifizieren. Die Motive, die sie zu einer Parteinahme für die Unterdrückten bringen, mögen von Fall zu Fall variieren, immer aber ergibt sich aus dieser Beziehung zur Arbeiterklasse ein eigentümliches Problem: Inwiefern sind diese Bürgerlichen legitimer Bestandteil der Arbeiterbewegung, wie legitimieren sie ihre Bildung und ihre Wohlerzogenheit vor der Gemeinschaft der Unterdrückten?

Marx und Engels war dieses Problem vertraut, es stellte sich ihnen selbst. Der bürgerliche Überläufer löste das Problem, sich als Radikaler zu legitimieren, mit dem Mittel, das ihm die bürgerliche Kultur, aus der er stammte, zur Verfügung stellte, nämlich mit seiner äußeren Erscheinung. Jede Position, die er bezog, jeder Punkt, den er diskutierte, wurde auf diese Weise mit dem ganzen Gewicht seiner revolutionären Identität belastet. Debatten über die »korrekte« Strategie wurden für ihn sehr schnell zu einem Charakterkonflikt: Wer ist »wirklich« revolutionär? In all seinen Diskussionsbeiträgen zur »richtigen revolutionären Taktik« geht es im Grunde um die Frage: Wer ist ein legitimer Radikaler? Die Gegner, die die falsche Strategie haben, die zur falschen Fraktion zählen, die die falsche Linie vertreten, sind in Wirklichkeit gar nicht radikal. Aufgrund ihrer ideologischen »Irrtümer« gehören sie deshalb gar nicht zur Radikalengemeinschaft.

Die Gemeinschaften radikaler Arbeiter selbst begannen seit 1848 die Frage nach der Legitimität des bürgerlichen Überläufers zu stellen. Wir haben erwähnt, daß die Mitarbeiter der Zeitung *L'Atelier* ihm damals einen Platz in ihren Reihen verweigerten. In den fünfziger Jahren des 19. Jahrhunderts begegnet man in England der gleichen Feindseligkeit gegenüber dem bürgerlichen Intellektuellen, der sich in der Revolution als Helfer auf die Seite derer schlagen will, in deren Namen und in deren Interesse die Revolution gemacht werden soll. Die Geschichte dieses Klassenantagonismus innerhalb der revolutionären Kader im 19. Jahrhundert muß noch geschrieben werden.

Jenes Sektierertum zwischen den verschiedenen Fraktionen und »Linien« steht in einem direkten Zusammenhang mit der Idee der Persönlichkeit. Glaubhaft wird eine Erscheinung dadurch, daß in ihr eine Persönlichkeit zum Vorschein kommt; beim bürgerlichen Überläufer nun ist das zwangsläufig eine verschobene. Die Verschiebung als solche und seine Vergangenheit können ihn bei den Arbeitern, denen er sich als Genosse anschließen möchte, nur in ein fremdes Licht rücken. Deshalb definiert er sich als eine neue Person und drückt das durch die Festigkeit seiner Überzeugungen aus. Seine Maske muß unbeweglich, unverrückbar sein, damit er an sich glauben kann. Wenn er radikale Einsicht in puritanischen Eifer verwandelt, so nicht, weil er eine »autoritäre« Persönlichkeit besäße, obwohl auch dies mitunter zutreffen mag, sondern weil er sich in einer ihm fremden Gemeinschaft legitimieren will. Um dazuzugehören, muß er sein ganzes Selbst in seine Stellungnahmen investieren, sie werden zu Enthüllungen seiner selbst. Auf ihnen lastet sein Wunsch, »ein Revolutionär« zu sein, statt einfach »revolutionär« zu sein. Der moderne Ideologe lehnt es ab, seine Meinungsbekundungen zu diskutieren, weil sich dann jedesmal die angstvolle Frage erhebt, ob er wirklich so *ist*, wie er erscheint; ob er auf seinem Platz in den Reihen der Unterdrückten legitimiert ist.

Schon in der Ersten Internationale trat diese Gestalt hervor, in der Zweiten war sie zu einer wichtigen Kraft geworden. Für das ausgehende 19. Jahrhundert läßt sich ihre Problematik am Leben des französischen Sozialistenführers

Jules Guesde gut veranschaulichen. Guesde gilt als derjenige, der in den späten achtziger Jahren mit besonderem Nachdruck Marxsche Ideen in die französische Arbeiterbewegung eingeführt hat. Er war ein typischer kleinbürgerlicher Provinzintellektueller (sein Vater war Lehrer). In seiner Jugend waren Phasen des Selbstzweifels, der freiwilligen Armut und zeitweiliger Gefängnishaft immer wieder von einer »Eifersucht auf die Integrität des Arbeiters« geprägt. Guesde übernahm eine bestimmte Version des Marxismus (mit der Marx selbst schließlich nicht mehr einverstanden war, obgleich die beiden ursprünglich zusammengearbeitet hatten) und wendete sie mit großer Rigidität auf die französische Wirklichkeit an. Mit dieser einfachen, in sich erstarrten Lesart des Marxismus legitimierte Guesde seine Position als radikaler Arbeiterführer. An die Macht gelangte er in Rivalität mit einem wirklichen Arbeiter, Jean Dormoy, einem Stahlarbeiter, der nicht weniger radikal, aber geistig wendiger war als er. Guesde gab sich entschieden, wo sich Dormoy durch die Veränderungen in der französischen Ökonomie der achtziger Jahre deutlich irritiert zeigte, und nutzte diesen Unterschied, um von sich zu behaupten, er sei »eher der echte Revolutionär, weil von größerer Unerschütterlichkeit«. Die Bewegung, die Guesde um sich schuf,

»schwebte [in der Zeit um 1898] gleichsam über den französischen Verhältnissen und unternahm kaum Anstrengungen, um sich den veränderten Zeiten anzupassen. Ihre Anhänger predigten fortwährend, die Löhne in Frankreich würden demnächst fallen, obwohl sie deutlich im Steigen begriffen waren. [...] ihre Hervorhebung der Theorie verkam zur eilfertigen Wiederholung starrer Dogmen.«

Guesde verkörperte den Typ des Arbeiterführers, der sich als marxistischer Revolutionär legitimierte, indem er den Gedanken der dialektischen Wandlungsfähigkeit des Bewußtseins in sein Gegenteil verkehrte.[160]

Zu Beginn des 20. Jahrhunderts findet man in Frankreich zwei Formen des Verrats an der Linken. Die eine offenbart sich in der Regierungszeit Clemenceaus zwischen 1906 und 1909: Der Radikale, der sich stets dem Opportunismus der Mächtigen widersetzt hatte, läßt seine radikalen Überzeugungen und seine alten Anhänger in dem Augenblick im Stich, da er selbst an die Macht kommt. Der Verrat, den Guesde begangen hat, unterscheidet sich hiervon. Aus dem leidenschaftlichen Wunsch, ein Revolutionär zu sein, hat er die Revolution selbst verraten. Wer gegen Ende des 19. Jahrhunderts ein glaubwürdiger Revolutionär sein will, wer diese persönliche Position legitimieren will, muß dazu das dialektische Bewußtsein aufgeben.

Für eine Gruppe, die sich die ständige Überprüfung ihrer Deutung der gesellschaftlichen Verhältnisse vorgenommen hat, ist die Festlegung auf irgendeine absolute Position, etwa in der Frage, ob ein bestimmtes Land reif für die gewerkschaftliche Organisierung der Arbeiter ist, selbstzerstörerischer als der Dogmatismus derer, die auf das Neue Jerusalem setzen, denn jene absolute Position ist sehr viel leichter zu erschüttern als der Glaube an das Neue Jerusalem. Der Verlust der Distanz zwischen öffentlichem Verhalten und persönlichem Bedürfnis wiegt für den säkularen Revolutionär schwerer als für den Puritaner, denn er büßt damit geradezu seine *raison d'agir* ein, die Grundlage seines Handelns.

Im Blick auf die Gefahren des Stalinismus könnte man hier einwenden, die Weigerung, persönliche Bedürfnisse in einen Zusammenhang mit öffentlichen Fragen zu stellen, könne in die Trostlosigkeit einer Welt münden, in der die »Bedürfnisse der Revolution« die Gesellschaft entmenschlichen. Aber mir geht es hier um etwas anderes. Die politische Tragödie des 19. Jahrhunderts – und es handelt sich tatsächlich um eine solche – bestand darin, daß bestimmte kulturelle Kräfte die Rebellierenden, genauso wie die Verteidiger der bestehenden ökonomischen Verhältnisse, zu verbissenen Selbstmanifestationen mit politischen Mitteln zwangen. Diese Kultur konnte Radikale ihrer Menschlichkeit berauben. Zudem breitete sich innerhalb der politischen Intelligenz eine zunehmende Bewußtseinslähmung aus, die aus den destruktiven Tendenzen der kosmopolitischen Kultur und nicht aus den angeblich absolutistischen Zügen des revolutionären Dogmas erwuchs.

Die Kultur der Hauptstädte des 19. Jahrhunderts setzte eine starke Waffe gegen den Wandel in Bewegung. Als die Maske zum Gesicht wurde, als die äußere Erscheinung zum Indiz für die Person wurde, ging die Selbst-Distanz verloren. Wie frei sind die Menschen, wenn sie so sind, wie sie erscheinen? Wie sollen sie sich auf Selbstkritik einlassen, wie sollen sie sich verändern, wenn die dazu erforderliche Selbst-Distanz preisgegeben ist? Die bürgerliche Stadtkultur hat die Freiheit allzu vieler bürgerlicher Radikaler untergraben. Diese Kultur hat der dialektischen Philosophie den Stachel der Dialektik gezogen, indem sie die Menschen an die Vorstellung gewöhnte, ihre rhetorischen Stellungnahmen, die Ideen, die sie in der Öffentlichkeit vertraten, seien psychologische Enthüllungen ihrer selbst. Die Vertreter der Linken sahen sich immer mehr genötigt, ihre »Integrität«, ihr »Engagement«, ihre »Authentizität« zu verteidigen – ungeachtet der sich wandelnden gesellschaftlichen Verhältnisse. Gegen die Dialektik tauschten sie das Gefühl der Zugehörigkeit zu einer radikalen Gemeinschaft, einer Bewegung ein. Wir stoßen hier auf die gleiche Innerlichkeitsrhetorik, die auch die Affäre Dreyfus charakterisierte: Rigidität um des Gefühls der Zugehörigkeit zu einer Gruppe willen, trotzige Blindheit gegenüber den Unstimmigkeiten der Geschichte um der Gemeinschaft willen.

Die kosmopolitische Kultur des 19. Jahrhunderts hat die brüderliche Gemeinschaft nicht zerstört, im Gegenteil, sie hat ihr eine übermäßige Wertschätzung verschafft. In den Klischeevorstellungen von heute erscheint die Großstadt als extremste Form leerer Anonymität. In Wirklichkeit hat der Mangel einer starken nichtpersonalen Kultur in der modernen Großstadt bei den Menschen erst jenes leidenschaftliche Streben nach gegenseitiger Selbstenthüllung ausgelöst. Mythen über die abhanden gekommene Gemeinschaftlichkeit, etwa der von der seelenlosen, bösen Masse, verleiten dazu, sich in der Gemeinschaft ein gemeinsames Selbst zu schaffen. Je mehr der Mythos von der leeren Anonymität die Grundanschauungen einer Gesellschaft prägt, desto mehr werden sich die Menschen moralisch berechtigt fühlen, Urbanität in ihrem Kern zu zerstören, der darin besteht, daß sie gemeinsam handeln können, ohne den zwanghaften Wunsch zu verspüren, einander gleich zu sein.

Teil IV
Die intime Gesellschaft

Kapitel 11
Das Ende der öffentlichen Kultur

Man kann Vergangenheit darstellen, indem man ein Bild von Aufstieg und Fall einer allgemein geschätzten Lebensweise zeichnet. Ein solches Bild löst natürlich Bedauern aus, aber Bedauern ist eine gefährliche Empfindung, die zwar die Einfühlung in die Vergangenheit und damit auch eine gewisse Einsicht fördert, in bezug auf die Gegenwart aber zur Resignation und zu der Bereitschaft führt, sich mit den vorhandenen Mißständen abzufinden. Ich habe dieses Bild von Aufstieg und Fall einer säkularen öffentlichen Kultur nicht entworfen, um jenes Bedauern hervorzurufen; ich habe es entworfen, um zu zeigen, daß bestimmte, scheinbar höchst menschenfreundliche Anschauungen, Bestrebungen und Mythen von heute immense Gefahren in sich bergen.
Heute dominiert die Anschauung, Nähe sei ein moralischer Wert an sich. Es dominiert das Bestreben, die Individualität im Erlebnis menschlicher Wärme und in der Nähe zu anderen zu entfalten. Es dominiert ein Mythos, dem zufolge sich sämtliche Mißstände der Gesellschaft auf deren Anonymität, Entfremdung, Kälte zurückführen lassen. Aus diesen drei Momenten erwächst eine Ideologie der Intimität: Soziale Beziehungen jeder Art sind um so realer, glaubhafter und authentischer, je näher sie den inneren, psychischen Bedürfnissen der einzelnen kommen. Diese Ideologie der Intimität verwandelt alle politischen Kategorien in psychologische. Sie definiert die Menschenfreundlichkeit einer Gesellschaft ohne Götter: Menschliche Wärme ist unser Gott. Aber die Geschichte von Aufstieg und Fall der öffentlichen Kultur stellt diese Menschenfreundlichkeit in Frage.
Der Glaube an den moralischen Wert »zwischenmenschlicher Nähe« ist in Wirklichkeit Produkt einer durch den Kapitalismus und den Säkularismus im 19. Jahrhundert hervorgerufenen tiefgreifenden Verschiebung. Aufgrund dieser Verschiebung begannen die Menschen, persönlichen Sinn in unpersönlichen Situationen, in Objekten und in den objektiven Bedingungen der Gesellschaft selbst zu suchen. Aber dort fanden sie keinen Sinn; in dem Maße, wie die Welt psychomorph wurde, wurde sie zur Mystifikation. Deshalb kehrten sie sich von ihr ab, um in ihren privaten Lebensbereichen, insbesondere in der Familie, ein Ordnungsprinzip für die Wahrnehmung von Persönlichkeit zu finden. Das erklärt, warum sich hinter dem offenen Wunsch nach »Nähe« der heimliche Wunsch nach Stabilität verbirgt. Auch nachdem wir gegen die sexuellen Zwänge der viktorianischen Familie revoltiert haben, belasten wir weiterhin enge Beziehungen zu anderen mit diesem heimlichen Wunsch nach Sicherheit, Ruhe und Dauerhaftigkeit. Wenn die Beziehungen

dieser Belastung nicht mehr standhalten, bringen wir das nicht mit unseren unausgesprochenen Erwartungen in Zusammenhang, sondern mit der Beziehung selbst. Bevor wir ein Gefühl der Nähe zu anderen aufbauen, unterwerfen wir sie deshalb häufig einer Prüfung. Nähe bedeutet dann gleichzeitig Abkapselung. Wenn sich die Beziehung wandelt, wenn sie sich wandeln muß, entsteht oft der Eindruck, betrogen worden zu sein. Eine mit dem Wunsch nach Stabilität befrachtete Interaktion macht die emotionale Verständigung, die sich ohnehin nicht leicht bewerkstelligen läßt, noch schwieriger. Stellt eine so verstandene Intimität wirklich eine Tugend dar?

Auch hinter dem Streben, die eigene Individualität in der Nähe zu anderen zu entfalten, verbirgt sich eine spezifische Problematik. Die Krise der öffentlichen Kultur im letzten Jahrhundert hat uns gelehrt, die Härten, Zwänge und Schwierigkeiten, die den Kern der gesellschaftlichen Existenz der Menschen ausmachen, als etwas Überwältigendes, nicht zu Bewältigendes zu deuten. Als Zuschauer können wir uns ihnen passiv und schweigend nähern, aber sie in Frage zu stellen, uns einzumischen, das scheint nur auf Kosten unserer Selbst-Entwicklung möglich. Eine Persönlichkeit zu entwickeln bedeutet heute, die Persönlichkeit eines Flüchtlings zu entwickeln. Unsere tiefsitzende Ambivalenz gegenüber aggressivem Verhalten resultiert aus dieser Flüchtlingsmentalität: Aggression kann im menschlichen Leben unumgänglich sein, doch wir erkennen in ihr nichts als einen abstoßenden Charakterzug. Und was für eine Persönlichkeit entwickelt sich aus der Erfahrung von Intimität? Eine Persönlichkeit, die nach Vertrauen, Wärme und Wohlbehagen verlangt – und sie vielleicht auch findet. Aber woher nimmt sie die Kraft, sich in einer auf Ungerechtigkeit gegründeten Welt zu bewegen? Ist es wirklich menschenfreundlich, den Leuten zu sagen, ihre Persönlichkeit werde sich »entfalten«, sie würden emotional »reicher«, wenn sie lernen, Vertrauen zu fassen, offen zu sein, zu teilen, andere nicht zu manipulieren, in die gesellschaftlichen Verhältnisse nicht aggressiv einzugreifen und sie nicht dem persönlichen Gewinn nutzbar zu machen? Ist es menschenfreundlich, in einer harten Welt die Herausbildung eines weichen Selbst zu unterstützen? Die ungeheure Angst vor dem öffentlichen Leben, die das 19. Jahrhundert erfaßt hatte, bezeugt sich heute in einer Schwächung des menschlichen Willens.

Und schließlich stellt die Geschichte des öffentlichen Lebens auch die Mythologie in Frage, die sich um die vermeintlich so böse Unpersönlichkeit der Gesellschaft rankt. Schon in der Zerstörung des Gleichgewichts zwischen Öffentlichkeit und Privatheit durch die von John Wilkes ausgelöste Bewegung und dann vor allem in dem Regiment, das Lamartine über das Pariser Proletariat ausübte, erweist sich der Mythos vom »Vorrang des Menschen vor den Maßnahmen« (um die Formulierung von Junius aufzugreifen) als Mittel der politischen Befriedung. Unpersönlichkeit scheint eine Lebenswelt zu umreißen, in der alle Menschlichkeit verlorengegangen ist, in der es keinerlei menschliche Beziehungen mehr gibt. Doch erst die Gleichsetzung von Unpersönlichkeit mit Leere erzeugt diesen Verlust. Aus Angst vor der Leere begreifen die Menschen das Politische als einen Raum, in dem sich die »Persönlichkeit als solche« Ausdruck verschaffen soll. So werden sie zu passiven Zuschauern des Politikers, der sie mit seinen Absichten und Empfindungen abspeist, statt über sein Handeln zu sprechen. Und je mehr die Leute das Politische als einen Raum verstehen, in dem sie sich in der Teilhabe an einer gemeinsamen, kollektiven Identität voreinander offenbaren, desto eher lassen sie sich davon ablenken, ihre Brüderlichkeit an die Veränderung der gesellschaftlichen Verhältnisse zu wenden. Die Aufrechterhaltung der Gemeinschaft wird zum Selbstzweck, ja, es wird zur vornehmlichen Aufgabe der Gemeinschaft, sich derer zu entledigen, die nicht dazugehören. Daß die Gemeinschaft es ablehnt, »mit sich reden zu lassen«, daß sie fortwährend auf die Ausschließung von Außenseitern bedacht ist, rührt aus dem vermeintlich menschenfreundlichen Wunsch, alles Unpersönliche aus den gesellschaftlichen Beziehungen zu verbannen. Insofern aber ist der Mythos von der Unpersönlichkeit selbstzerstörerisch. Im Streben nach einer gemeinsamen Identität wird die Verfolgung gemeinsamer Interessen unmöglich.

Wo es kein öffentliches Leben gibt, werden diese vermeintlich menschenfreundlichen Ideale beherrschend. Allerdings sind sie nicht erst entstanden, als die Öffentlichkeit zu existieren aufhörte; sie sind vielmehr unmittelbar aus der Krise des öffentlichen Lebens im vergangenen Jahrhundert hervorgegangen. So wie die öffentliche Kultur des 19. Jahrhunderts in einem Zusammenhang mit der Aufklärung stand, so steht der heutige Zweifel an der Öffentlichkeit in einem Zusammenhang mit der Verwirrung, in die sie im 19. Jahrhundert geraten ist. Der Zusammenhang ist ein doppelter.

Wenn man von einem Ende des öffentlichen Lebens spricht, muß man erstens auf die Folgen eines Widerspruchs innerhalb der Kultur des 19. Jahrhunderts hinweisen. Die »öffentliche Persönlichkeit« war ein Widerspruch in sich, der letztlich zur Zerstörung der Öffentlichkeit selber geführt hat. So schien es den Menschen nach und nach einleuchtend, denen, die ihren Emotionen, sei es als Künstler, sei es als Politiker, in der Öffentlichkeit Ausdruck verleihen konnten, eine spezifische Überlegenheit beizumessen. Diese Leute beherrschten die Zuschauer oder Zuhörer, vor denen sie auftraten, eher, als daß sie mit ihnen interagierten. Nach und nach büßte das Publikum den Glauben an die eigene Urteilsfähigkeit ein; aus Zeugen wurden Zuschauer. Die Zuhörer und Zuschauer verloren das Gefühl, selbst aktive Kraft, selbst »Publikum« im eigentlichen Sinne zu sein. Auch so zerstörte die öffentliche Persönlichkeit die Öffentlichkeit: indem sie bei den Menschen Angst davor erzeugte, die eigenen Emotionen unwillkürlich anderen zu verraten. Das Ergebnis war eine wachsende Scheu vor der Berührung mit anderen, der Versuch, sich durch Schweigen abzuschirmen oder sich aller Gefühle zu enthalten, um auch keine Gefühle zeigen zu können. In dem Maße, wie sich die Grundlagen expressiven Verhaltens wandelten und an die Stelle der Maskendarstellung die Offenbarung der Persönlichkeit trat, leerte sich der öffentliche Raum, und immer weniger Menschen waren willens, sich in ihm expressiv zu verhalten.

Wenn man von einem Ende des öffentlichen Lebens spricht, muß man zweitens auf eine spezifische Verleugnungshaltung hinweisen. Wir leugnen heute, daß der Repressivität, die die viktorianische Welt sich selbst angesichts der zunehmenden Verwirrung zwischen öffentlichem Verhalten und Persönlichkeit auferlegte, irgendein Wert oder gar eine gewisse Würde zukomme. Wir versuchen, uns von dieser Repression zu »befreien«, indem wir unsere Beziehungen immer stärker personalisieren, indem wir in unseren Beziehungen zueinander direkter, offener, authentischer werden. Und dann sind wir konsterniert, wenn diese scheinbare Befreiung ein Unbehagen hervorruft, ähnlich dem, das die Viktorianer bei ihrem repressiven Bemühen um die Schaffung einer emotionalen Ordnung verspürt haben. Wir leugnen auch, daß der Kommunikation zwischen den Menschen irgendwelche Schranken gesetzt werden sollten. Die Kommunikationstechnologie des 20. Jahrhunderts zielt in ihrer Gesamtheit auf diese schrankenlose Ausdrucksoffenheit. Nichts ist uns teurer als die Mittel zur Erleichterung der Kommunikation. Aber dann sind wir plötzlich überrascht, daß die »Medien« bei den Zuschauern eine immense Passivität erzeugen. Wir sind überrascht, daß Persönlichkeit immer mehr zu einer Sache des äußeren Anscheins wird, zumal im politischen Leben. Wir stellen keinen Zusammenhang zwischen unserem Glauben an die absolute Kommunikation und der Schreckenswelt der Massenmedien her, weil wir jene Wahrheit leugnen, die einmal Grundlage öffentlicher Kultur war: Aktiver Ausdruck erfordert menschliche Bemühung, und diesem Bemühen ist nur so weit Erfolg beschieden, wie es den Menschen gelingt, dem, was sie äußern, Grenzen zu ziehen. Wir leugnen, daß unsere Bewegungsmöglichkeiten in der Stadt irgendwie beschränkt sein dürften, erfinden die entsprechenden Verkehrsmittel und sind am Ende überrascht, daß daraus ein katastrophales Absterben des Stadtorganismus resultiert. Die Viktorianer rangen mit der Vorstellung eines grenzenlosen Selbst; darin kulminierte ihr Unbehagen an der Verwirrung zwischen Öffentlichkeit und Privatsphäre. Wir leugnen einfach – in unterschiedlicher Form –, daß dem Selbst Schranken gesetzt sind. Doch das, was man verleugnet, ist damit noch nicht beseitigt. Es wird sogar schwerer, damit umzugehen, weil man sich ihm nicht mehr stellt. Aufgrund von Widersprüchen, die aus der Vergangenheit auf uns gekommen sind, und aufgrund der Verleugnung dieser Vergangenheit sind wir nach wie vor in den kulturellen Voraussetzungen des 19. Jahrhunderts befangen. Insofern ist der Verlust des Glaubens an ein öffentliches Leben kein Bruch mit der bürgerlichen Kultur des 19. Jahrhunderts, sondern eine weitere Stufe in der Entfaltung ihrer Widersprüche.

Die Struktur einer intimen Gesellschaft ist durch zwei Momente geprägt. Innerhalb der sozialen Beziehungen wird ein spezifischer Narzißmus mobilisiert, und die Enthüllung der eigenen Empfindungen vor anderen wird

destruktiv. Damit in einer Gesellschaft der Narzißmus in dieser Weise mobilisiert werden kann, damit die Menschen ihre ganze Aufmerksamkeit auf vage Gefühls- und Motivtönungen richten, muß das Interesse des Gruppen-Ichs suspendiert werden. Dieses Gruppen-Ich beruht auf einer Vorstellung davon, was die Menschen, unabhängig von ihren unmittelbaren Empfindungen und Eindrücken, tatsächlich brauchen, wollen oder fordern. Der Verfall des Gruppen-Ichs geht bis ins 19. Jahrhundert zurück. In der Revolution von 1848 hat sich die persönlichkeitszentrierte Kultur zum erstenmal als den Interessen des Gruppen-Ichs, die damals als Klasseninteressen artikuliert wurden, überlegen erwiesen. Eine destruktive Gemeinschaft entsteht dort, wo die Menschen glauben, daß sie ihre Empfindungen voreinander enthüllen, um eine emotionale Bindung herzustellen. Diese Bindung beruht auf einer Kollektivpersönlichkeit, die sie durch wechselseitige Selbstoffenbarungen hervorbringen. Auch diese Phantasie von Gemeinschaft durch Teilhabe an einer Kollektivpersönlichkeit geht auf die Kultur des 19. Jahrhunderts zurück. So stellt sich die Frage: Wie wirkt sich diese Abhängigkeit von der Vergangenheit, von einer Kultur, deren Auswirkungen wir verleugnen, ohne doch ihre Voraussetzungen anzutasten, auf die Gegenwart aus?
Relativ einfach ließe sich diese Frage beantworten, indem man untersucht, wie sich die Keimzellen der intimen Gesellschaft seit dem 19. Jahrhundert entwickelt haben. Aus der Suspendierung der Ich-Interessen ist eine systematische Unterstützung der narzißtischen Abkehr von der Realität geworden, insofern soziales Handeln nicht mehr vor allem in bezug auf das Ergebnis, sondern in bezug auf die ihm zugrunde liegende Motivation bewertet wird. Der Mensch als Akteur oder als Macher hat in diesem Selbst keinen Platz mehr, das sich nur noch aus Intentionen und Möglichkeiten zusammensetzt. Die intime Gesellschaft hat Fieldings Forderung, man solle nicht den Handelnden, sondern seine Handlungen loben oder tadeln, in ihr Gegenteil verkehrt. Heute kommt es nicht darauf an, was man tut, sondern wie man sich dabei fühlt. Die Teilhabe an einer Kollektivpersönlichkeit nimmt in dem Maße destruktive Züge an, wie die Größe der Gemeinschaft, die an dieser Persönlichkeit teilhat, zusammenschrumpft. Die Affäre Dreyfus erzeugte Gemeinschaftsgefühle noch in einem nationalen Kontext; heute bilden sich Gemeinschaften vor allem im Rahmen eines grassierenden Lokalismus. Die Angst vor der Anonymität, die in der modernen Gesellschaft umgeht, veranlaßt die Menschen, die Gemeinschaft, der sie sich zugehörig fühlen, zunehmend einzuengen. Das Selbst ist beschränkt auf Intentionen, und die Gemeinschaft, in der sich dieses Selbst mitteilt, beschränkt sich darauf, diejenigen auszuschließen, die sich in ihrer gesellschaftlichen Stellung, ihrer politischen Haltung oder ihrem Stil deutlich unterscheiden. Absoluter Vorrang des Motivs vor dem Handeln und ein destruktiver Lokalismus – diese beiden Strukturen sind aus den Krisen der Vergangenheit entsprungen. Sie formieren die Familie, die Schule, die Nachbarschaft; sie deformieren die Stadt und den Staat.

Auf diese Weise gewinnt man zwar ein intellektuell klares Bild, aber das Trauma, das die Vorherrschaft der Intimität im Leben von heute erzeugt, nimmt, so fürchte ich, so noch keine hinreichend deutliche Gestalt an. Oft ohne es zu wissen, stehen wir in einem Kampf zwischen den Ansprüchen unserer gesellschaftlichen Existenz und der Überzeugung, persönliche Entfaltung sei nur in dem Bereich intimen psychischen Erlebens möglich. Ohne es eigentlich zu wollen, haben die Soziologen eine Sprache für diese Auseinandersetzung entwickelt. Das gesellschaftliche Leben beschreiben sie als »instrumentell« – wir gehen zur Schule, zur Arbeit, wir streiken, wir besuchen Versammlungen, weil wir müssen. Wir sind bestrebt, in diese Leistungen nicht allzu viel »zu investieren«, denn sie vermitteln uns keine »Wärme«. Unser Leben erscheint uns in dieser Dimension als »Instrument«, als Mittel, und nicht als Realität, in der wir uns auch mit unseren Gefühlen engagieren. Von dieser instrumentellen Welt unterscheiden die Soziologen einen Bereich affektiver, holistischer, integrativer Erfahrungen. Diese Fachausdrücke sind nicht ohne Interesse, denn sie zeugen von der Auffassung, daß die Menschen dann, wenn sie wirklich empfinden (affektiv), wenn sie wirklich empfänglich sind für den Augenblick (holistisch), wenn sie sich anderen offenbaren (integrativ), mit einem Wort, wenn sie sich auf etwas einlassen, Erfahrungen machen, die der Welt der Gesellschaft mit ihrem Kampf ums Dasein, mit ihren Verpflichtungen vollkommen entgegengesetzt sind. Es ist kein Zufall, daß die Soziologen dieses affektive Leben an intimen Situationen veranschaulichen: Familie, Nachbarschaft, Freundeskreis.

Narzißmus und destruktive Gemeinschaft organisieren diese Auseinandersetzung, sie geben dem Kampf zwischen instrumentellen und affektiven Sozialbeziehungen eine Form. Die Eigenart dieses Kampfes läßt sich am besten in der Beantwortung zweier Fragen bestimmen: Auf welche Weise schädigt die vollständige Psychologisierung der sozialen Realität die Gesellschaft? Antwort: Sie beraubt sie ihrer *Zivilisiertheit*. Auf welche Weise schädigt die Entfremdung von einem sinnvollen nichtpersönlichen Leben das Selbst? Antwort: Sie beraubt es eines bestimmten kreativen Vermögens, das zwar in allen Menschen angelegt ist, das zu seiner Realisierung aber auf eine Distanz zum Selbst angewiesen ist, nämlich des Vermögens, zu spielen. Die intime Gesellschaft macht aus dem Individuum einen *Schauspieler, der seiner Kunst beraubt ist*. Die narzißtische Aufmerksamkeit für die Motivation und der Lokalismus des Gemeinschaftsgefühls geben diesen beiden Tendenzen eine spezifische Form.

Es ist nicht leicht, heutzutage von Zivilisiertheit zu sprechen, ohne gleich als Snob oder Reaktionär verdächtigt zu werden. Für die Zwecke dieser Untersuchung definiere ich Zivilisiertheit folgendermaßen: Zivilisiertheit ist ein Verhalten, das die Menschen voreinander schützt und es ihnen zugleich ermöglicht, an der Gesellschaft anderer Gefallen zu finden. Eine Maske zu tragen gehört zum Wesen von Zivilisiertheit. Masken ermöglichen unverfälschte Geselligkeit, losgelöst von den ungleichen Lebensbedingungen und Gefühlslagen derer, die sie tragen. Zivilisiertheit zielt darauf, die anderen mit der Last des eigenen Selbst zu verschonen. Einem Frommen, der das Gefühls- und Triebleben des Menschen für böse hält, oder jemandem, der Freud ernst nimmt und dieses Triebleben als einen Krieg im Innern des Menschen auffaßt, muß die Bedeutung der Maskierung des Selbst unmittelbar einleuchten. Aber auch wenn man nicht an eine angeborene Natur glaubt, müßten vor dem Hintergrund der Persönlichkeitskultur, die sich in den letzten anderthalb Jahrhunderten ausgebildet hat, die Bedeutung und der Wert solcher Zivilisiertheit sinnfällig werden.

Es besteht ein enger Zusammenhang zwischen Zivilisiertheit und Urbanität. Zivilisiertheit bedeutet, mit den anderen so umzugehen, als seien sie Fremde, und über diese Distanz hinweg eine gesellschaftliche Beziehung zu ihnen aufzunehmen. Die Stadt ist eine Siedlungsform, die das Zusammentreffen einander fremder Menschen wahrscheinlich macht. Die öffentliche Geographie der Stadt ist die institutionalisierte Zivilisiertheit. Ich glaube nicht, daß man heute auf eine tiefgreifende Veränderung der gesellschaftlichen Verhältnisse oder auf die magische Rückkehr in die Vergangenheit setzen muß, um sich zivilisiert verhalten zu können. In einer Welt ohne religiöse Rituale oder transzendentale Glaubensüberzeugungen gibt es keine vorfabrizierten Masken mehr. Diejenigen, die eine Maske anlegen, müssen sie auf dem Weg über Versuch und Irrtum selbst schaffen, aus dem Wunsch heraus, mit anderen zu leben, statt dem Zwang zu erliegen, ihnen nahe zu kommen. Je mehr ein solches Verhalten Gestalt annähme, desto nachhaltiger würden urbane Mentalität und Liebe zur Stadt wieder lebendig werden.

Das Gegenteil von Zivilisiertheit ist Unzivilisiertheit. Unzivilisiert ist es, andere mit dem eigenen Selbst zu belasten. Unzivilisiertheit bedeutet Einschränkung der Geselligkeit, verursacht durch diese Last. Jeder kennt Menschen, die in diesem Sinne unzivilisiert sind: jene »Freunde«, die stets darauf aus sind, anderen Einlaß in die traumatische Sphäre ihrer alltäglichen Innenwelt zu gewähren, die am anderen nur ein einziges Interesse haben, daß er ihren Geständnissen sein Ohr leiht. Auch im intellektuellen und literarischen Feld begegnet uns diese Unzivilisiertheit häufig, etwa in jenen Autobiographien oder Biographien, die uns geradezu zwanghaft die sexuellen Vorlieben, die Gewohnheiten im Umgang mit Geld oder die Charakterschwächen ihrer Protagonisten in allen Einzelheiten enthüllen, so als würden wir deren Leben, deren Schriften, deren Handeln in der Welt besser verstehen, wenn all diese Geheimnisse gelüftet sind. Doch auch in der Struktur der modernen Gesellschaft selbst stoßen wir auf diese Unzivilisiertheit. An zwei Punkten wollen wir uns eingehender mit ihr befassen.

Wenden wir uns zunächst der Unzivilisiertheit des modernen Politikers, insbesondere des charismatischen Führers, zu. Der charismatische Führer von heute beseitigt jede Distanz zwischen seinen eigenen Empfindungen und

Impulsen und denen seines Publikums, und indem er die Aufmerksamkeit seiner Anhänger auf seine Motivationen lenkt, lenkt er sie davon ab, ihn an seinen Taten zu messen. Diese Beziehung zwischen dem Politiker und seiner Anhängerschaft begegnet uns zum erstenmal im 19. Jahrhundert, dort, wo eine Klasse unter die Kontrolle eines Führers aus einer anderen Klasse gerät. Die gleiche Beziehung erkennen wir heute in einer veränderten Klassensituation wieder, in der der Politiker sich vor der Beurteilung durch die, die er repräsentiert, schützen muß. Die elektronischen Medien spielen bei dieser Ablenkung eine entscheidende Rolle, denn sie heben das »persönliche Leben« des Politikers hervor, während sie gleichzeitig seine Arbeit im Amt verdunkeln. Die Unzivilisiertheit, die diese charismatische Gestalt verkörpert, besteht darin, daß seinen Anhängern zugemutet wird, ihn als Person zu verstehen, um sich ein Bild davon zu machen, was er tun wird, wenn er erst einmal an der Macht ist – wobei seine Persönlichkeit so beschaffen ist, daß ihnen das nie gelingen kann. Es ist ein Merkmal von Unzivilisiertheit, wenn eine Gesellschaft ihren Bürgern das Gefühl vermittelt, ein Politiker sei glaubwürdig, weil er seine eigenen Motivationen zu dramatisieren vermag. Dann wird Politik zur Verführung. Insbesondere die Herrschaftsstrukturen bleiben unangetastet, wenn die Menschen dazu verleitet werden, einen Politiker bloß deshalb zu wählen, weil er mit zorniger Stimme seine Bereitschaft erklärt, alles mögliche zu ändern; die Alchemie der Persönlichkeit enthebt diese Politiker der Notwendigkeit, ihrem Zorn Taten folgen zu lassen.

Die zweite Form von Unzivilisiertheit, mit der wir uns beschäftigen wollen, betrifft die Perversion der Brüderlichkeit in der modernen Gemeinschaftserfahrung. Je enger der Kreis einer solchen Gemeinschaft, desto destruktiver wird das Erlebnis von Brüderlichkeit. Außenseiter, Unbekannte, Andersartige werden jetzt zu Gestalten, von denen man sich fernhalten muß; die Persönlichkeitsmerkmale, die die Gemeinschaft teilt, werden immer exklusiver; die Gemeinsamkeit selbst konzentriert sich zunehmend auf die Entscheidung, wer dazugehören kann und wer nicht. Die Abkehr von der Klassensolidarität und die Hinwendung zu neuen, auf Ethnizität, Stadtteil oder Region fußenden Kollektivbildern ist ein Anzeichen für diese Verengung. Die Brüderlichkeit hat sich grundlegend gewandelt; sie erscheint heute als Bereitschaft, mit einer ausgewählten Gruppe umzugehen, und ist verbunden mit der Zurückweisung all derer, die nicht dem lokalen Zirkel angehören. Aus dieser Zurückweisung erwächst die Forderung nach Autonomie von der Außenwelt. Man verlangt, in Ruhe gelassen zu werden, und nicht, daß die Umgebung verändert werden solle. Je intimer aber, desto ungeselliger. Denn die Herstellung von Brüderlichkeit durch Ausschluß von »Außenseitern« kommt nie zu einem Ende, weil das Kollektivbild eines »Wir« niemals feste Gestalt annimmt. Fragmentierung und innere Spaltung sind die Konsequenz einer so verstandenen Brüderlichkeit, wenn die Gruppe der Menschen, die wirklich dazugehören, immer kleiner wird. Solche Brüderlichkeit mündet schließlich in Brudermord.

Der Konflikt zwischen Psyche und Gesellschaft wird noch an einer zweiten Front ausgefochten, im Innern des einzelnen. In einer Gesellschaft, die ihm keinen anonymen Raum läßt, wie er zum Spielen erforderlich wäre, verliert er seine Fähigkeit, zu spielen und zu agieren.
Die klassische Vorstellung vom *theatrum mundi* ging von der Gleichsetzung von Gesellschaft und Theater, von Alltagshandeln und Bühnenhandeln aus. Sie faßte das gesellschaftliche Leben in ästhetischen Kategorien und verstand alle Menschen als Künstler, weil alle Menschen imstande waren zu agieren. Allerdings ist diese Vorstellung ahistorisch. Die Geschichte der öffentlichen Kultur im 19. Jahrhundert zeigt uns Menschen, die ihren Glauben an die eigenen expressiven Fähigkeiten immer mehr verloren und die den Künstler gerade deshalb zu einem besonderen Wesen erhoben, weil er etwas zu leisten vermochte, was ihnen im Alltag immer weniger gelang: die eigenen Empfindungen in der Öffentlichkeit deutlich und ungehemmt zum Ausdruck zu bringen.
Und doch enthält die im Bild des *theatrum mundi* vollzogene Gleichsetzung von Gesellschaftlichem und Ästhetischem ein Element der Wahrheit. Gesellschaftliche Beziehungen können tatsächlich ästhetische Beziehungen sein, denn beide haben eine gemeinsame Wurzel: die kindliche Spielerfahrung. Spiel ist nicht Kunst, stellt aber eine Vorbereitung auf eine bestimmte Art von ästhetischer Aktivität dar, und zwar eine, die sich, sofern bestimmte Voraussetzungen erfüllt sind, in der Gesellschaft realisiert. Das Spiel bereitet die Kinder aufs Schauspielen vor, darauf, »etwas zu spielen«, indem es sie lehrt, Verhaltenskonventionen als glaubwürdig zu behandeln. Konventionen sind Verhaltensregeln, die in einer Distanz zu den unmittelbaren Wünschen und Strebungen des Selbst stehen. Wenn Kinder gelernt haben, auf Konventionen zu vertrauen, sind sie in der Lage, ihre expressiven Fähigkeiten in der Erkundung, Abwandlung und Verfeinerung dieser Konventionen zu vervollkommnen.
In den meisten Gesellschaften realisieren und verfeinern die Erwachsenen dieses Spielvermögen innerhalb des religiösen Rituals. Das Ritual ist nicht Selbst-Ausdruck, sondern Teilnahme an einer expressiven Handlung, deren Bedeutung über das unmittelbare gesellschaftliche Leben hinaus auf die zeitenthobenen Wahrheiten der Götter verweist. Das öffentliche Verhalten der kosmopolitischen Bürger des 18. Jahrhunderts belegt aber, daß das religiöse Ritual nicht die einzige Form ist, in der die Menschen »spielen« können. Der *pouf au sentiment*, die Pointe, die Prahlrede zeigen, daß die Menschen auch aus dem unmittelbaren Vergnügen an Geselligkeit spielen können. Doch auch hier erfinden sie Ausdrucksformen, die Distanz zum Selbst wahren. Sie bringen nicht *sich* zum Ausdruck, sondern *sind* expressiv. Erst das Vordringen der Persönlichkeit in die gesellschaftlichen Beziehungen machte es im Laufe der Zeit immer schwieriger, das Spielvermögen einzusetzen. Es belastete die expressive Geste mit einem tiefen Selbstzweifel: Bin ich das, was ich vorführe,

wirklich? Das Selbst schien auch in unpersönlichen Situationen allgegenwärtig, aller Selbstkontrolle entzogen, und die Selbst-Distanz ging allmählich verloren.

Der Niedergang der öffentlichen Sphäre hat unstreitig die Vorstellung von Selbst-Distanz in Mitleidenschaft gezogen. Damit ist es schwerer geworden, als Erwachsener zu spielen. Man kann sich nicht mehr vorstellen, mit seiner Umgebung, seiner gesellschaftlichen Stellung, seinem äußeren Erscheinungsbild spielerisch umzugehen, weil diese Momente inzwischen wesentliche Bestandteile des eigenen Selbst geworden sind. Die Probleme der bürgerlichen Ideologen in der Arbeiterbewegung gegen Ende des 19. Jahrhunderts rührten aus diesem Mangel an Selbst-Distanz her. Die bürgerlichen Radikalen neigten zu rigiden Festlegungen, um nicht Gefahr zu laufen, durch Veränderung ihrer Ideen ihre Legitimität einzubüßen. Sie waren außerstande, zu spielen.

Wer die Fähigkeit, zu spielen, verliert, verliert auch das Gefühl dafür, daß die Welt plastisch ist. Die Fähigkeit, mit dem gesellschaftlichen Kontext zu spielen, hängt davon ab, ob die Gesellschaft über eine Dimension verfügt, die neben dem intimen Bereich von Wunsch, Bedürfnis und Identität existiert und Distanz zu ihm wahrt. Daß der Mensch heute ein Akteur, ein Schauspieler ist, der seiner Kunst beraubt wurde, beschränkt sich also nicht auf den Umstand, daß die Leute heute lieber Schallplatten hören als selbst musizieren. Die Fähigkeit, expressiv zu sein, ist vielmehr in einem elementaren Sinne gestört, weil man mit dem eigenen Äußeren darzustellen versucht, wer man wirklich ist, weil man die Frage einer wirkungsvollen Darstellung mit dem Problem der Authentizität dieser Darstellung zusammenbringt. Unter diesen Umständen verweist alles zurück auf das Motiv: Empfinde ich das wirklich? Meine ich das wirklich? Gebe ich mich so, wie ich bin? Dieses Motivations-Selbst nimmt den Menschen in einer intimen Gesellschaft die Freiheit, mit der Darstellung von Gefühlen wie mit objektiven, geformten Zeichen zu spielen. Expression wird abhängig gemacht von authentischem Empfinden, aber immer wieder steht man vor dem narzißtischen Problem, daß man nicht imstande ist, klar zu bestimmen, was an den eigenen Gefühlen authentisch ist.

Der Zeitgenosse, der seiner Kunst beraubte Schauspieler-Akteur, bringt das Spiel in einen Gegensatz zum Narzißmus. Am Schluß dieser Untersuchung wollen wir versuchen, diesen Gegensatz auf die Klassenthematik anzuwenden. Wenn die Menschen zu der Ansicht neigen, ihre Stellung innerhalb der Gesellschaft sei das Produkt ihrer persönlichen Qualitäten und Anlagen, kommen sie kaum noch auf den Gedanken, mit ihrer sozialen Stellung zu spielen. Denn das würde bedeuten, daß sie sich grundlegend verändern. Statt dessen tendieren vor allem die Angehörigen der Zwischenschichten, die weder zum Bürgertum noch zum Proletariat zählen, immer mehr dazu, bei sich selbst den Grund dafür zu suchen, daß sie diese schwer zu bestimmende Position innerhalb der Gesellschaft und keine andere einnehmen. Die Klasse als gesellschaftliche Realität, die ihre eigene Logik besitzt und deren Logik sich

verändern läßt, wird nicht mehr wahrgenommen. Die individuelle Position hängt von den Fähigkeiten ab, über die man verfügt, und mit dieser Position kann man nicht spielen, weil sie Teil des eigenen Selbst ist.
Wenn wir dann untersucht haben, wie eine intime Gesellschaft unzivilisiertes Verhalten zwischen den Menschen fördert und ihnen den Sinn für das Spielen raubt, möchte ich zum Abschluß die Frage erörtern: Inwiefern stellt Intimität eine Tyrannei dar? Der faschistische Staat ist eine Form von intimer Tyrannei, die alltägliche Mühsal von Geldverdienen, Kinderhüten und Rasensprengen ist eine andere, aber noch anders sind die Heimsuchungen beschaffen, denen eine Kultur ohne öffentliches Leben ihre Angehörigen unterwirft.

Kapitel 12
Das unzivilisierte Charisma

Zivilisiertheit herrscht dort, wo man nicht das eigene Selbst zu einer Last für andere macht. Der überlieferte Begriff des Charisma in der katholischen Lehre bezeichnet diese Zivilisiertheit in religiösen Kategorien. Die Priester mögen verderbte, schwache Menschen sein; vielleicht kennen sie die wahre Lehre nicht; an diesem Tag entfalten sie bei der Ausübung ihrer religiösen Pflichten großen Eifer, am nächsten Tag sind sie nicht bei der Sache, von Zweifel befallen. Wenn ihre priesterliche Gewalt von ihrer Person oder von ihrer jeweiligen Stimmungslage abhinge, würden sie zu einer Last für ihre Pfarrkinder, die in die Kirche gekommen sind, um in Berührung mit Gott zu treten, dort aber auf einen übelgelaunten oder lustlosen Priester treffen, der das verhindert. Die Charisma-Lehre bot einen Weg, dieses Problem zu umgehen. Wenn der Priester die heiligen Worte sprach, drang Gottes Gnade in ihn ein, und die von ihm ausgeführten rituellen Handlungen hatten ganz unabhängig von seiner persönlichen Disposition Bedeutung. Diese Charisma-Lehre war überaus zivilisiert; sie bekräftigte zwar die Überlegenheit religiöser Wahrheit, war aber zugleich tolerant gegenüber Unzulänglichkeit.

Seit das Charisma seine religiöse Bedeutung eingebüßt hat, hat es auch seine zivilisierende Kraft eingebüßt. Wo in einer säkularen Gesellschaft dem »starken« Politiker »Charisma« zugesprochen wird, sind die Ursprünge von dessen Macht sogar noch undurchsichtiger als in einer religiösen Gesellschaft. Woher nimmt die »starke Persönlichkeit« ihre Stärke? Die Persönlichkeitskultur des vergangenen Jahrhunderts beantwortete diese Frage, indem sie sich auf die Empfindungen der Person statt auf ihr Handeln konzentrierte. Zwar können die Motive eines Menschen gut oder böse sein, aber im letzten Jahrhundert hörte man auf, sie nach diesem Maßstab zu beurteilen. Die Enthüllung innerer Regungen wurde das Erregende. Wenn jemand imstande war, sich in der Öffentlichkeit zu offenbaren und diese Selbstenthüllung gleichzeitig zu kontrollieren, dann wirkte er erregend. Man spürte, daß Macht von ihm ausging, ohne erklären zu können, warum – das säkulare Charisma: ein psychischer Striptease. Dabei wird gar nichts Deutliches oder Konkretes enthüllt. Die Menschen, die in den Bann einer solchen Person geraten, werden selber passiv und vergessen ihre eigenen Interessen. So erscheint die Kontrolle, die der charismatische Politiker über sein Publikum ausübt, noch vollständiger, noch mysteriöser als die, die das Charisma in der älteren, zivilisierten Magie der Kirche zuwege brachte.

Jeder, der die dreißiger Jahre unseres Jahrhunderts und die Politiker, die

damals auf der Linken oder auf der faschistischen Rechten standen, bewußt erlebt hat, besitzt eine intuitive Vorstellung von der Unzivilisiertheit der säkular charismatischen Persönlichkeit. Diese Vorstellung freilich kann leicht in die Irre führen. Man könnte nämlich auf den Gedanken kommen, die charismatische Gestalt sei identisch mit dem Demagogen; ihre Macht bestehe darin, daß sie ihr Publikum zur Gewalttätigkeit verführt oder zumindest zur Tolerierung von Gewalt. Man könnte auf den Gedanken kommen, solange keine gewalttätigen Demagogen auftreten, ruhe auch die Macht des Charismas. In Wirklichkeit jedoch braucht der Politiker nichts Titanenhaftes, Heroisches oder Satanisches an sich zu haben, um charismatisch zu sein. Er kann durchaus herzlich, gemütlich und nett sein, feinsinnig oder liebenswürdig. Und doch wird er die Menschen mit der gleichen Sicherheit wie eine dämonische Gestalt blenden und fesseln, sofern es ihm nur gelingt, ihre Aufmerksamkeit auf seine Vorlieben zu lenken, darauf, wie sich seine Frau in der Öffentlichkeit kleidet und daß er selbst ein Hundeliebhaber ist. Er lädt sich bei einer einfachen Familie zum Mittagessen ein und wird in der Öffentlichkeit damit ein riesiges Interesse wecken, und einen Tag später erläßt er ein Gesetz, das die Arbeiter seines Landes schwer trifft – aber das geht unbemerkt vor sich, denn alle Welt spricht nach wie vor von dem Mittagessen. Er spielt mit einem bekannten Fernsehschauspieler Golf, und niemand bemerkt, daß er soeben die Altersrente für Millionen von Bürgern gekürzt hat. Aus der persönlichkeitszentrierten Politik des letzten Jahrhunderts ist ein Charisma hervorgegangen, das heute als stabilisierendes Moment im politischen Alltag funktioniert. Der charismatische Politiker sorgt mit dafür, daß die politischen Geschäfte ihren ruhigen Gang gehen und die lästigen, entzweienden Fragen der Ideologie umschifft werden können.
Diese Form von Charisma müssen wir begreifen lernen. Sie hat nichts Dramatisches, nichts Extremes an sich, doch auf ihre Weise ist sie fast obszön.
Wenn ein erfolgreicher Politiker wie Willy Brandt sich »unglücklicherweise« immer wieder auf ideologische Themen einläßt und sich wirklich engagiert, dann werden derlei Äußerungen von seinen Untergebenen für Fernsehen und Presse so zurechtgerückt und umgebogen, daß sie ihre Kraft und damit auch ihre Bedrohlichkeit verlieren. Diese Manager wollen zeigen, was für ein anständiger, aufrechter Mann er ist. Wenn er selbst »in Ordnung« ist, muß auch das, wofür er sich einsetzt, »in Ordnung« sein. Es käme in der Politik heute einem Selbstmord gleich, zu sagen: »Mein Privatleben geht euch nichts an; was ihr kennen müßt, sind meine Überzeugungen und die Programme, die ich durchsetzen werde.« Wer diesen Selbstmord nicht begehen will, darf nicht als reiner politischer Wille auftreten. Aber wie gelingt diese Ablenkung von der politischen Überzeugung hin zur Motivation? Der Politiker, der unsere Aufmerksamkeit auf seine inneren Regungen zieht – Giscard und Kennedy auf ihre Feinsinnigkeit, Enoch Powell auf seine Wut, Brandt auf seine Freundlich-

keit –, wird zu einem glaubwürdigen Führer, indem er den Anschein erweckt, er handele gemäß seinen inneren Impulsen spontan und bewahre gleichzeitig seine Selbstkontrolle. Gelingt ihm diese kontrollierte Spontaneität, so erscheinen seine Regungen wirklich, und dann kann man ihm glauben. Im Alltag scheinen innerer Antrieb und Kontrolle in Konflikt miteinander zu stehen, in einem Konflikt, der sich aus der das 19. Jahrhundert beherrschenden Vorstellung von einem unwillkürlichen, unkontrollierten Gefühlsausdruck herleitet. Vor diesem Hintergrund kann der Politiker als aktiver Mann erscheinen, auch wenn er in seinem Amt gar nichts leistet.
Wir wollen dieses narkotische Charisma genauer untersuchen, indem wir zunächst die beiden wichtigsten Charisma-Theorien dieses Jahrhunderts betrachten, die von Max Weber und Sigmund Freud; diese Theorien bringen vor allem Licht in die politische Charisma-Erfahrung einer bestimmten Klasse, nämlich des Kleinbürgertums. Dann wenden wir uns der Beziehung zwischen den elektronischen Medien und dem Charisma zu und wollen zuletzt den Vergleich zwischen Bühne und Straße, der die historischen Untersuchungen dieses Buches geleitet hat, weiter vorantreiben. Gleicht der charismatische Politiker von heute einem Rockstar oder einer Operndiva?

Charisma-Theorien

Das Gefühl, daß die Erregung, in die Politiker ihr Publikum mit den belanglosesten Einzelheiten aus ihrem Privatleben versetzen können, Gefahren in sich berge, steht am Beginn der wissenschaftlichen Beschäftigung mit dem Charisma. Die Angst vor dieser Macht der Persönlichkeit beherrschte das Denken Max Webers, der innerhalb der Soziologie als erster den Begriff des »Charisma« aufgegriffen und in seinen gesellschaftlichen Ursprüngen untersucht hat. Weber hat sich mit diesem Thema in der Zeit zwischen 1899 und 1919, in der er sein Hauptwerk *Wirtschaft und Gesellschaft* verfaßte, wiederholt beschäftigt. Im Verlauf des Buches kommt er immer wieder auf die Idee des Charisma zu sprechen und gelangt schließlich in dem Kapitel »Die charismatische Herrschaft und ihre Umbildung« zur Entfaltung einer vollständigen Theorie.
In Freuds Abhandlung *Die Zukunft einer Illusion* von 1927 taucht der Begriff »Charisma« nicht auf, auch beruft sich Freud nicht auf das Werk Max Webers. Aber deshalb zu sagen, Freud habe sich nicht mit dem Charisma befaßt, wäre beschränkt und pedantisch, stellt sich Freud doch die gleiche Frage wie Weber: Wie kann ein Mensch kraft seiner Persönlichkeit, statt durch ererbte Rechte oder durch Aufstieg innerhalb einer Bürokratie, Macht gewinnen und als legitimer Herrscher erscheinen?

In ihren Untersuchungen betrachteten Weber und Freud die faszinierende Persönlichkeit, wie sie um die Mitte des 19. Jahrhunderts Form angenommen hatte, als gleichsam für die gesamte Geschichte gültiges Modell der charismatischen Gestalt. Um erfolgreich zu sein, mußte sich die Faszination hervorrufende Person in den Mantel des Geheimnisses hüllen. Daß Freud und Weber hierin eine »Illusion« sahen, rührt aus dem fundamentalen Unglauben, der beiden gemeinsam war. Beide zweifelten daran, daß Gott wirklich seine Gnade über die Welt ausgieße. Wenn also jemand als Vermittler zum Transzendentalen auftritt, dann muß seine persönliche Kraft einer auf irdische Mächte und irdische Bedürfnisse zurückzuführenden Illusion entspringen. Das heißt, weder Freud noch Weber wollten die transzendentalen Überzeugungen einer Gesellschaft unbefragt hinnehmen, beide versuchten vielmehr, diese Überzeugungen aus säkularen Bedürfnissen der Menschen zu erklären.

Nun muß man gewiß nicht an Gott glauben, um eine religiöse Gesellschaft analysieren zu können; aber weil Weber und Freud nicht bereit waren, die Religion als etwas Eigenständiges anzunehmen, wurden sie selbst Opfer einer Illusion. Für sie zeichnete sich die charismatische Gestalt dadurch aus, daß sie Gefühle und Leidenschaften der Masse auf sich nahm und bändigte. Da die religiöse Gnade illusionär war, hatte es die charismatische Persönlichkeit in Wirklichkeit mit dem »Irrationalen« in der Gesellschaft selbst zu tun. Deshalb waren beide Theoretiker nicht in der Lage zu erkennen, daß sich auch in der rationalen, bürokratisch strukturierten Gesellschaft Wünsche nach einer charismatischen Gestalt regen. Sie konnten sich die Macht des Charismas als ordnende Kraft vorstellen, sie konnten sich auch vorstellen, wie sie ihre Kraft einbüßt und sich »veralltäglicht«; aber sie konnten sich nicht vorstellen, daß das Charisma zu einem Faktor der Trivialisierung statt der Intensivierung von Gefühl und als solcher zum Schmiermittel für das Räderwerk einer rationalen, geordneten Welt werden könnte.

Daß es Freud und Weber nicht gelang, das Charisma als trivialisierende Kraft zu begreifen, war vielleicht unvermeidlich, wenn man bedenkt, von welchem Punkt sie in ihren Überlegungen ausgehen. Beide schreiben, das Charisma erwachse aus krisenhaften Verhältnissen sozialer Unordnung. Über die Eigenart dieser »Unordnung« sind sie jedoch geteilter Meinung.

Die Unordnung, an die Weber denkt, hat die Form eines Gruppenkonflikts, der sich nicht mehr lösen läßt. In solchen Augenblicken, so meint Weber, sind die Menschen bereit, jemanden mit der Aura gottähnlicher Macht auszustatten, die ihm die Autorität sichert, die notwendig ist, um mit der von anderen nicht mehr zu bewältigenden Situation zurechtzukommen. Weber interessiert vor allem, warum die Menschen den Glauben an eine charismatische Gestalt brauchen, und nicht so sehr, welche Momente in der Person des Führers ihn als geeigneten Anwärter für diese Position erscheinen lassen. Hieraus erklärt sich auch Webers Unbehagen angesichts charismatischer Gestalten: daß es sie gibt, deutet auf schwere gesellschaftliche Konflikte und darauf, daß die Menschen

die Hoffnung aufgegeben haben, sie mit rationalen Mitteln lösen zu können.[1]
Während Weber Momente gesellschaftlicher Unordnung als etwas Vorübergehendes betrachtete, beschreibt Freud in *Die Zukunft einer Illusion* Unordnung gleichsam als den Naturzustand, dem die Mehrzahl der Menschen ständig zustrebt. Freud findet hierfür starke Worte:

»[...] denn die Massen sind träge und einsichtslos, sie lieben den Triebverzicht nicht, sind durch Argumente nicht von dessen Unvermeidlichkeit zu überzeugen und ihre Individuen bestärken einander im Gewährenlassen ihrer Zügellosigkeit.«[2]

Ein vernünftiger Mensch würde erkennen, daß allein Selbstverleugnung und Verzicht die Chance bieten, in Gesellschaft anderer Menschen mit einander widerstrebenden Bedürfnissen zu überleben. Die Massen können sich zu dieser Einsicht nicht durchringen. Deshalb müssen sie von einer Minderheit oder einem Führer regiert werden:

»Nur durch den Einfluß vorbildlicher Individuen, die sie als ihre Führer anerkennen, sind sie zu den Arbeitsleistungen und Entsagungen zu bewegen, auf welche der Bestand der Kultur angewiesen ist.«

Es stellt sich nun freilich das Problem, wie der Führer die Masse dazu »bewegt«, ihren Leidenschaften zu entsagen. Genau an dieser Stelle führt Freud die charismatische Illusion ein.[3]
Der Verzicht macht einen Kern der Religion aus. Die Religion bringt den Glauben hervor, daß die Gesetze, die das Überleben und die Gerechtigkeit in einer Gesellschaft sichern, einer überirdischen Quelle entsprungen und daher über die menschliche Vernunft und menschliches Fragen erhaben sind. An die Stelle der Schrecken des Naturzustandes tritt der Schrecken, den der Zorn der Götter verbreitet. Aber die Gegenwart der Götter muß in der Welt unmittelbar bemerkbar sein; glaubwürdig sind sie nur dann, wenn sie sich in außergewöhnlichen Menschen, in Führern zeigen. Die dem Führer zuteil gewordene »Gnade« verleiht ihm emotionale Macht über die Massen; nur Führer, die dieser Gnade teilhaftig scheinen, können von den Menschen verlangen, daß sie von ihren bösen Leidenschaften ablassen, können sie bitten, nicht nur zu gehorchen, sondern auch gut zu sein.
Freud zufolge muß es in jeder Gesellschaft charismatische Führer geben, denn ohne sie wären die Massen jederzeit bereit, die Gesellschaft ins Chaos zu stürzen. In der Sicht Webers treten solche Führer lediglich sporadisch auf, weil die Gesellschaft nur von Zeit zu Zeit in Krisen gerät, die sie allein noch mit dem Beistand einer höheren Macht lösen zu können glaubt. Hieraus ergibt sich ein entscheidender Unterschied zwischen den beiden Theorien: Freud sieht in der charismatischen Gestalt einen emotionalen Diktator, der Ordnung schafft; Weber dagegen ist der Ansicht, sobald der charismatische Führer auftrete, mache er das Chaos noch größer. Jesus hat für Weber etwas Anarchisches; z. B. treibt er alle Gruppenkonflikte auf eine höhere, symbolische Ebene, läßt

sie zum Kampf zwischen den Erleuchteten und den Unerleuchteten eskalieren. Aber in einer derartig erhitzten Situation kann es jederzeit geschehen, daß sich die Anhänger plötzlich gegen den charismatischen Führer wenden:

»Der Bestand der charismatischen Autorität ist ihrem Wesen entsprechend spezifisch labil: Der Träger kann das Charisma einbüßen, sich als ›von seinem Gott verlassen‹ fühlen, wie Jesus am Kreuz, sich seinen Anhängern als ›seiner Kraft beraubt‹ erweisen: dann ist seine Sendung erloschen, und die Hoffnung erwartet und sucht einen neuen Träger.«[4]

Warum bleibt das Charisma unvermeidlich labil? In seiner Antwort greift Weber abermals auf das Bild der Illusion zurück. Die Anhänger eines charismatischen Führers erwarten, daß er ihnen »Wohlergehen« bringt, aber der charismatische Führer ist nicht imstande, diese seine Absicht in die Tat umzusetzen, denn seine Aura entspringt ja nur einer allgemein geteilten Illusion. Er muß also versagen und wird am Ende als Betrüger verstoßen. Weber verweist auf den chinesischen Monarchen, der angesichts von Überschwemmungen zu den Göttern betet; gehen die Fluten nicht zurück, so erscheint er seinen Gefolgsleuten als einer, der nicht anders ist als sie selbst, und sie bestrafen ihn als einen Betrüger, der sich die Macht erschlichen hat.

Darin liegt der innere Widerspruch der charismatischen Illusion; aber auch die äußeren Gesetze ökonomischer Rationalität rauben dem Charisma die Stabilität:

»Auf diesem Weg von einem stürmisch-emotionalen, wirtschaftsfremden Leben zum langsamen Erstickungstode unter der Wucht der materiellen Interessen befindet sich aber jedes Charisma in jeder Stunde seines Daseins und zwar mit jeder weiteren Stunde in steigendem Maße.«[5]

Wenn die Gesellschaft »in die Bahnen des Alltags zurückflutet«, verlieren die Menschen die Sehnsucht nach einem göttlichen Eingreifen in ihre Angelegenheiten. Weber geht davon aus, daß Routine und »Veralltäglichung« die Sehnsucht nach einem charismatischen Führer abtöten. Charisma ist für ihn kein Phantasieventil, dessen die Menschen zum Ausgleich für ihre irdische Mühsal bedürfen.

Wenn der charismatische Führer vertrieben oder getötet worden ist, so führt Weber aus, verschwindet aber das Phänomen des Charisma als solches noch nicht. Es wird »veralltäglicht«, d. h. von der Erregung, die der charismatische Führer als Person einst hervorzurufen vermochte, überträgt sich etwas auf sein Amt oder seine Stellung. Erst diesem »Amtscharisma« schreibt Weber eine gewisse stabilisierende Wirkung zu; aus der bei den Menschen fortlebenden Erinnerung an den großen Mann, der es einmal innehatte, erwächst dem Amt selbst eine bestimmte Legitimität. Dieses »Nachleben« des Charisma ist jedoch nur ein schwacher Widerhall der Leidenschaft, die den Führer umgab, und solange der Führer lebt, ist die Kraft des Charisma stets zerstörerisch und anarchisch.

Freud begreift den Zusammenhang von Illusion und Ordnung innerhalb der Gesellschaft anders als Weber:

»Wir heißen [...] einen Glauben eine Illusion, wenn sich in seiner Motivierung die Wunscherfüllung vordrängt, und sehen dabei von seinem Verhältnis zur Wirklichkeit ab, ebenso wie die Illusion selbst auf ihre Beglaubigungen verzichtet.«[6]

Welchem Wunsch der Massen, die doch »den Triebverzicht nicht lieben«, liefert der charismatische Führer aber nun eine illusionäre Erfüllung? Wie weckt er bei ihnen den Wunsch nach Ordnung?
Freuds Antwort ist bekannt. An einem bestimmten Punkt seiner Entwicklung gibt das Kind dem Vater als dem stärkeren Elternteil den Vorrang vor der Mutter. Das Verhältnis zum Vater ist jedoch eigentümlich ambivalent. Das Kind fürchtet sich ebenso vor ihm, wie es sich nach ihm sehnt und ihn bewundert. Der Vater erscheint ihm immer noch als gefährlicher Außenseiter, der in die Beziehung von Mutter und Kind eindringt. Wenn der Mensch dann heranwächst und die feindliche Welt außerhalb der Familie betritt, verleiht er dieser die Züge der Vatergestalt:

»[...] er schafft sich die Götter, vor denen er sich fürchtet, die er zu gewinnen sucht und denen er doch seinen Schutz überträgt.«

Diese Illusion hat charismatischen Charakter: Der Führer erfüllt den Wunsch nach Angst-Liebe zum Vater. Die Religion ist die gesellschaftliche Organisation der Vaterschaft.[7]
Diese Vorstellungen von Wiederholung und Wiedererfindung sind uns so vertraut, daß wir darüber den Kern von Freuds These leicht übersehen. Freud vertritt die Auffassung, daß der Glaube an Götter in *jeder* Gesellschaft wirksam ist, in einer tief gläubigen ebenso wie in einer nur oberflächlich religiösen oder gar religionsfeindlichen Gesellschaft. Das Spanien Philipps II., das Amerika John F. Kennedys, das China Mao Tse-tungs – sie alle sind demnach religiöse Gesellschaften und alle in der gleichen Weise. Alle drei werden von einer infantilen Verschiebung beherrscht; alle drei besitzen einen charismatischen Führer. Während Weber im Charisma ein historisches Ereignis sieht, hält es Freud für eine strukturelle und funktionale Konstante. Bei Freud verspricht der Führer nicht Wohlergehen, sein Erfolg beruht vielmehr darauf, daß er den Menschen die Chance bietet, wieder, wie in der Kindheit, in eine psychologische Abhängigkeit einzutreten.
Der Unterschied zwischen der Disziplin, die Savonarola den Florentinern, und der, die Lamartine den Parisern auferlegte (vgl. Kapitel 10), zeigt, wo die Mängel der beiden Charisma-Theorien von Weber und Freud liegen. Es macht nämlich für die Ordnung, die der Führer in einer Gesellschaft schafft, einen großen Unterschied, ob diese Gesellschaft vom Glauben an transzendente oder an immanente Werte geprägt ist. Gewiß waren Savonarolas Anhänger von diesem »abhängig«, aber ihre Abhängigkeit führte zum Handeln, zu einem theatralischen Handeln; ihr Gehorsam dem Führer gegenüber mündete nicht

in Passivität. In einer von transzendenten Bedeutungen dominierten Gesellschaft impliziert »Entsagung« mehr, als daß man böse oder zerstörerische Handlungen bloß unterläßt; es bedeutet, ein neues, andersartiges, mit den transzendenten Werten in Einklang stehendes Handeln zu entfalten. Außerdem übernahm Savonarola als geistiger Vater nicht die Rolle eines Beherrschers; er war nur Instrument einer außerweltlichen Macht, und insofern war seine Macht unvollständig.

Webers Theorie vermag weder zu erklären, warum Savonarola seinen Anhängern Kraft einflößte, noch, warum es Lamartine gelang, seine Anhänger zu befrieden. Der Priester und der Dichter erzeugten beide mit ihrem Charisma Massendisziplin, aber beim einen sah diese Disziplin völlig anders aus als beim anderen. Obwohl Freud dem Anschein nach über die Religion redet, entspricht sein Bild vom charismatischen Führer genau dem von Lamartine verkörperten säkularen Charisma. Abhängigkeit ohne Bezug auf äußere Wahrheitsmaßstäbe, Abhängigkeit aufgrund von Schamgefühlen, Abhängigkeit, die Passivität erzeugt – alle diese Merkmale, die angeblich die religiöse Vaterfigur kennzeichnen, sind in Wirklichkeit Merkmale der säkularen charismatischen Persönlichkeit. Doch der Glaube an eine solche Persönlichkeit führte nicht zur Zügelung und Kanalisierung böser, anarchischer Leidenschaften; er führte zu einer Trivialisierung der Artikulation von Klasseninteressen, zu einer Entwertung der Forderung nach Veränderung ungerechter Verhältnisse, und zwar dadurch, daß alle Aufmerksamkeit auf die Stimmungen und Intentionen des Vater-Führers gelenkt wurden.

Für beide Autoren hat das Charisma dionysischen Charakter, in einer säkularen Gesellschaft freilich ist es zugleich gebändigter und perverser. Das moderne Charisma ist ein Mittel zur Abwehr einer nichtpersönlichen Beurteilung des Staates, die in die Forderung nach einem Wandel münden könnte. Dabei verbirgt sich die Macht hinter den Motivationen des politischen Führers. Auf diese Weise wird das Funktionieren des Staates gewährleistet. Der zentrale Augenblick der charismatischen Erfahrung ist nicht die Katastrophe, in der die Menschen sich einen leidenschaftlichen Gott erfinden, oder das Entsagungsritual, in dem sie sich einen Vater-Gott erfinden; der zentrale Augenblick ist vielmehr der, in dem man seine Stimme einem »attraktiven« Politiker gibt, auch wenn man seine Politik womöglich gar nicht schätzt.

So weit ist das säkulare Charisma davon entfernt, eine dionysische Erfahrung zu sein, daß es selbst neue Krisen heraufbeschwören kann. In seiner jüngsten, fernsehförmigen Gestalt lenkt das Charisma die Masse der Menschen davon ab, sich überhaupt noch intensiv mit gesellschaftlichen Gegenständen zu befassen; der Golf spielende oder mit einfachen Leuten zu Tisch sitzende Präsident nimmt sie so gefangen, daß sie sich um »Probleme« gar nicht mehr kümmern, bis sich diese Probleme so weit zugespitzt haben, daß sie sich einer rationalen Lösung entziehen. Es fällt nicht leicht, sich klarzumachen, daß eben jene Institutionen der modernen Gesellschaft, die deren Stabilität verbürgen sollen, gesellschaftliche Probleme über jenen Punkt hinaus anwachsen lassen, an dem sie nicht mehr rational kontrolliert werden können. Das säkulare Charisma lenkt die Menschen davon ab, sich über die unerfreulichen Seiten des Lebens Gedanken zu machen – darüber, daß ein weltweiter Krieg ausgebrochen ist, daß das Öl ausgeht, daß die Stadt unter einem Schuldenberg begraben wird –, und in die gleiche Richtung wirkt der Umstand, daß die Behörden und Ministerien mit ihren »Fachleuten« diese Probleme gleichsam mit Beschlag belegen. Erst wenn der Krieg katastrophale Ausmaße angenommen hat, wenn das Öl unerschwinglich geworden ist, wenn die Stadt zusammengebrochen ist, wenn rationale Lösungen nicht mehr greifen, fangen die Leute wieder an, nachzudenken.

Hieran wird die zentrale Problematik von Charisma-Theorien deutlich, die, wie die Freuds und Webers, annehmen, Charisma sei eine *Reaktion* auf gesellschaftliche Unordnung. Das moderne Charisma ist die Ordnung selbst und produziert gerade als solche Krisen. Wenn Weber und Freud die charismatische Persönlichkeit mit Leidenschaftlichkeit und Illusion gleichsetzen und ihr die Rationalität gegenüberstellen, dann bekundet sich darin eine Verkennung der Rationalität selbst. Sie sitzen der Illusion auf, Rationalität sei der Stiftung von Unordnung konträr. Aber das säkulare Charisma ist rational; in einer Kultur, die vom Glauben ans Unmittelbare, Immanente, Empirische geleitet ist und den Glauben an das nicht unmittelbar Erfahrbare als hypothetisch, mystisch oder »prämodern« zurückweist, bildet das Charisma den Ausgangspunkt für ein rationales Verständnis von Politik. Die Empfindungen eines Politikers lassen sich unmittelbar wahrnehmen, nicht jedoch die künftigen Konsequenzen seiner Politik. Dazu müßte man sich aus der direkten »Verstrickung« in die Realität lösen, müßte die Realität vom Hier und Jetzt und auch vom eigenen Selbst distanzieren. Wenn ein Politiker voll selbstgerechter Empörung erklärt, er wolle den »Trittbrettfahrern des Wohlfahrtstaates« entgegentreten, müßte man sich vorstellen können, wie es wäre, wenn man in der nächsten Depression selbst auf die Arbeitslosenunterstützung angewiesen ist. Wenn ein Mann, der zehn Jahre unter einem faschistischen Regime im Gefängnis gesessen hat und nun nach seiner Befreiung bereit ist, die Macht zu übernehmen, wenn dieser Mann erklärt, unter der Diktatur des Proletariats werde es keine Tyrannei geben, weil alles im Interesse des Volkes geschieht, dann sollte man zunächst einmal nicht darüber nachdenken, wie mutig dieser Mann war, als er den Faschisten im Namen seiner Überzeugungen trotzte, man sollte sich vielmehr überlegen, was es bedeutet, wenn seine Überzeugungen Realität werden. Wenn einem zornigen, selbstgerechten Schwindler ein freundlicher, offener, aber nicht minder konservativer Mann im Amt folgt, dann sollte man sich aus der Unmittelbarkeit des Augenblicks lösen und sich fragen, ob sich wirklich etwas Entscheidendes geändert hat. Zu alledem bedarf es einer Suspendierung des unmittelbaren Augenblicks, eines Raums für Gedanken-Spiele und politische Phantasie. Soweit sich Rationalität an der empirischen Wahrheit dessen, was man sehen und fühlen kann, bemißt, bedarf es also einer Form von Irrationalität.

Charisma und Ressentiment

Das säkulare Charisma, wie wir es beschrieben haben, ist einem ganz bestimmten Politikertypus bei seinem Umgang mit einer spezifischen Klasse von Menschen besonders nützlich. Dieser Politiker stammt aus bescheidenen Verhältnissen, und seine Karriere stützt sich darauf, daß er die Öffentlichkeit mit Angriffen gegen das Establishment, die alteingesessenen Mächte aufwiegelt. Dabei ist er zumeist kein Ideologe, obwohl amerikanische Vertreter dieses Typus mitunter populistische Sympathien zeigen. Er läßt sich nicht vom Engagement für eine neue Ordnung, sondern vom reinen Ressentiment gegen die bestehende Ordnung leiten. Die gesellschaftliche Klasse, die er anspricht, haßt die Privilegierten; an die Abschaffung von Privilegien denkt sie jedoch nicht. Wenn diese Menschen gegen das Establishment Sturm laufen, dann in der Hoffnung, es werde sich dem einzelnen ein Türchen öffnen, durch das er hineinschlüpfen kann. Das Ressentiment beruht auf einer halb-wahren, halb-illusionären Erklärung für die gesellschaftliche Position, die das Kleinbürgertum einnimmt: Weil eine kleine hochmütige Gruppe von Insidern die Fäden der Macht und des Privilegs in Händen hält, kommt das Kleinbürgertum auf keinen grünen Zweig, und dabei schaffen es die, die die guten Dinge des Lebens unfairerweise bei sich gehortet haben, sogar, bei dem kleinen Buchhalter oder dem Schuhverkäufer ein Gefühl der Beschämung zu wecken, wenn es zu einer direkten Begegnung kommt. Dieses Ressentiment trägt keine egalitären Züge; Beschämung und Neid tun sich zusammen und erzeugen in denen, die unter der Ungerechtigkeit ihres Status leiden, die Hoffnung, es werde sich eine unerwartete Aufstiegschance auftun und sie als einzelne von ihrem Los befreien. Mit dieser Mischung aus Schamgefühl und Neid treibt der Politiker sein Spiel.
Das Ressentiment bringt eine seltsam verkehrte Verschwörungstheorie hervor – die, die in der Gesellschaft ganz oben stehen, haben sich mit denen ganz unten zusammengetan, um die in der Mitte zu zerstören. So hat Senator McCarthy die Bastionen des amerikanischen Establishments mit dem Vorwurf attackiert, es hätte Kommunisten und Anarchisten Schutz und Beistand gewährt; Spiro Agnew hat die »Mitleidsapostel« aus den reichen amerikanischen Vorstädten als die heimlichen Förderer des schwarzen Protests verdächtigt. Der französische Antisemitismus nach dem Zweiten Weltkrieg liefert ein exemplarisches Beispiel für die Vorstellung einer Verschwörung von unten und oben zu dem Zweck, das umzingelte Kleinbürgertum seiner Existenz zu berauben. Es verschmilzt das Bild vom Juden als dem raffgierigen Bankier,

dem nahöstlichen Imperialisten mit dem Bild des Juden als dem kommunistischen Verschwörer, dem Außenseiter, dem Kriminellen, der die katholische Familie unterwandern will und, wie es bei einer Welle des Antisemitismus in jüngerer Zeit in Orléans hieß, auch vor der Ermordung von Christenkindern nicht zurückschreckt.

Man hat sich in der historischen Forschung daran gewöhnt, die Politik des Ressentiments als historische Konstante zu beschreiben. Wenn man davon ausgeht, daß die Mittelklassen immer im Aufstieg begriffen sind, dann müssen sie bei ihren Forderungen nach ökonomischen oder politischen Rechten auch stets Unmut gegen die alte Ordnung entwickeln. Aber diese Verallgemeinerung des Ressentiments über die gesamte Geschichte hat zur Folge, daß die Umrisse der Dinge äußerst unscharf werden. Der Unmut über die eigene inferiore Stellung in der Gesellschaft mag ein universeller Verhaltenszug sein, das *Ressentiment* jedoch weist zwei spezifische Züge auf, die uns nur in der fortgeschrittenen Industriegesellschaft begegnen.

Erstens ist das Kleinbürgertum genötigt, ein personales Establishment zu erfinden – und zwar innerhalb eines unpersönlichen Wirtschaftssystems. Wenn Macht bürokratisiert wird, wie in einem multinationalen Unternehmen, fällt es immer schwerer, bestimmten Individuen die Verantwortung für bestimmte Handlungen zuzuweisen. Im fortgeschrittenen Kapitalismus wird die Macht unsichtbar; allein schon durch ihre administrative Komplexität entziehen sich die Organisationen ihrer Rechenschaftspflicht. Zwar könnte eine genaue Analyse nachweisen, daß an der Spitze solcher Hierarchien tatsächlich ein kleiner Kreis von Leuten steht, die eine ungeheure Macht in Händen haben. Aber es ist nicht diese Vorstellung von der Macht, die die Wut des Ressentiments auslöst.

Die Vorstellung vom personalen Establishment geht vielmehr davon aus, daß eine abstrakte, unsichtbare Klasse von Menschen übereingekommen ist, alle anderen mit unfairen Mitteln von den Schaltstellen fernzuhalten. Der Ausdruck »unfair« ist geradezu der Schlüsselbegriff des ganzen Mythos. Welche Stellung jemand innerhalb der Bürokratie einnimmt, müßte eigentlich von seinen Verdiensten abhängen. Oft aber stehen Leute an der Spitze, die im Grunde unfähig sind. Sie können sich dort halten, weil sie sich miteinander verbündet haben, die wirklich Fähigen auszusperren. Der Fehler liegt also nicht bei einem selbst, wenn man nicht hochkommt; die Leute oben haben sich genommen, was einem selbst von Rechts wegen zusteht. Aber das ist nur ein Aspekt des Ressentiments. Das personale Establishment hat außerdem eine spezifische Selbstsicherheit entwickelt. Diese Leute sind nicht von andauernden Selbstzweifeln geplagt, während der kleine Mann fortwährend das Gefühl mit sich herumschleppt, er sei ein Eindringling. Status-Angst, die sich aus der Unzufriedenheit über den Verrat an den »anständigen«, d. h. meritokratischen Prinzipien und aus der Angst, als Eindringling zu erscheinen, speist, ist neueren

Berichten zufolge ein wichtiges Charakteristikum weiter Teile der unteren Angestelltenschichten in Frankreich, England und Amerika.

Man könnte sagen, die zunehmende Unsichtbarkeit der realen Macht in den Ländern des fortgeschrittenen Kapitalismus zwinge die Menschen dazu, einen solchen Mythos zu erfinden, um sich überhaupt zu erklären, was vorgeht. Man könnte auch sagen, das Problem des persönlichen Verdienstes als des Kriteriums für die gesellschaftliche Stellung wird in dem Maße akut, wie sich das Wirtschaftssystem dieser Länder von einer Produktions- zu einer Dienstleistungsökonomie wandelt. In jedem Fall erscheint das Ressentiment als ein Merkmal unserer Zeit, das nicht beliebig auf die ganze Geschichte ausgeweitet werden kann.

Ein zweites modernes Charakteristikum dieses Ressentiments ist seine antiurbane Voreingenommenheit. Untersuchungen bei Angehörigen des deutschen Kleinbürgertums in den zwanziger Jahren ergaben eine klare Korrelation zwischen der Vorstellung, Oben und Unten hätten sich gegen die anständigen Leute in der Mitte verschworen, und der Vorstellung, daß die Quelle dieses Übels die Großstadt sei. Die antiurbane Struktur des amerikanischen Ressentiments ist besonders deutlich. In jüngerer Zeit hat zum Beispiel ein amerikanischer Vizepräsident viel Beifall gefunden, als er auf einer Veteranenversammlung verlauten ließ, Amerika wäre für die anständigen Leute ein »gesünderer« Ort zum Leben, wenn man »New York abkoppeln und in den Ozean driften« würde. Die Stadtfeindlichkeit ergibt sich fast zwangsläufig aus der Verschwörungstheorie – um sich zusammenzufinden und verschwörerische Pläne aushecken zu können, ist das Establishment auf einen Ort angewiesen, wo keiner den anderen so recht kennt. Die Großstadt als Ort der Geheimnisse und der Fremden ist der perfekte mythologische Schauplatz hierfür.

Dem Politiker, der auf den Wogen des Ressentiments schwimmt, droht selbst jedoch eine spezifische Gefahr. Je effektiver er das Ressentiment organisiert, desto mächtiger, desto reicher, desto einflußreicher wird er. Wie soll er unter diesen Voraussetzungen seine Anhänger bei der Stange halten? Überschreitet er nicht gerade dadurch, daß er immer mehr Macht gewinnt, eine bestimmte Grenze und wird zum Verräter an denen, die ihn als Vorkämpfer gegen das Establishment ins Amt gebracht haben? Denn er wird selbst Teil des Systems, das seine Anhänger verachten.

Er kann dieser Bedrohung seiner »Glaubwürdigkeit« begegnen, indem er sich zu einer charismatischen Gestalt wandelt. Wer mit der Unzufriedenheit der Menschen über ihren Status erfolgreich umgehen will, muß tatsächlich ständig bemüht sein, deren Aufmerksamkeit von seinen politischen Handlungen und Äußerungen abzulenken und sie mit seinen moralischen Absichten zu fesseln. Dadurch garantiert er der bestehenden Ordnung ihr normales Funktionieren, denn sein scheinbarer Unmut über das Establishment wird allein an seinen Regungen und Motiven, nicht jedoch an seinem Handeln gemessen. Der politische Führer des Ressentiments muß mit all den Merkmalen von Persönlichkeit, die sich um die Mitte des 19. Jahrhunderts ausgebildet haben, umgehen können, wenn er seinen Aufstieg innerhalb der Regierungshierarchie überleben will.

Der Typus des politischen Schauspielers, der sich die Macht des Ressentiments zunutze zu machen sucht, läßt sich am Beispiel Richard Nixons gut studieren. Seit seinen frühesten politischen Kampagnen hat er sich immer wieder als der Herausforderer des Establishments dargestellt, des Establishments der Saturierten, die mit Kommunisten und Verrätern gemeinsame Sache machen. Sein Kampf gegen Alger Hiss war ein Kampf gegen die Alte Garde an der Ostküste, die Hiss angeblich gedeckt hatte. Seine Kongreßkampagne gegen Helen Gahagan Douglas richtete sich gegen eine blauäugige Snobistin, die »lieb« zu den Kommunisten war.

Sehr bald in seiner Laufbahn stellte sich Nixon jedoch das Problem des kleinbürgerlichen Führers, auf das wir oben hingewiesen haben, und zwar bei dem Skandal, der während des Wahlkampfes 1952 ans Licht kam. Wohlhabende Geschäftsleute hatten ihm heimlich Geld für einen politischen »Reptilienfonds« zukommen lassen. Solche Geheimfonds in den Verwaltungsmaschinerien der großen Städte sind jedem Amerikaner etwas durchaus Vertrautes. Wenn Ende der vierziger Jahre Kommunalpolitiker häufiger in ähnliche Skandale verwickelt waren, so wurde das nicht sonderlich ernst genommen und ließ sich leicht vertuschen. Aber Nixons geheimes Geld wuchs sich zu einer großen Sache aus – obwohl es gar nicht um sehr hohe Beträge ging. Die Position, die dieser immer wieder gegen das Establishment angetretene *Law-and-order*-Politiker bezogen hatte, war durch und durch persönlich und von einer geradezu rachsüchtigen Moralität geprägt – er wollte ausmisten, wollte jene zur Ordnung rufen, die es verstanden, sich, stets auf ihre Interessen bedacht, durchzumogeln. Und plötzlich steht er vor dem Vorwurf, selbst bloß ein Politiker wie jeder andere zu sein.

Um dieser Bedrohung zu begegnen, griff Nixon mit Erfolg zu jenem Mittel, zu dem alle Politiker greifen, die auf den Wogen des Ressentiments zur Macht gelangt sind. In seiner berühmten »Checkers-Rede« lenkte Nixon die Aufmerksamkeit der Öffentlichkeit von den Tatsachen auf seine inneren Motive, auf seine Gefühle und seine guten Absichten. Vor Millionen von Fernsehzuschauern brach er in Tränen aus, freilich nicht lange, um nicht den Anschein zu erwecken, er habe die Selbstkontrolle verloren. Er wollte eben nur zeigen, daß er zu Gefühlen fähig, d. h. daß er ein glaubwürdiger Mensch sei. Er sprach über den »republikanischen Mantel« seiner Frau, berichtete dem Publikum, er sei Hundeliebhaber, und kam auch auf seinen eigenen Hund, Checkers, zu sprechen. Er war ein guter Mensch, deshalb sollten sie aufhören, immer nur von Geld zu reden.

Leicht vermag das säkulare Charisma einen Gedächtnisverlust herbeizuführen. Nixon betäubte sein Publikum dadurch, daß er dessen Aufmerksamkeit auf seine Privatsphäre und insbesondere darauf lenkte, daß er imstande war, seine inneren Regungen offen zu zeigen. Daß seine Empfindungen banal waren, war unerheblich. Im Gegenteil, die Banalität war sogar fester Bestandteil des Rezepts; die Ablenkung des Publikums von den Handlungen des Politikers auf seine Motive funktioniert nur, wenn man triviale Spontanregungen in den Vordergrund schiebt. Die »Checkers-Rede« diente ebenso der politischen Befriedung wie Lamartines Februar-Reden vor den Arbeitern von Paris. Der Unterschied zwischen den beiden besteht nur darin, daß der romantische Künstler seine Empfindungsfähigkeit zu einem Symbol stilisierte, während Nixon die gleiche rhetorische Gestik zu einer psychologischen Selbstenthüllung machte. Die »Checkers-Rede« war für Nixon eine Lehre, aus der er fast 25 Jahre lang Nutzen zog: Man kann sich das Ressentiment zunutze machen, und man kann die Öffentlichkeit über die eigene Macht und den persönlichen Reichtum hinwegtäuschen, wenn man es versteht, auch vor Fremden sein Herz auszuschütten.

Die Hervorkehrung der Motive und Absichten ist eine rhetorische Technik, die jedem Politiker zur Verfügung steht, und gewiß nicht die einzige. Aber für den, der sich des Ressentiments der Menschen bedienen will, ist sie eine absolute Voraussetzung zum Erfolg; sonst nämlich würde sich die Öffentlichkeit, die ihn ins Amt gebracht hat, am Ende von ihm abkehren wie von einem, der zum Feind übergelaufen ist. Das säkulare Charisma wiegt deshalb so schwer, weil der Politiker selbst, nicht weniger als sein Publikum, von diesen Augenblicken der Ablenkung überzeugt ist.

Ein Unterschied etwa zwischen Talleyrand und Nixon besteht darin, daß der erstere – nacheinander Bischof von Autun, graue Eminenz der Revolution, napoleonischer Minister, antinapoleonischer Minister, Schmeichler Karls X., Diener des Bürgerkönigs Louis Philippe – über eine klare und zynische Vorstellung von seiner Distanz zu all diesen Rollen verfügte, während Nixon überzeugt war, daß er in den verschiedenen Rollen, die er spielte, immer er selbst war. Diese Überzeugung resultiert aus einer säkularen Grundidee. Der moderne Ressentiment-Politiker errichtet nicht einfach Fassaden, um die Öffentlichkeit zu täuschen. Er selbst glaubt jederzeit an die Echtheit seiner Tugendmaske; seine Absichtserklärungen und Herzensergießungen geben ihm das Gefühl, gerechtfertigt zu sein, obschon sie für sein Handeln ebensowenig bestimmend sind wie die Bedürfnisse der zornigen Geschäftsinhaber und Klempner, die ihn ins Amt brachten. Was den Watergate-Skandal in den Vereinigten Staaten so aufschlußreich macht, ist nicht die Tatsache, daß der Präsident die Öffentlichkeit belogen hat, sondern der Umstand, daß er jede seiner Lügen in weitschweifige Beteuerungen seiner Ehrenhaftigkeit und seiner guten Absichten kleidete und selber fest daran glaubte. Diese Beteuerungen machten ihn blind dafür, daß er gelogen hatte, und fast ein Jahr lang zeitigten sie in der Öffentlichkeit ein ähnliches Ergebnis. Oder man denke an die berühmte Rede, die Perón in Buenos Aires hielt, nachdem man ihn angeklagt hatte, 5 Millionen Dollar außer Landes gebracht zu haben. Sogleich

kommt er auf seine Liebe zu den Arbeitern der Stadt zu sprechen, darauf, was für ein Vergnügen es ihm bereitet, von Zeit zu Zeit in die Pampas zu reisen, auf seine Treue zum »Geist Argentiniens«, und schließlich beginnt er zu weinen. Über die Kleinigkeit von 5 Millionen Dollar mußte da kein Wort mehr verloren werden, und doch waren diese Tränen durchaus echt.
Ganz allgemein läuft die persönlichkeitszentrierte Politik auf die Offenbarung von Absichten hinaus, die keinerlei Beziehung zur Welt des Handelns aufweisen. Beim Charisma des Ressentiment-Politikers kommt noch etwas hinzu: Es handelt sich notwendigerweise um eine Illusionierung, insofern die wachsende Macht des Politikers von seinen Absichtserklärungen verdeckt werden soll; aber dieser Illusionierung fällt nicht nur sein Publikum, sondern auch er selbst zum Opfer.
Nixon gleicht Poujade und Perón oder anderen Amerikanern, etwa George Wallace, darin, daß er die gleichen Mittel wie sie anwendet, um seine persönliche Macht zu verdecken. Aus Machtkämpfen werden Auseinandersetzung um Achtung und Verachtung. Auf der einen Seite steht der, der gegen das Establishment angetreten ist, der seine Motivationen und nicht seine Handlungen in Szene setzt; er verachtet das Establishment wegen dessen eitler Substanzlosigkeit hinter glatter Routine. Auf der anderen Seite behandelt das mythische Establishment den kleinen Mann von oben herab. Dabei kommt ihm diese Selbstsicherheit in Wahrheit gar nicht zu. Außerdem steckt es mit dem »Abschaum der Gesellschaft« unter einer Decke, der nur darauf aus ist, die Gesellschaft insgesamt zu ruinieren.
Der konservative Politiker, dem es im 19. Jahrhundert gelang, »mit den Arbeitern vernünftig zu reden«, unterwarf sein Publikum eine Zeitlang dem Bann bürgerlicher Wohlanständigkeit: Man muß dem Arbeiterpublikum nur kundtun, zu welch edlen Empfindungen man imstande ist, dann zeigt es auch Respekt. Der moderne Ressentiment-Politiker hat es nicht nötig, seinem Publikum Anstand beizubringen. Er stellt edle Empfindungen zur Schau, um die Menschen *vergessen zu machen*. Gemeinsam ist der konservativen Bändigung der Masse im 19. Jahrhundert und dem modernen Ressentiment allerdings die Kluft zwischen Handeln und individueller Regung, wobei sich die Legitimität des Führers in den Augen seiner Zuhörer aus dessen persönlichen Beweggründen ergibt.
Um diese kulturelle Kontinuität zu erklären, müssen wir begreifen, wie die Situation des Redners, der im 19. Jahrhundert auf der Straße mit einer Masse von Fremden umgeht, in den elektronischen Medien von heute wiederkehrt, und zwar nicht im Rahmen einer Menschenansammlung in der Stadt, sondern im nationalen und internationalen Feld.

Das elektronisch befestigte Schweigen

Innerhalb eines allgemeineren Zusammenhangs stützen die Medien das säkulare Charisma. Sie stehen in einer besonderen Beziehung zum Hauptthema unserer Untersuchung, dem Aufstieg und Niedergang des öffentlichen Lebens. Die elektronische Kommunikation ist einer der Faktoren, die das öffentliche Leben zum Erliegen gebracht haben. Die Medien haben den Vorrat an Wissen, das die verschiedenen gesellschaftlichen Gruppen voneinander haben, erheblich erweitert, zugleich jedoch haben sie den wirklichen Kontakt zwischen den Gruppen überflüssig gemacht. Zudem sind das Radio und, mehr noch, das Fernsehen intime Einrichtungen: Gewiß, auch in Gaststätten gibt es irgendwo im Hintergrund einen Fernseher, und die Leute, die sich dort gemeinsam eine Sendung ansehen, reden häufig sogar über das, was sie sehen. Normalerweise aber sitzt man, zumal wenn man der Sendung wirklich aufmerksam folgt, allein oder im Kreis der Familie vor dem Fernsehapparat. Vielfalt der Erfahrung, Erfahrungen in gesellschaftlichen Bereichen, die dem intimen Kreis fernliegen – zu diesen beiden Grundvoraussetzungen von Öffentlichkeit stehen die »Medien« im Widerspruch. Der Impuls zum Rückzug aus dem öffentlichen Leben hatte sich allerdings schon längst vor dem Aufkommen dieser Apparate ausgebildet; an ihnen selbst ist nichts Teuflisches, wie es der Gemeinplatz vom Monstrum Technik so gern darstellt; sie sind erfunden worden, um Bedürfnisse der Menschen zu erfüllen, eben jene kulturellen Impulse, die auf den Rückzug aus der sozialen Interaktion und eine Hinwendung zu individuellem Erleben und persönlicher Erfahrung hinauslaufen. Die Apparate gehören zum Waffenarsenal im Kampf zwischen sozialer Interaktion und individueller Wahrnehmung.

Zunächst wollen wir untersuchen, welche Gestalt jenes Paradoxon einer entleerten öffentlichen Sphäre, auf das wir eingangs schon hingewiesen haben, in den elektronischen Medien annimmt: das Paradoxon von Isolation und Sichtbarkeit.

Die Massenmedien steigern das Wissen der Menschen von dem, was in der Gesellschaft vor sich geht, erheblich, zugleich jedoch schränken sie die Fähigkeit, dieses Wissen in politisches Handeln umzusetzen, erheblich ein. Auf das, was der Fernseher verlautbart, kann man nichts erwidern, man kann ihn nur abstellen – eine unsichtbare Handlung.

In den Parlamentsdebatten des 18. Jahrhunderts wie im Theater konnten die Zuhörer fordern, daß eine gelungene Wendung, ein besonders bedeutungsschwerer Satz wiederholt werde. Aus diesem Grunde dauerten die Parlamentsreden häufig viel länger, als man es heute aufgrund der gedruckten Texte vermuten würde. Dergleichen läßt sich mit dem Medium Fernsehen nicht verwirklichen. Das Radio oder der Fernseher bietet dem Zuhörer oder dem Zuschauer keine Gelegenheit zur Unterbrechung. Wenn man sich während der Rede eines Politikers vor dem Bildschirm ereifert, bekommt man nicht mit, was er als nächstes sagt. Um alles zu verstehen, muß man still sein. Die einzige Möglichkeit, zu reagieren, bestünde darin, daß ein Fernsehkommentator auswählt, was wiederholt und diskutiert werden soll. Dieser würde dann dieselbe Funktion übernehmen wie der Kritiker, der dem schweigenden Publikum die Darbietungen, die es miterlebt, erläutert – nur daß die Kontrolle, die der Fernsehkommentator über das Publikum ausübt, vollständiger ist, weil sie ohne zeitliche Verschiebung, unverzüglich zustande kommt. Passivität liegt in der »Logik« dieser Technologie. Die Massenmedien befestigen das Schweigen der Menge, das in den Theatern und Konzertsälen des 19. Jahrhunderts Gestalt anzunehmen begann; sie befestigen die Vorstellung vom körperlosen Zuschauer, vom passiven Zeugen, die uns bereits bei E. T. A. Hoffmann begegnet ist.

Keinem Fernsehzuschauer erscheint der politische Prozeß auf dem Bildschirm als Triade, in der er über den vermittelnden Politiker mit anderen Zuschauern in Verbindung tritt. Die Bildschirmbeziehung ist eine Dyade, und der Auftritt des Politikers oder der Politikerin und der Eindruck, den er oder sie hinterläßt, stehen im Mittelpunkt des Zuschauerinteresses. Wie soll jemand in New York mehr über einen Menschen in Alabama erfahren, wenn sich beide einen Politiker anschauen, der im Fernsehen ein ehrliches Gesicht macht? Politisch Aktive haben denn auch herausgefunden, daß das Fernsehen kein geeignetes Instrument zur Organisierung von politischen Initiativen oder Kampagnen ist. Der individuelle Einsatz ist zwar weniger umfassend, bringt aber bessere Ergebnisse hervor.

Vor dem Hintergrund dieser den elektronischen Medien eigenen dyadischen Struktur und der von ihnen geförderten Zuschauerpassivität tritt das Paradoxon von Sichtbarkeit und Isolation hervor. Es trägt ähnliche Züge wie in der modernen Architektur: Man sieht mehr und interagiert weniger.

Die erste Konsequenz aus diesem Paradoxon innerhalb des Medienbereichs besteht darin, daß der Politiker, der im Fernsehen auftritt, seinem Publikum auf der Basis einer eigentümlichen Gleichheit begegnen muß. Wenn seiner Rede im Fernsehen 20 Millionen Zuschauer folgen, muß er diese Zuschauer für gewöhnlich als einer Kategorie zugehörig annehmen, nämlich als Staatsbürger. In allen Industrienationen ist das Mosaik der gesellschaftlichen Schichten und ethnischen Gruppen so vielgestaltig, daß der Politiker im Fernsehen einzelne Gruppen nur in den allgemeinsten Wendungen ansprechen könnte, etwa nach dem Muster: »Und denen, die unter 30 Jahre alt sind, möchte ich sagen...« Während er offen und konkret sein müßte, um einen guten Eindruck zu machen, zwingt ihn allein schon die Größe seines Publikums dazu, abstrakt zu bleiben. Medienexperten weisen hier auf die Gefahr der Überspezialisierung hin. Aber in Wirklichkeit handelt es sich dabei gar nicht um eine Gefahr. Die eigentümliche Gleichheit des Fernsehpublikums ermuntert den Politiker dazu, auf seine Programmatik nicht sonderlich konkret und genau einzugehen, und das kann ihm nur recht sein. Das Publikum für eine

Versammlung von Gleichen zu nehmen, bietet ihm die Möglichkeit, ideologischen Fragen aus dem Weg zu gehen, und führt zu einer Ausrichtung des Interesses auf die Person des Politikers und seine Motive. Immer wieder werden die Massenmedien wegen der Konzentration auf die Persönlichkeit des Politikers, über den sie berichten, kritisiert – so als handele es sich um eine Marotte von ein paar Regisseuren, die sich leicht beheben ließe, wenn die Medien nur »ernsthafter« und »verantwortungsbewußter« wären. Diese Kritik verkennt jedoch die dieser Kommunikationsform innewohnenden strukturellen Zwänge, die die Konzentration aufs Persönliche gebieten.
Wenn man sagt, der Fernsehjournalismus sei »zwanghaft« personalistisch und stelle stets das Privatleben des Politikers in den Mittelpunkt des Interesses, dann muß man sich allerdings klarmachen, worin das Wesen von »Zwanghaftigkeit« liegt. Zwanghaftigkeit entspringt einer Verleugnung, die ihrerseits ein verstärktes Interesse an Personen und Persönlichkeiten, die nicht verleugnet werden, erzeugt. Die vollständige Unterdrückung aller Publikumsreaktionen durch die elektronischen Medien produziert dieses Interesse an der Persönlichkeit. In einem abgedunkelten Raum sieht man – schweigend – wirklichen Menschen zu. Das ist etwas anderes als bei einem Roman oder sonst einem Zeitvertreib, der einem Phantasieleistungen abverlangt. Doch die Realität der Politik ist langweilig – irgendwelche Komitees, irgendwelche Querelen zwischen Bürokraten. Um solche Querelen verständlich zu machen, müßte man Anforderungen an die aktive Interpretationsfähigkeit des Publikums stellen. Deshalb wird diese Realität ausgeblendet. Das allein Interessante soll nun sein, was für »Menschen« dahinterstehen. Und davon kann das Fernsehen, ohne Ansprüche an die Reaktionsfähigkeit des Publikums zu stellen, ein Bild liefern, wenn es sich auf das Gefühlsleben des Politikers konzentriert.
Das zwanghafte Interesse an der Persönlichkeit des Darstellers oder des Ausführenden nahm im 19. Jahrhundert in jenem städtischen Publikum Gestalt an, das in großer Zahl in die Theater und Konzertsäle strömte, in denen Schweigen zu einer Grundregel des Verhaltens wurde. Die modernen Medien verlagern dieses Interesse aus der Arena einer Klasse, des Bürgertums, in einen technisch formierten Raum, in dem alle Leute, ungeachtet ihrer gesellschaftlichen Stellung, daran teilhaben können, wenn sie nur zuschauen. Die Konzentration der Wahrnehmung auf die Persönlichkeit erscheint in einem Medium, das keine Ansprüche an den Wahrnehmenden stellen kann, als logische Konsequenz dieser spezifischen Gleichheit.
Insofern sind die elektronischen Medien offensichtlich sehr geeignet für die defensive Abschirmung, auf die der Ressentiment-Politiker zurückgreifen muß, wenn er erst einmal an der Macht ist. Man erinnere sich des berühmten Fernsehauftritts, bei dem George Wallace im Eingang einer Schule steht und schwarze Kinder daran hindert, sie zu betreten. Bei Wallace, einer Symbolfigur, war der Widerstand gegen die Schwarzen stets durchdrungen von einem noch stärkeren Haß gegen die »Negerfreunde« – d. h. die Außenseiter, die

Regierung in Washington, die reichen Nordstaatler, wobei der Kreis der Feinde so groß war, daß die Markierungslinien unscharf wurden. Wenn sich die Nachrichten auf den Mann konzentrierten, gerieten sie deshalb in einen Teufelskreis: Sie versuchten, die Lebensgeschichte, die Motivationen und Empfindungen von Wallace verständlich zu machen, um jene verborgenen Schichten des Ressentiments aufzudecken. Dabei verloren die Medien immer aus dem Blick, daß der Protest dieses Mannes als tatsächlicher Widerstand bedeutungslos war; dem Politiker gelang eine Übertragung der Aufmerksamkeit auf seine Persönlichkeit, deren Entschlüsselung nun im Vordergrund stand, ohne daß die Handlungsmöglichkeiten dieser Persönlichkeit noch weiter beachtet wurden. Indem sie seine Absichten als Verkörperungen verborgener gesellschaftlicher Kräfte deuteten, gelang es den Medien, ihn – gleichgültig, was er wirklich tat – als Person, der man ruhig einmal zuhören sollte, zu legitimieren. Auf diese Weise wurde der »symbolische« Protest eines Ressentiment-Politikers so umgewandelt, daß seine Absichten niemals an ihren möglichen Konsequenzen, an ihrer Wirksamkeit gemessen oder auf ihre Moral hin überprüft wurden.

Das von den elektronischen Medien geweckte zwanghafte Interesse an der Persönlichkeit und das Ablenkungsbedürfnis des erfolgreichen Ressentiment-Politikers ergänzen einander hervorragend. »Wallace im Fernsehen«, so würde ein Medienfachmann einem um Rat fragenden Politiker sagen, »kommt als Typ viel besser an als diese farblosen Liberalen.« Aber diese glückliche Ehe zwischen der technischen Begünstigung des säkularen Charismas und dem Ressentiment-Politiker kann für den Politiker auch schnell in einer Katastrophe enden.

Weil alle Bezugspunkte motivationaler Art sind, kann schon eine Schwäche, eine strafbare Handlung oder eine moralische Verfehlung den Politiker suspekt erscheinen lassen. Nixon ist vielleicht das beste Beispiel für einen Politiker, der sich auf diese Weise selbst »erledigt« hat. Nehmen wir einmal an, er sei es gewesen, der die Gefahr eines Atomkriegs mit Rußland entschärft hat – sollte man ihm da nicht die paar Millionen Dollar an Schmiergeldern, einen Einbruch und zehn oder zwölf Lügen vor der Öffentlichkeit durchgehen lassen? Es wäre dies ein realistischer Maßstab, den Nixon allerdings selbst nie angelegt hat. Sein Leben lang versuchte er, Legitimität aus seiner Wut gegen das Establishment zu ziehen, und als er dann das höchste Amt seines Landes erreicht hatte, erwartete er, die Öffentlichkeit werde ihn plötzlich nach ganz anderen und realistischeren Kriterien bewerten, als sie seine politischen Gegner bewertete.

Die von den Medien geförderte Orientierung des gesamten Interesses an der Politikerpersönlichkeit, auf die der Ressentiment-Politiker angewiesen ist, schafft zugleich die einzige wirkliche Bedrohung für ihn, insofern er nämlich andauernd Gefahr läuft, daß ein Versagen in irgendeinem Bereich seines Lebens als Zeichen dafür gewertet wird, daß er selbst fragwürdig ist. Wie die

persönlichkeitszentrierte Politik das öffentliche Interesse davon ablenkt, den persönlichen Charakter am politischen Handeln zu messen, so kann, wenn alle Charakterelemente ohne stichhaltige Bezugspunkte symbolkräftig werden, jeder Mißgriff, jeder Fehler zur Selbstzerstörung führen.
Auch hier würde man die Bedeutung dieses Phänomens verkennen, wenn man sich den Politiker als bloßen Scharlatan vorstellte. Weil der Politiker jedes Moment seiner Erscheinung für Wirklichkeit, jede Maske für ein Zeichen seines Charakters hält, kann er sich leicht in irgendwelchen Belanglosigkeiten verwickeln, die dem Publikum erst auffallen, nachdem er sie zu einer ungeheuren Krise ausgeweitet hat. Die sogenannten »*land-scandals*« in England im Jahre 1973 waren ein typisches Beispiel für dieses Gefühl absoluter Bedrohung durch Vorkommnisse, die nur entfernt mit der Tätigkeit des Premierministers zu tun hatten. Als Faustregel gilt: Je weniger Probleme aus sich heraus das Interesse der Öffentlichkeit wecken, desto mehr kümmern sich die Menschen um die Persönlichkeit der Politiker, die mit diesen Problemen umgehen sollen. Das heißt aber auch, daß sich etwa seit dem Zweiten Weltkrieg der Raum für eine Politik des Ressentiments verengt hat.
Während noch in den dreißiger Jahren der gesamte politische Diskurs in eine Rhetorik des verletzten Stolzes verwandelt werden konnte, finden die Ressentiment-Politiker der Nachkriegszeit immer weniger Fragestellungen, die sich in dieser Weise ummünzen lassen. Das Floating der Staatsanleihen, Energieprobleme, die unausgeglichene Handelsbilanz, das Gesundheitswesen und Fragen der öffentlichen Sicherheit werden jetzt erst wahrgenommen, wenn sie sich krisenhaft zugespitzt haben; aber sie geben auch keinen geeigneten Stoff für irgendwelche Verschwörungstheorien mehr ab. Der Bewegungsspielraum der Ressentiment-Politiker beschränkt sich zusehends auf die Frage, wer dazugehört und wer Außenseiter ist: die Asiaten in Großbritannien, die *pieds noirs* und die Juden in Frankreich, die schwarzen Kinder in den weißen Vorstadtschulen der Vereinigten Staaten.
Wenn man das säkulare Charisma innerhalb der modernen Gesellschaft als eine trivialisierende Kraft bestimmt, dann bedeutet das nicht, daß der Wunsch nach einem charismatischen Führer selbst belanglos geworden wäre.
In seinem Buch *A Century of Hero Worship* hat Eric Bentley die Sehnsucht nach glaubwürdigen Helden, die um die Mitte des 19. Jahrhunderts Gestalt annahm, untersucht und ist zu dem Schluß gekommen, daß die Suche nach neuen Helden in der modernen Gesellschaft zu einer ständigen und ständig frustrierenden Hauptbeschäftigung der Menschen geworden ist. Der Niedergang des nichtpersönlichen, öffentlichen Lebens in der modernen Gesellschaft liefert eine Erklärung dafür, daß dieser Suche kein Erfolg beschieden sein kann: In dem Maße, wie die Motive des Helden zum eigentlichen Gegenstand des Interesses werden, erscheint der Inhalt seines Heldentums als belanglos.
Das Zusammenschrumpfen des politischen Diskurses ist nicht nur an sich von großer Bedeutung, es verdeutlicht auch einen wichtigen Unterschied zwischen

dem Politiker, der aufgrund personaler Attitüden Erfolg hat und Karriere macht, und dem Künstler, der als »öffentliche Persönlichkeit« wahrgenommen wird.

Das Star-System

Im Ancien Régime gab es eine Verbindung zwischen dem, was auf der Bühne, und dem, was im Alltag glaubhaft war. Man könnte nun den Eindruck gewinnen, daß die Wahrnehmung einer öffentlichen Gestalt als Persönlichkeit eine neuartige Verbindung zwischen Bühne und Straße herstellt. Tatsächlich heißt es ja in Diskussionen über die Auswirkungen des Fernsehens auf die Politik häufig, der Politiker müsse sich jetzt wie ein Schauspieler verhalten. Einerseits trifft diese Auffassung zu, andererseits ist sie durchaus irreführend.
Als Persönlichkeit ist der Politiker glaubhaft in seinen Motiven, seinen Empfindungen, seiner »Integrität«. Die Aufmerksamkeit für diese Momente geht zu Lasten des Interesses für das, was er mit seiner Macht wirklich anfängt. Dadurch wird der Inhalt von Politik zusehends eingeengt. Diese Verengung ergibt sich bei den darstellenden Künstlern, die als starke Persönlichkeiten wahrgenommen werden, nicht. Mick Jagger und Bruce Springsteen bringen jeder eine »faszinierende Persönlichkeit« auf die Bühne, aber das tut der Tatsache, daß beide bedeutende Rockmusiker sind, keinen Abbruch. Und wenn Pablo Casals als ein bedeutender Mann wahrgenommen wird, dann leidet darunter seine Kunst als Cellist nicht. Bei der Untersuchung des Verhältnisses zwischen dem Darsteller oder Künstler und seinem Text, wie es sich im letzten Jahrhundert herausgebildet hat, haben wir gesehen, daß die Person den »Gehalt« von Musik, Drama oder Tanz nicht zurückdrängte. Es entsteht vielmehr ein anderer Tanz, ein anderes Drama, eine andere Musik, sobald das unmittelbare Tun des Darstellers – des Darstellers als Persönlichkeit – Vorrang vor dem geschriebenen Text gewinnt. In der Politik dagegen höhlt der Auftritt der Persönlichkeit die politische Substanz aus.
Das Überhandnehmen einer persönlichkeitsorientierten Politik könnte man insofern aus ethischen Gründen verurteilen. Sie ist unzivilisiert, weil sie die Menschen davon ablenkt, sich Gedanken darüber zu machen, was sie in der Gesellschaft gewinnen oder an ihr verändern können. Eine ähnliche ethische Beurteilung der Künstlerpersönlichkeit wäre nicht angebracht. Der Gehalt von darstellender Kunst wird nicht trivialisiert, wenn man den Ausübenden als Persönlichkeit wahrnimmt. Wir haben es hier mit einem klaren Bruch zwischen der Bühne von heute und der Straße zu tun; er betrifft direkt die Ausdruckssubstanz in beiden Bereichen.
Soziostrukturell gesehen gibt es jedoch heute eine Verbindung zwischen Politik

und Kunst, die direkt auf die Persönlichkeitskultur zurückgeht. Sie ergibt sich aus den Konsequenzen, die das Star-System in beiden Sektoren hervortreibt.

Zu allen Zeiten hat es berühmte und namenlose Darsteller gegeben, und die Leute wollten stets eher die berühmten als die namenlosen sehen. Das »Star-System« nun zieht seine Profite daraus, daß der Abstand zwischen Berühmtheit und Namenlosigkeit weiter vergrößert wird, so daß die Menschen schließlich jegliche Lust verlieren, sich eine Aufführung anzusehen, wenn nicht irgendeine Berühmtheit auftritt. Im 20. Jahrhundert sind ernsthafte Musiker und Schauspieler immer wieder gegen diese Tendenz zu Felde gezogen, die dem Publikum die Bereitschaft genommen hat, auch dem unbekannten Künstler Auge oder Ohr zu leihen. Dieser Protest und die alternativen Medien, die er hervorgebracht hat, sind jedoch weitgehend wirkungslos geblieben. Und mit dem Aufkommen der Rockmusik in den sechziger Jahren, die angeblich die Grundsätze bürgerlicher Kultur in Frage stellen sollte, ist das Star-System zu einem eisernen Gesetz für die Bemessung der Gagen geworden. Um das Funktionieren dieses Star-Systems zu verstehen, wollen wir uns mit einer Gruppe von Künstlern beschäftigen, die dieses System am allerwenigsten wollen, nämlich jungen Konzertpianisten, die seinen Verführungen weniger leicht erliegen als Rockmusiker und die sich ihm trotz aller Anstrengungen nicht entwinden können.

Man schätzt, daß es in New York 800 klassische Pianisten gibt, die eine Konzertlaufbahn anstreben. In der Stadt gibt es fünf Konzertsäle, die »zählen«. Pro Jahr treten von den 800 Pianisten 30 bis 35 in einem Solokonzert in diesen Sälen auf. Von diesen 30 ist mindestens die Hälfte so bekannt, daß sie Jahr für Jahr auftreten. In New York können sich also im Jahr ungefähr 15 neue Pianisten der Öffentlichkeit vorstellen, wobei sie die Saalmiete oft genug selbst bezahlen. Selbst kleine Säle wie die Recital Hall der Carnegie Hall zu füllen ist für sie sehr schwierig, und der kluge Pianist verteilt reichlich Freikarten unter seinen Freunden und deren Freunden und bei allen nur denkbaren Verwandten. Diese neuen Pianisten bekommen eine Notiz in der *New York Times*, die sie als »vielversprechend« oder »vollendet« bezeichnet, und sinken dann zurück ins Dunkel der Namenlosigkeit.[8]

Der junge Pianist *muß* solche Konzertauftritte absolvieren. Erst einmal muß er hoffen, daß ein Zeitungskritiker auf ihn aufmerksam wird, und dann, daß dessen Artikel das Interesse eines wichtigen Agenten weckt. Denn nur über einen Agenten kann er hoffen, die Kontakte zu anderen Städten zu knüpfen und zu organisieren, so daß er auf eine Tournee gehen kann. Die Tournee sichert ihm ein minimales Einkommen, und, wichtiger noch, sie gibt ihm die Möglichkeit, seine Kunst kontinuierlich in der Öffentlichkeit auszuüben. Die Chancen hierfür sind jedoch gering. Seit 1920 ist die Zahl der Konzertsäle in New York ständig zurückgegangen. Seit 1950 nimmt die Zahl der Zeitungen stetig ab, und der Platz, den sie Musikkritiken über junge Musiker widmen, schrumpft ebenfalls immer mehr. Auch die Zahl der Agenten geht zurück, und die, die noch verblieben sind, verdienen ihr Geld mit den großen Namen. Zwar ist die Zahl der Besucher von Konzerten ernster Musik in New York insgesamt gestiegen, aber aufgrund vermehrter Kartenverkäufe für die großen Säle und Häuser (deren Fassungsvermögen ebenfalls zugenommen hat); die Zuschauerzahlen in kleineren Sälen dagegen, etwa im MacMillan Theatre der Columbia University, sind im allgemeinen zurückgegangen.

Das gesamte Star-System beruht auf dem direkten Zusammenhang zwischen dem Wunsch des Publikums, ein Konzert zu besuchen, und der Berühmtheit des dort auftretenden Musikers. Musiker, denen es gelingt, auf Tournee zu gehen, gehören zu den wenigen, denen dieser Zusammenhang zugute kommt. Was die Schwierigkeiten, die hierbei aus dem Weg zu räumen sind, angeht, so rangiert New York zwischen Paris und London. Von allen europäischen Hauptstädten hat es der angehende Pianist oder Violinist in Paris am schwersten, einen guten Konzertsaal, und sei es auf eigene Kosten, zu finden, Rezensenten auf sich aufmerksam zu machen und vor allem ein Publikum anzulocken. In London wird er damit noch die wenigsten Schwierigkeiten haben, obgleich es für ihn gewiß schwieriger ist, zweimal im Jahr in einem wichtigen Londoner Haus aufzutreten als in den Konzertsälen von Hull oder Leeds. Ein Publikum in Long Beach, Leeds oder Lyon ist sozioökonomisch heterogener strukturiert als ein Publikum in New York, London oder Paris, das gesellschaftlich homogener ist und zahlreiche »Habitués« umfaßt. Aber auch in der Provinz wirkt sich das Star-System aus, denn hier orientieren sich die Agenten und Manager an den musikalischen Zentren. In Westeuropa (mit Ausnahme von Süddeutschland) ziehen aufstrebende junge Musiker, wie in Amerika auch, aus den kleineren Städten, wo sich ihnen immer wieder Gelegenheiten bieten, vor einem empfänglichen Publikum zu spielen, in die Großstädte, in denen sie weniger Auftrittschancen haben und wo das Publikum übersättigt ist – und dies alles auf die ferne Aussicht hin, daß sie hier einmal »groß herauskommen«.

Daß es für Konzertpianisten so unendlich schwierig geworden ist, Zugang zu einem großstädtischen Publikum zu finden, hängt unmittelbar mit jener Auffassung vom Künstler zusammen, die ihn als eine außergewöhnliche, faszinierende Persönlichkeit festlegt. Auch das läßt sich am Schicksal des Pianisten belegen. Als der Pianist gegen Ende des 18. Jahrhunderts seinen Mäzen oder die kleine Gruppe von Gönnern verlor, war er gezwungen, selbst zum Unternehmer zu werden, um sich seinen Weg zu bahnen. In den festen Orchestern standen nur wenige beamtete Stellen zur Verfügung, und die Praxis des Verkaufs von Eintrittskarten schuf in den meisten Fällen keine materiell gesicherte Grundlage für kammermusikalische Darbietungen.

In dieser Situation wurde es für die große Mehrheit der Pianisten immer schwieriger, überhaupt noch zu arbeiten. An den österreichischen Statistiken zeigt sich das besonders klar. Zwischen 1830 und 1870 nahm die durchschnitt-

liche Besucherzahl bei Klavierabenden in Wien um 35% zu. Oft waren die verfügbaren Säle überfüllt. Aber die Zahl der Konzerte selbst ging deutlich zurück. Man schätzt, daß die Zahl der Musiker, die ihren Lebensunterhalt ganz aus Konzertauftritten bestreiten konnten, in dieser Zeit um die Hälfte zurückgegangen ist. Hieran waren mehrere Faktoren beteiligt, vor allem konzentrierte sich das Publikumsinteresse immer mehr auf Pianisten, deren Ruf über Wien hinausreichte, die international berühmt waren, d. h. sich schon in Paris, London und Berlin einen Namen gemacht hatten. Das Ergebnis war ein immer stärkeres Anwachsen der Besucherzahlen und ein immer stärkerer Rückgang praktizierender Pianisten. Die heutige Lage der New Yorker Pianisten war in der damaligen Situation schon vorgezeichnet.
Es gehört zum Wesen dieser neuen musikalischen Aufführungsformen, daß die vorhandene Ungleichheit noch verstärkt wird: Wenn 500 Menschen berühmt sind, ist keiner berühmt. Um also erkennbare Persönlichkeiten, herausragende Gestalten zu schaffen, muß man von den 500 mindestens 490 in den Hintergrund drängen. Dabei handelt es sich nicht um ein wohlwollendes Übersehen – jenen 490 muß aller Lohn für ihre Mühen entzogen werden, um ihn den 10 Glücklichen zukommen zu lassen.
Das großstädtische Publikum sah in der Größe der künstlerischen Darbietung die Größe eines Menschen, und auf diesen Menschen reagierte es, ihn bezahlte es, ihm huldigte es, ihn machte es berühmt. Aus dieser Situation heraus, die vor hundert Jahren sich zum erstenmal abzeichnete, verlor das Publikum zusehends sein Interesse an der Musik selber. Die überragende Qualität des Interpreten wurde zur Voraussetzung für den Konzertbesuch. Das Verhalten des Publikums in Wien, Paris und, in geringerem Maße, in London signalisierte einen grundlegenden Wandel in der Musikauffassung.
Bei unserer Untersuchung des Einflusses, den Paganini auf andere Musiker mit besserem Geschmack ausübte, haben wir festgestellt, daß die Faszinationskraft seines Spiels über das Moment des künstlerischen Egoismus hinausging. Sie bestand darin, daß die Musik unter den Händen eines großen Musikers zu etwas Unmittelbarem, Direktem, Gegenwärtigem wurde; Musik wurde zum Erlebnis, fast zum Schock, hatte mit der Wiedergabe einer Partitur kaum noch etwas zu tun.
Diese Vorstellung hat sich in unserem Jahrhundert weiter ausgeprägt. Musik entsteht erst dort, wo die musikalische Darbietung »phänomenal« ist. Dieses Prinzip steht hinter dem wachsenden Desinteresse des großstädtischen Publikums an Konzertbesuchen um der Musik willen. Es setzt jeden ausübenden Solisten unter einen erheblichen Druck; solange seiner Darbietung nicht das Prädikat »außerordentlich« zuerkannt wird, bleibt sie ohne jede Bedeutung. Wer einmal beobachtet hat, wie sich junge Pianisten abquälen, als »Wunderkinder« aufzufallen, muß am Ende zu dem Schluß kommen, daß es hier um etwas anderes als die Fortschritte in der Ausübung einer Kunst geht. Die Vorstellung, daß man es nur nach dem Motto »Alles oder nichts« zu etwas

bringen könne, verbindet sich mit der anderen, man sei so lange nicht gut, wie man nicht etwas Besonderes ist.

Das Aufkommen elektronischer Techniken zur Aufzeichnung von Musikdarbietungen hat die Logik des Star-Systems in einer bestimmten Weise noch über die Zentren des musikalischen Lebens hinaus ausgedehnt. Ich meine damit nicht, daß nur eine kleine Zahl von Solisten jemals die Chance erhält, ihr Repertoire aufnehmen zu lassen – obwohl das natürlich zutrifft. Vielmehr haben die elektronischen Aufnahmetechniken das Problem in einem elementaren Sinne noch verstärkt.

Es gehört wesentlich zu einer musikalischen Live-Darbietung, daß man weiterspielt, gleichgültig, welche Fehler man zwischendurch macht. Sofern man nicht über eine große Ausstrahlungskraft oder über einen starken Rückhalt im Publikum verfügt, wäre es eine unverzeihliche Sünde, mitten im Spiel abzubrechen und von vorn zu beginnen. Schallplattenaufnahmen dagegen werden nur sehr selten in einem Zug gemacht. Es werden kleine Abschnitte aufgenommen, noch einmal wiederholt, von den Technikern und vom Künstler bearbeitet, so daß jede Aufnahme eine Collage aus perfekten Einzelteilen ist. Viele Musiker meinen, daß hierdurch etwas von der Kraft und der Konzentration verloren geht, die der Spieler aufbringen muß, wenn er das Stück in einem Zug spielt. Das mag in bestimmten Fällen zutreffen, generell aber nicht. Dem Spiel eines Glenn Gould etwa, der nur noch Platteneinspielungen macht und gar nicht mehr auftritt, könnte man so etwas kaum nachsagen. Das Problem, das die Schallplatte aufwirft, ist vielmehr ihre Perfektion. Sie macht es nämlich möglich, dem Zuhörer musikalische Maßstäbe an die Hand zu geben, die bei Konzertauftritten nur von sehr wenigen Musikern erfüllt werden können. Da die Ökonomie der Schallplattenindustrie noch weniger Entfaltungsraum bietet als die der Live-Musik, gelangen nur sehr wenige Künstler, die »gut genug« waren oder das Glück hatten, sich in Konzerten einen Namen zu machen, schließlich auch zu Plattenaufnahmen. So haben am Ende die besten der Besten im Plattenstudio die Möglichkeit, Musikdarbietungen zu produzieren, deren Qualität sie selbst bei Konzertauftritten nur selten erreichen können. Unter alltäglichsten Bedingungen, beim Zähneputzen oder Kreuzworträtsel-Lösen, gewöhnen sich die Zuhörer so an eine Musik von absoluter Vollendung. Eine merkwürdige Situation: Die Aufführungsmaßstäbe eines Paganini werden immer weiter vorangetrieben, ohne daß der Zuhörer etwas dazutun müßte, ohne daß er sich klarmacht, wie außerordentlich das ist, was er da hört. Dank den Collagemöglichkeiten, die die modernen Aufnahmetechniken bieten, dringt die außerordentliche musikalische Leistung in den intimen Alltag ein, wird zum Hintergrundgeräusch. Dadurch nun gerät der Konzertmusiker unter einen noch stärkeren Druck, die Aufmerksamkeit der Zuhörer, die sich aufgerafft haben, in den Konzertsaal zu kommen, mit Mitteln des Schocks, durch eine außergewöhnliche Darbietung zu wecken – stehen sie doch mit allerhöchsten Qualitätsmaßstäben auf vertrautem Fuße.

Alles in allem funktioniert das Star-System im Bereich der Kunst nach zwei Grundsätzen. Die höchsten Profite erzielt man, wenn man in die kleinstmögliche Zahl von Darstellern oder Interpreten investiert. Diese sind die »Stars«. Stars gibt es nur, wenn die Mehrheit der praktizierenden Künstler ausgeschaltet wird. An drei Punkten weist das Funktionieren des politischen Systems Parallelen hierzu auf. Die für die Öffentlichkeit unsichtbare politische Macht ist am größten, wenn sich die Agenten dieser Macht darauf konzentrieren, eine sehr kleine Zahl von Politikern herauszustellen, statt eine politische Organisation aufzubauen. Die »Veranstalter« von Politik (Firmen, Individuen, Interessengruppen) ernten die gleichen Früchte wie der moderne Impresario – alle ihre Anstrengungen richten sich auf die Herstellung eines »Produkts«, das sich verteilen läßt, eines Politikers, den man »verkaufen« kann, und nicht auf das Verteilungssystem und dessen Kontrolle, d. h. auf die Partei. Eine zweite Parallele zwischen dem politischen System und dem Star-System besteht darin, daß man die öffentlichen Auftritte der Kandidaten in Grenzen hält. Je seltener sie vor möglichst vielen Leuten in Erscheinung treten, desto mehr Interesse finden sie. Wenn Van Cliburn an vier Abenden hintereinander in Paris spielt, sind seine Gesamteinkünfte unter Umständen geringer, als wenn er nur einmal auftritt. Die Leute sind eher bereit, hohe Eintrittspreise zu zahlen, wenn das, was sie zu sehen bekommen, etwas Außergewöhnliches ist und Seltenheitswert besitzt. Je seltener ein Politiker mit der Öffentlichkeit in Kontakt tritt, desto eher wird sein Auftritt zu einem »Ereignis«, desto mehr »Appeal« hat er. Die politischen Strategen kennen das Problem der »overexposure«, des allzu häufigen Erscheinens auf der öffentlichen Bildfläche. Eine dritte Parallele zwischen Star-System und politischem System ergibt sich daraus, daß die Kombination der beiden ersten Momente zu einer weiteren Vertiefung der Ungleichheit führt. Das System wird zu einem regelrechten Nullsummenspiel. Die Macht, die der eine Politiker gewinnt, wenn er Interesse an seiner Persönlichkeit zu wecken vermag, geht immer zu Lasten des Interesses, das einem anderen Politiker in der Öffentlichkeit entgegengebracht wird, wodurch sich zugleich dessen Einfluß verringert.
Soweit diese beiden Systeme Parallelen aufweisen, hat die Ernsthaftigkeit, mit der die Menschen seit etwa 1840 die äußere Erscheinung betrachteten, einen perversen Höhepunkt erreicht. Der Geist von Mills wissenschaftlicher Ethologie, die zur Substanz der Kultur des 19. Jahrhunderts gehört, schwebt noch über dem politischen Leben des 20. Jahrhunderts, und seine Kraft ist um so größer, als die meisten Grundregeln, die einen Politiker als glaubwürdig oder faszinierend erscheinen lassen, den meisten Menschen, die seinem Einfluß erliegen, nicht zu Bewußtsein kommen.
In der säkularen Kultur ist aus der »Gnadengabe« die Schwächung der großen Masse geworden. Die charismatischen Politiker sind weder Titanen noch Teufel, weder Webers »charismatische Führer« noch Freuds »Vater«, der die

ungebärdigen Leidenschaften seiner Kinder unterdrückt. Der charismatische Politiker ist der kleine Mann, der den übrigen kleinen Leuten als Held vorkommt. Er ist ein Star, nett verpackt, nicht zu häufig im Fernsehen vorgeführt und überaus offenherzig. So herrscht er über eine Sphäre, in der sich kaum etwas tut, bis die unlösbare Krise hereinbricht.

Kapitel 13
Die unzivilisierte Gemeinschaft

Seit dem letzten Jahrhundert, seit dem Wiener Baumeister Camillo Sitte haben Stadtplaner immer wieder die Schaffung oder Bewahrung von Gemeinschaftsterritorien innerhalb der Stadt als gesellschaftliches Ziel hervorgehoben. Sitte war der führende Kopf einer ersten Generation von Urbanisten, die gegen die Monumentalität der Haussmannschen Planungen für Paris aufbegehrten. Als Stadtplaner war Sitte Präraffaelit und vertrat die Auffassung, nur wenn die Maßstäbe und Funktionen des städtischen Lebens zur Einfachheit spätmittelalterlicher Verhältnisse zurückfänden, könnten die Menschen jene Gegenseitigkeit und jenen unmittelbaren Kontakt finden, die der städtischen Umwelt erst ihren Wert verliehen. Solche Idealisierung der mittelalterlichen Stadt würden wir heute als romantisches Fluchtdenken verwerfen, und doch beherrschen die Grundzüge dieser präraffaelitischen Stadtkonzeption auf eine höchst merkwürdige Weise die Phantasie des modernen Urbanisten. Der Glaube an den Wert der überschaubaren Gemeinschaft hat sogar noch an Kraft gewonnen. Während Sitte – und in ähnlicher Weise auch die Visionäre der »Gartenstadt« in England – an eine durch und durch geplante Stadt dachten, in der sich das Leben der Gemeinschaft abspielen sollte, haben die Stadtplaner von heute die Hoffnung auf eine umfassende, die Stadt als Ganzes einbeziehende Planung weitgehend aufgegeben – sie haben die Grenzen ihres Wissens und die Grenzen ihrer politischen Möglichkeiten inzwischen erkannt. Statt dessen haben sie, ungeachtet der finanziellen und politischen Interessen, die die Gestaltung der Stadt bestimmen, die Arbeit auf der Ebene begrenzter Gemeinschaften zu ihrem Hauptprojekt gemacht. Sitte und seiner Generation ging es noch um die Gemeinschaft in der Stadt; den Urbanisten heute geht es um die Gemeinschaft gegen die Stadt.
In Kapitel 10 haben wir untersucht, wie nicht-territoriale Gemeinschaftsvorstellungen entstehen und welchen Einfluß die Persönlichkeitskultur des 19. Jahrhunderts auf sie hatte. Nun wollen wir uns der Frage zuwenden, wie der Zusammenhang zwischen der gemeinschaftlichen, kollektiven Persönlichkeit und den konkreten Territorien der Gemeinschaft innerhalb der Stadt – Viertel, *quartier*, Nachbarschaft – beschaffen ist.
Was unsere Generation mit der Sittes verbindet, ist das Erschrecken vor der Anonymität der Stadt, die den direkten Kontakt zwischen den Menschen in der territorialen Gemeinschaft so wichtig erscheinen läßt. Solche Anonymität erscheint als Summe, als Ergebnis, als greifbare Auswirkung sämtlicher Übel des Industriekapitalismus. Diese Überzeugung ist sowohl in der Öffentlichkeit

allgemein als auch unter Stadtplanern so weit verbreitet, daß wir uns näher mit ihr befassen wollen. Das Ergebnis, zu dem wir dabei gelangen werden, ist merkwürdig genug.

Wir wissen, daß der Industriekapitalismus den Arbeiter von seiner Arbeit trennt, denn dieser kann über seine Arbeitskraft nicht frei verfügen, sondern muß sie verkaufen. Deshalb besteht, wie wir ebenfalls wissen, das Grundproblem des Kapitalismus in der Entfremdung. Spaltung, Zerstückelung, Trennung, Isolation sind die gängigen Bilder, mit denen dieses Übel beschrieben wird. Jede Situation, die zwischen die Menschen eine Distanz legt, muß daher die kapitalistische Entfremdung verstärken, wenn sie nicht gar selbst Resultat dieser Entfremdung ist. In diesem Kontext kann das Fremde oder die Fremdheit selbst plötzlich wie eine Ausgeburt des Kapitalismus erscheinen. Die Distanz zwischen dem einzelnen und den anderen gleicht der zwischen dem einzelnen und seiner Arbeit. Die Masse liefert hierfür ein gutes Beispiel: Sie ist von Übel, weil die Menschen, die sich in ihr zusammenfinden, einander unbekannt sind. Die Grundübel des Kapitalismus zu beseitigen scheint also zu bedeuten, das Unbekannte, die Fremdheit, die Distanzen zwischen den Menschen zu beseitigen. Dazu sucht man nach intimen, lokalen Maßstäben für menschliches Erleben, das lokale Territorium wird zum moralischen Heiligtum erhoben, das Getto wird sakrosankt.

Was dabei verlorengeht, ist die Vorstellung, daß der Mensch erst in der Auseinandersetzung mit dem Unbekannten wirklich erwachsen wird. Unbekannte Dinge und fremde Menschen können die altvertrauten Vorstellungen und überkommenen Wahrheiten durcheinanderbringen; dem unbekannten Terrain kommt im Leben des einzelnen eine positive Funktion zu, denn es lehrt ihn, Wagnisse einzugehen. Die Liebe zum Getto, zumal zum mittelständischen Getto, verwehrt dem Menschen die Chance, seinen Wahrnehmungs- und Erfahrungshorizont zu erweitern und die wertvollste aller Lektionen zu lernen, nämlich die Fähigkeit auszubilden, die festgefügten Voraussetzungen des eigenen Lebens in Zweifel zu ziehen.

Es trifft natürlich zu, daß das kapitalistische System den Menschen seiner Arbeit entfremdet. Aber man muß auch begreifen, daß dieses System, wie jedes andere auch, nicht nur die Vorstellungen seiner Verteidiger, sondern auch die Phantasie derer, die sich gegen seine Defekte zur Wehr setzen, prägt und beherrscht. Allzu häufig paßt sich deren Kritik ausgezeichnet in das System ein und fügt ihm als ganzem wenig Schaden zu. Sogar die Verherrlichung der territorialen Gemeinschaft und die Kritik am unpersönlichen, kapitalistischen Urbanismus fügen sich vorzüglich in das umfassende System, denn diese Haltung mündet in die lokale Abwehr der bösen Außenwelt, statt in eine Infragestellung dieser Welt und ihrer Funktionsweise. Wenn eine lokale Gemeinschaft in diesem Sinne gegen die zentrale Stadtverwaltung kämpft, dann geht es ihr darum, in Ruhe gelassen, aus dem politischen Prozeß ausgenommen und vor ihm abgeschirmt zu werden, und nicht darum, diesen politischen Prozeß selbst zu verändern. Und deshalb mündet die emotionale Dynamik der Gemeinschaft, die als Widerstand gegen die Übel des modernen Kapitalismus begann, schließlich in einen merkwürdig anmutenden, entpolitisierten Rückzug; das System bleibt unangetastet, doch vielleicht können »wir« unser Stückchen Rasen retten.

Man könnte hier einwenden, meine Kritik sei zu idealistisch: In einer rauhen Welt zu überleben sei ein Wert an sich. Wenn die Menschen vernünftigerweise nichts anderes tun können, als ihre lokalen Gemeinschaften zu verteidigen – warum dies kritisieren, zumal die öffentliche Welt der Stadt so leer und unwirtlich ist? Ich möchte nun allerdings auf den folgenden Seiten zeigen, daß uns gar keine andere Wahl bleibt, als den Versuch zu unternehmen, diese große Stadt wieder bewohnbar zu machen. Unter den Verhältnissen, wie sie in neuerer Zeit entstanden sind, birgt nämlich das Zusammensein von Menschen innerhalb intimer Gemeinschaftsterritorien selbst destruktive Tendenzen in sich. Die moderne Gemeinschaft scheint inmitten einer abgestorbenen, feindlichen Welt von Brüderlichkeit erfüllt; in Wirklichkeit jedoch führt sie allzu oft zum Brudermord. Außerdem verlieren die Menschen innerhalb der Gemeinschaft häufig den Wunsch, sich jenen Anstößen auszusetzen, die ihnen in unvertrautem Terrain begegnen. Solche Anstöße sind aber unerläßlich, wenn der einzelne eine Vorstellung von der Vorläufigkeit seiner Anschauungen, die eine Grundvoraussetzung aller Zivilisiertheit ist, entwickeln soll. Die Überwindung der aus lauter Gettos bestehenden Stadt ist ein psychologisches und politisches Gebot.

Meine Entschiedenheit in dieser Sache rührt vielleicht daher, daß ich, wie viele Autoren der Neuen Linken, im vergangenen Jahrzehnt dem Irrtum erlegen war, die Wiedererrichtung lokaler Gemeinschaften bilde den Angelpunkt für die politische Erneuerung der Gesellschaft als ganzer. Unser Irrtum bestand darin, anzunehmen, die Menschen würden die radikalen Veränderungen in ihren Anschauungen und ihrem Verhalten, die aus dem direkten Erleben erwachsen, nach und nach kollektivieren und so Aufklärung und Veränderung verallgemeinern.

Inzwischen ist der elitäre Charakter dieser Anschauungen deutlich geworden. Selbst wenn der Gedanke, eine Gemeinschaft auf der Grundlage neuer Formen von intimer Erfahrung zu errichten, von den Unterdrückten ausgegangen wäre, wäre er, wie ich vermute, in dieselbe Sackgasse geraten. Denn falsch an der Vorstellung, man könne eine Gemeinschaft gegen die Welt errichten, ist vor allem die Annahme, intime Erfahrung setze die Menschen in die Lage, auf dem Fundament gemeinsamer Gefühle eine neue Form von Geselligkeit zu entwikkeln.

Barrikaden um die Gemeinschaft

Die Gesellschaft als ganze, zu der, ob sie wollen oder nicht, auch die radikalen Gruppen und ihre Organisatoren zählen, hat ihre Aufmerksamkeit sowohl in praktischer wie in ideologischer Hinsicht dem Gemeinschaftsleben auf kleiner Stufenleiter zugewandt.
Die baupolitischen Vorstellungen des Barons Haussmann zielten auf Homogenisierung. Neue Stadtviertel sollten von einer einzigen gesellschaftlichen Klasse bewohnt werden, und im alten Stadtkern sollten Reich und Arm voneinander isoliert werden. Hier liegen die Ursprünge der »monofunktionalen« Stadtentwicklung. Die verschiedenen Räume innerhalb einer Stadt dienen jeder einem bestimmten Zweck, und die Stadt selber wird atomisiert. In den mittelständischen Vorstädten, die in den fünfziger Jahren in Amerika entstanden sind, hat diese funktionale Homogenisierung einen Höhepunkt erreicht. En bloc wurden zahlreiche Häuser errichtet, wobei die Dienstleistungsbereiche für deren Bewohner, das Gemeindezentrum, das Schulzentrum, das Einkaufszentrum, das Klinikzentrum, an anderen Stellen angelegt wurden. Stadtplaner andernorts haben sich sehr bald über die Öde und Geschmacklosigkeit dieser Vorstadtgebiete lustig gemacht, aber das hinderte sie nicht daran, selbst genauso weiterzubauen. Man denke an so unterschiedliche Komplexe wie die neue brasilianische Hauptstadt Brasilia, Levittown in Pennsylvania oder das Euston Center in London – all diesen Planungen liegt das Prinzip »ein Raum – eine Funktion« zugrunde, in Brasilia auf der Ebene der Einzelgebäude, in Levittown auf der Ebene der verschiedenen Zonen, im Euston Center in bezug auf die verschiedenen Horizontalebenen des Baus.
Diese Planungsvorstellungen mögen für die jeweiligen Investoren profitabel sein, ihr praktischer Nutzen dagegen ist begrenzt. Wenn sich etwa die funktionalen Anforderungen innerhalb eines Gebietes historisch verändern, kann sich der Raum dem nicht anpassen. Er kann nur für den ursprünglich vorgesehenen Zweck genutzt werden, oder man muß ihn verlassen oder vorzeitig abreißen und neu bauen. Die Probleme Brasilias in dieser Hinsicht sind bekannt. Aber es geht hier um mehr als das Scheitern einzelner Planungsvorhaben. Man denke etwa daran, was die atomisierte Stadt, in der jeder Klasse und jeder Rasse spezifische Wohn- und Arbeitszonen zugeordnet sind, für Bemühungen um eine Klassen- oder Rassenintegration bedeuten, ob im Schulwesen oder im Freizeitbereich. Vertreibung aus einer vertrauten Umgebung und Eindringen in eine fremde Umgebung werden zu Erfahrungen, die den Prozeß der Annäherung zwischen verschiedenen Gruppen insgesamt prägen. Ob solche erzwungenen Vermischungen in einer von Rassenvorurteilen oder tiefen Klassengegensätzen gezeichneten Gesellschaft überhaupt funktionieren können, läßt sich nicht mit Sicherheit sagen; ganz bestimmt aber werden die damit verbundenen Probleme durch die funktionale Homogenisierung der Stadt lediglich verschärft.

Die Atomisierung der Stadt hat eine wesentliche Komponente des öffentlichen Raums zerstört: die Überlagerung mehrerer Funktionen auf einem Territorium, die dieses zu einem komplexen Erfahrungsraum macht. Der amerikanische Urbanist Howard Saalmon hat einmal geschrieben, die von Haussmann veranlaßten Planungen hätten der traditionellen Stadtszene ein Ende bereitet: jenem Gemisch aus Werktätigkeit, Kinderaufzucht, Erwachsenengeselligkeit und Begegnung mit Fremden im einzelnen Haus und seiner Umgebung. Saalmon dachte dabei an das vorindustrielle Stadthaus, das sowohl Geschäfte und Büros als auch Wohnungen beherbergte. Aber seine Kritik trifft die Stadt als ganze. Die Zerstörung ihrer Multifunktionalität und die Festlegung ihrer Nutzungsmöglichkeiten, die sich mit dem Wechsel der Benutzer nicht mehr verändern lassen, ist nur unter dem Gesichtspunkt der Erstinvestition rational.

Zu den Kosten, die diese Zerstörung des öffentlichen Raums letztlich verursacht, gehört auch die paradoxe Hervorhebung des Werts der Gemeinschaft. Denn mit der Atomisierung der Stadt, die es etwa für Väter und Mütter schwirig macht, bei der Arbeit das Spiel ihrer Kinder zu beaufsichtigen, nimmt das Verlangen nach Kontakt mit anderen Menschen zu. In den amerikanischen Vorstädten befriedigen vor allem Vereine auf freiwilliger Basis dieses Verlangen; im Namen irgendeiner gemeinsamen Aufgabe oder eines gemeinsamen Vorsatzes kommen die Leute dort zusammen, um für die Verwundungen, die ihrer Lebenswelt durch die Stadtplaner zugefügt wurden, einen Ausgleich zu finden. Unter Menschen, die sich selbst als nicht-religiös bezeichnen, finden sich sehr viele, die Mitglieder der vorstädtischen Kirchengemeinden sind. Viele, deren Kinder längst erwachsen sind, bleiben dennoch Mitglied der »Eltern-Lehrer-Vereine«, die sich um die Belange der jeweiligen Schule kümmern. Unter amerikanischen Urbanisten ist es in den letzten beiden Jahrzehnten zu einer langen und im Grunde fruchtlosen Debatte darüber gekommen, ob die Vorstädte »wirkliche« Gemeinschaften darstellen oder nicht; interessant daran ist, daß diese Frage überhaupt formuliert wird, daß die Gemeinschaft in den Köpfen der Leute zu einem Problem geworden ist. Die modernen Formen der Stadtentwicklung lassen nämlich den Gemeinschaftskontakt an sich als Antwort auf das gesellschaftliche Absterben der Stadt erscheinen. Sie haben nicht den Wunsch erzeugt, die Stadt selbst nach neuen Vorstellungen zu verändern. Man reagiert vielmehr mit »Alternativen«, und das heißt: mit Flucht.

Wir wissen aus der Geschichte des öffentlichen Lebens im 19. Jahrhundert, daß dem Verfall der Öffentlichkeit der in sich widersprüchliche, schmerzhafte Aufbau eines psychologischen Szenarios gegenüberstand. Die Kräfte, die den Niedergang der einen verursachten, förderten den Aufstieg des anderen. Die Versuche, in den Großstädten Gemeinschaften zu schaffen, zielen im Grunde auf die Psychologisierung gesellschaftlicher Beziehungen. Was das Ungleichgewicht zwischen unpersönlichem und psychologischem Kontext für die Gemeinschaft bedeutet, erweist sich nicht nur daran, daß das Streben nach einem Leben in Gemeinschaft zwanghaft geworden ist; es zeigt sich auch in den Erwartungen der Menschen, in ihrem Wunsch nach engen, offenen, direkten Beziehungen zu anderen Menschen im gleichen Territorium.

Die Gesellschaft als ganze hat diese Erwartungen sowohl ideologisch als auch praktisch geformt. Dabei spielten die herrschenden Vorstellungen von »Masse« eine entscheidende Rolle. In den Köpfen der Menschen hat sich das Bild der Masse von dem der Gemeinschaft deutlich getrennt. Tatsächlich gilt die Gemeinschaft heute als das Gegenteil von Masse. Im vergangenen Jahrhundert schirmte sich der Bürger in der Masse durch Schweigen ab, und zwar aus Angst. Diese Angst entsprang zum Teil seiner Klassenstellung, aber darin erschöpfte sie sich nicht. Eine weniger differenzierte Furcht vor dem, was erwartete, davor, in der Öffentlichkeit angegriffen zu werden, veranlaßte ihn dazu, sich hier durch Schweigen zu isolieren. Anders als sein Vorläufer im Ancien Régime, der die Angst vor der Masse ebenfalls kannte, machte er nicht den Versuch, seine geselligen Strebungen in der Öffentlichkeit zu kontrollieren und zu ordnen. Er versuchte vielmehr, sie zu unterdrücken: Der Bürger auf der Straße bewegte sich in der Masse, gehörte ihr aber nicht an.

Die heute vorherrschenden Vorstellungen von der Masse knüpfen einerseits an die Idee der Isolation an, wie sie sich im 19. Jahrhundert ausgebildet hat. Lyn Lofland und Erving Goffman haben in ihren Arbeiten sehr genau dargelegt, mit Hilfe welcher Rituale etwa Fremde auf überfüllten Straßen einander beruhigen und gleichzeitig in Ruhe lassen: Man senkt die Augen, um dem Fremden zu signalisieren, daß man nichts Böses vorhat; man vollführt das Fußgängerballett des Einander-aus-dem-Wege-Gehens, damit jeder eine Bahn hat, auf der er frei ausschreiten kann; wenn man einen Fremden ansprechen muß, beginnt man mit einer Entschuldigung usw. Dieses Verhalten kann man auch in entspannten Massen, etwa bei einer Festlichkeit oder auf politischen Versammlungen, beobachten.

Andererseits knüpfen die modernen Vorstellungen von der Masse so deutlich an die das 19. Jahrhundert bestimmende Angst an, daß sich in bezug auf die Masse und ihre Problematik eine ganz neue Denkweise herausgebildet hat. In der Masse, so besagt diese Auffassung, drücken sich die entstellten Leidenschaften der Menschen in der denkbar spontansten Weise aus. Der Mensch in der Masse ist das losgelassene Tier. Diese Vorstellung hat explizit Klassencharakter: Die ihren Empfindungen in der Masse aktiven Ausdruck geben, werden meist dem Lumpenproletariat zugeschlagen, erscheinen als »Bodensatz« der Gesellschaft. Während der Unruhen in Paris Ende der sechziger Jahre und genauso während der Unruhen in amerikanischen Städten im selben Jahrzehnt hieß es in der konservativen Presse und bei deren Leserschaft immer wieder, »verderbte« Studenten oder »verderbte« Schwarze hätten die Massen aufgeputscht. Der *Figaro* schrieb, diese Studenten entstammten »mittellosen, zerbrochenen Familien«, und der damalige amerikanische Vizepräsident behauptete, die Schwarzen seien »nichts als betrunkene Faulpelze«. Die von den Unterschichten drohende Gefahr und die aus der lautstarken Masse drohende Gefahr traten hier zusammen. Aber diese Verbindung erklärt noch nicht die Angst vor der Entfesselung spontaner Gefühle, die die Masse erst als »Monstrum« erscheinen läßt. Die ehrbaren Leute, die diese Angst beschreiben, machen nicht nur von Rassenvorurteilen durchsetzte Aussagen über die »verderbten, armen Schwarzen«, die über eine größere Spontaneität verfügen; nach den amerikanischen Unruhen sind den Soziologen oft auch Leute begegnet, die zunächst den »Mob« kritisierten, dann aber einräumten, es könne wohl jeder in einer Masse außer Kontrolle geraten. Insofern erscheint die Masse sowohl als Ursache bösartiger Spontaneität wie als Medium, in dem eine bösartige Klasse sich Ausdruck und zugleich Luft verschafft.

In der sozialwissenschaftlichen Literatur selbst hat sich diese Angst vor der spontanen Gewalt der Masse zuweilen niedergeschlagen. Die Sozialpsychologie als Disziplin geht zurück auf Gustave Le Bon. Zu Beginn unseres Jahrhunderts hatte dieser die Veränderungen, die die Masse im Empfinden des einzelnen hervorruft, die aus einem »ordentlichen Staatsbürger« plötzlich ein »wildes Tier« machen, zur Beantwortung der Frage herangezogen, wie sich das Dasein als Einzelwesen bzw. als Teil einer sozialen Gruppe auf die »Psychologie« des Menschen auswirke. Die Masse löste ihm zufolge in ihren Angehörigen eine spontane Gewalttätigkeit aus, die keiner von ihnen im normalen Umgang mit anderen an den Tag legen würde. Le Bon erhob mit seinen Überlegungen keine wissenschaftlichen Ansprüche – anders eine Gruppe von Tierexperimentatoren, die eine ganz ähnliche Auffassung wie Le Bon vertreten. Sie arbeiten mit Ratten und behaupten, es komme bei diesen Ratten zu »Störungen« des Verhaltens, wenn man sie im Laboratorium zusammenpferche. Die Ratten werden dann angeblich furchtbar tückisch, und jede verteidigt ihr Territorium gegen alle Eindringlinge. Die Enge in der Masse soll zu einer Art von psychotischer Raserei führen. Mit diesen wissenschaftlichen Thesen ist es jedoch nicht sehr weit her, unabhängig davon, ob man der Meinung zustimmt, daß sich aus dem Verhalten anderer Lebewesen Rückschlüsse auf das Verhalten des Menschen ziehen lassen, oder nicht. Obwohl die zusammengepferchten Ratten am Tage ein psychotisches Verhalten zeigen, schmiegen sie sich nachts, wie andere Ratten auch, so eng wie möglich aneinander; umherstreunende Ratten, die sich nicht anschmiegen können, finden keinen Schlaf. Nur wenige andere Tierarten reagieren auf Überfüllung in der gleichen Weise; Ratten in Käfigen antworten auf Überfüllung – die sie für einen Dauerzustand halten – anders als ihre Artgenossen in ihrem natürlichen Lebensraum usw. Wichtig an dieser »wissenschaftlichen« Theorie des Massenverhaltens sind nicht eigentlich ihre Mängel, sondern die kulturellen Mutmaßungen, die die Forscher dazu brachten, eine höchst spezifische Situation zu einer umfassenden Metapher für die »Verderbtheit der Masse« zu stilisieren. Unausgesprochen wird uns hier zu verstehen gegeben, nur ein einfacher, klar abgegrenzter Raum, in dem nur wenige Individuen einander begegnen, bürge für Ordnung.

Das moderne Bild der Masse beeinflußt das moderne Bild der Gemeinschaft. In einer einfacher gegliederten Umgebung herrscht Ordnung, weil die einzelnen einander kennen und jeder weiß, wo sein Platz ist. Die Nachbarn bemerken, wenn plötzlich jemand anfängt, sich gehen zu lassen – die Masse bemerkt es nicht. Mit anderen Worten, die Gemeinschaft erfüllt eine Überwachungsfunktion. Aber wie kann sie daneben auch ein Ort sein, an dem die Menschen offen und frei miteinander verkehren können? Es ist genau dieser Widerspruch, der die eigentümlichen Rollen hervorbringt, die die moderne Gemeinschaft prägen: Die Menschen sind zu gleicher Zeit bestrebt, emotionale Offenheit voreinander zu entwickeln und sich gegenseitig zu kontrollieren. Dieser Widerspruch bewirkt, daß das lokale Gemeinschaftsleben, scheinbar ein Ort der Brüderlichkeit in einer feindlichen Welt, oft zum Ort des Brudermords wird.

Brudermord, das bedeutet zunächst: Brüder gehen aufeinander los. Sie offenbaren sich voreinander, sie entwickeln aufgrund dieser Selbstenthüllungen gegenseitig Erwartungen, und sie stellen fest, daß der andere Mängel hat. Mit dieser Haltung treten sie auch der Außenwelt gegenüber. Wir sind eine Gemeinschaft; wir sind wirklich; die Außenwelt reagiert nicht auf das, was wir als Gemeinschaft sind; der Fehler muß bei ihr liegen, sie verfehlt uns; deshalb wollen wir mit ihr nichts zu tun haben. Beide Prozesse folgen dem gleichen Rhythmus von Enthüllung, Enttäuschung und Isolation.

Als diese Dynamik im vergangenen Jahrhundert zum erstenmal sichtbar wurde, spielte sich das alles noch in großen Räumen ab. Die Affäre Dreyfus oder die Kämpfe darum, wer wirklich zur radikalen Linken gehörte, waren noch von der Vorstellung bestimmt, daß hier große Fragen auf der Tagesordnung standen. Aber die Logik der Gemeinschaft lief auf eine immer stärkere Einengung und Lokalisierung hinaus. In den letzten fünfzig Jahren ist die Gemeinschaft zu einem emotionalen Residuum vor der Gesellschaft geworden und zugleich zu einer territorialen Barrikade innerhalb der Stadt. Der Konflikt zwischen Psyche und Gesellschaft hat nun eine geographische Dimension angenommen, die das ältere Gleichgewicht zwischen dem Verhalten in der Öffentlichkeit und in der Privatsphäre ersetzt. In dieser neuen Geographie steht das Gemeinschaftliche gegen das Urbane, das Territorium warmherziger Gefühle gegen das Territorium anonymer Leere.

Die Gemeinschaft verbarrikadiert sich selbst

Es ist aufschlußreich, diesen Rückzug aus der Außenwelt am Beispiel einer Nachbarschaft zu untersuchen, in der anfänglich niemand dergleichen im Sinne hatte. Ich denke dabei an den Forest-Hills-Konflikt in New York, der außerhalb der Stadt kaum bekannt geworden ist, nach innen aber eine erhebliche Sprengkraft entwickelt hat. In Forest Hills entstand eine Gemeinschaft, die zunächst rein politische Ziele verfolgte, sich nach und nach jedoch in einen von der Außenwelt abgekoppelten Zufluchtsort verwandelte. Die psychologischen Transaktionen zwischen den Menschen innerhalb der Gemeinschaft wurden wichtiger als die Auseinandersetzung mit der ursprünglichen kommunalpolitischen Problematik. In einer Hinsicht besteht zwischen der Forest-Hills-Affäre und der Dreyfus-Affäre eine direkte Beziehung, denn in beiden Fällen war der Kristallisationskern für die Gemeinschaft ein Kollektiv-Selbst, dessen Bekräftigung im Laufe der Zeit für die Mitglieder der Gemeinschaft zur Hauptsache wurde. Gleichzeitig offenbaren sich in dieser Auseinandersetzung in geballter Form die Auswirkungen der Atomisierung der städtischen Lebenswelt.

Forest Hills gehört zum New Yorker Stadtteil Queens und wird hauptsächlich von Angehörigen des Mittelstandes, vor allem Juden, bewohnt. Vor einigen Jahren erschien dieses Viertel durch ein Siedlungsprojekt der Stadt New York bedroht, das die Ansiedlung schwarzer Familien in Forest Hills vorsah. Dank einem Tagebuch, das Mario Cuomo, ein von der Stadt ernannter Vermittler, während des daraus erwachsenden Konflikts führte, kann man Schritt für Schritt verfolgen, wie die Bürger auf diesen Plan reagierten. Der Forest-Hills-Konflikt begann in der nahegelegenen Gemeinde Corona, einem insbesondere von italienischen Arbeitern bewohnten Viertel, das Mitte der sechziger Jahre mit der Stadtverwaltung einen erbitterten Kampf führte, zunächst, um das Projekt einer Wohnsiedlung für untere Einkommensschichten zu verhindern, und dann, um die Ausmaße einer von der Stadt vorgeschlagenen Schule zu reduzieren. Schließlich zwangen die Bewohner von Corona mit Cuomo als Anwalt die Stadt, ihre ursprünglichen Pläne aufzugeben.

Aus diesem Streit hatten sich die Leute von Forest Hills weitgehend herausgehalten. Sie glaubten nicht, daß ihnen »so etwas«, nämlich das Eindringen von armen Schwarzen mit ihrer Kultur, passieren könnte. Die Gemeinde bestand vorwiegend aus gebildeten, liberalen Wählern, die der Bürgerrechtsbewegung mit Wohlwollen gegenüberstanden. Aber dann passierte Forest Hills »so etwas« doch – die Stadt wollte 840 Wohneinheiten für Angehörige unterer Einkommensschichten in drei 24stöckigen Hochhäusern errichten, mitten in einem Gebiet mit Eigenheimen und kleinen Appartementhäusern.

Nun standen die mittelständischen Juden vor dem gleichen Problem, mit dem sich schon die italienischen Arbeiter auseinandergesetzt hatten. Die von der Stadt veranstalteten Hearings waren eine Farce. Bei einer Gelegenheit ließ etwa ein am Erscheinen verhindertes Mitglied der Stadtverwaltung einen Untergebenen auftreten, der lediglich eine Stellungnahme zu den von der Gemeinde erhobenen Einwänden verlas. Ein derartiges Gebaren bestärkte die Leute von Forest Hills, wie schon die von Corona, in ihrer Überzeugung, daß sich die Politiker und ihre Ausschüsse nicht um die wirklichen Sorgen der Bürger in den betroffenen Nachbarschaften kümmerten.

Die Leute von Forest Hills legten großen Wert darauf, daß die Stadt ihre Einwände als legitim ansah. Sie bestanden darauf, keine Rassenfanatiker zu sein; Slum-Familien weisen eine hohe Kriminalitätsrate auf; wir haben Angst um unsere Kinder; unsere Nachbarschaft wird materiell zerstört.

Je mehr sich die Leute von Forest Hills engagierten, desto näher kam das von der städtischen Bürokratie vorangetriebene Projekt dem Punkt, wo es realisiert werden konnte – ungeachtet aller Klagen der betroffenen Bewohner. Schließlich waren sämtliche Rechtsfragen geklärt und man begann mit dem Bau. Nun griffen die Bewohner von Forest Hills zu dem einzigen Mittel, das ihnen noch geblieben war: Sie wendeten sich an die Medien. Mit Demonstrationen suchten sie sich Publizität zu verschaffen; sie verfolgten Bürgermeister Lindsay bis hinunter nach Florida, wo er gerade eine Kampagne zur Nominierung als demokratischer Präsidentschaftskandidat führte, und bekundeten ihre Unzufriedenheit vor den Fernsehkameras, die seine Veranstaltungen übertrugen.

Diese Öffentlichkeitskampagne erschreckte die City Hall. Als sich der Konflikt zwischen der Stadt und der Nachbarschaft immer mehr komplizierte, ernannte Bürgermeister Lindsay Mario Cuomo zum unabhängigen Sachverständigen und Vermittler. Cuomo entschloß sich, so genau wie möglich festzuhalten, was die Leute zu sagen hatten und wie sie sich verhielten. Seine Aufzeichnungen sind vielleicht gerade deshalb so wertvoll, weil sie einfach wiedergeben, was geschah, ohne irgendwelche Theorien über dieses Geschehen zu entwickeln.[9]

Was Cuomo widerfuhr, war im Grunde ganz einfach. Er beobachtete, redete, diskutierte, entwickelte einen für Forest Hills vorteilhaften Kompromißvorschlag. Widerstrebend nahmen der Bürgermeister und schließlich auch der zuständige Haushaltsausschuß diesen Vorschlag an. Zu diesem Zeitpunkt jedoch hatten solche praktischen Erfolge für die Gemeinschaft jede Bedeutung verloren. Wie in der Dreyfus-Affäre hatte sich der Konflikt von der politischen Problematik auf die Existenz der Gemeinschaft selbst verlagert, und die durch Anwendung der normalen politischen Verfahren erzielten Ergebnisse erschienen plötzlich bedeutungslos. Die Gemeinschaft war zu einem unerbittlichen Verteidiger der Integrität jedes ihrer Angehörigen geworden. Gegenüber Politikern und Bürokratie behauptete sie ihre Legitimität nicht unter Hinweis auf bestimmte unverbrüchliche Rechte, sondern indem sie so tat, als wisse allein die Gemeinschaft, die Juden von Forest Hills, was Leiden bedeute; als könnten nur die Mitglieder der Gemeinschaft über den moralischen Wert öffentlicher Siedlungsprojekte urteilen. Sich dem zu widersetzen war unmoralisch und letztlich wohl auch ein Zeichen von Antisemitismus.

Das Stigma, mit dem Wohlfahrtsempfänger behaftet sind, geht sowohl auf Klassen- als auch auf Rassendifferenzen zurück. Deshalb fand das Forest-Hills-Projekt auch unter der schwarzen Bevölkerung von New York nicht allzu

viel Unterstützung, denn die mittelständischen Schwarzen verspürten selbst wenig Neigung, Wohlfahrtsfamilien zu Nachbarn zu haben. Die Gruppe von Forest Hills war sich dessen bewußt und nutzte die Antipathien schwarzer Arbeiter gegenüber den Wohlfahrtsempfängern zuweilen für ihre Zwecke aus. Jene aber, die das Projekt aktiv unterstützten – vor allem schwarze und weiße Angehörige der Oberschicht –, taten dies in einer Weise, die den Zorn der Gemeinschaft über das anfänglich so instinktlose Vorgehen der Stadtverwaltung wiederaufleben ließ.
Am 14. Juni 1972 hört Cuomo einen Sprecher der Koalition, die das Projekt unterstützt, und notiert dann: »Größtenteils wohnen sie nicht in diesem Viertel und sind nicht unmittelbar betroffen. [...] für diese Gruppen ist es einfacher, nach ›hohen moralischen Prinzipien‹ zu urteilen.« Die Befürworter erscheinen als Leute, die moralische Urteile fällen, ohne sich am Ende selbst mit den Eindringlingen aus der Unterschicht auseinandersetzen zu müssen. Das raubt ihnen die Glaubwürdigkeit. Deshalb betrachtete sich die betroffene Gemeinschaft zusehends als Hort der Moral. Die Haltung, die Cuomo bei den Juden von Forest Hills bemerkte, ließ sich schon 1890 bei Antisemiten wie Drumont beobachten: Die Welt ist verderbt und blind, und deshalb kommt es einzig auf uns an.[10]
Auf früheren Stufen des Konflikts war diese Haltung des »Niemand versteht uns« oft aufgesetzt und absichtlich übertrieben. Denn zunächst ging es den Leuten ja um ein bestimmtes Ziel – das Projekt zu Fall zu bringen. Sie schützten die moralische Entrüstung vor, um der Stadt konkrete Zugeständnisse abzutrotzen.
So hatte Cuomo z. B. am 12. Juli 1972 eine Unterredung mit Jerry Birbach, einem der Wortführer von Forest Hills. Birbach erklärte, wenn das Projekt nicht seinen Forderungen entsprechend abgewandelt werde, wolle er sein eigenes Haus an einen Schwarzen verkaufen und dann eine massive Abwanderung von Weißen organisieren, »bis die ganze Gemeinde aufgerieben ist«. Erschrickt Cuomo ob dieser Aussicht? Nicht wirklich, denn er weiß, daß Birbach, der im Brustton der Überzeugung spricht, es nicht so meint. »Der ganze Vorstoß war sorgfältig geplant«, schreibt Cuomo. »Birbach sollte den Anfang machen, indem er einmal kräftig auf die Pauke haute.«[11]
Am 14. September berichtet Cuomo, zu welcher List die Leute von Forest Hills greifen wollen. Eine Abordnung der Gemeinde hatte dem Bürgermeister die Zusage gegeben, man werde sich auf einen Kompromiß einlassen, wenn sich der Bürgermeister als erster mit ihm einverstanden erklärte. Diese Gruppe hatte dann die Absicht, die Mitglieder des entscheidenden Ausschusses, in dem auch der Bürgermeister saß, heimlich dazu zu bewegen, gegen den Kompromiß zu stimmen. So würde der Bürgermeister plötzlich allein dastehen und etwas vertreten, das bei niemandem Unterstützung fand. Er wäre isoliert und gedemütigt. »Es war ein klassischer Fall von arglistiger Täuschung«, schreibt Cuomo, »aber fast alle, die an diesem politischen Schachzug aktiv

beteiligt waren, betrachteten eine solche Taktik als statthaft, wenn nicht gar als geboten.« Daran schließt Cuomo folgende Überlegung an: »Diese Art von ›Realpolitik‹ ist entmutigend, aber es scheint zusehends naiver anzunehmen, es könne auch anders gehen.«[12]

Wenn das politische Spiel nur eine Sache von List und Täuschung wäre, würde ein Beobachter an dieser Stelle wohl zu dem Schluß kommen, es sei höchste Zeit, daß der sachverständige Vermittler seine Naivität ablegt. List und Täuschung sind klassische Waffen im politischen Arsenal. Der Politologe Norton Long hat sogar die These vertreten, ohne diese Art der Konfliktaustragung würde das Gefüge der Stadt auseinanderbrechen. In seinem Aufsatz »The Local Community as an Ecology of Games« schreibt er: »Die Spiele und ihre Spieler bringen durch Einbeziehung ihrer besonderen Bestrebungen allgemeine Resultate hervor; daraus speist sich das territoriale System und gewinnt seine Ordnung.« Damit will Long nicht sagen, Spieler wie Birbach seien sich darüber im klaren, daß die von ihnen gebrauchten Listen eine positive Wirkung haben; das Eigeninteresse macht, wie Hobbes einmal geschrieben hat, die Menschen blind für das, was über ihre persönlichen Wünsche hinausreicht. Longs Konzept der »Spielökologie« geht vielmehr davon aus, daß diese informellen Schachzüge innerhalb der Stadt ein Gleichgewicht der Macht hervorbringen. Long begreift die Stadt als einen durch Konflikt geschaffenen Gleichgewichtszustand; darin ähnelt sein Konzept der Stadt dem Lockes für die Gesellschaft insgesamt. Die Bewohner der Stadt, sagt Long, »verhalten sich innerhalb bestimmter Bereiche rational, und indem sie in diesen Bereichen ihre Zwecke verfolgen, erfüllen sie gesellschaftlich funktionale Zwecke«.[13]

Theorien dieser Art versuchen, das Rollenspiel innerhalb der Gemeinschaft aus dem Verhältnis zu den äußeren Machtinstanzen zu bestimmen. Moralische Haltungen, die Maske der Unnachgiebigkeit und dergleichen werden den Vorhaben, die die Gemeinschaft in der Welt verwirklichen will, angepaßt. Eigentümlich für die moderne Gemeinschaft ist nun, daß diese Masken, angeblich nur Mittel, um politischen Einfluß zu gewinnen, zum Selbstzweck werden. Das liegt daran, daß die Menschen aufgrund der in der modernen Gesellschaft vorherrschenden Persönlichkeitsauffassung zu der Ansicht neigen, die äußere Erscheinung sei eine absolute Realität. Wenn sich eine Gruppe von Menschen im Hinblick auf ein bestimmtes politisches Ziel zusammenfindet, wenn sich in ihr gemeinsame Einstellungen herausbilden und sie anfängt, aufgrund dieses gemeinsamen äußeren Erscheinungsbildes zu handeln, dann kommt es nach und nach dazu, daß sie an diese ihre Haltung mehr als an alles andere glaubt und daß sie sie um ihrer selbst willen verteidigt. Aus der Position, die sie in einem politischen Konflikt eingenommen haben, wird diese Haltung für die Mitglieder der Gemeinschaft immer mehr zur Definition dessen, was sie sind. Die einzige Maske, die einer machtlosen Gruppe in der Auseinandersetzung mit einer mächtigen Institution wie der Stadt New York zur Verfügung steht, ist die der Moral. Es wäre allerdings falsch, solche

Kundgebungen moralischer Entrüstung als unehrlich abzutun; darum geht es nicht. Die meisten Gruppen, die auf dieser Basis eine Auseinandersetzung beginnen, benutzen ihre eigene, aufrichtige moralische Empörung dazu, sich zu legitimieren. Entscheidend ist nun, daß die in der modernen Gesellschaft herrschenden Glaubhaftigkeitskodes in ihnen allmählich die Überzeugung wecken, diese Empörung sei ein derart hohes Gut, daß sie niemals Gegenstand von Kompromissen sein, daß sie niemals durch wirkliches Handeln abgemildert werden dürfe, denn sie ist zur Definition der Gemeinschaft als einer Kollektivpersönlichkeit geworden. An diesem Punkt nun schlägt Politik um in Psychologie.
Es gibt viele andere Namen für dieses Phänomen – Ideologisierung, Mißbrauch der Rhetorik –, und oft werden sie kritisch von jenen verwendet, die in Wirklichkeit die legitimen Forderungen dieser Gruppen in Zweifel ziehen wollen. Aber zerstörerisch an diesem Vorgang sind nicht die politischen Forderungen, sondern die Art und Weise, wie sich die vorherrschende Persönlichkeitsauffassung in einer Gruppe, die sich etwas vorgenommen hat, festsetzt und nach und nach dazu führt, daß sich die Gruppe als emotionale Kollektivität begreift. An diesem Punkt verhärtet sich das Gesicht, das sie der Außenwelt zuwendet, und die Gemeinschaft schlägt einen Kurs nach innen ein, der immer destruktiver wird.
Im Forest-Hills-Konflikt dauerte es drei Monate, bis dieser Wandel eintrat. Mitte September etwa begannen die Leute dort, dem Tagebuchschreiber zufolge, »wirklich zu glauben, was sie vorher nur vorgegeben hatten zu glauben«. Anders als in der Affäre Dreyfus gab es kein besonderes Ereignis, das hierbei als Katalysator gedient hätte. Der gemeinsame Unmut hatte vielmehr unmerklich eine wachsende Zahl von Menschen daran gewöhnt, die Teilhabe an diesem Unmut als gemeinsamen Besitz zu betrachten. Der Austausch von Unmutsäußerungen war zur eigentlichen Form der Verständigung innerhalb der Gemeinschaft geworden, und jeder, der daran nicht teilnahm, erregte Mißtrauen.
Eine Vorahnung davon erhielt Cuomo schon am 13. Juni, als ihn Mr. und Mrs. Gordon und Mr. und Mrs. Stern zu einem Gespräch aufsuchten. Gordon, ein pensionierter Lehrer, hatte einen regelrechten Vortrag ausgearbeitet. »Bei seiner Rede versuchte er, professionell kühl zu bleiben, aber es dauerte nicht lange, da übermannte ihn seine Angst, und es endete damit, daß er mich buchstäblich anschrie.« Cuomo berichtet:

»Ihm gegenüber die Rolle des Advocatus diaboli zu spielen, war unmöglich; jede tastende Frage, die im Widerspruch zu seiner Position zu stehen schien, schien sich von selbst zu verbieten. [...] Er schloß mit einem Crescendo: ›Meine Frau werden sie überfallen und ausrauben, und Sie verlangen, ich soll vernünftig sein.‹«[14]

Im Juni traten die ethnischen Dimensionen der von der Gemeinschaft eingenommenen Haltung erstmals in Erscheinung. Am 19. Juni suchte eine Delegation von Frauen aus Forest Hills Cuomo zu einer Unterredung auf. Sie

begannen mit dem altbekannten Argument, Leuten, die »nicht dafür gearbeitet haben, soll man auch keine ›teuren Wohnungen‹ geben«. Überraschend war, was dann folgte. Sie teilten Cuomo mit, ein »anti-jüdischer Bürgermeister« habe gegen sie »konspiriert«; sie äußerten ihren Zorn über die Italiener von Corona, die die Schwarzen abgewehrt hatten. Sie hatten das Gefühl, wieder einmal sei der Jude Opfer der Gesellschaft.[15]
Jüdische Paranoia? Ethnische Isolation? Es kommt darauf an, was man unter diesen Begriffen versteht.
Die ethnischen Dimensionen bieten sich geradezu an, wenn eine Gemeinschaft darangeht, eine Kollektivpersönlichkeit zu entwickeln. Die Maske des Zorns, die man einer Welt zukehrt, die in der Vergangenheit sich ethnischen Ansprüchen verweigert hat, ist ganz besonders verhärtet, und das Gefühl der Solidarität vermischt sich auf schmerzliche Weise mit dem, betrogen worden zu sein. Es stimmt, daß die Ethnizität heute in westeuropäischen und nordamerikanischen Großstädten als Prinzip eines neuen, »sinnvollen« Gruppenlebens entdeckt wird und die Orientierung an Klassengesichtspunkten überlagert. Aber ethnische Revolten, die von Angehörigen des Bürgertums gegen die Außenwelt gerichtet werden, lassen sich bequem in diese Welt integrieren. Die Leute, die sich an ihnen beteiligen, werden zornig, unversöhnlich und halten zusammen; der Lauf der Welt indes wird dadurch nicht gestört. Die Ethnizität eignet sich heute für die Herausbildung von Gemeinschafts-Rollen deshalb so gut, weil sie das Tor zu einer Gefühlsstruktur öffnet, die sich auf der Basis der politischen, demographischen und vor allem religiösen Verhältnisse nicht mehr herstellen läßt. Bürgerliche Ethnizität ist die Wiedererlangung der Persönlichkeitsmerkmale einer verlorengegangenen Kultur, nicht die Wiedererlangung dieser Kultur selbst.
Forest Hills ist wie viele andere New Yorker Stadtteile in dem Sinne jüdisch, daß seine Bewohner Juden sind. Jiddisch spricht man hier nicht mehr, und die jiddischen Zeitungen sind verschwunden. Ein paar koschere Metzgereien haben sich halten können, weil koscheres Geflügel das einzige frische Geflügel ist, das man in der Stadt bekommen kann; aber nur wenige Leute leben tatsächlich koscher. Nur wenige Juden unter fünfzig können einen Satz in Hebräisch lesen oder schreiben, von den mechanisch erinnerten Formeln des Gottesdienstes einmal abgesehen. Bis vor ein paar Jahren gaben sich die älteren New Yorker Juden große Mühe, ein allen Klischees vom Juden zuwiderlaufendes Verhalten an den Tag zu legen – nicht laut sprechen, nicht den Eindruck von »Clan« erwecken, sich bei der Arbeit oder in der Schule nicht aggressiv verhalten –, womit sie diesen Klischees natürlich eine ungeheure Bedeutung zuerkannten. Das jiddische Wort *yenta* bezeichnete ursprünglich einen auf aggressive Weise groben und dummen Menschen; unter den heute zwanzigjährigen Juden bezeichnet es jemanden, der sich »jüdisch« verhält. Diese »Reinwaschung« von ethnischen Merkmalen haben die meisten ethnischen Gruppen in Amerika erlebt, gleichgültig, ob sie am sozialen Aufstieg

teilhatten oder nicht. Sprache, Eßgewohnheiten, Familiensinn und -zusammengehörigkeit – zu alledem nahm man eine ambivalente, wenn nicht direkt von Schamgefühlen geprägte Haltung ein.
Die zentrale Erfahrung aber, die verloren ging, war die der Religion. Die meisten Einwanderer aus Europa oder Asien kamen als Bauern und Dorfbewohner und waren bei ihrer Ankunft tief religiös. Wenn eine ethnische Gruppe heute zu einem neuen Selbstbewußtsein findet, dann lassen sich zwar die hergebrachten Sitten und Gebräuche wiederbeleben, aber der Kern fehlt. Die Schale der Sitten und Gebräuche, die den Glauben umgab, wird erneuert, um der emotional offenen Verbindung mit anderen eine feste Gestalt zu verleihen. Die Menschen fühlen sich einander nah, weil sie als Juden, als Italiener, als Japaner in Amerika »die gleichen Aussichten« haben, ohne jedoch noch, wenn man so will, über die »gleichen Einsichten« – den Glauben – zu verfügen, auf den die Sitten und Gebräuche der Vergangenheit zurückgehen.
Wie wird ein solches Gemeinschaftsgefühl, die Teilhabe an der äußeren Schale der »Aussichten« und Wahrnehmungen, aktiviert? Am ehesten geschieht es dort, wo Angriffen der Außenwelt Widerstand entgegengesetzt werden muß. Wenn sich der Angriff auf eine Gruppe in deren Bewußtsein als ein Angriff auf ihre Kultur darstellt, erscheinen den Angehörigen der Gruppe einzig die anderen Gruppenmitglieder als verläßliche Zuflucht. Aber worin besteht das Gemeinsame einer solchen angegriffenen ethnischen Gemeinschaft? Schämt euch nicht, daß ihr Juden seid, sagten die Leute in Forest Hills, steht auf und verteidigt euch, seid zornig. Was jedoch geschieht, wenn die ethnische Identität aus der gemeinsamen Teilhabe an einer bestimmten Gefühlsregung bestimmt wird?
Wer ist diese Kollektivperson: der zornige Jude? Was geschieht, wenn er nicht mehr zornig ist? Ist der dann auch kein Jude mehr? Es entsteht eine verrückte Tautologie. Wenn die ethnische Schale ohne den Glaubenskern rekonstruiert wird, bleibt den Menschen als Gemeinsames einzig der Wunsch, mit den anderen Menschen gemeinsame Gefühle zu entwickeln. Die Gemeinschaft wird zu einem Daseinszustand. Sie erhält sich allein durch die Leidenschaften in ihrem Innern und den Rückzug von der Außenwelt.
So kann es denn nicht verwundern, wenn Cuomo über die Frauen von Forest Hills, die den Konflikt schon sehr früh als ethnische Bedrohung wahrnahmen, berichtet, sie weigerten sich, wie die Männer und die politischen Wortführer, »zuzuhören – geschweige denn, etwas zu glauben«, wenn er in ihren Darstellungen irgendwelche falschen Tatsachenbehauptungen korrigiere. Würden sie als eine zum gegenseitigen Austausch bereite Gruppe mit ihm umgehen, so verlören sie jene momentane Stärke des Gemeinsamkeitsgefühls, jenes Gefühl brüderlicher, reiner Einigkeit, das sich aus ihrer Vorstellung nährt, als Juden angegriffen zu sein.
In seinem Bericht über eine Versammlung am 21. September schildert Cuomo diese Verhärtung sehr anschaulich:

»Die Gemeinde von Forest Hills ist überzeugt, ihre Hauptwaffe bestehe jetzt, wie schon in den letzten Monaten, darin, die Stadtväter und die gesamte Öffentlichkeit davon zu überzeugen, daß man von der Gemeinde keinerlei Toleranz oder Kompromißbereitschaft erwarten dürfe. Um das deutlich zu machen, übertreiben sie ihre Entschlossenheit und Widerstandsbereitschaft. *Und was anfänglich zum Teil Pose war, teilt sich nun von selbst mit, speist sich aus sich selbst, und schließlich wird die Illusion zur Realität.* Die etwa hundert Bewohner von Forest Hills, die da gestern schrien und mit den Füßen stampften, *glaubten wirklich an das, was sie früher zu glauben nur vorgegeben hatten.*«[16]

Ende September begegneten die Leute von Forest Hills, die einander inzwischen emotional näherstanden und fester zusammenhielten, der Außenwelt mit Resignation. »Warten wir auf ein Wunder!« sagten sie, darauf nämlich, daß alles bisher Vorgefallene beiseite gewischt werde: »*No project, no way*«. Bis dahin werden wir alle Vorstöße der Macht als List und Betrug bloßstellen. Da Machtfragen in einer Stadt allemal Fragen des Gebens und Nehmens sind, erschienen die tatsächlichen Angebote der Stadtverwaltung der Gemeinschaft befleckt, weil sie nur partielle Zugeständnisse enthielten. Die einzige Lösung, die sich die Gemeinschaft noch vorzustellen vermochte, war die totale Erfüllung ihrer Forderungen – aber diese Lösung war keine. Die Gemeinschaft richtete ihre Angriffe gegen die Instrumente der Macht, die Kommissionen, die einberufenen Hearings usw., in der Hoffnung, der Welt zu zeigen, daß sie »faul« und moralisch unaufrichtig sei. Deshalb konnte sich die Gemeinschaft nicht auf sie einlassen, sonst hätte sie sich selbst kompromittiert. Die Forest-Hills-Affäre endete ironischerweise damit, daß das Projekt durch bürokratische Unfähigkeit auf die lange Bank geschoben wurde und daß sich der von der Stadt ernannte Vermittler, Mario Cuomo, dem die Leute von Forest Hills als einem Außenseiter stets mißtraut hatten, als der wirkungsvolle Fürsprecher ihrer Interessen erwies.[17]

Der Rückzug aus dem Gerangel der Politik mit dem Ziel, die Solidarität innerhalb der Gemeinschaft zu bewahren, muß notwendigerweise jede Mittlerstellung zwischen bedingungsloser Solidarität und absolutem Verrat unmöglich machen. In dieser spezifischen Gemeinschaft wurde die Ablehnung jeder Art von Kompromiß schließlich als Indiz dafür aufgefaßt, daß man sich seines Judentums nicht schäme. Ich selbst hörte, wenn ich durch Forest Hills ging, Leute häufig miteinander sprechen, als sei es genau dasselbe, für Israel und kompromißlos gegen das lokale Siedlungsprojekt zu sein. Auf den Versammlungen wurden die Leute ständig auf ihre Standhaftigkeit und Unerbittlichkeit geprüft, und bei denen, die einer Beilegung des Konflikts zuneigten, glaubte man eine moralische Schwäche erkennen zu können. Militante Angehörige der Jewish Defense League schmierten sogar auf die Schaufensterscheibe eines dieser »Kompromißler« die Worte »Nie wieder!« – eine Losung, die die Kompromißbereitschaft in der Siedlungsfrage mit der Haltung derer gleichzusetzen versuchte, die widerstandslos in die Todeslager der Nazis gegangen waren.

Die freundliche, ruhige Gemeinde von Forest Hills hatte sich selbst in ein

Getto verwandelt, hatte selbst die Mauern dazu errichtet. Ihre Mitglieder verhielten sich so, als hätten sie die moralische Entrüstung für sich gepachtet. In keiner Hinsicht läßt sich der Konflikt in dieser Gemeinde inhaltlich mit ideologischen Konflikten, wie sie Guesde und seine Gefolgsleute durchmachten, vergleichen. Aber die Struktur des Konflikts ist die gleiche: Jede Stellungnahme wandelt sich mehr und mehr zur Reproduktion eines rigiden, symbolischen Kollektiv-Selbst. Räumlich und zeitlich nicht so weit entfernt, endete auch die schwarze Bewegung der sechziger Jahre des 20. Jahrhunderts, die eine Herausforderung an die Mittelschichten darstellte, mit der Errichtung ähnlicher Mauern – als nämlich jede einzelne der verschiedenen über taktischen Fragen und langfristigen Plänen zerstrittenen Fraktionen anfing, sich selbst zur legitimen Stimme »des Volkes« zu erklären. Außenseiter, schwarze nicht weniger als weiße, sollten draußen bleiben.

Die menschlichen Kosten der Gemeinschaft

Die Anthropologen kennen den Begriff der »Schein-Artenbildung«, der einen Aspekt dieser von der Gemeinschaft entfalteten territorialen Rigidität bezeichnet: Ein Stamm verhält sich so, als sei er die einzige Versammlung von Wesen, die wirklich als Menschen gelten können. Die übrigen Stämme sind »minderwertig«. Allerdings entgeht einem etwas Entscheidendes, wenn man die Dynamik moderner Gemeinschaften mit Hilfe dieser anthropologischen Kategorie zu begreifen versucht. Die Zunahme der Intoleranz ist hier nämlich nicht Resultat von anmaßendem Stolz, Überheblichkeit oder übertriebenem Gruppenbewußtsein. Sie gründet vielmehr in einer in sich brüchigen, aus Selbstzweifeln gespeisten Dynamik, in der die Gemeinschaft einzig aus der fortgesetzten Zurschaustellung von Gefühlsaufwallungen ihren Bestand sichert. Die Ursache dieser Hysterie liegt auch nicht in einer angeborenen Destruktivität des Menschen, die dann in der Solidarität entfesselt wird; sie liegt vielmehr in den Voraussetzungen einer Kultur, die es dahin gebracht hat, daß wirkliche soziale Bindungen als unnatürlich erscheinen.

In einer aus atomisierten gesellschaftlichen Räumen bestehenden Gesellschaft leben die Menschen in der ständigen Furcht, voneinander abgeschnitten zu werden. Das Material, das diese Kultur den Menschen zur Verfügung stellt, um sich auf andere Menschen zu »beziehen«, besteht aus instabilen Symbolen für Gefühlsregungen und Absichten. Da diese Symbole ihrem Wesen nach problematisch sind, müssen die Menschen, die sich ihrer bedienen, sie gleichzeitig ständig auf ihre Tragfähigkeit prüfen. Wie weit kann man mit ihnen gehen? Ein wie starkes Gemeinschaftsgefühl kann man entwickeln? Die Menschen gelangen dahin, wirkliches Gefühl mit im Grunde extremen Gefühlslagen gleichzusetzen. Auch im Zeitalter der Aufklärung entwickelten die Menschen extreme Gefühle, die man heute als Belästigung empfinden würde. Aber wenn ein Theaterbesucher in Tränen ausbrach, dann hatte das aus sich, ohne Rücksicht auf die Person, Bedeutung. Dagegen ist die Emotion in der modernen brüderlichen Gruppe unmittelbarer Bestandteil einer Erklärung, wer man selbst ist und wen man als Bruder betrachtet. Die dramatische Gefühlsäußerung wird für die anderen und für einen selbst zu einem Signal, daß man wirklich »da« ist.

Die Stadtplaner, die auf lokaler Ebene innerhalb der Stadt den Gemeinschaftssinn fördern wollen, statt einen bedeutungsvollen öffentlichen Raum und ein sinnhaltiges öffentliches Leben in der Stadt als ganzer wiederzubeleben, scheinen nicht zu ahnen, daß sie mit dem Feuer spielen. Fassen wir unsere Überlegungen hier noch einmal zusammen.

Man braucht durchaus nicht an verwickelte Verschwörungstheorien zu glauben, um den Eindruck zu gewinnen, daß dieser Kampf um die Solidarität der Gemeinschaft in bezug auf die politischen Strukturen der Gesamtgesellschaft eine stabilisierende Funktion hat. Ähnlich wie die charismatische Erfahrung lenkt auch der Versuch, eine Gemeinschaft zu formieren, von der Auseinandersetzung mit diesen politischen Strukturen ab. Der Brudermord innerhalb der Gruppe ist systemerhaltend. Es wäre auch hier, wie schon beim Charisma, falsch, in der persönlichen Leidenschaft eine Ursache gesellschaftlicher Unordnung zu erkennen. Das Gegenteil ist der Fall. Je mehr sich die Menschen in die aus der Gemeinschaft erwachsenden Konflikte hineinsteigern, desto weniger werden sie die grundlegenden Institutionen der gesellschaftlichen Ordnung in Zweifel ziehen. Leute, die darum kämpfen, eine Gemeinschaft zu sein, verhaken sich leicht in den gegenseitigen Empfindungen und verlieren zusehends den kritischen Blick für die Machtapparate, die der »lokalen Partizipation« und dem »lokalen Engagement« so günstig gesonnen sind.

Der größte Teil der so genannten progressiven Stadtplanung zielt auf eine höchst merkwürdige Form von Dezentralisierung. In lokalen Einheiten, Gartenvorstädten, Stadtteilen oder Nachbarschaften werden Gremien geschaffen, die lokale Verwaltungs- und Kontrollfunktionen übernehmen sollen. Aber über wirkliche Macht verfügen diese Instanzen nicht. In einer hochinterdependenten Wirtschaft ist die lokale Entscheidungsvollmacht in lokalen Belangen eine Illusion. Diese wohlmeinenden Dezentralisierungsbestrebungen bringen eine Gemeinschaftsdynamik hervor, die sich vielleicht nicht unbedingt so krisenhaft zuspitzt wie in Forest Hills, die aber strukturell sehr ähnlich ist. Jeder Stadtplaner hat lokale Auseinandersetzungen miterlebt, bei denen Menschen, die glauben, sie besäßen die Macht, in ihrer Gemeinde tatsächlich etwas zu verändern, plötzlich heftig darum ringen, wer »wirklich« für die Gemeinschaft spricht. Dabei geraten sie oft so tief in Fragen der Identität, der Solidarität und der Vorherrschaft innerhalb der Gruppe, daß sie an dem Punkt, wo die eigentlichen Verhandlungen beginnen, wo sich die Gemeinschaft mit den städtischen und staatlichen Instanzen, die in der Tat die Macht haben,

auseinandersetzen müßte, so erschöpft und gespalten sind, daß sie auf die Außenwelt nicht reagieren können.
Eine Gesellschaft, die nichtpersonale Beziehungen und Verhältnisse fürchtet, stärkt Phantasien von einer beschränkten, engstirnigen Existenzweise in der Gemeinschaft. Die Bestimmung des »Wir« wird zu einem hochselektiven Akt der Einbildungskraft: die unmittelbaren Nachbarn, die Arbeitskollegen, die Familie. Es wird schwierig, sich mit Menschen zu identifizieren, die man nicht kennt, die einem fremd sind und die doch vielleicht die gleichen ethnischen Interessen, die gleichen Familienprobleme, die gleiche Religion haben. Unpersönliche ethnische Beziehungen schaffen keine wirkliche Bindung – genausowenig wie unpersönliche Klassenbeziehungen; man hat das Gefühl, das »Wir« schließe nur solche Menschen ein, die man als Personen kennt. Je begrenzter diese Vorstellungswelt, desto größer die Zahl der gesellschaftlichen Interessen und Probleme, auf die man sich nicht einläßt, die man nicht an sich heranläßt. Es handelt sich dabei nicht um Gleichgültigkeit, sondern um eine Weigerung, die absichtliche Verengung des Erfahrungsfelds, das sich das kollektive Selbst absteckt. Die Konsequenzen dieser Lokalisierung gehen allerdings weit über den politischen Bereich hinaus. Im Grunde geht es hier darum, welches Maß an Risikobereitschaft die Menschen aufbringen können. Je verengter die Vorstellungen vom Selbst bei jemandem sind, desto weniger Risikobereitschaft wird er beweisen. Die Weigerung, sich mit der Realität jenseits des Nahbereichs zu beschäftigen, sie aufzunehmen und den eigenen Zwecken dienstbar zu machen, ist in gewisser Hinsicht ein universeller Zug menschlichen Verhaltens – die Angst vor dem Unbekannten. Ein Gemeinschaftsgefühl, das aus der Vergemeinschaftung von Gefühlsregungen entsteht, verstärkt diese Angst vor dem Unbekannten und erhebt die Agoraphobie zum ethischen Prinzip.
Der Begriff »Gemeinschaft« bezeichnet eine Gruppe von Menschen, zwischen denen offene Gefühlsbeziehungen möglich sind, im Gegensatz zu Gruppen, in denen partielle, mechanische, emotional indifferente Beziehungen überwiegen. Jede Gemeinschaft beruht, wie wir gesehen haben, bis zu einem gewissen Grade auf Phantasien. Die moderne Form der Gemeinschaft unterscheidet sich nun von älteren Ausformungen dadurch, daß die den Menschen gemeinsame Phantasie besagt, sie besäßen das gleiche Gefühlsleben, die gleiche Motivationsstruktur. In Forest Hills z. B. war die Empörung ein Zeichen, daß man auf sein Judentum stolz war.
Wo sich Gefühlsleben und Kollektivleben in dieser Weise verbinden, setzt eine selbstzerstörerische Dynamik ein. Sobald einzelne neue Gefühle entwickeln, ist der Bestand der Gemeinschaft gefährdet. Wer sich ändert, »verrät« die Gemeinschaft. Die individuelle Abweichung bedroht die Stärke des Ganzen. Deshalb müssen die Menschen beobachtet und geprüft werden. Mißtrauen und Solidarität, die scheinbar so gegensätzlich sind, fallen zusammen. Unverständnis oder Gleichgültigkeit der Außenwelt gegenüber der Gemeinschaft werden von dieser in der gleichen Weise interpretiert. Wie kommt es, daß andere diese

brüderlichen Gefühle, die doch überaus unmittelbar und stark sind, nicht verstehen? Warum reagieren sie nicht mit Wohlwollen? Warum fügt sich die Welt den emotionalen Ansprüchen der Gemeinschaft nicht? Die einzige Antwort auf diese Fragen lautet: Die Außenwelt ist weniger real, weniger authentisch als das Leben innerhalb der Gemeinschaft. Daraus folgt nun freilich nicht die Infragestellung dieses Außen, sondern seine Verdrängung, eine Abkehr vom Außen hin zur wachsamen Gemeinsamkeit mit denen, die »Verständnis« haben. So ist das eigentümliche Sektierertum der säkularen Gesellschaft beschaffen. Es resultiert aus der Umwandlung der unmittelbaren Gemeinschaftserfahrung in ein Prinzip von Gesellschaft. Psychologisch kann man sich zwar die umfassenden Kräfte der Gesellschaft vom Leib halten, aber leider sind sie damit noch nicht verschwunden.

Schließlich scheint das Gefühlsleben in der modernen Gemeinschaft »erhaben« über den Bereich des Handelns. Das Handeln der Gemeinschaft beschränkt sich auf die Pflege ihres Gefühlshaushalts, d. h. auf die »Säuberung« der Gemeinschaft von jenen, die nicht wirklich dazugehören, weil sie nicht so empfinden wie die anderen. Die Gemeinschaft kann von außen nichts aufnehmen, kann sich nicht im Zugriff auf die Außenwelt erweitern, weil sie sich dadurch verunreinigen würde. So gerät die Kollektivpersönlichkeit in einen direkten Gegensatz zum Kern von Geselligkeit, zum Austausch, und die psychologisch fundierte Gemeinschaft gerät in Widerstreit mit der Komplexität von Gesellschaft.

Noch fehlt den Stadtplanern von heute eine Einsicht, die konservativen Autoren vertraut ist, wenngleich sie ihr meist eine falsche Wendung geben. Ich meine die Einsicht, daß Menschen nur dann gesellig sein können, wenn sie auch über einen gewissen Schutz voreinander verfügen. Ohne Barrieren, ohne Grenzen, ohne Distanzen zwischen ihnen werden sie destruktiv, und zwar nicht, weil »der Mensch von Natur aus« böse ist – da liegt der Irrtum der Konservativen –, sondern weil die moderne, von Kapitalismus und Säkularismus hervorgebrachte Kultur notwendigerweise im Brudermord endet, sobald die Menschen intime Beziehungen zur Grundlage gesellschaftlicher Beziehungen machen.

Das eigentliche Problem der Stadtplanung besteht heute nicht darin, was man tun, sondern darin, was man lassen soll. Den Warnungen aus den sozialpsychologischen Laboratorien zum Trotz verfügen die Menschen über eine ausgesprochene Begabung zum Gruppenleben unter Bedingungen großer Bevölkerungsdichte. Die Kunst, Städte zu bauen, ist keine Geheimwissenschaft. Jahrhundertelang wurde sie mit großem Erfolg geübt, zumeist von Architekten, die über keine formale Ausbildung verfügten. Historisch betrachtet sind das Absterben des öffentlichen Raums und die Pervertierung des Gemeinschaftslebens, an denen die bürgerliche Gesellschaft des Westens krankt, Anomalien. Es stellt sich die Frage, wie man die Symptome dieses unseres Leidens erkennt – Symptome, die sich in den geläufigen Vorstellungen von Menschenfreundlichkeit und Gemeinschaftlichkeit genauso zeigen wie in der irrigen Annahme, Anonymität sei per se ein moralisches Übel. Kurzum, wenn die Stadtplanung die Qualität des Lebens dadurch verbessern will, daß sie es intimer gestaltet, dann erzeugt ihre vermeintliche Menschenfreundlichkeit eben jene Sterilität, die sie eigentlich beheben will.

Kapitel 14
Der seiner Kunst beraubte Schauspieler

In diesem Kapitel möchte ich die Analyse des öffentlichen Lebens in ein systematisches Verhältnis zum Problem des Ausdrucks bringen. In Diskussionen über das Verhältnis von »Kunst« und »Gesellschaft« geht es meist um die Frage, welche Auswirkungen die gesellschaftlichen Zustände auf das Werk des Künstlers haben oder wie diese Zustände in seinem Werk zum Ausdruck kommen. Kunst *in* der Gesellschaft, eine ästhetische Arbeit, die selbst Bestandteil gesellschaftlicher Prozesse ist, läßt sich dagegen nur schwer vorstellen.

Das klassische Ideal des *theatrum mundi* stellt den Versuch einer solchen Vereinigung von Ästhetik und gesellschaftlicher Realität dar. Die Gesellschaft ist ein Theater, und alle Menschen sind Schauspieler. Als Idealbild ist diese Vorstellung keineswegs tot. In seinem Buch *The Theatre in Life* von 1927 bekräftigt etwa Nicolas Evreinoff das Bild vom *theatrum mundi* mit den folgenden Worten:

»[...] welchem Bereich menschlichen Handelns man sich auch zuwendet, immer wird man finden, daß Könige, Staatsmänner, Politiker, Kriegsmänner, Bankiers, Geschäftsleute, Priester, Ärzte sämtlich dem Theater ihren täglichen Tribut zollen, sie alle halten sich an die auf der Bühne herrschenden Prinzipien.«

Und in ihrem Buch *The Drama of Social Reality* von 1975 beginnen Stanford Lyman und Marvin Scott eine Untersuchung zur modernen Politik folgendermaßen:

»Alles Leben ist Theater; so trägt auch das politische Leben Züge des Theaters. Und die Vorherrschaft des Theaters könnte man als ›Theatrokratie‹ bezeichnen.«[18]

Problematisch ist allerdings, daß dieses Ideal des *theatrum mundi* außerhalb der Zeit steht. Um die Mitte des 18. Jahrhunderts existierte ein gesellschaftliches Leben, in dem die Ästhetik des Theaters tatsächlich mit dem Alltagsverhalten verflochten war. Aber diese ästhetische Dimension des Alltags ist vergangen. An ihre Stelle trat eine Gesellschaft, in der die Kunst als »Disziplin« Ausdrucksleistungen hervorbrachte, die im täglichen Leben nur schwer oder gar nicht hervorzubringen waren. Das Bild vom *theatrum mundi* deutet auf ein Ausdruckspotential in der Gesellschaft hin; der Verfall des öffentlichen Lebens zeigt, was aus diesem Potential geworden ist. In der modernen Gesellschaft sind die Menschen zu Schauspielern ohne Kunst geworden. Abstrakt lassen sich die Gesellschaft und die gesellschaftlichen Beziehungen zwar immer noch mit Metaphern aus der Theaterwelt beschreiben; aber die Menschen haben aufgehört, selbst etwas darzustellen.

Die Wandlungen, die das Ausdruckspotential des Menschen durchlaufen hat, gehen auf Veränderungen seiner öffentlichen Identität zurück. Ausdruck in der öffentlichen Welt war die *Darstellung* von Gefühlszuständen und -abstufungen, die aus sich heraus, unabhängig von der Person des Darstellers, Bedeutung besaßen. Bei der *Verkörperung* von Gefühlszuständen in der intimen Gesellschaft wird die Substanz der Emotion abhängig von der Person dessen, der empfindet. Die Darstellung von Gefühl ist unpersönlich; der Tod etwa hat eine Bedeutung unabhängig davon, wer da gerade stirbt. Die Verkörperung von Gefühl dagegen ist idiosynkratisch; wenn man einem anderen von einem Todesfall in der eigenen Familie erzählt, so wird die Schilderung ihn um so mehr bewegen, je mehr man verdeutlichen kann, welche Gefühlsregungen dieser Tod in einem selbst ausgelöst hat. Es hat sich ein Wandel vollzogen vom Glauben an die menschliche Natur hin zu einem Glauben an menschliche Naturen, von der Idee des natürlichen Charakters hin zur Idee der Persönlichkeit.

Der Unterschied zwischen der Darstellung und der Verkörperung von Gefühl entspricht nicht unbedingt dem zwischen Ausdrucksstärke und Ausdruckslosigkeit. Er bezeichnet vielmehr die Differenz zwischen einer emotionalen Transaktion, in der die Menschen auf die Möglichkeiten einer bestimmten Kunst zurückgreifen können, und einer Situation, in der sie dies nicht können. Die Darstellung von Emotion ist mit der Arbeit des Schauspielers verwandt; sie besteht darin, vor einem anderen eine Gefühls- oder Stimmungslage manifest zu machen, der eine Bedeutung zukommt, sobald ihr eine Gestalt verliehen ist. Weil dieser Gefühlsausdruck eine konventionalisierte Form hat, läßt er sich wiederholen; der professionelle Schauspieler, der es gelernt hat, Abend für Abend eine gute Leistung zu erbringen, ist hierfür das Modell. Wenn er allabendlich erst einmal sich selbst erforschen müßte, würde ihm seine Arbeit sehr viel schwerer fallen. Denn die Introspektion würde sich auf das Besondere und Einmalige in seinem Leben richten. Da sich die Bedeutungen von einem Augenblick zum anderen wandeln, würde sich alle Kraft darauf konzentrieren, herauszufinden, was man gerade empfindet, statt darauf, solche Empfindungen anderen deutlich vor Augen zu stellen.

Dieser Schauspieler, dem seine Schauspielkunst abhanden gekommen ist, tritt in Erscheinung, wenn es in einer Gesellschaft nicht mehr möglich ist, Theater und Gesellschaft als »unterschiedslos« miteinander verwoben zu denken, um an Fieldings Formulierung anzuknüpfen. Er tritt in Erscheinung, wenn die lebenslange Formung der menschlichen Natur durch Erfahrungen mit und in der Welt durch die fortwährende Suche nach dem eigenen Selbst ersetzt wird.

Über der Weiträumigkeit der hier angedeuteten historischen Entwicklungslinien dürfen wir jedoch nicht vergessen, daß sich in jedem Menschenleben der Verlust der schauspielerischen Fähigkeit im kleinen noch einmal vollzieht. Dieses in der Kindheit entwickelte Vermögen wird von der Erwachsenenkultur wieder ausgelöscht. Der Heranwachsende verliert dieses Potential aus seiner Kindheit in dem Maße, wie er in die Ängste und Anschauungen, die die Erwachsenenkultur dominieren, eingeführt wird.

Das Problem des Spiels und die Frage, was im Erwachsenendasein aus ihm wird, sind deshalb so wichtig, weil die kulturelle Entwicklung in neuerer Zeit eine merkwürdige Wendung genommen hat. Es ist an sich ungewöhnlich, daß eine Gesellschaft dem Ritual oder der ritualisierten Geste mißtraut; es ist ungewöhnlich, daß sie geformtes Verhalten als inauthentisch beargwöhnt. In vielen Gesellschaften werden die Kräfte des kindlichen Spiels im Erwachsenenalter noch bereichert und ins Ritual, zumeist ins religiöse Ritual, hinein verlängert. Die säkulare, kapitalistische Gesellschaft jedoch bedient sich dieser Kräfte nicht, sie wirkt ihnen entgegen.

»Spielen« und »Schauspielen« sind sprachlich miteinander verwandt, und das ist kein Zufall. Aber es ist wichtig, die spezifische Differenz zwischen beiden zu beachten. Das Kinderspiel ist eine Vorbereitung auf eine bestimmte ästhetische Tätigkeit, doch es ist nicht das gleiche wie diese. Ebenso wichtig ist es, die Frage nach der kulturellen Bedeutung des Spiels von der heute gängigen Verherrlichung des Spiels als eines revolutionären Prinzips zu unterscheiden, die Spiel und Spontaneität fälschlich gleichsetzt. Das im Spiel sich vollziehende ästhetische Training beruht darauf, daß das Kind hier Vertrauen in die Expressivität nichtpersonalen, nach künstlichen Regeln strukturierten Verhaltens erlernt. Spiel ist für das Kind das genaue Gegenteil von spontanem Ausdruck.

Die Beziehung zwischen dem kindlichen Spiel und der Erwachsenenkultur, die dieses Spiel heutzutage schwächt, läßt sich als Konflikt zwischen zwei psychischen Prinzipien beschreiben. Auf der einen Seite steht das Prinzip des Spiels, das die Kinder veranlaßt, ihre ganze Leidenschaft auf von Regeln beherrschte Situationen zu wenden und den eigenen Ausdruck in diesen Situationen als Umarbeitung und Vervollkommnung dieser Regeln zu betrachten, mit dem Ziel, das Vergnügen daran zu erhöhen und die Geselligkeit mit anderen zu erweitern. Dem steht das Prinzip, das die Erwachsenenkultur dominiert, gegenüber. Es veranlaßt die Erwachsenen, ihre ganze Leidenschaft auf die Enthüllung der eigenen Handlungsmotive und der Motive der anderen, mit denen sie in Berührung kommen, zu richten. Diese Enthüllungen innerer Gründe und authentischer Gefühlsregungen gelten als um so freier, je weniger die Menschen durch abstrakte Regeln gehemmt werden oder gezwungen sind, sich in »Klischees«, »Gefühlsstereotypen« oder anderen konventionellen Zeichen auszudrücken. Indiz für die Ernsthaftigkeit dieses Unterfangens ist gerade seine Schwierigkeit; der Schmerz, den es verursacht, ist seine Legitimation, nicht das Vergnügen, das es bereitet. Und das Ergebnis ist der Rückzug aus einer oberflächlichen Geselligkeit – meist auf Kosten zwangloser Freundschaftsbezeugungen.

Indem wir der Frage nachgehen, wie dem Schauspieler seine Kunst abhanden gekommen ist, stoßen wir also auf einen Konflikt zwischen Spiel und Narzißmus, wobei die von der heutigen Kultur mobilisierten Kräfte des Narzißmus das Spielvermögen, über das der Mensch verfügt, bevor er erwachsen wird und in die »Wirklichkeit« eintritt, zunichte machen.

Das Spiel erzeugt die Energie für den öffentlichen Ausdruck

Die gewaltige Literatur zum Kinderspiel teilt sich im großen und ganzen in zwei Schulen. Die eine faßt das Spiel als eine Form von kognitivem Handeln; sie untersucht, wie die Kinder im Spiel Symbole ausbilden und wie diese Symbole mit zunehmendem Alter der Kinder immer komplexer werden. Die andere Schule begreift das Spiel als Verhalten, kümmert sich weniger um die Symbolbildung und konzentriert sich auf die Frage, wie es Kinder im gemeinsamen Spiel lernen, zu kooperieren, Aggression auszudrücken und Frustration zu ertragen.

Das »kognitive Lager« hat zuweilen Interesse an der Beziehung zwischen dem Spiel und der kreativen Arbeit bekundet, aber diese Vorstöße krankten an zwei Mängeln. Erstens setzten viele Autoren das Spiel und den »kreativen Akt« praktisch gleich; dabei konnten sich strenge Freudianer auf den Meister selbst berufen, der z. B. geschrieben hatte:

»Der Dichter tut nun dasselbe wie das spielende Kind; er schafft eine Phantasiewelt, die er sehr ernst nimmt, d. h. mit großen Affektbeträgen ausstattet, während er sie von der Wirklichkeit scharf absondert.«

So gelangt Freud zu dem Schluß: »Der Gegensatz zu Spiel ist nicht Ernst, sondern – Wirklichkeit.«[19]

Die Autoren, die aufgrund ihrer Untersuchungen Zweifel an Freuds Gegensatz von Spiel/Kreativität und Wirklichkeit hegen, bedienen sich bei ihren Überlegungen häufig der gleichen Kategorien, wenn auch in entgegengesetztem Sinne. Spiel und Kreativität erscheinen dann als eine Tätigkeit in der Realität, statt neben oder über ihr. Doch auch hier werden Spiel und Kreativität als austauschbar angesehen. So wird es schwierig, anzugeben, welche spezifische Differenz zwischen einem Kind, das auf den schwarzen Tasten eines Klaviers herumfingert und plötzlich eine pentatonische Tonleiter entdeckt, und einem Debussy besteht, der eines Sommers bei Geläufigkeitsübungen in der Pentatonik Möglichkeiten entdeckt, auf die vor ihm keiner seiner Zeitgenossen gestoßen war. Würde man behaupten, Debussy und das Kind »täten im Grunde« das gleiche, so bliebe das Entscheidende unbegriffen: die Urteilskraft. Was Debussy tat, kann eben nicht »jedes Kind«.

Das zweite Problem, das sich angesichts der Spiel-Untersuchungen der kognitiven Schule stellt, betrifft den Begriff »Kreativität« selbst. Es ist ja verlockend, mit Arthur Koestler von einer allgemeinen biologischen Anlage auszugehen, die man als Kreativität bezeichnet und in der sich wissenschaftlicher Entdeckergeist, künstlerische Originalität und komische Inspiration miteinander verbinden. Nur ist dann zumindest der Künstler nicht unter die »Kreativen« zu rechnen. Denn er leistet eine spezifische Arbeit in einem spezifischen Medium. Allzu häufig begehen Theorien über den Zusammenhang von Kreativität und Spiel den Fehler, Vorstellungen von der Tätigkeit des Künstlers auf das Spiel des Kindes einfach zu übertragen, ohne wirklich zu erklären, wie der Künstler zu seinen Ergebnissen gelangt und wie diese tatsächlich mit dem Spiel des Kindes verbunden sind.[20]

Es ist gewiß lohnend, theoretische Überlegungen zum Verhältnis von Spiel und kreativer Tätigkeit anzustellen, aber man braucht dazu einen festen Bezugspunkt. Man muß das Spielhandeln als Vorbereitung auf das kreative Handeln erkennen, um die Differenz zwischen den jeweiligen Resultaten nicht zu verwischen. Man muß bestimmte Spielformen mit bestimmten Formen von kreativer Tätigkeit in Zusammenhang bringen. Ein solcher Ansatz könnte die Kluft zwischen der Auffassung von Spiel als kognitivem Handeln und der Auffassung von Spiel als Verhalten überbrücken. Das Verhältnis zwischen spezifischen Spielhandlungen und spezifischen künstlerischen Handlungsformen ist nach Ernst Kris' gelungener Formulierung eines der »Abstammung« und nicht der »Identität«.[21]

Wenn man untersuchen will, wie die Darstellungskunst vom kindlichen Spiel abstammt, dann muß man sich klarmachen, wie die Kinder lernen, Selbst-Distanz zu entwickeln, und insbesondere, wie diese Selbst-Distanz den Kindern hilft, die Regeln, die ihrem Spiel zugrunde liegen, zu verwandeln. In seinem Buch *Homo Ludens* definiert Johan Huizinga drei Aspekte des Spiels. Spiel ist, erstens, »freies Handeln«. Zweitens steht es »außerhalb des Bereichs des direkt materiellen Interesses«, es ist interesselos. Und drittens schließlich hebt er die »Abgeschlossenheit« des Spiels hervor, die Tatsache, daß es sich innerhalb bestimmter Grenzen von Zeit und Raum »abspielt«.[22]

Das Element der Interesselosigkeit des Spiels steht in einem Zusammenhang zur Selbst-Distanz. Interesselos bedeutet nicht uninteressiert. Spielende Kinder langweilen sich nicht. Interesselosigkeit bedeutet für Huizinga Abstandnehmen vom unmittelbaren Verlangen und dessen sofortiger Befriedigung. Dieser Abstand gestattet es den Menschen, miteinander zu spielen. Aber dieses interesselose Spiel tritt innerhalb der kindlichen Entwicklung lange vor der Zeit auf, da die Kinder anfangen, regelrechte Spiele miteinander zu spielen, nämlich gegen Ende des ersten Lebensjahres.

Für Jean Piaget beginnt das interesselose oder selbst-distanzierte Spiel im dritten sensomotorischen Stadium, also gegen Ende des ersten Lebensjahres. Er berichtet zum Beispiel, wie er neben der Wiege seiner Tochter sitzt und beobachtet, wie sie mit über der Wiege aufgehängten Gegenständen spielt. Sie sieht, wie das Sonnenlicht auf diesen Gegenständen ein bestimmtes Lichtmuster erzeugt, sie greift nach ihnen, bewegt sie, und es entsteht ein neues Muster. Sie ist entzückt, stößt die Gegenstände noch einmal an, und wieder entsteht ein anderes Muster.[23]

Wäre dieses Kind ganz gieriges Verlangen, so würde es in dem Augenblick, da ein lustvolles Muster erreicht ist, aufhören zu agieren, es würde versuchen, diese Lust festzuhalten. Oder es würde, falls es die Scheiben doch weiterbewegt und ein anderes als das erste Muster erzeugt, aus Schmerz über den Verlust des ersten Musters in Weinen ausbrechen. Wenn es die Veränderung aber nicht als Verlust erlebt, dann muß es die retentive Lust suspendiert haben, dann muß etwas Komplexeres als die sichere Gratifikation die Handlungen des Kindes bestimmen. Was geschieht hier? Das Kind löst sich von etwas Festem und Gegebenem und geht das Risiko ein, ein neues Muster zu finden – das lustvoll sein kann oder auch nicht. Piaget hat beobachtet, daß Kinder, die in einer solchen Situation ein Muster erzeugen, das sie nicht mögen, nicht versuchen, wieder das erste Muster herzustellen, sondern statt dessen nach einer dritten Alternative suchen. Diese Suche macht den Kern des Spiels aus. Im Spiel distanziert das Kind seinen Wunsch, etwas festzuhalten. In diesem Sinne läßt sich das Kind auf eine selbst-distanzierte Aktivität ein.

Die Selbst-Distanz wird dann an dem Punkt weiterentwickelt, wo die Kinder beginnen, miteinander »Spiele« *(games)* zu spielen. Ein »Spiel« ist eine Aktivität, auf die sich Kinder gemeinsam einlassen, wobei sie bestimmte Handlungsgrundsätze, die Spielregeln, bewußt anerkennen oder sich über sie einigen. In welchem Alter Kinder zum erstenmal solche auf gesellschaftlicher Übereinkunft fußende Spiele spielen, ist von Kultur zu Kultur unterschiedlich. Im vierten Lebensjahr findet man solche Spiele aber praktisch in allen bekannten Kinderkulturen.

Wie die Selbst-Distanz funktioniert, wollen wir am Beispiel eines Murmelspiels, gespielt von Kindern im Alter von viereinhalb, fünf und sechs Jahren, verdeutlichen. (Die folgenden Beobachtungen gehen auf Untersuchungen zurück, die der Autor vor einigen Jahren im Laboratory of Social Psychology der University of Chicago durchgeführt hat.) Das Murmelspiel stellt eine Wettbewerbssituation dar, in der es darauf ankommt, daß ein Spieler sämtliche Murmeln der anderen Spieler für sich gewinnt oder – nach einer anderen Spielregel – die Kugeln der anderen Spieler aus dem Spielfeld »schlägt«. Wenn der erwachsene Beobachter versucht, die Regeln zu vereinfachen, trifft er auf den Widerstand der Kinder. Ihnen gefällt es gerade, die Spielregeln immer komplizierter zu gestalten. Wenn das Spiel nur Mittel zum Zweck wäre, würde dieses Verhalten sinnlos sein. Hinzugewinn ist der Grund, aus dem die Kinder spielen, aber nicht das Spiel selbst. Durch die Komplizierung der Regeln zögern die Kinder das Gewinnziel des Spiels vielmehr so lange wie möglich hinaus.

Es trifft auch zu, daß das Spiel für die Kinder nicht »frei« ist. Es *muß* ein Ende geben, sei es eine Regel, die besagt, wer gewonnen hat, wie in den meisten

Spielen in den westlichen Gesellschaften, oder eine Regel darüber, wann das Spiel zu Ende ist, wie in vielen chinesischen Spielen. Hier fällt einem Huizingas Hinweis auf die »Abgeschlossenheit« des Spiels ein. Eine spezifische Vorstellung von Zeit, von Beendigung rückt diese Aktivität von dem Verhalten außerhalb des Spiels ab. Für amerikanische Kinder ist die Aussicht auf Gewinn im Murmelspiel die Legitimation für das Spiel. Aber die spezifischen Handlungen während des Spiels zielen stets darauf, Gewinn und Beendigung des Spiels hinauszuzögern. Das Mittel dazu, die Spielsituation aufrechtzuerhalten, bieten ihnen die Spielregeln.

Das Murmelspiel ist also eine komplizierte Sache. Nur indem sie sich Regeln auferlegen, bewahren die Kinder ihre Freiheit gegenüber der spielfremden Außenwelt. Je komplizierter die Regeln sind, desto länger sind die Kinder frei. Aber einen Zustand nicht endender Freiheit streben die Kinder deshalb nicht an: Oft beginnen die Murmelspiele in einem chaotischen Durcheinander, ihr Mittelteil ist oft höchst verwickelt, der Endpunkt jedoch ist stets klar.

Die Spielregeln schaffen in doppelter Hinsicht Selbst-Distanz. Einerseits wird durch sie das Streben nach Überlegenheit suspendiert. Es ist überraschend, wie zornig die Kinder werden, wenn sie jemanden beim Mogeln erwischen. Wer versucht, sich in einer Weise, die von den Regeln nicht vorgesehen ist, Überlegenheit zu verschaffen, gilt allen anderen als »Spielverderber«. Auf diese Weise distanzieren die Konventionen des Spiels die Lust, die das Kind an der Beherrschung anderer findet, wenngleich diese Vorherrschaft der Anlaß zum Spiel war und als Wunsch während des ganzen Spiels präsent bleibt.

Andererseits schaffen die Spielregeln Selbst-Distanz, indem sie Unterschiede in der Geschicklichkeit der Spieler ausgleichen. Das »große« Murmelspiel über eine weite Entfernung etwa erfordert eine gute Muskelkoordination, um die Murmeln in gerader Richtung zu stoßen. Ein vierjähriges Kind ist hier gegenüber einem sechsjährigen körperlich im Nachteil. Wenn nun ein kleineres Kind mit älteren Kindern zusammen das »große« Murmelspiel spielt, fassen die Älteren sogleich den Beschluß, die Spielregeln so abzuändern, daß das Kleinere nicht schon von vornherein ohne jede Gewinnchance ist. Die älteren Kinder erfinden für sich eine »Erschwerung«, um die Gleichheit zwischen den Spielern herzustellen und so das Spiel zu verlängern. Auch hier halten die Regeln die Kinder von der direkten Selbstbestätigung und dem unmittelbaren Streben nach Überlegenheit ab. Auch hier verleiht die Selbst-Distanz dem Spiel eine Struktur.

Diese Veränderbarkeit der Regeln schafft eine gesellschaftliche Bindung. Eine Sechsjährige, die im Kindergarten von einem Vierjährigen ein bestimmtes Spielzeug haben will, gibt ihm womöglich eins auf den Kopf oder entreißt es ihm mit roher Gewalt. Aber wenn sie mit ihm das »große« Murmelspiel spielt, dann sorgt sie dafür, daß die Ausgangschancen für beide gleich sind, obwohl sie ihren aggressiven Wunsch, den Jungen am Ende zu besiegen, nicht aufgibt. Spielen erfordert Freiheit gegenüber dem Selbst; aber diese Freiheit läßt sich nur mit Hilfe von Regeln schaffen, die die Fiktion einer anfänglichen Chancengleichheit zwischen den Spielern erzeugt.

Das Spiel des Säuglings und das Spiel der Kinder gelangen mit entgegengesetzten Mitteln zum selben Ziel. Der Säugling schafft Selbst-Distanz, indem er die Lust, festzuhalten, suspendiert und die Anordnungsmuster der Gegenstände an seiner Wiege zerstört. Das Sechsjährige, das mit anderen Kindern spielt, schafft Selbst-Distanz, indem es Handlungsmuster aufbaut, die sein Streben nach Überlegenheit außer Kraft setzen und zugleich eine fiktive Chancengleichheit herstellen.

Welche Beziehung besteht zwischen dem kindlichen Spiel und der Enttäuschung, die die Kinder aufgrund der Unabgeschlossenheit ihrer körperlichen und emotionalen Entwicklung erleben? Für den Säugling ist jeder Kontakt mit seiner Umgebung mit erheblichen Risiken verbunden; wenn er etwas tut, was er zuvor noch nie getan hat, so weiß er nicht, ob ihm ein lustvolles oder ein schmerzliches Erlebnis bevorsteht. Das Spielverhalten markiert den Punkt, an dem die Angst vor Frustrationen von dem Wunsch, Risiken einzugehen, überlagert wird. Aber diese Risikobereitschaft gerät leicht ins Hintertreffen. Wenn dem Kind, das Piaget beobachtet hat, beim Spiel mit den farbigen Scheiben plötzlich ein Sonnenstrahl direkt ins Gesicht fiele, würde es Schmerz empfinden und aller Wahrscheinlichkeit nach das Spiel mit den Scheiben für die nächste Zeit aufgeben. Der Spracherwerb wird später zu einem entscheidenden Faktor für die Minderung des Risikos, das Erfahrungen mit Unbekanntem in sich birgt, denn das Kind kann nun von anderen etwas über die jeweiligen Risiken erfahren, ist nicht mehr bloß auf die eigenen Versuche und Irrtümer angewiesen oder von unerklärlichen Verboten der Eltern abhängig. Dennoch behält auch das Gruppenspiel von Kindern zwischen vier und sechs Jahren etwas Riskantes. Ein vierjähriges Kind ist unter gewöhnlichen Bedingungen von vielem ausgeschlossen, was ein sechsjähriges tun und wollen kann. Im Spiel allerdings hat es Gelegenheit, mit dem älteren Kind von gleich zu gleich zu interagieren und auf diese Weise eine soziale Situation zu erproben, die ihm andernfalls unzugänglich wäre.

Die Frage nach Risiko und Risikobereitschaft ist deshalb wichtig, weil sie zum Verständnis einer weiteren Ausformung von Selbst-Distanz verhilft, die die Kinder im Spiel erlernen. Ein großer Teil der auf Freud zurückgehenden Literatur zum Spiel setzt die Lust, die die Kinder aus dem Spiel ziehen, in einen Gegensatz zu den Enttäuschungen und Zwängen, die sie in der »Wirklichkeit« erleben. In Wahrheit aber rufen die dem Spiel innewohnenden Risiken sehr wohl Angst und, wenn Kinder in einem Spiel fortwährend verlieren, auch eine erhebliche Frustration hervor. Das ist freilich für sie kein Grund, mit dem Spiel aufzuhören. Die Frustrationen erhöhen vielmehr ihr Engagement im Spiel. Gerade weil es in ihrer Spielwelt Selbst-Distanz gibt, begegnen uns die vertrauten Syndrome von frustrationsbedingtem Rückzug oder frustrationsbedingter Apathie hier nicht.

Wir neigen leicht zu der Annahme, nur relativ reife Erwachsene brächten es fertig, ihre Aufmerksamkeit von einer Situation, in der sie eine Enttäuschung erleben, nicht abzuwenden und gleichzeitig noch eine gewisse Lust aus dieser Situation zu ziehen. Kinder machen solche komplexen Erfahrungen allenthalben im Spiel, aber häufig gehen sie im Erwachsenenleben verloren, weil es in diesem nur wenige Schauplätze gibt, auf denen man weiterhin in dieser hochentwickelten, ausbalancierten Weise spielen kann. Der gesellschaftliche Pakt, den die Kinder bei einem Spiel eingehen, umfaßt eine wohlabgestufte Mischung aus Risiko, Frustration und Gratifikation. Die Kinder sind bestrebt, die Frustration zu reduzieren, indem sie ihr Augenmerk auf die Situation richten und die Spielregeln als eigenständige Realität gelten lassen. Wenn etwa ein Kind, das an einem bestimmten Murmelspiel teilnimmt, andauernd verliert, dann reduziert es seine Frustration nicht dadurch, daß es verlangt, ein anderes Spiel zu spielen, wie es logisch wäre, wenn der Gegenstand des Spiels die Befreiung von den Frustrationen der »Wirklichkeit« wäre. Es wird vielmehr mit den anderen Spielern beratschlagen, wie sich die Spielregeln so abändern lassen, daß für alle gleiche Gewinnchancen bestehen. Bei der Beratung selbst nehmen alle eine Distanz ein, aus der heraus die Spielregeln auf einer hochabstrakten Ebene diskutiert werden können. Die Frustration verstärkt also die Selbst-Distanz und, wie es Lionel Festinger ausdrückt, die »Bindung an die Situation«.[24]

Die qualitative Veränderung der Spielregeln ist eine Vorform des ästhetischen Handelns. Sie richtet sich auf die Ausdrucksqualität einer Konvention. Sie lehrt das Kind, diesen Konventionen zu vertrauen. Sie bereitet es auf eine spezifische ästhetische Tätigkeit, das Darstellen, vor, denn es lernt, sich am expressiven Gehalt eines »Textes« zu orientieren. Das Spiel hält für das Kind eine wichtige Lehre bereit: Wenn es sein Verlangen nach unmittelbarer Gratifikation suspendiert und durch ein Interesse für den Gehalt der Regeln ersetzt, erlangt es Kontrolle über sein Ausdrucksvermögen. Je weiter es sich von der unmittelbaren Kalkulation von Lust und Schmerz entfernt, desto vielgestaltiger werden seine Möglichkeiten zur Situationsbeherrschung. Die Musiker kennen die Vorstellung vom »dritten Ohr«. Sie meinen damit jene Selbst-Distanz, die den Musiker in die Lage versetzt, sich beim Üben selbst auf eine Weise zuzuhören, die ihn der bloßen Repetition entbebt, so daß er eine bestimmte Phrase immer wieder formt und umformt, bis sie schließlich das vermittelt, was er ausdrücken will. Das kindliche Spiel ist eine Vorbereitung auf die ästhetische Tätigkeit des Erwachsenen, weil es dieses »dritte Ohr« ausbildet und zum erstenmal erfahrbar macht. Spielregeln bieten dem Kind erstmals Gelegenheit, sein Handeln zu objektivieren, eine Distanz zu ihm herzustellen und es qualitativ zu verändern.

Das Spiel bereitet noch in anderer Weise aufs Darstellen vor. Es gewöhnt die Kinder an den Gedanken, daß Ausdruck etwas Wiederholbares ist. Wenn man Kinder in einer experimentellen Situation nach dem Unterschied zwischen einem »Spiel« und »bloßem Herumhängen« fragt, dann erhält man zumeist die Antwort: »Man braucht dabei nicht ganz von vorn anzufangen.« Außerhalb des Spiels müssen sie zunächst untereinander allerlei Klärungen vornehmen (bei Sechsjährigen muß vor allem geklärt werden, wer die Kontrolle über welche Spielzeuge und sonstige Besitztümer übernehmen darf). Das Spiel dagegen hat eine Bedeutung, die unmittelbar präsent ist, weil die Spielregeln existieren. Allerdings kommt es bei Spielen, deren Regeln innerhalb von ein oder zwei Wochen mehrfach geändert wurden, vor, daß Kinder, die auf dem neuesten Stand der Regelentwicklung sind, mit neu Hinzugekommenen die ganze Geschichte der Veränderungen durchgehen, so daß diese am Ende genau wissen, wie der jüngste Stand der Regeln aussieht; weil die Regeln Produktionen und keine absoluten Gegebenheiten sind, sozialisieren die Kinder einander, indem sie erläutern, wie die Produktion zustande kam. Ist das geschehen, so kann die Regel wiederholt werden.

Diderot stellt in seiner Ausdruckstheorie zwei Forderungen auf: Erstens, ästhetische Äußerungen sollen wiederholbar sein; zweitens, das Individuum muß so viel Distanz zu seinen Äußerungen haben, daß es an ihnen arbeiten, sie korrigieren und verbessern kann. Die Voraussetzungen für diese ästhetische Arbeit werden im kindlichen Spiel mit der Ausbildung von Selbst-Distanz hergestellt. Im selbst-distanzierten Spiel lernt das Kind, daß es Regeln erarbeiten und umarbeiten kann, daß Regeln keine unverrückbaren Wahrheiten, sondern Konventionen sind, die unter seiner Kontrolle stehen. Tatsächlich hat die Darstellung von Emotionen ihren Ursprung eher im Spiel als in dem, was das Kind von den Eltern lernt. Die Eltern bringen ihm bei, den Regeln Folge zu leisten; das Spiel lehrt, daß die Regeln selbst veränderbar sind und daß expressives Verhalten dort möglich wird, wo Regeln aufgestellt oder verändert werden. Unmittelbare Gratifikation, unmittelbares Streben nach Überlegenheit werden dabei suspendiert.

Die Selbst-Distanz erzeugt eine ganz bestimmte Einstellung zum Ausdruck, genauso wie sie eine ganz bestimmte Einstellung zu anderen Menschen hervorbringt. Kinder beim Spiel lernen, daß ihre Beziehung zueinander, ihr Zusammensein auf die Aufstellung von Regeln angewiesen ist. So kam es z. B. vor, daß normalerweise gegeneinander höchst aggressive Kinder an dem Punkt, wo sie die Regeln eines bestimmten Spiels geändert hatten, plötzlich eine erhebliche Friedfertigkeit entwickelten. Der Zusammenhang zwischen Geselligkeit und dem Aufstellen von Regeln ist uns ja auch schon bei dem sechsjährigen Mädchen begegnet, das sich eine »Erschwerung« ausdachte, um mit dem vierjährigen Jungen spielen zu können.

Was die Behavioristen behaupten, trifft zu: Das Spiel ist eine Reaktion auf die Enttäuschungen, die das Kind aufgrund seiner allgemeinen Unfertigkeit in der Auseinandersetzung mit seiner Umwelt erlebt. Im Spiel schafft sich das Kind eine Umwelt, die es zu kontrollieren vermag. Aber diese Umwelt erhält sich allein aufgrund eines Akts der Selbstverleugnung, nämlich der Beachtung von

Regeln. Wenn ein Kind die Regeln spontan modifiziert, um sich auf diese Weise eine unmittelbare Gratifikation zu verschaffen, »verdirbt« es das Spiel. Im Spiel ersetzt das Kind also die generelle Frustration durch eine genauer eingegrenzte, spezifische Frustration, das Hinauszögern, und eben dies verleiht dem Spiel seine Struktur, seine innere Spannung, seine »Dramatik«. Die Spannung selbst hält das Interesse des Kindes am Spiel wach.

Auf den ersten Blick mag es merkwürdig erscheinen, daß das kindliche Spiel häufig durch eine sehr viel radikalere Abstraktheit geprägt ist als Erwachsenenspiele. Das Kind schließt die Welt außerhalb seines Spielfeldes aus; es beharrt, nach Huizingas Formulierung, auf der »Abgeschlossenheit« seines Spiels. Deshalb können spielende Kinder so häufig behaupten, die Gegenstände und Spielzeuge, mit denen sie umgehen, seien etwas anderes, als sie in Wirklichkeit sind. Der spielende Erwachsene benötigt die Spielwelt nicht als Gegenwelt zur wirklichen; die Symbole der äußeren Welt und ihre Bedeutungen können erhalten bleiben, sie werden lediglich einer Neudefinition unterworfen, so daß ihre Wirkung eine andere ist. Die ausgefeilten Redeformen des Kaffeehauses z. B. unterschieden sich nicht von denen, die in anderen sozialen Konstellationen gebraucht wurden, aber sie wurden hier zu einem Zweck eingesetzt, für den sie besonders gut geeignet waren: um die freie Unterhaltung zwischen Menschen von ungleichem Rang zu ermöglichen. Das Ergebnis war eine soziale Fiktion: Die Menschen taten so, »als ob« die Unterschiede zwischen ihnen – für den Augenblick – nicht bestünden.

Wie wir in Kapitel 5 dargelegt haben, trennte sich im Ancien Régime die Welt des kindlichen Spiels nach und nach von der Spielwelt der Erwachsenen. Das Kind mit seinen Spielzeugen setzte sich jetzt vom Erwachsenen ab, der seine eigenen, besonderen Spiele hatte. In dem Maße, wie die im Ancien Régime gültigen Prinzipien des Schauspielens und der Darstellung von Emotionen in der Gesellschaft der Erwachsenen verfielen, prägte sich in der Entwicklung vom Kleinkind zum Erwachsenen ein neuer Rhythmus aus. Dem Übergang von der Kindheit zum Erwachsenenalter entsprach der Verlust der Spielerfahrung. Huizinga hat bemerkt, daß wir Erwachsenen es als »entspannend« empfinden können, wenn wir anderen beim Spielen zusehen, wir können uns über sportliche Ereignisse ereifern, aber wir bewohnen eine Welt, in der solche Entspannung ein Ausruhen von der ernsten »Wirklichkeit« ist. Daß das Moment des Spiels in unserer Vorstellung aus der Wirklichkeit gewichen ist – eine Auffassung, die sich in der zu Beginn dieses Abschnitts zitierten Bemerkung von Freud deutlich zeigt –, hängt mit dem Verlust oder, genauer gesagt, mit der Verdrängung des kindlichen Vermögens zusammen, gesellig zu sein und sich gleichzeitig für die Qualität des Ausdrucks zu interessieren.

Wie unterdrückt die Kultur, in die das Kind hineinwächst, diese seine Gewandtheit? Welche psychischen Kräfte sind durch den historischen Verlust eines nichtpersönlichen Handlungsbereichs mobilisiert und gegen die Kräfte des Spiels eingesetzt worden?

Der Narzißmus schwächt diese Energie

Die Probleme, mit denen die Nervenärzte im 19. Jahrhundert am häufigsten konfrontiert wurden, betrafen hysterische Leiden. Die verbreiteten, leichteren Formen von Hysterie waren jene »Beschwerden«, in denen sich psychische Spannungen, die die Menschen und besonders die bürgerlichen Frauen nicht zu meistern vermochten, körperlichen Ausdruck verschafften. Diese nervösen Störungen lassen sich nicht allein mit der viktorianischen Prüderie in sexuellen Belangen erklären; wir haben gesehen, daß die Familie selbst zum Ordnungsprinzip in einer als chaotisch erlebten Gesellschaft erhoben wurde und damit unter starken Druck geriet, Auftreten und Erscheinungsbild ihrer Angehörigen in feste Formen zu pressen. Dieser Regulierung der äußeren Erscheinung standen der Glaube an die unwillkürliche Offenbarung von Gefühlsregungen und die Furcht vor ihr gegenüber. Die hysterischen Störungen waren, wie man wohl behaupten darf, alles in allem Symptome dafür, daß die Unterscheidung zwischen öffentlicher Sphäre und Privatleben sowie die Stabilität dieser beiden Sphären in eine tiefe Krise geraten waren.

Die psychoanalytische Theorie hat ihre Grundlage in der Beschäftigung mit diesen hysterischen Symptomen, und das ist durchaus einleuchtend. Denn eine Theorie, die das Verborgene, Unwillkürliche, Unkontrollierte begreifen will, wird sich zunächst jenen klinischen Daten zuwenden, die Eruptionen aus einer Schicht unterhalb von Selbstbeherrschung und Ordnung anzeigen. Die Idee des Unbewußten stammt nicht von Freud, sie geht bis auf Heraklit zurück. Freuds Originalität besteht jedoch darin, die Idee des Unbewußten einerseits mit der Verdrängung, andererseits mit der Sexualität verknüpft zu haben. Er hat als erster bemerkt, daß es sich hier um ein zweidimensionales psychisches Phänomen handelt: um eine Form von Verdrängung dessen, was im Alltag nicht bewältigt werden kann, und eine Form von Leben (libidinöse Energie), die sich, um zu existieren, nicht bewußt zu artikulieren braucht.

In unserem Jahrhundert sind die klinischen Symptome, von denen die Psychoanalyse ihren Ausgang nahm, mehr und mehr verschwunden. Zwar begegnet man auch heute noch Hysterien und hysterischen Formationen, aber sie machen nicht mehr den Hauptteil psychischer Störungen aus. Man könnte diesen Rückgang hysterischer »Beschwerden« leicht damit erklären wollen, daß die Welt heute nicht mehr von den Sexualängsten und der sexuellen Unwissenheit des vergangenen Jahrhunderts beherrscht wird. Doch die sexuellen Probleme sind ja nicht wirklich verschwunden. Sie haben neue Formen angenommen, sind Teil der sogenannten »Charakterstörungen« geworden. Diese Charakterstörungen zeichnen sich dadurch aus, daß sich psychisches Leiden nicht mehr in einem pathologischen Verhalten zeigt, das die jeweilige Person deutlich markiert; die psychische Störung bildet kein greifbares Symbol mehr aus. Vielmehr besteht die Störung gerade in ihrer Formlosigkeit: Ablösung oder Entfremdung des Fühlens von der Aktivität, was im Extremfall zu einer schizophrenen Sprache und im Regelfall zu einem Gefühl der Sinnlosigkeit inmitten aller Aktivität führen kann. Diese Erfahrung der Leere, diese Empfindungslosigkeit läßt sich kaum als Verdrängung begreifen, läßt sich überhaupt schwer mit den herkömmlichen psychoanalytischen Kategorien erfassen. Der Wandel in der allgemeinen Symptomatologie hat das psychoanalytische Denken veranlaßt, eine neue diagnostische Sprache zu entwickeln und bestimmte Begriffe und Theoriebereiche zu erweitern, die in den frühen Jahren der Psychoanalyse nur wenig reflektiert worden waren, weil die damaligen klinischen Erfahrungen dies nicht erforderten.

Um den genannten Charakterstörungen näher zu kommen, ist eine Gruppe von psychoanalytischen Autoren darangegangen, den Begriff des Narzißmus, der in der älteren Theorie nur eine untergeordnete Rolle spielte, zu entfalten. Freuds erste ausführliche Beschäftigung mit diesem Thema aus dem Jahre 1914 steht in seinen frühen Schriften relativ isoliert; sie steht im Zusammenhang einer Auseinandersetzung mit Jung, wobei Freud die Theorie des Narzißmus gegen Jungs Theorie über die Rolle der Archetypen im Primärprozeß ins Feld führte. Freud wollte zeigen, daß es diese archetypischen Bilder nicht geben kann.[25]

Worum es bei der neuerlichen Beschäftigung mit dem Narzißmus geht, läßt sich verdeutlichen, wenn man noch einmal auf den antiken Mythos zurückgeht. Narziß kniet an einer Quelle nieder und wird von seinem eigenen Spiegelbild auf dem Wasser überwältigt. Man ruft ihn an, vorsichtig zu sein, doch er achtet auf nichts und niemanden. Eines Tages beugt er sich hinab, um das Bild zu liebkosen, stürzt und ertrinkt. Dieser Mythos bezeugt nicht bloß die Frevelhaftigkeit der Eigenliebe; er weist auf die Gefahr der Projektion hin, eines Verhältnisses zur Welt, das die Wirklichkeit nur in Bildern des eigenen Selbst aufnimmt. Der Mythos von Narziß hat eine doppelte Bedeutung: Die Versenkung ins eigene Selbst hindert Narziß daran, zu erfahren, was er ist und was er nicht ist; und die Versenkung ins eigene Selbst zerstört den, der sich auf sie einläßt. Narziß sieht sein Spiegelbild auf der Wasseroberfläche, vergißt, daß das Wasser etwas außer ihm Existierendes ist, und wird so blind gegenüber dessen Gefahren.

Als Charakterstörung ist der Narzißmus das genaue Gegenteil von ausgeprägter Eigenliebe. Die Versenkung ins Selbst schafft keine Gratifikation, sie fügt dem Selbst Schmerz zu. Die Auslöschung der Grenze zwischen dem Selbst und dem Anderen bedeutet, daß dem Selbst nie etwas Neues, »Anderes« begegnen kann. Dieses wird verschlungen und so lange umgeformt, bis sich das Selbst darin wiedererkennt – damit aber wird das oder der Andere bedeutungslos. Deshalb bezeichnet das klinische Profil des Narzißmus keine Aktivität, sondern einen Zustand. Die Umrisse, Grenzen und Formen von Zeit- und Beziehungsverhältnissen sind ausgelöscht. Der Narzißt ist nicht auf Erfahrungen aus, er will erleben – in allem, was ihm gegenübertritt, sich selbst erleben. So wertet er jede Interaktion und jede Szene ab, weil keine ausreicht, ihn ganz zu umfassen. Der Mythos von Narziß zeigt das sehr deutlich: Man ertrinkt im Selbst – es entfaltet sich ein entropischer Prozeß.

Ganz besonders hat sich Heinz Kohut in seinen Schriften darum bemüht, der Idee des Narzißmus zu neuer Bedeutung zu verhelfen. Sein Kampf um eine neue Sprache zur Beschreibung dieses Phänomens und der wachsenden Bedeutung der narzißtischen Charakterstörungen selbst verdient deshalb besonderes Interesse, weil sich diese Sprache über weite Strecken auch auf gesamtgesellschaftliche Vorgänge übertragen läßt und zur Beschreibung langfristiger kultureller Entwicklungen verwendet werden kann. Vieles, was heute über den Narzißmus geschrieben wird, ist pure Soziologie – aber den meisten Autoren bleibt das verborgen, sie tun so, als würden sie nur eben eine bislang unzureichend erfaßte Dimension des psychischen Lebens erschließen und erklären.

Kohut untersucht, welche Beziehung das »Größen-Selbst« zu den »Objekten« in der Welt (darunter sind sowohl Gegenstände als auch Personen zu verstehen) eingeht, und führt dann aus, daß die Kontrolle, die dieses Selbst über die Welt anstrebt, »der Vorstellung von Kontrolle näher [ist], die ein Erwachsener über seinen eigenen Körper und seine eigene Seele hat, als der Vorstellung von Kontrolle, die er über andere ausüben kann«. Die Deutung der Welt in Kategorien des Selbst hat zur Folge, »daß der Gegenstand einer solchen narzißtischen ›Liebe‹ sich durch die Erwartungen und Forderungen des Subjektes unterdrückt und versklavt fühlt«. Eine andere Dimension dieser Art von Objektbeziehung des »Größen-Selbst« ist die »Spiegelübertragung« in der Beziehung zum Therapeuten und, auf einer allgemeineren Ebene, eine Weltsicht, in der der Andere zum Spiegel des Selbst wird.[26]

Das Selbst, das solche Züge trägt, fügt sich, wie es scheint, sehr wohl in die Geschichte von Persönlichkeit und Kultur, die wir in diesem Buch nachgezeichnet haben. Bedeutung gibt es für dieses Selbst nur dort, wo es sich wiedererkennt, wo es sich »spiegeln« kann. Wo das Spiegelbild verschwimmt und die Sphäre unpersönlicher Beziehungen beginnt, hat der Bedeutungsraum des Selbst seine Grenze. Aber es gibt noch eine engere Verbindung zu den Entwicklungen, die wir bisher verfolgt haben. Die klinische Untersuchung des Narzißmus hat sich nachdrücklich mit der Spaltung zwischen Handeln und Gefühlsregung beschäftigt. Mit der Frage »Was fühle ich wirklich?« löst sich dieses »Persönlichkeitsprofil« zusehends von der anderen Frage »Was tue ich?« Das von Otto Kernberg erstellte diagnostische Profil zeigt einen Persönlichkeitstypus, bei dem Handeln negativ bewertet wird und alles Gewicht auf die Gefühlstörung gelegt wird. Auch das ständige Interesse für die Motive anderer führt in ganz ähnlicher Weise zu einer Entwertung von deren Handeln; es kommt nämlich nicht darauf an, was sie tun, es kommt auf die eigenen Phantasien darüber an, was die anderen beim Handeln empfinden. Der Wirklichkeit wird auf diese Weise ihre »Legitimität« entzogen, und daß man die anderen nur noch über phantasierte Motive wahrnimmt, hat zur Folge, daß die tatsächlichen Beziehungen zu ihnen apathisch oder farblos werden.[27]

Auch dies ist uns vertraut. Es ist das Selbst, das sich einzig aus seiner Motivation heraus bestimmt. Ein Selbst, das an seinem Gefühlsleben und nicht an seinen Handlungen gemessen wird, trat politisch erstmals in den Klassenkämpfen Mitte des 19. Jahrhunderts auf und ist heute zu einem allgemeinen Maßstab politischer Legitimität geworden. Die Gemeinsamkeit von Gefühlsregungen und nicht gemeinsames Handeln definiert seit dem Ende des 19. Jahrhunderts das, was Gemeinschaft ausmacht – diese Gemeinsamkeit reicht nur so weit, wie der Spiegel das Bild des Selbst noch zurückspiegeln kann.

Es gibt jedoch eine entscheidende Frage, die die Psychoanalyse gar nicht stellt: Was geschieht, wenn die »Wirklichkeit« selbst von narzißtischen Normen beherrscht wird? Die Grundanschauungen der gegenwärtigen Gesellschaft sind so beschaffen, daß sie geradezu gebieten, die gesellschaftliche Wirklichkeit dort als bedeutungsvoll zu verstehen, wo sie das Bild des Selbst widerspiegelt. Angesichts der Zunahme narzißtischer Störungen, wie die psychoanalytische Klinik sie nachweist, muß es überraschen, daß sich die Analytiker nicht auch Gedanken machen darüber, ob die Gesellschaft, in der sich das Selbst bewegt, diese Symptome nicht fördert. (Immerhin muß man zugeben, daß Psychologen wie D. W. Winnicott, die sich von den festgefügten Definitionen der Psychoanalyse zuweilen lösen können, eher bereit sind, solche Fragen zu stellen.[28])

So wie die Hysterie innerhalb der gesellschaftlichen Beziehungen von einer Kultur mobilisiert wurde, die in einer Krise von Öffentlichkeit und Privatsphäre befangen war, so wird heute der Narzißmus innerhalb der gesellschaftlichen Beziehungen von einer Kultur mobilisiert, der das Vertrauen in die Bedeutung von Öffentlichkeit abhanden gekommen ist und die von der Intimität als dem Maßstab für die Bedeutsamkeit der Realität beherrscht wird. Wenn Probleme der gesellschaftlichen Stellung, der Ethnizität und der Ausübung von Macht diesem Maßstab nicht genügen, erregen sie auch keine Leidenschaften und kein Interesse mehr. Das Resultat dieser narzißtischen Realitätsdeutung ist eine Verkümmerung der expressiven Fähigkeiten bei den Erwachsenen. Sie können mit der Wirklichkeit nicht spielen, weil diese Wirklichkeit für sie nur insofern von Belang ist, als sie intime Bedürfnisse widerzuspiegeln verspricht. Die Selbst-Distanz, die das Kind im Spiel erlangt und die es in die Lage versetzt, zu gleicher Zeit gesellig und expressiv zu sein, wird im Erwachsenenleben durch die kulturell bedingte Mobilisierung einer entgegengesetzten psychischen Energie zunichte gemacht.

Vielleicht sieht der klassische Analytiker in diesen Ausführungen Anzeichen für eine völlige Begriffsverwirrung, denn für ihn sind Erwachsenheit und Selbst-Distanz Entwicklungsstufen, die die archaischen, narzißtischen Energien der Kindheit gerade überwunden und gebändigt haben. Aber diesem Analytiker mangelt es an einem Blick für die gesellschaftliche und historische Wirklichkeit. Erwachsene, die heute im Einklang mit den gesellschaftlichen

Normen handeln wollen, müssen sich narzißtisch verhalten. Denn diese Wirklichkeit ist so beschaffen, daß Ordnung und Stabilität und Belohnung nur in dem Maße zustande kommen, wie die Menschen, die innerhalb dieser Strukturen arbeiten und handeln, mit sozialen Situationen wie mit Spiegeln des Selbst umgehen, wie sich diese Menschen davon abbringen lassen, solche Situationen als etwas zu verstehen, das eine nichtpersonale Bedeutung besitzt.

Allgemein gesehen, wird die Herausbildung narzißtischer Interessen und narzißtischer Störungen von den gesellschaftlichen Institutionen in zweierlei Hinsicht gefördert. Zum einen wird die Grenze zwischen dem, was die Person innerhalb der Institution leistet, und dem Urteil, das sich die Institution über die Fähigkeiten, Anlagen, Charakterzüge usw. der Person bildet, beseitigt. Weil das, was sie tut, als Spiegelbild ihres Wesens aufgefaßt wird, wird es für die Person zusehends schwieriger, an der Distanz zwischen Handeln und Selbst festzuhalten. Zum anderen wird der Narzißmus dadurch mobilisiert, daß sich das Interesse zunehmend auf die Anlagen des Selbst, auf seine Handlungspotentiale statt auf spezifische Leistungen richtet. Das heißt, das Urteil über eine Person orientiert sich immer stärker an dem, was sie »verspricht«, was sie tun könnte, statt an dem, was sie tut oder getan hat. In dem Maße, wie die so beurteilte Person dies ernst nimmt, wird ihr Umgang mit sich selbst und mit der Welt durch nicht-differenzierte Objektbeziehungen und ein absorbierendes Interesse an nicht realisiertem Handeln geprägt sein. Ein Analytiker würde wohl dazu neigen, solche Merkmale als Hinweise auf eine individuelle Charakterstörung zu lesen.

Als Beispiel für diese gesellschaftlichen Normen wollen wir genauer betrachten, wie sich der Narzißmus im Kontext der Klassen durchsetzt, speziell dort, wo sich in den technologischen Bürokratien des 20. Jahrhunderts eine neue Mittelklasse herausbildet.

Die Mobilisierung des Narzißmus und das Auftreten einer neuen Klasse

Häufig bezeichnet man das 20. Jahrhundert als ein Zeitalter nicht-manueller, bürokratischer Arbeit. Es stimmt, daß der Prozentanteil der Personen, die manuelle Industriearbeit leisten, an der gesamten berufstätigen Bevölkerung in den meisten industrialisierten Ländern deutlich zurückgegangen ist. Es stimmt auch, daß sich die Ausweitung der *White-Collar*-Arbeit vor allem in den unteren Etagen der großen Bürokratien vollzogen hat. Aber was dabei als Verschwinden der manuellen Arbeit wahrgenommen wird, ist in Wirklichkeit ihre Umwandlung in bürokratische Routinearbeit (Sekretariat, Aktenablage, Dienstleistungen).

Einige Autoren sprechen angesichts dieser Veränderungen von einer Verwandlung der bürgerlichen Klassen in Mittelklassen, die *classes moyennes*. Sie weisen darauf hin, daß es nicht mehr möglich ist, die Kluft zwischen dem Buchhalter und dem Bankier als bloß graduelle Differenz innerhalb einer Klasse zu beschreiben, dazu hat sich die Distanz zwischen Routinearbeit und leitenden Funktionen zu stark erweitert. Innerhalb der *White-Collar*-Welt, so meinen diese Autoren, muß man noch einmal eine interne Klassenstruktur ansetzen, die ihrerseits Proletariat, Handwerkerschaft, Kleinbürgertum und Managerklasse umfaßt.[29]

Innerhalb dieser Auffächerung der *White-Collar*-Welt ist nun eine spezifische Klasse in Erscheinung getreten, deren Angehörige eine quasi-technische, quasi-routinemäßige Arbeit verrichten: Computerprogrammierer, Debitorenbuchhalter, mittlere Angestellte von Brokerfirmen, die Überwachungsfunktionen innehaben. Sie verfügen nicht selbständig über die Anwendung ihrer Fertigkeiten, erfüllen andererseits aber Aufgaben, die nicht jeder x-Beliebige übernehmen könnte. Die Angehörigen dieser besonderen Kategorie innerhalb der *classes moyennes* haben bislang keine Gruppenidentität, keine Klassenkultur ausgebildet, die ihnen zu einem Bild von sich verhelfen würde. Sie sind eine Klasse von Neuankömmlingen, und zugleich sind sie, zumindest in Nordamerika und Westeuropa, die Klasse, die sich am schnellsten vergrößert.[30]

Die institutionellen Definitionen ihrer Tätigkeit, denen die Angehörigen dieser Klasse unterworfen sind, sind in hohem Grade zugleich institutionelle Definitionen ihrer Persönlichkeit. Diesem Zugriff der Institution auf ihre Persönlichkeit haben sie kaum eigenständige Traditionen oder handwerkliche Maßstäbe entgegenzusetzen; in aller Regel akzeptieren sie diese institutionellen Definitionen und suchen dann innerhalb dieser durch die enge Verknüpfung von Klassenlage und Persönlichkeit gekennzeichneten Situation nach bestimmten Abwehrformen und Sinnstrukturen. Betriebe und Behörden »behandeln« ihre Angestellten so, daß beide narzißtischen »Normen« wirksam werden: Die Grenzen zwischen dem Selbst und der Welt werden ausgelöscht, insofern die berufliche Position als Spiegel persönlicher Stärke erscheint; diese Stärke wird aber nicht an dem tatsächlichen Handeln, sondern an dem »Potential«, über das die jeweilige Person verfügt, abgelesen. Die Folge davon ist, daß der Angestellte die Fähigkeit einbüßt, die für seine Klasse bestimmenden Herrschafts- und Disziplinregeln in Frage zu stellen. Seine gesellschaftliche Stellung wird allzu sehr Teil seiner Person, als daß er noch spielerisch mit ihr umgehen könnte. Die Mobilisierung des Narzißmus durch die Institution untergräbt die Fähigkeit zum expressiven Spiel, d. h. zum Spiel und zur Veränderung der das Handeln leitenden nichtpersonalen Regeln.

Die Grenzen zwischen Selbst und Arbeit werden zunächst durch die Mobilitätsstrukturen innerhalb von Betrieb oder Behörde ausgelöscht. Die üppige Vermehrung dieser *White-Collar*-Tätigkeiten hat sehr wenig mit funktionalen Notwendigkeiten, sehr viel aber mit der Schaffung neuer Beförderungs- und Herabstufungskanäle zu tun oder damit, die *White-Collar*-Bürokratie als funktionierenden Organismus zu beschäftigen, und sei es durch Zusatzarbeit, die im Grunde unnötig ist. Die innere Logik der bürokratischen Expansion besteht darin, daß die verschiedenen Tätigkeiten, die diese Angestellten nacheinander ausführen, nicht aufeinander bezogen sind oder nichts miteinander zu tun haben. Eine Beförderung hat ihren Sinn nicht darin, daß man für etwas, das man gut macht, finanziell höher belohnt wird, sondern darin, daß man die alte Arbeit aufgibt und statt dessen andere überwacht, die sie jetzt leisten. Eine Zurückstufung geht nicht so vor sich, daß man so lange keine neuen Aufgaben zugeteilt bekommt, wie man die bisherigen nicht besser erfüllt als in der Vergangenheit; man bekommt vielmehr eine neue Aufgabe zugewiesen, bei der man ganz von vorn anfangen muß.

Die technologische Innovation steht in einem merkwürdigen Verhältnis zur bürokratischen Expansion. So weist etwa eine Studie über die Computerisierung einer Krankenhausverwaltung in einer amerikanischen Großstadt nach, daß die Effizienz der Buchhaltung in diesem Krankenhaus ständig zurückging. Die Installations- und Betriebskosten des Computers waren jedoch so hoch, daß das Krankenhaus gezwungen war, eine neue Abteilung einzurichten, die für seine Wartung und Fütterung zuständig war. Das wiederum veranlaßte das Krankenhaus, große Anstrengungen zur Kapitalbeschaffung zu unternehmen. Die auf diese Weise zusammengekommenen Gelder wurden jedoch schließlich für den Bau eines neuen Gebäudetrakts verwendet. Die Defizite der Bürokratie wuchsen insgesamt immer weiter an; gleichwohl brachte die Ausdehnung und Auffächerung des *White-Collar*-Sektors die Verantwortlichen zu der Überzeugung, daß sich das Krankenhaus dank dem Computer »modernisiere«. Wie Keynes schon vor einem halben Jahrhundert sagte, gehört es zum Wesen der modernen Bürokratie, daß ein stabiles System, das ohne Kapital- und Personalerweiterung und ohne seinen Ausstoß zu erhöhen stetige Profite abwirft, denjenigen, die es leiten, Schrecken einflößt und bei Außenstehenden den Eindruck erweckt, es sei »auf dem absteigenden Ast«.[31]

Dieses verselbständigte Wachstum der Bürokratie, das nicht funktionalen Notwendigkeiten entspricht, hat auf die Klasse der Angestellten eine eigentümliche Wirkung gehabt. Sie besitzen technische Fertigkeiten, die sie bei ihrer Tätigkeit erworben haben, verfügen aber nicht über professionelle Fertigkeiten, die so spezialisiert oder rar sind, daß sie sich dagegen wehren können, innerhalb der Organisation hin und her geschoben zu werden, je nachdem, wie deren Binnenstruktur sich aufgliedert und auswuchert. Man könnte ihre Arbeitserfahrung viel eher als »proteisch« bezeichnen. Sie wechseln innerhalb des Betriebs von einer Aufgabe zur anderen, wobei sie jedesmal neue Fertigkeiten erwerben, oder sie bleiben formell in einer bestimmten Position, doch der Inhalt ihrer Arbeit ändert sich entsprechend den Veränderungen in der Betriebsstruktur. Der Programmierer findet sich plötzlich in einer Arbeit wieder, bei der er im Grunde Buchhaltungstätigkeiten verrichtet, auch wenn das an einer ihm vertrauten Maschine geschieht. Oder es wird ein neuer

Computer aufgestellt, und weil der Programmierer die neue Computersprache nicht beherrscht, versetzen ihn seine Vorgesetzten von der Dateneingabe an die Datenausgabe. Oder bei der Einführung einer neuen Serie technischer Apparate wird der bisherige Handelsvertreter plötzlich als ungeeignet erachtet, auch die neuen Waren zu verkaufen, und wird deshalb an eine andere Stelle innerhalb der Organisation versetzt.[32]

Ob ein Angestellter in der Lage ist, seine Position innerhalb der Bürokratie zu halten, hängt nicht so sehr davon ab, wie gut seine Fertigkeit in einem bestimmten Bereich ist, sondern davon, ob und wie weit man ihm die Fähigkeit zutraut, zahlreiche andere Fertigkeiten zu erwerben. Bei der »proteischen« Arbeit liegt das Schwergewicht auf der »Veranlagung« des Arbeitenden sowie auf seinen Interaktionsfähigkeiten, seiner Kooperationsbereitschaft oder seinem Einfühlungsvermögen. Je weniger die Position einer Person mit dem identifiziert wird, was diese Person kann, desto mehr orientiert sich die Bewertung an ihren »Anlagen«, an ihrer Anpassungskraft und ihrer »Mitmenschlichkeit«.

Sich in großen Bürokratien, sei es in der öffentlichen Verwaltung, sei es in der Privatwirtschaft, zu weigern, häufig die Position zu wechseln, kommt fast einem Selbstmord gleich. Es zeigt, daß die betreffende Person keine Initiative hat, schlimmer noch, daß sie nicht »kooperativ« ist. So wie man zu einem »wertvollen« Angestellten wird, indem man die »Anlagen« mitbringt, eine Vielfalt von Aufgaben wahrzunehmen, so sind Kooperationsbereitschaft und Anpassungsfähigkeit ans Team die interpersonalen Fertigkeiten, die für die bürokratische Struktur ausschlaggebend sind. Die positive Bezeichnung hierfür ist »Flexibilität«. Sie verdeckt die Tatsache, daß der Arbeitende funktional jegliche Distanz zu seiner materiellen Situation verloren hat. Er wird nach seinem »Potential« beurteilt.

Wie verarbeitet der, der so »behandelt« wird, die Aufhebung der Distanz zwischen Persönlichkeit und Klassenposition? C. Wright Mills hat sich 1946 in einem berühmten Aufsatz als erster mit diesem Thema beschäftigt. In »The Middle Classes in Middle-Sized Cities« stellte er die These auf, je mehr die Menschen ihre soziale Stellung aus dem Zusammenhang ihrer Persönlichkeit deuten, desto weniger vermögen soziale Ungerechtigkeiten sie zum Handeln zu veranlassen oder auch nur Zorn bei ihnen hervorzurufen. Bei seiner Untersuchung konzentrierte er sich vor allem auf in der Bürokratie tätige Personen sowie andere Angehörige der Mittelklasse und kam zu dem Ergebnis, daß es diesen Leuten, sobald sie Ausbildung, Arbeit und sogar Einkommen als Bestandteile ihrer personalen Identität betrachten, schwerfällt, sich gegen Ungerechtigkeiten, die sie im Ausbildungsbereich oder am Arbeitsplatz erleben, zur Wehr zu setzen. Wenn soziale Sachverhalte den »Filter der Persönlichkeit« passieren, so sagte Mills, geht es am Ende nur noch darum, wie die Menschen »miteinander zurechtzukommen«. Dabei fiel Mills ein besonders ausgeprägtes Interesse am Gefühlsleben anderer auf, daran, was sie bei ihrer

Tätigkeit empfanden. Dieses Interesse lenkte die Menschen von der Verfolgung organisierter oder allgemeiner Zielvorstellungen ab.[33]
In der Nachkriegszeit haben Gewerkschafter häufig festgestellt, daß sich die unteren Mittelschichten der in Bürokratien Beschäftigten am schwersten organisieren lassen, daß man sie am leichtesten von Fragen des Geldes, des persönlichen Vorteils oder auch der Solidarität mit Kollegen auf die Frage ihres persönlichen »Status« innerhalb der Organisation ablenken kann. Bei ihnen trifft man auf eine Bereitschaft, sich mit weitaus schlechteren Arbeitsverhältnissen, als manuell arbeitenden Gruppen zugemutet werden, abzufinden – als Beispiel werden immer wieder die Sekretärinnen angeführt –, weil ihre Angestelltenposition »angesehen« und deshalb »persönlich« ist. Dagegen sind sie nicht bereit, Gruppeninteressen zu vertreten, entwickeln ein Gefühl der persönlichen Isolation, das Gewerkschafter nur mühsam aufbrechen können.
Es ist bei Autoren, die sich mit diesen neuen Klassen beschäftigen, zu einem Gemeinplatz geworden, solche Reaktionen als Ausdruck »falschen Bewußtseins« zu bezeichnen. Aber die Auffassung, die eigene Tätigkeit, instabil und proteisch wie sie ist, sei Ausdruck der eigenen »Persönlichkeit«, sollte man eher als Widerspiegelung eines bestimmten bürokratischen Prozesses im Bewußtsein des Angestellten interpretieren. Die Vorstellung von der Arbeitsposition als einem Spiegel des Selbst, wobei dieser Spiegel nie fest umrissene Bilder wiedergibt, ist eine der Formen, mit denen das Klassensystem dem Narzißmus Vorschub leistet.
Die Aufhebung der Distanz zwischen Selbst und beruflicher Position würde jedoch für sich genommen nicht jenes Gefühl erzeugen, im eigenen Tun nie präsent zu sein, jene Passivität in der Interaktion, die das besondere Merkmal des Gefühls der Gespaltenheit ist, das bei dieser Charakterstörung hervortritt. Paradoxerweise resultiert diese Passivität bei den mittleren Angestellten aus dem Versuch, sich psychologischen Schutz vor dem ziemlich kalten Licht, in dem sie an ihrem Arbeitsplatz erscheinen, zu schaffen. Sie setzen sich mit Hilfe eines sprachlichen Tricks dagegen zur Wehr, den man auch bei manuell Arbeitenden findet. Sie spalten ihr Arbeits-Selbst in zwei Ich-Teile, in *I* und *me*. Das *I*, das aktive Selbst, ist nicht das Selbst, das die Institution beurteilt; das *I* ist das Selbst der Motivationen, der Empfindungen, der Gefühlsregungen des Arbeitenden. Dagegen wird das Selbst, das etwas leistet und dafür belohnt wird, mit dem passiven *me* bezeichnet, dem die Dinge nur zustoßen.[34]
Dieses passive Handeln hat eine bestimmte Funktion. In einer Konstellation, die den Angestellten mit seiner Persönlichkeit gleichsetzt, kommt einem Handeln, das so tut, als stießen ihm die Leistungen nur zu, als habe es sie gar nicht vollbracht, eine Schutzfunktion zu. Die Schwierigkeit dieser Spaltung zwischen dem aktiven *I* und dem Akteur, der beurteilt, belohnt oder kritisiert wird, liegt darin, daß man in einen Widerspruch gerät, wenn die Tätigkeit selbst als Ausfluß der »Anlagen« erscheint: einerseits ist die Position Produkt der

Persönlichkeit; andererseits schützt man sich bei der Arbeit dadurch, daß man mit den dortigen Erfahrungen so umgeht, als sei die Persönlichkeit bloß passives Organ bürokratischen Funktionierens.

Die Spaltung des Selbst in ein *I* und in ein *me* geht auf einen festen Grundzug unserer Kultur zurück. Das reale Selbst ist das Selbst der Motivationen und Gefühlsregungen; es ist das aktive Selbst. Aber in der Gesellschaft ist es nicht aktiv; dort gibt es statt dessen das passive *me*. Genau diese Abwehrhaltung fördert bei den Menschen eine Form des Handelns, die Mills und die oben erwähnten Gewerkschafter als apathisch deuten. Dabei ist diese Spaltung durchaus kein Zeichen von Anomalität oder Fehlangepaßtheit, wie es jetzt gewisse Industriepsychologen behaupten, die die Literatur über Charakterstörungen zu Rate gezogen haben, um den »lustlosen Arbeiter« zu analysieren. Sie ergibt sich vielmehr fast zwangsläufig in einer Gesellschaft, die die Menschen in Fragen der Angemessenheit des Selbst verstrickt; die Vorstellungswelt, die aus solchen Fragen erwächst, strukturiert auch die Arbeitswelt und andere von Ungleichheit geprägte Sozialbeziehungen.

In Gesellschaften, in denen die soziale Stellung als unpersönlich und von außen auferlegt wahrgenommen wird, ist eine nicht klassifizierbare Stellung innerhalb der Gesellschaft kein Grund für Schamgefühle. Dem Arbeiter, der seine Position verbessern will, fällt es nicht schwer, sein Problem mit dem Problem seiner Klasse zu verbinden. Wenn dagegen die gesellschaftliche Stellung als Ausfluß individueller »Anlagen« erscheint, fordert allein schon die Selbstachtung des einzelnen den sozialen Aufstieg. Wenn er nicht gelingt, dann scheint die Ursache hierfür – allem Wissen von den institutionellen Widerständen zum Trotz – in irgendwelchen Mängeln der eigenen Person und ihrer »Anlagen« zu stecken. Das Problem der gesellschaftlichen Stellung und vor allem die Frage, wie man diese gesellschaftliche Stellung verbessert, verbinden sich mit der Frage, ob die Persönlichkeit den an sie gerichteten Anforderungen gewachsen ist. Unter solchen Bedingungen ist es schwer, sich mit anderen Menschen, die sich in einer ähnlichen Lage befinden, zu identifizieren. Auf einer abstrakten Ebene mag man gemeinsame Interessen erkennen, aber zwischen die wechselseitige Anerkennung solcher Interessen und das Gruppenhandeln drängt sich der Vergleich der betont persönlichen Qualitäten der einzelnen. Wenn man seine Anlagen richtig nutzen würde, müßte man sich nicht durch unpersönliches Handeln mit anderen »erniedrigen«. Doch diese Anlagen werden nie konkretisiert oder manifest gemacht.

Angestellte leben in einer Kultur, in der die Verschmelzung von Selbst und sozialer Stellung glaubhaft wird, weil das Leben innerhalb der Institution nur dann Bedeutung besitzt, wenn es das Selbst widerspiegelt. Eine französische Studie über Computerprogrammierer hat hierfür eine treffende Formulierung gefunden: Die Menschen erfahren keine »Entfremdung« von der Institution, sie entwickeln vielmehr eine »zwanghafte Bindung« an sie, so daß noch die belanglosesten Betriebsangelegenheiten bei ihnen Interesse hervorrufen. Das führt zu einer Verwirrung ihres Selbstwertgefühls. Sie werden nicht offen zurückgewiesen, aber sie werden auch nicht offen akzeptiert. So müssen sie sich einer ständigen Selbstprüfung unterziehen und in einer Wirklichkeit, die faktisch keine kohärenten Grenzen des Selbst zuläßt, nach Bestätigung suchen. Weil dieses proteische Selbst glaubhaft ist, wird ein institutioneller Prozeß wie die Entstehung einer neuen Klasse proteischer Angestellter möglich. Dabei läßt sich diese Überzeugung von der Spiegelbildlichkeit von Selbst und gesellschaftlicher Stellung nicht einfach mechanisch auf die Bedürfnisse des Machtsystems zurückführen. So wie die Beziehung zwischen Maschinenproduktion und der Bereitschaft, an »Warenfetische« zu glauben, die wir in Teil 3 untersucht haben, ist auch die Beziehung zwischen dem institutionellen Bedürfnis nach proteischen Angestellten und deren Glauben an ein proteisches Selbst beschaffen. Es handelt sich hier um zwei Dimensionen eines einzigen kulturellen Prozesses. Beide zusammen produzieren Passivität am Arbeitsplatz. Diese Klassenstruktur im Verein mit einer solchen Vorstellungswelt mobilisiert die psychischen Energien des Narzißmus.

Wir haben oben gesagt, die Energien des Narzißmus stünden im Widerspruch zu den Energien des Spiels. Um ein Phänomen wie die »zwanghafte Bindung« zu begreifen, ist das Konzept des Spiels von unmittelbarer Bedeutung. Menschen, die sich in diesem passiven Zustand befinden, kommen nicht auf den Gedanken, die institutionellen Regeln in Frage zu stellen, mit ihnen zu spielen. Die Institution erscheint als eine absolute, fixierte Realität, durch die sie sich, gestützt auf die eigenen Anlagen, ihren Weg bahnen müssen. Es stellt sich nicht die Frage, ob ihnen die institutionelle Struktur zusagt, es geht nur darum, ob sie sie als Gegebenheit akzeptieren. Sofern sie sie akzeptieren, können sie ihre Regeln nicht »problematisieren«, und die Energien des Spiels sind erloschen.

Zum Spiel gehört die Lust, Regeln zu verändern und zu verfeinern. Der Narzißmus jedoch ist asketisch. Um zu verstehen, warum das so ist und warum diese Askese die expressiven Fähigkeiten der in seinem Bann stehenden Menschen untergräbt, müssen wir noch einmal aus dem Gebiet der Psychologie auf das Feld der Sozialgeschichte überwechseln.

Der Narzißmus ist die protestantische Ethik von heute

Wir haben an früherer Stelle schon bemerkt, daß ein Egoist, der sich auf aggressive Weise in der Welt Befriedigung verschafft, der genießt, was er hat und was er ist, der weiß, wie man sich etwas nimmt, nicht ins klinische Profil des Narzißmus passen würde. Auf die Entdeckung dieses Paradoxons kann aber die Psychoanalyse keinen ausschließlichen Anspruch erheben. Denn Max Weber gelangt in seiner Studie *Die protestantische Ethik und der Geist des*

Kapitalismus zu demselben Ergebnis; dabei stellte er den Egoismus in einen Gegensatz zur »innerweltlichen Askese«. Die Parallelen zwischen Webers Analyse der innerweltlichen Askese und dem, was uns heute als »neues« psychologisches Phänomen erscheint, gehen so weit, daß wir uns fragen müssen, ob die Ähnlichkeit auf einer zufälligen Übereinstimmung beruht oder ob die kulturellen Kräfte, die jene narzißtische Versenkung ins eigene Selbst hervorgebracht haben, nicht auch in gewisser Weise die protestantische Ethik in neuer Form haben wiedererstehen lassen.

Der Begriff der protestantischen Ethik ist innerhalb von Webers Werk wohl derjenige, der die größte Bekanntheit erlangt hat, zugleich aber auch am häufigsten Anlaß für Mißverständnisse war. Die Verantwortung für diese Mißverständnisse liegt sowohl beim Autor wie bei seinen Lesern. Wie zahlreiche Kritiker gezeigt haben, ist Webers Sprache oft unklar. Manchmal bezeichnet er den Protestantismus als Ursprung des Kapitalismus, manchmal nicht. Er schwankt, ob er sein Werk als ein Stück Geschichtsschreibung oder als eine theoretische Konstruktion auffassen soll, die abstrahierend bestimmte Grundideen der geschichtlichen Entwicklung entfaltet. Aber wenn wir sein Werk, wie ich es für richtig halte, als eine Art von moralischer Erzählung lesen, zeigt es sich in seiner ganzen Stärke. Worin besteht Webers Grundgedanke? Der Verlust einer rituellen Religion, des Katholizismus, und der Aufstieg des Kapitalismus führen zum selben Ergebnis: Die Verneinung des Genusses dient der Aufwertung und Bestätigung des Selbst. Genau das bedeutet »innerweltliche Askese«. Dadurch, daß man sich im konkreten Erleben den Genuß verweigert, erweist man sich als reale Person. Die Fähigkeit, den Genuß hinauszuzögern, gilt als Zeichen einer starken Individualität. Für den Protestanten bedeutet das, sich die Freude am Ritual, insbesondere an der Absolution der Sünden, zu verweigern; für den Kapitalisten bedeutet es, daß er sich nicht mehr den Genuß gestattet, in Gesellschaft anderer ostentativ sein Geld zu verausgaben. Die »innerweltliche Askese« zerstört mit dem Ritual und der ostentativen Verausgabung die Geselligkeit. Das Streben richtet sich nach innen. Indem man sich weltliche Genüsse versagt, stellt man vor sich selbst und vor anderen fest, was für eine Person man ist. Im Grunde geht es Weber hier nicht um das Wesen der Askese, sondern um das Wesen eines säkularen Ethos. Ein Mönch, der sich in der Abgeschlossenheit seiner Zelle vor Gott kasteit, denkt nicht daran, wie er anderen erscheint. Seine Askese läuft auf eine Auslöschung des Selbst hinaus. In Calvin und Benjamin Franklin, wie sie Weber schildert, begegnen uns dagegen Asketen, die ihren Wert als Person in dieser Welt deutlich machen wollen.

Innerweltliche Askese und Narzißmus haben vieles gemeinsam: In beiden Fällen wird die Frage »Was fühle ich?« zur Obsession; in beiden ist die Offenbarung des eigenen Gefühlslebens gegenüber anderen eine Form, den Wert des eigenen Selbst zu demonstrieren; in beiden kommt es zu einer Projektion des Selbst auf die Welt, die die Bereitschaft verdrängt, sich auf

Erfahrungen in der Welt einzulassen, die sich der Kontrolle des Selbst entziehen.

Weber zeigt mit seinen Überlegungen zur protestantischen Ethik, welche Auswirkungen Säkularismus und Kapitalismus auf die Psyche haben. Es ist kein Zufall, daß er diese beiden Kräfte ausgewählt hat. Beide unterhöhlen den Glauben, daß Erfahrungen in der dem Selbst äußerlichen Welt Bedeutung haben. Beide haben das Selbst als expressive, zuversichtliche Kraft unterhöhlt und seinen Wert zum Gegenstand obsessiver Angst gemacht. Beide haben das öffentliche Leben unterminiert.

Die asketischen Regungen, die Weber erkannt hat – Askese als Selbstrechtfertigung –, sind ein wichtiger Anhaltspunkt, um zu verstehen, wie sich narzißtische Energien in interpersonale Erfahrung verwandeln können. Die narzißtischen Regungen bekommen eine gesellschaftliche Dimension, indem sie als asketische Selbstrechtfertigung formuliert werden. Diese Selbstrechtfertigung – etwa das Streben, am Arbeitsplatz die »persönlichen Anlagen« zu beweisen – impliziert den Rückzug von den anderen und insbesondere den Rückzug aus dem gemeinsamen Handeln mit ihnen, soweit es nicht seinerseits das Selbst ins Zentrum der Aufmerksamkeit stellt. Das führt dazu, daß das Handeln selbst jede Bedeutung verliert.

Da dem Alltagsverstand, diesem trügerischsten aller Führer, die Versenkung ins Selbst und die Askese als einander entgegengesetzt erscheinen, ist es vielleicht hilfreich, ein konkretes Beispiel dafür zu geben, wie sie sich miteinander verbinden. Man könnte die erotischen Ängste des letzten Jahrhunderts für eine extreme Version asketischen Verhaltens ansehen. Aber es wäre völlig falsch, zu glauben, eine Frau habe damals heimlich Stolz auf ihre Keuschheit empfunden oder sie habe ihre Jungfräulichkeit als »Aushängeschild« ihres »persönlichen Werts« verstanden. Wollte man die Dinge so – und das heißt im Grunde nach dem Muster von Webers innerweltlicher Askese – darstellen, so würde man all die Ängste, die die Sexualität im 19. Jahrhundert auslöste, und die damit verbundene Selbstverachtung aus dem Blick verlieren. Webers Idee einer Selbstverleugnung, die die Aufmerksamkeit auf das Selbst lenkt, trifft viel eher auf die Formen von Sexualität zu, die uns in unserer, angeblich so viel liberaleren Gegenwart begegnen. Hier erscheint die Verleugnung der Lust tatsächlich als Bestätigung eines Primats des Selbst. Die Ängste der Frauen, nicht zum Orgasmus zu gelangen, und die Ängste der Männer, nicht ausreichend viele Ejakulationen zustande zu bringen, scheinen, wie man z. B. einer in den späten sechziger Jahren in New York durchgeführten Studie entnehmen kann, häufig nicht der Sorge zu entspringen, den jeweiligen Partner nicht zu befriedigen. Wenn nämlich das Sexualverhalten in Richtung auf eine größere Zahl von Orgasmen oder Ejakulationen verändert wird, steigt auch entsprechend das Erwartungsniveau in bezug auf das, was als »ausreichend« erachtet wird. Nach wie vor empfinden die Menschen nicht »genug«, um ihre Sexualität als »erfüllt« oder »bedeutungsvoll« zu erleben. Es ist diese Art von

Selbstverneinung, die Weber als Askese bezeichnet und die Kohut als die tyrannischen Anforderungen des Narzißmus beschreibt. Weil man unbefriedigt ist, konzentriert man seine ganze Energie auf das eigene Selbst.

Der asketische Charakter des in der modernen Gesellschaft mobilisierten Narzißmus verdichtet sich zu zwei Gefühlszuständen, die in der klinischen Literatur beschrieben werden, zum einen die Furcht, etwas zum Abschluß zu bringen, zum anderen ein Gefühl innerer Leere.

Die ständige Steigerung der Erwartungen, so daß das jeweilige Verhalten nie als befriedigend erlebt wird, entspricht der Unfähigkeit, irgend etwas zu einem Abschluß zu bringen. Das Gefühl, ein Ziel erreicht zu haben, wird vermieden, weil dadurch das eigene Erleben objektiviert würde, es würde eine Gestalt, eine Form annehmen und damit unabhängig vom Selbst Bestand haben. Damit sein Erleben »entgrenzt« bleibt, muß sich der Mensch eine Form von Askese auferlegen, oder – wie Weber über Calvins Angst vor Frömmigkeitsritualen schreibt – die konkretisierte Realität muß mit Argwohn betrachtet werden. Das Selbst ist nur dann wirklich, wenn es stetig, unabgeschlossen ist; stetig aber ist es nur, wenn es ständig Selbstverneinung übt. Wo es zu einem Abschluß kommt, scheint sich das Erleben vom Menschen abzulösen, dieser scheint von einem Verlust bedroht. Die Stetigkeit des Selbst, die Unabgeschlossenheit und Unabschließbarkeit seiner Regungen sind ein wesentlicher Zug des Narzißmus.

Der zweite Zug des Narzißmus, bei dem die Askese eine Rolle spielt, ist das Gefühl innerer Leere. »Wenn ich bloß etwas empfinden könnte!« – in diesem Satz gelangen Selbstverneinung und Versenkung ins eigene Selbst zu einer perversen Erfüllung. Nichts ist wirklich, wenn ich es nicht empfinde, aber ich kann gar nichts empfinden. So wird die Abwehr dagegen, daß es außerhalb des Selbst etwas Reales geben könne, perfekt, denn weil ich nichts empfinde, kann es außerhalb von mir nichts Lebendiges geben. In der Therapie wirft sich der Patient vor, er sei unfähig, Interesse zu entwickeln, doch hinter diesem scheinbar von Selbstverachtung geprägten Vorwurf verbirgt sich eine Anklage gegen die Außenwelt. Denn die eigentliche Botschaft lautet: »Nichts reicht aus, um in mir Empfindungen zu wecken.« Hinter der Leere steht die Klage, daß nichts in mir Empfindungen hervorzurufen vermag, wenn ich es nicht selbst will, und im Charakter derer, die wirklich darunter leiden, daß sie angesichts einer Person oder einer Aktivität, nach der sie sich stets zu sehnen meinten, plötzlich ein Gefühl der Leere empfinden, hat sich heimlich und unerkannt die Überzeugung eingenistet, daß die anderen Menschen und die Dinge, so wie sie sind, nie gut genug sein werden.

Diese asketischen Züge tragen mit dazu bei, daß der Narzißmus für bestimmte Arten von Expressivität so zerstörerisch ist. Der Ausdruck eigener Empfindungen gegenüber anderen erscheint hier überaus wichtig, zugleich aber als gänzlich formlos; jede Gestaltung, jede Objektivierung scheint die ausgedrückten Gefühle ihrer Authentizität zu berauben. Damit wird der Narzißmus zur psychologischen Grundlage für jene Art von Kommunikation, die wir als die Verkörperung von Emotion gegenüber anderen bezeichnet haben – im Unterschied zur geformten Darstellung von Emotion. Der Narzißmus erzeugt die Illusion, jedes Gefühl müsse allein schon deshalb, weil es vorhanden ist, auch manifest sein – schließlich ist ja das »Innere« eine absolute Realität. Die Form des Gefühls erscheint von der eigentlichen Gefühlsregung bloß abgeleitet.

Aus Furcht davor, seine Gefühlsregungen zu objektivieren und Zeichen hervorzubringen, richtet das Individuum seine Ausdruckstätigkeit so ein, daß es bei dem Versuch, sich anderen mitzuteilen, scheitern muß. Die Schuld hierfür gibt es aber anderen. Schließlich bekommen sie ja mit, daß dieses Individuum etwas empfindet, aber seine Furcht vor der Objektivierung der eigenen Emotionen läßt sie nicht erkennen, *was* es empfindet. Aus einer solchen narzißtischen Situation resultiert emotionale Ambiguität, denn emotionale Klarheit wird als Bedrohung empfunden. Dabei ist der Impuls, sich zu artikulieren, wenn es bloß möglich wäre, bei dem, der jegliche Objektivierung zurückweist, durchaus echt. Wenn der Wunsch, sich anderen mitzuteilen, tief empfunden wird und somit als Realität erscheint, muß es an diesen anderen liegen, wenn sie nicht darauf eingehen können. So wird das Individuum in seiner Überzeugung, die eigenen Gefühlsregungen seien die einzige verläßliche Realität, noch bestärkt. Herauszufinden, was man empfindet, wird zur Suche nach dem eigenen Selbst; dabei läßt sich das Problem, wie man diese Suche anderen verständlich machen kann, beinahe vernachlässigen. Schon indem man ihnen sagt, daß man auf der Suche ist, müßten sie im Grunde alles verstehen.

In Teil III haben wir dargelegt, wie sich im 19. Jahrhundert der Glaube an die Verkörperung von Emotionen mit der Idee der unwillkürlichen Offenbarung von Emotionen verknüpfte. Man erinnere sich an Darwins These: Was man empfindet, zeigt sich, unabhängig von der Stärke der eigenen Selbstkontrolle. Der Narzißmus treibt diese Vorstellung von der unwillkürlichen Charakterenthüllung auf die Spitze.

In dem Maße, wie eine Gesellschaft den Narzißmus mobilisiert, verhilft sie einem Ausdrucksprinzip zur Geltung, das dem Ausdrucksprinzip des Spiels vollkommen entgegengesetzt ist. In dieser Gesellschaft ist es nur natürlich, wenn Kunstgriff und Konvention suspekt erscheinen. Unter solchen Verhältnissen werden diese kulturellen Instrumente zerstört, und zwar unter Berufung darauf, daß die Schranken zwischen den Menschen beseitigt, daß sie einander näher gebracht werden sollen. In Wirklichkeit jedoch führt dieser Prozeß zur Psychologisierung der Herrschaftsstrukturen in dieser Gesellschaft.

Schlußbetrachtung:
Die Tyrannei der Intimität

Es mögen zwei Vorstellungen sein, die einem sofort in den Sinn kommen, wenn von intimer Tyrannei die Rede ist. Einmal ein Leben, das aus nichts anderem besteht als den Kindern, der Hypothekenlast auf dem Eigenheim, Streitereien mit dem Ehegatten, den Gängen zum Tierarzt und zum Zahnarzt; ein Leben, das sich in Pünktlichkeit, in den zwei Martinis und den acht Zigaretten, die man sich täglich gestattet, und in der Sorge über die Rechnungen, die ins Haus kommen, erschöpft. Der häusliche Alltag erscheint als intime Tyrannei, als Wiege der Klaustrophobie. Auch der Polizeistaat, in dem jeder Schritt, den man tut, alle Freunde und alle Gedanken überwacht werden, hat Züge einer intimen Tyrannei. Diese Art von Unterdrückung erzeugt die beständige Angst, man könne sich durch unbedachte Meinungsäußerungen verraten und auf der Stelle ins Gefängnis kommen, die eigenen Kinder könnten in der Schule zu viel reden, man könne sich unwissentlich gegen den Staat vergehen und dessen ganzen Zorn auf sich ziehen. *Madame Bovary* steht für die erste Form intimer Tyrannei; für die zweite steht der aufrechte kleine Kommunist, der seine »irregeleiteten« Eltern an die Geheimpolizei verrät.

Beide Vorstellungen sind jedoch unzureichend. Mit dem Hinweis auf die Vielzahl häuslicher Pflichten läßt sich nicht jenes Gefühl von Klaustrophobie erklären, das heute so viele Menschen bedrückt. Und auch die Vorstellung von der faschistischen Überwachung führt leicht in die Irre; ihr zufolge könnte man zu der Ansicht neigen, wo kein Faschismus existiert, gebe es auch keine intime politische Kontrolle, während sie in Wirklichkeit doch nur eine andere Gestalt angenommen hat. Beide Vorstellungen greifen zu kurz, weil sie sich die Tyrannei nur als Ausübung von roher Zwangsgewalt vorstellen können. Die Tyrannei kann jedoch überaus subtile Formen annehmen.

In einer seiner ältesten Bedeutungen innerhalb des politischen Denkens erscheint das Wort »Tyrannei« synonym mit Souveränität. Wenn eine Gesellschaft alles auf ein allgemeines, souveränes Prinzip oder auf einen souveränen Herrscher bezieht, wird diese Gesellschaft von diesem Prinzip oder diesem Herrscher tyrannisiert. Diese Herrschaft einer alleinigen souveränen Autorität über eine Vielfalt von Verhaltensweisen und Handlungen muß nicht unbedingt roher Zwangsgewalt entspringen. Sie kann ebensogut auf Verführung beruhen, dergestalt, daß die Menschen von einer einzigen, über ihnen stehenden Autorität regiert werden *wollen*. Auch muß diese Verführung nicht unbedingt von einer Person, einem Tyrannen ausgehen. Sie kann ebensowohl von einer Institution, die zur alleinigen Quelle von Autorität wird, oder von einer

Grundüberzeugung herrühren, die zum einzigen Maßstab der Realität erhoben wird.

Die Intimität ist eine Tyrannei der letzteren Art. Sie beherrscht das Alltagsleben. Sie besteht darin, daß sich in den Köpfen der Menschen ein einziges Wahrheitskriterium als glaubwürdig festsetzt, mit dem die gesamte soziale Wirklichkeit in ihrer Komplexität beurteilt wird. Die Gesellschaft wird heutzutage einzig in psychologischen Kategorien gemessen. Und in dem Maße, wie sich diese verführerische Tyrannei durchzusetzen vermag, erleidet die Gesellschaft Deformationen. Ich wollte in diesem Buch nicht die These aufstellen, daß wir intellektuell Institutionen und Ereignisse allein dort begreifen, wo sie uns in personalisierter Gestalt entgegentreten, denn das trifft offenbar nicht zu. Aber ein wirkliches Interesse – und darum geht es mir – wecken diese Institutionen und Ereignisse bei uns nur noch dann, wenn wir in ihnen Personen am Werke sehen, wenn sie sich für uns in Personen verkörpern.

Die Intimität rückt die zwischenmenschlichen Beziehungen in eine bestimmte Perspektive und formuliert in bezug auf sie eine ganz bestimmte Erwartung. Intimität läuft auf die Lokalisierung der menschlichen Erfahrung, ihre Beschränkung auf die nächste Umgebung hinaus, dergestalt, daß die unmittelbaren Lebensumstände eine überragende Bedeutung gewinnen. Je weiter diese Lokalisierung fortschreitet, desto mehr setzen die Menschen einander unter Druck, die Barrieren von Sitte, Regel und Gestik, die der Freimütigkeit und Offenheit entgegenstehen, aus dem Weg zu räumen. Sie hegen die Erwartung, Nähe erzeuge auch Wärme. Sie streben nach einer intensiven Geselligkeit, doch ihre Erwartung wird enttäuscht. Je näher die Menschen einander kommen, desto ungeselliger, schmerzhafter, destruktiver werden ihre Beziehungen zueinander.

Die Konservativen behaupten, die Erfahrung der Intimität enttäusche die an sie geknüpften Erwartungen, weil das »innere Wesen des Menschen« so verderbt und destruktiv sei, daß bei der gegenseitigen Selbstoffenbarung stets nur jene privaten kleinen Häßlichkeiten zum Vorschein kommen, die man in weniger intensiven Formen von Interaktion wohlweislich verborgen hält. Ich glaube, die Niederlage, die der intime Kontakt der Geselligkeit zufügt, ist das Ergebnis eines langen historischen Prozesses, in dessen Verlauf sich das, was man als Natur des Menschen bezeichnen könnte, in jene individuelle, instabile, auf sich selbst bezogene Erscheinung umgeformt hat, die wir »Persönlichkeit« nennen.

Diese Geschichte handelt von der Aushöhlung eines delikaten Gleichgewichts, das der Gesellschaft in der ersten Hochphase ihrer säkularen, kapitalistischen Existenz Bestand verliehen hat. Ich meine das Gleichgewicht zwischen öffentlicher Sphäre und Privatsphäre, die die Menschen mit jeweils unterschiedlichen Leidenschaften besetzen konnten. Diese Gesellschaftsgeographie war von einem »Menschenbild« bestimmt, das sich aus der Idee eines natürlichen Charakters herleitete; dieser Charakter war nicht Resultat der Erfahrungen eines Lebens, er offenbare sich vielmehr in ihnen. Er gehörte der Natur an und spiegelte sich im Menschen. Als Säkularität und Kapitalismus im vergangenen Jahrhundert eine neue Gestalt annahmen, büßte die Idee einer transzendentalen Natur allmählich ihre Bedeutung ein. Die Menschen neigten immer mehr zu der Überzeugung, sie selbst seien die Urheber ihres Charakters, jedes Ereignis in ihrem Leben sei als Teilbestimmung ihrer selbst von Bedeutung; worin jedoch diese Bedeutung bestand, ließ sich aufgrund der Instabilität und der Widersprüchlichkeit ihres Lebens nur schwer angeben. Aber die Aufmerksamkeit und das Interesse, das die Persönlichkeit und ihre Umstände auf sich zogen, wuchsen immer mehr. Nach und nach wurde jene geheimnisvolle, gefährliche Kraft, das Selbst, zum Maßstab der gesellschaftlichen Beziehungen. Das Selbst wurde zum Grundprinzip der Gesellschaft. Der Verfall der öffentlichen Sphäre, in der es nichtpersonale Bedeutung und ein nichtpersonales Handeln gab, setzte an diesem Punkt ein.

An den Folgen dieser Geschichte, der Verdrängung der *res publica* durch die Annahme, gesellschaftlicher Sinn erwachse aus dem Gefühlsleben der Individuen, hat die Gesellschaft, in der wir heute leben, schwer zu tragen. Diese Veränderung hat uns den Blick für zwei wesentliche Bereiche der gesellschaftlichen Realität verstellt, für den Bereich von Macht und Herrschaft und für den architektonischen Raum, in dem sich unser Leben abspielt.

Wir wissen, daß Macht und Herrschaft mit nationalen und internationalen Interessen, mit ethnischen und Klassen-Gegensätzen, mit Konflikten zwischen Regionen und Religionen zu tun haben. Aber wir handeln nicht nach diesem Wissen. In dem Maße, wie die Persönlichkeitskultur unsere Anschauungen prägt, wählen wir Kandidaten, die glaubwürdig, integer sind und Selbstkontrolle an den Tag legen. Diese Persönlichkeiten »wirken«, so sagen wir, auf eine Vielzahl von Menschen mit höchst unterschiedlichen Interessen. Wo die gesellschaftliche Stellung nur noch Ausdruck angeborener persönlicher Anlagen zu sein scheint, wie vor allem bei den im 20. Jahrhundert neu entstandenen Gesellschaftsklassen, wird jede Politik, die von der Existenz von Klassen ausgeht, unterhöhlt. Der Lokalismus und die lokale Autonomie werden zum politischen Credo, als nähmen Machtverhältnisse um so menschlichere Züge an, je intimer der Raum ist, in dem sie wahrgenommen werden. Dabei entwickeln sich die tatsächlichen Machtstrukturen immer mehr zu einem internationalen System. Die Gemeinschaft wird zu einer Waffe gegen die Gesellschaft, als deren großer Mangel nun ihre Anonymität gilt. Aber daß eine Gemeinschaft politische Macht erlangen könnte, muß Illusion bleiben in einer Gesellschaft wie der der industrialisierten westlichen Welt, deren Stabilität gerade durch zunehmende Internationalisierung der ökonomischen Kontrollstrukturen erreicht wurde. Kurzum, der Glaube an den Wert direkter zwischenmenschlicher Beziehungen auf der Ebene der Intimität hat uns davon abgehalten, unser Wissen von der Realität von Machtverhältnissen zur Leitlinie unseres politischen Handelns zu machen. Auf diese Weise haben wir es versäumt, die Mächte der Unterdrückung und Ungleichheit in Frage zu stellen.

Die Überzeugung, wahre zwischenmenschliche Beziehungen bestünden in Enthüllungen von Persönlichkeit zu Persönlichkeit, hat auch unser Verständnis für die Zwecke der Stadt verzerrt. Die Stadt ist das Instrument nichtpersonalen Lebens, die Gußform, in der Menschen, Interessen, Geschmacksrichtungen in ihrer ganzen Komplexität und Vielfalt zusammenfließen und gesellschaftlich erfahrbar werden. Die Angst vor der Anonymität zerbricht diese Form. In ihren hübschen, säuberlichen Gärten unterhalten sich die Leute über die Schrecken von London oder New York; hier in Highgate oder Scarsdale kennt man seine Nachbarn; gewiß, es ist nicht viel los, aber dafür ist das Leben sicher. Das ist die Rückkehr ins Stammesleben. Die Ausdrücke »urban« und »zivilisiert« lassen sich heute nur noch auf die selten gewordenen Erfahrungen einer kleinen Gruppe von Menschen beziehen, die sich darob noch den Vorwurf des Snobismus gefallen lassen müssen. Dabei ist gerade die Wertschätzung, die man der intimen Beziehung zuerkennt, schuld daran, daß die Möglichkeiten einer zivilisierten Existenz, in der die Menschen an der Vielfalt von Erfahrung Gefallen finden und sogar Bereicherung aus ihr ziehen, einzig den Wohlhabenden und Gebildeten offenstehen. In diesem Sinne ist die Besessenheit von der Intimität das Kennzeichen einer unzivilisierten Gesellschaft.

Diese doppelte Tyrannei der Intimität, diese zweifache Verneinung der Realität und des Werts eines öffentlichen Lebens, verweist aber auch auf eine entgegengesetzte Möglichkeit. Die Wiederentdeckung der Stadt, die Befreiung aus dem Lokalismus, der im 19. Jahrhundert erstmals Gestalt annahm und heute zu einem allgemeinen Glaubensgrundsatz geworden ist, würden die Wiederentdeckung der Grundlagen politischen Verhaltens mit sich bringen. In dem Maße, wie die Menschen lernen können, ihre Interessen in der Gesellschaft entschlossen und offensiv zu verfolgen, lernen sie auch, öffentlich zu handeln. Die Stadt sollte eine Schule solchen Handelns sein, das Forum, auf dem es sinnvoll wird, anderen Menschen zu begegnen, ohne daß gleich der zwanghafte Wunsch hinzuträte, sie als Personen kennenzulernen. Ich glaube nicht, daß dies ein müßiger Traum ist. Über weite Strecken der Geschichte unserer Zivilisation war die Stadt Brennpunkt eines aktiven gesellschaftlichen Lebens, Austragungsort von Interessenkonflikt und -ausgleich und Schauplatz der Entfaltung menschlicher Fähigkeiten und Möglichkeiten. Doch gerade diese ihre zivilisatorische Kraft ruht heute ungenutzt.

Anmerkungen

Auf Anmerkungen zu Teil I dieses Buches habe ich verzichtet, weil die dort erwähnten Werke allgemein leicht zugänglich sind. Die Anmerkungen zu Teil IV beschränken sich auf Angaben zu entlegenen Quellen, die ich dort herangezogen habe.

Teil II

1 Fernand Braudel, *Die Geschichte der Zivilisation* (*Kindlers Kulturgeschichte des Abendlandes*, Bd. XVIII), München 1979, S. 430 ff. Hier findet sich eine ausgezeichnete Darstellung dieser beiden Städte des Ancien Régime.
2 Ebd., S. 624.
3 Louis Chevalier, *Classes laborieuses et classes dangereuses*, Paris 1978, S. 306 f.; Alfred Cobban, *A History of Modern France*, London 1963, 3. Aufl., I, S. 48; Pierre Goubert, »Recent Theories and Research in French Population between 1500 and 1700«, in: D. V. Glass, D. E. C. Eversley (Hrsg.), *Population in History*, Chicago 1965, S. 473.
4 Siehe H. J. Habakkuk, »English Population in the 18th Century«, in: *Economic History Review*, 2. Serie, VI (1953), S. 117 ff.; Robert Mandrou, *La France aux XVII et XVIII siècles*, Paris 1967, S. 130; das Zitat des Comte de Bouffon findet sich bei Chevalier, a. a. O., S. 309.
5 Siehe E. A. Wrigley, »A Simple Model of London's Importance in Changing English Society and Economy, 1650-1750«, in: *Past and Present*, Nr. 37, S. 44 ff.; die Karte von C. T. Smith findet sich in *The Geographical Journal*, Juni 1951, S. 206.
6 Louis Henry, »The Population of France in the 18th Century«, in: Glass, Eversley, a. a. O., S. 434 ff.
7 Daniel Defoe, *A Tour Through the Whole Island of Great Britain* (1724), London 1971, S. 308.
8 Siegfried Giedion, *Raum, Zeit, Architektur. Die Entstehung einer neuen Tradition*, Ravensburg 1965, S. 111 f.
9 Hundert Jahre später allerdings stellte Haussmann fest, daß sich diese weiten Räume leicht mit aufsässigen Massen füllen konnten. So schien es, als habe die auf Bändigung der Masse abzielende Stadtplanung des 18. Jahrhunderts erst den Schauplatz aufrührerischer Zusammenrottungen im 19. Jahrhundert geschaffen.
10 Paul Zucker, *Town and Square. From the Agora to Village Green*, New York 1959.
11 E. A. Gutkind, *Urban Development in France*, New York 1970, S. 252.
12 Giedion, a. a. O., S. 430.
13 Ebd., S. 431.
14 E. A. Gutkind, *Urban Development in Western Europe. The Netherlands and Great Britain*, New York 1971, S. 259.
15 Defoe, a. a. O., S. 287.

16 Ebd., S. 295; vgl. auch Raymond Williams, *The Country and the City*, New York 1973, Kap. 2, vor allem die Abschnitte über gegen-arkadische Dichtung. Teilübersetzung in: Raymond Williams, *Innovationen. Über den Prozeß von Literatur und Kultur*, hrsg. v. H. Gustav Klaus, Frankfurt 1977, S. 115 ff.
17 Christopher Hill, *Reformation to Industrial Revolution*, Baltimore 1969, S. 226; dt. *Von der Reformation zur industriellen Revolution*, Frankfurt 1977, S. 181 f.
18 Jeffry Kaplow, *The Names of Kings*, New York 1972, S. 7.
19 Karl Polanyi, *The Great Transformation*, Boston 1964, Schlußteil; dt. *The Great Transformation. Politische und ökonomische Ursprünge von Gesellschaften und Wirtschaftssystemen*, Wien 1977.
20 Siehe Jane Jacobs, *The Economy of Cities*, New York 1969; dt. *Stadt im Untergang*, Frankfurt/M., Berlin 1970.
21 Kaplow, a. a. O., S. 36.
22 Williams, *The Country and the City*, a. a. O., S. 147; H. J. Habakkuk, *American and British Technology in the 19th Century*, Cambridge 1962, liefert eine allgemeinere Theorie darüber, was aus diesem Arbeitskräfteüberschuß im 19. Jahrhundert wurde.
23 J. H. Plumb, *The Origins of Political Stability: England 1675-1725*, Boston 1967, passim. Eine detaillierte Darstellung dieser Zusammenhänge findet sich bei Alfred Franklin, *La vie privée d'autrefois*, Paris 1887, I, S. 259-82.
24 Siehe die *Mémoirs* von Louis de Rouvroy, Duc de Saint-Simon und die sehr interessanten Nebenbemerkungen bei H. Baudrillart, *Histoire du luxe privé et public*, Paris 1880, Bd. 1, S. 194 f.; vgl. auch die Trinksprüche, die Samuel Pepys in seinen Tagebüchern wiedergibt.
25 W. H. Lewis, *The Splendid Century*, New York 1971, S. 41-48.
26 Lord Chesterfield, *Letters* (1774), London 1969, S. 80. Hier finden sich interessante Parallelen zu den Komplimenten, mit denen Voltaire seine Briefe eröffnete. Mit denselben Worten wendet er sich an eine Vielzahl von Menschen, von denen einige in genau gleichlautenden Wendungen antworten. Daß diese Komplimente unpersönlich sind, tut ihrer »Höflichkeit« keinen Abbruch.
27 Marivaux, *La Vie de Marianne*, in: *Romans, Récits, Contes et Nouvelles*, hrsg. v. Marcel Arland, Tours 1949, S. 247 f.; dt. *Romane. Das Leben der Marianne. Der Bauer im Glück*, hrsg. v. N. Miller, München 1968, S. 204 f.
28 Chesterfield, a. a. O., S. 80.
29 Chesterfield, a. a. O., S. 32; dt. *Briefe an seinen Sohn*, Villingen 1948, S. 30.
30 Ebd., S. 34; dt. S. 33.
31 Als 1789 die Generalstände zusammentraten, verkündete der Vorsitzende aufgrund der alten Gesetze, daß es den Mitgliedern des Dritten Standes nicht gestattet sei, Schmucksachen oder Ringe zu tragen oder ihre Kleidung durch Bänder und andere Embleme auszuschmücken. Hierüber geriet Mirabeau in Zorn und hielt daraufhin eine seiner bedeutendsten Reden. Siehe R. Broby-Johansen, *Body and Clothes. An Illustrated History of Costume*, New York 1968, »18th Century«.
32 Siehe James Laver, *A Concise History of Costume and Fashion*, New York o. J., »The 18th Century«, der eine ausgezeichnete Zusammenfassung des Materials bietet.
33 Geoffrey Squire, *Dress and Society, 1560-1970*, New York 1974, S. 110.
34 Braudel, a. a. O., S. 329 ff.
35 François Boucher, *20 000 Years of Fashion*, New York o. J., S. 318 f.
36 Max von Boehn, *Puppen und Puppenspiele*, München 1929, Bd. 1, S. 179 ff.
37 Norah Waugh, *The Cut of Women's Clothes, 1600-1930*, New York 1968, S. 123.
38 Johan Huizinga, *Homo Ludens. Vom Ursprung der Kultur im Spiel*, Reinbek 1956,

S. 177; vgl. auch Elizabeth Burris-Meyer, *This is Fashion*, New York 1943, S. 328; R. Turner Wilcox, *The Mode in Hats and Headdress*, New York 1959, S. 145 f.
39 Lester Kerr, *Historic Costume*, Peoria, Ill. 1967, S. 147 f., das Zitat findet sich auf S. 148 f.
40 Burris-Meyer, a. a. O., S. 328.
41 Maggie Angeloglou, *A History of Make-up*, London 1970, S. 73 f.
42 Ebd., S. 79, 84; Lucy Barton, *Historic Costume for Stage*, Boston 1935, S. 333 ff.; Burris-Meyer, a. a. O., S. 328.
43 Wilcox, *The Mode in Footwear*, New York 1948, Abbildungen zu Kap. 15.
44 Wilcox, *The Mode in Hats and Headdress*, a. a. O., S. 145; das Zitat findet sich in Iris Brooke, *Western European Costumes, 17th to Mid-19th Centuries, and Its Relation to the Theatre*, London 1940, S. 76.
45 Zit. n. James Laver, *Drama, Its Costume and Decor*, London 1951, S. 154; vgl. auch Brooke, a. a. O., S. 74.
46 Library for the Performing Arts, Lincoln Center, New York, Research Division. Die Lecompte-Mappe in der Abteilung »18th Century Costume«, Tafeln 77, 104 und 78.
47 Laver, *Drama*, a. a. O., S. 155.
48 John Lough, *Paris Theatre Audiences in the 17th and 18th Centuries*, London 1957, S. 172; Charles Beecher Hogan, *The London Stage, 1776-1800*, Carbondale, Ill. 1968, S. CCX; Alfred Harbage, *Shakespeare's Audience*, New York 1941, Kap. 2.
49 Frederick C. Green, *Eighteenth-century France*, New York 1964, S. 169; Lough, a. a. O., S. 180-84, 226; George W. Stone Jr., *The London Stage, 1747-1776*. Carbondale, Ill. 1968, S. CXCI; Lough, a. a. O., S. 177.
50 Stone, a. a. O., S. CXCI; Lough, a. a. O., S. 229 f. Siehe auch Marmontel, *Œuvres*, Paris 1819-1820, Bd. IV, S. 833.
51 Phyllis Hartnoll, *The Concise History of Theatre*, New York o. J., S. 154; das Zitat findet sich bei Hogan, a. a. O., S. CXCI.
52 Hogan, a. a. O., S. CXIII.
53 John Bernard, *Retrospections of the Stage*, London 1830, Bd. 2, S. 74 f.
54 Greene, a. a. O., S. 173; Stone, a. a. O., S. CLXXXIV.
55 Siehe W. H. Lewis, *The Splendid Century*, New York 1957; Hartnoll, a. a. O., S. 156.
56 Jean Duvignaud, *L'Acteur*, Paris 1965, S. 68 f.
57 Ebd., S. 69 f.
58 Henry Raynor, *A Social History of Music*, New York 1972, S. 246, 252, 259.
59 Duvignaud, a. a. O., S. 74.
60 Ebd., S. 75; siehe auch Richard Southern, *The Seven Ages of the Theatre*, New York 1963, zur Professionalisierung des Theaters. Southern setzt diesen Vorgang für England früher an als für Frankreich, ist jedoch weniger genau als Duvignaud.
61 Diese Bedeutung von »Symbol« verbindet so unterschiedliche Sprachphilosophen wie Cassirer und Chomsky.
62 Siehe R. Fargher, *Life and Letters in France: The 18th Century*, New York 1970, S. 19, der in diesem Zusammenhang auch auf Massillon zu sprechen kommt.
63 Green, a. a. O., S. 166; Hartnoll, a. a. O., S. 154 f.; das Zitat aus dem *Tagebuch* von Collé bei Green, a. a. O., S. 166 f.
64 Aytoun Ellis, *The Penny Universities*, London 1956, S. 117 ff.; Kap. 9 enthält eine wundervolle Beschreibung der Kaffeehäuser in der City von London.
65 Lewis A. Coser, *Men of Ideas*, New York 1965, S. 19; R. J. Mitchell, M. D. R. Leys, *A History of London Life*, London o. J., S. 176-79.
66 Ellis, a. a. O., S. 238.

67 Jean Moura, Paul Louvet, »Le Café Procope«, in: *Revue Hebdomadaire*, 38. Jg., Bd. 11, S. 316-348, die beste Untersuchung zu diesem Café.
68 Henry B. Wheatley, *Hogarth's London*, New York 1909, S. 301; A. S. Turberville, *Johnson's England*, Oxford 1933, Bd. 1, S. 180 f.
69 James Boswell, *Life of Samuel Johnson* (1791); dt., *Samuel Johnson. Leben und Meinungen*, Zürich 1981, S. 179.
70 Coser, a. a. O., S. 24; Wheatley, a. a. O., S. 272.
71 Zit. n. Ellis, a. a. O., S. 230.
72 Turberville, a. a. O., S. 182.
73 *Die Briefe W. A. Mozarts und seiner Familie*, hrsg. v. Ludwig Schiedermair, Bd. 4 (*Die Briefe Leopold Mozarts und der übrigen Familie* Bd. 2), München 1914, S. 235 (Brief an Hagenauer vom 28. Mai 1764).
74 Ein Blatt in der Sammlung des Institut de Chalcographie, Louvre (planche anonyme, tiré pour la première fois en 1744, vue des Tuileries), zeigt das geschäftige Leben auf der Seine und in den Tuilerien sehr schön. Die Gärten dienen als Durchgangs- und Lagerfläche für den Verkehr, der vom Fluß abgezogen ist.
75 Philippe Ariès, *Geschichte der Kindheit*, München 1975, S. 159.
76 Ebd., S. 167 ff.
77 Siehe Bogna Lorence, »Parents and Children in 18th Century Europe«, in: *History of Childhood Quarterly*, II, Nr. 1 (1974), S. 1-30.
78 Zit. n. ebd., S. 23.
79 Daher stammen die besten Ausführungen zur Psychologie der Aufklärung von Philosophiehistorikern. Vgl. z. B. Carl Becker, *The Heavenly City of the 18th Century Philosophers*, New Haven 1932, S. 63-70; dt. *Der Gottesstaat der Philosophen*, Würzburg 1946, S. 68 ff.; eine Illustration zu Beckers These liefern die Ausführungen zu Diderots Brief an Landois bei Arthur Wilson, *Diderot*, New York 1972, S. 250 f.; vgl. auch Ernst Cassirer, *Die Philosophie der Aufklärung*, Tübingen 1932, S. 123 ff., 345 ff.
80 Richard Sennett, Jonathan Cobb, *The Hidden Injuries of Class*, New York 1972, S. 251-56.
81 Die wichtigsten Wilkes-Biographien sind George Rudé, *Wilkes and Liberty*, Oxford 1962; Raymond Postgate, »*That Devil Wilkes*«, London 1930; William Treloar, *Wilkes and the City*, London 1917; vgl. auch das ausgezeichnete Porträt von Peter Quennell in: *The Profane Virtues*, New York 1945, S. 173-220.
82 Joseph Grego, *A History of Parliamentary Elections and Electioneering from the Stuarts to Queen Victoria*, London 1892, Kap. VI: »John Wilkes as Popular Representative«.
83 Quennell, a. a. O., S. 181 f.
84 Wilkes schildert dieses Duell in einem Brief, der abgedruckt ist bei Postgate, a. a. O., S. 45-50.
85 Rudé, a. a. O., S. 17-73, liefert die umfassendste Darstellung; Treloar, a. a. O., S. 51-79, ist ein wenig naiv, verarbeitet aber umfangreiches Primärmaterial.
86 Quennell, a. a. O., S. 177; vgl. auch die Ausführungen zu Sternes Ansichten über sexuelle Beziehungen, ebd., S. 169 f.; zu Frankreich vgl. besonders J. J. Servais, J. P. Laurend, *Histoire et Dossier de la Prostitution*, Paris 1965.
87 Zit. n. Rudé, a. a. O., S. XIII-XIV.
88 Postgate, a. a. O., S. 150-68.
89 Rudé, a. a. O., S. 86-89; Postgate, a. a. O., S. 141 f.; vgl. auch Bernard Bailyn, *Ideological Origins of the American Revolution*, Cambridge 1967.
90 Postgate, a. a. O., S. 251-258, gibt eine gute Darstellung.
91 James Boulton, *The Language of Politics*, London 1963, S. 24.
92 Ebd., S. 36.

93 Henry Fielding, *Tom Jones. Die Geschichte eines Findelkindes*, Berlin, Weimar 1980, Bd. 1, S. 343.
94 Ebd. Bd. 1, S. 347.
95 Lee Strasberg, »An Introduction to Diderot«, in: Denis Diderot, *The Paradox of Acting*, New York 1957, S. X; Arthur M. Wilson, *Diderot*, New York 1972, S. 414-416; Felix Vexler, *Studies in Diderot's Esthetic Naturalism*, New York 1922.
96 Denis Diderot, *Paradox über den Schauspieler*, Frankfurt/M. 1964, S. 8.
97 Ebd., S. 8 f., 17 f.
98 Das Zitat findet sich ebd., S. 14; zum folgenden ebd., S. 17.
99 Ebd., S. 8.
100 Ebd., S. 8 ff.
101 Ebd., S. 19.
102 Ebd., S. 26, Hervorhebung nicht im Original.
103 T. Cole, H. Chinoy, *Actors on Acting*, New York 1970, S. 160 f.
104 Vgl. Diderot, a. a. O., S. 48 f.; K. Mantzius, *A History of Theatrical Art in Ancient and Modern Times*, Bd. 5, London 1909 (Reprint: Gloucester, Mass. 1970), S. 277 f.
105 Die Datierung ergibt sich folgendermaßen: D'Alembert bereitete diesen Artikel nach einem Besuch in Voltaires Haus in der Nähe von Genf vor; Voltaire war 1755 dorthin gezogen; das Erscheinen des Artikels war für 1757 vorgesehen, und Rousseaus Antwort darauf erschien 1758. Vgl. Rousseau, *Politics and the Arts. The Letter to M. d'Alembert*, Ithaca 1968, S. XV. Der *Brief an Herrn d'Alembert* wird hier zitiert nach Jean-Jacques Rousseau, *Schriften*, hrsg. v. Henning Ritter, München 1978, Bd. 1. Die beiden Zitate aus d'Alemberts Artikel ebd., S. 335 f.
106 Man hat Grund zu der Annahme, daß Rousseau in der scharfen Zurückweisung von d'Alemberts Schilderung des moralischen und religiösen Lebens in Genf sich selbst über den Wert einer kämpferisch asketischen Religion für eine Stadt klar werden wollte. Zu Rousseaus religiösem Denken vgl. Ernst Cassirer, »Das Problem Jean-Jacques Rousseau«, in: *Archiv für Geschichte der Philosophie*, Bd. XLI (1932), S. 210 ff.
107 Zum englischen Kontext dieses Begriffs vgl. die »Translator's Notes« in: Rousseau, *Politics and the Arts*, a. a. O., S. 149, Anm. 3.
108 Ebd., S. XXX, 16.
109 Rousseau, *Schriften*, a. a. O., Bd. 1, S. 348.
110 Johan Huizinga, *Homo Ludens*, a. a. O., S. 7, 10 ff.
111 Lionel Trilling, *Sincerity and Authenticity*, Cambridge, Mass. 1972, S. 64; dt. *Das Ende der Aufrichtigkeit*, München 1980, S. 66 f.
112 Rousseau, *Schriften*, a. a. O., Bd. 1, S. 350.
113 Genau die gleiche Ansicht vertritt d'Alembert in seinem Artikel. Die Behandlung der Religion in den letzten fünf Abschnitten bietet dafür ein gutes Beispiel. Vgl. den Anhang zu Rousseau, *Politics and the Arts*, a. a. O., S. 147 f.
114 Rousseau, *Schriften*, a. a. O., Bd. 1, S. 392 f.
115 Ebd., S. 392 f.
116 Nicht alle Lehren des *Emile* sind zweckgerichtet, auch den *Confessions* liegt kein umfassendes Schema von »Nützlichkeit« zugrunde.
117 Zit. n. M. Berman, *The Politics of Authenticity*, New York 1970, S. 116.
118 Zit. n. Cassirer, »Das Problem Jean-Jacques Rousseau«, a. a. O., S. 183.
119 Berman, a. a. O., S. 114 f.; der Vorstellung von Ansehen als erworbener Bedeutung begegnet man, wie Berman zeigt, zuerst bei Montesquieu; Rousseau gibt ihr eine neue, eher negative Bedeutung.
120 Rousseau, *Schriften*, Bd. 1, a. a. O., S. 393 ff.

121 Ebd., S. 394.
122 Ebd.
123 Ebd.
124 Ebd., S. 399 ff.

Teil III

1. Joanna Richardson, *La vie parisienne, 1852-1870*, New York 1971, S. 76 f.
2. Maxime du Camp zit. n. Richardson, a. a. O., S. 77.
3. Siehe Charles Tilly, *An Urban World*, Boston 1974.
4. Die Ausgangsdaten für die beiden Tabellen stammen aus Adna Ferrin Weber, *The Growth of Cities in the 19th Century* (1899), Neuauflage Ithaca, N. Y. 1963, S. 73. Vergleichsdaten liefert Louis Chevalier, *La formation de la population parisienne au XIX siècle*, Paris, Institut National d'Etudes Démographiques, Cahier No. 10, 1950, S. 284 ff.
5. Asa Briggs, *Victorian Cities*, New York 1963, S. 324.
6. Berechnet aufgrund der Daten von A. F. Weber, a. a. O., S. 46.
7. Richard Sennett, Datenband zu *Families Against the City*, Joint Center for Urban Studies of Harvard and M. I. T., Vergleichstabellen »Klassenzugehörigkeit und Verweildauer in einer Wohnung«.
8. David H. Pinckney, *Napoleon III and the Rebuilding of Paris*, Princeton 1958, S. 6-9.
9. Pinckney, a. a. O., S. 17; Louis Wirth, »Urbanism as a Way of Life«, in: Richard Sennett (Hrsg.), *Classic Essays on the Culture of Cities*, New York 1969, S. 143-64; Robert Park, »The City . . .«, in: ebd., S. 91-130.
10. J. H. Clapham, *Economic Development of France and Germany, 1815-1914*, London 1968, 4. Aufl., S. 70 f.
11. Siehe Richard Sennett, *Families Against the City*, Cambridge, Mass. 1970. Kap. 5 und 11 behandeln das Problem einer Abgrenzung des »Bürgertums« ausführlicher. Roy Lewis, Angus Maude, *The English Middle Classes*, London 1949. Teil 1, Kap. 3 enthält eine ausgezeichnete, nicht-quantitative Erörterung über die Stärke des Bürgertums in verschiedenen Regionen Englands. Die Daten für 1867 stammen von J. Burnett, *Plenty and Want*, London 1968, S. 77.
12. S. G. Checkland, *The Rise of Industrial Society in England, 1815-1885*, New York 1966, S. 425 f.
13. H. Pasdermadjian, *The Department Store: Its Origins, Evolution, and Economics*, London 1954, S. 3 f.
14. Bertrand Gille, »Recherches sur l'origine des Grands Magasins parisiens«, in: *Paris et Ile de France*, Paris 1955, VII, S. 260 f.; Martin Saint-Léon, *Le petit commerce français*, Paris 1911, S. 520 f.
15. Siehe Clifford Geertz, *Peddlers and Princes*, Chicago 1963, passim.
16. Pasdermadjian, a. a. O., S. 4, 12.
17. C. Wright Mills, *White Collar*, New York 1957, S. 178; dt. *Menschen im Büro. Ein Beitrag zur Soziologie der Angestellten*, Köln 1955, S. 250.
18. Pasdermadjian, a. a. O., S. 2, Anm. 4; Sennett, *Families Against the City*, Kap. 2.
19. G. D'Avenel, »Les Grands Magasins«, in: *Revue des deux mondes*, 15. Juli 1894.
20. Zola zit. n. Pasdermadjian, a. a. O., S. 12.
21. Gille, a. a. O., S. 252 f.
22. Pasdermadjian, a. a. O., S. 32.
23. Karl Marx, *Das Kapital*, Bd. 1, Berlin 1969, *MEW* Bd. 23, S. 85 ff., Zitat auf S. 88.

24 Charles Fegdal, *Choses et gens des Halles*, Paris 1922, S. 211-220; M. Baurit, *Les Halles de Paris dès romans à nos jours*, Paris 1956, S. 46-48.
25 Jean Martineau, *Les Halles de Paris dès origines à 1789*, Paris o. J., S. 214 f.
26 Paul Maynard, *Les modes de vente des fruits et légumes aux Halles Centrales de Paris*, Paris 1942, S. 35.
27 Fegdal, a. a. O., S. 123; Martineau, a. a. O., S. 242 f.
28 Thomas Carlyle, *Sartor Resartus oder Leben und Meinungen des Herrn Teufelsdröckh*. Aus d. Engl. v. K. Schmidt. Halle 1900, S. 86.
29 Henry James zit. n. Donald Fanger, *Dostoevsky and Romantic Realism*, Chicago 1967, S. 30; Honoré (de) Balzac, *Splendeurs et misères des courtisanes*, Paris 1947-53, S. 137.
30 Honoré (de) Balzac, *Père Goriot*, Paris o. J., Editions de la Pléiade, II, S. 884.
31 Zitat aus: Charles Lalo, *L'art est la vie*, Paris 1947, III, S. 86.
32 Honoré (de) Balzac, *Scènes de la vie parisienne*, Paris, Edition de Béguin, Bd. 15, S. 110.
33 Diese Interpretation geht zurück auf Fanger, a. a. O., S. 28-64.
34 Diese Interpretation geht zurück auf Brooks, *Melodrama* (Manuskript), S. 1-64.
35 Erich Auerbach, *Mimesis. Dargestellte Wirklichkeit in der abendländischen Literatur*, Bern, München 1967, S. 437 ff.
36 Die beiden Balzac-Zitate stammen aus *Vater Goriot*, Zürich 1977, S. 14 u. 15; das Auerbach-Zitat stammt aus *Mimesis*, a. a. O., S. 439.
37 Rebecca Folkman Mazières, »Le vêtement et la mode chez Balzac« (Manuskript), S. 3.
38 Das Zitat stammt aus Squire, a. a. O., S. 159.
39 Boucher, a. a. O., S. 408; Burris-Meyer, a. a. O., S. 273; Wilcox, *The Mode in Hats and Headdress*, S. 213; Wilcox, *The Mode in Footwear*, S. 131.
40 Siehe Boehn, a. a. O., Kap. 10 u. 11.
41 Boucher, a. a. O., S. 385 f.
42 Burris-Meyer, a. a. O., S. 139; Fairfax Proudfit Walkup, *Dressing the Part: A History of Costume for the Theatre*, New York 1938, S. 244.
43 Barton, a. a. O., S. 424, 445.
44 Angeloglou, a. a. O., S. 89.
45 Barton, a. a. O., S. 425, 444, 395; Burris-Meyer, a. a. O., S. 273.
46 Zit. n. Steven Marcus, *The Other Victorians*, New York 1964, S. 5 f.
47 Angeloglou, a. a. O., S. 96.
48 Die Übersetzung der Conan-Doyle-Zitate folgt, mit Ergänzungen, der Ausgabe: Sir Arthur Conan Doyle, *Sherlock Holmes und der verschwundene Bräutigam. Klassische Kriminalerzählungen*, Frankfurt, Berlin, Wien 1979, S. 9 u. 16.
49 Balzac-Zitat nach V. S. Pritchett, *Balzac*, New York 1973, S. 166.
50 Die Carlyle-Zitate stammen aus *Sartor Resartus*, a. a. O., S. 71 f.; das zuletzt genannte Thema wird in Kap. 10 von Buch 1 ausführlicher abgehandelt.
51 Philip Rosenberg, *The Seventh Hero*, Cambridge, Mass., 1974, S. 46; vgl. die glänzende Interpretation auf S. 45-55.
52 Charles Darwin, *The Expression of Emotion in Man and Animals*, Bd. 10 der *Works of Charles Darwin*, New York 1896 (Nachdruck bei AMS); dt. *Der Ausdruck der Gemüthsbewegungen bei dem Menschen und den Tieren*, Charles Darwin, *Gesammelte Werke. Auswahl in 6 Bdn.*, Bd. 6, Stuttgart 1886.
53 Zitat ebd., S. 154.
54 Ebd., S. 156 ff.
55 Ebd., S. 163 ff.
56 Zitat ebd., S. 309 f.; der letztere Gesichtspunkt wird auf S. 159 erörtert.
57 Laver, *Drama*, S. 155; Smith zit. n. Southern, a. a. O., S. 257.

58 Laver, Drama, S. 209.
59 *Galerie Dramatique*, Tafeln mit Abbildungen der Kostüme des Théâtre de la Porte St.-Martin in der Sammlung der New York Public Library, the Main Branch, Tafeln 131 u. 132.
60 Aufgrund eines Vergleichs mit den Abbildungen in Alan Davidson, *Mediterranean Seafood*, London 1972.
61 *Galerie Dramatique*, Tafeln 37, 38, 41; Dabney, a. a. O., Tafel 39; siehe die Abbildungen zur melodramatischen Gestik in »Costumes: English Clippings«, Mappe C, Library for the Performing Arts, Lincoln Center, New York; Carlos Fischer zit. n. Laver, *Drama*, S. 155.
62 P. I. Sorokin, *Cultural and Social Mobility*, Glencoe, Ill. 1959, S. 270 ff.; Talcott Parsons, E. F. Bales, *Family*, Glencoe, Ill. 1954 und die Bibliographie von Parsons' Schriften zur Familie in Sennett, *Families Against the City*.
63 Sennett, *Families Against the City*; Juliette Mitchell, *Woman's Estate*, New York 1971; Ariès, a. a. O., Schlußbetrachtung.
64 Allan Janik, Stephen Toulmin, *Wittgenstein's Vienna*, New York 1973, S. 42 f.
65 T. G. Hatchard, *Hints for the Improvement of Early Education and Nursery Discipline*, London 1853, passim.
66 Daniel Patrick Moynihan, *Report on the American Negro Family*, Washington, D. C., U. S. Department of Labor, 1965, passim.
67 Joseph Hawes, *Children in Urban Society*, New York 1971, passim.
68 Anthony Trollope, *The Way We Live Now*, London 1957, S. 391; als Fortsetzungsroman erstmals 1874-75 erschienen.
69 Burris-Meyer, a. a. O., S. 91; das Zitat stammt aus Squire, a. a. O., S. 135.
70 Diese Interpretation weicht von der Squires etwas ab, vgl. Squire, a. a. O., S. 135.
71 Dieses Verhalten ist um so erstaunlicher, als diese Mode in einem der kältesten Winter der 90er Jahre des 18. Jahrhunderts zum Durchbruch kam.
72 Boucher, a. a. O., S. 343; Wilcox, *The Mode in Hats and Headdress*. S. 188 f.
73 Ebd., S. 189.
74 Jean Duvignaud, *Sociologie du théâtre*, Paris 1965, S. 238.
75 Burris-Meyer, a. a. O., S. 90.
76 Boucher, a. a. O., S. 343 f.
77 Barton, a. a. O., S. 461; *Eternal Masquerade*, New York Public Library Collection, o. J., S. 230; Barton, a. a. O., S. 343 f.
78 Nevil Truman Pitman, *Historic Costuming*, London 1967, S. 109; Broby-Johansen, a. a. O., S. 195.
79 Barton, a. a. O., S. 498.
80 Anonymes Zitat bei Angeloglou, a. a. O., S. 103.
81 *Eternal Masquerade*, S. 209; Wilcox, *The Mode in Hats and Headdress* S. 266.
82 Helena Rubinstein zit. n. Angeloglou, a. a. O., S. 107; Gwen Raverat, *Period Piece*, London 1952, S. 105. Diese Memoiren geben eine wunderbare Schilderung dieser Ära.
83 Broby-Johansen, a. a. O., S. 200.
84 Laver, *Concise History of Fashion*, S. 216.
85 Schlechte Abbildungen dieser Kostüme finden sich bei Cornelia Otis Skinner, *Madame Sarah*, Cambridge, Mass. 1967; die Originalabbildungen befinden sich in der Harvard Theatre Collection, Harvard College Library.
86 In jüngerer Zeit, im Jahre 1972, wurden in London eine Reihe von Bakst-Kostümen verkauft, zuvor waren sie dort ausgestellt worden. Die meisten von ihnen sind jetzt leider in Privatsammlungen verstreut; Boris Kotchno, *Diaghilev and the Ballets Russes*, New York 1970; *The Drawings of Léon Bakst*, New York 1972.

87 Ausführlicher hierzu Richard Buckle, *Nijinsky*, New York 1971.
88 Fanger, a. a. O., S. 261 f.
89 Eine ausführliche Erörterung dieser Probleme findet sich bei David Barnett, *The Performance of Music*, New York 1972.
90 Der Leser vergleiche die Ausgaben der Werke Bachs und Beethovens bei der Edition Peters, die beide dem Urtext sehr nahe kommen. In anderen Ausgaben, wie denen von International oder Schirmer, haben moderne Herausgeber von sich aus zahlreiche Angaben hinzugefügt.
91 Siehe z. B. Alfred Einsteins Überlegungen zu Mendelssohn in: Einstein, *Music in the Romantic Era*, New York 1947, S. 124 ff.
92 Liszt zit. n. Eleanor Perenyi, *Liszt: The Artist as Romantic Hero*, Boston 1974, S. 49.
93 Raymond Williams, *Culture and Society, 1780-1950*, New York 1966, S. 44; dt. Übers. in Anlehnung an R. W., *Gesellschaftstheorie und Begriffsgeschichte. Studien zur historischen Semantik von ›Kultur‹*, München 1972, S. 71.
94 Das Liszt-Zitat nach Franz Liszt, »Paganini«, in: *Gazette Musicale*, Paris, 23. August 1840.
95 Die ausführlichste, wenngleich unkritische Darstellung solcher Narreteien liefert die Biographie von Renée de Saussine, *Paganini*, New York 1954, z. B. S. 20.
96 Siehe Walter Beckett, *Liszt*, New York 1956, S. 10 ff.
97 Robert Schumann, *Gesammelte Schriften über Musik und Musiker*, hrsg. v. M. Kreisig, Bd. 2, Leipzig 1914, S. 33.
98 Liszt zit. n. Beckett, a. a. O., S. 10 ff.
99 Robert Schumann, *Gesammelte Schriften über Musik und Musiker*, hrsg. v. P. Becker, Berlin 1922, S. 226.
100 Robert Baldick, *The Life and Times of Frédérick Lemaître*, Fair Lawn, N. J. 1959, S. 52-54.
101 Gautier zit. n. Baldick, a. a. O., S. 141.
102 Siehe Ernest Newman, *The Man Liszt*, New York 1934, S. 284; Sacheverell Sitwell, *Liszt*, New York 1967, S. 136.
103 Pierre Véron, *Paris s'amuse*, Paris 1874, S. 36.
104 Hogan, a. a. O., S. XCII. Die Zurückhaltung beim Beifallklatschen trat nicht überall gleichzeitig in Erscheinung. Auch wurden in manchen Städten verschiedene Arten von musikalischen Darbietungen mit verschiedenen Arten von Beifall bedacht. In Wien etwa war es in den siebziger Jahren des 19. Jahrhunderts ein Zeichen von schlechtem Geschmack, zwischen den einzelnen Sätzen einer Symphonie zu applaudieren, aber es war zulässig, zwischen den Sätzen eines Concertos zu klatschen.
105 Green, a. a. O., S. 168; Simon Tidworth, *Theatres: An Architectural and Cultural History*, New York 1973, S. 173.
106 Vgl. z. B. Duvignaud, *L'acteur*, a. a. O. Der Aufruhr, den *Le sacre du printemps* 1913 auslöste, ist ein gutes Beispiel hierfür; damals war ein solches Vorkommnis etwas Besonderes, während es zu Garricks Zeiten etwas ganz Normales gewesen wäre.
107 S. Joseph, *The Story of the Playhouse in England*, London 1963, Kap. 7.
108 Tidworth, a. a. O., S. 158.
109 Garnier, zit. ebd., S. 161.
110 Zu Wagner vgl. ebd., S. 172.
111 Siehe Jacques Barzun, *Darwin, Marx, Wagner*, Garden City, N. Y. 1958, immer noch die beste Untersuchung zu Wagners Intentionen, auch wenn die musikalischen Ausführungen an einigen Stellen fragwürdig sind.
112 Carl Schorske, »Politics and Psyche in Fin-de-Siècle Vienna«, in: *American Historical Review,* Juli 1961, S. 935.

113 Arthur Young, *The Concert Tradition*, New York 1965, S. 211, 203.
114 Auf den Unterschied zu den Programmankündigungen des 18. Jahrhunderts geht ein Hogan, a. a. O., S. LXXV.
115 Einstein, a. a. O., S. 37-40.
116 Siehe Hector Berlioz, *Memoiren I*, Leipzig 1903 (*Literarische Werke*, Bd. 1), S. 263, wo ein amüsantes Beispiel für den Umgang von Musikern mit Dirigenten gegeben wird.
117 Young, a. a. O., S. 236-38.
118 Richardson, a. a. O., S. 142.
119 Siehe Walter Benjamin, *Gesammelte Schriften*, Bd. I, 2, Frankfurt 1974, S. 551.
120 E. T. A. Hoffmann, *Werke*, Bd. 4, Frankfurt 1967, S. 384.
121 Cacérès, a. a. O., S. 173.
122 Die beste neuere Schilderung des Pub-Lebens stammt von Brian Harrison, »Pubs«, in: H. J. Dyos, Michael Wolff (Hrsg.), *The Victorian City*, Bd. 1, Boston 1973. Das Zitat stammt aus Brian Harrison, *Drink and the Victorians*, London 1971, S. 45.
123 John Woode, *Clubs*, London 1900, passim.
124 Ebd.
125 Richardson, a. a. O., S. 128; vgl. die Karte in David H. Pinckney, *Napoleon III and the Rebuilding of Paris*, Princeton 1958, S. 73; Raymond Rudorff, *The Belle Epoque: Paris in the Nineties*, New York 1973, S. 32, 149 f.
126 Leroy-Beaulieu, *La Question ouvrière au XIX. siècle*, zit. n. Richardson, a. a. O., S. 88; siehe Henri d'Almeras, »La littérature au café sous le Second Empire«, in: *Les Œuvres Libres*, Nr. 135 (Sept. 1932). Hier findet sich eine hübsche Schilderung der Cafébesucher, die die Literaten beobachteten, die sich ihrerseits beobachten ließen.
127 Roger Shattuck, *The Banquet Years*, Kap. 1.
128 Zur vielfältigen Zusammensetzung der Masse: Ernest Labrousse, *Le mouvement ouvrier et les idées sociales en France des 1815 à la fin du XIX siècle*, Paris 1948, S. 90 ff.; David Pinckney, *The French Revolution of 1830*, Princeton 1972, S. 252-58.
129 T. J. Clark, *The Absolute Bourgeois*, Greenwich, Conn. 1973, S. 129.
130 Ebd., S. 9-30.
131 Priscilla Robertson, *The Revolutions of 1848: A Social History*, Princeton 1967, S. 19-23.
132 Karl Marx, *Der achtzehnte Brumaire des Louis Bonaparte*, in: K. M., Friedrich Engels, *Ausgewählte Schriften in zwei Bänden*, Berlin 1970, Bd. 1, S. 231.
133 Die Zahlen sind entnommen aus Georges Duveau, *1848: The Making of a Revolution*, New York 1967, S. XXI.
134 Theodore Zeldin, *France 1848-1945*, Oxford 1973, Zitat auf S. 484.
135 Duveau, a. a. O., S. 33-52.
136 H. R. Whitehouse, *The Life of Lamartine*, Boston 1918, II, S. 240.
137 Elias Regnault, *Histoire du Gouvernement Provisoire*, Paris o. J., S. 130. (Bei diesem Buch handelt es sich um einen Privatdruck; Exemplare befinden sich in der Bibliothèque Nationale, Paris, und in der New York Public Library.)
138 Das Zitat aus Lamartine, *Mémoires politiques*, Paris o. J., II, S. 373; L. Barthou, *Lamartine Orateur*, Paris 1926, S. 305-309.
139 Siehe Whitehouse, a. a. O., S. 242-45; Zitat aus Regnault, a. a. O., S. 130; siehe auch Whitehouse, a. a. O., S. 241; Alexis de Tocqueville, *Erinnerungen*, Stuttgart 1954, 167 ff.
140 Ebd. S. 167.
141 William Langer, *Political and Social Upheaval, 1832-1852*, New York 1969, Zitat auf S. 337 f.

142 Ebd. S. 343 f.
143 Donald Weinstein, *Savonarola and Florence*, Princeton 1970, S. 74 f.
144 Marsilio Ficino zit. n. Ferdinand Schevill, *Medieval and Renaissance Florence*, New York 1963, II, S. 416.
145 Robert S. Lopez, »Hard Times and the Investment in Culture«, in: *The Renaissance. Six Essays*, hrsg. v. Wallace Ferguson, New York 1954, S. 45; Eugenio Garin, *La cultura filosofica del rinascimento italiano*, Florenz 1961, passim; Richard Trexler, »Florentine Religious Experience: The Sacred Image«, in: *Studies in the Renaissance*, XIX (1972), S. 440 f.
146 Richard Sennett, »The Demographic History of Renaissance Florence«.
147 Felix Gilbert, »The Venetian Constitution in Florentine Political Thought«, in: Nicolai Rubinstein (Hrsg.), *Florentine Studies*, London 1968, S. 478.
148 Pasquale Villari, *The Life and Times of Girolamo Savonarola*, London 1888, I, S. 106 ff.
149 Siehe G. Savonarola, *Prediche sopra Ezechiele*, hrsg. v. R. Ridolfi, Bd. 1, Rom 1955.
150 Vgl. die hervorragende Darstellung dieser »Verbrennungen der Eitelkeiten« in Ralph Roeder, *The Man of the Renaissance*.
151 Savonarola, a. a. O., S. 168.
152 Siehe Geraldine Pelles, *Art, Artist and Society*, Englewood Cliffs, N. J. 1963.
153 Roderick Kedward, *The Dreyfus Affair*, London 1969, S. 8.
154 Die klarste Darstellung dieses Abschnitts der Affäre findet sich in Douglas Johnson, *France and the Dreyfus Affair*, New York 1967; siehe auch Guy Chapman, *The Dreyfus Affair*. Die Literatur zu diesem Komplex ist natürlich sehr umfangreich. Joseph Reinachs gewichtige Untersuchung ist immer noch von grundlegender Bedeutung, obwohl er selbst an der Affäre beteiligt war. Meine Darstellung folgt Johnson, Chapman und Kedward. Für die deutsche Übersetzung wurde die Dokumentensammlung von Siegfried Thalheimer (Hrsg.), *Die Affäre Dreyfus*, München 1963, hinzugezogen.
155 Mauriac, zit. n. Johnson, a. a. O., Vorwort; die wahrscheinlich interessantesten, wenngleich »voreingenommenen« Schilderungen von Reaktionen auf die Dreyfus-Affäre innerhalb der Oberschicht finden sich in Marcel Prousts Roman *Jean Santeuil*.
156 Edouard Drumont, »L'âme du Capt. Dreyfus«, in: *La Libre Parole*, 26. Dezember 1894; eine zusammenfassende Übersetzung findet sich in Louis Snyder, *The Dreyfus Case*, New Brunswick 1973, S. 96.
157 Ebd.
158 Arsènne de Marloque, *Mémoires*, Paris, Privatdruck o. J., Bibliothèque Nationale, Übers. R. S.
159 Johnson, a. a. O., S. 119.
160 Zitat aus Zeldin, a. a. O., S. 750 f.

Teil IV

1 Max Weber, *Wirtschaft und Gesellschaft*, 5. Aufl., Tübingen 1972, S. 654 f.
2 Sigmund Freud, *Die Zukunft einer Illusion*, in: *Gesammelte Werke* Bd. 14, Frankfurt 1976 (5. Aufl.), S. 328.
3 Ebd., S. 328.
4 Weber, a. a. O., S. 656.

5 Ebd., S. 661.
6 Freud, a. a. O., S. 354.
7 Ebd., S. 346.
8 Eine ausführlichere Behandlung dieses Systems findet sich in Richard Sennett, »The Artist and the University«, in: *Daedalus*, Herbst 1974.
9 Mario Cuomo, *Forest Hills Diary*, mit einem Vorwort von Jimmy Breslin und einem Nachwort von Richard Sennett, New York 1974. Die folgende Untersuchung stellt eine überarbeitete Fassung dieses Nachworts dar.
10 Ebd., S. 61.
11 Ebd., S. 103 ff.
12 Ebd., S. 128 f.
13 Norton Long, »The Local Community as an Ecology of Games«, in: Edward Banfield (Hrsg.), *Urban Government*, New York 1969, S. 469.
14 Cuomo, a. a. O., S. 56 ff.
15 Ebd., S. 67 ff.
16 Ebd., S. 134.
17 Ebd., S. 147-49.
18 Evreinoff zit. n. Stanford Lyman, Marvin Scott, *The Drama of Social Reality*, New York 1975, S. 112; das Zitat der beiden Autoren selbst findet sich ebd., S. 111.
19 Sigmund Freud, »Die Dichter und das Phantasieren«, in: *Gesammelte Werke*, Bd. 8, Frankfurt 1976 (6. Aufl.), S. 214.
20 Arthur Koestler, *The Act of Creation*, New York 1964, passim; dt. *Der göttliche Funke. Der schöpferische Akt in Kunst und Wissenschaft*, Bern, München, Wien 1966.
21 Ernst Kris, *Psychoanalytic Explorations in Art*, New York 1964; dt. *Die ästhetische Illusion. Phänomene der Kunst in der Sicht der Psychoanalyse*, Frankfurt 1977, vgl. insbesondere die Überlegungen zur »Psychologie der Karikatur«, S. 145 ff.
22 Huizinga, *Homo Ludens*, a. a. O., S. 15-17.
23 Jean Piaget, *Nachahmung, Spiel und Traum. Die Entwicklung der Symbolfunktion beim Kinde* (J. P., *Gesammelte Werke 5*, Studienausgabe), Stuttgart 1975, passim, insbesondere Kap. 1.
24 Der Psychologe wird bemerken, daß diese Analyse der Frustration beim Spiel Festingers Überlegungen zur »Situationsverstärkung« bei der kognitiven Dissonanz nahesteht. Vgl. Leon Festinger, *A Theory of Cognitive Dissonance*, Stanford, Calif. 1957; sowie »The Psychological Effects of Insufficient Rewards«, in: *American Psychologist* 1961, Bd. 16, Nr. 1, S. 1-11.
25 Sigmund Freud, »Zur Einführung des Narzißmus«, in: *Gesammelte Werke* Bd. 10, Frankfurt 1973 (6. Aufl.).
26 Heinz Kohut, *The Analysis of the Self*, New York 1971; dt. *Narzißmus. Eine Theorie der psychoanalytischen Behandlung narzißtischer Persönlichkeitsstörungen*, Frankfurt 1976, S. 45, 52.
27 Otto Kernberg, »Structural Derivatives of Object Relationships«, in: *International Journal of Psychoanalysis*, Bd. 47, 1966, S. 236-53; ders., »Factors in the Psychoanalytic Treatment of Narcissistic Personalities«, in: *Journal of the American Psychoanalytic Association*, 1970, Bd. 18, Nr. 1, S. 51-85; Kohut, a. a. O., S. 34 ff.
28 D. W. Winnicott, »Transitional Objects and Transitional Phenomena«, in: *International Journal of Psychoanalysis*, 1953, Bd. 34, S. 87-97; dt. »Übergangsobjekte und Übergangserscheinungen«, in: *Psyche* 23, 1969, S. 666-682.
29 Dieser Ansicht begegnet man bei so unterschiedlichen Autoren wie Daniel Bell *(Die nachindustrielle Gesellschaft)* und Alain Touraine *(La production de la société)* oder auch bei so unterschiedlichen Strategen wie André Gorz und Serge Mallet.

30 In den Vereinigten Staaten handelt es sich bei dieser Gruppe in Wirklichkeit oft um die Elite der *Blue-Collar*-Arbeiter, die sich selbst als der Arbeiterklasse entwachsen betrachten, von der Personalpolitik der Bürokratien aber nicht entsprechend geachtet werden. Siehe vor allem das Buch von Robert Blauner, *Alienation and Freedom: The Factory and Its Industry*, Chicago 1967.
31 Jane Veline, »Bureaucratic Imperatives for Institutional Growth: A Case Study« (Manuskript).
32 Der Begriff der »proteischen Arbeit« geht zurück auf R. J. Lifton, »Protean Man«, in: *Partisan Review*, Bd. 35, Nr. 1 (Winter 1968), S. 13-27. Die beste Darstellung der proteischen Arbeit findet sich bei Mills, a. a. O.; die beste Analyse der damit verbundenen Frage der Ausbildungsvoraussetzungen und der technischen Fertigkeiten findet sich in Christopher Jencks, David Riesman, *The Academic Revolution*, Garden City, N. Y. 1968.
33 C. Wright Mills, »The Middle Classes in Middle-Sized Cities«, in: *American Sociological Review*, Bd. II, Nr. 5 (Oktober 1946) S. 520-29.
34 Siehe Sennett, Cobb, a. a. O., S. 193-197.

Register

Acton, Dr. 193
Addison, Joseph 103, 115
Adorno, Theodor W. 44, 47
Agnew, Spiro 313
Alembert, Jean d' 138
Alençon, Emilie d' 219
Antoine, André 221
Arbeiterklasse 31, 65, 78, 161, 163, 318
– Arbeiterbewegung 284 ff.; äußere Erscheinung 189, 193; und bürgerliche Radikale 272, 284 ff.; vom Bürgertum beherrscht 40 f., 245, 255 ff., 262 f.; und Lokalismus 162, 186 f., 340 f.; als Publikum 230, 236 f.; und Revolution 255 ff.; Schweigen als soziales Ordnungsprinzip 245 f., 255, 259 f.; Suspendierung der Ich-Interessen 255, 258 ff., 267 ff., 294, 297
Architektur
– International School 25 f.; und öffentlicher Raum 25 ff., 71 ff., Theater 237 ff.
Ariès, Philippe 113, 206
Aristoteles 204
Armstrong, George 116
Arnold, Matthew 53
Ashley, Lord 210
Askese, 373 ff., Narzißmus als 375 ff.
Atget, Eugène 248
Auerbach, Erich 30, 184 ff.
Ausdruck
– in den darstellenden Künsten 52 ff., 221 ff., 228, 233 f., 352 f.; als Darstellung bzw. Verkörperung von Gefühlen 58, 129 ff., 143, 353, 362, 376 f.; natürlicher 93 f., 115 ff., 133 f.; in der Öffentlichkeit 18 f., 58 f., 118, 129 ff., 143, 225, 233, 244 f., 324 f.; 353; in der Privatsphäre 18 f., 110, 115, 118 f., 207, 210 f.; und Rollenspiel 52 ff., 295; und Selbstdistanz 360, 366; Unterdrückung der Ausdrucksfähigkeit 41 f., 153, 175, 245; *siehe auch* Authentizität, Kreativität, Narzißmus, Sprache
Authentizität 23 f.
– des Ausdrucks 44, 302, 376 f.; des Fühlens 16, 21, 44 f., 302
Automobil und Bewegung im Raum 27 f.
Avenel, G. d' 170

Bach, Johann Sebastian 228, 242
Bakst, Léon 222
Bakunin, Michail 201
Ballett 222 f., 228, *vgl.* darstellende Künste
Ballets Russes 222 f.
Balzac, Honoré de 38, 42, 50, 57, 149, 151, 172, 175, 180 ff., 191, 196, 223
Barry, Spranger 91
Barthou, L. 261
Barton, Lucy 217
Baudelaire, Charles 50, 150, 243
Bayreuther Opernhaus 237 ff.
Beaumarchais, Pierre de 93, 100
Beccaria, Cesare 117 f.
Bedford, William Russel, Duke of 73
Beethoven, Ludwig van 228 f.
Belle Jardinière (Warenhaus) 167
Belle Otero, La 219
Benjamin, Walter 154, 244
Bensman, Margarete 206
Bentley, Eric 323
Berlioz, Hector 231, 233, 241
Bernhardt, Sarah 221 f., 242
Bernini, Giovanni 72, 73
Bertillon, Alphonse 39, 173, 200
Birbach, Jerry 341 f.
Bizet, Georges 229
Blanqui, Auguste 263
Bloomsbury, London 26 f.
Blum, Léon 274
Boisdeffre, Raoul de 274, 281
Bon Marché (Pariser Warenhaus) 167
Boquet, Louis 92
Bossuet, Jacques 137, 266
Boswell, James 105
Botticelli, Sandro 264, 267
Boucher, François 190
Boucicault, Aristide 167 f., 170, 171
Boulanger, Georges 274 f.
Boulton, James 127
Brahms, Johannes 229, 240
Brandt, Willy 305
Brasilia, Brasilien 334
Breuer, Josef 210
Briggs, Asa 157
British East India Company 77, 103
Brooks, Peter 183
Brummell, Beau 190, 236
Brunswick Centre, London 26 f.

397

Buffon, Georges, Comte de 69
Bühnenkostüm 41 f., 54, 56, 91 f., 202 ff., 212 f., 220 ff., 232 f. *siehe* Kleidung
Bunshaft, Gordon 25
Burckhardt, Jacob 53, 264
Bürgertum 23 f., 165 f.
– antiurbane Vorurteile 315; äußere Erscheinung 85, 188 ff., 194, 285 f.; und Ethnizität 344; und Familie 23 f., 34, 38 f., 165 f., 204 ff., 210 ff., 363; im 18. Jahrhundert 58 f., 65 ff., 76, 85, 88 f., 104 f., 162; Klassenherrschaft 40 f., 245, 255 ff., 262 f.; Kleinbürgertum 306, 313 ff.; als kosmopolitische Klasse 162 ff., 186, 190 ff.; in London 58, 67, 75, 163; in Paris 58, 67, 154, 163 f., 186 f., 243 f.; und Privatisierung 33, 37 f., 47, 174; als Publikum 230 f., 236 f.; radikales 271 f., 284 ff., 338; und Revolution 212 f., 255 ff.; und Schweigen 215 ff., 255, 321, 336; in der Stadt 30, 58, 65 ff., 76, 89, 150, 243 f.; Status-Angst 314 f., 318; unterdrückte Gefühle 19 f., 42
Burke, Edmund 124, 127
Butler, Alban 30

Café 31, 101 f., 104, 115, 215 f., 245 ff., 253, 274
Café Procope, Paris 104, 247
Calvin, Johannes 139, 374
Camelots du Roi 282
Carlyle, Thomas 172, 179, 197 f., 201
Casals, Pablo 324
Cassirer, Ernst 142
Cavaignac, Louis Eugène 259
Charisma, in der Politik 40, 268 f., 299 f., 305 f., 311 ff., 316 ff., 329 f., 348
– in der Religion 243, 268, 304, 307 ff., 310 f.; säkulares 304 ff.; Theorien des 306 ff.; als Faktor der Trivialisierung 307, 311, 323
Charles II., König von England 73, 80
Chesterfield, Philip Stanhope, 4. Earl von 81 f., 88
Chicago 60, 158, 169, 206
Churchill, Charles 124
Clairon, La 136
Clapham, J. H. 161
Clark, T. J. 256
Clemenceau, Georges 287
Clubs 102, 104 f., 107, 113, 115, 246 f., 248
Collé, Charles 101
Colonne, Edouard 241
Comédie Française 94 f., 101, 104, 108, 132, 238, 247
Congreve, William 115
Coquelin, Benoit 137

Corona, New York 339 f., 344
Corradini, Madame 123
Covent Garden, London 73 f., 77, 94
Cuomo, Mario 339 f., 345 f.

Dabney, Edith 203
darstellende Künste 96 f., 114 f.
– Beziehung zur Gesellschaft 31, 50, 52 ff., 84, 91 ff., 131, 188, 202 ff., 212 f., 220 ff., 226, 233, 249, 301, 306, 324, 352 f.; Beziehung zum Großstadtleben 53, 54 ff., 130, 132, 137 ff.; Gönner 97 f., 326; Illusion 101, 202 ff.; Körper als Kleiderpuppe 56, 91 f.; Körperbilder 220 ff.; Melodrama 41, 183 f., 234 ff. 283; Persönlichkeit 228 ff., 252, 268 f., 295; als säkulare Aktivität 132 ff.; sozialer Status in den d. K. 41 f., 43, 97 f., 235, 301; Sprache als Zeichen 99 ff.; Star-System 324 ff.; Text 227 ff., 230, 234, 235, 252, 269, 324; Theaterbauten 97 f., 237 ff.; *theatrum mundi*-Metapher 50, 52, 56, 84, 130 ff., 224, 301, 352
Darwin, Charles 39, 172, 177, 198 ff., 201, 377
Daumier, Honoré 186, 257
Debussy, Claude 229, 355
La Défense, Paris 26 f.
Defoe, Daniel 70, 74
Degas, Edgar 226, 248
De Gaulle, Charles 262
Delacroix, Eugène 256, 271
Demety, Frederic 210
Demos, John 113
Dickens, Charles 166, 224
Diderot, Denis 76, 117, 130, 132 ff., 198, 227
Dormoy, Jean 287
Dorval, Marie 234
Douglas, Helen Gahagan 316
Doyle, Arthur Conan 195 f.
Dreyfus, Alfred 272 ff.
Dreyfus-Affäre 255, 271 ff., 288, 297, 338, 340, 343
Drumont, Edouard 275 f., 278, 280, 281, 341
Du Camp, Maxime 149
Dugazon (Schauspieler) 136
Dumeswil, Madame 136
Dumont, Louis 176
Duse, Eleonora 242
Duvignaud, Jean 98, 215

Einstein, Alfred 240
Engels, Friedrich 174, 286
England 29 f., 65, 79 ff., 111, 116, 286, 315, 323

– Arbeiterklasse 245; Bevölkerung 156 ff.; Bürgertum 163; Industrie 161; Politik 122; Theater 237; Wirtschaft 75, 165

Erikson, Erik 129, 232

Erikson, Kai 220

Esterhazy, C. F. 273, 277, 280 f.

Ethologie 172, 197, 198 ff., 240, 255, 329

Euston Center, London 334

Evreinoff, Nicolas 352

Expressivität *vgl.* Ausdruck

Familie 177 f.
– Anstand und Ordnung 165 f., 208 ff., 226, 242, 250 f., 293, 363; Ausdruck in der 113, 115, 118 f., 207, 218 f.; äußere Erscheinung in der 207 f., 211 f.; erweiterte F. 205 f., 209; Kernf. 205 f., 208 ff., 223; Kleidung 86 ff., 108, 113 f., 118; und Medizin 210 f.; als Naturphänomen 111 ff., 119 f., 208, 211; und Privatleben 16, 32 ff., 38 ff., 110, 174, 204 f., 248 f.; als Zufluchtsort 34, 37 f., 123 f., 206 f.

Fanger, Donald 183, 224

Faure, Félix 277

Favart, Marie 91 f., 100, 202

Festinger, Lionel 360

Ficino, Marsilio 265

Fielding, Henry 84, 131 f., 138, 173, 224, 297

Fischer, Carlos 203

Flaubert, Gustave 196, 378

Florenz 264 ff., 310

Forest Hills, New York 339 ff.

Fort, Paul 221

Fourier, Charles 284

Franklin, Benjamin 124, 374

Frankreich 30, 65, 69, 79 ff., 111, 114, 116
– Antisemitismus in 275 ff., 282, 313, 323; Arbeiterklasse 245; Armee 274 f., 282; Bevölkerung 68, 156 ff.; Industrie 161; Revolutionen 255 ff., 297; Sozialistische Bewegung 286 ff.; Theater 237; Wirtschaft 75, 164 ff., 287

Frauen 219
– äußere Erscheinung 88 ff., 187 ff., 201, 183 ff.; Familie 192, 206, 208; gesellschaftliche Barrieren für 38, 248, 250 f.; Kosmetik 218; Verhalten 191 f., 193, 195, 363, 375

Freiheit 120 f., 125 ff., 145, 256

Fremde 38
– als Außenseiter 66 f., 70, 323; Geselligkeit 24, 31 f., 79 ff., 93 f., 101 ff., 149; als Publikum 43 f., 53 ff., 67, 75, 79, 154; Schweigen unter F. 15, 42, 243 ff.; als Unbekannte 34, 38, 66 f., 70, 78 f., 86 ff., 141, 258, 272, 332, 336; Verhalten 54 f., 67, *vgl.* Stadt

Freud, Sigmund 21, 50, 210 f., 306 ff., 329, 355, 362 f.

Garnier, Charles 237 f.

Garrick, David 91, 94, 101, 105, 132, 134 f., 261

Gautier, Théophile 235

Gefühlsoffenbarung, unwillkürliche 39 ff., 154, 186, 199 ff., 211 f., 223 f., 295, 306, 363, 377

Gemeinschaft
– antiurbanes Vorurteil 331 ff., 338 ff.; und Brudermord 300, 333, 338, 348, 350; destruktive 251, 254, 271, 296 f., 298; und Ethnizität 300, 344, 349; Interessen des Gruppen-Ichs 252, 254, 297; kollektive Identität der 24, 253 f., 262 f., 269 ff., 282 f., 288 f., 296, 297 f., 300, 333, 338 ff.; lokale Kontrollfunktionen der 348; Lokalismus 297 f., 332 ff., 348 f., 380; Nachbarschaft 331, 338 ff.; Säuberung der G. 254, 271, 283, 295, 299 f., 350; Sprache der 271, 275 ff., 282, 283 f.

Genf 138 ff., 142, 144

George III., König von England 123

Geselligkeit 226 f.
– im Konflikt mit Intimität 28, 300, 333, 350, 379; und der passive Zuschauer 243 ff.; und Spiel 358 ff.; in der Stadt 24, 31 f., 79 ff., 93 f., 101 ff., 245 f.; in Vorstädten 43, 335; und Zivilisiertheit 298 ff., *vgl.* Gesellschaft

Gesellschaft
– Aufspaltung der G. 334, 338 ff.; und ästhetisches Potential 301, 352 ff.; außen-geleitete 17, 45; innen-geleitete 17, 45; intime 17, 19 ff., 42, 44, 46 f., 52, 130, 151, 250-381 *passim;* und Kunst 53, 352; Miniaturisierung 183 ff., 192 ff.; Ressentiment 313 ff.; und Spiel 302 f.; Status 119 f., 252, 313 ff., 318; Suspendierung von Rangunterschieden 75, 77 f., 85 ff., 102 f., 106, 109; Unpersönlichkeit (Anonymität) als moralisches Übel 43, 293, 294 f., 297, 323, 331 ff., 349, 351, 380 f.; Zivilisiertheit 298 ff., 304, *vgl.* Geselligkeit, Klasse, Narzißmus, öffentliches Leben, Politik, Psychologie, Schweigen

Gibbon, Edward 115

Giedion, Siegfried 26

Gilbert, Felix 265

Gille, Bertrand 170

Glaubhaftigkeitskode 57 f., 67, 84-109,

138, 171, 188, 202 ff., 212 ff., 220 ff., 258, 343
Gleichheit 46 f., 119, 213
Goffman, Erving 51 f., 336
Goldsmith, Oliver 105
Goubert, Pierre 68
Gould, Glenn 328
Grafton, Augustus Fitzroy, 3rd Duke of 126
Griffith, Talbot 69
Grimm, Friedrich 136
Grove, Sir George 239
Guesde, Jules 287 f.
Guy, Constantin 243

Habakkuk, H. J. 69
Habermas, Jürgen 47
Halifax, George M. Dunk, 2nd Earl of 123
Hall, Edward 29
Hamelin, Madame 214
Handel 75 ff., 103, 155
  Einzelhandel 155 f., 167 ff., 187, 244 f.
Hanska, Eveline 196
Hanslick, Eduard 240
Harbage, Alfred 94
Hardouin-Mansart, Jules 72
Harrison, Brian 246
Hatchard, T. G. 208, 210
Haussmann, Georges, Baron 159 f., 165, 246, 247, 331, 335
Hegel, G. W. F. 47
Henry, Hubert J. 273, 281 f.
Henry, Louis 69
Herder, Johann 190
Hervey, Lord 195
Hill, John 136
Hiss, Alger 316
Hobbes, Thomas 342
Hoffmann, E. T. A. 244, 320
Hogan, Charles Beecher 94
Hogarth, William 122
Hounoeus, A. M. 190
Howell, James 31
Huizinga, Johan 89 f., 139, 356, 358, 362
Hunt, David 113
Hysterie 21, 210 f., 363, 366

Individuum 121, 205
 – Angst des 18; und Ausdruck 130, 143; in der Politik 122, 125, 127 f., *siehe auch* Persönlichkeit
Institut für Sozialforschung 47
Intimität
 – als Beeinträchtigung von Geselligkeit 28, 300 f., 333, 350 f., 379; in der Gesellschaft 17, 19 ff., 42, 44, 46, 47, 53, 130, 250-381, *passim;* Tyrannei der 378 ff.

Jacobs, Jane 77
Jagger, Mick 324
James, Henry 180
Joachim, Joseph 229
Johnson, Samuel 105 f., 122, 127, 246
Jones, Inigo 73
Juden
 – und Ethnizität 344 f.; in Forest Hills 339 ff.; *vgl.* Frankreich (Antisemitismus)
Jung, Carl G. 364
Junius 126 f., 294

Kaffeehäuser 31, 101 ff., 253, 362
Kapitalistische Industriegesellschaft
 – Arbeitsteilung 160, 205, 252, 367 ff.; Entfremdung 332; Massenproduktion 33 f., 164, 168 f., 188 f., 191; Mystifikation, Verschleierung 33, 171 ff., 175, 180, 195, 196; und Privatisierung 33, 37, 47, 174 f.; Status-Angst 314 f.; Unternehmensbürokratie 314, 367 ff.; Warenfetischismus 34, 39, 171 ff.; 373; White-Collar-Arbeit 367 ff.; *siehe auch* Handel, öffentliches Leben im 19. Jh., Wirtschaft
Kaplow, Jeffry 78
Kean, Charles 202, 237
Kemble, John 91
Kennedy, John F. 310
Kernberg, Otto 365
Keynes, John Maynard 369
Kinder 112 ff.
 – Frustrationstoleranz 359 ff.; Persönlichkeitsentwicklung 208 f.; Spiel 114 f., 301, 354 ff.
Klasse 16 f., 65 f., 67, 135, 159 f., 252
 – Gewalttätigkeit der Masse 336 f.; Isolation der versch. Klassen 16., 186 f., 255 f., 334 f.; Klassenauseinandersetzungen 40 f., 245 f., 254 ff., 300; Kleidung als Indikator der Klassenzugehörigkeit 65 ff., 119 f., 127 f.; Kultur und K. 255 f., 262; Narzißmus u. K. 370 ff.; Persönlichkeit u. K. 250, 263, 302 f., 380 f.; und Revolution 255 ff., 286; und Status-Angst 313 ff.; *siehe auch* Bürgertum, Mittelklasse, Gesellschaft, Arbeiterklasse
Kleiderordnungen 85 f.
Kleidung
 – als Hinweis auf die gesellschaftliche Stellung 85 ff., 120, 190 ff.; als Hinweis auf die Persönlichkeit 179 f., 185 f., 187 ff., 197 f., 202, 217 ff., 223 f.; Körper als Kleiderpuppe 56 f., 85 f., 108, 213 f.; Mode 88, 91 f., 188 f., 213 ff.; Neutralität der 188 ff.; in der Öffentlichkeit 54, 56 f., 86 ff.,

113 f., 151, 187 ff., 197 f., 201; in der Privatsphäre 54, 57, 86 ff., 108, 113 f., 118; Revolten in der K. 59, 212 ff.; *siehe auch* Bühnenkostüm
Knights, Peter 158
Körper
– als Hinweis auf die Persönlichkeit 197, 198 ff.; als Indikator für Sexualität 193 f., 217 ff.; als Kleiderpuppe 56, 84 ff., 108, 213 f.; narzißtische Abkapselung des 22; und Natur 213 ff., 219 f.; im Theater 220 ff.; viktorianische Körperbilder 54, 59, 151, 194
Koestler, Arthur 356
Kohut, Heinz 365, 376
Kreativität
– und Ausdruck 43, 143; Psychologie der 138, 301; und Spiel 355 ff.
Kris, Ernst 356
Kultur
– und Narzißmus 251; Gegensatz von K. und Natur 32 f., 110 ff., 120 f., 127 f., 139 ff.; Persönlichkeitsk. 216, 223 f., 227, 261 f.; und Politik 154, 288; Kulturrevolte 212 ff., 293 f.; Stadtk. 30, 33, 37; *siehe auch* öffentliches Leben, Klasse

Lamartine, Alphonse de 258 ff., 266, 268 f., 280, 284, 310, 317
Lamoureux, Charles 241
Langer, William 262
Laver, James 92, 202
Le Bon, Gustave 337
Le Compte 202
Ledru-Rollin, Alexandre 268
Lefebvre, Henri 162
Lemaître, Frédérick 234 ff., 268
Leonardo da Vinci 265
Lévi-Strauss, Claude 176
Lewis, W. H. 81
Lindsay, John V. 340, 341 f.
Liszt, Franz 229 f., 233, 235, 240, 268
Locke, John 121, 342
Lofland, Lyn 336
London 26, 71 ff., 326, 327, 381
London im 18. Jahrhundert
– Bürgertum 58 f., 66, 76; Geselligkeit 79 ff.; *passim,* 102 ff.; Mode 85 ff., 114; öffentlicher Raum 73 ff., 78; öffentliches Leben 30, 58, 65, 116, 121-127, 163; St. James Park 106 f.; Städtewachstum 68 ff., 75 ff., 79 f.; Theater 84, 91 ff.; Wirtschaft 75 ff.
London im 19. Jahrhundert
– Arbeiterklasse 245 f.; Armut 209; Bevölkerungswachstum 157 ff.; Bürgertum 163 f., 244, 245; Geselligkeit 42, 245 ff.; Mode 217; öffentliches Leben 154, 169, 195; Theater 202, 237; Wirtschaft 163 ff.; Wohnen 161
Long, Norton 342
Lopez, Robert 265
Louis Philippe, König von Frankreich 258, 317
Ludwig XIV., König von Frankreich 69, 72, 80, 97
Ludwig XV., König von Frankreich 80, 90
Ludwig, Carl 210
Lukács, Georg 183
Luttrell, Colonel 125
Lyman, Stanford 352

Machiavelli, Niccolò 265
Mallarmé, Stéphane 221
Malory, Sir Thomas 29
Mann, Thomas 24, 50
Manuel, Frank 112
Mao Tse-tung 310
Marcus, Steven 193
Marivaux, Pierre de 56, 70, 81, 175
Marmontel, Jean 136
Martin, Jean Baptiste 91 f.
Marx, Karl 24, 34 f., 47, 165, 172, 191, 257 f., 262, 284 ff.
Mauriac, François 274
Maurras, Charles 282
McCarthy, Joseph 313
Medien, elektronische 53 f., 296, 300, 306, 319-324, 340
Menschenrechte 110 f., 116 f., 118 f.
Michelangelo Buonarotti 265
Mill, John Stuart 172, 197, 329
Mills, C. Wright 168, 370 f.
Mills, John 165
Mitchell, Juliette 206
Mittelklasse 65 f., 67, 95, 247, 302, 367 ff.
mœurs 138 ff., 213
Molière 91
Montesquieu 132
Moynihan Report 209
Mozart, Leopold 106
Mozart, Wolfgang Amadeus 106 f., 229, 234
Murphy, Arthur 122
Musik
– Agenten 326; M.-Aufnahmen 325, 328; Darsteller und Interpret 228 ff., 360; Dirigenten 241 f.; und Immanenz 229 ff., 327; Komponisten 227 ff.; Persönlichkeit 229 ff.; Programmzettel 239 f.; Star-System 324 ff.; Textproblem 227 ff., 234, 324; Virtuosen 233 f., 235; *vgl.* darstellende Künste

Nadar 149
Napoleon I. 268 f., 280
Napoleon III. 259
Narzißmus 16 ff., 251
- und aufgeklärtes Eigeninteresse 251; und Ausdruck 43 f., 45, 366, 376 f.; und Askese 373 ff.; als Charakterstörung 21 ff., 363 ff.; und Gefühlsunfähigkeit 22, 376; im Gegensatz zum Spiel 302 f., 354, 373, 377; und Gesellschaft 21 ff., 251 f., 296 ff., 366 ff.; verwischt die Grenze zwischen Klassenlage und Persönlichkeit 367 ff.; und Selbstrechtfertigung 24 f., 375

Nelson, James 116 f.
New York City 25 f., 67, 70, 79, 154, 315, 325, 339 ff., 381
Nijinskij, Waslaw 222 f.
Nixon, Richard 262, 316 ff., 322

öffentliche Geographie 33, 54 f., 57 ff., 67, 89, 109, 111, 225, 299, 379
öffentliches Leben
- Konventionen 52, 100 f., 119 ff., 301; Ende des ö. L. 65, 293-381 *passim*; und Privatleben 15 ff., 23 f., 32 f., 34, 38 ff., 51, 52 f., 58 f., 66, 93, 110 ff., 150, 173 ff., 201, 204 ff., 224, 280, 293 f., 296, 338, 363, 379 passim; *vgl.* Ausdruck, Gesellschaft, Stadt
öffentliches Leben im 17. Jahrhundert 76, 80, 97
öffentliches Leben im 18. Jahrhundert 195, 210
- seine Begrenzung auf Erwachsene 113 ff.; Geselligkeit 79 ff., 93 f., 101 ff., 113; Glaubhaftigkeitskode 84-109, 138; der Mensch als Schauspieler 50, 58, 129 ff., 151, 167 f., 225, 249, 352; Publikum 65 ff.; soziale Ordnung 67, 75 ff., 85 ff., 140 f., 163, 194; Sprache 84 f., 93 ff.; Verhältnis zum Theater 54, 56 f., 84, 91 ff., 131, 324; *vgl.* Persönlichkeit
öffentliches Leben im 19. Jahrhundert 149 ff., 170 f., 296
- Detektivroman 195 f.; und Industriekapitalismus 33 ff., 36 f., 42, 59, 151, 155 ff., 176, 180, 293; Nostalgie 178 f., 195; Passivität 150 ff., 171, 180, 225 ff., 232, 235, 236 ff., 294; Säkularismus 29, 33, 35 f., 39, 42, 137, 151, 176 f., 180, 187, 225, 288, 293; Sprache 59, 151, 245 ff.; Verhältnis zum Theater 54, 188, 202 f., 212 f., 220 ff., 226, 232 f., 249, 306, 352 f.; Verstädterung 153 f.; *vgl.* Persönlichkeit

öffentlicher Raum 25 ff., 71 ff., 78 f., 248 f., 334 f., 348
Orsay, Comte Alfred d' 190
Otero, La Belle 219

Paganini, Niccolò 230 ff., 235, 327 f.
Palmerston, Henry, 3rd Viscount 262
Paris 22, 26, 71 ff., 326, 327, 329, 331, 336
Paris im 18. Jahrhundert
- Bürgertum 58, 66, 76; Fremde 57 f., 66, 69 f., 75 ff., 149; Geselligkeit 79 ff.; *passim;* Mode 54, 56, 85 ff., 188 f., 213 ff.; öffentl. Leben 30 f., 58, 65, 116, 123, 140, 142, 144, 160, 162; öffentlicher Raum 72 ff., 78 f.; Städtewachstum 68 ff., 75 ff.; Theater 54, 56, 84, 91 ff., 137 f.; Tuilerien 80, 107; Wirtschaft 75 ff.
Paris im 19. Jahrhundert
- Arbeiterklasse 245; Armut 209; Bürgertum 154, 158, 163 ff., 186 f., 243 f.; Einzelhandel 167 ff., 187; Geselligkeit 42, 245 f., 247 f.; Klassen 159 f., 162, 186; Mode 216 ff.; öffentliches Leben 149, 153 ff., 169, 180 ff., 195, 242; Opéra 237 f., 247; Theater 202 f., 221 ff., 234 ff., 237, 241 ff.; Wirtschaft 163 ff.; Wohnungsbau 159 f.

Park, Robert 160
Parks 31, 102, 106 f.
Parsons, Talcott 205 f.
du Paty de Clam, Mercier 278 f., 281 ff.
Pelles, Geraldine 268
Perón, Juan 317 f.
Persönlichkeit 16 f., 38, 379 f.
- äußere Erscheinung als Indikator der P. 35 f., 39 f., 172, 175, 178 f., 182, 185 f., 187 ff., 207 f., 209 ff., 244, 249, 255, 258, 268, 271, 283, 286, 288, 301 f., 323, 329, 342, 363; »beherrschende« P. 231 f.; und Charisma 268 f., 304 ff.; als gesellschaftliche Kategorie 121, 150 f., 153 f., 175, 176-226, 243, 250, 252 ff., 263, 271, 278 f., 353; und Intimität 293 ff.; Mystifikation der 177, 183, 195, 293; öffentliche 226 f., 235 ff., 255 ff., 295, 304; Passivität 180, 222 f., 225 f., 232, 236 ff., 255; Phantasie einer »Kollektivpersönlichkeit« 151, 179, 253 ff., 271, 275, 282, 284, 295, 297, 300, 331, 333, 338 ff., 349 ff.; und politische Führung 151, 241, 250, 258 ff., 304 f., 306 ff.; und Revolution 216, 220, 223; und Spontaneität 179, 213, 215, 220, 223, 250; *vgl.* darstellende Künste, Gefühlsoffenbarung, Individuum, Klasse, Kultur, Medien, Politik

Petronius 50
Philipp II., König von Spanien 310
Phrenologie 39, 197, 200 f.
Piaget, Jean 356 f., 359
Pico della Mirandola, Giovanni 265
Picquart, Georges 273, 277, 280
Pinckney, David 160
Plato 50, 56
Plessner, Helmut 47
Poe, Edgar Allan 244
Poiret, Paul 212
Polanyi, Karl 174
Politik
– Establishment 313 f., 316 ff., 322; und Medien 296, 300, 306, 311, 319 ff.; Motivationen in der 300, 305, 311 ff., 321, 322 f., 365 f.; Persönlichkeit in der 16, 40 f., 127 f., 151, 226, 232, 243, 245, 250, 252, 254 f., 258 ff., 267 ff., 287 f., 294 ff., 305 f., 315 ff., 320 ff., 324, 380; radikale P. 271 f., 284 ff.; Ressentiment und 313 ff., 322 ff.; Sprache 122 f., 126 f., 270, 271 f.; Star-System in der 329 f.; Unzivilisiertheit in der 299, 305; *vgl.* Charisma, Kultur, radikale Politik
Pope, Alexander 124
Privatsphäre 15 ff., 23 f., 32 f., 34, 38 ff., 51, 52 f., 58 f., 66, 93, 110 ff., 150, 173 ff., 201, 204 ff., 224, 280, 293 f., 296, 338, 363, 379 passim; *vgl.* Ausdruck, Familie
protestantische Ethik 139, 373 ff.
Proust, Marcel 223
Provinzleben 57, 166, 190 f., 217, 237, 247, 326
– im Verhältnis zur großen Stadt 131, 138 ff., 143, 158, 166, 274
Psychoanalyse 17, 39, 195, 211, 310, 363 ff.
Psychologie 111 f., 244
– Abwertung des sozialen Handelns 24 f., 43 ff., 184 ff., 191, 207, 255, 294, 298 f., 301, 335 f., 338, 343, 349, 365 ff., 377, 379 ff.; und Säkularismus 35 f., 177; *vgl.* Familie, Gefühlsoffenbarung, Intimität, Narzißmus, Persönlichkeit, Rollen, Sexualität, Spiel, Verhalten
Publikum 66
– Autoritätsphantasien im 226, 241 ff.; Bühnensitze 95, 101; Fremde als 53 ff., 67, 75, 79, 154; Glauben wekken beim 67, 75, 84, 229 f.; Passivität des 222 f., 225 ff., 232, 236 ff., 252, 295 f., 319 ff.; Schockerlebnis 231, 232 f., 235, 328; Selbstdisziplin 237 ff., 319; Selbstzweifel 236, 239 f., 252; Spontaneität 94 ff., 107 f., 236;

Theater 54 f., 91 ff., 108, 203 f., 220 ff.
Purdy, William 165

Raspail, François 263
Raverat, Gwen 219
Regnault, Elias 260
Religion 15, 139, 141, 176 f., 264 ff., 300 f., 354, 374
– und Ethnizität 344, *vgl.* Charisma
Renaissance 264 f.
Revolution 269
– und Klasse 255 ff., 286; kulturelle 212 ff., 294; *vgl.* radikale Politik
Reynolds, Sir Joshua 105
Riccoboni, Lodovico 136
Richelieu, Armand du Plessis de, Kardinal 68
Riesman, David 17, 45
Robespierre 213, 215
Rochefort, Henri, Comte de 275
Rochester, John Wilmot, 2nd Earl of 124
Rollen 48 ff.
– und Ausdruck 52 ff.; in der Familie 208 f.; und Maske 50, 295 f., 298 f., 317, 323, 342 ff.; öffentliche 52 ff., 84 ff., 143; *vgl.* Glaubhaftigkeitskode, Verhalten
Rom 72, 73, 106
Romantik 93, 188, 189, 227, 229 ff., 269
Rosenberg, Philip 198
Rossini, Gioacchino 240
Rousseau, Jean-Jacques 84, 120, 130, 137 ff., 249, 285
Rubinstein, Helena 219
Rudé, George 125

Saalmon, Howard 335
Sainte-Albine, Rémond 136
Saint-Saëns, Charles 229
Saint-Simon, Claude Henri, Comte de 284
Saint-Simon, Claude de Rouvroy, Comte de 80
Säkularismus 29, 33, 35 f., 39, 42, 137 f., 151, 176 f., 180, 187, 223, 288, 293, 350, 354, 374, 380
Sartre, Jean Paul 45
Satie, Erik 229
Savonarola, Girolamo 264 ff., 310 f.
Schorske, Carl 239
Schumann, Robert 229, 231, 233, 239
Schweigen
– und Autoritätsphantasien 226, 241; und Isolation 225 f., 243 f., 248 f., 336; als gesellschaftliches Ordnungsprinzip 243 ff., 260; in der Öffentlichkeit 42, 108, 225, 243 ff., 253, 255, 295, 319 ff., 336
Scott, Marvin 352

403

Sévigné, Madame de 82, 107, 119
Sexualität 7 f., 123 f., 227
- äußere Erscheinung als Hinweis auf 191 f., 193 f., 195, 201, 217 ff.; Erotik 19, 22, 38, 375; und Narzißmus 19 ff., 375 f.
Shakespeare, William 95, 202
Singer, Isaac 188
Sitte, Camillo 331
Sixtus V., Papst 106
Smith, C. T. 69
Smith, Moyr 202, 204
Smollett, Tobias 122
Sombart, Werner 77 f.
Sorokin, P. I. 205
Southampton, Earl of 73
Southern, Richard 204
Spiel 114 f., 139, 301, 315, 354-356, 373
Sprache
- Kaffeehaus 101 ff., 253, 362; private 105; Publikum 93 ff.; als Zeichen 84 f., 93 ff.; *vgl.* Ausdruck, öffentliches Leben im 19. Jahrhundert
Springsteen, Bruce 324
Squire, Geoffrey 87, 187
Stadt
- im 18. Jh. 65 ff., 75 ff., *passim;* antiurbane Vorurteile 315, 335, 381; atomisierte 160 ff., 334 f., 338 ff.; Bevölkerung 68 ff., 150, 155 ff., 166; Bürgertum in der 30, 58, 65 ff., 76, 89, 150, 243 f.; Bürokratie in der 155, 164 ff., 205; Einzelhandel 155 f., 167 ff., 187; Fortbewegung in der 27 f., 296; Fremde in der St. 15, 17, 30 ff., 53, 55 ff., 66 ff., 75 ff., 108 f., 141, 153, 272, 299; Gemeinschaft im Widerstand gegen die St. 331 f., 338 ff.; Geselligkeit 24, 30 ff., 79 ff., 93 f., 101 ff., 245 ff.; Hauptstädte 30 ff., 111, 150, 154, 155 ff., 161, 166, 180 f., 236, 248, 288, 326; Industriest. 161, 166; Kosmopolitismus 15, 31, 57, 137 ff., 162 ff., 186, 190, 249, 288, 301; »Lokalisierung« (Segmentierung) 158 ff., 186, 297 f., 331 ff.; Machtstruktur innerhalb einer 342, 348 f.; negative Stadtfreiheit 215; im 19. Jh. 155-289, *passim;* öffentliche Plätze 25 ff., 43, 71 ff., 78, 151, 334 f., 348; Ökonomie der 31 f., 75 ff., 151, 155 ff.; Provinzstadt 131, 138 ff., 142 ff., 157, 165; Rollenspiel in der St. 142 f.; Sittenverfall 139 ff.; soziale Ordnung 31 f., 67, 75 ff., 85 f., 140 f., 186 f., 252; Stadtplanung 159 f., 246, 331, 334, 348 ff.; Theater und Stadtöffentlichkeit 53 ff., 130 ff. 137 ff.; Unpersönlichkeit der 288 f., 335 f., 381;

Vielfalt der Menschen in der St. 30, 55, 381; Wiederbelebung der 299, 381; *s. a.* öffentliches Leben *sowie bei einzelnen St.*
Star-System 324 ff.
Steele, Richard 30, 103, 115
Stern, Daniel 261
Strachey, Lytton 201
Stuart, Louise 214
Swift, Jonathan 30, 116
Symbolisten 221

Talbot, Lord William 122 f.
Talleyrand, Charles de 115, 215, 317
Thackeray, William 38, 196
Theater *vgl.* Bühnenkostüm, darstellende Künste
Thernstrom, Stephan 158
Tidworth, Richard 238
Tilly, Charles 153
Tocqueville, Alexis de 38, 46, 65, 261 f.
Tönnies, Ferdinand 252
Trilling, Lionel 44 f., 46, 140
Trollope, Anthony 211
Turgot, Anne 115

Unpersönlichkeit
- der Großstadt 288, 335, 381; als moralisches Übel 43, 293, 294 f., 297, 323 f., 331 ff., 349, 351, 381

Vandermonde, Alexis 115
Vereinigte Staaten von Amerika 49, 70, 111, 188, 210
- Schwarze 313, 323, 338 ff.; Stadtfeindlichkeit 315; Unruhen 336 f.; Watergate-Skandal 317, 322
Verhalten 18
- Anschauung und Ideologie 48 f.; Aufschlüsselung der Persönlichkeit durch Beobachtung des V. 179 f., 183, 191 f., 193, 195, 209 f., 270, 295; von Fremden 55 ff., 67 f.; und öffentliche Geographie 67 f., 85, 89, 119; Spiel als 355 f., 359 f.; statisches 51; *vgl.* Rollen
Véron, Pierre 236, 242
Versailles 69, 72, 80, 97
viktorianische Gesellschaft
- Erotik 19, 38, 375; Frauen 193 f.; Körperbilder 54, 59, 151, 194; Repressivität 41, 201, 212, 217, 294 f., 363; *vgl.* öffentliches Leben im 19. Jahrhundert
Voltaire 101, 120, 240
Vorstädte 43, 334 f.; *vgl.* Gemeinschaft
Voyeurismus 42, 180, 226 f.

Wagner, Richard 237 ff., 240
Wallace, George 318, 321 f.

Walpole, Horace 124
Weber, A. F. 156
Weber, Max 24, 232, 306 ff., 329, 373 ff.
Whitehouse, H. R. 260
Wichern, Johann 210
Wieck, Clara 229
Wilde, Oscar 220
Wilkes, John 121 ff., 144, 150, 226, 256, 294
Williams, Raymond 229 f.
Winnicott, D. W. 366
Wirth, Louis 160
Wirtschaft
– und Familie 204 ff.; Konjunkturzyklus 165; und Spekulation 164; und Zufall 164 f., 205, 207
Wollstonecraft, Mary 117
Worth, L. 189
Wren, Christopher 73
Wrigley, E. A. 69
Wycherley, William 115

Young, G. M. S. 195
Youngman 118

Zeldin, Theodore 259
Zola, Emile 170, 248, 255, 273, 277 ff.
Zucker, Arnold 73

CARL E. SCHORSKE
WIEN
GEIST UND GESELLSCHAFT IM FIN DE SIÈCLE

367 Seiten
mit 8 Strichabbildungen
59 s/w Reproduktionen
sowie 17 Farbreproduktionen
Leinen in Schuber

Deutsch von Horst Günther

»Politik und Phantasie, Politik der Seele ist das durchlaufende Thema der Essays von Carl E. Schorske, und es gelingt ihm, unter diesem Gesichtspunkt auch die scheinbar innerkünstlerischen Entwicklungen der Malerei eines Klimt oder Kokoschka, der Musik Schönbergs oder der Gartensymbole der Literatur, von Stifter, Hofmannsthal und anderen, als Symptome und Kommentare der politischen Krise zu deuten. Das in seiner gedrängten Kürze fast unauffällige Zentrum des Buches aber ist ein erstaunliches Kapitel über Freuds *Traumdeutung* ...
Mit seinem Buch über Wien hat Carl E. Schorske eine exemplarische Kulturgeschichte der Moderne in ihren krisenhaften Anfängen geschrieben, die nicht zuletzt dank ihrer hohen kompositorischen Qualitäten ein Gesamtkunstwerk genannt werden kann nach dem Ende des Gesamtkunstwerks – ein authentisches Zeugnis der Kulturgeschichte unserer Epoche.«

Henning Ritter in *Freibeuter*

S. FISCHER VERLAG